本书获以下资助：

1. 浙江省哲学社会科学规划后期资助课题（14HQZZ016）

2. 教育部人文社会科学研究规划基金项目（11YJA740090）

3. 杭州师范大学人文振兴项目"非物质文化遗产研究基地的平台建设与民俗学学科培育"

4. 杭州师范大学科研启动项目"吴语地理语言学系列研究"（PD10002004001109）

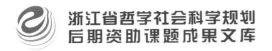
浙江省哲学社会科学规划
后期资助课题成果文库

吴语处州方言的历史比较

Wuyu Chuzhou Fangyan De Lishi Bijiao

王文胜　著

中国社会科学出版社

图书在版编目(CIP)数据

吴语处州方言的历史比较／王文胜著. —北京：中国社会科学出版社，2015.12
ISBN 978 - 7 - 5161 - 7923 - 9

Ⅰ.①吴…　Ⅱ.①王…　Ⅲ.①吴语 - 历史比较语言学 - 方言研究 - 丽水市
Ⅳ.① H173

中国版本图书馆 CIP 数据核字(2016)第 070551 号

出 版 人	赵剑英	
责任编辑	宫京蕾	
特约编辑	大　乔	
责任校对	李　莉	
责任印制	何　艳	

出　　版	中国社会科学出版社	
社　　址	北京鼓楼西大街甲 158 号	
邮　　编	100720	
网　　址	http://www.csspw.cn	
发 行 部	010 - 84083685	
门 市 部	010 - 84029450	
经　　销	新华书店及其他书店	

印刷装订	北京市兴怀印刷厂
版　　次	2015 年 12 月第 1 版
印　　次	2015 年 12 月第 1 次印刷

开　　本	710×1000　1/16
印　　张	21.75
插　　页	2
字　　数	372 千字
定　　价	79.00 元

目　　录

第一章

处州方言音系

　　本书所说的"处州"系明清时处州府旧称，大致为今浙江省丽水市所辖遂昌县、龙泉市、庆元县、松阳县、莲都区、云和县、景宁县、青田县、缙云县等9县市区，以及金华市武义县以柳城镇为中心的原宣平县所辖范围。本书以旧县名叙称，即丽水县、龙泉县、宣平县等。如图所示：

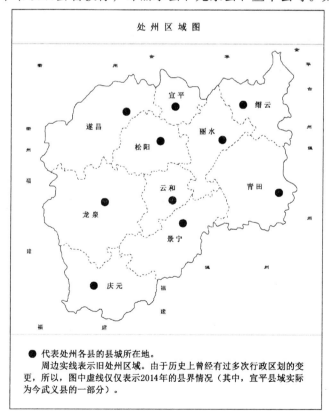

处州区域图

● 代表处州各县的县城所在地。
　周边实线表示旧处州区域。由于历史上曾经有过多次行政区划的变更，所以，图中虚线仅仅表示2014年的县界情况（其中，宣平县域实际为今武义县的一部分）。

处州区域图

　　相应地，本书所说的"处州方言"是指由上述各县方言所组成的集合体。这一称呼并非基于方言内部的分区（片），而是基于相对集中的地域及行政隶属关系。因为从方言分区（片）的角度看，学术界对处州境内各县方言所属区（片）的认定并不完全一致。不过，本书所持的观点是：遂昌、松阳、龙泉、庆元等地方言属吴语处衢片龙衢小片，宣平、丽水、云和、景宁、青田等地方言属吴语处衢片处州小片，缙云话则属吴语婺州片。

　　关于处州的地理、历史、人口以及处州方言概况，参见王文胜的《处州方言的地理语言学研究》和《吴语处州方言的地理比较》。不过，为了方便读者阅读，下面仍然列出处州各县权威方言音系，但对文字部分做适当删减。

第一节　遂昌话

一　声母（28个，含零声母）

p 布帮八	pʰ 屁覆陪	b 皮病白	m 无门麦	f 飞蜂弗	v 浮饭佛
t 猪鸟竹	tʰ 跳天铁	d 弟地铜	n 男农奶		l 笋蓝六
ts 早爪渣	tsʰ 草葱粗	dz 茶迟赚		s 丝三杀	z 字蚕煤
tɕ 九金急	tɕʰ 笑千七	dʑ 树绳直	ȵ 女银热	ɕ 小扇雪	ʑ 蛇船十
k 高光谷	kʰ 苦糠阔	g 厚糊峡	ŋ 五眼颜	x 火灰园	
∅ 鸡云鸭					

二　韵母（49个）

ɿ 四迟嘻	i 衣飞地梨	u 楼豆厚话	y 林醉吹
	iu 试柿齿		
a 蔡买街		ua 快怪歪	
ɒ 猪我牙	iɒ 写借车	uɒ 画挂	
ɤ 字子鱼	iɛ 鸡纸齐	uə 五布午	yɛ 雨处芋
ei 莱杯袋		uei 灰鬼	
ɯa 包老好	iɯa 笑少叫		yɯa 瘦愁

续表

ɣɯ 亩钩	iɯ 牛九酒臭		
ɛ̃ 影坎长短	iɛ̃ 犬盐先电	uɛ̃ 魂温汗	yɛ̃ 圆全权船
aŋ 咸淡山	iaŋ 羊姜香打	uaŋ 弯梗惊	yaŋ 横
əŋ 东冬红问	iŋ 心新星井	uəŋ 滚	yŋ 春云军
ɔŋ 黄糖光	iɔŋ 痒王桩		
	iuʔ 肉粥竹叔		
	iʔ 一七笔直		yʔ 吸蟋
aʔ 鸭杀峡煤	iaʔ 白药嚼	uaʔ 活滑刮	
ɛʔ 盒着掇	iɛʔ 叶歇咥	uɛʔ 国割骨	yɛʔ 出雪血
ɔʔ 剥恶缚	iɔʔ 绿桌戳	uɔʔ 有或	
əʔ 谷六腹			

三　声调（8个）

阴　平	阳　平	阴　上	阳　上	阴　去	阳　去	阴　入	阳　入
45	221	533	13	334	213	5	23
高天山心	皮蛇铜篮	好早井忖	徛雨桶赚	去四扇店	大路洞汗	鸭雪腹竹	毒六学滑

第二节　龙泉话

一　声母（28个，含零声母）

p 布抱八	pʰ 屁覆破	b 皮病白	m 蚊门麦	f 飞蜂弗	v 浮饭佛
t 猪弟竹	tʰ 天铁跳	d 地铜毒	n 男农奶		l 笋蓝六
ts 早爪渣	tsʰ 草葱粗	dz 茶迟直		s 丝三杀	z 字蚕煤
tɕ 九金急	tɕʰ 笑千七	dʑ 树绳局	ȵ 儿银热	ɕ 细扇雪	ʑ 蛇船嚼
k 高光谷	kʰ 苦糠阔	g 厚峡渠	ŋ 鱼五颜	x 火灰远	
∅ 鸡云鸭					

二 韵母（54个，含自成音节［ŋ］）

ɿ 丝字四	i 鸡梅弟二	u 芋高糕麻	y 朲雨醉
a 爹蔡戴		ua 艾快怪	
o 猪我茶	io 写借茄	uə 睏花温	yə 靴权全
ɛ 菜杯长秧	iɛ 犬盐烟	uɛ 块鬼	yɛ 御 御牛;放牛
ɤ 蒜根南村近		ui 灰火	
uɛ 鹅哥火大			
ɑɔ 包草老	iɑɔ 笑少照		
ɤɯ 渠去子试	iɯ 刘楼有瘦九	uɯ 五乌苦	
aŋ 咸山生三打	iaŋ 羊姜香	uaŋ 弯横梗	
əŋ 虫东冬	iəŋ 肿重烘	uəŋ 关 关门	
ɛiŋ 卵粉真	iŋ 心新金	uɛiŋ 远昏滚	yŋ 蝇船赢
ɔŋ 黄苍园	iɔŋ 痒王龙		
ɿʔ 雀席直色	iʔ 一七力	uʔ 谷腹剥覆	yʔ 吸
aʔ 鸭白麦	iaʔ 蚱药削		
ɛʔ 着日北侧	iɛʔ 羯叶热舌		
əʔ 脱粒乞		uəʔ 骨活国瞎	yəʔ 月血雪出
ɔʔ 鸭煤八蜡			
	iuʔ 啄 啄木鸟		
ɛiʔ 湿十佛刻		uɛiʔ 屈	
ɔuʔ 啄壳角学	iɔuʔ 绿肉桌玉烛		
əɯʔ 竹六	iɯʔ 粥叔熟		
ŋ 红亩			

三 声调（7个）

阴 平	阳 平	阴 上	阴 去	阳 去	阴 入	阳 入
335	211	53	45	13	54	23
高天山心	皮蛇铜篮	好早井忖倚雨桶赚	去四扇店	大路洞汗	鸭雪腹竹	毒六学滑

第三节　庆元话

一　声母（22个，含零声母）

ʔb 布帮八	p 皮病白	pʰ 屁覆殕	m 无门麦	f 蜂饭弗	
ʔd 猪鸟竹	t 弟地铜	tʰ 天铁听	n 男农难		l 笋蓝六
	ts 茶早爪	tsʰ 草葱粗		s 丝三蚕	
	tɕ 树九金	tɕʰ 笑千七	ɲ 女银热	ɕ 扇雪蛇	
	k 高光厚	kʰ 苦糠阔	ŋ 鱼五颜	x 火灰学	
∅ 鸡云鸭					

二　韵母（52个，含自成音节 [ŋ]）

ɿ 丝思字	i 地衣皮二四	u 厚袄浣_{大便}	y 水醉贵
a 破蔡戴	ia 遮车蛇	ua 快怪外	ya 靴
o 猪鹅哥	io 爷		
ɤ 无去粗	ie 鸡米你	uɤ 箍乌苦五	ye 手书御_{御牛;放牛}
æi 飞腿倚开		uæi 鬼火块	
ɒ 猫毛灶草教	iɒ 表叫笑		
ɐɯ 牛走臭	iɯ 头楼酒九		
ã 胆炭咸三万	iã 羊天田年	uã 弯碗还_{归还}	
æ̃ 粪南蚕硬	iɛ̃ 面_脸盐尖千	uæ̃ 汗肝睏	yɛ̃ 县砖软
ɔ̃ 帮糖讲糠	iɔ̃ 桩龙床王		
	iŋ 井醒轻		
əŋ 门粉卵	iəŋ 民镇银	uəŋ 关远园	yəŋ 军春云
oŋ 蜂东冬虫	ioŋ 种春穷		
	iʔ 力直壁	uʔ 木毒谷	
aʔ 百白吓鸭	iaʔ 切嚼药	uaʔ 阔活滑	
oʔ 八角学	ioʔ 桌绿玉		
ɤʔ 虱贼日	ieʔ 舌热叶	uɤʔ 国骨渴	yeʔ 月血雪
əɯʔ 脱十	iəɯʔ 笔七一		yəɯʔ 蕨吸
	iɯʔ 竹六肉熟		
ŋ̍ 红瓦			

三　声调（8个）

阴　平	阳　平	阴　上	阳　上	阴　去	阳　去	阴　入	阳　入
335	52	33	221	11	31	5	3̠4̠
高天山心	皮蛇铜篮	好早井忖	徛雨桶赚	去四扇店	大路洞汗	鸭雪腹竹	毒六学滑

第四节　松阳话

一　声母（28个，含零声母）

p 布帮八	pʰ 屁飞覆	b 皮病白	m 无门麦	f 富火蜂弗	v 浮饭佛
t 猪鸟竹	tʰ 天铁跳	d 弟地铜	n 男农奶		l 笋蓝六
ts 早爪渣	tsʰ 草葱粗	dz 茶迟赚		s 丝三杀	z 字蚕煤
tɕ 酒金急	tɕʰ 笑千七	dʑ 树绳直	ȵ 女银热	ɕ 小扇雪	ʑ 蛇船十
k 九高光谷	kʰ 苦糠阔	g 厚糊峡	ŋ 五眼颜	x 好喊喝	
∅ 乌云鸭					

二　韵母（52个，含自成音节〔m〕〔ŋ〕）

ɿ 四戏迟	i 衣二被比	u 大哥哑	y 为
	iu 靴		
a 街蟹买卖		ua 快怪怀	
		uʌ 猪五布	yʌ 蛇写借
æ 徛腿内	iɛ 米肺弟儿		yɛ 处雨芋书
e 牛头菜灰九刘楼		ue 鬼亏围	
ɔ 包炒孝	iɔ 猫笑少小		
ʌ 老草高瘦			
ɤ 鸡刺字死	iɯ 树手臭油		
æ̃ 灯根半男村	iɛ̃ 犬盐烟	uæ̃ 睏肝汗	yɛ̃ 县砖船乱

续表

ɔ̃ 三咸淡山		uɔ̃ 碗还弯	
aŋ 打省生硬	iaŋ 羊秧张想	uaŋ 梗横掼	
eŋ 门卵蛋笋问	iŋ 心新听轻	ueŋ 浑滚	yŋ 云春军
əŋ 风东铜粽宫	iəŋ 种虫肿懂		
oŋ 帮糖讲黄	ioŋ 痒王床窗		
	iʔ 笔一七力		yʔ 吸蟋
aʔ 白百麦客吓	iaʔ 脚嚼削	uaʔ 刮	
æʔ 着脱北	iɛʔ 舌咥吃叶篾	uæʔ 骨渴国	yɛʔ 月雪血十
ɔʔ 鸭八发		uɔʔ 有活摵挽起：起床	
oʔ 镬壳剥学	ioʔ 桌竹肉玉		
ɤʔ 谷六木佛			
m̩ 亩			
ŋ̍ 我鹅红塕			

三 声调（8个）

阴 平	阳 平	阴 上	阳 上	阴 去	阳 去	阴 入	阳 入
53	31	213	22	24	13	5	2
高天山心	皮蛇铜篮	好早井想	徛雨桶赚	去四扇店	大路洞汗	鸭雪腹竹	毒六学滑

第五节 宣平话

一 声母（28个，含零声母）

p 布皮帮八	pʰ 屁覆片	b 步病白	m 买门麦	f 飞蜂弗	v 饭罚
t 猪鸟铜竹	tʰ 跳天铁	d 弟地毒	n 南农奶		l 笋蓝六
ts 早爪渣	tsʰ 草葱七	dz 箸赚是		s 丝三杀	z 字罪煤
tɕ 九绳金急	tɕʰ 笑千尺	dʑ 旧重直	ɲ 女银热	ɕ 细扇雪	ʑ 树熟十
k 高光谷	kʰ 苦糠阔	g 厚近峡	ŋ 牙颜硬	x 火灰好	
ø 乌云鸭					

二 韵母 (39个, 含自成音节 [ŋ])

ɿ 鸡鼠丝刺西四	i 猪米梨皮二	u 鹅芋醋姑	y 水树余
a 蔡街晒戒	ia 野蛇车写	ua u 外怪快	ya□ 手;左手
o 萝瓜花茶	io 靴		
e 菜梅腿妹		ue 龟鬼灰亏	
ɤ 蚕蒜根南		uɤ 肝汗睏温	
ɔ 老稻桃草	iɔ 腰烧表桥		
ɯɯ 狗头亩去	iɯɯ 牛油旧九		
ã 饭胆山三	iã 羊秧肠张	uã 官关换	
ɛ̃ 眼生打省	iɛ̃ 田盐天年	uɛ̃ 梗惊横	yɛ̃ 船县全软
ɔ̃ 糖光黄堂	iɔ̃ 龙肿王床		
əŋ 卵蜂笋心东	iŋ 金星冰病	uən 滚浑	yəŋ 虫肫春云
aʔ 鸭八发		uaʔ 活	
əʔ 木谷北六七十	iɐʔ 吃叶舌脚雪一	uəʔ 骨国割阔	yəʔ 竹肉粥血
æʔ 麦百白			
ŋ 鱼五午耳母儿			

三 声调 (8个)

阴平	阳平	阴上	阳上	阴去	阳去	阴入	阳入
24	434	44	223	52	231	5	23
高天山心	皮蛇铜篮	好早井想	徛雨桶赚	去四扇店	大路洞汗	鸭雪桌竹	毒六学滑

第六节 丽水话

一 声母 (28个, 含零声母)

p 布帮八	pʰ 屁覆婄	b 皮病白	m 买门麦	f 飞蜂弗	v 浮饭罚
t 猪鸟竹	tʰ 跳天铁	d 弟铜毒	n 南农奶		l 箩蓝六

续表

ts 早爪渣	tsʰ 草葱七	dz 箸赚是		s 丝三杀	z 字树蚕煤
tɕ 九金急	tɕʰ 笑千尺	dʑ 旧重直	ȵ 你银热	ɕ 小扇雪	ʑ 蛇船熟
k 高光谷	kʰ 苦糠阔	g 厚近峡	ŋ 牙颜硬	x 火灰好	
ø 乌云鸭					

二　韵母（48 个，含自成音节 ［m］［ŋ］）

ɿ 鸡丝西四刺	i 猪米梨	u 乌苦路	y 拄
			ʮ 水芋树吹雨朱
	iu 靴		
ɑ 排蔡柴戴		uɒ 外街怪	
	io 蛇茄车写	uo 我虾瓜花茶火	
ɛ 菜蒜根打	iɛ 田天连盐面	uɛ 蚕南肝潭	yɛ 权全船县
e 杯梅雷腿		ue 鬼灰亏归	
ʌ 老稻桃草	iʌ 鸟藻笑表		
ɤɯ 豆头亩去	iɯ 牛臭油酒九		
ã 蓝三山饭	iã 羊姜肠	uã 梗官碗	
eŋ 卵粉人心陈	iŋ 金银星程	ueŋ 滚温浑	yŋ 笋春云裙
ɔŋ 蜂葱东黄糖光	iɔŋ 龙虫肿王		
	iʔ 一席笔尺		yʔ 橘吸蟋
aʔ 麦辣百客	iaʔ □什么	uaʔ 掴(掴起:起床)	
ɛʔ 北拨德着(穿)	iɛʔ 鳖铁热叶	uɛʔ 国骨割	yɛʔ 雪血十
ɒʔ 鸭峡八发	iɒʔ 脚药嚼削	uɒʔ 甲活刮滑	
ʌʔ 虱落壳脱	ioʔ 绿六桌宿玉	uoʔ 剥屋缚	
	iuʔ 竹菊肉粥叔	uʔ 木谷哭	
m 母磨			
ŋ 鱼红二五午儿			

三　声调（7个）

阴　平	阳　平	阴　上	阴　去	阳　去	阴　入	阳　入
24	11	544	52	231	5	<u>23</u>
高天山心	皮蛇铜篮徛罪桶赚	好井雨痒	去四扇店	大路洞汗	鸭雪桌竹	毒六学滑

第七节　云和话

一　声母（28个，含零声母）

p 布帮八	pʰ 屁覆片	b 皮病白	m 买门麦	f 飞蜂弗	v 浮饭罚
t 猪鸟竹	tʰ 跳天铁	d 弟铜毒	n 男南奶		l 箩蓝六
ts 早爪渣	tsʰ 草葱七	dz 箸赚是		s 丝三杀	z 字蚕煤
tʃ 九金急	tʃʰ 笑千尺	dʒ 旧重直	ȵ 你银热	ʃ 先扇雪	ʒ 树船熟
k 高光谷	kʰ 苦糠阔	g 渠厚峡	ŋ 牙颜硬	x 火灰好	
∅ 乌云鸭					

二　韵母（48个，含自成音节 [m̩]、[ŋ̍]）

ɿ 鸡丝刺西四	i 猪米梨肺二	u 醋路肚大	y 鱼水芋树
a 菜妈台晒			
ɑ 蟹蔡柴鞋		ɑu 外怪	
	io 蛇茄下爷嫁	oo 虾茶牙瓦	
ɜ 根打半人	iɜ 田天盐烟千	ɐɯ 蚕南肝蒜梗	yɜ 权全县圈
e 腿背梯杯开		ue 灰亏危	
cɒ 猫稻桃草脑	iɒu 鸟藻烧		
əɯ 头豆糕狗高	iɯ 牛油九手		
ã 饭胆山三万	iã 羊姜肠香	uã 官碗换宽	
ɔ̃ 糖光黄糠	iɔ̃ 龙王窗桩		
əŋ 卵蜂心风陈	iŋ 星冰金程	uəŋ 滚浑	yŋ 笋顺

续表

oŋ 葱东粽铜	ioŋ 虫云春宫		
	iʔ 一席织吃笔		
aʔ 麦日北百墨		uaʔ 国	
ɑʔ 鸭八塔煤	iɑʔ 脚药削	uɑʔ 活刮滑阔	
oʔ 角学镬缚	ioʔ 绿局宿桌玉		
ɛʔ 拨合	iɛʔ 鳖叶舌热箧	uɛʔ 骨掇割	yɜʔ 血月刷出
eʔ 七佛脱啄			yeʔ 十橘吸
əɯʔ 木谷六覆	iɯʔ 竹肉粥叔熟		
m̩ 磨母			
ŋ̍ 鹅午五			

三 声调 (8个)

阴 平	阳 平	阴 上	阳 上	阴 去	阳 去	阴 入	阳 入
24	423	53	31	55	223	5	23
高天山心	皮蛇铜篮	好井买雨	徛桶赚近	去四扇店	大路洞汗	鸭雪桌竹	毒六学滑

第八节 景宁话

一 声母 (28个, 含零声母)

p 布帮八	pʰ 屁覆片	b 皮病白	m 买门麦	f 富蜂弗	v 浮饭罚
t 猪鸟竹	tʰ 跳天铁	d 弟铜毒	n 男南奶		l 笋蓝六
ts 早爪渣	tsʰ 草葱七	dz 箸赚是		s 丝三杀	z 字蚕煤
tʃ 九金急	tʃʰ 笑千切	dʒ 旧重局	ɲ 你银热	ʃ 先扇雪	ʒ 树船熟
k 高光谷	kʰ 苦糠阔	g 渠厚峡	ŋ 牙颜硬	x 火灰好	
Ø 乌云鸭					

二　韵母（51 个，含自成音节 ［m］、［ŋ］、［mʔ］）

ʮ 丝柿四事死	i 猪米梨西二去	u 匏菇乌后多	y 鱼芋树水路
a 蟹艾柴街鞋			
ɑ 饭胆山三万		uɑ 外官关碗快	
e 蚕根南潭村		uə 肝汗睏	yə 园权全县船
ɛ 生打省柄	iɛ 田羊盐肠天	aɛ 梗横	
æi 菜梅雷溪腿		uæi 鬼块灰亏	
ɑɔ 老稻包桃草	iɑɔ 藻桥叫笑		
uɛ 鹅虾花茶火	iuɛ 蛇茄车		
ɯɑ 狗豆糕刀头	iɯ 牛油酒九手		
ɔ̃ 糖光产黄	iɔ̃ 龙种霜床共		
aŋ 卵神人心	iaŋ 笋云金银军	uaŋ 滚浑	
əŋ 蜂葱冬东风	iŋ 星声零绳姓		yəŋ 虫中春宫忠
ʮʔ 锡席脊尺食	iʔ 一壁踢力		
aʔ 麦百客白	iaʔ 铁脚药篾箬	uaʔ 刮	
ɑʔ 鸭八蜡塔		uɑʔ 活滑阔	
ɛʔ 日北贼墨	iɛʔ 叶热接	uɛʔ 骨国	yɛʔ 血雪削出
əʔ 鼻盒刷掇			
ɔuʔ 壳角学镬	iɔuʔ 绿桌玉		
	iɯʔ 肉粥六叔熟	uʔ 谷覆伏弗	
ɯɑʔ 虱佛七十	iɯɑʔ 一栗橘笔	uɯɑʔ 屈 胳膊弯曲	
mʔ 木			
m 母无			
ŋ 红午五			

三　声调（7 个）

阴平	阳平	阴上	阴去	阳去	阴入	阳入
324	31	33	35	13	5	<u>23</u>
高天山心	皮蛇铜篮	好井少水雨痒桶赚	去四扇店	大路洞汗	鸭雪桌竹	毒六学滑

第九节　青田话

一　声母（27 个，含零声母）

ʔb 布帮八	p^h屁覆片	b 皮病白	m 买门麦	f 飞蜂弗	v 浮饭罚
ʔd 猪鸟竹	t^h跳天铁	d 弟铜毒	n 南男奶		l 箩蓝六
ts 早爪渣	ts^h草葱七	dz 箸赚直		s 丝三虱	z 字蚕煠
tɕ 九金急	$tɕ^h$笑千切	dʑ 旧重桥	ȵ 你银热	ɕ 烧扇雪	
k 高光谷	k^h苦糠哭	g 渠厚峡	ŋ 牙颜硬	x 火灰好	
ø 乌鸭蛇熟					

二　韵母（45 个，含自成音节［m］、［n］）

ɿ 鸡丝柿刺西四	i 猪米地羊香	u 鹅瓜茶火	ʮ 水芋树雨
a 蟹饭山三万	ia 田甜天千	ua 怪怀官还归还	
		uæ 蚕杆南村	yæ 县传船远
ø 匏苦午醋五			
o 猫光包	io 龙鸟条床		
ɛ 鱼菜梅生根	iɛ 盐煎钳扇	uɛ 艾梗姑	
œ 老稻桃草	iœ 叫藻桥烧		
æi 雷腿背杯赔		uæi 块灰亏饿	
eu 头豆柳刘	iu 蛇茄借写		
ɐɯ 牛狗亩楼	iɯ 油酒九流		
aŋ 卵螟神粉心	iaŋ 鳞金淋银	uaŋ 滚浑	yaŋ 笋肫春云
	iŋ 颈青星灯冰		
oŋ 蜂葱红冬东	ioŋ 雄虫宫穷		
ɿʔ 吃尺侧识	iʔ 脚药壁嚼		
aʔ 鸭佛七八十	iæʔ 叶栗日铁一	uæʔ 骨活滑	yæʔ 啄血月雪
ɛʔ 白麦北客		uɛʔ 国	
oʔ 落壳角学	ioʔ 绿桌局玉烛		
	iuʔ 菊肉粥宿	uʔ 木谷竹剥屋	

续表

eu? 六			
m 雾母			
n 二耳儿			

说明：[iŋ] 韵逢 [ʔb]、[ʔd] 组声母读 [ɿŋ]。拙著《吴语处州方言的地理比较》音系中单列了 [eŋ] 韵（并注"[eŋ] 韵母中的 [e] 实际读音接近 [ɿ]"字样），本书合为 [iŋ] 韵。

三　声调（8 个）

阴　平	阳　平	阴　上	阳　上	阴　去	阳　去	阴　入	阳　入
445	21	454	343	33	22	<u>42</u>	<u>31</u>
高天山心	皮蛇铜篮	好早井想	徛雨桶赚	去四扇店	大路洞汗	鸭雪桌竹	毒六学滑

第十节　缙云话

一　声母（27 个，含零声母）

ʔb 布帮八	pʰ 派片覆	b 皮病白	m 买门冰	f 飞蜂弗	v 浮饭罚
ʔd 猪鸟竹	tʰ 跳天铁	d 弟铜毒	n 南男灯		l 笋蓝六
ts 早酒渣	tsʰ 笑葱七	dz 箸赚直		s 烧三虱	z 蛇蚕煤
tɕ 九金急	tɕʰ 溪春切	dʑ 旧桥局	ȵ 你银热	ɕ 扇血香	
k 高光谷	kʰ 苦糠阔	g 渠厚峡	ŋ 牙颜硬	x 火灰好	
ø 乌云鸭					

二　韵母（37 个，含自成音节 [ŋ̍]）

ɿ 丝柿刺西四	i 猪鸡米肺二	u 匏醋涴 大便	y 鱼鬼芋雨
ʊ 鹅火茄笋			ɥ 树水尿
a 麦白更百	ia 田蛇莲天铁	ua 梗惊横□ ~坏；裂	
ɑ 喊饭胆三八辣	iɑ 羊姜肠响	uɑ 活官碗刮滑	yɑ 刷靴
ɔ 龙绿糖壳黄	iɔ 鸟脚药玉		

续表

ɜ 蚕蒜根南北	iɜ 仙叶盐	uɜ 肝骨汗睏	yɜ 血雪月县
ei 菜梅腿梯力	iei 一日笔吸	uei 灰归会惠	yei 橘吸
ɣɯ 狗稻竹七十	iɣɯ 草桥腰笑	uɣɯ 屈	
uɔ 谷粥六熟	iɔ 肉菊		
aŋ 卵心分身		uaŋ 滚温浑	
æiŋ 星冰零人	iæiŋ 音金银		yæiŋ 笋春云
ɑum 蜂红葱冬	iɑum 雄宫穷		
	ium 牛豆油酒九		
ŋ 午五			

三　声调（8个）

阴　平	阳　平	阴　上	阳　上	阴　去	阳　去	阴　入	阳　入
445	231	52	31	554	213	423	35
高天山心	皮蛇铜篮	好早井讲	徛雨赚淡	去四扇店	大路洞汗	鸭雪桌竹	毒六学峡

本书体例：

（1）音标写在"［　］"中（表格中不加"［　］"）。

（2）汉字右上角加""表示同音字。

（3）既无本字又无同音字的用"□"表示，并在其后"［　］"中加注音标。

（4）汉字在"［　］"中，表示是合音，如庆元话"今天"说"□［tɕie ^{5}］［日儿］"。

（5）汉字或"□"右边的小号字是对它的意义解释或语境说明。

（6）"/"表示或者，如"［b］/［p］"表示读"［b］"或者读"［p］"。

（7）调值下加横线表示促调，注音右上标时不再加横线。

（8）表格中空缺的地方表示当地人从不说该字或无法认读。

（9）附录《常用字对照表》（以下简称《对照表》）中有而当地口语中另有说法的情况，则在音标左上角用较小号字标注"文"字样，表示该字所注音标系读字音。例如：

	遂昌	龙泉	庆元	松阳	宣平	丽水	云和	景宁	青田	缙云
蛛	文tɕyɛ⁴⁵	ti³³⁵	ʔdie³³⁵	文tɕyɛ⁵³	ty²⁴	ty²⁴	ty²⁴	ty³²⁴	ʔdø⁴⁴⁵	文tsʮ⁴⁴⁵

　　遂昌、松阳、缙云说"蟢"而不说"蜘蛛"，但可以按其与普通话的
对应关系折合出相应的文读音。

　　若某字在各地口语中均另有说法，则不加以说明，因为这种情况很
多，而且一般难以界定。例如：

	遂昌	龙泉	庆元	松阳	宣平	丽水	云和	景宁	青田	缙云
数动	suə⁵³³	ɕy⁵³	ɕye³³	suʌ²¹³	su⁴⁴	sʮ⁵⁴⁴	su⁵³	ʃy³³	sʮ⁴⁵⁴	sʮ⁵²

　　口语中，表示"数一数"的"数"，处州方言口语中都说"算"，但
仍可按其与普通话的对应关系折合出相应的文读音。

　　（10）某字若有异读音，《对照表》中首行注音则为口语中常现语境
中的读音，其他行的注音一般是文读音。必要时对具体语境进行说明。其
他点若只有一种读音，且注音位置介于上下两行之间，则表示两种语境读
音一样。例如：

	遂昌	龙泉	庆元	松阳	宣平	丽水	云和	景宁	青田	缙云
句	kɤ³³⁴ tɕyɛ³³⁴	tɕy⁴⁵	kɤ¹¹ tɕye¹¹	tɕyɛ²⁴	tɕy⁵²	tsʮ⁵²	tʃy⁵⁵	tʃy³⁵	tsʮ³³	tɕy⁵⁵⁴
	遂昌、庆元两地中，上行语境是"一句话"，下行语境是"语句"或"句子"等，系文读。									

　　其他点若只有一种读音，且注音位置位于下一行，则表示只有第二种
语境的读音。例如：

	遂昌	龙泉	庆元	松阳	宣平	丽水	云和	景宁	青田	缙云
伙	xu⁵³³	ua⁵³ xəu⁵³	ua²²¹ xo³³	ua³¹ fu²¹³	xo⁴⁴	xuo⁵⁴⁴	xuo⁵³	xəu³³	xu⁴⁵⁴	xʊ⁵²
	上行语境是"多"的说法，下行语境是"伙食"。旧作"夥"。									

　　有时情况比较特殊，例如：

	遂昌	龙泉	庆元	松阳	宣平	丽水	云和	景宁	青田	缙云
佛	vəɯʔ²³	veiʔ²³	fəɯʔ³⁴	vɤʔ²	vəʔ²³	vʌʔ²³	veʔ²³	vɛɯʔ²³	vaʔ³¹	bɤɯ³⁵ vɤɯ³⁵
	缙云话上行语境是"佛豆蚕豆",下行语境是"如来佛"。									

上表的意思是：龙泉、庆元、丽水、云和、景宁、青田等六地没有"佛豆"的叫法，注音语境是"如来佛"；遂昌、松阳、宣平三地也说"佛豆"，其中"佛"的读音与"如来佛"中的"佛"相同。

如果任何语境有两可读音的，则第一行注音表示的是常用读音。例如：

	遂昌	龙泉	庆元	松阳	宣平	丽水	云和	景宁	青田	缙云
宫	kəŋ⁴⁵	kəŋ³³⁵	tɕioŋ³³⁵	kəŋ⁵³	kəŋ²⁴	koŋ²⁴	tʃioŋ²⁴ koŋ²⁴	tʃyəŋ³²⁴ kəŋ³²⁴	tɕioŋ⁴⁴⁵	tɕiɑɯm⁴⁴⁵

（11）两字形同实异的，在各自右方用小号字标出语境（组词或标注词性）。例如：

	遂昌	龙泉	庆元	松阳	宣平	丽水	云和	景宁	青田	缙云
数动	suə⁵³³	çy⁵³	çye³³	suʌ²¹³	su⁴⁴	sʅ⁵⁴⁴	su⁵³	ʃy³³	sʅ⁴⁵⁴	sʅ⁵²
数名	suə³³⁴	sɤɯ⁴⁵	sɤ¹¹	suʌ²⁴	su⁵²	su⁵²	su⁵⁵	sʅ³⁵	sø³³	sʅ⁵⁵⁴

（12）因词类语法化，或舒声促化而造成的异读音不收录到《对照表》中，而仅收录该字作为实词时的字音。例如：

	遂昌	龙泉	庆元	松阳	宣平	丽水	云和	景宁	青田	缙云
得	tɐʔ⁵ tiʔ⁰	tɐʔ⁵⁴ tiʔ⁰	ʔdɤʔ⁵ ʔdiʔ⁰	tæʔ⁵ tiʔ⁰	təʔ⁵ tiəʔ⁰	tɐʔ⁵ tiʔ⁰	taʔ⁵ tiʔ⁰	tɐʔ⁵ tiʔ⁰	ʔdɛʔ⁴² ʔdiʔ⁰	ʔdɛ⁴²³ ʔdei⁰
背名	pɛʔ⁵ pei³³⁴	pəʔ⁵⁴ pɛ⁴⁵	ʔbæi¹¹	pe²⁴	pe⁵²	pe⁵²	pi⁵ pe⁵⁵	pi⁵ pæi³³	ʔbæi³³	ʔbei⁵⁵

《对照表》中的标注情况是：

	遂昌	龙泉	庆元	松阳	宣平	丽水	云和	景宁	青田	缙云
得	tɛʔ⁵	tɛʔ⁵⁴	ʔdɤʔ⁵	tæʔ⁵	tɔʔ⁵	tɛʔ⁵	taʔ⁵	tɛʔ⁵	ʔdɛʔ⁴²	ʔdɛ⁴²³
背名	pei³³⁴	pɛ⁴⁵	ʔbæi¹¹	pe²⁴	pe⁵²	pe⁵²	pe⁵⁵	pæi³³	ʔbæi³³	ʔbei⁵⁵

（13）为了便于区分，必要时用繁体字表示，如"髮头发、發发财；麵面条、面脸"，并在各自的右方用小号简体字标注语境。例如：

	遂昌	龙泉	庆元	松阳	宣平	丽水	云和	景宁	青田	缙云
台台州	tʰei⁴⁵	tʰɛ³³⁵	tʰæi³³⁵	tʰæ⁵³	tʰe²⁴	tʰɛ²⁴	tʰa²⁴	tʰæi³²⁴	tʰɛ⁴⁴⁵	tʰei⁴⁴⁵
臺台湾	dei²²¹	dɛ²¹¹	tæi⁵²	dæ³¹	te⁴³⁴	dɛ¹¹	da⁴²³	dæi³¹	dɛ²¹	dei²³¹

第二章

处州方言的语音历史比较（上）

本章分析声母的历史比较。声母按《方言调查字表》中的顺序排列：帮系、端系、知系、见系。相对《方言调查字表》而言另有反切的个别特字所反映的特殊声母不列（韵母同此）。

一般会在每个声系的结尾进行小结。

第一节　帮系

一　帮母

帮母在处州各地方言中的共时叠置状况：

	遂昌	龙泉	庆元	松阳	宣平	丽水	云和	景宁	青田	缙云
帮母	p	p	ʔb	p	p	p	p	p	ʔb	ʔb
										m

本书将［p］和［ʔb］视为同一类，均为"不送气的塞音"。事实上，处州除庆元、青田、缙云的帮、端母分别读［ʔb］、［ʔd］外，其他各县方言的帮（［p］）、端（［t］）二母也都有不太明显的先喉浊塞的特征，分别接近［ʔb］、［ʔd］。下文出现类似情况时不再说明。

处州方言帮母大都读［p］声母（为方便起见，下文在列举［p］、［t］母时一般也包括［ʔb］、［ʔd］母，除非专门讨论［ʔb］、［ʔd］母的情况）。

帮、端母分别读［ʔb］、［ʔd］与当地古代百越族先民的语言底层有关。据陈忠敏（1995：1），"汉语南方方言先喉塞音的产生不是受侗台语影响所至，而是古百越语底层残存现象"。

帮母逢阳声韵读作［m］声母是缙云话的一个显著特点。缙云话帮母逢阳声韵读作［m］声母是［ʔb］与鼻韵尾同化而致。先喉作用于浊塞后，导致爆破气流明显减弱，同时受鼻韵尾影响而读同部位的鼻音声母。据陈忠敏（1995：4），"浙江吴语帮母、端母（一部分知母）分别读 m 和 n（l）声母是先喉塞音演变的结果"。

二　滂母

在处州方言中，滂母读音情况单一：

	遂昌	龙泉	庆元	松阳	宣平	丽水	云和	景宁	青田	缙云
滂母	pʰ	pʰ	pʰ	pʰ	pʰ	pʰ	pʰ	pʰ	pʰ	pʰ

三　并母

在处州方言中，并母读音情况单一：

	遂昌	龙泉	庆元	松阳	宣平	丽水	云和	景宁	青田	缙云
并母	b	b	p	b	b	b	b	b	b	b

处州方言并母读音一致，都读［b］（／［p］）声母。其中，庆元话古全浊声母清化，龙泉话古全浊声母逢阳上调清化，宣平话古全浊声母逢阳平调清化。龙泉话、宣平话并母［b］、［p］的不同读音是因为声调因素引起，所以并不是两种不同读音的共时叠置情况。因此，上表在处理这种情况时，龙泉话、宣平话只出现浊音音标［b］而不出现清音音标［p］。为方便起见，下文在列举［b］、［d］、［g］等浊声母时一般也包括庆元话的［p］、［t］、［k］等清声母，除非专门讨论全浊声母的清化问题。

四　明母

在处州方言中，明母读音情况单一：

	遂昌	龙泉	庆元	松阳	宣平	丽水	云和	景宁	青田	缙云
明母	m	m	m	m	m	m	m	m	m	m

五　非母

非母在处州各地方言中的共时叠置状况（表中第一行一般为该母今主流读音。下同）：

	遂昌	龙泉	庆元	松阳	宣平	丽水	云和	景宁	青田	缙云
非母	f	f	f	f	f	f	f	f	f	f
				p^h				p^h		
	p	p	ʔb	p	p	p	p	p	ʔb	ʔb

读作不送气、双唇塞音的［p］是非母早期读音特征的保留。从《对照表》中可以看出，"飞、痱、沸、反、粪、腹"等非母字或多或少有读重唇音［p］声母的现象，它们都是高频词，如遂昌、龙泉、庆元、松阳称"肚子"为"腹"，其他各点称"肚子"为"肚"，生活中不说"腹"，文读为［f］声母。"沸"字也一样，读作［p］声母的或见于"沸汤/沸水 开水"，或见于"水沸了 水开了"，否则文读为［f］声母。

处州方言中，有的字只在单点（县）保存古音，例如"飞"字，只有庆元话读作［ʔb］声母。

当然，很难说生活中的高频词就一定能够保留较早的读音特点，像"皮肤"的"肤"，"斧头"的"斧"，"头发"的"发"，所有点都读［f］声母。

松阳话、景宁话有非母细音字读如古敷母［p^h］声母、洪音字读［f］声母的现象，即松阳话和景宁话非母读［f］与［p^h］呈现互补分布状态：细音字读［p^h］、洪音字读［f］。我们认为，相对于非母读［p］而言，非母读［p^h］当是后起语言现象，而非母读［f］自然是更新层次的读音。更多关于处州方言非母读如古敷母［p^h］以及非组声母的历史层次问题，可参见王文胜《处州方言的地理语言学研究》。

另外，在缙云城郊，有年长者将非母读作［ɕ］的语言现象，如双川乡的"飞［ɕyei⁴⁴⁵］"。从音理上看，由［p］或［f］都不太可能演变为［ɕ］。处州方言［ɕ］声母一般都是心、生、书、晓等声母逢细音韵母而产生的演变。从横向的外方言情况看，闽语有非母读［x］声母的现象。缙云部分地方将非母读作［ɕ］是否与此有关有待进一步研究。

六　敷母

敷母在处州各地方言中的共时叠置状况：

	遂昌	龙泉	庆元	松阳	宣平	丽水	云和	景宁	青田	缙云
敷母	f	f	f	f	f	f	f	f	f	·f
	pʰ	pʰ	pʰ	pʰ	pʰ	pʰ	pʰ	pʰ	pʰ	pʰ

据《对照表》，"覆"字在处州各点都读作 [pʰ] 声母。"覆"是一个高频词，本书以出现的高频语境"将碗反过来放"进行调查。

七　奉母

奉母在处州各地方言中的共时叠置状况：

	遂昌	龙泉	庆元	松阳	宣平	丽水	云和	景宁	青田	缙云
奉母	v	v	f	v	v	v	v	v	v	v
	b	b	p	b	b	b	b	b	b	b

处州方言中，读重唇音的奉母字只有"缚、伏、吠、肥"4 个。其中，"缚"、"伏"在所有方言点都读重唇音声母。"吠"读重唇音的覆盖面也很广。

松阳话"肥料"的"肥"读 [pʰ] 声母是连读后声母清化、逢细音文读为古敷母的结果。上表不列。

八　微母

微母在处州各地方言中的共时叠置状况：

	遂昌	龙泉	庆元	松阳	宣平	丽水	云和	景宁	青田	缙云
微母	m	m	m	m	m	m	m	m	m	m
	Ø	Ø	Ø	Ø	Ø	Ø	Ø	Ø	Ø	Ø

处州方言微母字大都读作 [m] 声母，个别字读合口音零声母。青田话和缙云话读唇齿音 [v] 声母，是唇齿的零声母变为半元音 [ʋ] 而后因摩擦程度加深而形成的，故上表不列。

读零声母的微母字大都是文读字眼，口语一般不说。如"巫_{巫师}、诬_{诬蔑}、微_{稍微}、物_{动物}、亡_{灭亡}"等。有的则是生活中不说，但文读为零声母，如龙泉话、景宁话不说"雾"而说别的。

小结

（1）从处州方言部分非敷奉微字较早层次的读音（即白读音）看，非组读如帮组反映了早期帮非一体、"古无轻唇音"的语言事实。

（2）缙云话帮母读如明母受阳声韵的条件限制。

（3）松阳话、景宁话非母读［pʰ］受［i］介音的条件限制。

（4）处州方言帮系声母读音的共时叠置状况：

	遂昌	龙泉	庆元	松阳	宣平	丽水	云和	景宁	青田	缙云
帮	p	p	ʔb	p	p	p	p	p	ʔb	ʔb
										m
滂	pʰ	pʰ	pʰ	pʰ	pʰ	pʰ	pʰ	pʰ	pʰ	pʰ
并	b	b	p	b	b	b	b	b	b	b
明	m	m	m	m	m	m	m	m	m	m
非	f	f	f	f	f	f	f	f	f	f
				pʰ				pʰ		
	p	p	ʔb	p	p	p	p	p	ʔb	ʔb
敷	f	f	f	f	f	f	f	f	f	f
	pʰ	pʰ	pʰ	pʰ	pʰ	pʰ	pʰ	pʰ	pʰ	pʰ
奉	v	v	f	v	v	v	v	v	v	v
	b	b	p	b	b	b	b	b	b	b
微	m	m	m	m	m	m	m	m	m	m
	Ø	Ø	Ø	Ø	Ø	Ø	Ø	Ø	Ø	Ø

第二节　端系

一　端母

端母在处州各地方言中的共时叠置状况：

	遂昌	龙泉	庆元	松阳	宣平	丽水	云和	景宁	青田	缙云
端母	t	t	ʔd	t	t	t	t	t	ʔd	ʔd
	n	n	n	n	n	n	n		n	n

缙云话端母逢阳声韵读作 [n] 声母，这是缙云话的一个显著特点。音变原理同其帮母逢阳声韵读 [m] 声母。

据《广韵》："打，德冷切。又都挺切。""打"字在处州方言中除了遂昌话和龙泉话以外，其他各地都读作 [n] 声母，其中，除了松阳话"打"读 [naŋ²¹³] 以外，其他各地"打"的韵母都是阴声韵而不是阳声韵。这一现象告诉我们：这些地方"打"字读 [n] 声母当发生在韵母读阴声韵之前。但令人困惑的是，为什么绝大多数"咸深山臻宕江曾梗通"摄的端母字都读 [t] 而非 [n] 声母？为什么庆元、松阳、宣平、丽水、云和、景宁、青田等地只有"打"一个端母字读 [n] 声母？此处存疑。

二　透母

在处州方言中，透母读音情况单一：

	遂昌	龙泉	庆元	松阳	宣平	丽水	云和	景宁	青田	缙云
透母	tʰ	tʰ	tʰ	tʰ	tʰ	tʰ	tʰ	tʰ	tʰ	tʰ

《方言调查字表》中"桶"为透母，是按《广韵》"他孔切"而定，但据《康熙字典》："（桶）又《广韵》徒揔切，《集韵》杜孔切，音动。义同。"根据处州方言"桶"的读音特点，它当为"徒揔切"，属定母。

三　定母

在处州方言中，定母读音情况单一：

	遂昌	龙泉	庆元	松阳	宣平	丽水	云和	景宁	青田	缙云
定母	d	d	t	d	d	d	d	d	d	d

四　泥（娘）母

泥（娘）母在处州各地方言中的共时叠置状况：

	遂昌	龙泉	庆元	松阳	宣平	丽水	云和	景宁	青田	缙云
泥（娘）母	n	n	n	n	n	n	n	n	n	
	ȵ	ȵ	ȵ	ȵ	ȵ	ȵ	ȵ	ȵ	ȵ	ȵ

　　[n]、[ȵ] 与韵母洪细有关。若不涉及或无法判断主流读音的，一般在表中第一行列出与洪音韵母相拼时的声母读音。下文类似情况不再说明。

　　"尿"字在处州各地都读清擦音 [ɕ] ／ [ʃ] ／ [s] 声母，音同按阴平调读的"水"。据《说文》："尿，人小便也。"徐灏注："今俗语尿，息遗切，读若绥。"另据《六书故》："尿，息遗切。"所以，处州方言读 [ɕ] ／ [ʃ] ／ [s] 声母的"尿"当属心母。

五　来母

　　在处州方言中，来母读音情况单一：

	遂昌	龙泉	庆元	松阳	宣平	丽水	云和	景宁	青田	缙云
来母	l	l	l	l	l	l	l	l	l	l

　　松阳话"两两_二两"读作 [nɛ̃²² liaŋ¹³]，前者读 [n] 声母，后者读 [l] 声母。来母读 [n] 仅此一例，属特字，来历不详，上表不收。

六　精母

　　精母在处州各地方言中的共时叠置状况：

	遂昌	龙泉	庆元	松阳	宣平	丽水	云和	景宁	青田	缙云
精母	ts	ts	ts	ts	ts	ts	ts	ts	ts	ts
	tɕ	tɕ	tɕ	tɕ	tɕ	tʃ	tʃ	tɕ		

　　据《对照表》，韵母无论洪细，缙云话精母字都读 [ts] 声母。如"井 [tsæiŋ⁵²]、借 [tsia⁵⁵⁴]"。其他各地方言的情况是，精母字逢洪音韵母读 [ts] 声母，逢细音韵母读 [tɕ] ／ [tʃ] 声母。虽然目前是由韵母洪细决定精母读 [ts] 或 [tɕ] ／ [tʃ] 的情况，但早期并不存在这个问题。从这个意义上说，精母读 [tɕ] ／ [tʃ] 是后起的事情，所以仍然存

在历史层次的差异性。这与上文讨论泥（娘）母［n］、［ȵ］之别取决于韵母洪细之分的情况不一样。为方便起见，下文在列举［tɕ］组声母时一般也包括了［tʃ］组声母在内。

七　清母

清母在处州各地方言中的共时叠置状况：

	遂昌	龙泉	庆元	松阳	宣平	丽水	云和	景宁	青田	缙云
清母	tsʰ	tsʰ	tsʰ	tsʰ	tsʰ	tsʰ	tsʰ	tsʰ	tsʰ	tsʰ
	tɕʰ	tɕʰ	tɕʰ	tɕʰ	tɕʰ	tɕʰ	tʃʰ	tʃʰ	tɕʰ	

清母的基本情况与精母同，不再赘述。

八　从母

从母在处州各地方言中的共时叠置状况：

	遂昌	龙泉	庆元	松阳	宣平	丽水	云和	景宁	青田	缙云
从母	z	z	s	z	z	z	z	z	z	z
	ʑ	ʑ	ɕ	ʑ	ʑ	ʑ	ʒ	ʒ	ø	dz
	dz	dz	ts	dz	dz	dz	dz	dz		
	dʑ	dʑ	tɕ	dʑ	dʑ	dʑ	dʒ	dʒ		

处州方言从母字大多读擦音声母，读塞擦音声母的"暂、集"的调查语境分别是"暂时、第一集"，显然具有文读色彩。

青田话像"前［ia²¹］、嚼［iʔ³¹］"一类的阳调零声母字，音节开始有不太明显的摩擦成分，有的学者归纳为［j］之类的声母，本书则一律处理为零声母。

九　心母

心母在处州各地方言中的共时叠置状况：

	遂昌	龙泉	庆元	松阳	宣平	丽水	云和	景宁	青田	缙云
心母	s	s	s	s	s	s	s	s	s	s
	ɕ	ɕ	ɕ		ɕ	ɕ	∫	∫	ɕ	tsʰ
	tɕʰ	tɕʰ	tɕʰ	tɕʰ	tɕʰ	tɕʰ	tʃʰ	tʃʰ	tɕʰ	
	ts	ts					ts	ts	tɕ	

按《对照表》，"笑"字在处州各地都读塞擦音声母。在处州方言中，心、邪、书、禅母字都有读塞擦音的现象，"鞘"字在官话及各地方言中读塞擦音的特点很难说与此没有任何关系。

"僧"字在龙泉、庆元、云和、青田等地读不送气的塞擦音声母未必是"秀才识字读半边"。后文讨论书母时还会谈到，遂昌话"少"字就读 [tɕ] 声母。

十　邪母

邪母在处州各地方言中的共时叠置状况：

	遂昌	龙泉	庆元	松阳	宣平	丽水	云和	景宁	青田	缙云
邪母	z	z	s	z	z	z	z	z	z	z
	ʑ	ʑ	ɕ	ʑ	ʑ	ʑ	ʒ	ʒ	∅	dz
	dʑ	dʑ	tɕ	dʑ	dʑ		dʒ	dʒ	dʑ	

处州方言中，"松树"的"松（邪母）"与"轻松"的"松（心母，旧作'鬆'）"读音不同，保留了旧有的读音特点。

小结

（1）端组字读音相对比较一致。其中，缙云话端母读如泥母受阳声韵的条件限制。

（2）精组字读音相对比较复杂，并存在心、邪母读塞擦音的情况。

（3）缙云话无论韵母洪细，精组字一律读舌尖前音的 [ts]、[tsʰ]、[dz]、[s]、[z]，其他方言则是逢洪音读 [ts]、[tsʰ]、[dz]、[s]、[z]，逢细音读 [tɕ]、[tɕʰ]、[dʑ]、[ɕ]、[z] 之类的声母。

（4）处州方言端系声母读音的共时叠置状况：

	遂昌	龙泉	庆元	松阳	宣平	丽水	云和	景宁	青田	缙云
端	t	t	ʔd	t	t	t	t	t	ʔd	ʔd
	n	n	n	n	n	n	n	n	n	n
透	tʰ	tʰ	tʰ	tʰ	tʰ	tʰ	tʰ	tʰ	tʰ	tʰ
定	d	d	t	d	d	d	d	d	d	d
泥（娘）	n	n	n	n	n	n	n	n	n	n
	ȵ	ȵ	ȵ	ȵ	ȵ	ȵ	ȵ	ȵ	ȵ	ȵ
来	l	l	l	l	l	l	l	l	l	l
精	ts	ts	ts	ts	ts	ts	ts	ts	ts	ts
	tɕ	tɕ	tɕ	tɕ	tɕ	tɕ	tʃ	tʃ	tɕ	
清	tsʰ	tsʰ	tsʰ	tsʰ	tsʰ	tsʰ	tsʰ	tsʰ	tsʰ	tsʰ
	tɕʰ	tɕʰ	tɕʰ	tɕʰ	tɕʰ	tɕʰ	tʃʰ	tʃʰ	tɕʰ	
从	z	z	s	z	z	z	z	z	z	z
	ʑ	ʑ	ɕ	ʑ	ʑ	ʑ	ʒ	ʒ	∅	dz
	dz	dz	ts	dz	dz	dz	dz	dz		
	dʑ	dʑ	tɕ	dʑ	dʑ	dʑ	dʒ	dʒ		
心	s	s	s	s	s	s	s	s	s	s
	ɕ	ɕ	ɕ	ɕ	ɕ	ɕ	ʃ	ʃ	ɕ	tsʰ
	tɕʰ	tɕʰ	tɕʰ	tɕʰ	tɕʰ	tɕʰ	tʃʰ	tʃʰ	tɕʰ	tɕ
	ts	ts					ts			
邪	z	z	s	z	z	z	z	z	z	z
	ʑ	ʑ	ɕ	ʑ	ʑ	ʑ	ʒ	ʒ	∅	dz
	dʑ	dʑ	tɕ	dʑ	dʑ		dʒ	dʒ	dʑ	

第三节　知系

一　知母

知母在处州各地方言中的共时叠置状况：

	遂昌	龙泉	庆元	松阳	宣平	丽水	云和	景宁	青田	缙云
	ts	ts	ts	ts	ts	ts	ts	ts	ts	ts
知母	tɕ	tɕ	tɕ	tɕ	tɕ	tɕ	tʃ	tʃ	tɕ	
	t	t	ʔd	t	t	t	t	t	ʔd	ʔd
										n

在处州方言中，所有点都读舌头音声母的知母字有"猪、拄、帐、着穿、桌、中、竹"等。其中，缙云话"中"读〔n〕声母，是受"缙云话帮端二母逢阳声韵读相应部位的鼻音声母"这条规律的制约。知母读舌头音声母即读如端母。

"蜘蛛"在各地说法不一，遂昌、松阳、缙云等地一般说"蟢"，其他各地则说"蜘蛛"或它的变体（如"蜘蜘"、"蛛蛛"）。凡说"蜘蛛"的地方，都保存着舌头声母的读音。

学界一般认为，古知母读〔ȶ〕，后经〔tʃ〕而演变为普通话的〔tʂ〕。处州方言中读〔ts〕声母的知母字，其韵母都是〔ɿ〕。〔ts〕是由〔tʃ〕、〔tɕ〕因〔i〕介音舌尖化而得。从这个意义上看，〔ts〕的出现较〔tʃ〕／〔tɕ〕要晚些。下文彻、澄母的情况与此类似，不再赘述。

二　彻母

彻母在处州各地方言中的共时叠置状况：

	遂昌	龙泉	庆元	松阳	宣平	丽水	云和	景宁	青田	缙云
	tsʰ	tsʰ	tsʰ	tsʰ	tsʰ	tsʰ	tsʰ	tsʰ	tsʰ	tsʰ
彻母	tɕʰ	tɕʰ	tɕʰ	tɕʰ	tɕʰ	tɕʰ	tʃʰ	tʃʰ	tɕʰ	
	tʰ			tʰ						

"坼"字在《方言调查字表》中写作"拆"，《广韵》、《集韵》中写作"坼"。本书的调查语境是"木板或墙体开裂"的说法。为了与"拆房子"的"拆"相区别，《对照表》中按《广韵》写作"坼"。字表中的彻母字不多，调查结果显示，只有"坼"字在遂昌、松阳两地读舌头音声母。

三　澄母

澄母在处州各地方言中的共时叠置状况：

	遂昌	龙泉	庆元	松阳	宣平	丽水	云和	景宁	青田	缙云
澄母	dz	dz	ts	dz	dz	dz	dz	dz	dz	dz
	dʑ	dʑ	tɕ	dʑ	dʑ	dʑ	dʒ	dʒ	dʑ	
	d	d	t	d	d	d	d	d	d	

《对照表》中"澄"字的声母读音情况反映的显然是端母的特点，特别是缙云话读 [n] 声母。如前所述，缙云话帮端母逢阳声韵读相应部位的鼻音。所以，"澄"字可能有又读的情况。存疑，上表不列。

四　庄母

庄母在处州各地方言中的共时叠置状况：

	遂昌	龙泉	庆元	松阳	宣平	丽水	云和	景宁	青田	缙云
庄母	ts	ts	ts	ts	ts	ts	ts	ts	ts	ts
	tɕ	tɕ	tɕ	tɕ	tɕ	tɕ	tʃ	tʃ	tɕ	

读 [tɕ] ／ [tʃ] 声母的庄母字所出现的语境一般比较俗，比如"装"的调查语境是相当于"创"的动词（缙云话"装"的语境是"西装"）。"壮"的调查语境是"肥胖"。"山楂"，遂昌、宣平分别说"□楂 [mu²¹ tɕiŋ⁴⁵]"、"□楂 [mu⁴³ tɕia²⁴]"，而龙泉、庆元、景宁则分别说"山楂 [saŋ³³ tso³³⁵]、山楂 [sã³³ tso³³⁵]、山楂 [sɑ⁵⁵ tsəu³²⁴]"，前者显然是更早更俗的老派说法，后者则是新派说法。处州方言中，庄母字读 [tɕ] 声母应是较 [ts] 声母更早的读音特点。初、崇、生母情况同此。

五　初母

初母在处州各地方言中的共时叠置状况：

	遂昌	龙泉	庆元	松阳	宣平	丽水	云和	景宁	青田	缙云
初母	tsʰ	tsʰ	tsʰ	tsʰ	tsʰ	tsʰ	tsʰ	tsʰ	tsʰ	tsʰ
	tɕʰ	tɕʰ	tɕʰ	tɕʰ	tɕʰ	tɕʰ	tʃʰ	tʃʰ	tɕʰ	

基本情况与庄母同。

六　崇母

崇母在处州各地方言中的共时叠置状况：

	遂昌	龙泉	庆元	松阳	宣平	丽水	云和	景宁	青田	缙云
崇母	z	z	s	z	z	z	z	z	z	z
	ʑ	ʑ	ɕ	ʑ	ʑ	ʑ	ʒ	ʒ	ʑ	dz
	dz	dz	ts	dz	dz	dz	dz	dz	dz	
	dʑ	dʑ	tɕ	dʑ	dʑ	dʑ	dʒ	dʒ	dʑ	

七　生母

生母在处州各地方言中的共时叠置状况：

	遂昌	龙泉	庆元	松阳	宣平	丽水	云和	景宁	青田	缙云
生母	s	s	s	s	s	s	s	s	s	s
	ɕ	ɕ	ɕ	ɕ	ɕ	ɕ	ʃ	ʃ	ɕ	
	tsʰ	tsʰ		tsʰ	tsʰ	tsʰ	tsʰ		tsʰ	

按《对照表》，庆元、景宁、缙云三地的"产"都读 [s] 声母，符合其音韵地位。其他各地读 [tsʰ] 声母，反映了源自官话的影响。

八　章母

章母在处州各地方言中的共时叠置状况：

	遂昌	龙泉	庆元	松阳	宣平	丽水	云和	景宁	青田	缙云
章母	ts	ts	ts	ts	ts	ts	ts	ts	ts	ts
	tɕ	tɕ	tɕ	tɕ	tɕ	tɕ	tʃ	tʃ	tɕ	∅
	∅	∅	∅	∅	∅	∅	∅			

在处州各地中，除了景宁、青田外，章母多多少少都有读零声母的现象。其中，"（鸡）肫"字声母脱落的覆盖面最广，遂昌、龙泉、庆元等7个点都读零声母。

九　昌母

昌母在处州各地方言中的共时叠置状况：

	遂昌	龙泉	庆元	松阳	宣平	丽水	云和	景宁	青田	缙云
昌母	tɕʰ	tsʰ	tsʰ	tsʰ	tsʰ	tsʰ	tsʰ	tsʰ	tsʰ	tsʰ
	tɕʰ	tɕʰ	tɕʰ	tɕʰ	tɕʰ	tɕʰ	tɕʰ	tʃʰ	tʃʰ	

十　船母

船母在处州各地方言中的共时叠置状况：

	遂昌	龙泉	庆元	松阳	宣平	丽水	云和	景宁	青田	缙云
船母	z	z	s	z	z	z	z	z	z	z
	ʑ	ʑ	ɕ	ʑ	ʑ	ʑ	ʒ	ʒ	∅	dz
	dʑ	dʑ	tɕ	dʑ	dʑ	dʑ	dʒ	dʒ	dʑ	

按《对照表》，"舌"字在所有点都读塞擦音声母，"绳"读塞擦音的覆盖面也很广。普通话"船、塍"读塞擦音也反映了同样的特点。

十一　书母

书母在处州各地方言中的共时叠置状况：

	遂昌	龙泉	庆元	松阳	宣平	丽水	云和	景宁	青田	缙云
书母	s	s	s	s	s	s	s	s	s	s
	ɕ	ɕ	ɕ	ɕ	ɕ	ɕ	ʃ	ʃ	ɕ	tsʰ
	tɕʰ	tɕʰ	tsʰ	tsʰ	tsʰ	tsʰ	tsʰ	tsʰ	tsʰ	
	tɕ		tɕʰ	tɕʰ	tɕʰ	tɕʰ		tʃʰ		

前面谈到，心、邪母字有读塞擦音声母的现象，其中，心母是读送气的塞擦音。书母与心母一样，都是清声母，读塞擦音的也大都是送气的塞擦音，如"鼠、手、深、湿"等，唯独遂昌话的"少（少量）、识（识着：知道）"字却读不送气的塞擦音［tɕ］，这是一个很特殊的现象。

"春"字在《方言调查字表》上是书母字，这是根据《广韵》"书容切"而定。处州方言中的"春"大都读零声母。据《康熙字典》："（春）又《集韵》诸容切，《韵会》职容切，音锺。"可见，处州方言读零声母的"春"当属章母，系章母脱落现象。

十二 禅母

禅母在处州各地方言中的共时叠置状况：

	遂昌	龙泉	庆元	松阳	宣平	丽水	云和	景宁	青田	缙云
	ʐ	z	s	z	z	z	z	z	z	z
禅母	dʐ	ʐ	ç	ʐ	ʐ	ʐ	ʒ	ʒ	∅	dz
	dʐ		tç	dz	dz	dz	dz	dz	dz	
	dʐ	dʐ		dʐ	dʐ	dʐ	dʒ	dʒ	dʐ	

按《对照表》，"薯、树、匙锁匙:钥匙、是、上上车、上桌上"等字在处州各地方言中大都读塞擦音声母，其中"上上车、上桌上"读塞擦音声母的特点覆盖处州全境。

此外，遂昌话把"石蛙"叫作"蟾［dʐyɛ̃¹³］"，"介绍"的"绍"读作［dʐ］声母，遂昌话、龙泉话说的"石斑鱼"中的"石"都读作［dʐ］声母。另外，遂昌境内的黄沙腰（西乡）、应村（北乡）、垵口（南乡）等边远乡镇，"熟饭熟"的声母也是［dʐ］，县城也有少部分人说的"熟饭熟"声母也是［dʐ］，由此可以推断，遂昌话曾经普遍有过"熟饭熟"读［dʐ］声母的语音特点。

据潘悟云（2000：46—49），"船、禅两母在全国各地方言或读塞擦音，或读擦音，几乎没有什么分别，所以一些学者就怀疑，它们到底是不是两个不同的声母"。"但是陆志韦、蒲立本、邵荣芬都指出，韵图中船禅的位置给弄错了，应该是禅为dʐ，船为ʐ……"且不管实际音值是什么，光从处州方言船母和禅母中少量高频字都读塞擦音、大部分字都读擦音的情况看，处州方言船、禅二母在某个历史阶段可能早已合并。

十三 日母

日母在处州各地方言中的共时叠置状况：

	遂昌	龙泉	庆元	松阳	宣平	丽水	云和	景宁	青田	缙云
日母	ȵ	ȵ	ȵ	ȵ	ȵ	ȵ	ɲ	ɲ	ȵ	ȵ
	n	n	n	ʑ	ʑ	l	n	n	z	z
	z	ø	ø	ø	ø	ø	ø	ʒ	ø	ø
	l							ø		
	ø									

日母大都读［ȵ］/［ɲ］/［n］声母。也有一部分日母字在遂昌、松阳、宣平、景宁、青田、缙云有读［ʑ］/［ʒ］/［z］等声母的现象。这些并非文读音，因为像遂昌、松阳的"入"，见于"入你个娘_{舍你妈}"这样的俗词中。有些日母字在处州方言中读起来很拗口，如"儒、而、揉、纤、仁"，因为口语中很少用这些字。

虽然章太炎早就有过"古音娘日二纽归泥"的论断，但处州方言中多有日母与泥（娘）母读音不同的情况。据潘悟云（2000：61），高本汉、李方桂给出的日母构拟音值是［ńʑ］，王力、陆志韦、郑张尚芳构拟为［ȵʑ］，邵荣芬构拟为［nʑ］，而董同龢、李荣、蒲立本、周法高、潘悟云的构拟是［ȵ］或［ń］。从处州方言日母的实际情况看，高、李、王、陆、郑张、邵等的构拟比较符合。日母［nʑ］在发展过程中产生了分化，这在处州方言部分日母字的今读情况中可见一斑。

龙泉话"耳"读［mi⁵³］，系声母音变的结果，不列入上表。

日母读［l］声母是一种误听误读的文读现象，主要见于遂昌、丽水。也正是这两个县的人，说普通话时总是将［ʑ］声母读作［l］声母。

处州方言中，"闰、绒"读零声母的情况来历不明。

小结

（1）部分知组字白读为舌头声母。

（2）部分章母字读零声母。

（3）部分书母字读送气的塞擦音声母，个别读不送气塞擦音声母。

（4）崇、船、禅三母有擦音和塞擦音两类读音。

（5）龙泉话流开三尤韵的庄组与同韵的精组、知组、章组、见系能够分尖团，前者读［ts］组声母，后者读［tɕ］组声母。

（6）处州方言知系声母读音的共时叠置状况：

	遂昌	龙泉	庆元	松阳	宣平	丽水	云和	景宁	青田	缙云
知	ts	ts	ts	ts	ts	ts	ts	ts	ts	ts
	tɕ	tɕ	tɕ	tɕ	tɕ	tɕ	tʃ	tʃ	tɕ	ʔd
	t	t	ʔd	t	t	t	t	t	ʔd	n
彻	tsʰ	tsʰ	tsʰ	tsʰ	tsʰ	tsʰ	tsʰ	tsʰ	tsʰ	tsʰ
	tɕʰ	tɕʰ	tɕʰ	tɕʰ	tɕʰ	tɕʰ	tʃʰ	tʃʰ	tɕʰ	
	tʰ			tʰ						
澄	dz	dz	ts	dz	dz	dz	dz	dz	dz	dz
	dʑ	dʑ	tɕ	dʑ	dʑ	dʑ	dʒ	dʒ	dʑ	
	d	d	t	d	d	d	d	d	d	
庄	ts	ts	ts	ts	ts	ts	ts	ts	ts	ts
	tɕ	tɕ	tɕ	tɕ	tɕ	tɕ	tʃ	tʃ	tɕ	
初	tsʰ	tsʰ	tsʰ	tsʰ	tsʰ	tsʰ	tsʰ	tsʰ	tsʰ	tsʰ
	tɕʰ	tɕʰ	tɕʰ	tɕʰ	tɕʰ	tɕʰ	tʃʰ	tʃʰ	tɕʰ	
崇	z	z	s	z	z	z	z	z	z	z
	ʑ	ʑ	ɕ	ʑ	ʑ	ʑ	ʒ	ʒ	ʑ	dz
	dz	dz	ts	dz	dz	dz	dz	dz	dz	
	dʑ	dʑ	tɕ	dʑ	dʑ	dʑ	dʒ	dʒ	dʑ	
生	s	s	s	s	s	s	s	s	s	s
	ɕ	ɕ	ɕ	ɕ	ɕ	ɕ	ʃ	ʃ	ɕ	
			tsʰ	tsʰ	tsʰ	tsʰ			tsʰ	
章	ts	ts	ts	ts	ts	ts	ts	ts	ts	ts
	tɕ	tɕ	tɕ	tɕ	tɕ	tɕ	tʃ	tʃ	tɕ	Ø
	Ø	Ø	Ø	Ø	Ø	Ø	Ø			
昌	tɕʰ	tsʰ	tsʰ	tsʰ	tsʰ	tsʰ	tsʰ	tsʰ	tsʰ	tsʰ
	tɕʰ	tɕʰ	tɕʰ	tɕʰ	tɕʰ	tɕʰ	tʃʰ	tʃʰ		
船	z	z	s	z	z	z	z	z	z	z
	ʑ	ʑ	ɕ	ʑ	ʑ	ʑ	ʒ	ʒ	Ø	dz
	dʑ	dʑ	tɕ	dʑ	dʑ	dʑ	dʒ	dʒ	dʑ	
书	s	s	s	s	s	s	s	s	s	s
	ɕ	ɕ	ɕ	ɕ	ɕ	ɕ	ʃ	ʃ	ɕ	tsʰ
	tɕʰ	tɕʰ	tsʰ	tsʰ	tsʰ	tsʰ	tsʰ	tsʰ	tsʰ	
	tɕ		tɕʰ	tɕʰ	tɕʰ	tɕʰ		tʃʰ		

续表

	遂昌	龙泉	庆元	松阳	宣平	丽水	云和	景宁	青田	缙云
	ʑ	z	s	z	z	z	z	z	z	z
禅	dʑ	ʑ	ç	ʑ	ʑ	ʑ	ʒ	ʒ	∅	dz
		dʑ	tɕ	dz	dz	dz	dz	dz	dz	
				dʑ	dʑ	dʑ	dʒ	dʒ	dʑ	
	ŋ	ŋ	ŋ	ŋ	ŋ	ŋ	ɲ	ɲ	ŋ	ŋ
	n	n	n	ʑ	ʑ	l	n	n	z	z
日	ʑ	∅	∅	∅	∅	∅	∅	ʒ	∅	∅
	l							∅		
	∅									

第四节　见系

一　见母

见母在处州各地方言中的共时叠置状况:

	遂昌	龙泉	庆元	松阳	宣平	丽水	云和	景宁	青田	缙云
	k	k	k	k	k	k	k	k	k	k
见母	tɕ	tɕ	tɕ	tɕ	tɕ	tɕ	tʃ	tʃ	tɕ	tɕ
	ts	ts	∅	ts	ts	ts	ts	∅	ts	∅
	∅	∅		∅	∅	∅	∅			

　　一等见母字不分开合口都读 [k] 声母。

　　二等开口见母字大都读 [k] 声母,如"假、街、教、减、间、讲、角",个别字(如"嫁")有声母脱落现象。

　　三等见母字既有读 [k] 声母也有读 [tɕ] 声母的,但以读 [tɕ] 声母为常。以"宫"字为例,它在处州方言中的读音情况有两种:[k-]、[tɕi-]。我们知道,声母的历史演变与韵母的介音状况密不可分。"宫"、"公"是否相分,取决于介音所起的作用是否足够强大,或者说,是声母起决定作用而介音可忽略不计,还是介音起决定作用而迫使声母发生变化。"宫、公"如果合并，说明介音的作用被忽略了，而"宫、公"以 [tɕ]、[k] 而相分，则说明介音的作用足够强大。本文假设这种介音是 [iu]，那么 [i] 和 [u] 的作用可能并不一样，它可能是以 [u] 为主，即 [ⁱu]，也可能是以 [i] 为主，即 [iᵘ]。

按《对照表》，龙泉话三等见母字"斤、筋、巾"都读 [k] 声母。

遂昌话"耕 [tɕian⁴⁵]"和"惊 [kuaŋ⁴⁵]"二字反映的情况很有意思，其声母表现与官话正好相反。另外，像"惊"字，松阳、丽水、缙云等地也是读 [k] 声母，而且韵母都有 [u] 介音。

四等见母字很少有读 [k] 声母的（仅有的"闺、桂"等在官话中也读 [k] 声母）。而且，除了二等字"嫁"以外，有声母脱落现象的字几乎都是开口四等见母字，如"鸡、叫、挟、肩、见"。

在前文分析章母历史层次问题时，我们曾经提到部分章母字如"肫、种谷种、种种田、肿、帚、芝芝麻"等读零声母的情况。关于声母脱落现象，郑张尚芳（1995）的"浙西南方言的 [tɕ] 声母脱落现象"一文中有具体分析。是不是只有 [tɕ] 声母有脱落现象呢？我们看"箕"在处州各地的读音情况：

	遂昌	龙泉	庆元	松阳	宣平	丽水	云和	景宁	青田	缙云
箕	i⁴⁵	ɿ³³⁵	i³³⁵	i⁵³	i²⁴	ɿ²⁴	i²⁴	i³²⁴	tsɿ⁴⁴⁵	i⁴⁴⁵

对照其他字的读音情况，龙泉话、丽水话的"箕"读 [ɿ³³⁵]、[ɿ²⁴] 似乎是 [ts] 而不是 [tɕ] 的脱落。当然，不排除 [tɕi] → [i] → [ɿ] 这样的演变过程（也许这个过程更加合理）。

二　溪母

溪母在处州各地方言中的共时叠置状况：

	遂昌	龙泉	庆元	松阳	宣平	丽水	云和	景宁	青田	缙云
	kʰ	kʰ	kʰ	kʰ	kʰ	kʰ	kʰ	kʰ	kʰ	kʰ
溪母	tɕʰ	tɕʰ	tɕʰ	tɕʰ	tɕʰ	tɕʰ	tʃʰ	tʃʰ	tɕʰ	tɕʰ
	tsʰ	tsʰ		tsʰ	tsʰ	tsʰ			tsʰ	

一等溪母字不分开合口一般都读 [kʰ] 声母。"口"字的读音情况比

较特殊。"嘴巴"一词在遂昌、龙泉分别说"口〔tɕʰyɛʔ⁵〕（系〔tɕʰy⁵³³〕促化）□〔bəɯʔ²³〕、口〔tɕʰy³〕□〔pɤɯ⁵³〕"，"胡须"一词庆元话说"口须〔tɕʰye³³ɕiɯ³³⁵〕"，即一等的"口"字读〔tɕʰ〕声母。不过，遂昌、龙泉、庆元"户口"的"口"仍读〔kʰ〕声母。

二等溪母字大都读〔kʰ〕声母，如"揩、掐"。"客"字在遂昌话中读〔tɕʰ〕声母。

三等溪母字以读〔tɕʰ〕／〔tsʰ〕声母居多，如"器、起、欠、圈、劝、庆、区"等。但也有读〔kʰ〕声母的，如"去、乞"。另外，"气"字在处州方言中有〔kʰ〕、〔tɕʰ〕、〔tsʰ〕等不同的读法，其中遂昌话、松阳话读〔kʰ〕声母的调查语境是"气味（一般指不好闻的）"，读〔tsʰ〕的调查语境是"空气"。另外，"亏"字在缙云话中读〔tɕʰ〕声母。

四等溪母字一般读〔tɕʰ〕／〔tsʰ〕声母，如"溪、牵、犬"。"溪"在景宁话中读〔kʰ〕声母。

三　群母

群母在处州各地方言中的共时叠置状况：

	遂昌	龙泉	庆元	松阳	宣平	丽水	云和	景宁	青田	缙云
群母	g	g	k	g	g	g	g	g	g	g
	ʥ	ʥ	tɕ	ʥ	ʥ	ʥ	dʒ	dʒ	ʥ	ʥ
	dz	dz		dz	dz	dz	dz		dz	

"渠他/她/它（也常有人写作'佢'，集韵写作'㹟'）、徛站立"二字读〔g〕声母的特点覆盖处州全境，"近"读〔g〕声母的分布也很广。结合《对照表》可以看出，松阳话"舅、求、球、臼、旧"等流摄三等群母字大都读〔g〕声母，这是松阳话的一个显著特点。庆元话把"挖土"叫做"掘地〔kəɯʔ³ti³¹〕"。可见，古群母读舌根塞音声母的特点非常明显。

处州境内表示"一样"的说法除了宣平、青田以外都说"共"，都读塞擦音〔ʥ〕类声母，"共共产党"的读音情况基本一致。

四　疑母

疑母在处州各地方言中的共时叠置状况：

	遂昌	龙泉	庆元	松阳	宣平	丽水	云和	景宁	青田	缙云
	ŋ	ŋ	ŋ	ŋ	ŋ	ŋ	ŋ	ŋ	ŋ	ŋ
疑母	ȵ	ȵ	ȵ	ȵ	ȵ	ȵ	ȵ	ȵ	ȵ	ȵ
	∅	∅		∅	∅	∅	∅	∅	∅	

　　洪音读［ŋ］、细音读［ȵ］、文读为［∅］，可以概括为疑母的读音特点。处州方言中，"牙、岩、傲"等字都读［ŋ］声母，"我、硬、眼、鱼"等字大都读［ŋ］声母。"危危险"因其文读色彩较浓，读零声母的范围很广。"严、月、银、玉"等字因韵母都是细音，声母也都读作相应的［ȵ］声母。

五　晓母

　　晓母在处州各地方言中的共时叠置状况：

	遂昌	龙泉	庆元	松阳	宣平	丽水	云和	景宁	青田	缙云
	x	x	x	x	x	x	x	x	x	x
	ç	ç	ç	f	ç	ç	ʃ	ʃ	ç	ç
晓母	s	s	∅	ç	s	s	s		s	s
		∅		s						
				∅						

　　龙泉、庆元、松阳读［∅］声母的字只有一个"伙旧作'夥'"字，其调查语境是"多"的说法。

　　处州方言中，晓母逢合口呼读［f］声母是松阳话的一个区别性特征。

六　匣母

　　匣母在处州各地方言中的共时叠置状况：

	遂昌	龙泉	庆元	松阳	宣平	丽水	云和	景宁	青田	缙云
	∅	∅	∅	∅	∅	∅	∅	∅	∅	∅
匣母	g	g	k	g	g	g	g	g	g	g
			x							

匣母归群是中古音的一个重要特点。按《对照表》，处州所有方言点匣母都读如古群母的有"厚、峡"二字。除缙云话外，表示"拥挤"意思的字都音同"峡"，我们认为其本字应该是"狭"。"狭"字本义"狭窄"，引申出"拥挤"这一义项完全合理。据《正韵》："狭，胡夹切，音匣。""狭"读如古群母系其古音的保存。而表示"狭窄"意思的"狭"除宣平话读［g］声母外，其他各地都读零声母。"狭"读零声母是后起的读音。

遂昌话共有"糊、怀怀里、厚、含、狭、峡、汗、滑"等8个匣母字读如古群母，庆元话和龙泉话都共有"坏、厚、含、狭、峡、寒"等6个匣母字读如古群母。

"绘"在《方言调查字表》中是匣母字，是依据《广韵》而定。另据《康熙字典》："（绘）《集韵》古外切。"处州多地方言"绘"读［k］声母，就是"古外切"，属见母。"匣"字在《方言调查字表》中也是匣母字，也是依据《广韵》而定。另据《康熙字典》："（匣）《集韵》古狎切，音甲。义同。"处州方言中"匣"读［k］声母的情况，读的应是"古狎切"，也属见母。

"苋、蟹"二字在处州各地都读晓母［x］、阴调。据曹宪《博雅》，"蟹"读作"呼买反"。曹宪是隋唐时期的文字学家。"苋"暂未见其他反切的记载。读晓母［x］、阴调的"苋、蟹"二字当属特字，上表不收。

"系"在"联系、关系"中都读零声母，是为声母脱落现象。处州方言中，有声母脱落现象的一般为章、见母字。《方言调查字表》中"繫系鞋带"字是见母字，而"系繫连系係"则在匣母位置。表示"系鞋带"的"系"，处州方言除缙云话读［tɕi⁵⁵⁴］外，一般都说"缚"，读书音一般为［ts］或［tɕ］声母，并未脱落。如果"系繫连系係"在见母位置上，产生声母脱落现象就不奇怪了。此处存疑。

庆元话古全浊声母清化，"鞋、咸、狭、汗、学"等匣母字皆读如晓母［x］。从音素分析来看，除庆元话以外的其他点所读的阳调类［∅］声母音节，起始部分都有程度不一的紧喉摩擦成分，比如"咸"，一般都以摩擦程度不一的［ɦ］起始。这种具有一定气流的摩擦成分，是庆元话匣母变读为晓母［x］的潜在因子。

七　影母

在处州方言中，影母读音情况单一：

	遂昌	龙泉	庆元	松阳	宣平	丽水	云和	景宁	青田	缙云
影母	Ø	Ø	Ø	Ø	Ø	Ø	Ø	Ø	Ø	Ø

八　云母

云母在处州各地方言中的共时叠置状况：

	遂昌	龙泉	庆元	松阳	宣平	丽水	云和	景宁	青田	缙云
云母	Ø	Ø	Ø	Ø	Ø	Ø	Ø	Ø	Ø	Ø
	x	x	x	f						

遂昌、龙泉、庆元、松阳四地有将"园、远"读作擦音声母［x］/［f］的现象。另据王文胜（2008：216），遂昌郊区也有将"远"字读作［x］声母的情况，如黄沙腰话"远［xəŋ³³⁴］"。

九　以母

以母在处州各地方言中的共时叠置状况：

	遂昌	龙泉	庆元	松阳	宣平	丽水	云和	景宁	青田	缙云
以母	Ø	Ø	Ø	Ø	Ø	Ø	Ø	Ø	Ø	Ø
	ʐ	ʐ	ç	ʐ						

处州方言以母字绝大部分都读［Ø］声母。情况特殊的有"痒、蝇"二字，它们在遂昌、龙泉、庆元、松阳等地都读擦音［ʐ］/［ç］声母。

据郑伟（2008：320），"云、以母字在南方方言、侗台语汉借词中读擦音，可能是古代楚方言读音层次的保留"。

遂昌、松阳、景宁等地"铅铅笔"字读零声母符合它的音韵地位，其他多数点读［kʰ］声母，当是"铅"字又读。至于庆元话读［tɕʰ］声母则完全是文读现象。［kʰ］/［tɕʰ］母不列入上表。

小结

（1）部分见母字读零声母。

（2）疑母逢洪音读［ŋ］，细音读［ȵ］，文读一般为［Ø］。

（3）部分匣母字读如古群母。

（4）个别云以母字读擦音声母。

（5）缙云话精组、知系与见系逢细音能够分尖团，前者读［ts］组声母，后者读［tɕ］组声母。

（6）处州方言见系声母读音的共时叠置状况：

	遂昌	龙泉	庆元	松阳	宣平	丽水	云和	景宁	青田	缙云
见	k	k	k	k	k	k	k	k	k	k
	tɕ	tɕ	tɕ	tɕ	tɕ	tɕ	tʃ	tʃ	tɕ	tɕ
	ts	ts	∅	ts	ts	ts	ts	∅	ts	∅
	∅	∅		∅	∅	∅	∅			
溪	kʰ	kʰ	kʰ	kʰ	kʰ	kʰ	kʰ	kʰ	kʰ	kʰ
	tɕʰ	tɕʰ		tɕʰ	tɕʰ	tɕʰ	tʃʰ	tʃʰ	tɕʰ	tɕʰ
	tsʰ	tsʰ	tɕʰ	tsʰ	tsʰ	tsʰ			tsʰ	
群	g	g	k	g	g	g	g	g	g	g
	dʑ	dʑ	tɕ	dʑ	dʑ	dʑ	dʒ	dʒ	dʑ	dʑ
	dz	dz		dz	dz	dz	dz		dz	
疑	ŋ	ŋ	ŋ	ŋ	ŋ	ŋ	ŋ	ŋ	ŋ	ŋ
	ȵ	ȵ	ȵ	ȵ	ȵ	ȵ	ɲ	ɲ	ȵ	ȵ
	∅	∅		∅	∅	∅	∅	∅	∅	
晓	x	x	x	x	x	x	x	x	x	x
	ɕ	ɕ	ɕ	f	ɕ	ɕ	ʃ	ʃ	ɕ	ɕ
	s	s	∅	ɕ	s	s	s		s	
		∅		s						
				∅						
匣	∅	∅	∅	∅	∅	∅	∅	∅	∅	∅
	g	g	k	g	g	g	g	g	g	g
			x							
影	∅	∅	∅	∅	∅	∅	∅	∅	∅	∅
云	∅	∅	∅	∅	∅	∅	∅	∅	∅	∅
	x	x	x	f						
以	∅	∅	∅	∅	∅	∅	∅	∅	∅	∅
	ʑ	ʑ	ɕ	ʑ						

第三章

处州方言的语音历史比较（下）

本章分析韵母的历史比较。韵母按《方言调查字表》中的顺序排列：果摄、假摄、遇摄……梗摄、通摄。

韵母是否有介音对声母的读音产生直接影响，所以，下文在对各类韵进行分类归并时，除重点考察主要元音舌位的前后高低及唇形区别外，也考察介音的不同。

一般会在每个韵摄的结尾进行小结。

第一节　果摄

一　果开一：歌

果开一歌韵在处州各地方言中的共时叠置状况（表中第一行一般为该韵今主流读音。下同）：

	遂昌	龙泉	庆元	松阳	宣平	丽水	云和	景宁	青田	缙云
果开一歌	u	əu	o	u	o	u	u	əu	u	ʊ
	a	o	a	a	a	uo	uo	i	a	ɑ
	ɒ	a	æi	i			ɑ		uæi	
	ei	i					i			

处州部分地"箩"读 [a] / [ɑ] 韵母，符合学者所构拟的中古音，像高本汉、董同龢、李荣、王力、邵荣芬、郑张尚芳等都是把歌韵构拟为舌位低、开口度大的单元音（潘悟云 2000：83、88）。遂昌话"我"的元音 [ɒ] 就保留了"舌位低、开口度大"这一特点。处州其他各地"我"的韵母一般都是 [o] 或 [uo] 之类。

　　"个"字在处州方言中主要有两个用法：量词和相当于"的"、"地"的助词。用于助词的"个"韵母都已弱化，表中未列。表中［ei］、［i］等是量词"个"的韵母。

二　果开三：戈

　　果开三戈韵在处州各地方言中的共时叠置状况：

	遂昌	龙泉	庆元	松阳	宣平	丽水	云和	景宁	青田	缙云
果开三戈	iɒ	io	ia	yʌ	o	io	io	iəu	iu	ʊ

　　《对照表》中"茄"的第一行调查语境是表示"茄子"的"茄"，第二行调查语境是"番茄"（松阳话"茄"系读字音）。丽水、云和、青田、缙云等地说的"番茄"中的"茄"均读同"加（合口韵）"，疑为"秀才读字读半边"，上表不列。庆元话的"茄"无论是"茄子"还是"番茄"，其主元音开口较大，都是［a］。

三　果合一：戈

　　果合一戈韵在处州各地方言中的共时叠置状况：

	遂昌	龙泉	庆元	松阳	宣平	丽水	云和	景宁	青田	缙云
	u	əu	o	u	o	u	u	əu	u	ʊ
	a	u	u	uʌ	u	uo	uo	u	a	u
	ei	a	uæi	a	a	ɒ	ɑ	a		ɑ
果合一戈	iu	ɛ	a	æ	i	e	e	æi		i
		əə	æi	ua						
		ui	ua							
		ua								

　　龙泉、庆元、松阳三地"多"的说法是"伙（旧作'夥'）"，韵母均为［ua］（且均为零声母音节），主元音舌位低、开口大，均系合口，是果合一存古性较好的例字。另外，处州各地"破"字也都读舌位低、开口度大的［a］或［ɑ］韵母，也反映了古读特征。庆元话的"螺、胭、餜、火"，松阳话和景宁话的"胭"等字的韵母读音也反映了"舌位低、

开口度大"的特点，但较"夥"字而言显然又处在不同的历史层次。

整体来看，处州方言果合一戈韵读音较复杂，层次较多，仅庆元话和龙泉话就有6—7种不同的读音。

四　果合三：戈

在处州方言中，果合三戈韵读音情况单一：

	遂昌	龙泉	庆元	松阳	宣平	丽水	云和	景宁	青田	缙云
果合三戈	iu	yə	ya	iu	io	iu	yɛ	iuɐi	iu	yɑ

小结

果开一歌、果合一戈两韵今主流读音一致，且大都存在开口度较大的早期读音特点（丽水话 [ɒ] 逢见系读合口，下表 [ɒ]、[uɒ] 合并为 [ɒ]）：

	遂昌	龙泉	庆元	松阳	宣平	丽水	云和	景宁	青田	缙云
果开一歌	u	əu	o	o	o	o	u	əu	u	ʊ
果合一戈	a	a	a	a	a	ɒ	ɒ	a	a	ɒ

第二节　假摄

一　假开二：麻

假开二麻韵在处州各地方言中的共时叠置状况：

	遂昌	龙泉	庆元	松阳	宣平	丽水	云和	景宁	青田	缙云
假开二麻	ɒ	o	o	uʌ	o	uo	uo	əu	u	ʊ
	u	u	æi	u	ia	io	io	iəu	iu	ia
	iɒ	io	ia	yʌ						iɒ

处州方言中，"山楂"的说法普遍较俗，如遂昌、宣平和缙云三地都叫做"□楂"（分别读作 [mu²¹tɕiɒ⁴⁵]、[mu⁴³tɕia²⁴]、[mʊ²²tsiɑ⁴⁴⁵]，系同一词形)。"嫁"除景宁、青田外都读有 [i] 介音的零声母音节，系见母脱落。"下"在处州各地也都读零声母音节，韵母同"嫁"。

二　假开三：麻

假开三麻韵在处州各地方言中的共时叠置状况：

	遂昌	龙泉	庆元	松阳	宣平	丽水	云和	景宁	青田	缙云
假开三麻	iɒ	io	ia	yʌ	ia	io	io	iəu	iu	ia
	iu	a	io	a			a	a	i	
	a									a

处州方言"爷"有开口洪音和齐齿细音两类不同的韵母。据王文胜（2008：121)，"'爷洪'型和'爷细'型反映了'爷'在语音上的不同历史层次。从处州方言看，遂昌、龙泉、庆元和景宁的'爷'型称谓读洪音，应处于较早的语音层次。宣平、缙云等地的'爷'型称谓虽读细音，但主元音开口度大，应处在第二个语音层次"。

遂昌话背称"爸爸"为"老爷 [iu²²¹]"；"祖父"在宣平话中叫"爷爷 [ia²²ia⁵²]"，青田话中叫"阿爷 [a⁵⁵i³³]"。其他各地的"爷"均为读字音。

三　假合二：麻

假合二麻韵在处州各地方言中的共时叠置状况：

	遂昌	龙泉	庆元	松阳	宣平	丽水	云和	景宁	青田	缙云
假合二麻	ɒ	uə	o	uʌ	o	uo	uo	əu	u	ʊ
	a	a	a	a	a	a	a	a	a	a

"傻"在处州各地一般说"憨"、"痴呆"等，表中 [a] 等均为文读韵母。从字音看，除遂昌话符合自己的音韵地位外，其他各地均为受官话影响的文读音。

小结

部分知见系假开二麻韵读同假开三麻韵：

	遂昌	龙泉	庆元	松阳	宜平	丽水	云和	景宁	青田	缙云
假开二麻 假开三麻	iɒ	io	ia	yʌ	ia	io	io	iəu	iu	ia

第三节　遇摄

一　遇合一：模

遇合一模韵在处州各地方言中的共时叠置状况：

	遂昌	龙泉	庆元	松阳	宜平	丽水	云和	景宁	青田	缙云
遇合 一模	uə	ɯɯ	uɤ	uʌ	u	u	u	u	ø	u
	u	u		u			y	əu	u	ʊ
	ɤ	əu	ɤ	ɤ				ɻ	ε	
		ɤɯ		o				y		

处州各地方言中，"蜈蜈蚣"的读音大都与遇合三"鱼"的读音相同（松阳话例外），所以其韵母读音也显得相对比较特殊。试比较：

	遂昌	龙泉	庆元	松阳	宜平	丽水	云和	景宁	青田	缙云
蜈	ŋɤ²²¹	ŋɤɯ²¹¹	ŋɤ⁵²	ŋuʌ³¹	ŋ⁴⁴	ŋ¹¹	ȵy⁴⁴	ȵy³¹	ŋε²¹	ŋ²³¹
鱼	ŋɤ²²¹	ŋɤɯ²¹¹	ŋæ̃⁵⁵	ŋɤ³¹	ŋ⁴³⁴	ŋ¹¹	ȵy⁴²³	ȵy³¹	ŋε²¹	ȵy²³¹

不过，从龙泉话的"布/吐/醋"、庆元话的"布/吐/醋"，以及景宁话的"吐"等字的韵母读音看，"蜈蜈蚣"的韵母读音仍符合其自身音韵地位。

二　遇合三：鱼

遇合三鱼韵在处州各地方言中的共时叠置状况：

	遂昌	龙泉	庆元	松阳	宣平	丽水	云和	景宁	青田	缙云
遇合三鱼	yɛ	y	ye	yɛ	y	y	y	y	ʮ	y
	iɛ	i	ie	ɤ	i	ʮ	i	i	i	ʮ
	iu	ɤɯ	ɤ	uʌ	ʅ	i	ʅ	ʅ	ʅ	i
	ɤ	o	o		u	ʅ	u	ɐɯ	ɛ	ʅ
	ɒ				ɯ	u	ou	əɯ	ɯɯ	ɤɯ
					o	ɯ				u
					ɑɯ					ɔ

　　处州方言遇合三鱼韵的读音情况相当复杂，元音从低到高都有，有舌位低、开口度大的情况，如遂昌话的"猪、锄、梳"；又有舌位高、开口度小的情况，如青田话的"猪、锄、梳"。对同一种方言而言，也表现出多层次的叠置状况，像丽水话和缙云话，都分别有 7 种不同读音，且开齐合撮一应俱全。

三　遇合三：虞

　　遇合三虞韵在处州各地方言中的共时叠置状况：

	遂昌	龙泉	庆元	松阳	宣平	丽水	云和	景宁	青田	缙云
遇合三虞	yɛ	y	ye	yɛ	y	y	y	y	ʮ	y
	uə	ɤɯ	ɤ	uʌ	u	ʮ	u	u	ø	ʮ
	ɤ	i	iɯ	ɤ	iɯ	u	iɯ	ʅ		u
	iɯ	u		iɯ						ium
		iɯ								

　　处州方言遇合三虞韵的读音情况也比较复杂，像龙泉话共有 5 种不同的读音，而且也是开齐合撮俱全。遂昌、龙泉、庆元、松阳等地的"树"读〔ʥ〕或〔tɕ〕声母，禅母读塞擦音，韵母也相对异常，但仍可从"聚、鬚"两字的韵母读音中找到对应之处。

小结

（1）遇合三鱼、虞二韵读音有一致的地方：

	遂昌	龙泉	庆元	松阳	宣平	丽水	云和	景宁	青田	缙云
遇合三鱼	yɛ	y i	ye	yɛ	y	y	y	y		y
遇合三虞	ɤ	ɤɯ	ɤ	ɤ uʌ	u	ʮ u	u	ɿ	ʮ	ʮ u

（2）遇合一模韵与遇合三鱼虞韵有相同点：

	遂昌	龙泉	庆元	松阳	宣平	丽水	云和	景宁	青田	缙云
遇合一模									ø	
遇合三鱼	ɤ	ɤɯ	ɤ	uʌ ɤ	u	u	u y	y	u ɛ	u
遇合三虞									ʮ	
									ø	

第四节　蟹摄

一　蟹开一：咍

蟹开一咍韵在处州各地方言中的共时叠置状况：

	遂昌	龙泉	庆元	松阳	宣平	丽水	云和	景宁	青田	缙云
蟹开一咍	ei	ɛ	æi	æ	e	ɛ	a	æi	ɛ	ei
	a	a	a	a	a	ɒ	ɑ	a	a	ɑ
		i		ie		e		i	i	
				i			i			

相对而言，处州方言中"戴"和"来"的韵母都比较特殊："戴"的韵母开口度较大，多读［a］或［ɑ］，同蟹开一泰韵（见下文）；"来"的韵母开口度较小，大多读［i］。其他各字的韵母读音相对比较规整。另外，云和话咍韵普遍开口较大。

二　蟹开一：泰

蟹开一泰韵在处州各地方言中的共时叠置状况：

	遂昌	龙泉	庆元	松阳	宣平	丽水	云和	景宁	青田	缙云
蟹开一泰	a	a	a	a	a	ɒ	ɑ	a	a	ɑ
	ei	ua	æi	e	ue	ɛ	a	æi	æi	ei
			ɛ			e	e	ɛ	uɛ	
							ɛ		e	
							e		ɛ	

总体来说,帮系、见系的泰韵相同,而与端系的泰韵有别,但作为植物名的"艾"字的韵母却大都读同端系字。

三　蟹开二:皆

在处州方言中,蟹开二皆韵读音情况单一:

	遂昌	龙泉	庆元	松阳	宣平	丽水	云和	景宁	青田	缙云
蟹开二皆	a	a	a	a	a	ɒ	ɑ	a	a	ɑ

丽水话〔ɒ〕韵拼〔k〕组声母时读合口韵。下表同此。

四　蟹开二:佳

在处州方言中,蟹开二佳韵读音情况单一:

	遂昌	龙泉	庆元	松阳	宣平	丽水	云和	景宁	青田	缙云
蟹开二佳	a	a	a	a	a	ɒ	ɑ	a	a	ɑ

五　蟹开二:夬

在处州方言中,蟹开二夬韵读音情况单一:

	遂昌	龙泉	庆元	松阳	宣平	丽水	云和	景宁	青田	缙云
蟹开二夬	a	a	a	a	a	ɒ	ɑ	a	a	ɑ

六　蟹开三:祭

蟹开三祭韵在处州各地方言中的共时叠置状况:

	遂昌	龙泉	庆元	松阳	宣平	丽水	云和	景宁	青田	缙云
蟹开三祭	i	i	i	i	i	i	i	i	i	i
	iɛ		ie	iɛ	ʅ	ʅ	ʅ		ʅ	ʅ
				ɤ						

七　蟹开三：废

《方言调查字表》中，蟹开三废韵仅有"刈"字，处州方言不说。

八　蟹开四：齐

蟹开四齐韵在处州各地方言中的共时叠置状况：

	遂昌	龙泉	庆元	松阳	宣平	丽水	云和	景宁	青田	缙云
蟹开四齐	i	i	i	i	i	i	i	i	i	i
	iɛ	ɛ	ie	iɛ	ʅ	ʅ	ʅ	æi	ʅ	ʅ
	iɒ		æi	ɤ			e			ei
	ei			æ						

处州各地方言"梯"字的韵母读音比较特殊，整体上看读同蟹开一咍韵。另外，遂昌话"泥"及景宁话"溪"的韵母也比较特殊。景宁话"溪"读古溪母 $[k^h]$，韵母开口度较大；而其他各地读 $[tɕ^h]$ 或 $[ts^h]$ 声母，韵母开口度较小。

九　蟹合一：灰

蟹合一灰韵在处州各地方言中的共时叠置状况：

	遂昌	龙泉	庆元	松阳	宣平	丽水	云和	景宁	青田	缙云
蟹合一灰	uei	uɛ	uæi	ue	ue	ue	ue	uæi	uæi	uei
	ei	ui	æi	e	e	e	e	æi	æi	ei
			ɛ				e			ɛ
			æ				a			
		i								

从总体来看，帮、端系的蟹合一灰韵读开口韵，同蟹开一咍韵的主流

读音；见系字则读合口韵。松阳话逢合口韵晓母读 [f]，部分字韵母变读开口，如"灰"读 [fe⁵³]。

十　蟹合一：泰

蟹合一泰韵在处州各地方言中的共时叠置状况：

	遂昌	龙泉	庆元	松阳	宣平	丽水	云和	景宁	青田	缙云
蟹合一泰	uei	ui	uæi	ue	ue	ue	ue	uæi	uæi	uei
	ei	ɛ	æi	e	e	e	e	æi	æi	ei
	ua	a	ua	a	a	a	ɑ	uɒ	ua	ɑ
		ua				ua	uɒ	uɒ		

龙泉、宣平、丽水、云和等地"外公"的"外"与"外面"的"外"韵母不同，而且有一个共性：前者读开口，后者读合口。但无论开口、合口，"外"的主元音开口度大，与蟹开一泰韵主元音 [a] ／ [ɑ] 相同。亲属称谓与方位词均为口语高频词，容易保存较早时期的读音特点。

十一　蟹合二：皆

蟹合二皆韵在处州各地方言中的共时叠置状况：

	遂昌	龙泉	庆元	松阳	宣平	丽水	云和	景宁	青田	缙云
蟹合二皆	ua	ua	ua	ua	ua	uɒ	uɒ	uɒ	ua	uɒ
		a	a					a		

龙泉、庆元、景宁三地的匣母字"坏"读如古群母，韵母都读开口的 [a]。

十二　蟹合二：佳

蟹合二佳韵在处州各地方言中的共时叠置状况：

	遂昌	龙泉	庆元	松阳	宣平	丽水	云和	景宁	青田	缙云
蟹合二佳	ua	ua	ua	ua	ua	uɒ	ɒu	uɒ	ua	uɒ
	ɒ	uə	o	uʌ	o	uo	uo	əu	u	ʊ
	uɒ	o								

挂，《广韵》"古卖切"，又《集韵》"胡卦切，音画"。处州方言中"挂"的读音情况如下：

	遂昌	龙泉	庆元	松阳	宣平	丽水	云和	景宁	青田	缙云
挂	kɒ334	kuə45	ko11	kuʌ24	go231	guo231	guo223	gəu35	gu22	kuɑ554

上表可见，宣平、丽水、云和、景宁、青田等地读"胡卦切"，古匣母、蟹合二佳韵。但遂昌、龙泉等其他各地并非读"古卖切"，而是"古卦切"，见母、蟹合二佳韵。

十三　蟹合二：夬

蟹合二夬韵在处州各地方言中的共时叠置状况：

	遂昌	龙泉	庆元	松阳	宣平	丽水	云和	景宁	青田	缙云
蟹合二夬	ua	ua	ua	ua	ua	uɒ	ɒu	uɒ	ua	uɒ
	u	uə	o	u	o	uo	uo	əu	u	ʊ

十四　蟹合三：祭

蟹合三祭韵在处州各地方言中的共时叠置状况：

	遂昌	龙泉	庆元	松阳	宣平	丽水	云和	景宁	青田	缙云
蟹合三祭	yɛ	y	ye	yɛ	y	ʮ	y	y	ʮ	ʮ
	uei	ui	uæi	ue	ue	ue	ue	uæi	æi	uei
	ei		y	e	e	e	e			

从整体看，处州方言蟹合三祭韵以读撮口韵为主，特别像缙云话，白读音都读撮口韵。

十五　蟹合三：废

蟹合三废韵在处州各地方言中的共时叠置状况：

	遂昌	龙泉	庆元	松阳	宣平	丽水	云和	景宁	青田	缙云
蟹合三废	i	i	ie	iɛ i	i	i	i	i	i	i

十六　蟹合四：齐

蟹合四齐韵在处州各地方言中的共时叠置状况：

	遂昌	龙泉	庆元	松阳	宣平	丽水	云和	景宁	青田	缙云
蟹合四齐	uei	ui	ye	ue	ue	ue	y ue	y uæi	ɥ uæi	y uei

　　该韵"惠"字除多见于人名外，还见于部分地方表示"乖"的说法，如遂昌、松阳、宣平、丽水、青田、缙云都可以说"惠"。表示小孩儿"聪明、乖"时，"惠"同"慧"。"桂花"在处州大都说"木樨花"，但受普通话影响，也可说"桂花"，"桂"文读。

小结

　　（1）端系的哈、泰二韵主流读音有别，见系的哈、泰二韵相同（帮系泰韵亦同）：

	遂昌	龙泉	庆元	松阳	宣平	丽水	云和	景宁	青田	缙云
蟹开一哈	见系ei	见系ɛ	见系æi	见系æ	见系e	见系ɛ	见系a	见系æi	见系ɛ	见系ei
蟹开一泰	端系a	端系a	端系a	端系a	端系ɒ	端系ɒ	端系ɑ	端系a	端系a	端系ɑ

　　（2）蟹开二皆、佳、夬三韵读音同（丽水话逢见系读合口）：

	遂昌	龙泉	庆元	松阳	宣平	丽水	云和	景宁	青田	缙云
蟹开二皆										
蟹开二佳	a	a	a	a	a	ɒ	ɒ	a	a	ɑ
蟹开二夬										

（3）同声系的蟹开三祭、蟹开四齐两韵的今主流读音基本一致：

	遂昌	龙泉	庆元	松阳	宣平	丽水	云和	景宁	青田	缙云
蟹开三祭	i	i	i	i	i	i	i	i	i	i
蟹开四齐	iɛ	i	ie	iɛ / ɤ	ʅ	ʅ	ʅ	i	ʅ	ʅ

（4）同声系的蟹合一灰、蟹合一泰两韵的今主流读音基本一致（见系读合口、其他声系读开口）：

	遂昌	龙泉	庆元	松阳	宣平	丽水	云和	景宁	青田	缙云
蟹合一灰	uei	uɛ	uæi	ue	ue	ue	ue	uæi	uæi	uei
蟹合一泰	ei	ui / ɛ	æi	e	e	e	e	æi	æi	ei

（5）蟹合二佳、夬两韵读音情况基本相同：

	遂昌	龙泉	庆元	松阳	宣平	丽水	云和	景宁	青田	缙云
蟹合二佳	ɒ/uɒ	o	ua	uʌ / ua	ua	uɒ	uɒ	ɒu	ua	uɒ
蟹合二夬	ua	ua	o	u	o	uo	uo	ue	u	ʊ
	u	uə								

而且均有与皆韵相同的一套读音：

	遂昌	龙泉	庆元	松阳	宣平	丽水	云和	景宁	青田	缙云
蟹合二皆	ua	ua	ua	ua	ua	uɒ	uɒ	uɒ	ua	uɒ
蟹合二佳										
蟹合二夬										

（6）蟹合三祭/废、蟹合四齐韵虽然没有同声系的常用字可比较，但从整体上看可以看出撮口韵为较早读音层次、合口韵为晚近层次这样的特点（帮组废韵读齐齿韵）。

	遂昌	龙泉	庆元	松阳	宣平	丽水	云和	景宁	青田	缙云
蟹合三废	i	i	ie	iɛ / i	i	i	i	i	i	i
蟹合三祭	yɛ	y	ye	yɛ	y	ɥ	y	y	æi	ɥ
蟹合四齐	uei	ui	uæi	ue	ue	ue	ue	uæi	ɥ / uæi	uei

第五节　止摄

一　止开三：支

止开三支韵在处州各地方言中的共时叠置状况：

	遂昌	龙泉	庆元	松阳	宣平	丽水	云和	景宁	青田	缙云
止开三支	i	i	i	i	i	i	i	i	i	i
	ʅ	ʅ	ʅ	ʅ	ʅ	ʅ	ʅ	ʅ	ʅ	ʅ
	iɛ	y	ie	ɤ	y	ɥ	e	y	æi	y
	iu	ɣɯ	ɤ	y	e	e	a	æi	ɛ	ei
	ɤ	ɛ	æi	iɛ		ɛ	ɒ	a		ɒ
	y	ua	a	e						
	ei			æ						
	a			a						

止开三支韵在处州方言中的读音情况很复杂，表现形式很多。特别是遂昌话和松阳话，都分别有8种不同的读音。

处州方言中，"蚁"字大都读古疑母［ŋ］，韵母开口大。"倚_{站立}"字都读古群母，韵母开口度也较大。"椅"字大都读撮口韵，比较特殊。

二　止开三：脂

止开三脂韵在处州各地方言中的共时叠置状况：

	遂昌	龙泉	庆元	松阳	宣平	丽水	云和	景宁	青田	缙云
止开三脂	i	i	i	i	i	i	i	i	i	i
	ɿ	ɿ	ɣ	ɿ	ɿ	ɿ	ɿ	ɿ	ɿ	ɿ
	iu	ɣɯ	æi	ɣ	e	e	e	æi	ɛ	ei
	ɣ	ɛ		e					æi	
	ei			æ						

遂昌、龙泉、庆元、松阳四地"饿"都说"腹饥"，"饥"都读古见母［k］，韵母开口度较大；其他各地"饿"都说"肚饥"，"饥"大多读［ts］母（景宁话读［tʃ］），韵母开口度较小。相对而言，"腹"是文言色彩词（也可以称做"古词"），"腹饥"中的"腹"都读重唇，"饥"都读［k］。处州方言中，古词往往拼读古音（包括声母、韵母），古声又往往拼读古韵。我们把这两种相关的情况分别叫做"古词拼古音"、"古声拼古韵"规则。

读音相对比较特殊的还有遂昌话的"师、狮"（读［iu］韵母），与上文止开三支韵中的"筛"字读音相同。

三　止开三：之

止开三之韵在处州各地方言中的共时叠置状况：

	遂昌	龙泉	庆元	松阳	宣平	丽水	云和	景宁	青田	缙云
止开三之	i	i	i	i	i	i	i	i	i	i
	ɿ	ɿ	ɿ	ɿ	ɿ	ɿ	ɿ	ɿ	ɿ	ɿ
	iɛ	ɣɯ	ie	ɤ						
	iu		ɤ	y						
	ɤ									
	y									
	uə									

遂昌话"柿、齿"与支韵中的"筛"、脂韵的"师、狮"同，都读[iu]。它与龙泉话[ɣɯ]、庆元话[ɤ]、松阳话[ɤ]当处同一历史层次。遂昌话之韵的层次尤其复杂，共有 7 种不同读音。

另外，如支韵中的"椅"，之韵中的"欺"在遂昌话和松阳话中都读撮口韵，与止合三支韵同（见下文）。

四　止开三：微

止开三微韵在处州各地方言中的共时叠置状况：

	遂昌	龙泉	庆元	松阳	宣平	丽水	云和	景宁	青田	缙云
止开三微	i	i	i	i	i	i	i	i	i	i
	ɿ	ɿ	æi	ɿ	ɿ	ɿ	ɿ	æi	ɿ	ei
	ei	ɛ		æ	e	ɛ			ɛ	

"幾几个"字在处州各地都读古见母[k]，韵母也相应异常。遂昌话、松阳话表示"较难闻的气味"的"气"都读古溪母[kʰ]，韵母分别是[ei]、[æ]，当属较早的层次。

五　止合三：支

止合三支韵在处州各地方言中的共时叠置状况：

	遂昌	龙泉	庆元	松阳	宣平	丽水	云和	景宁	青田	缙云
止合三支	y	y	y	y	y	ʮ	y	y	ʮ	y
	uei	ui	uæi	ue	ue	ue	ue	uæi	uæi	ʮ
	ei	i	æi	e	e	e	e	æi	æi	uei
	iɛ		ie		ɿ	ɿ			ɿ	ei
										ɿ

总体来看，处州方言止合三支韵以读撮口韵为常（泥来组读开口韵为主），个别字读如止开三韵。

六 止合三：脂

止合三脂韵在处州各地方言中的共时叠置状况：

	遂昌	龙泉	庆元	松阳	宣平	丽水	云和	景宁	青田	缙云
止合三脂	y	y	y	y	y	ʮ	y	y	ʮ	y
	uei	i	æi	ɿ	ue	ue	i	i	i	ʮ
	ei	a	a	e	i	ɿ	ɑ	a	a	i
	a			a	ɿ	e				ei
					a	uɒ				

止合三脂韵与止合三支韵的读音基本相同，并以撮口为常（泥来组读开口或齐齿）。"帅"字的韵母比较特殊，大都读如蟹开二佳韵。

七 止合三：微

止合三微韵在处州各地方言中的共时叠置状况：

	遂昌	龙泉	庆元	松阳	宣平	丽水	云和	景宁	青田	缙云
止合三微	y	y	y	y	y	ʮ	y	y	ʮ	y
	uei	ui	uæi	ue	ue	ue	ue	uæi	uæi	uei
	i	uɛ	i	i	i	i	i	i	i	i
	ei	i	æi	e		e				
		ɛ								

各声系的止合三微韵读音有所不同，见系以读撮口韵和合口韵为常

（非组读齐齿韵或开口韵）。

小结

（1）止开三支、脂、之、微今主流读音基本一致（庆元话脂、微二韵缺 [ɿ]，景宁话、缙云话微韵缺 [ɿ]）：

	遂昌	龙泉	庆元	松阳	宣平	丽水	云和	景宁	青田	缙云
止开三支	i	i	i	i	i	i	i	i	i	i
止开三脂										
止开三之	ɿ	ɿ	ɿ	ɿ	ɿ	ɿ	ɿ	ɿ	ɿ	ɿ
止开三微										

而且，各韵一般都有相类似的早期读音：

	遂昌	龙泉	庆元	松阳	宣平	丽水	云和	景宁	青田	缙云
止开三支	iu	ɣɯ ɛ	æi a	æ	e	ɛ	a ɑ	æi a	æi ɛ	ɑ
止开三脂			æi					æi		
止开三之		ɣɯ								
止开三微		ɛ	æi	æ	e	ɛ		æi	ɛ	

（2）止合三支、脂、微三韵以读撮口韵为主（非组、泥来组读开口韵或齐齿韵）：

	遂昌	龙泉	庆元	松阳	宣平	丽水	云和	景宁	青田	缙云
止合三支	y	y	y	y	y	ʮ	y	y	ʮ	y/ʮ
止合三脂										
止合三微										

部分见系字读合口韵：

	遂昌	龙泉	庆元	松阳	宣平	丽水	云和	景宁	青田	缙云
止合三支	uei	ui	uæi	ue			ue	uæi	uæi	uei
止合三微					ue	ue				
止合三脂										

第六节　效摄

一　效开一：豪

效开一豪韵在处州各地方言中的共时叠置状况：

	遂昌	龙泉	庆元	松阳	宣平	丽水	云和	景宁	青田	缙云
效开一豪	ɣa	ɑɯ	ɒ	ʌ	ɔ	ʌ	ɑɯ	ɑɯ	œ	ɤɯ
	eu	uɣ	ɑɯ	ʌu	ɣɯ	u	me	ɑɯ		ɔ
		u	ɣ	ɔ						mʏi
			u	e						ɭ

　　龙泉、庆元两地"袄"读［u］是上古音特征的残留。据曹志耘（2002：75），"……遂昌、缙云、庆元豪韵部分字（'讨'等）的韵母分别为［u］［uo］［uə］［uɣ］［ɣ］，这似乎表明在南部吴语中，豪韵的这些字（上古幽部字）曾经有过一个［u］韵的时期。从龙游到庆元的读法，几乎正好体现了高元音韵母［u］'破裂化'的过程：u→uo→uə/ uɣ→ɣ"。王文胜（2008：107）则认为，"从处州方言各点的情况看，'破裂化'的过程更为复杂"。

　　关于豪韵的历史层次和演变，可参见王文胜（2008：100—116）。

二　效开二：肴

效开二肴韵在处州各地方言中的共时叠置状况：

	遂昌	龙泉	庆元	松阳	宣平	丽水	云和	景宁	青田	缙云
效开二肴	ɯa	ɑɔ	ɒ	ɔ	ɔ	ʌ	ɑɔ	ɑɔ	o˙	ɔ
	u	o	ɣ	ʌu	u	u	u	u	a	ɣɯ
	uə	ɯɣ							ø	u

处州各地看韵字"匏"的韵母反映了较早时期的读音特点。龙泉、青田、缙云三地的"抓"都是文读音，反映了文读层次的韵母特点。

关于肴韵的历史层次和演变，可参见王文胜（2008：100—116）。

三　效开三：宵

效开三宵韵在处州各地方言中的共时叠置状况：

	遂昌	龙泉	庆元	松阳	宣平	丽水	云和	景宁	青田	缙云
效开三宵	ɯai	iɑɔ	iɒ	iɔ	iɔ	iʌ	iɑɔ	iɑɔ	iœ	iɣɯ
		ɑɔ	ɒ		ɔ		ɑɔ	ɑɔ	o	ɯɣ
										ɔ

龙泉、庆元、宣平、云和、景宁、青田、缙云等地的"猫"字读同"大猫老虎"的"猫（属效开二肴韵）"，开口韵。丽水话"猫"叫做"猫儿[mɔŋ⁴⁵]"，系小称合音词，但丽水话音系中并无[ɔ]韵母，其肴韵一般读[ʌ]韵母。根据合音词"[猫儿]"的韵母读音判断，丽水话早期可能有过肴韵读[ɔ]韵母的阶段，上表丽水话第二行暂拟为[ɔ]。遂昌话和松阳话的"猫"均读齐齿韵，符合其音韵地位。

缙云话帮系字读开口，其他声系字读齐齿，情况比较特殊。

四　效开四：萧

效开四萧韵在处州各地方言中的共时叠置状况：

	遂昌	龙泉	庆元	松阳	宣平	丽水	云和	景宁	青田	缙云
效开四萧	ɯai	iɑɔ	iɒ	iɔ	iɔ	iʌ	iɑɔ	iɑɔ	io	iɔ
									iœ	iɣɯ

青田话、缙云话端系与见系的效开四萧韵读音不同，其他各地内部完

全一致。

小结

（1）总体而言，松阳、青田、缙云三地方言豪、肴韵有别，其他点豪、肴韵不分：

	遂昌	龙泉	庆元	松阳	宣平	丽水	云和	景宁	青田	缙云
效开一豪	ɯɑ	ɑɔ	ɒ	ʌ	ɔ	˙ʌ	ɑɔ	ɑɔ	œ	ɣɯ
效开二肴				ɔ					ɔ	ɔ

（2）青田话、缙云话非见系的效开三宵韵与效开四萧韵主流读音有别，见系主流读音相同。其他各地方言两韵相同：

	遂昌	龙泉	庆元	松阳	宣平	丽水	云和	景宁	青田	缙云
效开三宵	ɯɑi	iɑɔ	iɔ	iɔ	iɔ	iʌ	iɑɔ	iɑɔ	见系 ɵi	见系 iɣɯ
效开四萧	ɔi								非见系 oi	非见系 io

第七节　流摄

一　流开一：侯

流开一侯韵在处州各地方言中的共时叠置状况：

	遂昌	龙泉	庆元	松阳	宣平	丽水	云和	景宁	青田	缙云
流开一侯	u	u	ɯɑ	e	ɣɯ	ɣɯ	əɯ	ɯɑ	ɯɑ	ɣɯ
	ɣu	iɯ	u	u			u	u	eu	ium
			iɯ							

龙泉话端、见系，庆元话和缙云话端系流开一侯韵一般读齐齿，读同流开三（见下文）。

二　流开三：尤

流开三尤韵在处州各地方言中的共时叠置状况：

	遂昌	龙泉	庆元	松阳	宣平	丽水	云和	景宁	青田	缙云
流开 三尤	iɯ	iɯ	iɯ	iɯ	iɯ	iɯ	iɯ	iɯ	iɯ	ium
	ɣɯʌ	y	ye	e	ɣʌ	ɣʌ	əɯ	ɯʌ	ɯʌ	u
	yɣ	ɣɯ	ɯʌ	yɣ	u	u	u	u	ø	
	ɯʌ	ɣ	uʌ					ʌn		
	uə	uɣ	ʌ							

处州方言流开三尤韵的表现形式相当复杂，开、齐、合、撮四呼俱全，但以齐齿呼居多。"帚"和"手"在部分方言中有读撮口韵的现象。

松阳话流开三尤韵大多读同流开一侯韵，开口。

遂昌话和松阳话的表现形式最丰富，其中"有"在遂昌话和松阳话中都变读为促声韵。另外，从《对照表》中还可以看出，遂昌、松阳两地"有"的韵母与"妇"的韵母（分别是［uə］、［ʌn］）有着明显的对应关系，因此，遂昌话和松阳话"有"的韵母分别是［uə］、［uʌ］促化的结果，表中不列。

三　流开三：幽

流开三幽韵在处州各地方言中的共时叠置状况：

	遂昌	龙泉	庆元	松阳	宣平	丽水	云和	景宁	青田	缙云
流开 三幽	iɯ	iɯ	iɯ	iɯ	iɯ	iɯ	iɯ	iɯ	iɯ	ium
	ɔɯ	iɔi	ɑi	ɔi	iɔ	iʌ	iɑi	iɑi	iɔe	ɣʌ

"彪"的读音同宵、萧二韵，显然是受官话影响的结果。

小结

（1）龙泉话端、见系，庆元话和缙云话端系，以及松阳话大多数声系的侯、尤两韵主流读音相同，其他方言有别：

	遂昌	龙泉	庆元	松阳	宣平	丽水	云和	景宁	青田	缙云
流开 一侯	u	iɯ	iɯ	e	ɣʌ	ɣʌ	əɯ	ɯʌ	ɯʌ	ium
流开 三尤	iɯ				iɯ	iɯ	iɯ	iɯ	iɯ	

（2）除松阳话外，流开三尤、幽二韵的主流读音没有区别：

	遂昌	龙泉	庆元	松阳	宣平	丽水	云和	景宁	青田	缙云
流开三尤	ɯ	ɯ	ɯ	e	ɯ	ɯ	ɯ	ɯ	ɯ	ium
流开三幽				iɯ						

第八节　咸摄

一　咸开一：覃合

（一）覃

咸开一覃韵在处州各地方言中的共时叠置状况：

	遂昌	龙泉	庆元	松阳	宣平	丽水	云和	景宁	青田	缙云
咸开一覃	aŋ	aŋ	ã	ɔ̃	ã	ã	ã	ɑ	a	ɑ
	ɛ̃	ɣ	æ	æ̃	ɣ	uɜ	uɜ	ə	uæ	ɛ
	ɛiŋ			eŋ		ɜ	ɜ		aŋ	aŋ
									iɛ	

遂昌话覃韵一般读 [ɛ] 韵母。"潭"字读 [aŋ] 韵母，源于一个叫做"龙潭 [daŋ²¹³]"的地名。我们知道，地名往往能够保存较早的语音特点。从遂昌话"潭"、"含"的韵母读音情况看，表中 [aŋ] 行韵母应是咸开一覃韵较早的读音。

（二）合

咸开一合韵在处州各地方言中的共时叠置状况：

	遂昌	龙泉	庆元	松阳	宣平	丽水	云和	景宁	青田	缙云
咸开一合	aʔ	ɔʔ	aʔ	ɔʔ	aʔ	ɒʔ	ɑʔ	ɑʔ	aʔ	ɑ
	ɛʔ	əʔ	ɣʔ	æʔ	əʔ	ɛʔ	ɛʔ	əʔ		ɛ
							aʔ			

二　咸开一：谈盍

（一）谈

咸开一谈韵在处州各地方言中的共时叠置状况：

	遂昌	龙泉	庆元	松阳	宣平	丽水	云和	景宁	青田	缙云
咸开一谈	aŋ	aŋ	ã	ɔ̃	ã	ã	ã	ɑ	a	ɑ
	ɛ̃	ɣ	æ̃	æ̃	ɣ	ɛ	ɛ	ə	iɛ	ɛ

整体来看，咸开一谈韵端系、见系的界限比较分明（"喊"字例外）：表中上行是端系读音，下行是见系读音。比较特殊的情况是，青田话见系韵母有［i］介音（咸开一覃韵同此）。

（二）盍

咸开一盍韵在处州各地方言中的共时叠置状况：

	遂昌	龙泉	庆元	松阳	宣平	丽水	云和	景宁	青田	缙云
咸开一盍	aʔ	ɔʔ	aʔ	ɔʔ	ɑʔ	ɒʔ	ɑʔ	ɑʔ	aʔ	ɑ
	ɛiʔ	ɣ	æʔ	əʔ	ɛʔ	ɛʔ	əʔ		siɜ	ɛ

咸开一盍韵端、见二系也有着比较分明的界限：表中上行是端系读音，下行是见系读音。遂昌、青田两地二系同。

三　咸开二：咸洽

（一）咸

咸开二咸韵在处州各地方言中的共时叠置状况：

	遂昌	龙泉	庆元	松阳	宣平	丽水	云和	景宁	青田	缙云
咸开二咸	aŋ	aŋ	ã	ɔ̃	ã	ã	ã	ɑ	a	ɑ
		yə	yɛ̃						iaŋ	

《对照表》中可见，除了龙泉、庆元、青田三地"赚"字的韵母读音比较特殊外，其他字韵母的读音都相当规整。

（二）洽

在处州方言中，咸开二洽韵读音情况单一：

	遂昌	龙泉	庆元	松阳	宣平	丽水	云和	景宁	青田	缙云
咸开二洽	aʔ	ɔʔ	aʔ	ɔʔ	ɑʔ	ɒʔ	ɑʔ	ɑʔ	aʔ	ɑ

四　咸开二：衔狎

（一）衔

在处州方言中，咸开二衔韵读音情况单一：

	遂昌	龙泉	庆元	松阳	宣平	丽水	云和	景宁	青田	缙云
咸开二衔	aŋ	aŋ	ã	ɔ̃	ɑ̃	ã	ã	ɑ	a	ɑ

（二）狎

在处州方言中，咸开二狎韵读音情况单一：

	遂昌	龙泉	庆元	松阳	宣平	丽水	云和	景宁	青田	缙云
咸开二狎	aʔ	ɔʔ	aʔ	ɔʔ	ɑʔ	ɒʔ	ɑʔ	ɑʔ	aʔ	ɑ

五　咸开三：盐叶

（一）盐

咸开三盐韵在处州各地方言中的共时叠置状况：

	遂昌	龙泉	庆元	松阳	宣平	丽水	云和	景宁	青田	缙云
咸开三盐	iɛ̃	iɛ	iɛ̃	iɛ̃	iɛ̃	iɛ	iɛ	iɛ	iɛ ia	iɛ

除了青田话"贬"字读［ia］韵母外，其他字的韵母读音都很规整。

（二）叶

咸开三叶韵在处州各地方言中的共时叠置状况：

	遂昌	龙泉	庆元	松阳	宣平	丽水	云和	景宁	青田	缙云
咸开三叶	iɛʔ	iɛʔ	ieʔ	iɛʔ	iəʔ	iɜʔ	iɜʔ	iɜʔ	iæʔ	iɛ
									aʔ	ia

除了青田、缙云"猎"字的韵母较特殊（分别读［aʔ］、［ia］）外，其他字韵母的读音都很规整。

六　咸开三：严业

（一）严

在处州方言中，咸开三严韵读音情况单一：

	遂昌	龙泉	庆元	松阳	宣平	丽水	云和	景宁	青田	缙云
咸开三严	iɛ̃	iɛ̃	iɛ̃	iɛ̃	iɛ̃	iɛ	iɛ	iɛ	iɛ	iɛ

（二）业

在处州方言中，咸开三业韵读音情况单一：

	遂昌	龙泉	庆元	松阳	宣平	丽水	云和	景宁	青田	缙云
咸开三业	iɛʔ	iɛʔ	ieʔ	iɛʔ	iəʔ	iɜʔ	iɜʔ	iɜʔ	iæʔ	iɛ

七　咸开四：添贴

（一）添

咸开四添韵在处州各地方言中的共时叠置状况：

	遂昌	龙泉	庆元	松阳	宣平	丽水	云和	景宁	青田	缙云
咸开四添	iɛ̃	iɛ̃	iã	iɛ̃	iɛ̃	iɛ	iɛ	iɛ	ia	ia
	aŋ	aŋ	iɛ̃	ɔ̃		ã	ã	ɑ	iɛ	iɛ
			ã							a

《对照表》中可见，庆元、青田、缙云等地见系字与非见系字韵母（针对细音而言）有别，其他各地内部相对统一。除宣平、缙云外，"嫌"字都读开口洪音，比较特殊。

（二）贴

咸开四贴韵在处州各地方言中的共时叠置状况：

	遂昌	龙泉	庆元	松阳	宣平	丽水	云和	景宁	青田	缙云
咸开四贴	iɛʔ	iɛʔ	iaʔ	iɛʔ	iɵʔ	iɛʔ	iɛʔ	iaʔ	iæʔ	ia
	aʔ	ɔʔ	ieʔ	ɔʔ	ɑʔ	ɒʔ	ɑʔ	ɑʔ	aʔ	ɛ
								iɛʔ		

庆元、丽水"挟"字白读音均读零声母，其他各地大都读〔k〕（松阳话变读为〔g〕，缙云话读〔tɕ〕）声母。庆元、景宁、缙云"协"字分别读〔ieʔ〕、〔iɛʔ〕、〔ɛ〕韵，系文读。

八　咸合三：凡乏

（一）凡

在处州方言中，咸合三凡韵读音情况单一：

	遂昌	龙泉	庆元	松阳	宣平	丽水	云和	景宁	青田	缙云
咸合三凡	aŋ	aŋ	ã	ɔ̃	ã	ã	ã	ɑ	a	ɑ

（二）乏

在处州方言中，咸合三乏韵读音情况单一：

	遂昌	龙泉	庆元	松阳	宣平	丽水	云和	景宁	青田	缙云
咸合三乏	aʔ	ɔʔ	aʔ	ɔʔ	ɑʔ	ɒʔ	ɑʔ	ɑʔ	aʔ	ɑ

小结

（1）同声系的咸开一覃、谈两韵主流读音一致：

	遂昌	龙泉	庆元	松阳	宣平	丽水	云和	景宁	青田	缙云
咸开一覃	aŋ	aŋ	ã	ɔ̃	ã	ã	ã	ɑ	a	ɑ
咸开一谈	ɛ̃	ɤ	æ̃	ẽ	ɤ	ɛ	ɛ	ə	iɛ	ɛ

（2）同声系的咸开二咸、衔韵、咸合三凡韵主流读音相同，并与咸开一覃、谈两韵主流读音一致：

	遂昌	龙泉	庆元	松阳	宣平	丽水	云和	景宁	青田	缙云
咸开二咸										
咸开二衔	aŋ	aŋ	ã	ɔ̃	ã	ã	ã	ɑ	ɑ	ɑ
咸合三凡										

（3）咸开三盐、严两韵主流读音相同。另外，从总体上看，庆元、青田、缙云三地咸开三、四有别（其中，四等韵主元音开口度较大），其他各地相同：

	遂昌	龙泉	庆元	松阳	宣平	丽水	云和	景宁	青田	缙云
咸开三盐			iɛ̃						iɛ	iɛ
咸开三严	iɛ̃	iɛ		iɛ̃	iɛ̃	iɛ	iɛ	iɛ		
咸开四添			iã						ia	ia

（4）同声系的咸开一合、盍两韵主流读音基本一致：

	遂昌	龙泉	庆元	松阳	宣平	丽水	云和	景宁	青田	缙云
咸开一合	aʔ	ɔʔ	aʔ	ɔʔ	ɑʔ	ɒʔ	ɑʔ	ɑʔ	aʔ	ɑ
咸开一盍			ɤʔ	æʔ	əʔ	ɜ	ɜ	ɜʔ		ɜ

（5）咸开二洽、狎韵、咸合三乏韵读音相同，并与同声系的咸开一合、盍两韵读音一致：

	遂昌	龙泉	庆元	松阳	宣平	丽水	云和	景宁	青田	缙云
咸开二洽										
咸开二狎	aʔ	ɔʔ	aʔ	ɔʔ	ɑʔ	ɒʔ	ɑʔ	ɑʔ	aʔ	ɑ
咸合三乏										

（6）咸开三叶、业两韵主流读音相同。另外，从总体上看，庆元、景宁、缙云三地咸开三、四有别（其中，四等韵主元音开口度较大），其他各地相同：

	遂昌	龙泉	庆元	松阳	宣平	丽水	云和	景宁	青田	缙云
咸开三叶			ieʔ					iɛʔ		iɛ
咸开三业	iɛʔ	iɛʔ		iɛʔ	iɛʔ	iɛʔ	iɛʔ	iɛʔ	iæʔ	
咸开四帖			iaʔ					iaʔ		ia

第九节　深摄

一　深开三：侵缉

（一）侵

深开三侵韵在处州各地方言中的共时叠置状况：

	遂昌	龙泉	庆元	松阳	宣平	丽水	云和	景宁	青田	缙云
深开三侵	iŋ	iŋ	iəŋ	iŋ	iŋ	iŋ	iŋ	iaŋ	iaŋ	iæiŋ
	yŋ	yŋ	əŋ	eŋ	əŋ	eŋ	əŋ	aŋ	aŋ	aŋ
	əŋ	ɛiŋ	æ̃	ĩɛ	ɜ̃i					
	yɛ̃	iɛ								
	ɜ̃									

总体来看，帮系、端系、见系字读齐齿韵，知系字读开口韵。

比较特殊的情况有：遂昌话"针、深、姤"等字读撮口韵，缙云话端系字读开口韵。龙泉、庆元、松阳等地"深"的韵母也比较特殊。另外，除宣平、青田、缙云外，其他各地的"深"均读［tɕʰ］或［tsʰ］声母，系书母读塞擦音。根据"古声拼古韵"规则，遂昌、龙泉、庆元、松阳等地"深"，以及遂昌、松阳"妗"，包括遂昌话"枕"，它们的韵母是深开三侵韵较早时期的读音。

（二）缉

深开三缉韵在处州各地方言中的共时叠置状况：

	遂昌	龙泉	庆元	松阳	宣平	丽水	云和	景宁	青田	缙云
深开三缉	iʔ	iʔ	iəuʔ	iʔ	iəʔ	iʔ	iʔ	iəuʔ	iæʔ	iei
	iaʔ	εiʔ	əuʔ	iaʔ	yəʔ	iɒʔ	yeʔ	ɯɯ	aʔ	ɔi
	yɛʔ	əʔ	ɤʔ	yɛʔ	əʔ		yɛʔ		eʔ	yei
	əʔ			æʔ		ʌʌ	əuʔ			ɯɯ
										ε

处州方言中，表示"湿"的意思时，云和、景宁、青田等地说"潭"，其他各地都说"湿"。口语中说"湿"的各地方言中，除龙泉话"湿"读［s］声母外，其他各地都读［tɕʰ］或［tsʰ］声母，即书母读塞擦音，韵母也相应较为特殊。

"粒"字因主要做量词，元音弱化现象较普遍。

与侵韵相对应，缉韵的读音也比较复杂，表现形式较多。

小结

见下文"臻摄"后的"小结"。

第十节 山摄

一 山开一：寒曷

（一）寒
山开一寒韵在处州各地方言中的共时叠置状况：

	遂昌	龙泉	庆元	松阳	宣平	丽水	云和	景宁	青田	缙云
山开一寒	aŋ	aŋ	ã	ɔ̃	ã	ã	ã	ɑ	a	ɑ
	ũɛ̃	uə	ũɛ̃	uɛ̃	uɣ	ɜu	uɜu	uə	uæ	ɜu
	ɜ̃		æ̃							ɜ

总体来看，山开一寒韵端系字读开口，见系字读合口。

（二）曷

山开一曷韵在处州各地方言中的共时叠置状况：

	遂昌	龙泉	庆元	松阳	宣平	丽水	云和	景宁	青田	缙云
山开一曷	aʔ	ɔʔ	aʔ	ɔʔ	ɑʔ	ɒʔ	ɑʔ	ɑʔ	aʔ	ɑ
	uɜʔ	uə	uɣʔ	uæʔ	uɜʔ	uɜʔ	uɜʔ	uəʔ	uæʔ	ɜu
	ɜʔ									ɜ

山开一曷韵基本上也是端系字读开口，见系字读合口。

二　山开二：山黠

（一）山

山开二山韵在处州各地方言中的共时叠置状况：

	遂昌	龙泉	庆元	松阳	宣平	丽水	云和	景宁	青田	缙云
山开二山	aŋ	aŋ	ã	ɔ̃	ã	ã	ã	ɑ	a	ɑ
		uə	iã	aŋ	ɜ̃		ɛ	ɛ	ia	a
		iɜ					iɛ	iɛ		

（二）黠

山开二黠韵在处州各地方言中的共时叠置状况：

	遂昌	龙泉	庆元	松阳	宣平	丽水	云和	景宁	青田	缙云
山开二黠	aʔ	ɔʔ	oʔ	ɔʔ	ɑʔ	ɒʔ	ɑʔ	ɑʔ	aʔ	ɑ
			aʔ							

三　山开二：删辖

（一）删

在处州方言中，山开二删韵读音情况单一：

	遂昌	龙泉	庆元	松阳	宣平	丽水	云和	景宁	青田	缙云
山开二删	aŋ	aŋ	ã	ɔ̃	ã	ã	ã	ɑ	a	ɑ

（二）辖

山开二辖韵在处州各地方言中的共时叠置状况：

	遂昌	龙泉	庆元	松阳	宣平	丽水	云和	景宁	青田	缙云
山开二辖	aʔ	ɔʔ	aʔ	ɔʔ	ɑʔ	ɒʔ	aʔ	ɑʔ	aʔ	ɑ
	iaʔ	uəʔ	uaʔ	aʔ		iɒʔ			ɛʔ	
		iaʔ								

该韵"辖"字在口语中很少说，多为文读音。

四　山开三：仙薛

（一）仙

山开三仙韵在处州各地方言中的共时叠置状况：

	遂昌	龙泉	庆元	松阳	宣平	丽水	云和	景宁	青田	缙云
山开三仙	iɛ̃	iɛ̃	iɛ̃	iɛ̃	iɛ̃	iɛ	iɛ	iɛ	iɛ	iɛ
			iã						ia	ia

按《对照表》，庆元、青田、缙云三地"剪"的韵母均读同山开四先韵，比较特殊。其他字的读音规律相当严整。

（二）薛

山开三薛韵在处州各地方言中的共时叠置状况：

	遂昌	龙泉	庆元	松阳	宣平	丽水	云和	景宁	青田	缙云
山开三薛	iɜʔ	iɜʔ	ieʔ	iɜʔ	iəʔ	iɜʔ	iɜʔ	iɜʔ	iæʔ	iɛ
			iaʔ					iaʔ		ia

按《对照表》，庆元、景宁、缙云三地"裂"的韵母均读同山开四屑韵，比较特殊。其他字的读音规律大都相当严整。

五　山开三：元月

（一）元

山开三元韵在处州各地方言中的共时叠置状况：

	遂昌	龙泉	庆元	松阳	宣平	丽水	云和	景宁	青田	缙云
山开三元	iɛ̃	iɜ̃	iɛ̃	iɜ̃	iɜ̃	iɜ	iɜ	iɜ	iɜ	iɛ
			iã							ia

按《对照表》，庆元、青田两地"堰"的韵母均读同山开四先韵，比较特殊。其他字的读音规律大都相当严整。

（二）月

在处州方言中，山开三月韵读音情况单一：

	遂昌	龙泉	庆元	松阳	宣平	丽水	云和	景宁	青田	缙云
山开三月	iɜʔ	iɜʔ	ieʔ	iɜʔ	iəʔ	iɜʔ	iɜʔ	iɜʔ	iæʔ	iɛ

六　山开四：先屑

（一）先

山开四先韵在处州各地方言中的共时叠置状况：

	遂昌	龙泉	庆元	松阳	宣平	丽水	云和	景宁	青田	缙云
山开四先	iɛ̃	iɜ	iã	iɜ̃	iɜ̃	iɜ	iɜ	iɜ	ia	ia
	yɛ̃		iɛ̃						iɜ	iɛ

庆元、青田、缙云三地的见系山开四先韵部分读如山开三。除遂昌话

"前"读撮口韵比较特殊外，其他各字的读音规律相当严整。

（二）屑

山开四屑韵在处州各地方言中的共时叠置状况：

	遂昌	龙泉	庆元	松阳	宣平	丽水	云和	景宁	青田	缙云
山开四屑	iɛʔ	iaʔ	iaʔ	iɛʔ	iəʔ	iɛʔ	iɛʔ	iaʔ	iæʔ	ia
	iʔ	iɛʔ	ieʔ	iʔ				iɛʔ		iɛ
		iʔ								

龙泉、庆元、景宁、缙云等地的见系山开四屑韵部分读如山开三，其他字的读音规律比较严整。

七　山合一：桓末

（一）桓

山合一桓韵在处州各地方言中的共时叠置状况：

	遂昌	龙泉	庆元	松阳	宣平	丽水	云和	景宁	青田	缙云
山合一桓	uaŋ	uaŋ	uã	uɔ̃	uã	uã	uã	uɑ	ua	uɑ
	uɛ̃	yə	yɛ̃	yɛ̃	yɛ̃	uɛ	uɛ	yə	uæ	yɛ
	yɛ̃	ɛiŋ	əŋ	eŋ	əŋ	yɛ	yɛ	aŋ	yæ	aŋ
	ɛ̃	ɤ	æ̃	æ̃	ɤ	eŋ	əŋ	ə	aŋ	ɛ
	əŋ	i	æi	e		ɛ	ɛ			
	ɿ									

按《对照表》，遂昌话和松阳话"卵_{詈词}"的韵母读撮口，读同"丸"的韵母。比较特殊的还有"酸"和"短"的韵母读音，但从这二字的对应情况仍可看出一定的规律，特别是龙泉、庆元、松阳的情况（分别读作〔i〕〔æi〕〔e〕），说明它们的这一读音特点处于某个共同的历史层次。遂昌话"酸"的韵母〔ɿ〕也反映了同个历史时期的读音特点。总的情况看，山合一桓韵的读音比较复杂，层次较多。

（二）末

山合一末韵在处州各地方言中的共时叠置状况：

	遂昌	龙泉	庆元	松阳	宣平	丽水	云和	景宁	青田	缙云
山合 一末	uaʔ	uəʔ	uaʔ	uɔʔ	uɒʔ	uɒʔ	uɒʔ	uɒʔ	uæʔ	uɒ
	uɛʔ/ɜu	əʔ	ɣʔ	æʔ	uɛʔ	ɛʔ/ɜu	uɛʔ/ɜu	əʔ	uʔ	ɛ
	ɛʔ	ɛiʔ	əmeʔ	ɣʔ	əʔ	ʌʔ	ɛʔ	əmɐ	aʔ	ɣmɐ
	əmeʔ							eʔ		
								əmeʔ		

与山合一桓韵的情况相对应，山合一末韵的读音也比较复杂。

八　山合二：山黠

（一）山

在处州方言中，山合二山韵读音情况单一：

	遂昌	龙泉	庆元	松阳	宣平	丽水	云和	景宁	青田	缙云
山合 二山	uaŋ	uaŋ	uã	uɔ̃	uɑ̃	uã	uã	uɒ	ua	uɒ

（二）黠

在处州方言中，山合二黠韵读音情况单一：

	遂昌	龙泉	庆元	松阳	宣平	丽水	云和	景宁	青田	缙云
山合 二黠	uaʔ	uəʔ	uaʔ	uɔʔ	uɒʔ	uɒʔ	uɒʔ	uɒʔ	uæʔ	uɒ

按《对照表》，云和、景宁两地"挖"与"滑"韵母读音有所不同。据《字汇补》，"挖"为"乌括切"，云和、景宁两地"挖"的读音即此，即云和、景宁两地的"挖"当属山合二辖韵，此表不列。

九　山合二：删辖

（一）删

山合二删韵在处州各地方言中的共时叠置状况：

	遂昌	龙泉	庆元	松阳	宣平	丽水	云和	景宁	青田	缙云
山合二删	uaŋ	uaŋ	uã	uõ̜	uã	uã	uã	uɒ	ua	uɒ
	ə̃ŋ	uəŋ	uəŋ	eŋ	ə̃ŋ	eŋ	ə̃ŋ	aŋ	aŋ	aŋ
	yɛ̃	yə		yɛ̃		yɛ	yɛ			yɒ

总体上看，知系读撮口，见系读合口。同是见系字，"关关门"的韵母相对比较特殊，大都读同臻合一魂韵。试比较"关关门"和"门"的韵母：

	遂昌	龙泉	庆元	松阳	宣平	丽水	云和	景宁	青田	缙云
关	ə̃ŋ	uəŋ	uəŋ	eŋ	ə̃ŋ	eŋ	ə̃ŋ	aŋ	aŋ	aŋ
门	ə̃ŋ	ɛiŋ	ə̃ŋ	eŋ	ə̃ŋ	eŋ	ə̃ŋ	aŋ	aŋ	aŋ

（二）辖

山合二辖韵在处州各地方言中的共时叠置状况：

	遂昌	龙泉	庆元	松阳	宣平	丽水	云和	景宁	青田	缙云
山合二辖	yɛʔ	yəʔ	yeʔ	yɛʔ	yəʔ	yɛʔ	yɛʔ	əʔ	aʔ	yɒ
	uaʔ	uəʔ	uaʔ	uaʔ	uɒʔ	uɒʔ	uaʔ	uaʔ	uæʔ	uɒ

总体上看，知系读撮口，见系读合口。

十　山合三：仙薛

（一）仙

山合三仙韵在处州各地方言中的共时叠置状况：

	遂昌	龙泉	庆元	松阳	宣平	丽水	云和	景宁	青田	缙云
山合三仙	yɛ̃	yə	yɛ̃	yɛ̃	yɛ̃	yɛ	yɛ	yə	yæ	yɛ
	yŋ	yŋ	yəŋ	yŋ	yəŋ	yŋ	ioŋ	iaŋ	yaŋ	yæiŋ
	iɛ̃	iɛ	iɛ̃	iɛ̃	iɛ̃	iɛ	iɛ	iɛ	iɛ	iɛ
							oŋ			

在处州方言中，"穿、串"二字的韵母比较特殊，一般都有文白两套读音。另外，云和话"软"读 [noŋ^{55}]，与"穿、串"两字韵母的主元音相同。

（二）薛

山合三薛韵在处州各地方言中的共时叠置状况：

	遂昌	龙泉	庆元	松阳	宣平	丽水	云和	景宁	青田	缙云
山合三薛	yɐʔ	yəʔ	yeʔ	yɐʔ	yəʔ	yɐʔ	yɐʔ	yəʔ	yæʔ	yɛ
	iɛʔ	iaʔ	yaʔ	yaʔ	iəʔ	iɛʔ	iɑʔ	yaʔ	iæʔ	yɑ
	iɛʔ	ieʔ	iɛʔ				iɛʔ	iɛʔ		ia

宣平话"雪"读齐齿韵，龙泉话、云和话"阅"也读齐齿韵，相对比较特殊。

十一　山合三：元月

（一）元

山合三元韵在处州各地方言中的共时叠置状况：

	遂昌	龙泉	庆元	松阳	宣平	丽水	云和	景宁	青田	缙云
山合三元	yɛ̃	yə	yɛ̃	yɛ̃	yɛ̃	yɛ	yɛ	yə	yæ	yɛ
	aŋ	aŋ	ã	ɔ̃	ɑ̃	ã	ã	ɑ	a	ɑ
	əŋ	uɛiŋ	uoŋ	eŋ						

从总体看，山合三元韵逢帮系读开口，见系读撮口。

另外，龙泉、庆元、松阳三地方言"园莱园、远"，以及遂昌话"园莱园"的韵母和声母的读音都比较特殊（另见第二章关于云母的内容）。

（二）月

山合三月韵在处州各地方言中的共时叠置状况：

	遂昌	龙泉	庆元	松阳	宣平	丽水	云和	景宁	青田	缙云
山合三月	yɐʔ	yəʔ	yeʔ	yɐʔ	yəʔ	yɐʔ	yɐʔ	yəʔ	yæʔ	yɛ
	aʔ	iaʔ	yaʔ	yaʔ	ɑʔ	ɒʔ	iɑʔ	yaʔ	uæʔ	yɑ
	əɯʔ	ɔʔ	aʔ	ɔʔ			ɑʔ	ɑʔ	aʔ	ɑ
			əɯʔ							

跟山合三元韵的情况一样，从总体看，帮系和见系的山合三月韵的读音特点泾渭分明。遂昌话和庆元话"髪头发"的韵母比较特殊，都是

[əɯʔ]。"越"的读音与山合三薛韵的"阅"完全一样。事实上，它们（还包括"粤"）都不是口语常用词，多半带有文读色彩。

十二　山合四：先屑

（一）先

山合四先韵在处州各地方言中的共时叠置状况：

	遂昌	龙泉	庆元	松阳	宣平	丽水	云和	景宁	青田	缙云
山合四先	yɛ̃	yə̃	yɛ̃	yɛ̃	yɛ̃	yɛ	yɛ	yɛ	yə	yæ	yɛ
	iɛ̃	iɛ̃	iɛ̃	iɛ̃						

遂昌、龙泉、庆元、松阳四地方言"犬"读齐齿韵，而其他各地均读撮口韵。由于宣平、丽水、云和、景宁、青田、缙云等地不叫"犬"而叫"狗"，所以只能按各自的音韵地位认读"犬"字。而遂昌等四地口语中就叫"犬"。根据"犬"读齐齿韵的情况，结合上文山合三仙韵"沿、铅"在部分方言中也读齐齿韵的特点，似乎可以看出，山合三、四等韵在处州方言史上曾有过读同山开三、四的阶段。

（二）屑

在处州方言中，山合四屑韵读音情况单一：

	遂昌	龙泉	庆元	松阳	宣平	丽水	云和	景宁	青田	缙云
山合四屑	yɛʔ	yəʔ	yeʔ	yɛʔ	yəʔ	yɛʔ	yɛʔ	yəʔ	yæʔ	yɛ

小结

（1）从整体上看，非见系的山开一寒韵与山开二山、删二韵读音一致，见系的山开一寒韵与山开二山、删二韵读音有别：

	遂昌	龙泉	庆元	松阳	宣平	丽水	云和	景宁	青田	缙云
非见系山开一寒										
山开二山	aŋ	aŋ	ã	ɔ̃	ɑ̃	ã	ã	ɑ	a	ɑ
山开二删										
见系山开一寒	uɛ̃	uə	uæ̃	uæ̃	uɣ	ɜŋ	ɜŋ	ən	uæ	ɜŋ

（2）山开三仙、元两韵的主流读音一致。庆元、青田、缙云等地山开三、四等韵基本能够区别（其中，四等韵主元音开口度较大），其他各地相混：

	遂昌	龙泉	庆元	松阳	宣平	丽水	云和	景宁	青田	缙云
山开三仙	iɛ̃	ɜi	iɛ̃	iɛ̃	iɛ̃	ɜi	ɜi	ɜi	iɛ	iɛ
山开三元										
山开四先			iã						ia	ia

（3）见系山合一桓、山合二山、删韵的读音一致：

	遂昌	龙泉	庆元	松阳	宣平	丽水	云和	景宁	青田	缙云
山合一桓										
山合二山	uaŋ	uaŋ	uã	uɔ̃	uɑ̃	uã	uã	uɑ	ua	uɑ
山合二删										

（4）山合三仙、元韵（帮系除外）、山合四先韵的今主流读音一致：

	遂昌	龙泉	庆元	松阳	宜平	丽水	云和	景宁	青田	缙云
山合三仙										
山合三元	yɛ̃	yə	yɛ̃	yɛ̃	yɛ̃	yɛ	yɛ	yə	yæ	yɛ
山合四先										

（5）整体上看，同声系的山开一曷、山开二黠、辖韵读音一致：

	遂昌	龙泉	庆元	松阳	宜平	丽水	云和	景宁	青田	缙云
山开一曷										
山开二黠	aʔ	ɔʔ	aʔ	ɔʔ	ɑʔ	ɒʔ	ɑʔ	ɑʔ	aʔ	ɑ
山开二辖										

（6）山开三薛、月两韵的主流读音一致。龙泉、庆元、景宁、缙云等地山开三、四等韵基本能够区别（其中，四等韵主元音开口度较大），其他各地相混：

	遂昌	龙泉	庆元	松阳	宜平	丽水	云和	景宁	青田	缙云
山开三薛	iɛʔ	iɛʔ	ieʔ	iɛʔ	iɔʔ	iɛʔ	iɛʔ	iɛʔ	iæʔ	iɛ
山开三月										
山开四屑		iaʔ	iaʔ					iaʔ		ia

（7）整体上看，见系山合一末、山合二黠、辖韵的读音基本一致（松阳、云和、景宁等地辖韵有别）：

	遂昌	龙泉	庆元	松阳	宜平	丽水	云和	景宁	青田	缙云
山合一末	uaʔ	uəʔ	uaʔ	uɔʔ	uɑʔ	uɒʔ	uɑʔ	uɑʔ	uæʔ	uɑ
山合二黠										
山合二辖				uaʔ			uaʔ	uaʔ		

（8）山合二辖（非见系；景宁、青田、缙云除外）、山合三薛、月、山合四屑韵主流读音一致：

	遂昌	龙泉	庆元	松阳	宣平	丽水	云和	景宁	青田	缙云
山合二辖								əʔ	aʔ	yɑ
山合三薛	yɛʔ	yəʔ	yeʔ	yɜʔ	yəʔ	yɜʔ	yɜʔ			
山合三月								yəʔ	yæʔ	yɛ
山合四屑										

第十一节　臻摄

一　臻开一：痕

臻开一痕韵在处州各地方言中的共时叠置状况：

	遂昌	龙泉	庆元	松阳	宣平	丽水	云和	景宁	青田	缙云
臻开一痕	ɛ̃	ɤ	æ̃	æ̃	ɤ	ɛ	ɛ	ə	iɛ	ɛ
	əŋ				əŋ	uɛ	uɛ		uæ	
						əu	əu			
						eŋ			aŋ	

青田话见系字"根、恩"的［iɛ］韵母比较特殊，发音时在［ɛ］前衍生出［i］介音。遂昌、宣平、丽水、青田等地"恨"读鼻韵母当是晚近文读音。

二　臻开三：真（臻）质（栉）

（一）真（臻）

臻开三真（臻）韵在处州各地方言中的共时叠置状况：

	遂昌	龙泉	庆元	松阳	宣平	丽水	云和	景宁	青田	缙云
臻开三真（臻）	iŋ	iŋ	iəŋ	iŋ	iŋ	iŋ	iŋ	iaŋ	iaŋ	iæiŋ
	ɛiŋ	yəŋ			əŋ	eŋ	əŋ	aŋ	aŋ	aŋ
		əŋ	æ̃					iŋ	iŋ	
		ɤ								

龙泉话、庆元话中的"尘打尘：过年前风俗一"知母读端，韵母分别为［ɤ］、［æ̃］（与上文臻开一痕韵的读音一样），反映了臻开三真（臻）韵较早时期的读音特点。

（二）质（栉）

臻开三质（栉）韵在处州各地方言中的共时叠置状况：

	遂昌	龙泉	庆元	松阳	宣平	丽水	云和	景宁	青田	缙云
臻开三质（栉）	iʔ	iʔ	iɯʔ	iʔ	iəʔ	iʔ	iʔ	iɯaʔ	iæʔ	iei
	əɯʔ	ɜ	ieʔ	iɛʔ	əʔ	ɛi	eʔ	ɯaʔ	aʔ	ɯɤ
	ɛʔ	ɤʔ	æʔ			ʌʔ	aʔ	ɛʔ	ɛʔ	ɛi

按《对照表》，松阳、宣平、丽水、青田、缙云等地"日头_{太阳}"的"日"均读为有［i］介音的细音韵母。有些方言区（如粤语区）的人将"太阳"的这种类似叫法写作"热头"。我们认为，"日"读如"热"正反映了"日"的早期读音特点。

三　臻开三：殷迄

（一）殷

臻开三殷韵在处州各地方言中的共时叠置状况：

	遂昌	龙泉	庆元	松阳	宣平	丽水	云和	景宁	青田	缙云
臻开三殷	iŋ	iŋ	iəŋ	iŋ	iŋ	iŋ	iŋ	iaŋ	iaŋ	iæiŋ
	ɜ̃	ɛiŋ	æ̃	æ̃	ɤ	ɛ				ɛ
		ɤ								

除云和、景宁、青田外，其他各地的"近"字均读古群母，韵母也相应存古，并与臻开一痕韵的今主流读音相吻合。

（二）迄

在处州方言中，臻开三迄韵读音情况单一：

	遂昌	龙泉	庆元	松阳	宣平	丽水	云和	景宁	青田	缙云
臻开三迄	aʔ	aʔ	ɤʔ	aʔ	iəʔ	aʔ	aʔ	aʔ	aʔ	iei

除宣平、缙云外，其他各地表示"给"的动词和表示"被"的介词都说"乞"，其中，庆元、云和、景宁、青田等地的读音是促音舒化的结果，上表还原为促声［ʔ］尾韵。

四　臻合一：魂没

（一）魂

臻合一魂韵在处州各地方言中的共时叠置状况：

	遂昌	龙泉	庆元	松阳	宣平	丽水	云和	景宁	青田	缙云
臻合一魂	uəŋ	uɛiŋ	uəŋ	ueŋ	uəŋ	uen	uəŋ	uaŋ	uaŋ	uaŋ
	uɛ̃	uə	uæ̃	uæ̃	uɤ	uɛ	uɛ	uə	uæ	uɛ
	əŋ	ɛiŋ	əŋ	eŋ	əŋ	eŋ	əŋ		aŋ	aŋ
	ɛ̃	ɤ	æ̃	æ̃	ɤ			ə		ɛ

按《对照表》，除丽水、云和外，处州各地"屁股"的说法都是"腿臀"。端系字"臀"和"村"的韵母与端系字臻开一痕韵今主流读音相吻合，都读开口韵。见系臻合一魂韵读合口，与见系臻开一痕韵读开口不同。另外，表示"睡觉"意思的"睏"虽大都读合口，但主元音大多与"臀"相对应。

（二）没

臻合一没韵在处州各地方言中的共时叠置状况：

	遂昌	龙泉	庆元	松阳	宣平	丽水	云和	景宁	青田	缙云
臻合一没	uəʔ	uəʔ	uɤʔ	uæʔ	uəʔ	uɛʔ	uɛʔ	uəʔ	uæʔ	uɛ
	ɔʔ	uʔ	uʔ	oʔ	əʔ	ʌʔ	eʔ	uʔ	uʔ	u
	ɛʔ	əʔ	ɤʔ	æʔ	eʔ	eʔ		əʔ	aʔ	ɛ
										ei

宣平、丽水、云和、缙云说"没",其他各地说"无"（"没"均系读字音）。宣平、丽水、云和、缙云"没"的读音特点显示了官话所施加的影响。

五　臻合三：谆术

（一）谆

臻合三谆韵在处州各地方言中的共时叠置状况：

	遂昌	龙泉	庆元	松阳	宣平	丽水	云和	景宁	青田	缙云
臻合三谆	yŋ	yŋ	yəŋ	yŋ	yəŋ	yŋ	yŋ	iaŋ	yaŋ	yæiŋ
	iŋ	iŋ	əŋ	iŋ	əŋ	eŋ	əŋ		iaŋ	aŋ
	əŋ	ɛiŋ		eŋ						
		ɣ								

知见系臻合三谆韵基本上都读撮口韵,从整体看,主流读音也读撮口。景宁话特殊,各声系字都读齐齿韵。

（二）术

臻合三术韵在处州各地方言中的共时叠置状况：

	遂昌	龙泉	庆元	松阳	宣平	丽水	云和	景宁	青田	缙云
臻合三术	yɛʔ	yəʔ	yeʔ	yɛʔ	yəʔ	yɛʔ	yɛʔ	yəʔ	yæʔ	yei
	yʔ	yʔ	yəɯʔ	yʔ		yʔ	yeʔ	iɛɯʔ	aʔ	
			əɯʔ							

与臻合三谆韵的情况类似,臻合三术韵基本读撮口。读非撮口的几处均出自"蟋蟀"这一昆虫名。我们知道,方言中小动物名往往容易产生音变。若排除这一因素,处州方言臻合三术韵都读撮口韵。

六　臻合三：文物

（一）文

臻合三文韵在处州各地方言中的共时叠置状况：

	遂昌	龙泉	庆元	松阳	宜平	丽水	云和	景宁	青田	缙云
臻合三文	yŋ	yŋ	yəŋ	yŋ	yəŋ	yŋ	yŋ	iaŋ	yaŋ	yæiŋ
	əŋ	εiŋ	əŋ	eŋ	əŋ	eŋ	əŋ	aŋ	aŋ	aŋ
	ɛ̃	ɤ	æ̃	æ̃	ɤ	ɛ	ɛ	ə		ɛ

臻合三文韵见系字读撮口，帮系字读开口。

按《对照表》，除青田话以外，"粪"的［ɛ］行韵（白读）都拼重唇声母［p］，即"古声拼古韵"，而［əŋ］行韵（文读）都拼轻唇声母［f］。

（二）物

臻合三物韵在处州各地方言中的共时叠置状况：

	遂昌	龙泉	庆元	松阳	宜平	丽水	云和	景宁	青田	缙云
臻合三物	yɛʔ	yəʔ	yəmʔ	yɛʔ	yəʔ	yɛʔ	yɛʔ	yəʔ	yæʔ	yei
	ɛʔ	uεiʔ	uəmʔ	uæʔ		ɛʔ	ɛʔ	uɐn	uæʔ	uɤ
	əmʔ	εiʔ	əmʔ	æ	ʌʔ	eʔ	iɐiʔ		aʔ	ɤ
	ɤʔ	ɤʔ						ɐmʔ		

按《对照表》，龙泉、庆元、景宁、青田、缙云等五地方言中，表示"身体、胳膊弯屈"的"屈"都读古溪母［kʰ］；庆元、松阳两地"掘地"的"掘"，都读古群母［g］，它们的韵母读音也相对特殊。

小结

（1）部分地个别字保存的早期臻开三真（臻）、殷韵、臻合三文韵、臻合一魂韵的读音，与臻开一痕韵主流读音相同（龙泉话、庆元话尤为典型）：

	遂昌	龙泉	庆元	松阳	宣平	丽水	云和	景宁	青田	缙云
臻开一痕	ẽ	ɣ	ǣ	ǣ	ɣ	ɛ	ɜ	ə	iɛ	ɛ
臻开三殷										
臻开三真(臻)										
臻合一魂	ẽ			ǣ	ɣ	ɜ	ɜ	ə		ɛ
臻合三文				æ		ɜ				

（2）臻开三真（臻）与殷韵的今主流读音基本一致:

	遂昌	龙泉	庆元	松阳	宣平	丽水	云和	景宁	青田	缙云
臻开三真(臻)	iŋ	iŋ	iəŋ	iŋ	iŋ	iŋ	iŋ	iaŋ	iaŋ	iæiŋ
臻开三殷		ɛiŋ								

（3）同声系的臻合三谆、文两韵主流读音基本一致:

	遂昌	龙泉	庆元	松阳	宣平	丽水	云和	景宁	青田	缙云
臻合三谆	yŋ	yŋ	yəŋ	yŋ	yəŋ	yŋ	yŋ	iaŋ	yaŋ	yæiŋ
臻合三文	əŋ	ɛiŋ	əŋ	əŋ	əŋ	əŋ	əŋ			aŋ

（4）臻开三真（臻）、殷韵与深开三侵韵的今主流读音相同:

	遂昌	龙泉	庆元	松阳	宣平	丽水	云和	景宁	青田	缙云
臻开三真(臻)	iŋ	iŋ	iəŋ	iŋ	iŋ	iŋ	iŋ	iaŋ	iaŋ	iæiŋ
臻开三殷										
深开三侵										

（5）臻合三术、物二韵的今主流读音基本一致:

	遂昌	龙泉	庆元	松阳	宣平	丽水	云和	景宁	青田	缙云
臻合三术	yɜʔ	yəʔ	yeʔ	yɜʔ	yəʔ	yɜʔ	yɜʔ	yəʔ iɐɯʔ	yæʔ aʔ	yei
臻合三物			yəɯʔ							

（6）臻开三质（栉）韵与深开三缉韵的今主流读音相同：

	遂昌	龙泉	庆元	松阳	宣平	丽水	云和	景宁	青田	缙云
臻开三质（栉）	iʔ	iʔ	iɐɯʔ	iʔ	iəʔ	iʔ	iʔ	iɐɯʔ	iæʔ	iei
深开三缉										

第十二节　宕摄

一　宕开一：唐铎

（一）唐
在处州方言中，宕开一唐韵读音情况单一：

	遂昌	龙泉	庆元	松阳	宣平	丽水	云和	景宁	青田	缙云
宕开一唐	ɔŋ	ɔŋ	ɔ̃	ɑŋ	ɔ̃	ɑŋ	ɔ̃	ɔ̃	o	ɔ

（二）铎
宕开一铎韵在处州各地方言中的共时叠置状况：

	遂昌	龙泉	庆元	松阳	宣平	丽水	云和	景宁	青田	缙云
宕开一铎	ɔʔ	ɔuʔ	oʔ	oʔ	əʔ	uoʔ ʌʔ	oʔ	ɔuʔ	oʔ	ɔ

二　宕开三：阳药

（一）阳
宕开三阳韵在处州各地方言中的共时叠置状况：

	遂昌	龙泉	庆元	松阳	宣平	丽水	云和	景宁	青田	缙云
宕开三阳	iaŋ	iaŋ	iã	iaŋ	iɑ̃	iã	iã	iɛ	i	iɔ
	iɔŋ	iɔŋ	iɔ̃	iɔŋ	iɔ̃	iɔŋ	iɔ̃	iɔ̃	io	ɔ
	ɛ̃	ɛ	æ̃	æ̃	ɔ̃	iŋ	ɔ̃	ɛ	ɛ	
	ɔŋ	aŋ	ɔ̃	ɔŋ		ã	a	aŋ	o	
		ɔŋ				ɔŋ	ɛ	ɔ̃		

按《对照表》，"量_{动词}、两_{数词}、长_{形容词}、肠"等字的白读音韵母异常（上表中的 [ɛ̃]、[æ̃] 类音），但又呈现出严整的对应关系（尤其是遂昌、龙泉、庆元、松阳等地），反映了宕开三阳韵早期的读音特点。

（二）药

宕开三药韵在处州各地方言中的共时叠置状况：

	遂昌	龙泉	庆元	松阳	宣平	丽水	云和	景宁	青田	缙云
宕开三药	ia?	ia?	ia?	ia?	iɐ?	iɔ?	iɑ?	ia?	i?	ɔi
	i?	iɔ?	i?	i?		ɛ?	i?	ɛ?	iæ?	ɯ
	ɛ?	ʅʔ	ɤ?	io?			a?		ɛ?	
		ɛ?		æ?					o?	

处州方言"穿_{穿衣服}"说"着"，知母读如端母、开口韵，主元音与上文"量_{动词}、两_{数词}、长_{形容词}、肠"等相同或相近。根据宕开三阳、药的配对关系，进一步证明了上文中"量_{动词}、两_{数词}、长_{形容词}、肠"等字的白读韵母反映的是宕开三阳韵的早期读音特点。

三　宕合一：唐铎

（一）唐

在处州方言中，宕合一唐韵读音情况单一：

	遂昌	龙泉	庆元	松阳	宣平	丽水	云和	景宁	青田	缙云
宕合一唐	ɔŋ	ɔŋ	ɔ̃	oŋ	ɔ̃	ɔŋ	ɔ̃	ɔ̃	o	ɔ

（二）铎

宕合一铎韵在处州各地方言中的共时叠置状况：

	遂昌	龙泉	庆元	松阳	宣平	丽水	云和	景宁	青田	缙云
宕合一铎	ɔʔ	ouʔ	oʔ	oʔ	əʔ	ouʔ	oʔ	ouʔ	oʔ	ɔ
					uəʔ	ʌʔ				

四　宕合三：阳药

（一）阳

宕合三阳韵在处州各地方言中的共时叠置状况：

	遂昌	龙泉	庆元	松阳	宣平	丽水	云和	景宁	青田	缙云
宕合三阳	ɔŋ	ɔŋ	ɔ̃	oŋ	ɔ̃	ɔŋ	ɔ̃	ɔ̃	o	ɔ
	iɔŋ	iɔŋ	iɔ̃	ioŋ	iɔ̃	iɔŋ	iɔ̃	iɔ̃	io	iɔ
	iŋ			eŋ	əŋ				aŋ	
					uɑ̃					

按《对照表》，处州方言宕合三阳韵逢帮系读开口洪音，逢见系读齐齿细音。其中，遂昌、松阳、宣平、青田等地"忘"的韵母读音比较特殊（如遂昌话读〔iŋ〕韵母）。宣平话"况"读〔uɑ̃〕韵母系文读。

（二）药

在处州方言中，宕合三药韵读音情况单一：

	遂昌	龙泉	庆元	松阳	宣平	丽水	云和	景宁	青田	缙云
宕合三药	ɔʔ	ouʔ	oʔ	oʔ	əʔ	uoʔ	oʔ	ouʔ	oʔ	ɔ

小结

（1）宕开一唐与宕合一唐两韵的今主流读音一致：

	遂昌	龙泉	庆元	松阳	宣平	丽水	云和	景宁	青田	缙云
宕开一唐	ɔŋ	ɔŋ	ɔ̃	oŋ	ɔ̃	ɔŋ	ɔ̃	ɔ̃	o	ɔ
宕合一唐										

（2）宕开一铎、宕合一铎、宕合三药等三韵的读音基本一致：

	遂昌	龙泉	庆元	松阳	宣平	丽水	云和	景宁	青田	缙云
宕开一铎										
宕合一铎	ɔʔ	uoʔ	oʔ	oʔ	əʔ	ʌʔ ouʔ	oʔ	uoʔ	oʔ	ɔ
宕合三药										

第十三节　江摄

一　江开二：江觉

（一）江

江开二江韵在处州各地方言中的共时叠置状况：

	遂昌	龙泉	庆元	松阳	宣平	丽水	云和	景宁	青田	缙云
江开二江	ɔŋ	ɔŋ	ɔ̃	oŋ	ɔ̃	ɔŋ	ɔ̃	ɔ̃	o	ɔ
	iɔŋ	iɔŋ	iɔ̃	ioŋ	iɔ̃	iɔŋ	iɔ	iɔ	io	oi
	iaŋ	ia	iã	iaŋ		iã	iã	iɛ	i	

江开二江韵逢［p］、［t］、［k］组声母读开口洪音，逢［tɕ］组声母读齐齿细音。"腔"字读如宕开三阳韵（［iaŋ］类音），带有明显的文读色彩。

（二）觉

江开二觉韵在处州各地方言中的共时叠置状况：

	遂昌	龙泉	庆元	松阳	宣平	丽水	云和	景宁	青田	缙云
江开二觉	ɔʔ	uʔ	oʔ	oʔ	əʔ	uoʔ	oʔ	ɔuʔ	uʔ	ɔ
	əmʔ	ɔuʔ	ioʔ	ɤʔ	yəʔ	ʌʔ	eʔ	iɔuʔ	oʔ	ɤm
	ɔʔ	əmʔ		ioʔ		ioʔ	ioʔ		ioʔ	
		iɔuʔ							yæʔ	

第十四节　曾摄

一　曾开一：登德

（一）登

曾开一登韵在处州各地方言中的共时叠置状况：

	遂昌	龙泉	庆元	松阳	宣平	丽水	云和	景宁	青田	缙云
曾开一登	ɛ̃	ɛ	æ̃	æ̃	iŋ	eŋ	ɛ	aŋ	iŋ	æiŋ
	iŋ	iŋ			əŋ	iŋ			aŋ	aŋ
	ɔŋ					ɔŋ			oŋ	ɛ
										iæiŋ
										ɑum

按《对照表》，遂昌、龙泉、丽水、青田等地"灯"的韵母比较特殊，都读 [iŋ]。据《广韵》："灯，都腾切。"另据《康熙字典》："《集韵》当经切，音丁。《玉篇》火也。《类篇》烈火也。按《玉篇》、《集韵》，灯燈分载，音切各异，强合为一，非。"意思是说"灯"和"燈"原来是不一样的，后来"强合为一"。从表中情况可以看出，处州方言"灯"有两个来源的读音。遂昌、龙泉、丽水、青田等地的"灯"即"当经切"，属梗开四青韵。不过遂昌话、龙泉话的"凳"，以及宣平话的情况就很难判断了。此处存疑。

另外，缙云话"朋"白读为山合一桓韵，文读为通合一东韵；"肯"声母腭化白读为细音韵 [iæiŋ]，所以缙云话曾开一登韵的读音情况比较复杂。

（二）德

曾开一德韵在处州各地方言中的共时叠置状况：

	遂昌	龙泉	庆元	松阳	宣平	丽水	云和	景宁	青田	缙云
曾开一德	ɔʔ	ɛʔ	ɤʔ	æʔ	əʔ	ɛʔ	aʔ	ɛʔ	aʔ	ɛ
	ɛʔ	iʔ	əɯʔ		iəʔ	ʌʔ		iɛʔ	ɛʔ	ei
						iʔ				

二 曾开三：蒸职

（一）蒸

曾开三蒸韵在处州各地方言中的共时叠置状况：

	遂昌	龙泉	庆元	松阳	宣平	丽水	云和	景宁	青田	缙云
曾开三蒸	iŋ	iŋ	iŋ	iŋ	iŋ	iŋ	iŋ	iŋ	iŋ	iæiŋ
		yeŋ								æiŋ

曾开三蒸韵在缙云话中除见系外都读开口洪音，其他各地方言都读细音。龙泉话"蝇"读撮口韵〔yeŋ〕，比较特殊。

（二）职

曾开三职韵在处州各地方言中的共时叠置状况：

	遂昌	龙泉	庆元	松阳	宣平	丽水	云和	景宁	青田	缙云
曾开三职	iʔ	iʔ	iʔ	iʔ	iəʔ	iʔ	iʔ	iʔ	iʔ	iei
	əɯʔ	ɿʔ	ɣʔ	ɣʔ	əʔ	ʌʔ	yʔ	ɿʔ	ɿʔ	ei
							aʔ	ɛʔ	ɛʔ	

按《对照表》，"色"的韵母读音较为独特，主要元音开口度比其他字大。云和话"鲫"读为〔tʃyʔ⁵〕，该韵仅此一例。

三 曾合一：德

在处州方言中，曾合一德韵读音情况单一：

	遂昌	龙泉	庆元	松阳	宣平	丽水	云和	景宁	青田	缙云
曾合一德	uɛʔ	uəʔ	uɣʔ	uæʔ	uəʔ	uɛʔ	uaʔ	uəʔ	uɛʔ	uɛ

四 曾合三：职

在处州方言中，曾合三职韵读音情况单一：

	遂昌	龙泉	庆元	松阳	宜平	丽水	云和	景宁	青田	缙云
曾合三职	yɛʔ	iʔ	yʔ	yɛʔ	yəʔ	yɛʔ	yeʔ	yəʔ	uɛʔ	yei

小结

宜平、青田、缙云三地方言的曾开一登韵与曾开三蒸韵的今主流读音一致，遂昌、龙泉、丽水则表现为部分一致，其他各点两韵相分：

	遂昌	龙泉	庆元	松阳	宜平	丽水	云和	景宁	青田	缙云
曾开一登	ɛ̃	ɛ	æ̃	æ̃	iŋ	eŋ	ɛ	aŋ	iŋ	iæiŋ / æiŋ
曾开三蒸	iŋ	iŋ	iŋ	iŋ		iŋ	iŋ	iŋ		

第十五节　梗摄

一　梗开二：庚陌

（一）庚
梗开二庚韵在处州各地方言中的共时叠置状况：

	遂昌	龙泉	庆元	松阳	宜平	丽水	云和	景宁	青田	缙云
梗开二庚	iaŋ	aŋ	æ̃	aŋ	ɛ̃	ã	ɛ	ɛ	ɛ	a
	uaŋ	ɔŋ	uã	uaŋ	uɑ̃	uã	uɛ	uɛ	uɛ	ua
	aŋ	əŋ				ɛ	ã			
	ɛ̃	uaŋ								

遂昌话梗开二以读细音的〔iaŋ〕为主，其他各地方言则读洪音。"梗"是特字，在处州各地都读合口韵。

（二）陌
梗开二陌韵在处州各地方言中的共时叠置状况：

	遂昌	龙泉	庆元	松阳	宣平	丽水	云和	景宁	青田	缙云
梗开二陌	iaʔ	aʔ	aʔ	aʔ	æʔ	aʔ	aʔ	aʔ	ɛʔ	a
	aʔ								oʔ	

与梗开二庚韵的情况相匹配，遂昌话梗开二陌韵也以读细音的［iaʔ］韵母为主。读［aʔ］韵的为文读音，如"及格"的"格［kaʔ⁵］"；"害怕"遂昌话说"惊［kuaŋ⁴⁵］"，《对照表》中"吓"读［xaʔ⁵］也是文读音；"客人"的"客"读［kʰaʔ⁵］，而单音节的"客"读［tɕʰiaʔ⁵］。可见，遂昌话陌韵白读层为［iaʔ］、文读层为［aʔ］的特点非常鲜明。

青田话"吓"读［xoʔ⁴²］，同江开二觉韵，原因不明。

二　梗开二：耕麦

（一）耕

梗开二耕韵在处州各地方言中的共时叠置状况：

	遂昌	龙泉	庆元	松阳	宣平	丽水	云和	景宁	青田	缙云
梗开二耕	iaŋ	aŋ	æ̃	aŋ	ɛ̃	ã	ɛ	ɛ	ɛ	a
	əŋ	əŋ	iŋ	iŋ	iŋ	eŋ	iŋ	iŋ	oŋ	iœiŋ
	iŋ	iŋ				ɔŋ			iŋ	
						iŋ				

同声系的梗开二耕韵与梗开二庚韵的读音情况基本相同。

按《对照表》，丽水话和缙云话的"樱桃"叫做"樱珠"，"樱"的韵母读音［ã］/［a］符合各自的音韵地位。其他各地的发音人都仍称其为"樱桃"，"樱"的韵母都是［iŋ］，读如梗开三庚韵，包括丽水话和缙云话的文读音。

（二）麦

梗开二麦韵在处州各地方言中的共时叠置状况：

	遂昌	龙泉	庆元	松阳	宣平	丽水	云和	景宁	青田	缙云
梗开二麦	iaʔ	aʔ	aʔ	aʔ	æʔ	aʔ	aʔ	aʔ	ɛʔ	a
	aʔ	əʔ	iʔ							
	iʔ									

梗开二麦韵的读音情况与梗开二陌韵基本相同。按《对照表》，"摘_{摘树叶}"的读音比较特殊，其声母读如端母，韵母也相应表现异常（如遂昌话"摘"读［tiʔ⁵］）。

三　梗开三：庚陌

（一）庚

梗开三庚韵在处州各地方言中的共时叠置状况：

	遂昌	龙泉	庆元	松阳	宣平	丽水	云和	景宁	青田	缙云
梗开三庚	iŋ	iŋ	iŋ	iŋ	iŋ	iŋ	iŋ	iŋ	iŋ	iæiŋ
	iaŋ	aŋ	æ̃	aŋ	ɛ̃	uã	ɛ	aŋ		æiŋ
	ɛ̃	ɛ		æ̃	uɛ̃			ɛ		a
	uaŋ			uaŋ						ua

按《对照表》，韵母读音比较特殊的字有"柄、惊、影"三字。其中，表示"害怕"意思的"惊"读合口韵（读齐齿韵的"惊"都是读字音，口语中说"吓"），与上文梗开二庚韵的特字"梗"基本一致（宣平话除外）。试比较：

	遂昌	龙泉	庆元	松阳	宣平	丽水	云和	景宁	青田	缙云
惊	uaŋ	iŋ	iŋ	uaŋ	uɛ̃	uã	iŋ	iŋ	iŋ	ua
梗	uaŋ	uaŋ	uã	uaŋ	uã	uã	uɛ	uɛ	uɛ	ua

"影_{影子}"的韵母也很特殊，与后文谈到的"松_{松树}"的韵母有部分对应之处。

（二）陌

梗开三陌韵在处州各地方言中的共时叠置状况：

	遂昌	龙泉	庆元	松阳	宣平	丽水	云和	景宁	青田	缙云
梗开三陌	iʔ	iʔ	iʔ	iʔ	iəʔ	iʔ	iʔ	iʔ	iʔ	iei
		ɿʔ						ɿʔ	ɿʔ	

四 梗开三：清昔

（一）清

梗开三清韵在处州各地方言中的共时叠置状况：

	遂昌	龙泉	庆元	松阳	宣平	丽水	云和	景宁	青田	缙云
梗开三清	iŋ	iŋ	iŋ	iŋ	iŋ	iŋ	iŋ	iŋ	iŋ	iæiŋ
		yŋ								æiŋ

按《对照表》，龙泉话"赢"字的韵母读〔yŋ〕，显得比较特殊，但该韵仅此一例。不过前文在讨论曾开三蒸韵时，我们已经看到，龙泉话"蝇"字也读撮口韵。

缙云话除见系外，梗开三清韵都读开口洪音。

（二）昔

梗开三昔韵在处州各地方言中的共时叠置状况：

	遂昌	龙泉	庆元	松阳	宣平	丽水	云和	景宁	青田	缙云
梗开三昔	iʔ	iʔ	iʔ	iʔ	iəʔ	iʔ	iʔ	iʔ	iʔ	iei
		ʅʔ						ʅʔ	ʅʔ	ei

五 梗开四：青锡

（一）青

梗开四青韵在处州各地方言中的共时叠置状况：

	遂昌	龙泉	庆元	松阳	宣平	丽水	云和	景宁	青田	缙云
梗开四青	iŋ	iŋ	iŋ	iŋ	iŋ	iŋ	iŋ	iŋ	iŋ	iæiŋ
	iaŋ	aŋ	æ̃	aŋ	ɛ̄	ā	ɛ	ɛ		æiŋ

按《对照表》，表示"夜里"的说法，除青田话和缙云话以外，处州其他方言大都说"暝间"或"暝里"，"暝"的韵母读音显得很特殊，并与梗开三庚韵字"柄"的韵母非常吻合：

	遂昌	龙泉	庆元	松阳	宣平	丽水	云和	景宁	青田	缙云
暝	iaŋ	aŋ	æ̃	aŋ	ɛ̃	ã	ɛ	ɛ	iŋ	iæiŋ
柄	iaŋ	aŋ	æ̃	aŋ	ɛ̃	iŋ	ɛ	ɛ	iŋ	a

（二）锡

梗开四锡韵在处州各地方言中的共时叠置状况：

	遂昌	龙泉	庆元	松阳	宣平	丽水	云和	景宁	青田	缙云
梗开四锡	iʔ	iʔ	iʔ	iʔ	iəʔ	iʔ	iʔ	iʔ	iʔ	iei
		ɿʔ					ɿʔ	ɿʔ	ɿʔ	ei
									iæʔ	

六　梗合二：庚

梗合二庚韵在处州各地方言中的共时叠置状况：

	遂昌	龙泉	庆元	松阳	宣平	丽水	云和	景宁	青田	缙云
梗合二庚	oŋ	oŋ	ɔ̃	oŋ	ɔ̃	oŋ	ɔ̃	ɔ̃	o	ɔ
	yaŋ	uaŋ	uæ̃	uaŋ	uɛ̃	uã	əŋ	əŋ	əŋ	ua

七　梗合二：耕麦

（一）耕

梗合二耕韵在处州各地方言中的共时叠置状况：

	遂昌	龙泉	庆元	松阳	宣平	丽水	云和	景宁	青田	缙云
梗合二耕	əŋ	ɔŋ	oŋ	oŋ	əŋ	ɔŋ	oŋ	əŋ	oŋ	ɑum
				ŋ				ŋ		

　　按《对照表》，松阳话和景宁话的"宏"均为零声母音节［ŋ］，系元音脱落、鼻韵尾自成音节。

　　（二）麦

　　梗合二麦韵在处州各地方言中的共时叠置状况：

	遂昌	龙泉	庆元	松阳	宣平	丽水	云和	景宁	青田	缙云
梗合 二麦	uaʔ	uɔʔ	uaʔ	ɕaʔ	uɑʔ	uɒʔ	uaʔ	uaʔ	uɛʔ	ua
	uɔʔ	uoʔ					3a	uɒʔ		

上表反映了"劃_{划线}"、"获"两字的韵母读音情况。相对而言，"劃"是一个口语词，而"获"是一个文读词，口语一般不说。"获"的韵母读音（上表下行）反映了文读层的特点。

八　梗合三：庚

梗合三庚韵在处州各地方言中的共时叠置状况：

	遂昌	龙泉	庆元	松阳	宣平	丽水	云和	景宁	青田	缙云
梗合 三庚	iɔŋ	yŋ	yəŋ	iəŋ	yəŋ	iɔŋ	yŋ	yəŋ	ioŋ	yæiŋ
		iəŋ	ioŋ				ioŋ			
		iɔŋ								

梗合三庚韵读撮口的情况为数不少，像宣平、景宁、缙云等地都读撮口。龙泉、庆元、云和等地很难说主流读音是哪个，因为可供考察的字数太少。这里，我们暂将［y］介音韵作为主流读音。

九　梗合三：清昔

（一）清

梗合三清韵在处州各地方言中的共时叠置状况：

	遂昌	龙泉	庆元	松阳	宣平	丽水	云和	景宁	青田	缙云
梗合 三清	iɔŋ	yŋ	ioŋ	iəŋ	yəŋ	iɔŋ	yŋ	yəŋ	ioŋ	yæiŋ
	iŋ	iŋ		iŋ	iŋ	iŋ			iŋ	iæiŋ

（二）昔

在处州方言中，梗合三昔韵读音情况单一：

	遂昌	龙泉	庆元	松阳	宣平	丽水	云和	景宁	青田	缙云
梗合 三昔	yʔ	iʔ	yʔ	yʔ	yəʔ	yʔ	yeʔ	iʔ	yæʔ	yei

十　梗合四：青

在处州方言中，梗合四青韵读音情况单一：

	遂昌	龙泉	庆元	松阳	宣平	丽水	云和	景宁	青田	缙云
梗合四青	iŋ	iŋ	ioŋ	iŋ	iŋ	iŋ	iŋ	iŋ	iŋ	iæiŋ

小结

（1）梗开二庚、耕两韵的今主流读音一致：

	遂昌	龙泉	庆元	松阳	宣平	丽水	云和	景宁	青田	缙云
梗开二庚	iaŋ	aŋ	æ̃	aŋ	ɛ̃	ã	ɛ	ɛ	ɛ	a
梗开二耕										

（2）梗开二陌、麦两韵的今主流读音一致：

	遂昌	龙泉	庆元	松阳	宣平	丽水	云和	景宁	青田	缙云
梗开二陌	iaʔ	aʔ	aʔ	aʔ	æʔ	aʔ	aʔ	aʔ	ɛʔ	a
梗开二麦										

（3）梗开三庚、清，梗开四青等三韵的今主流读音一致：

	遂昌	龙泉	庆元	松阳	宣平	丽水	云和	景宁	青田	缙云
梗开三庚	iŋ	iŋ	iŋ	iŋ	iŋ	iŋ	iŋ	iŋ	iŋ	iæiŋ
梗开三清										
梗开四青										

（4）梗开三陌、昔，梗开四锡等三韵的今主流读音一致：

	遂昌	龙泉	庆元	松阳	宣平	丽水	云和	景宁	青田	缙云
梗开三陌										
梗开三昔	iʔ	iʔ	iʔ	iʔ	iəʔ	iʔ	iʔ	iʔ	iʔ	iei
梗开四锡										

（5）梗合三庚、清两韵的今主流读音基本一致，但与梗合四青韵基本有别：

	遂昌	龙泉	庆元	松阳	宣平	丽水	云和	景宁	青田	缙云
梗合三庚	iɔŋ	yŋ	yəŋ / iɔŋ	iəŋ	yəŋ	iɔŋ	yŋ	yəŋ	iɔŋ	yæiŋ
梗合三清			iɔŋ							
梗合四青	iŋ	iŋ	iŋ	iŋ	iŋ	iŋ	iŋ	iŋ	iŋ	iæiŋ

（6）梗开三庚、清韵、梗开四青韵、臻开三真（臻）、殷韵、深开三侵韵的今主流读音基本相同（庆元、景宁、青田除外）：

	遂昌	龙泉	庆元	松阳	宣平	丽水	云和	景宁	青田	缙云
梗开三庚	iŋ	iŋ	iŋ	iŋ	iŋ	iŋ	iŋ	iŋ	iŋ	iæiŋ
梗开三清										
梗开四青										
臻开三真（臻）										
臻开三殷			iəŋ					iaŋ	iaŋ	
深开三侵										

第十六节　通摄

一　通合一：东屋

（一）东

通合一东韵在处州各地方言中的共时叠置状况：

	遂昌	龙泉	庆元	松阳	宣平	丽水	云和	景宁	青田	缙云
通合一东	əŋ	əŋ	ɔŋ	əŋ	əŋ	ɔŋ	əŋ	əŋ	ɔŋ	aum
	ŋɔi	ŋ	ŋ	ŋ		ŋ	ɔŋ	ŋ		
		ŋɔi	iɔŋ							

遂昌、龙泉、庆元三地方言中"烘"读如通合三东钟韵（［ŋɔi］／［iɔŋ］类韵母）的情况来历不明，该韵中仅此一例。

处州方言中有鼻韵尾自成音节的语言现象。关于辅音自成音节，前人有过不少著述，例如谢栋元（2002：7）认为，"辅音自成音节并非罕见的语言现象，而汉语方言辅音自成音节数量最多的是［m］［n］［ŋ］三个鼻辅音"。谢栋元（2002：7）曾经"对我国十大方言［m］［n］［ŋ］的分布、产生原因、出现年代等做了一个简略的描写与说明"。从谢文归纳的情况看，都是音节中韵母脱落、声母自成音节的情况。事实上，汉语方言中还存在着声母及鼻韵母元音脱落、鼻韵尾自成音节的情况，这在处州方言中并不少见。通合一东韵中还有其他例子：

	龙泉	庆元	松阳	景宁
洪	$ŋ^{211}$	$ŋ^{52}$	$ŋ^{31}$	$ŋ^{31}$
翁	$ŋ^{335}$			$ŋ^{324}$

（二）屋

通合一屋韵在处州各地方言中的共时叠置状况：

	遂昌	龙泉	庆元	松阳	宣平	丽水	云和	景宁	青田	缙云
通合 一屋	əɯʔ	uʔ	uʔ	ɤʔ	əʔ	uʔ	əɯʔ	uʔ	uʔ	ɔu
		əɯʔ		ʌʔ				ɐɯʔ	oʔ	
		ŋʔ						mʔ		

按《对照表》，"木"在龙泉话与景宁话中分别读作〔ŋʔ²³〕、〔mʔ²³〕，前者是〔məɯʔ²³〕或〔muʔ²³〕经〔mʔ²³〕后发生的不同部位的鼻音异化现象，后者则是元音脱落现象。

二　通合一：冬沃

（一）冬

在处州方言中，通合一冬韵读音情况单一：

	遂昌	龙泉	庆元	松阳	宣平	丽水	云和	景宁	青田	缙云
通合 一冬	əŋ	əŋ	oŋ	əŋ	əŋ	ɔŋ	oŋ	əŋ	oŋ	auŋ

（二）沃

通合一沃韵在处州各地方言中的共时叠置状况：

	遂昌	龙泉	庆元	松阳	宣平	丽水	云和	景宁	青田	缙云
通合 一沃	əɯʔ	əɯʔ	uʔ	ɤʔ	əʔ	uʔ	əɯʔ	ɐɯʔ	uʔ	ɔu
							iɯʔ	iɐi		

"督"字在云和、景宁两地方言中读如通合三屋韵（表中下行），来历不详。

三　通合三：东屋

（一）东

通合三东韵在处州各地方言中的共时叠置状况：

	遂昌	龙泉	庆元	松阳	宣平	丽水	云和	景宁	青田	缙云
通合三东	ioŋ	ieŋ	ioŋ	ieŋ	yeŋ	ioŋ	ioŋ	yeŋ	ioŋ	iɑum
	əŋ	əŋ	oŋ	əŋ	əŋ	ɔŋ	əŋ	əŋ	oŋ	ɑum
		ŋ					oŋ			

通合三东韵逢知、见系以读细音为常，逢帮、端系则读洪音（遂昌话"隆［lioŋ²²¹］"字例外）。另外，如上文所述，处州方言有鼻韵尾自成音节的现象。龙泉话"梦"读作［ŋ¹³］是［məŋ¹³］音节经［m¹³］而产生异化的结果。如谢栋元（2002：10）所说，"声化韵具有不稳定性，［m］［n］［ŋ］三母所辖字常常发生换位"。

（二）屋

通合三屋韵在处州各地方言中的共时叠置状况：

	遂昌	龙泉	庆元	松阳	宣平	丽水	云和	景宁	青田	缙云
通合三屋	iuʔ	iɯʔ	iɯʔ	ioʔ	yəʔ	iuʔ	iɯʔ	iɯʔ	iuʔ	iɔu
	iɔʔ	iuɔʔ	ioʔ	ɤʔ	əʔ	ioʔ	ioʔ	iuɔʔ	uʔ	ɔu
	əmʔ	uʔ	uʔ			uoʔ	əmʔ	imaʔ	euʔ	ɤɯ
		əmʔ		ʌʔ				uʔ		

通合三屋韵逢知、见系以读细音为常，逢帮系以读洪音为主，逢端系则表现为洪细参半的情况。缙云话的情况比较特殊，除日母及见系字外，都读洪音韵母。

四 通合三：钟烛

（一）钟

通合三钟韵在处州各地方言中的共时叠置状况：

	遂昌	龙泉	庆元	松阳	宣平	丽水	云和	景宁	青田	缙云
通合三钟	ioŋ	ioŋ	iɔ̃	ioŋ	iɔ̃	ioŋ	iɔ̃	iɔ̃	io	iɔ
	ieŋ	ieŋ	ioŋ	ieŋ		iŋ	ioŋ	yeŋ	ioŋ	ɑum
	ʒ̃	əŋ	oŋ	əŋ	əŋ	əŋ	əŋ	əŋ	oŋ	ɔ
		ʒ	æ̃	æ̃			oŋ			

通合三钟韵逢泥来母及知、见系以读细音为常，逢帮系则以读洪音为主，精组字情况洪细兼备。缙云话的情况比较特殊，除见系字外大都读洪音。

按《对照表》，"松_{松树}"在遂昌、龙泉、庆元、松阳四地方言中的韵母读音很特殊，根据与之组合的声母保留古邪母特点的情况判断，这些读开口 [ɛ̃]／[æ̃] 之类的韵母应该是早期读音特点的残留。在"松香"这一语境中，"松"则读如通合一的"鬆_{轻松}"。而在丽水、云和、景宁、青田、缙云等地方言中，"松树"的"松"也与"松香"的"松"读音不同，声母也都保留古邪母特点，但韵母大都读细音。另外，遂昌、龙泉、庆元、松阳四地方言"松_{松树}"的韵母特点让我们想起了梗开三庚韵中表示"影子"的"影"，以及宕开三阳韵"量_{动词}、两_{数词}、长_{形容词}、肠"等字的韵母读音情况：

	遂昌	龙泉	庆元	松阳	宣平	丽水	云和	景宁	青田	缙云
松	ɛ̃	ɛ	æ̃	æ̃	əŋ	iŋ	iɔ̃	iɔ̃	io	ɔ
影	ɛ̃	ɛ	æ̃	æ̃	iŋ	iŋ	iŋ	aŋ	iŋ	iæi
量_动	ɛ̃	ɛ	æ̃	æ̃	iɑ̃	iã	iã	ɜi	ɛ	ɒi
两_数	ɛ̃	aŋ	æ̃	æ̃	iɑ̃	ã	a	ɛ	ɛ	ɒi
长_形	ɛ̃	ɛ	æ̃	æ̃	iɑ̃	iŋ	ɛ	aŋ	i	ɒi
肠	ɛ̃	ɛ	æ̃	iaŋ	iɑ̃	iã	iã	iɜi	i	ɒi

（二）烛

通合三烛韵在处州各地方言中的共时叠置状况：

	遂昌	龙泉	庆元	松阳	宣平	丽水	云和	景宁	青田	缙云
通合三烛	iɔʔ	iouʔ	ioʔ	ioʔ	yəʔ	ioʔ	ioʔ	iouʔ	ioʔ	ɔi
	iuʔ									ouɕ
										ɔ

除缙云话端、知系外，通合三烛韵在处州方言中都读细音。

小结

总体而言，通摄一等韵相混，三等韵相分。

（1）通合一东、冬两韵的今主流读音一致：

	遂昌	龙泉	庆元	松阳	宣平	丽水	云和	景宁	青田	缙云
通合一东	əŋ	əŋ	oŋ	əŋ	əŋ	ɔŋ	əŋ	əŋ	oŋ	ɑuŋ
通合一冬										

（2）通合一屋、沃两韵的今主流读音一致：

	遂昌	龙泉	庆元	松阳	宣平	丽水	云和	景宁	青田	缙云
通合一屋	əmeʔ	əmeʔ	uʔ	ɤʔ	əʔ	uʔ	əmeʔ	ɐmaʔ	uʔ	ɔu
通合一沃										

（3）除遂昌话、丽水话以外，通合三东、钟两韵（针对同部位声母的主流细音而言）有别：

	遂昌	龙泉	庆元	松阳	宣平	丽水	云和	景宁	青田	缙云
通合三东	iɔŋ	iəŋ	ioŋ	iəŋ	yəŋ	iɔŋ	ioŋ	yəŋ	ioŋ	iɑuŋ
通合三钟		iɔŋ	iɔ̃	ioŋ	iɔ̃		iɔ̃	iɔ̃	io	iɔ

（4）除松阳话、宣平话以外，通合三屋、烛两韵（针对同部位声母的主流细音而言）有别：

	遂昌	龙泉	庆元	松阳	宣平	丽水	云和	景宁	青田	缙云
通合三屋	iuʔ	iɯʔ	iɯʔ	ioʔ	yəʔ	iuʔ	iɯʔ	iɯʔ	iuʔ	uɔi
通合三烛	iɔʔ	iɔuʔ	ioʔ			io ʔ	ioʔ	iɔuʔ	ioʔ	iɔ

第四章

处州方言的异读与历史层次

从《对照表》中可以看出，有些字有两个或两个以上的不同读音，即存在"异读"现象。"异读"反映了不同历史层次的读音在当今共时平面上的叠置状况。一般来说，在口语常现语境中某个保留早期（中古乃至上古）或异常语音特点（所谓"异常语音特点"是指不符合该字所属音韵地位的语音特点）的字，很可能会在其他非常现语境中表现为晚近的读音特点。换言之，该字所保留的古代或异常语音特点，一般是就口语常现语境而言，而并非所有语境。

本章主要讨论异读问题。需要说明的是，本书所讨论的"异读"是指一字因不同语境而有不同读音，或者相同语境有不同读音但以某种读音为主。以下几种情况不在本章讨论范围之中。

第一，因词类语法化而造成的异读。例如：

	遂昌	龙泉	庆元	松阳	宣平	丽水	云和	景宁	青田	缙云
得	tɛʔ⁵ tiʔ⁰	tiɛʔ⁵⁴ tiʔ⁰ iʔ⁰	ʔdɤʔ⁵ ʔdiʔ⁰	tæʔ⁵ tiʔ⁰	təʔ⁵ tiəʔ⁰	tɛʔ⁵ tiʔ⁰	taʔ⁵ tiʔ⁰ liʔ⁰	tɛʔ⁵ tiʔ⁰ liʔ⁰	ʔdɛʔ⁴² ʔdiʔ⁰	ʔdɛ⁴²³ ʔdei⁰ lei⁰

表中第一行是动词"得"的读音。遂昌、庆元、松阳、宣平、丽水、青田等地下行语境是"吃得、吃得下"；龙泉、云和、景宁、缙云等第二行语境是"吃得"，第三行语境是"吃得下"。"吃得"的"得"和"吃得下"的"得"都已经虚化，是语法轻声，不在本章讨论范围之中。

第二，因高频词舒声促化或促声舒化而造成的异读。例如：

	遂昌	龙泉	庆元	松阳	宣平	丽水	云和	景宁	青田	缙云
背名	pɛʔ⁵ pei³³⁴	pəʔ⁵⁴ pɛ⁴⁵	ʔbæi¹¹	pe²⁴	pe⁵²	pe⁵²	pi⁵ pe⁵⁵	pi⁵ pæi³⁵	ʔbæi³³	ʔbei⁵⁵

表中读［ʔ］尾韵的"背"均出自"背脊"一词，相对应的无［ʔ］尾韵的"背"是读字音。部分口语中的高频词往往会产生舒声促化现象，也不在本章讨论范围中。

第三，因小称音变而产生的异读。例如庆元话中存在大量小称音。

以下主要从异读的常现领域、异读的主要表现、异读的主要原因、异读与层次等几个方面分析处州方言的异读现象。

第一节　常现领域

保留古代或异常语音特点的语境包含各个方面。在对调查情况进行比较分析后可以看出，一般以具体词为常，如身体部位、生理现象、动植物、地名、称谓、人名等。以下举例加以说明。

由于语言发展的不平衡性，各地对异读的表现情况也是不平衡的，为了便于横向比较，表中对处州各地的读音情况都进行罗列。

一　身体部位、生理现象

与身体部位、生理现象（特别是人的）相关的词往往会保留较早的读音特点，以至当地人会以为读这些不符合当今音韵地位的字不是其本字。而这往往也是人们认为它们是无字词或者干脆给它们创造当地俗字的一个原因。

（1）口

	遂昌	龙泉	庆元	松阳	宣平	丽水	云和	景宁	青田	缙云
口	tɕʰy533 kʰu533	tɕʰy53 kʰɯ53	kʰɐɯ33	kʰe213	kʰɤɯ44	kʰɤɯ544	kʰəɯ53	kʰu33 kʰɐɯ33	kʰɐɯ454	kʰɤɯ52

遂昌、龙泉、景宁等地，上行语境是"嘴巴"的说法，下行语境是"户口"。

遂昌、龙泉、景宁三地"嘴巴"的说法分别是"口口〔tɕʰyɛʔ5 bɐɯʔ23〕"、"口口〔tɕʰyʔ3 pɤɯ53〕"、"口嘴〔kʰu55 tʃy33〕"。从音韵学角度看，见组读〔k〕组音更古老些，而对遂昌和龙泉来说，溪母字"口"的声母腭化源于某一个较早的阶段，而且这成为当时较俗的读音特点。而后见组字受到新的外来强势方言（特别是官话）的影响而读［k］组音。换言之，在遂昌、龙泉等方言中，见组字读音在历史上有着从［k］组到［tɕ］组再到［k］组的过程。两个［k］组的来源是不一样的：前者是固有本音，后者是晚近外来音。

（2）喉

	遂昌	龙泉	庆元	松阳	宣平	丽水	云和	景宁	青田	缙云
喉	u²²¹	iɯ²¹¹	u⁵²	e³¹	ɣɯ⁴³⁴	ɣɯ¹¹	əɯ⁴²³	ɛɯ³¹	ɛɯ²¹	gɣɯ²³¹ / ɣɯ²³¹

缙云话"喉"读［gɣɯ²³¹］，匣母读群。

处州各地方言均有匣母读群的现象，但出现的语境不平衡，有的字在各地都读群母，如"厚"；有的字只在几个甚至一个点读群母，如"滑"只在遂昌话中读如古群母：

	遂昌	龙泉	庆元	松阳	宣平	丽水	云和	景宁	青田	缙云
厚	gu¹³	ku⁵³	ku²²¹	gu²²	gɣɯ²²³	gɣɯ¹¹	gəɯ³¹	gɛɯ³³	gɛɯ³⁴³	gɣɯ³¹
滑	guaʔ²³	uəʔ²³	uaʔ³⁴	uɔʔ²	uɑʔ²³	uɒʔ²³	uɑʔ²³	uɑʔ²³	uæʔ³¹	uɑ³⁵

从处州方言内部情况看，缙云是方言存古特征最少的点之一，但"喉"这一字的读音却有着独特的表现。

（3）手

	遂昌	龙泉	庆元	松阳	宣平	丽水	云和	景宁	青田	缙云
手	tɕʰyɛ⁵³³ / ɕiɯ⁵³³	ɕiɯ⁵³	tɕʰye³³ / ɕiɯ³³	ɕiɯ²¹³	ɕiɯ⁴⁴	ɕiɯ⁵⁴⁴	ʃiɯ⁵³	ʃiɯ³³	ɕiɯ⁴⁵⁴	sium⁵²

遂昌、庆元两地上行语境是"手"，下行语境是"手艺"。

书母读塞擦音是处州方言一个重要的异常语音现象，这类俗词（字）读塞擦音的情况还见于动物名"鼠"：

	遂昌	龙泉	庆元	松阳	宣平	丽水	云和	景宁	青田	缙云
鼠	tɕʰie⁵³³	tɕʰi⁵³	tɕʰie³³	tsʰɤ²¹³	tsʰɿ⁴⁴	tsʰɿ⁵⁴⁴	tsʰɿ⁵³	tʃʰi³³	tsʰɿ⁴⁵⁴	tsʰɿ⁵²

"说有易，说无难"。很难说龙泉、松阳、缙云等地的"手"历史上

是否也有过读塞擦音声母的阶段，但从实际情况看，处州各地方言多多少少都有这个特点（书母读塞擦音）。这是词汇扩散所形成的个别现象还是整体变读后形成的回流现象就不好判断了。

（4）胃

	遂昌	龙泉	庆元	松阳	宣平	丽水	云和	景宁	青田	缙云
胃	uei²¹³	ui¹³	y³¹	ue¹³	ue²³¹	ue²³¹	y²²³ ue²²³	y¹³ uæi¹³	ʮ²² uæi²²	uei²¹³

云和、景宁、青田三地下行一般出现在"胃痛、胃病"这样的语境中，说"胃不舒服"时一般读上行音。上行反映了口语中较俗的读音特点。

止合三读撮口呼是处州方言较普遍的一个特点。又如：

	遂昌	龙泉	庆元	松阳	宣平	丽水	云和	景宁	青田	缙云
炊	tɕʰy⁴⁵	tɕʰy³³⁵	tɕʰy³³⁵	tɕʰy⁵³	tɕʰy²⁴	tsʰʮ²⁴	tʃʰy²⁴	tʃʰy³²⁴	tsʰʮ⁴⁴⁵	tsʰʮ⁴⁴⁵
跪	dzy¹³	tɕy⁵³	tɕy²²¹	dʑy²²	dʑy²²³	dzʮ¹¹	dʒy³¹	dʒy³³	dzʮ³⁴³	dʑy³¹
龟	tɕy⁴⁵	tɕy³³⁵	tɕy³³⁵	tɕy⁵³	kue²⁴	kue²⁴	tʃy²⁴	tʃy³²⁴	tsʮ⁴⁴⁵	tɕy⁴⁴⁵
贵	tɕy³³⁴	tɕy⁴⁵	tɕy¹¹	tɕy²⁴	tɕy⁵²	tsʮ⁵²	tʃy⁵⁵	tʃy³⁵	tsʮ³³	tɕy⁵⁵⁴

就处州方言而言，读合口韵是其晚近特点。这与上文"（1）口"中见组字从 [k] 组到 [tɕ] 组再到 [k] 组所反映的情况是一个问题的两个方面（指 [k] 拼 [u]、[tɕ] 拼 [y]）。

（5）怀

	遂昌	龙泉	庆元	松阳	宣平	丽水	云和	景宁	青田	缙云
怀	gua²²¹ ua²²¹	ua²¹¹	ua⁵²	gua³¹ ua³¹	kua⁴³⁴ ua⁴³⁴	guɒ¹¹ uɒ¹¹	guɑ⁴²³ uɑ⁴²³	guɑ³¹ uɑ³¹	gua²¹ ua²¹	uɑ²³¹

上行语境是"怀里"的说法，下行语境是"怀表"。

遂昌、松阳、青田等上行读音反映了匣母读群的特点。"怀里"这一语境俗，而"怀表"则是近现代才出现的事物。至于"关怀"、"怀念"之类的更是后起的而且意义抽象的词，其声母一般也不会读如古群母。

（6）肥

	遂昌	龙泉	庆元	松阳	宣平	丽水	云和	景宁	青田	缙云
肥	vi²²¹	vi²¹¹	fi⁵²	pʰi³¹	pi⁴³⁴ fi⁴³⁴	vi¹¹	bi⁴²³ vi⁴²³	bi³¹	bi²¹ vi²¹	bi²³¹ vi²³¹

　　宣平、云和、青田、缙云四地上行语境是"肥肉"，下行语境是"肥料"。

　　相对而言，"肥肉"语境俗，而"肥料"一词较新。所以，宣平、云和、青田、缙云等地"肥_肥肉_"字读如并母。其他地方的"肥肉"一般叫做"壮肉"。

（7）汁

	遂昌	龙泉	庆元	松阳	宣平	丽水	云和	景宁	青田	缙云
汁	zɣ²²¹ tɕyɛʔ⁵	zɣɯ²¹¹ tsɛiʔ⁵⁴	sɣ⁵² tsɯɛʔ⁵	tɕiʔ⁵	tsəʔ⁵	tseʔ⁵	tseʔ⁵	tsɐɯʔ⁵	tsa⁴²	tsɣɯ⁴²³

　　遂昌、龙泉、庆元三地上行语境是"目汁_眼泪_"，下行语境是"墨汁"。

　　汁，《广韵》："之入切。"但按《集韵》："实入切，音十。"遂昌、龙泉、庆元等地"汁_目汁_"的韵母促声舒化。

（8）产

	遂昌	龙泉	庆元	松阳	宣平	丽水	云和	景宁	青田	缙云
产	tsʰaŋ⁵³³	tsʰaŋ⁵³	sã³³ tsʰã³³	tsʰɿ²¹³	tsʰɑ⁴⁴	tsʰã⁵⁴⁴	tsʰã⁵³	sɑ³³	tsʰa⁴⁵⁴	sɑ⁵² tsʰɑ⁵²

　　庆元、缙云两地上行语境是"产妇"，下行语境是"共产党"。

　　产，生母字。按《唐韵》、《集韵》："产，所简切。"《说文》："生也。"庆元、景宁、缙云等三地"产妇"中"产"的读音完全符合中古音韵地位。"产"读塞擦音［tsʰ］声母是相对后起的读音特点。景宁话两种语境的"产"都读［s］声母，说明景宁话"共产党"的"产"字读音并未受到官话的影响。

　　根据"产"字的古音韵地位以及目前庆元、景宁、缙云三地存在的"产"字读古音的情况推断，早期处州方言的"产"当读擦音声母。

（9）吸

	遂昌	龙泉	庆元	松阳	宣平	丽水	云和	景宁	青田	缙云
吸	tɕyʔ⁵ çiʔ⁵	tɕyʔ⁵⁴ çiʔ⁵⁴	tɕyɯʔ⁵ çiɯʔ⁵	tɕyʔ⁵ çiʔ⁵	tɕyəʔ⁵ çiəʔ⁵	tɕyʔ⁵ çiʔ⁵	tʃye⁵ ʃi⁵	tʃiɯʔ⁵ ʃiɯʔ⁵	tɕyæʔ⁴² çiæʔ⁴²	tɕyei⁴²³ çiei⁴²³

上行语境是"吸奶"，下行是读字音。

《广韵》、《正韵》："吸，许及切。"但是，表示"吮吸"意义的晓母字"吸"在处州方言中都读塞擦音［tɕ］／［tʃ］声母。根据粤语、客家话的"吸"字读如古见母［k］的情况判断，处州方言"吸"读［tɕ］／［tʃ］声母正是［k］母腭化所致。

从粤语、客家话以及处州方言"吸"的读音情况看，金理新（2004：14）"中古汉语晓母上古有不同的来源，即有舌根音、舌尖音……等来源"的观点是有道理的。

二 动植物名

（1）秧

	遂昌	龙泉	庆元	松阳	宣平	丽水	云和	景宁	青田	缙云
秧	ɛ̃⁴⁵ iaŋ⁴⁵	ɛ³³⁵ iaŋ³³⁵	æ̃³³⁵ iã³³⁵	iaŋ⁵³	iɑ̃²⁴	iã²⁴	iã²⁴	iɛ³²⁴	i⁴⁴⁵	iɑ⁴⁴⁵

遂昌、龙泉、庆元等地上行语境是"菜秧"，下行是读字音。

孤立地看，遂昌、龙泉、庆元等地"秧"的上行读音比较特殊，但结合其他同韵字的读音情况看，这类异常读音反映了宕开三阳韵早期的读音特点。例如：

	遂昌	龙泉	庆元	松阳	宣平	丽水	云和	景宁	青田	缙云
量_动	lɛ̃²²¹	lɛ²¹¹	læ̃⁵²	læ̃³¹	liã⁴³⁴	liã¹¹	liã⁴²³	liɛ³¹	lɛ²¹	liɑ²³¹
两_数	lɛ̃¹³	laŋ⁵³	læ̃²²¹	næ̃²²	liã²²³	lã⁵⁴⁴	lã⁵³	lɛ³³	lɛ³⁴³	liɑ³¹
长_形	dɛ̃²²¹	dɛ²¹¹	tæ̃⁵²	dæ̃³¹	tɕiã⁴³⁴	diŋ¹¹	dɛ⁴²³	daŋ³¹	dʒi²¹	dziɑ²³¹
肠	dɛ̃²²¹	dɛ²¹¹	tæ̃⁵²	dʒiaŋ³¹	tɕiã⁴³⁴	dʒiã¹¹	dʒiã⁴²³	dʒiɛ³¹	dʒi²¹	dziɑ²³¹

（2）樱

	遂昌	龙泉	庆元	松阳	宣平	丽水	云和	景宁	青田	缙云
樱	iŋ⁴⁵	iŋ³³⁵	iŋ³³⁵	iŋ⁵³	iŋ²⁴	ã²⁴ iŋ²⁴	iŋ²⁴	iŋ³²⁴	iŋ⁴⁴⁵	a⁴⁴⁵ iæiŋ⁴⁴⁵

丽水话、缙云话上行语境是"樱珠樱桃"，下行是读字音。其他各地语境均为"樱桃"。

"樱桃"树在处州并不常见，所以对"樱桃"的称呼大多用普通话的说法。但是，丽水和缙云两地发音人却能够说出"樱珠"这一俗称。

"樱"是梗开二字，同韵字"杏"也有相同的读音特点，而且在处州方言中的地理分布更广。由此可以推断，丽水、缙云两地"樱桃"中的"樱"分别读［ã］、［a］韵是符合其历史音韵地位的。

	遂昌	龙泉	庆元	松阳	宣平	丽水	云和	景宁	青田	缙云
杏	aŋ¹³	aŋ⁵³	xæ̃²²¹	aŋ²²	ŋɛ̃²²³	ã⁵⁴⁴	a⁵³	ŋa³³	ɛ³⁴³	a³¹

（3）松

	遂昌	龙泉	庆元	松阳	宣平	丽水	云和	景宁	青田	缙云
松	zɛ̃²²¹ səŋ⁴⁵	zɣ²¹¹ səŋ³³⁵	sæ̃⁵² soŋ³³⁵	zæ̃³¹ səŋ⁵³	səŋ⁴³⁴	ziŋ¹¹ soŋ²⁴	ʒiɔ⁴²³ soŋ²⁴	ʒiɔ³¹ səŋ³²⁴	io²¹ ɕioŋ⁴⁴⁵	zɔ²³¹ sɑuŋ⁴⁴⁵

上行语境是"松树"，下行语境是"松香"。宣平话上下语境同。

下行"松香"中"松"的读音可能是混同于"轻松旧作'鬆'"中"松"的结果。

"松"是邪母字，而"鬆"是心母字。表中可以看出，除宣平外，其他各地的"松"和"鬆"泾渭分明。宣平话的"松"读同"鬆"，与宣平话阳平字全浊声母清化有关。

"松香"中的"松"读同"鬆"，可能是因为"松香"这一称谓是晚近外来的，早期不一定就叫"松香"而是叫别的。

（4）雀

	遂昌	龙泉	庆元	松阳	宣平	丽水	云和	景宁	青田	缙云
雀	tɕiʔ⁵ tɕʰiaʔ⁵	tsʅʔ⁵⁴ tɕʰiaʔ⁵⁴	tɕiʔ⁵ tɕʰiaʔ⁵	tɕiʔ⁵ tɕʰiaʔ⁵	tɕiɔʔ⁵ tɕʰiɔʔ⁵		tʃiʔ⁵ tʃʰiɒʔ⁵	tɕʰiɒʔ⁵	tɕi⁴⁴⁵ tɕʰiæʔ⁴²	tsɣɯ⁴²³ tsʰiɔ⁴²³

上行语境是"麻雀"的说法，下行是读字音。

雀，精母字，处州方言读［ts］／［tɕ］／［tʃ］声母符合各自的音韵地位。普通话"雀"读同"鹊"。丽水话"麻雀"叫"麻鸟"，景宁话叫"吃谷鸟"，所以只能按照普通话读音把"雀"折合为相应的送气音声母。其他点的发音人也都把"雀"字读作相应的送气音声母，并且大都认为读作不送气音的另有其字。

（5）石

	遂昌	龙泉	庆元	松阳	宣平	丽水	云和	景宁	青田	缙云
石	dʑiɛʔ²³ ziʔ²³	dʑia ʔ²³ ɳʔ²³	ɕiʔ³⁴	ziʔ²	ziəʔ²³	ziʔ²³	ʒiʔ²³	ɳʔ²³	iʔ³¹	zeiʔ³⁵

遂昌、龙泉两地上行语境是"石斑鱼"，下行是读字音。遂昌把"石头"叫做"礧壳"，龙泉把"石头"叫做"礧头"。松阳、云和也把"石头"都叫做"礧头"，表中字音语境是"石斑鱼"或读字。处州方言中，只有宣平、丽水、青田所说的"石头"含有"石"字（"石斑鱼"当然也是）。

在处州方言中，禅母有读塞擦音的现象。这种语言现象相对于今天来说处于较早的历史层次。遂昌、龙泉两地"石头"说法中不带"石"字，却将"石"字读塞擦音声母的特点保留在"石斑鱼"这一称谓之中，正所谓"方言是语言的活化石"。

三　地名

（1）潭

	遂昌	龙泉	庆元	松阳	宣平	丽水	云和	景宁	青田	缙云
潭	daŋ²²¹ dɛ̃²²¹	dɤ̃²¹¹	tæ̃⁵²	dæ̃³¹	tɤ⁴³⁴	duɛ¹¹	duɛ⁴²³	də³¹	duæ²¹	dɛ²³¹

遂昌话一般把"潭"读作［dɛ̃²²¹］（同"谭"），符合覃韵的今读特点。但是，在遂昌近郊有个叫做"龙潭"的地方，"潭"的韵母是［aŋ］，读如谈韵。处州方言端精组覃、谈二韵都能够区分，而遂昌话"潭龙潭"读［aŋ］韵的结果却是覃、谈二韵相混，有点令人费解。不过，遂昌话"潭"字因本地地名的特殊读音而存在的异读现象却是不争的事实，若非存在这个地名，遂昌话"潭"也就不会有异读了。

（2）吴

	遂昌	龙泉	庆元	松阳	宣平	丽水	云和	景宁	青田	缙云
吴	ŋuə²²¹	uɯ²¹¹	ŋuɣ⁵²	ŋuʌ³¹	u⁴³⁴ ŋ⁴³⁴	ŋ¹¹	ŋ⁴²³	ŋ³¹	ŋø²¹	ŋ²³¹

宣平话上行语境是姓氏，下行语境是地名"吴上圩_{位于柳城镇城郊}"。

宣平话表示姓氏的"吴"已不读［ŋ］声母或［ŋ］自成音节，但因大家熟知的附近地名"吴［ŋ⁴³⁴］上圩"而使"吴"字保留了［ŋ］自成音节的语音特点。比较周边丽水、云和、景宁和缙云等地可知，"吴"读自成音节的［ŋ］是较普遍的情况。这一特点还表现在"五、伍、午、误、悟、鱼"等字的读音上。显然，［ŋ］自成音节系韵母脱落所致。

宣平话姓氏"吴"读［u⁴³⁴］与龙泉话读［uɯ²¹¹］情况一样，是受官话影响的结果。

四　称谓、人名

（1）宅

	遂昌	龙泉	庆元	松阳	宣平	丽水	云和	景宁	青田	缙云
宅	dzɛʔ²³	daʔ²³ dzaʔ²³	taʔ³⁴ tsaʔ³⁴	dzaʔ²	dzæʔ²³	dzaʔ²³	dzaʔ²³	dzaʔ²³	dzɛʔ³¹	dza³⁵

龙泉、庆元两地上行语境是"宅眷_{妇女}"，下行是读字音。

"宅眷"一词在龙泉、庆元两地很常用，却很少有人知道本字是什么。龙泉、庆元两地"宅眷"中"宅"的声母读音反映了"知"母的上古语音特点。知母读端是处州方言白读音的一个非常普遍的现象。作为"住宅"的"宅"字在处州方言中却不是一个常用字，"房子"一般叫"处"或"屋"。龙泉、庆元对"妇女"的常用称谓"宅眷"使"宅"字保存了古知母读音特点，显示了称谓词口耳相授的稳定性，而处州其他各地却只能按其今音韵地位折合出"宅"的读字音。

（2）辉

	遂昌	龙泉	庆元	松阳	宣平	丽水	云和	景宁	青田	缙云
辉	xuei⁴⁵	xui³³⁵	xuæi³³⁵	fe⁵³	xue²⁴	xue²⁴	xue²⁴	ʃy³²⁴ xuæi³²⁴	xuæi⁴⁴⁵	xuei⁴⁴⁵

景宁话上行读音是发音人所认识的一个人的名字中"辉"的读音，下行系读字音。

从方言作为语言活化石的作用看，人名是不可与地名同日而语的。对地名的称呼可以世代相承，人名却一般不会这样。不过，如果是在一个相对短暂的历史阶段中正在发生某种语言变化，人名也可以起到这种作用。笔者在景宁调查时就遇到了这种情况。在调查"辉"时，发音人在读出[xuæi³²⁴]后马上说："我有一个朋友叫'光辉[ʃy³²⁴]'，也是这个字。"

前文在介绍"胃"字时已经知道，部分止合三字读撮口呼是处州方言的一个特点。结合《对照表》中列出的止合三字的读音情况，我们认为，在处州方言中，止合三读撮口呼在普通话（包括"国语"）推广普及之前相当普遍。

五 生活器具

（1）床

	遂昌	龙泉	庆元	松阳	宣平	丽水	云和	景宁	青田	缙云
床	$z\tilde{ɛ}^{221}$ $ziɔŋ^{221}$	ʑuɔiŋ²¹¹	ɕiɔ̃⁵²	ziɔiŋ³¹	ɕiɔ̃⁴³⁴	ʑuɔiŋ¹¹	ʑiɔ̃⁴²³	ʑiɔ̃³¹	iɔ²¹	zɔ²³¹

遂昌话上行语境是"木床床"，下行是读字音。

结合前文所讨论的"秧"字的韵母读音特点，以及遂昌话同韵的"长形、肠"等字的白读音情况，我们就可以知道，"床"读[$z\tilde{ɛ}^{221}$]是符合其历史音韵特点的。遂昌话宕开三阳韵读[$\tilde{ɛ}$]是其早期读音特点的保存。

（2）荐

	遂昌	龙泉	庆元	松阳	宣平	丽水	云和	景宁	青田	缙云
荐	tɕiɛ̃³³⁴	tɕiɛ⁴⁵	tɕiã¹¹ tɕiɛ̃¹¹	tɕiɛ̃²⁴	tɕiɛ̃⁵²	tɕiɛ⁵²	tʃiɛ⁵⁵	tʃiɛ³⁵	tɕiã³³	tsia⁵⁵⁴ tsiɛ⁵⁵⁴

庆元、缙云两地上行语境是"稻草床垫"的说法，下行语境是"推荐"。

"荐"的本义就是"草垫子"。《说文》："荐，薦席也。"随着生活水平的提高，农村里使用"稻草床垫"已成了上了年纪的人的一种记忆，而知道这种说法的人自然越来越少，年轻人根本不知"荐"有"稻草床垫"的意思。所以，一般人只能认读"推荐"中的"荐"。

从《对照表》中可以看出，庆元、缙云两地表示"稻草床垫"的"荐"在读音上均符合各自的音韵地位。在本书第三章中我们就已经知道，庆元话、缙云话（以及青田话）山开三仙、山开四先两韵的白读音有别：

	遂昌	龙泉	庆元	松阳	宣平	丽水	云和	景宁	青田	缙云
箭	tɕiɛ̃³³⁴	tɕiɛ⁴⁵	tɕiɛ̃¹¹	tɕiɛ̃²⁴	tɕiɛ̃⁵²	tɕiɛ⁵²	tʃiɛ⁵⁵	tʃiɛ³⁵	tɕiɛ³³	tsiɛ⁵⁵⁴
连	liɛ̃²²¹	liɛ²¹¹	liɛ̃⁵²	liɛ̃³¹	liɛ̃⁴³⁴	liɛ¹¹	liɛ⁴²³	liɛ³¹	liɛ²¹	liɛ²³¹
仙	çiɛ̃⁴⁵	çiɛ³³⁵	çiɛ̃³³⁵	çiɛ̃⁵³	çiɛ̃²⁴	çiɛ²⁴	ʃiɛ²⁴	ʃiɛ³²⁴	çiɛ⁴⁴⁵	siɛ⁴⁴⁵
荐	tɕiɛ̃³³⁴	çiɛ⁴⁵	tɕiɑ̃¹¹	tɕiɛ̃²⁴	tɕiɛ̃⁵²	tɕiɛ⁵²	tʃiɛ⁵⁵	tʃiɛ³⁵	tɕiɑ³³	tsiɑ⁵⁵⁴
莲	liɛ̃²²¹	liɛ²¹¹	liɑ⁵²	liɛ̃³¹	liɛ̃⁴³⁴	liɛ¹¹	liɛ⁴²³	liɛ³¹	liɑ²¹	liɑ²³¹
先	çiɛ̃⁴⁵	çiɛ³³⁵	çiɑ³³⁵	çiɛ̃⁵³	çiɛ̃²⁴	çiɛ²⁴	ʃiɛ²⁴	ʃiɛ³²⁴	çiɑ⁴⁴⁵	siɑ⁴⁴⁵

庆元话、缙云话表示"稻草床垫"意思的俗词"荐"保存了自身的读音特点，即开口四等先韵主元音的开口度较开口三等仙韵的主元音大。"推荐"一词的"荐"则文读为仙韵，它在听感上更接近普通话。

六　詈词

（1）入

	遂昌	龙泉	庆元	松阳	宣平	丽水	云和	景宁	青田	缙云
入	zyɛʔ²³ / n̠iʔ²³	n̠iʔ²³	n̠iəɯʔ³⁴	zyɛʔ² / n̠iʔ²	n̠iəʔ²³	n̠iʔ²³	ɲiʔ²³	ɲimaɯʔ²³	zaʔ³¹	n̠iei³⁵

遂昌、松阳两地上行语境是"入你个娘（食你妈）"，下行语境是"入党"。

遂昌、松阳两地的"入"读［n̠iʔ］不管是声母还是韵母，都符合各自今音韵地位。其他各地"入"的读音情况也是如此。根据处州方言日母的实际情况，并结合高本汉、李方桂、王力、陆志韦、郑张尚芳、邵荣芬等对中古日母音值的构拟，日母早期读［ńʑ］／［n̠ʑ］／［nʑ］之类的音可能性较大。青田话日母大都读［z］的情况也说明了这一点。

　　詈词"入你个娘"相当于普通话的"肏你妈"，口耳相传的过程中具有很强的稳定性。"入党（'入'这个字好像除了'入党'外，处州各地方言口语中基本不用）"显然是一个新的短语，各地方言也都根据各自今音韵地位进行折合。

　　（2）卵

	遂昌	龙泉	庆元	松阳	宣平	丽水	云和	景宁	青田	缙云
卵	lyɛ̃¹³	lɛiŋ⁵³	ləŋ²²¹	lyɛ̃²² leŋ²²	ləŋ²²³	leŋ⁵⁴⁴	ləŋ⁵³	laŋ³³	laŋ³⁴³	laŋ³¹

　　遂昌话及松阳话的上行语境是"卵_{詈词,相当于普通话的'鸡巴'}"，下行语境是"蛋_{禽蛋}"的说法。

　　处州方言中，除了遂昌话把"鸡蛋"叫"鸡子"外，其他各地都叫"鸡卵"。

　　遂昌话桓韵有［əŋ］、［ɛ̃］、［yɛ̃］三套读音，松阳话桓韵也有［eŋ］、［æ̃］、［yɛ̃］三套读音，丽水话也有三套，其他各地方言只有两套。例如：

	遂昌	龙泉	庆元	松阳	宣平	丽水	云和	景宁	青田	缙云
团	dɛ̃²²¹	dɤ²¹¹	tɛ̃⁵²	dæ³¹	tɤ⁴³⁴	duɛ¹¹	duɛ⁴²³	də³¹	duæ²¹	dɛ²³¹
暖	nəŋ¹³	nɛiŋ⁵³	nəŋ²²¹	neŋ²²	nəŋ²²³	neŋ⁵⁴⁴	nəŋ⁵³	naŋ³³	naŋ³⁴³	naŋ³¹
乱	lyɛ̃²¹³	lɤ¹³	lɛ̃³¹	lyɛ̃¹³	lɤ²³¹	lyɛ²³¹	luɛ²²³	lə¹³	luæ²²	lɛ²¹³

　　从《对照表》中的情况看，遂昌话桓韵读［əŋ］、松阳话桓韵读［eŋ］是比它们分别读作［ɛ̃］、［æ̃］二音更早的特点。读前者的一般是较俗的字，读后者的一般是文读色彩字，二者在数量上的分布以后者居多，说明文读层面的影响越来越大。遂昌、松阳（包括丽水）"卵"读［y］介音的情况应该源自一个更早的时代。如上文所述"入"的情况一样，作为詈词的"卵"具有语音存古的良好条件。

　　松阳话作为詈词的"卵"和表示禽蛋的"卵"韵母有别。按理，"卵_{禽蛋}"也是高频词，稳定性不会比詈词差。可能的情况是：早期松阳话（也许是整个处州方言）也把"鸡蛋"叫"鸡子"（像遂昌话一样），后来受到了外方言"鸡卵"称谓的影响而产生变化，而那个时代桓韵已经进入了另一个层次（即松阳话的［eŋ］）的读音阶段。是否如此有待进一步研究。

七 自然现象

（1）影

	遂昌	龙泉	庆元	松阳	宣平	丽水	云和	景宁	青田	缙云
影	$\tilde{\varepsilon}^{533}$ $i\eta^{533}$	ε^{53} $i\eta^{53}$	$\tilde{æ}^{33}$ $i\eta^{33}$	$\tilde{æ}^{213}$ $i\eta^{213}$	$i\eta^{44}$	$i\eta^{544}$	$i\eta^{53}$	$a\eta^{33}$	$i\eta^{454}$	$iæi\eta^{52}$

遂昌、龙泉、庆元、松阳等四地上行语境是"影子"的说法，下行语境是"电影"。

庚韵字"柄"字的白读音韵母也比较特殊：

	遂昌	龙泉	庆元	松阳	宣平	丽水	云和	景宁	青田	缙云
柄	$pia\eta^{334}$	$pa\eta^{45}$	$\text{?}b\tilde{æ}^{11}$	$pa\eta^{24}$	$p\tilde{\varepsilon}^{52}$	$pi\eta^{52}$	$p\varepsilon^{55}$	$p\varepsilon^{35}$	$\text{?}bi\eta^{33}$	$\text{?}ba^{554}$
命	$mi\eta^{213}$	$mi\eta^{13}$	$mi\eta^{31}$	$mi\eta^{13}$	$mi\eta^{231}$	$mi\eta^{231}$	$mi\eta^{223}$	$mi\eta^{13}$	$mi\eta^{22}$	$mæi\eta^{213}$
镜	$tɕi\eta^{334}$	$tɕi\eta^{45}$	$tɕi\eta^{11}$	$tɕi\eta^{24}$	$tɕi\eta^{52}$	$tɕi\eta^{52}$	$tʃi\eta^{55}$	$tʃi\eta^{35}$	$tɕi\eta^{33}$	$tɕiæi\eta^{554}$
英	$i\eta^{45}$	$i\eta^{335}$	$i\eta^{335}$	$i\eta^{53}$	$i\eta^{24}$	$i\eta^{24}$	$i\eta^{24}$	$i\eta^{324}$	$i\eta^{445}$	$iæi\eta^{445}$

表中"命、镜、英"等的韵母读音反映的是庚韵的当今音韵特点。

综合以上两表可以看出有对应关系的是，庆元话"影_{影子}"与"柄"的韵母相同。庆元话"影_{影子}"与"柄"读 [æ̃] 是庚韵早期读音特点的残留。按音值对比进行类推，遂昌、龙泉、松阳三地"影_{影子}"的读音特点所反映的情况也是如此。至于遂昌、龙泉、松阳等三地的"柄"和"惊"的韵母又全然不同，则反映了庚韵在不同历史阶段的演变情况。

"影_{影子}"是与人们日常生活密切相关的自然现象，保留古音并不奇怪，而"电影"则是相当晚近的"新"事物。

八 农垦

（1）园

	遂昌	龙泉	庆元	松阳	宣平	丽水	云和	景宁	青田	缙云
园	$x\ni\eta^{334}$ $y\tilde{\ni}^{221}$	$u\varepsilon i\eta^{45}$ $y\ni^{211}$	$xu\varepsilon\eta^{11}$ $y\tilde{\varepsilon}^{52}$	$fe\eta^{24}$ $y\tilde{\ni}^{31}$	$y\tilde{\varepsilon}^{434}$	$y\varepsilon^{11}$	$y\varepsilon^{423}$	$y\ni^{31}$	$yæ^{21}$	$y\varepsilon^{231}$

上行语境是"菜园",下行语境是"公园"。

表中下行读音反映的是各地方言山合三元韵的今读特点。如果仅是根据遂昌、龙泉、庆元、松阳等四地的上行读音就确定是"园"的读音未免显得有些贸然,好在同声韵的"远"字的白读音可以作为共同确认本字的依据。见下表:

	遂昌	龙泉	庆元	松阳	宣平	丽水	云和	景宁	青田	缙云
远	yɛ̃^{13}	xuɛiŋ^{53}	xuəŋ^{33}	feŋ^{213}	yɛ̃^{223}	yɛ^{544}	yɛ^{53}	yə^{33}	yæ^{343}	yɛ^{31}

上表可见,龙泉、庆元、松阳三地的"园_菜园_"和"远"对应关系严整。另外,遂昌远郊的黄沙腰也说"远〔xəŋ^{334}〕",也可以看出其中的对应关系。个别云母字读擦音声母是处州方言的一个特点(另见本书第二章中的"云母")。

"菜园"与百姓生活息息相关,得以保存早期异常读音是很正常的,而"公园"则是晚近新词,自然读作"新"音了。

(2)粪

	遂昌	龙泉	庆元	松阳	宣平	丽水	云和	景宁	青田	缙云
粪	pɛ̃^{334} fəŋ^{334}	pɤ^{45} fɛiŋ^{45}	ʔbæ^{11} fəŋ^{11}	pæ̃^{24} feŋ^{24}	pɤ^{52} fəŋ^{52}	pɛ^{52} feŋ^{52}	pɛ^{55} fəŋ^{55}	pə^{35} fəŋ^{35}	faŋ^{33}	ʔbɛ^{554} faŋ^{554}

上行语境是"猪栏粪"(青田话语境是"粪桶间_厕所_"),下行系读字音。

"粪"的上行读音反映了非母读重唇的上古音韵特点。非组字白读重唇声母是处州方言的一个重要而较普遍的特征。

自古以来,"猪栏粪"一直是农村生活中的常见事物。在化肥还没有发明和普及之前,"猪栏粪"是庄稼的主要肥料。直到今天,"猪栏粪"也还是处州农村常见的肥料。不过人们很少知道这就是"粪"字的读音,所以对"粪便"这样的词另有一套读法。

另外,"厕所"一词,遂昌、云和两地说"粪缸",缙云说"粪缸头",所含的"粪"字也都读重唇。

九　方位、时间

（1）中

	遂昌	龙泉	庆元	松阳	宣平	丽水	云和	景宁	青田	缙云
中	təŋ⁴⁵	tioŋ³³⁵	ʔdioŋ³³⁵	təŋ⁵³	təŋ²⁴	toŋ²⁴	toŋ²⁴	tyəŋ³²⁴	ʔdoŋ⁴⁴⁵	nɑum⁴⁴⁵
	tɕioŋ⁴⁵	tɕiəŋ³³⁵	tɕioŋ³³⁵	tɕiəŋ⁵³	tɕyəŋ²⁴	tɕioŋ²⁴	tʃioŋ²⁴	tʃyəŋ³²⁴	tɕioŋ⁴⁴⁵	tsɑum⁴⁴⁵

上行语境是"中央中间"，下行语境是"中国、党中央"。

庆元话"中央中间"实际说［ʔdi³³ɔ̃³³⁵］，这是［ʔdioŋ³³ iɔ̃³³⁵］组合的音变结果。景宁话的情况一样，"中央中间"说［ty⁵⁵ɔ̃³²⁴］，也是［tyəŋ⁵⁵ iɔ̃³²⁴］组合的音变。上表均对"中"的本音作了还原。

表示"中间"意思的"中"读舌头声母反映了知母读端的上古语音特点。缙云话帮端二母阳声韵分别读［m］、［n］。

"中央中间"是一个日常生活高频用词，"中"字保留了上古的音韵特征，而"中国、党中央"是两个晚近出现的新词，自然得用较新的读法去读。

（2）上

	遂昌	龙泉	庆元	松阳	宣平	丽水	云和	景宁	青田	缙云
上名	dʑiaŋ²¹³	dʑiaŋ¹³	tɕiã³¹	dʑiaŋ¹³	dʑiã²³¹	dʑiã²³¹	dʒiã²²³	dʒiɛ¹³	dʑi²²	dziɑ²¹³
	ʑiaŋ²¹³	ʑiaŋ¹³	ɕiã³¹	ʑiaŋ¹³	ʑiã²³¹	ʑiã²³¹	ʒiã²²³	ʒiɛ¹³	i²²	ziɑ²¹³

上行语境是方位，下行语境是"上海"。

上行读音反映了处州方言部分禅母字读塞擦音声母的语音特点。另外，作为动词的"上"也读塞擦音声母。见下表：

	遂昌	龙泉	庆元	松阳	宣平	丽水	云和	景宁	青田	缙云
上动	dʑiaŋ¹³	tɕiaŋ⁵³	tɕiã²²¹	dʑiaŋ²²	dʑiã²²³	dʑiã¹¹	dʒiã³¹	dʒiɛ³³	dʑi³⁴³	dziɑ³¹

动词"上"与名词"上"联系密切，都与方位有关。"上"是人们日常生活的高频用词，保存了较早层次的语音特点。

（3）前

	遂昌	龙泉	庆元	松阳	宣平	丽水	云和	景宁	青田	缙云
前	zyɛ̃²²¹	ziɛ²¹¹	ɕyɛ̃⁵²	ziɛ̃³¹	ɕiɛ̃⁴³⁴	ziɛ¹¹	ʒiɛ⁴²³	ʒiɛ³¹	ia²¹	ziɑ²³¹
	ʑiɛ̃²²¹		ɕiã⁵²							

庆元话上行语境是"前日_{前天}",下行语境俗。遂昌话两种读音都有,上行读音较俗。

遂昌和庆元两地的"前日_{前天}"读带有 [y] 介音的韵母显得很特别,处州方言中先韵字以读 [i] 介音的韵母为常。不过这里的"前"也不是个案,同韵的"先"字也有类似情况。见下文"先"。

（4）先

	遂昌	龙泉	庆元	松阳	宣平	丽水	云和	景宁	青田	缙云
先	ɕiẽ⁴⁵	ɕie³³⁵	ɕiã³³⁵ ɕyẽ³³⁵	ɕiẽ⁵³	ɕiẽ²⁴	ɕie²⁴	ʃie²⁴	ʃie³²⁴	ɕia⁴⁴⁵	sia⁴⁴⁵ siɛ⁴⁴⁵

庆元、缙云两地上行语境是"先后",下行语境是"先生"。

咸山两摄开口三四等韵在庆元、青田、缙云等三地方言中一般是能够区别的,而且四等字主要元音的开口度都比三等字大。

表示"先后"的"先"庆元、缙云两地分别说 [ɕiã³³⁵]、[sia⁴⁴⁵]。缙云话"先生"中的"先"的读音明显有受外方言影响的痕迹,反映了文读音对它的冲击。

庆元话"先生"中的"先"不读 [ɕiẽ³³⁵] 而读 [ɕyẽ³³⁵],与上文"前 [ɕyẽ⁵²] 日_{前天}"相呼应,再加上遂昌话"前 [zyẽ²²¹]"的通俗读音,可以看出两地方言中先韵曾有过带 [y] 介音的历史阶段。庆元话先韵读 [yẽ] 与读 [iã] 处于不同的历史阶段。

与庆元话相比较,缙云话的情况比较有意思:庆元话"先"的早期读音保留在"先生"这一称谓中,而缙云话则保留在"先后"中。这也体现了语言发展的不平衡性。

（5）今

	遂昌	龙泉	庆元	松阳	宣平	丽水	云和	景宁	青田	缙云
今	kei⁴⁵ tɕiŋ⁴⁵	kɛ³³⁵ tɕiŋ³³⁵	kæi³³⁵ tɕiəŋ³³⁵	kæ⁵³ tɕiŋ⁵³	kə²⁴ tɕiŋ²⁴	kɛ²⁴ tɕiŋ²⁴	kɛ²⁴ tʃiŋ²⁴	kæi³²⁴ tʃiaŋ³²⁴	kɛ⁴⁴⁵ tɕiaŋ⁴⁴⁵	kei⁴⁴⁵ tɕiæiŋ⁴⁴⁵

上行语境是"今日、今年"（庆元话上行语境是"今年"）,下行是读字音。

"今日、今年"的高频使用率使得三等字"今"保留了见母读 [k] 的中古语音特征。

（6）时

	遂昌	龙泉	庆元	松阳	宣平	丽水	云和	景宁	青田	缙云
时	ʑiu²²¹ zɿ²²¹	zɿ²¹¹	sɤ⁵² ɕi⁵²	zɤ³¹ zɿ³¹	sɿ⁴³⁴	zɿ¹¹	zɿ⁴²³	zɿ³¹	zɿ²¹	zɿ²³¹

　　遂昌话上行语境是"多时_{长久}、几多时_{多久}"，庆元话上行语境是"蛮伙时_{很久}"，松阳话上行语境是"几时_{什么时候}"。下行语境是"时间"。"时"的下行读音基本反映了各地止开三之韵的今读特点。

　　遂昌、庆元、松阳等地"时"的上行读音情况并非个案，同韵的"柿、齿、试"等字的白读音也都读相应的韵母。例如：

	遂昌	龙泉	庆元	松阳	宣平	丽水	云和	景宁	青田	缙云
柿	ʑiu¹³	sɯɯ⁵³	sɤ²²¹	zɤ²²	zɿ²²³	zɿ¹¹	zɿ³¹	zɿ³³	zɿ³⁴³	zɿ³¹
齿	tɕʰiu⁵³³	tsʰɯɯ⁵³	tsʰɤ³³	tsʰɤ²¹³	tsʰɿ⁴⁴	tsʰɿ⁵⁴⁴	tsʰɿ⁵³	tsʰɿ³³	tsʰɿ⁴⁵⁴	tsʰɿ⁵²
试	ɕiu³³⁴	sɯɯ⁴⁵	sɤ¹¹	sɤ²⁴	sɿ⁵²	sɿ⁵²	sɿ⁵⁵	sɿ³⁵	sɿ³³	sɿ⁵⁵⁴

　　"多时、几多时、蛮伙时、几时"等单从字面看都是古汉语短语，"时"更是以单音节的形式表示"时间"这个意思。而"时间"则是相对晚近的词语，口语中对"时间"一词的表述应当是晚近的事情。

（7）初

	遂昌	龙泉	庆元	松阳	宣平	丽水	云和	景宁	青田	缙云
初	tɕʰiu⁴⁵ tsʰuə⁴⁵	tsʰɯɯ³³⁵	tsʰɤ³³⁵	tsʰɤ⁵³	tsʰu²⁴	tsʰu²⁴	tsʰu²⁴	tsʰɐɯ³²⁴	tsʰu⁴⁴⁵	tsʰu⁴⁴⁵

　　遂昌话上行语境是"初一_{农历}"，下行语境是"初中"、"初一_{初中一年级}"。

　　除遂昌话上行读音外，其他读音都是鱼韵今读的反映。遂昌话表示农历的"初"读音异常，与上文"时"的读音相同。而且，龙泉、庆元、松阳三地的情况也是如此。从《对照表》中看，遂昌、龙泉、庆元、松阳等地方言均存在着止开三脂韵读同遇合三鱼韵的特点。

　　遂昌话表示农历的"初"的异常读音应当源于一个更早的历史阶段，而"初中"、"初一_{初中一年级}"应该是民国时期才出现的说法。

十　衣着

（1）围

	遂昌	龙泉	庆元	松阳	宣平	丽水	云和	景宁	青田	缙云
围	uei²²¹	ui²¹¹	ȵy⁵² uæi⁵²	ue³¹	ue⁴³⁴	ue¹¹	ue⁴²³	uæi³¹	ʯ²¹ uæi²¹	y²³¹ uei²³¹

庆元、青田、缙云等地的上行语境是"围巾"，下行语境是"包围"。

上文在介绍"辉人名、胃"时我们已经知道，部分止合三字读撮口呼是处州方言的一个特点。庆元、青田、缙云等地"围围巾"的读音也正反映了这种情况。

显然，"围巾"是一个生活常用词，而"包围"一词则带有浓厚的文读色彩。所以，庆元、青田、缙云等三地"围巾"的"围"保留了旧有的读音特点，而"包围"的"围"则读文读音。

（2）袄

	遂昌	龙泉	庆元	松阳	宣平	丽水	云和	景宁	青田	缙云
袄	ɐmɑ⁵³³	u⁵³ ɑɔ⁵³	u³³ ɒ³³	ʌ²¹³	ɤmɤ⁴⁴	ʌ⁵⁴⁴	əmɐ⁵³	ɑɔ³³	œ⁴⁵⁴	ɤmɤ⁵²

上行语境是"棉袄"，下行是读字音。

豪韵读［u］是上古音特征的残留。龙泉、庆元两地的"袄棉袄"正好保留了［u］这一上古读音特点。而［ɑɔ］、［ɒ］分别是龙泉、庆元两地方言豪韵的今主流读音，发音人读字时按此音进行认读。

十一　棋牌

士

	遂昌	龙泉	庆元	松阳	宣平	丽水	云和	景宁	青田	缙云
士	ʑiu¹³ zuə¹³	sɤɯ⁵³	sʐ²²¹	zʑ²²	zɿ²²³	zɿ¹¹	zɿ³¹	zɿ³³	zɿ³⁴³	zɿ³¹

遂昌话上行语境是"士象棋棋子名"，下行语境是"战士"。

遂昌话"士"读［iu］韵母仅见于象棋术语中。上文在讨论"时"

时，我们已经知道，遂昌话止开三之韵读［iu］反映了早期的读音特点。同部位声母的之韵字读音情况如下：

	遂昌	龙泉	庆元	松阳	宣平	丽水	云和	景宁	青田	缙云
柿	ziu¹³	sɣɯ⁵³	sɣ²²¹	zɣ²²	zʅ²²³	zʅ¹¹	zʅ³¹	zʅ³³	zʅ³⁴³	zʅ³¹
事	zuə²¹³	zɣɯ¹³	sɣ³¹	sɣ¹³	zʅ²³¹	zʅ²³¹	zʅ²²³	zʅ¹³	zʅ²²	zʅ²¹³
史	suə⁵³³	sɣɯ⁵³	sɣ³³	sɣ²¹³	sʅ⁴⁴	sʅ⁵⁴⁴	sʅ⁵³	sʅ³³	sʅ⁴⁵⁴	sʅ⁵²
驶	suə⁵³³	sɣɯ⁵³	sɣ³³	sɣ²¹³	sʅ⁴⁴	sʅ⁵⁴⁴	sʅ⁵³	sʅ³³	sʅ⁴⁵⁴	sʅ⁵²

［uə］是遂昌话庄组之韵的今主流读音。"战士"是一个文读词，自然得用今读音进行认读。

十二　高频动词

这些高频动词一般涉及衣食住行、农耕劳作等方面。
（1）掘

	遂昌	龙泉	庆元	松阳	宣平	丽水	云和	景宁	青田	缙云
掘	dʑyɛʔ²³	dʑyɛʔ²³	kəɯʔ³⁴ tɕʰyəɯʔ³⁴	guæʔ² dʑyɛʔ²³	dʑyəʔ²³	dʑyɛʔ²³	dʒyɛʔ²³	dʒiɐɯʔ²³	dʑyæʔ³¹	dʑyei³⁵

庆元、松阳两地上行语境是"掘地"，下行是读字音。
"掘地"是农耕生活高频用词，庆元、松阳"掘_{掘地}"的读音反映了古群母的特点。
（2）屈

	遂昌	龙泉	庆元	松阳	宣平	丽水	云和	景宁	青田	缙云
屈	tɕʰyɛʔ⁵	kʰuɛiʔ⁵⁴ tɕʰyəʔ⁵⁴	kʰuəɯʔ⁵ tɕʰyəɯʔ⁵	tɕʰyɛʔ⁵	tɕʰyəʔ⁵	tʃʰyɛʔ⁵		kʰuɐɯʔ⁵ tʃʰyəʔ⁵	kʰuæ⁴² tɕʰyæʔ⁴²	kʰuɣɯ⁴²³ tɕʰyei⁴²³

龙泉、庆元、景宁、青田、缙云等地，上行语境是"身体、胳膊弯屈"，下行语境是"屈服"。
"身体、胳膊弯屈"是日常生活高频行为。龙泉等五地的上行语境说明的情况与上文"掘"的情况相关，反映了古溪母的特点。"屈服"则显然是一个文读色彩很浓的词，其中的"屈"反映了今读特征。

（3）见

	遂昌	龙泉	庆元	松阳	宣平	丽水	云和	景宁	青田	缙云
见	iɛ̃³³⁴ tɕiɛ̃³³⁴	tɕiɛ⁴⁵	tɕiɛ̃¹¹	tɕiɛ̃²⁴	tɕiɛ̃⁵²	tɕiɛ⁵²	tʃiɛ⁵⁵	tʃiɛ³⁵	tɕiɛ³³	tɕiɛ⁵⁵⁴

　　遂昌话上行语境是"见过"，下行语境是"再见"。

　　声母脱落（章见母读零声母）是处州方言常见的语音特点。有的字声母脱落的地理覆盖面很广，如"嫁"。"见"的白读音读零声母在处州方言中仅见于遂昌话。

　　（4）煮

	遂昌	龙泉	庆元	松阳	宣平	丽水	云和	景宁	青田	缙云
煮	iɛ⁵³³ tɕyɛ⁵³³	i⁵³ tɕy⁵³	ie³³ tɕye³³	tɕyɛ²¹³	tɕy⁴⁴	tsʅ⁵⁴⁴	i⁵³ tʃy⁵³	tʃi³³	tsʅ⁴⁵⁴	i⁵² tsʅ⁵²

　　上行语境是"煮鸡蛋"，下行系读字音。

　　章母字"煮"读零声母所反映的情况与上文"见"一样，但其地理覆盖面较广。"煮"作为高频的烹饪行为容易保留较早的读音特点。

　　（5）扶

	遂昌	龙泉	庆元	松阳	宣平	丽水	云和	景宁	青田	缙云
扶	vuə²²¹	vɤɯ²¹¹	pu⁵² fɤ⁵²	vuʌ³¹	fu⁴³⁴	vu¹¹	vu⁴²³	vu³¹	vø²¹	vu²³¹

　　庆元话上行语境是"竖立（比如木梯）"的说法，下行语境俗。

　　庆元话"扶"表"竖立"义，系引申。"竖立"可以说是"扶"的结果。庆元话表示本义的"扶"读［fɤ⁵²］，而表示"竖立"的"扶"［pu⁵²］却保留了古奉母的读音特点。从另一个方面说，庆元话的"扶"较早就已经具有"竖立"这一义项了。

　　（6）取

	遂昌	龙泉	庆元	松阳	宣平	丽水	云和	景宁	青田	缙云
取	tɕʰiɯ⁵³³ tɕʰyɛ⁵³³	tɕʰy⁵³	tɕʰiɯ³³ tɕʰye³³	tɕʰyɛ²¹³	tɕʰy⁴⁴	tsʰʅ⁵⁴⁴	tʃʰy⁵³	tʃʰy³³	tsʰʅ⁴⁵⁴	tsʰʅ⁵²

　　遂昌、庆元两地上行语境是"取东西"，下行语境是"取得"。

与其他字相比，遂昌、庆元两地"取$_{取东西}$"的韵母很特别，但联系同韵的"聚"字就可以看出它们之间韵母读音具有对应关系。见下文"聚"。

（7）聚

	遂昌	龙泉	庆元	松阳	宣平	丽水	云和	景宁	青田	缙云
聚	ʑiɯ¹³ dʑyɛ¹³	tɕy⁵³	ɕiɯ²²¹ tɕyε²²¹	ʑiɯ²² dʑyɛ²²	ʑiɯ²²³ dʑy²²³	dzʅ¹¹	ʑiɯ³¹ dʑy³¹	ʑy³³	ɥ³⁴³	zium³¹ zʅ³¹

上行语境是"徛聚$_{站拢}$"，下行语境是"聚会"。

对比"取"和"聚"二字的韵母读音，我们可以看出，上文"取"在遂昌、庆元两地表现出来的特殊韵母在"聚$_{徛聚}$"中呈现出更广泛的地理分布。其他各地因不说"徛聚"而说别的（龙泉、丽水、景宁说"徛拢"，青田说"徛紧"），所以也就没能呈现一致的读音情况。

"徛聚$_{站拢}$"是口语中的常用表述，而"聚会"则是一个晚近新词，只能用同韵的今读音进行折合。上文"取"的情况也是这样。

（8）试

	遂昌	龙泉	庆元	松阳	宣平	丽水	云和	景宁	青田	缙云
试	ɕiu³³⁴ sʅ³³⁴	sɤɯ⁴⁵ sʅ⁴⁵	sɤ¹¹ ɕi¹¹	sɤ²⁴ sʅ²⁴	sʅ⁵²	sʅ⁵²	sʅ⁵⁵	sʅ³⁵	sʅ³³	sʅ⁵⁵⁴

遂昌、龙泉、庆元、松阳等地上行语境是"试一试"，下行语境是"考试"。

如上文曾论及的"初、柿、士"等，遂昌、松阳等地"试"的白读音特点符合各自的历史音韵地位。不再赘述。

（9）讨

	遂昌	龙泉	庆元	松阳	宣平	丽水	云和	景宁	青田	缙云
讨	tʰuɔ⁵³³ tʰɯa⁵³³	tʰɔ⁵³	tʰɤ³³ tʰɒ³³	tʰʌ²¹³	tʰɔ⁴⁴	tʰʌ⁵⁴⁴	tʰɔ⁵³	tʰɔ³³	tʰɐɯ⁴⁵⁴	tʰɤɯ⁵²

上行语境是"讨饭"，下行语境是"讨论"。

处州方言一般把"乞丐"称做"讨饭乞儿"或"讨饭人"。从本书第三章豪韵部分中我们已经知道，处州方言中，豪韵有一个自 [u] 向

［uo］［uə］［uɤ］［ɤ］……的"破裂化"过程。遂昌话的［uə］和庆元话的［ɤ］较"祆"之［u］而言，正处于破裂过程之中，但较各自的今主流读音［ɐɯ］、［ɒ］来说则仍处于较早的历史层次。相对于"讨饭"而言，"讨论"是一个文读词。

（10）含

	遂昌	龙泉	庆元	松阳	宣平	丽水	云和	景宁	青田	缙云
含	$gaŋ^{221}$ $ɛ̃^{221}$	$gɛiŋ^{211}$ $ɣ^{211}$	$kã^{52}$ $æ̃^{52}$	$gɛŋ^{31}$ $æ̃^{31}$	$kã^{434}$ $ɣ^{434}$	$gã^{11}$ $ɛ^{11}$	$gã^{423}$ $ɛ^{423}$	$gɑ^{31}$ $ə^{31}$	$gaŋ^{21}$ a^{21}	$aŋ^{231}$

上行语境是"含在嘴里"的动作，下行语境是"含片"。

"含含在嘴里"是人们日常生活中的常见行为。从上表可以看出，在处州方言中，除了缙云话以外，其他各地方言都保留了匣母读群的音韵特征。而"含片"这一事物的出现不会早，自然得用晚近读音这一"新瓶"进行包装。

（11）完

	遂昌	龙泉	庆元	松阳	宣平	丽水	云和	景宁	青田	缙云
完	$yɛ̃^{221}$ $uɛ̃^{221}$	$yə^{211}$	$yɛ̃^{52}$	$yɛ̃^{31}$ $uæ̃^{31}$	$yɛ^{434}$ $uɑ̃^{434}$	$yɛ^{11}$ $uã^{11}$	$yɛ^{423}$	$yə^{31}$	$yæ^{21}$	$yɛ^{231}$

上行语境是"做完"，下行语境是"完成"。

在处州方言中，见系山合一桓韵的今读大都带［u］介音，只有"完做完"和"丸肉丸"例外。下表是"丸"的读音情况：

	遂昌	龙泉	庆元	松阳	宣平	丽水	云和	景宁	青田	缙云
丸	$yɛ̃^{221}$	$yə^{211}$	$yɛ̃^{52}$	$yɛ̃^{31}$	$yɛ^{434}$	$yɛ^{11}$	$yɛ^{423}$	$yə^{31}$	$yæ^{21}$	$yɛ^{231}$

前面我们在讨论"卵"时已经知道，遂昌、松阳两地方言的"卵"和"乱"具有相同的读音特点，而"完、丸"的情况显示，桓韵读［y］介音韵母的情况在处州方言中的地理分布更广。

相对而言，"完成"的说法具有文读色彩，"完"读为［u］介音韵母这一文读音。

（12）关

	遂昌	龙泉	庆元	松阳	宣平	丽水	云和	景宁	青田	缙云
关	kəŋ⁴⁵ kuaŋ⁴⁵	kuaŋ³³⁵ kuaŋ³³⁵	kuaŋ³³⁵ kuã³³⁵	keŋ⁵³ kuõ⁵³	kəŋ²⁴ kuã²⁴	keŋ²⁴ kuã²⁴	kəŋ²⁴ kuã²⁴	kaŋ³²⁴ kuɑ³²⁴	kaŋ⁴⁴⁵ kua⁴⁴⁵	kaŋ⁴⁴⁵ kuɑ⁴⁴⁵

上行语境是"关门"，下行语境是"关系、机关、开关"。

表中下行反映的是处州方言见系山合二删韵的今读特点。上行读音比较特殊，不过与山合一桓韵"断、段、暖"等字白读音的韵母基本相同：

	遂昌	龙泉	庆元	松阳	宣平	丽水	云和	景宁	青田	缙云
断	dəŋ¹³	tɛiŋ⁵³	təŋ²²¹	deŋ²²	dəŋ²²³	deŋ¹¹	dəŋ³¹	daŋ³³	daŋ³⁴³	daŋ³¹
段	dəŋ²¹³	dɛiŋ¹³	tã³¹	deŋ¹³	dɤ²³¹	deŋ²³¹	dəŋ²²³	daŋ¹³	daŋ²²	dɛ²¹³
暖	nəŋ¹³	nɛiŋ⁵³	nəŋ²²¹	neŋ²²	nəŋ²²³	neŋ⁵⁴⁴	nəŋ⁵³	naŋ³³	naŋ³⁴³	naŋ³¹

上表可见，除龙泉、庆元以外，其他各地山合一桓韵的"断、段、暖"白读音韵母大都与"关_关门_"同。

"关_关门_"是日常生活起居高频用词，而"关系、机关、开关"等显然是晚近新词。

（13）穿

	遂昌	龙泉	庆元	松阳	宣平	丽水	云和	景宁	青田	缙云
穿	tɕʰyŋ⁴⁵ tɕʰyɛ̃⁴⁵	tɕʰyŋ³³⁵ tɕʰyɛ̃³³⁵	tɕʰyəŋ³³⁵ tɕʰyɛ̃³³⁵	tɕʰyŋ⁵³ tɕʰyɛ̃⁵³	tɕʰyəŋ²⁴ tɕʰyɛ̃²⁴	tɕʰyŋ²⁴ tɕʰyɛ²⁴	tʃʰion²⁴ tʃʰye²⁴	tʃʰyɑ³²⁴	tɕʰyaŋ⁴⁴⁵ tɕʰyæ⁴⁴⁵	tsʰyæiŋ⁴⁴⁵ tsʰyɛ⁴⁴⁵

上行语境是"穿针"，下行是读字音。

除景宁以外，其他各地"穿_穿针_"的韵母读音相对异常。下行读音反映的是山合三仙韵的今读特点。

无独有偶，同韵字"串_一串_"的韵母读音也大都与之相同。例如：

	遂昌	龙泉	庆元	松阳	宣平	丽水	云和	景宁	青田	缙云
串	tɕʰyŋ³³⁴	tɕʰyŋ⁴⁵	tɕʰyəŋ¹¹	tɕʰyŋ²⁴	tɕʰyəŋ⁵²	tɕʰyŋ⁵²	tʃʰioŋ⁵⁵	tʃʰiaŋ³⁵	tɕʰyaŋ³³	tsʰyæiŋ⁵⁵⁴

对照以上两表我们可以看出，除了景宁以外，其他各地"串_一串_"的韵母与"穿_穿针_"的韵母读音完全相同。山合三仙韵所读的这类音应当处

于更早的历史阶段。"一串"与"穿针"一样，都是日常生活中很常用的词语，它们因此保存早期的读音特点是很自然的。

（14）反

	遂昌	龙泉	庆元	松阳	宜平	丽水	云和	景宁	青田	缙云
反	paŋ⁵³³ faŋ⁵³³	paŋ⁵³ faŋ⁵³	ʔbã³³ fã³³	pɔ̃²¹³ fɔ²¹³	pã⁴⁴ fã⁴⁴	pã⁵⁴⁴ fã⁵⁴⁴	pã⁵³ fã⁵³	pɑ³³ fɑ³³	ʔbaʔ⁴⁵⁴ faʔ⁴⁵⁴	ʔbɑ⁵² fɑ⁵²

上行语境是"翻动"的说法，下行语境是"反对"。

上表可见，处州各地方言表示"翻动"意义的"反"都读重唇，而晚近新词"反对"的"反"则读轻唇。

（15）量

	遂昌	龙泉	庆元	松阳	宜平	丽水	云和	景宁	青田	缙云
量动	lɛ̃²²¹ liaŋ²²¹	lɛ²¹¹ liaŋ²¹¹	læ̃⁵² liã⁵²	læ̃³¹ liaŋ³¹	liã⁴³⁴	liã¹¹	liã⁴²³	liɛ³¹	lɛ²¹	liɑ²³¹

上行语境是"量长短"，下行语境是"商量"。

下行读音反映的是宕开三阳韵的今读特点。遂昌、龙泉、庆元、松阳四地"量长短"的韵母读音表现异常，不过在前文讨论"秧"时我们已经看到，"量长短"与同韵的"两数、长形、肠"等字的白读韵基本对应。这些字的韵母读音是宕开三阳韵的早期表现形式。"量长短"与"两数、长形、肠"等都是生活高频用词，它们共同保存了宕开三阳韵早期的读音特点。

（16）摘

	遂昌	龙泉	庆元	松阳	宜平	丽水	云和	景宁	青田	缙云
摘	tiʔ⁵ tsaʔ⁵	tsəʔ⁵⁴	ʔdiʔ⁵ tsaʔ⁵	tsaʔ⁵	tæʔ⁵ tsæʔ⁵	taʔ⁵ tsaʔ⁵	tsaʔ⁵	tsaʔ⁵	ʔdɛʔ⁴² tsɛʔ⁴²	ʔdɑ⁴²³ tsɑ⁴²³

上行语境是"摘树叶"，下行语境是"摘要"。

上行读音反映的是知母读端的上古音韵特点。"摘摘树叶"是较常见的生活用词，而"摘要"则完全是文读层面的用词了。

（17）望

	遂昌	龙泉	庆元	松阳	宣平	丽水	云和	景宁	青田	缙云
望	moŋ²¹³	moŋ¹³	mɔ̃³¹	moŋ¹³	mɔ̃²³¹	moŋ²³¹	mɔ̃²²³	mɔ̃¹³	mo²² vo²²	mɔ̃²¹³

　　作为一般意义上的"看"，只有遂昌、松阳、宣平、丽水说"望"，其他点说别的，如龙泉话说"瞅"，云和话说"相"。但各地方言说"往上走"时，都说"望上走"。这里的"望"已经虚化为介词，但保留了"望"作为微母字读重唇音声母的特点。青田话文读"望"为 [v] 声母，是后起的读音特点。

　　微母读 [m] 是处州方言的一个显著特点，但个别非常用字也有读零声母或其他声母的情况。其中，青田和缙云两地的情况特别明显。例如：

	遂昌	龙泉	庆元	松阳	宣平	丽水	云和	景宁	青田	缙云
亡	moŋ²²¹	moŋ²¹¹	mɔ̃⁵²	moŋ³¹	mɔ̃⁴³⁴	moŋ¹¹	mɔ̃⁴²³	mɔ̃³¹	vo²¹	vɔ²³¹
微	uei²²¹	ui²¹¹	mi⁵²	ue³¹	mi⁴³⁴	ue¹¹	mi⁴²³	mi³¹	vi²¹	vi²³¹
巫	muə²²¹	uɯ²¹¹	mɤ⁵²	muʌ³¹	u⁴³⁴	u¹¹	m⁴²³	u³¹	ɥ²¹	vu²³¹

　　"望"在青田话中并没有表示"看"这样的高频语义，以至发音人并不知道"望"就是本字，所以也就把"望"字按其文读特点折合成 [vo²²] 音了。但"往……（方向）……V"在口语中是高频句式，青田话也因为这一句式而使得"望"字保留了读重唇声母的语音特点。

（18）惊

	遂昌	龙泉	庆元	松阳	宣平	丽水	云和	景宁	青田	缙云
惊	kuaŋ⁴⁵ tɕiŋ⁴⁵	tɕiŋ³³⁵	tɕiŋ³³⁵	kuaŋ⁵³ tɕiŋ⁵³	kuɛ̃²⁴ tɕiŋ²⁴	kuã²⁴ tɕiŋ²⁴	tʃiŋ²⁴	tʃiŋ³²⁴	tɕiŋ⁴⁴⁵	kuã⁴⁴⁵ tɕiæiŋ⁴⁴⁵

　　遂昌、松阳、宣平、缙云等四地上行语境是"害怕"的说法，下行是读字音。丽水话"害怕"不说"惊"而说"吓"，但表示"看起来吓人"这一意思时却说"惊 [kuã²⁴] 人相"。

　　下行读音反映了梗开三庚韵的今读特点，与上行读音比较相去甚远。不过，上行读音与另一个属梗开二庚韵的"梗"的读音却有一致的对应关系：

	遂昌	龙泉	庆元	松阳	宣平	丽水	云和	景宁	青田	缙云
梗	kuaŋ⁵³³	kuaŋ⁵³	kuã³³	kuaŋ²¹³	kuɛ̃⁴⁴	kuã⁵⁴⁴	kuɛ⁵³	kuɛ³³	kuɛ⁴⁵⁴	kua⁵²
更打更	kaŋ⁴⁵	kaŋ³³⁵	kæ̃³³⁵	kaŋ⁵³	kɛ̃²⁴	kã²⁴	kɛ²⁴	kɛ³²⁴	kɛ⁴⁴⁵	ka⁴⁴⁵

就"梗"而言，它与同韵的其他字相比也表现出异常的读音特点。上表"更"代表了见系梗开二庚韵的今主流读音。综合以上两表可以看出，读合口的"惊"和"梗"有着严整的对应关系，并分别与各自所属梗开三庚韵、梗开二庚韵的其他字迥异。这种异常的读音应属于较早的一个历史层次。

十三　高频形容词

（1）伙

	遂昌	龙泉	庆元	松阳	宣平	丽水	云和	景宁	青田	缙云
伙	xu⁵³³	ua⁵³ xəu⁵³	ua²²¹ xo³³	ua²² fu²¹³	xo⁴⁴	xuo⁵⁴⁴	xuo⁵³	xəu³³	xu⁴⁵⁴	xʊ⁵²

上行语境是"多"的说法，下行语境是"伙食"。

《方言》："凡物盛多谓之寇，齐宋之郊，楚魏之际曰伙。"以"伙"言"多"的说法相当古老。《广韵》："胡火切。"《集韵》："户果切。"《韵会》："合果切。"《正韵》："胡果切。"都显示"伙"是匣母字，但《方言调查字表》却将它放在晓母的位置，令人费解。从龙泉、庆元、松阳等三地的读音看也都读阳调，当属匣母而非晓母。

（2）长

	遂昌	龙泉	庆元	松阳	宣平	丽水	云和	景宁	青田	缙云
长形	dɛ̃²²¹ dʑiaŋ²²¹	dɛ²¹¹ dʑiaŋ²¹¹	tæ̃⁵² tɕiã⁵²	dæ̃³¹ dʑiaŋ³¹	tɕia⁴³⁴	diŋ¹¹ dʑia¹¹	dɛ⁴²³ dʒia⁴²³	daŋ³¹ dʒiɛ³¹	dʑi²¹	dziɑ²³¹

上行语境是"长短"，下行语境是"长征"。

除宣平、青田和缙云外，其他各地"长短"的"长"都读舌头声母，反映了澄母读定的古音特征。另外，上文谈论"量量长短"字时我们已经知道，表中上行韵母也反映了宕开三阳韵早期的读音特点，即"古声拼古韵"。

显然，"长短"的"长"系口语高频用词，而"长征"则是晚近新词。

（3）远

	遂昌	龙泉	庆元	松阳	宣平	丽水	云和	景宁	青田	缙云
远	yɛ̃^{13}	xuɛiŋ^{53} yə̃^{53}	xuəŋ^{33} yɛ̃^{221}	fɛŋ^{213} yɛ̃^{22}	yɛ̃^{223}	yɛ^{544}	yɛ^{53}	yə^{33}	yæ^{343}	yɛ^{31}

上行语境是"路远"，下行语境是"永远"。

表中下行读音反映的是各地方言中山合三元韵的今读特点，上行反映的是云母读擦音的特点。个别云母字读擦音声母是处州方言的一个特点。另见前文"园"。

（4）贵

	遂昌	龙泉	庆元	松阳	宣平	丽水	云和	景宁	青田	缙云
贵	tɕy^{334} kuei^{334}	tɕy^{45} kui^{45}	tɕy^{11} kuæi^{11}	tɕy^{24} kue^{24}	tɕy^{52} kue^{52}	tsʮ^{52} kue^{52}	tʃʮ^{55} kue^{55}	tʃʮ^{35} kuæi^{35}	tsʮ^{33} kuæi^{33}	tɕy^{554} kuei^{554}

上行语境是"东西贵"，下行语境是"贵姓"。

对处州方言而言，见组读［k］组音的情况较复杂：有时它反映的是古音韵特征，如前面谈到的"气、掘"读［k］组音是存古；有时它反映的是晚近的语音特点，如这里的"贵"。

大体情况是这样的：一部分见组字白读音一直保留了声母读舌根音的古音韵特征，晚近受外方言新词的影响而读新音；另一部分见组字（特别是三四等字）在某个阶段声母已经腭化，腭化音已成白读音，晚近又受到外方言新词的影响而变读回舌根声母。所以，同样是［k］组音，其"语龄"是不一样的，层次也是不同的。对后一种情况而言，是形式上的"复古"，实质上的"纳新"。即表中"贵_{东西贵}"的腭化声母相对于"贵_{贵姓}"的舌根声母来说是更早历史阶段的读音特点。

（5）共

	遂昌	龙泉	庆元	松阳	宣平	丽水	云和	景宁	青田	缙云
共	dʑioŋ^{213} gəŋ^{213}	dʑiɔŋ^{13}	tɕiɔ̃^{31}	dʑioŋ^{13}	gəŋ^{231}	dʑioŋ^{231}	dʒiɔ̃^{223} goŋ^{223}	dʒiɔ̃^{13}	dʑio^{22}	dʑiɔ^{213}

遂昌、云和两地上行语境是"一样"的说法，下行语境是"共产党"。

处州方言"一样"的说法除了宣平话说"一样"和青田话说"一式"以外，其他各地都说"共"，而且都读［ʤ］／［dʒ］类塞擦音声母。"共产党"中"共"的读音大多数也都读腭化的［ʤ］类声母。另外，据笔者所知，七八十岁的遂昌老人也有说"共［ʤioŋ²¹³］产党"的。

"共"所反映的情况与上文"贵"一样："共"读［ʤ］／［dʒ］类声母是较［g］音更早层次的读音特点。"一样"的说法是日常生活高频用词，容易保留较古的读音，而"共产党"则是晚近说法。从遂昌、云和发音人的情况可以看出，"共"的读音先行"纳新"的是"共共产党"，而表示"一样"的"共"仍然读［ʤ］／［dʒ］这类相对较早的声母。

（6）爽

	遂昌	龙泉	庆元	松阳	宣平	丽水	云和	景宁	青田	缙云
爽	ɕioŋ⁵³³ soŋ⁵³³	ɕioŋ⁵³ soŋ⁵³	sɔ̃³³	soŋ²¹³	sɔ̃⁴⁴	soŋ⁵⁴⁴	sɔ̃⁵³	sɔ̃³³	so⁴⁵⁴	so⁵²

遂昌、龙泉上行语境是"爽利干净"，下行语境是"爽快"。

处州方言中，"爽"所处的宕开三阳韵白读有［i］介音的情况较普遍（缙云话除外），而无［i］介音的读音则是晚近的特点。例如：

	遂昌	龙泉	庆元	松阳	宣平	丽水	云和	景宁	青田	缙云
壮	tɕioŋ³³⁴	tɕioŋ⁴⁵	tɕiɔ̃¹¹	tɕioŋ²⁴	tɕiɔ̃⁵²	tɕioŋ⁵²	tʃiɔ̃⁵⁵	tʃiɔ̃³⁵	tɕio³³	tso⁵⁵⁴
霜	ɕioŋ⁴⁵	ɕioŋ³³⁵	ɕiɔ̃³³⁵	ɕioŋ⁵³	ɕiɔ̃²⁴	ɕioŋ²⁴	ʃiɔ̃²⁴	ʃiɔ̃³²⁴	ɕio⁴⁴⁵	sɔ⁴⁴⁵
创创业	tsʰɔŋ³³⁴	tsʰɔŋ⁴⁵	tsʰɔ̃¹¹	tɕʰion²⁴	tsʰɔ̃⁵²	tsʰɔŋ⁵²	tsʰɔ̃⁵⁵	tsʰɔ̃³⁵	tsʰo³³	tsʰɔ⁵⁵⁴

方言中"肮脏"、"干净"的说法表现形式丰富，而且读音往往显得旧俗。将遂昌和龙泉两地"爽利干净"中"爽"的读音与"爽快"中"爽"的读音相比较，可以清楚地看到这一点。

十四 高频量词

（1）句

	遂昌	龙泉	庆元	松阳	宣平	丽水	云和	景宁	青田	缙云
句	kɤ³³⁴ tɕye³³⁴	tɕy⁴⁵	kɤ¹¹ tɕye¹¹	tɕyɛ²⁴	tɕy⁵²	tsʮ⁵²	tʃy⁵⁵	tʃy³⁵	tsʮ³³	tɕy⁵⁵⁴

遂昌、庆元两地上行语境是"一句话"，下行语境是"句子"。

与"贵、共"的情况不同，遂昌、庆元两地的"句—句话"读 [k] 声母是见母古音的反映。而"贵、共"读 [k] 组声母是受强势外方言（官话）影响的结果。

遇合三鱼韵有部分见组字在处州大多数方言中白读为 [k] 组声母：

	遂昌	龙泉	庆元	松阳	宣平	丽水	云和	景宁	青田	缙云
锯	kɤ³³⁴	kɤɯ⁴⁵	kɤ¹¹	kɤ²⁴	kɤɯ⁵²	kɤɯ⁵²	tʃy⁵⁵	tʃy³⁵	kɛ³³	kɤɯ⁵⁵⁴
去	kʰɤ³³⁴	kʰɤɯ⁴⁵	kʰɤ¹¹	kʰɤ²⁴	kʰɤɯ⁵²	kʰɤɯ⁵²	kʰi⁵⁵	kʰi³⁵	kʰi³³	kʰɤɯ⁵⁵⁴
渠他	gɤ²²¹	gɤɯ²¹¹	kɤ²²¹	gɤ³¹	gɤɯ²²³	gɤɯ¹¹	gi⁴²³	gi³¹	gi²¹	gɤɯ²³¹
鱼	ŋɤ²²¹	ŋɤɯ²¹¹	ŋɤ¹¹	ŋɤ³¹	ŋ⁴³⁴	ŋ¹¹	ɲy⁴²³	ɲy³¹	ŋɛ²¹	ɲy²³¹

而同属遇合三的虞韵只有"句"一字在遂昌和庆元两地方言中读 [k] 声母。

（2）张

	遂昌	龙泉	庆元	松阳	宣平	丽水	云和	景宁	青田	缙云
张	tiaŋ⁴⁵ tɕiaŋ⁴⁵	tiaŋ³³⁵	ʔdiã³³⁵	tiaŋ⁵³ tɕiaŋ⁵³	tiã²⁴	tiã²⁴	tiã²⁴	tiɛ³²⁴	ʔdɛ⁴⁴⁵	tsiɑ⁴⁴⁵

遂昌、松阳上行语境是"一张纸"，下行语境是姓氏。

相比较而言，姓氏比常用量词更易受外来强势方言的影响。在处州方言中，"张"的声母在遂昌、松阳两地作为姓氏时率先腭化。不过，处州其他各地的"张"无论何种语境都读如端母。

（3）段

	遂昌	龙泉	庆元	松阳	宣平	丽水	云和	景宁	青田	缙云
段	dəŋ²¹³ dɛ̃²¹³	dɛiŋ¹³ dɤ¹³	tæ̃³¹	deŋ¹³ dæ¹³	dɤ²³¹	deŋ²³¹ dɛ²³¹	dəŋ²²³ duɛ²²³	daŋ¹³ də¹³	daŋ²² duæ²²	dɛ²¹³

上行语境是"一段木"，下行语境是"阶段"。

下行读音反映了山合一桓韵的今读特点。前面在谈论"关"时已知，"断、段、暖"等字白读音的韵母表现情况一致。表中上行读音反映的是山合一桓韵早期的读音特点。相对"段_{阶段}"而言，"段_{一段木}"是口语常用词。

（4）串

	遂昌	龙泉	庆元	松阳	宣平	丽水	云和	景宁	青田	缙云
串	tɕʰyŋ³³⁴ tɕʰyɛ̃³³⁴	tɕʰyŋ⁴⁵ tɕʰyə⁴⁵	tɕʰyəŋ¹¹ tɕʰyɛ̃¹¹	tɕʰyŋ²⁴ tɕʰyɛ̃²⁴	tɕʰyəŋ⁵² tɕʰyɛ̃⁵²	tɕʰyŋ⁵² tɕʰyɛ̃⁵²	tʃʰioŋ⁵⁵	tʃʰiaŋ³⁵ tʃʰyə³⁵	tɕʰyaŋ³³	tsʰyæiŋ⁵⁵⁴ tsʰyɛ⁵⁵⁴

上行语境是"一串"，下行语境是"串联"。

"串_{一串}"是生活中使用频率较高的词，前文讨论"穿_{穿针}"时已知，表中上行反映了山合三仙韵早期的读音特点。

（5）丘

	遂昌	龙泉	庆元	松阳	宣平	丽水	云和	景宁	青田	缙云
丘	tɕʰiɯ⁴⁵	tɕʰiɯ³³⁵	kʰɐɯ³³⁵ tɕʰiɯ³³⁵	kʰe⁵³	tɕʰiɯ²⁴	tɕʰiɯ²⁴	tʃʰiɯ²⁴	tʃʰiɯ³²⁴	tɕʰiɯ⁴⁴⁵	tɕʰium⁴⁴⁵

庆元话上行语境是"一丘田"，下行语境是"孔丘"。

按《现代汉语词典》（第六版）："水田分隔成大小不同的块，一块叫一丘。"表中可见，庆元话"丘_{一丘田}"的声母仍保留了古溪母的读音特点。松阳话情况不同，其流开三尤韵大多读同流开一侯韵，开口（见第三章韵母），与之组合的见组声母也相应读［k］组。

十五　民俗

（1）酿

	遂昌	龙泉	庆元	松阳	宣平	丽水	云和	景宁	青田	缙云
酿	n̠iaŋ²¹³	nɛ¹³ n̠iaŋ¹³	n̠ia³¹	n̠iaŋ¹³	n̠iã²³¹	n̠iã²³¹	nɛ²²³ n̠iã²²³	naŋ¹³	n̠i²²	n̠ia²¹³

龙泉、云和两地上行语境是"酿酒"，下行系读字音。

比较同韵字"长_{长短}"的白读音情况，我们可以看出，龙泉、云和、景宁等三地"酿_{酿酒}"的白读音与"长_{长短}"的白读音的韵母一样，都读洪音。

	遂昌	龙泉	庆元	松阳	宣平	丽水	云和	景宁	青田	缙云
长	dɛ̃²²¹	dɛ²¹¹	tæ̃⁵²	dæ̃³¹	tɕiã⁴³⁴	diŋ¹¹	dɛ⁴²³	daŋ³¹	dʑi²¹	dziɑ²³¹

（2）尘

	遂昌	龙泉	庆元	松阳	宣平	丽水	云和	景宁	青田	缙云
尘	dʑiŋ²²¹	dɤ²¹¹ dzɛiŋ²¹¹	tæ̃⁵² tɕiəŋ⁵²	dʑiŋ³¹	tsəŋ⁴³⁴	dzeŋ¹¹	dzəŋ⁴²³	dzaŋ³¹	dzaŋ²¹	dzaŋ²³¹

处州各地方言中，"除夕前除尘的风俗"有"刷尘、打尘、掸尘"等不同说法。

龙泉、庆元两地上行语境是"打尘"，下行语境是"灰尘"。"尘_{打尘}"保留了澄母读如定母的古音特征。

第二节　异读表现

就音节成分而言，异读主要有"声母异读、韵母异读、声韵异读、声调异读"等主要表现。

一　声母异读

"声母异读"是指韵母部分读同，声母部分读异的异读现象。例如：

	遂昌	龙泉	庆元	松阳	宣平	丽水	云和	景宁	青田	缙云
上_名	dʑiaŋ²¹³ ziaŋ²¹³	dʑiaŋ¹³ ziaŋ¹³	tɕiã³¹ ɕiã³¹	dʑiaŋ¹³ ziaŋ¹³	dʑiã²³¹ ziã²³¹	dʑiã²³¹ ziã²³¹	dʒiã²²³ ʒiã²²³	dʒiɛ¹³ ʒiɛ¹³	dʑi²² i²²	dziɑ²¹³ ziɑ²¹³

	遂昌	龙泉	庆元	松阳	宣平	丽水	云和	景宁	青田	缙云
反	paŋ⁵³³ faŋ⁵³³	paŋ⁵³ faŋ⁵³	ʔba³³ fã³³	pɔ̃²¹³ fɔ̃²¹³	pã⁴⁴ fã⁴⁴	pã⁵⁴⁴ fã⁵⁴⁴	pã⁵³ fã⁵³	pɑ³³ fɑ³³	ʔba⁴⁵⁴ fa⁴⁵⁴	ʔbɑ⁵² fɑ⁵²

二　韵母异读

"韵母异读"是指声母部分读同，韵母部分读异的异读现象。例如：

	遂昌	龙泉	庆元	松阳	宣平	丽水	云和	景宁	青田	缙云
关	kəŋ⁴⁵ kuaŋ⁴⁵	kuəŋ³³⁵ kuaŋ³³⁵	kuəŋ³³⁵ kuã³³⁵	keŋ⁵³ kuɔ̃⁵³	kəŋ²⁴ kuã²⁴	keŋ²⁴ kuã²⁴	kəŋ²⁴ kuã²⁴	kaŋ³²⁴ kuɑ³²⁴	kaŋ⁴⁴⁵ kua⁴⁴⁵	kaŋ⁴⁴⁵ kuɑ⁴⁴⁵

	遂昌	龙泉	庆元	松阳	宣平	丽水	云和	景宁	青田	缙云
穿	tɕʰyŋ⁴⁵ tɕʰyɛ̃⁴⁵	tɕʰyŋ³³⁵ tɕʰyɜ̃³³⁵	tɕʰyəŋ³³⁵ tɕʰyɛ̃³³⁵	tɕʰyŋ⁵³ tɕʰyɛ⁵³	tɕʰyəŋ²⁴ tɕʰyɛ²⁴	tɕʰyŋ²⁴ tɕʰyɛ²⁴	tʃʰioŋ²⁴ tʃʰyɛ²⁴	tʃʰya³²⁴	tɕʰyaŋ⁴⁴⁵ tɕʰyæ⁴⁴⁵	tsʰyæiŋ⁴⁴⁵ tsʰyɛ⁴⁴⁵

三　声韵异读

"声韵异读"是指声母和韵母都读异的异读现象。

按"古声拼古韵"规则，声母和韵母的关系往往不是孤立的，声母的存古性常常连带着韵母的存古性，反之亦然。如前文"长_{长短}"和"贵_{东西贵}"就是这样：

	遂昌	龙泉	庆元	松阳	宣平	丽水	云和	景宁	青田	缙云
长_形	dɛ²²¹ dʑiaŋ²²¹	dɛ²¹¹ dʑiaŋ²¹¹	tæ̃⁵² tɕiã⁵²	dæ³¹ dʑiaŋ³¹	tɕiã⁴³⁴	diŋ¹¹ dʑiã¹¹	dɛ⁴²³ dʒiã⁴²³	daŋ³¹ dʒiɛ³¹	dʑi²¹	dziɑ²³¹

	遂昌	龙泉	庆元	松阳	宣平	丽水	云和	景宁	青田	缙云
贵	tɕy³³⁴ kuei³³⁴	tɕy⁴⁵ kui⁴⁵	tɕy¹¹ kuæi¹¹	tɕy²⁴ kue²⁴	tɕy⁵² kue⁵²	tsʅ⁵² kue⁵²	tʃy⁵⁵ kue⁵⁵	tʃy³⁵ kuæi³⁵	tsʅ³³ kuæi³³	tɕy⁵⁵⁴ kuei⁵⁵⁴

有时，某个字的读音在不同的语境中会存在不同部位的存古现象。

例如：

	遂昌	龙泉	庆元	松阳	宣平	丽水	云和	景宁	青田	缙云
蚁	ŋa¹³	ua⁵³ ŋɤɯ⁵³	ŋa²²¹	ŋa²²	ȵi²²³	文ȵi⁵⁴⁴	ŋa³¹	ŋa³³	n³⁴³	ŋɑ³¹

"蚁"读［ŋ］母、［a］韵是早期读音特点。龙泉话统称"蚂蚁"时说"黄蚁［ua⁵³］儿"，而指称"白蚁"时却说"白蚁［ŋɤɯ⁵³］"。这是一种较为罕见的语言现象：龙泉话"蚁"的早期声母特征和早期韵母特征分别保留在"白蚁"和"黄蚁统称"中。

四 声调异读

声调也会存在异读情况。不过，由于吴语阴阳调与声母清浊有关，声调的异读往往也同步存在声母异读。所以，标题中的"声调异读"实指"声母/声调异读"。比如"仗"是古全浊声母，按音韵地位，它应该读阳上调，景宁、青田两地白读仍为阳上调、全浊声母，而在"打仗"中，"仗"却读阴去调，受此影响，声母也对应折合为全清声母。例如：

	景宁	青田
仗	dʒie³³ tʃie³⁵	dʑi³⁴³ tɕi³³

第三节 异读原因

王福堂（2010：19）说过："异读的形成与异方言的影响有关。人们为交际的方便，有时感到需要从民族共同语所在的官话方言或某个地区性的权威方言借入词语的读音，使自己的说话比较接近这个异方言。这样，方言中就有了异方言的读音。"可见，造成异读的根本原因是外方言特别是外部强势方言（如官话）的影响。

异读的结果有两种：一种是文读和白读普遍共存；另一种是文读和白读零星共存，大部分情况是文读取代白读。前者有如闽语，后者有如吴语。当然，与其说是"结果"还不如说是"过程"。文白读的零星共存是普遍共存的进一步发展，或者说零星共存的早期也是普遍共存的。

本书所说的"异读原因"指的就是文白异读"零星共存"的原因。从"第一节　常现领域"中的例字看，它们之所以还保留较早的读音特点，主要原因还是语境较俗。此外，从表现形式上看，主要有"声调折合、指称转换、音节变化、音韵互串、称谓别义"等具体原因。

一　声调折合

仗（仗→障）

有的字，当地方言一般不说，也就很难知道它们的本音是什么。这时，如果一个包含该字的外来词进入该方言，人们就会运用外来读音与本地读音的某种对应关系进行折合换算。上文"声调异读"中反映的声调折合换算就是其中一种形式：

	遂昌	龙泉	庆元	松阳	宣平	丽水	云和	景宁	青田	缙云
仗	tɕiaŋ³³⁴	tɕiaŋ⁴⁵	tɕiã¹¹	tɕiaŋ²⁴	tɕiã̃⁵²	tɕiã⁵²	tʃiã⁵⁵	dʒiɛ³³ tʃiɛ³⁵	dʑi³⁴³ tɕi³³	tsiɑ⁵⁵⁴

"仗"是古全浊声母，按音韵地位，它应该读阳上调，可是除了景宁、青田两地仍可白读阳上调、全浊声母以外，其他各地都读阴去调，受此影响，声母也对应折合为全清声母。这显然是受"打仗"这一文读色彩很浓的外来词影响的结果。

"丈、杖"二字与"仗"音韵地位相同，仍都读阳上调。例如：

	遂昌	龙泉	庆元	松阳	宣平	丽水	云和	景宁	青田	缙云
丈	dʑiaŋ¹³	tɕiaŋ⁵³	tɕiã²²¹	dʑiaŋ²²	dʑiã̃²²³	dʑiã¹¹	dʒiã³¹	dʒiɛ³³	dʑi³⁴³	dziɑ³¹
杖	dʑiaŋ¹³	tɕiaŋ⁵³	tɕiã²²¹	dʑiaŋ²²	dʑiã̃²²³	dʑiã¹¹	dʒiã³¹	dʒiɛ³³	dʑi³⁴³	dziɑ³¹

相对而言，"丈、杖"是生活常用词，使用频率较高，保留了原有声调的读音特点。

二　指称转换

有时，指称相关的不同事物时，因常用说法的改变也会造成某字的异读。例如：

（1）莲（荷花→莲花）

	遂昌	龙泉	庆元	松阳	宣平	丽水	云和	景宁	青田	缙云
莲	$liɛ̃^{221}$	$liɛ^{211}$	$liã^{52}$ $liɛ̃^{52}$	$liɛ̃^{31}$	$liɛ̃^{434}$	$liɛ^{11}$	$liɛ^{423}$	$liɛ^{31}$	lia^{21}	lia^{231}

庆元话上行语境是"莲子",下行是"莲花"。

庆元话指称"莲子"时仍说"莲〔$liã^{52}$〕子",指称"莲花"时一般说"荷花",但当认读"莲花"两字时则说"莲〔$liɛ̃^{52}$〕花"。受外部影响,现在很多人口语中也说"莲〔$liɛ̃^{52}$〕花"。"莲花"一说有逐渐代替"荷花"的趋势。由于"莲花"的叫法相对晚近,所以采用了外部强势方言(官话)的读音认读。

(2)狭(狭窄→拥挤)

	遂昌	龙泉	庆元	松阳	宣平	丽水	云和	景宁	青田	缙云
狭	$gaʔ^{23}$ $aʔ^{23}$	$gɔʔ^{23}$	$kaʔ^{34}$ $xaʔ^{34}$	$gɔʔ^{2}$ $ɔʔ^{2}$	$gaʔ^{23}$	$gɒʔ^{23}$ $ɒʔ^{23}$	$gaʔ^{23}$ $aʔ^{23}$	$gaʔ^{23}$ $aʔ^{23}$	$gaʔ^{31}$ $aʔ^{31}$	$ɑ^{35}$

上行语境是"拥挤"说法,下行语境是"窄"的意思(龙泉话不说"狭"而说"窄")。

处州各地除缙云话外,表示"拥挤"的意思都说"狭",音同"峡",声母读如古群母。表示"狭窄"的"狭"字除宣平话外都读零声母。"狭"字本义"狭窄","拥挤"系引申义。在语言的发展变化过程中,反倒是引申义保留了古音特征,而本义却采用了晚近的新音。不过,也可能是这种情况:"狭"字引申出"拥挤"义时仍读如古群母,后来,表示"狭窄"义的"狭"受到外部影响而变读。

三 音节变化

这里指音节数量的变化。处州方言词大多保留单音节词为主的特点,所以某些字在口语中以单音节词出现时往往保留其相对较早的白读音,而在双(多)音节中出现时则表现为相对晚近的文读音。例如:

客(客→客人)

	遂昌	龙泉	庆元	松阳	宣平	丽水	云和	景宁	青田	缙云
客	$tɕʰiaʔ^{5}$ $kʰaʔ^{5}$	$kʰa^{54}$	$kʰaʔ^{5}$	$kʰaʔ^{5}$	$kʰæʔ^{5}$	$kʰaʔ^{5}$	$kʰaʔ^{5}$	$kʰaʔ^{5}$	$kʰɛʔ^{42}$	$kʰa^{423}$

遂昌话上行语境是"客"，下行语境是"客人"。

遂昌话一般说"处里有客〔tɕʰiaʔ⁵〕家里有客"或"客〔tɕʰiaʔ⁵〕来了"，但也有人说"处里有客〔kʰaʔ⁵〕农家里有客人"或"客〔kʰaʔ⁵〕农来了"。单音节的"客〔tɕʰiaʔ⁵〕"是遂昌话的固有说法，而双音节的"客〔kʰaʔ⁵〕农"则是晚近受外方言影响的说法。

梗开二读〔i〕介音是遂昌话的一大特点：

	遂昌	龙泉	庆元	松阳	宣平	丽水	云和	景宁	青田	缙云
责	tɕiaʔ⁵ tsaʔ⁵	tsaʔ⁵⁴	tsaʔ⁵	tsaʔ⁵	tsæʔ⁵	tsaʔ⁵	tsaʔ⁵	tsaʔ⁵	tsɛʔ⁴²	tsa⁴²³
策	tɕʰiaʔ⁵ tsʰaʔ⁵	tsʰaʔ⁵⁴	tsʰaʔ⁵	tsʰaʔ⁵	tsʰæʔ⁵	tsʰaʔ⁵	tsʰaʔ⁵	tsʰaʔ⁵	tsʰɛʔ⁴²	tsʰa⁴²³

由于词的双音节化而形成的异读现象相对较多，前文所提到的例子大都属于此类。以下是遂昌话的例子（上行是单音节口语词，下行是双音节文读词）：

$$\begin{cases} 手：〔tɕʰyɛ^{533}〕 \\ 手（艺）：〔ɕiɯ^{533}〕 \end{cases}$$

$$\begin{cases} 吸_{吮吸}：〔tɕyʔ^{5}〕 \\ （呼）吸：〔ɕiʔ^{5}〕 \end{cases}$$

$$\begin{cases} 气_{较难闻的气味}：〔kʰei^{533}〕 \\ （空）气：〔tsʰɿ^{334}〕 \end{cases}$$

$$\begin{cases} 影_{影子}：〔ɛ̃^{533}〕 \\ （电）影：〔iŋ^{533}〕 \end{cases}$$

$$\begin{cases} 时：〔ʑiu^{221}〕 \\ 时（间）：〔zɿ^{221}〕 \end{cases}$$

$$\begin{cases} 试：〔ɕiu^{334}〕 \\ （考）试：〔sɿ^{334}〕 \end{cases}$$

$$\begin{cases} 讨_{乞讨}：〔tʰuə^{533}〕 \\ 讨（论）：〔tʰɐɯ^{533}〕 \end{cases}$$

$$\begin{cases} 反_{翻动}：〔paŋ^{533}〕 \\ 反（对）：〔faŋ^{533}〕 \end{cases}$$

$$\begin{cases} \text{串}_{-\text{串}}: [\ t\wideparen{\varepsilon}^h y\eta^{334}\ ] \\ \text{串（联）}: [\ t\wideparen{\varepsilon}^h y\tilde\varepsilon^{334}\ ] \end{cases}$$

$$\begin{cases} \text{长}_{\text{长短}}: [\ d\tilde\varepsilon^{221}\ ] \\ \text{长（征）}: [\ d\wideparen{z}ia\eta^{221}\ ] \end{cases}$$

四 音韵互串

有时，某字不同的读音可能源自不同音韵地位的同形异义字。受字形相同的影响，二者读音会产生互串现象。例如：

核

	遂昌	龙泉	庆元	松阳	宣平	丽水	云和	景宁	青田	缙云
核	ŋɛʔ²³ ŋuɛʔ²³ ɛʔ²³	ŋuəʔ²³ əʔ²³	xɣʔ³⁴	ŋæʔ² ŋuæʔ²	ŋəʔ²³ əʔ²³	ŋuɛʔ²³	ŋuɛʔ²³	ŋəʔ²³ aʔ²³	uæʔ³¹	uɛ³⁵ a³⁵

遂昌话第一行与第二行语境都是"果核、核桃"，均两可；第三行语境是"核对"。龙泉话上行语境是"果核、核桃"，下行语境是"核对"。松阳话上行语境是"核桃"，下行语境是"果核、审核"。宣平、景宁两地上行语境是"果核、核桃"，下行语境是"审核"。缙云话上行语境是"果核、核桃、审核"，下行语境是"核心"。

"核"在《方言调查字表》中共出现三处。第一处在臻合一没韵，按音韵地位应读合口韵，如同韵的见母字"骨"：

	遂昌	龙泉	庆元	松阳	宣平	丽水	云和	景宁	青田	缙云
骨	kuɛʔ⁵	kuəʔ⁵⁴	kuɣʔ⁵	kuæʔ⁵	kuəʔ⁵	kuɛʔ⁵	kuɛʔ⁵	kuəʔ⁵	kuæʔ⁴²	kuɛ⁴²³

第二处和第三处都在梗开二麦韵，按音韵地位应该读开口韵，如同韵的见母字"隔"：

	遂昌	龙泉	庆元	松阳	宣平	丽水	云和	景宁	青田	缙云
隔	kaʔ⁵	kaʔ⁵⁴	kaʔ⁵	kaʔ⁵	kæʔ⁵	kaʔ⁵	kaʔ⁵	kaʔ⁵	kɛʔ⁴²	kaʔ⁴²³

造成"核"两读或三读的情况有很多原因，其中之一就是合口的臻合一没韵"核"与开口的梗开二麦韵的"核"在读音上互相串位。当然

也有其他原因，比如那些读零声母的"核"，显然是受官话文读音影响的结果。

五　称谓别义

在处州方言中，因别义而引起的异读情况在亲属称谓中较常见。例如：

娘

	遂昌	龙泉	庆元	松阳	宣平	丽水	云和	景宁	青田	缙云
娘	ȵiaŋ²²¹ ȵiaŋ¹³ ȵiaŋ⁴⁵	ȵiaŋ²¹¹ ȵiaŋ⁴⁵	ȵia⁵² ȵia³³⁵	ȵiaŋ³¹ ȵiaŋ²⁴	ȵiã⁴³⁴ ȵiã⁵²	ȵiã¹¹ ȵiã⁴⁵	ɲia⁴²³	ɲiɛ³¹ ɲiɛ³⁵	ȵi²¹	ȵia²³¹ ȵia²¹³

读原调的"娘"一般与"母亲_{背称}、新娘"的叫法有关。读变调的情况比较复杂：遂昌话次行语境是"姑妈"的叫法，末行语境是"伯母"的叫法；龙泉、庆元、宣平、丽水、景宁、缙云等地方言的下行语境是"姑妈"的叫法，松阳话下行语境是"伯母"的叫法。

确切地说，这类异读并非文白异读而是别义异读。

第四节　异读与层次

一　异读与读异

异读的结果最终可能导致"读异"。所谓"读异"，是指在两个或几个并存的异读音中，原有的"旧音"由于某种原因而被后起的异读"新音"所代替。

李如龙（2001：80—81）曾说过："早期方音演变多自变，晚近方音演变多他变。"晚近汉语方言的演变本质上都是从"异读"向"读异"转化的结果，只是在某个历史阶段，"旧音"和"新音"并存，最终"旧音"消亡，"新音"取而代之，从而在这个方言中完成"读异"的过程。

在特定方言中，某些字之所以至今未被完全"读异"，是因为该字所反映的事物太俗了，如遂昌、龙泉、庆元等地的"腹"、"肠"等字声母都分别读重唇音和舌头音。当然，并不意味着今后将一直如此。

二 异读的历史

由于词汇扩散的节点不同，不同字的异读音所形成的时间也有先后。有的字异读形成的历史可能相当短暂，例如：

（1）安

	遂昌	龙泉	庆元	松阳	宣平	丽水	云和	景宁	青田	缙云
安	uɛ̃^{45} ɛ̃^{45}	uə^{335}	uæ̃^{335}	uæ̃^{53}	uɤ^{24}	uɛ^{24}	uɛ^{24}	uə^{324}	uæ^{445}	uɛ^{445} ɛ^{445}

遂昌、缙云两地上行语境是"安心"，下行语境是"天安门"。

见系山开一寒韵读合口是处州方言的一个特点：

	遂昌	龙泉	庆元	松阳	宣平	丽水	云和	景宁	青田	缙云
旱	uɛ̃^{13}	uə^{53}	xuæ̃^{221}	uæ̃^{22}	uɤ^{223}	uɛ^{11}	uɛ^{53}	uə^{33}	uæ^{343}	uɛ^{31}
汗	guɛ̃^{213}	uə^{13}	xuæ̃^{31}	uæ̃^{13}	uɤ^{231}	uɛ^{231}	uɛ^{223}	uə^{13}	uæ^{22}	uɛ^{213}

遂昌、缙云两地"天安门"的"安"读开口韵显然是受晚近官话影响的结果，历史比较短暂。

有的字异读形成的历史可能相当久远，以致很难确定大概的时代。例如：

（2）乐

	遂昌	龙泉	庆元	松阳	宣平	丽水	云和	景宁	青田	缙云
乐	ŋɐɯ^{213}	ŋɒ^{13}	ŋɔ^{31}	ŋɔ^{13}	ŋɔ^{231}	ŋʌ^{231}	ŋɑɔ^{223}	ŋɑɔ^{13}		ŋɔ^{213}
	loʔ^{23}	ɔʔ^{23} ŋuʔ^{23}	loʔ^{34}	loʔ^{2}	ŋɔʔ^{23} ləʔ^{23}	lʌʔ^{23}	loʔ^{23}	louʔ^{23}	ŋoʔ^{31} loʔ^{31}	ŋɔ^{35} lɔ^{35}

首行语境是"要不要"的"要"的说法，次行语境是"音乐"，末行语境是"快乐"。

处州方言中，表示"要~不要~"的"乐"读同效开一豪韵字"傲"。"乐"字的古音比较复杂。根据《康熙字典》，按《唐韵》："五角切。"《集韵》："逆角切，音岳。"即《方言调查字表》中处江开二觉韵的"乐"。另据《唐韵》："卢各切。"《集韵》："历各切，音洛。"又据《集韵》："力照切。"《正韵》："力召切，音疗。"又据《唐韵》："鲁刀切，音劳。"《广韵》："伯乐相马。一作博劳。"另据《集韵》、《韵会》、《正韵》："鱼教切。"处州方言表示"要_{要不要}"的"乐"当属《集韵》等所说的"鱼教切",《方言调查字表》中应处于疑母、肴韵、阳去的位置,《对照表》中增收。

表示"要_{要不要}"的位处疑母、肴韵、阳去的"乐"其历史应当相当久远。

有的字不同的读音可能反映了与该字有关的不同事物出现的时间有先后。例如:

（3）铅

	遂昌	龙泉	庆元	松阳	宣平	丽水	云和	景宁	青田	缙云
铅	$iɛ̃^{221}$ $tɕʰiɛ^{45}$ $kʰaŋ^{45}$	$kʰaŋ^{335}$ $tɕʰiɛ^{335}$	$kʰã^{335}$ $tɕʰiɛ̃^{335}$	$iɛ̃^{31}$ $kʰʯ^{53}$ $tɕʰiɛ̃^{53}$	$kʰʯ^{24}$	$kʰã^{24}$	$kʰã^{24}$	$iɛ̃^{31}$ $kʰɑ^{324}$	$kʰa^{445}$	$kʰɑ^{445}$

与"铅"字有关的语境有"铅笔、铅丝_{铁丝}、铅球、铅板_{硬币}"等。其中,遂昌、松阳、景宁三地第一行语境是"铅笔"。遂昌话第二行语境是"铅球",第三行语境是"铅丝"、"铅板"。龙泉话上行语境是"铅笔、铅球、铅丝、铅板",下行是读字音。庆元话上行语境是"铅丝、铅球、铅板",下行语境是"铅笔"。松阳话第二行语境是"铅丝、铅板",第三行语境是"铅球"。本书不去考证"铅笔、铅丝、铅球、铅板"等事物在各地出现的时间先后,但可以肯定的是,处州方言"铅"的这些不同读音反映了不同历史时期引入上述事物时的某种强势方言"铅"的读音特点。

第五章

处州方言的词汇历史比较

前几章我们已经讨论了语音的历史比较问题，所以，本章不再涉及词汇中所包含的语音历史层次问题，包括文白异读。

本章主要讨论词形问题。词汇历史层次的参照主要依据普通话（官话）词汇系统和古汉语词汇系统的一些共识。

本章所讨论的词形问题主要包括以下几个方面。

第一，处州方言与普通话相比较所得出的内部共有的存古或异常特征。如"筷子"在处州各地方言都说"箸"。

第二，处州方言与普通话相比较所得出的内部有差异的特征。如"蛋禽蛋"的说法，处州方言中有"卵"和"子"两种说法，均与普通话不同（普通话口语将"蛋"说成"子"时须儿化，即"鸡子儿"，而"蛋"则是普通话的一般说法）。

第三，处州方言与普通话有同有异的特征。如"柴"的说法，处州方言中有"樵"和"柴"两种不同说法。从词形特征出发，根据普通话词汇系统和古汉语词汇系统的特征进行判断，"樵"的说法是古汉语词形特征的保留，而"柴"则是普通话词形特征的反映。

如果是由两个或两个以上的语素组合而构成复合词的情况，我们主要考察核心语素。比如"袖子"一词在处州方言中的形态是：

遂昌	龙泉	庆元	松阳	宣平	丽水	云和	景宁	青田	缙云
手䄌	手䄌门	手䄌	手衫䄌	衫袖	衫袖	布衫袖	布衫袖	衫袖	衫口 [ẓ̩^{22}] 头

其中，"䄌"和"袖"是核心语素。由于"袖"与普通话说法相同，我们把这种情况也归入第三个方面。

以下就上述三种情况举例说明。

第一节　与普通话有别的内部共有特征

一　老虎

遂昌	龙泉	庆元	松阳	宣平	丽水	云和	景宁	青田	缙云
大猫	大猫	大猫	大猫	大猫	大猫	大猫	大猫	大猫	大猫

"大猫"的"猫"为效开二肴韵、阳平调。因与效开三表示"猫"的读音不同，有人记作"大毛"。

据《康熙字典》："《尔雅·释兽》虎窃毛，谓之虪猫。《疏》虎之浅毛者，别名虪猫。《诗·大雅》有猫有虎。《传》猫，似虎浅毛者也。"可见，古人有将"浅毛虎"称为"虪猫"的。但是，历史文献中暂未见将老虎称做"大猫"的记载。从命名理据上看，将老虎叫做"大猫"还是很贴切的。

二　乌鸦

遂昌	龙泉	庆元	松阳	宣平	丽水	云和	景宁	青田	缙云
老鸦	老鸦	老鸦	老鸦	老鸦	老鸦	老鸦	老鸦	老鸦	老鸦

唐代以前，有"乌鸦报喜，始有周兴"的传说，汉董仲舒《春秋繁露·同类相动》中引《尚书传》："周将兴时，有大赤乌衔谷之种而集王屋之上，武王喜，诸大夫皆喜。"《淮南子》、《左传》、《史记》均有名篇记载。唐代以后，才有"喜鹊报喜，乌鸦报丧"的说法。唐段成式《酉阳杂俎》："乌鸣地上无好音。"

处州方言称"老鸦"，民间也有"乌鸦主凶"的说法。

三　蚯蚓

遂昌	龙泉	庆元	松阳	宣平	丽水	云和	景宁	青田	缙云
蝼蟛	黄蟛	蝼蟛	龙蟛	蝼蟛	黄蟛	黄蟛	黄蟛	□[kʰo³³]蟛	□[mu²²]蟛

蟛，《康熙字典》："《唐韵》'休谨切'，《正韵》'许谨切，欣上声'。蚯蚓，吴楚呼为寒蟛。又《玉篇》'许偃切，音幵'。义同。"

处州方言"蚯蚓"的核心语素都是"蟛"。

四　玉米

遂昌	龙泉	庆元	松阳	宣平	丽水	云和	景宁	青田	缙云
包芦	包芦	包芦	包芦	包芦	包芦	包芦	包芦	包芦	包芦

玉米原产于中美洲，据考约于 16 世纪明朝时期传入我国。据千叶德尔（1973），田艺蘅的《留青日扎》所提到的"玉蜀黍"一般被认为是中国有关玉米的最早记录。玉米的别名很多，处州称"包芦"。"包芦"一名大概是外形与中国原生的"芦苇"较相似，只是长了些"包"而已。我国有的地方又叫"包谷"、"包米"或"包粟"。"包"又写作"苞"，体现了形声造字的特点。

五　菠菜

遂昌	龙泉	庆元	松阳	宣平	丽水	云和	景宁	青田	缙云
菠薐	菠薐	菠薐	菠薐	菠薐	菠薐	菠薐	菠薐	菠薐	菠薐

《玉篇》："菠，菠薐。"《嘉话录》："种自颇薐国移来，讹为菠薐。"又见《本草纲目》注刘禹锡《嘉话录》云："菠薐种自西国，有僧将子来，云是波薐国之种，语讹为菠薐耳。"也是说菠菜这一品种来自一个叫做"颇薐"的国家。另外，处州各地口语一般常说"颇薐菜"。后来"颇"写作"菠"，形声。

六　土豆

遂昌	龙泉	庆元	松阳	宣平	丽水	云和	景宁	青田	缙云
洋芋	洋芋	洋芋	洋芋	洋芋	洋芋	洋芋	洋芋	洋芋	洋芋

　　土豆，学名"马铃薯"。据载，马铃薯17世纪传播到中国，至今只有三百多年的历史。处州一带都称"洋芋"，与原先就有的"芋"相比而言一洋一土。

七　丝瓜

遂昌	龙泉	庆元	松阳	宣平	丽水	云和	景宁	青田	缙云
天萝	天萝	天萝	天萝	天萝	天萝	天萝	天萝	天萝瓜	天萝

　　丝瓜原产印度，大约唐时传入我国。明王世懋《学圃杂疏》："丝瓜，北种为佳，以细长而嫩者为美。"《本草纲目》："丝瓜，唐宋以前无闻，今南北皆有之，以为常蔬。"陆游《丝瓜》："丝瓜涤砚磨洗，余渍皆尽而不损砚。"

　　丝瓜有"圣瓜、天罗、天络瓜、天丝瓜、天罗瓜、天吊瓜"等别名。《本草纲目》有"老则大如杵，筋络缠纽如织成，经霜乃枯，涤釜器，故村人呼为洗锅罗瓜"一句。"丝"即"络"。"天罗"可能是从"天络"变来，写作"萝"系形声。以上可以看出，词形发生了"天丝－天络－天罗－天萝"的变化过程。从"圣瓜"一说可知"天"字头与"天竺国"可能有一定的关系。

　　处州部分地有将"油条"称做"天萝细"的，概取其形似。

八　瓟瓜

遂昌	龙泉	庆元	松阳	宣平	丽水	云和	景宁	青田	缙云
匏	匏儿	匏	匏儿	匏	匏	匏	匏	匏瓜	匏

　　匏，即瓟瓜，葫芦的一种。按《说文》："瓠也。匏谓之瓠，谓异名

同实也。从包，从瓠省。"另见于《诗·邶风·匏有苦叶》："匏有苦叶。"《论语·阳货》："吾岂匏瓜也哉？焉能系而不食？"后因以喻作未得仕用或无所作为的人，如汉王粲《登楼赋》："惧匏瓜之徒悬兮，畏井渫之莫食。"宋王安石《韩持国见访》诗："余生非匏瓜，于世不无求。"明沈鲸《双珠记·辕门遇友》："孙兄乃间世之英，非匏瓜之类，自能见机而作，不必挂怀。"

可见，"匏"作为瓜菜名称由来已久，并有生动的比喻用法。

九　野菇

遂昌	龙泉	庆元	松阳	宣平	丽水	云和	景宁	青田	缙云
蕈	蕈	蕈	蕈	蕈	蕈	蕈	蕈	蕈	蕈

蕈，《广韵》："慈荏切。"《唐韵》："菌生木上。"《玉篇》："地菌也。"西晋陆云《赠顾骠骑诗二首》："思乐葛藟，薄采其蕈。疾彼攸遂，乃孚惠心。"据《五经文字》："《诗》葛覃，亦作蕈。"

可见，"蕈"指称"菌菇"由来已久。处州方言"蕈"一般指野生菇，人工培植的一般就叫"香菇"、"蘑菇"等。庆元号称世界"香菇之源"（南宋时庆元百山祖人吴三公是世界"砍花法"人工栽培香菇技术的创始人），庆元话称野菇为"蕈"，称香菇为"香蕈"。

十　浮萍

遂昌	龙泉	庆元	松阳	宣平	丽水	云和	景宁	青田	缙云
藻	藻	藻	藻	藻	藻	藻	藻	藻	藻

《广韵》："藻，《方言》云：'江东谓浮萍为藻。'"处州一带一直沿用了"藻"这一古老的说法。

十一　铁芒萁

遂昌	龙泉	庆元	松阳	宣平	丽水	云和	景宁	青田	缙云
萁芨	萁芨	萁芨	萁芨	萁芨	萁芨	萁芨	萁芨	萁芨	萁芨

　　这种学名被称做"铁芒萁"的蕨类植物在我国长江以南地区都有分布。其别名很多，与"萁"有关的如"芒萁骨、乌萁、笐萁子柴、硬蕨萁、狼萁草"等。其中，"狼萁草"中的"狼萁"与处州方言所说"茛萁"其实一样。古书中早就有"萁"的记载，《韵会》："菜，似蕨。"《马融·广成颂》："苂萁芸蒩。又草也。"《前汉·五行志》："厤弧萁服。"《师古注》："服，盛箭者，萁草似荻而细，织之为服也。"又《礼·曲礼》："梁曰芀萁。"

十二　泡沫

遂昌	龙泉	庆元	松阳	宣平	丽水	云和	景宁	青田	缙云
泭	泭	泭	泭	泭	泭	泭	泭	泭	泭

　　古辞书中记载的"泭"主要有两个意思，其一是指"小筏"，如《说文》："编木以渡也。"《尔雅·释水》："庶人乘泭。"《方言》注："小筏曰泭。"其二是指"泡沫"，如《广韵》："泭，水上泭沤，防无切。"沤，水中浮泡，苏轼《九日黄楼作》有"去年重阳不可说，南城夜半千沤发"一句。处州方言"泭"指的是第二个意思。"泭"在处州方言中都读作阳入，如遂昌话读［vaʔ²³］，音同"伐"。

十三　太阳

遂昌	龙泉	庆元	松阳	宣平	丽水	云和	景宁	青田	缙云
日头	日头	日头	日头	日头	日头	日头	日头	日头	日头

　　太阳古作"日"。称太阳为"日"可能是太阳最古老的叫法之一。
　　古代文献中也有"日头"表示"太阳"的。如唐张鷟《朝野金载》卷四："暗去也没雨，明来也没云。日头赫赤赤，地上丝氲氲。"宋杨万里《山村》诗之二："歇处何妨更歇些，宿头未到日头斜。"《儒林外史》第六回："直到日头平西，不见一个吹手来。"
　　客家话、粤语、西南官话（如云南话）中也有把太阳叫"热头"的，"热头"就是"日头"。

十四　化 (铁、冰、糖等)化了

遂昌	龙泉	庆元	松阳	宣平	丽水	云和	景宁	青田	缙云
烊	烊	烊	烊	烊	烊	烊	烊	烊	烊

《广韵》："（烊）余章切，音阳。"《老残游记》："半霎功夫，墨盒里冒白气，下半边已烊了。"《集韵》作"炀"。另见《广韵》："炀，释金。"《集韵》："炀，烁金也。"

在处州方言中，"烊"既可以表示固态物（如铁、冰等）"熔化"，也可以表示"糖"一类的东西"溶化"于水中。另外，处州方言表示刀"钝"了时也说"烊"，系引申。

十五　中间

遂昌	龙泉	庆元	松阳	宣平	丽水	云和	景宁	青田	缙云
中央	中央	中央	中央	中央	中央	中央	中央	中央	中央

"中央"自古就是"中间"的意思。《诗·秦风·蒹葭》："遡游从之，宛在水中央。"《荀子·大略》："欲近四房，莫如中央。"《礼记·王制》："道路，男子由右，妇人由左，车从中央。"《汉书·西域传序》："南北有大山，中央有河。"明徐渭《桐乡冯母》："青史他年定几行，太夫人传在中央。"

另外，表示"中间"的"中央"的"中"字处州方言都读舌头音声母（知母读端），而"党中央"的"中"字则都读塞擦音声母。由此也可以看出，表示"中间"的"中央"历史久远。

十六　他/她/它

遂昌	龙泉	庆元	松阳	宣平	丽水	云和	景宁	青田	缙云
渠	渠	渠	渠	渠	渠	渠	渠	渠	渠

表示"他/她/它"的"渠"在古韵书中也写作"佢"。如《集韵》：

"佢，求于切，吴人呼彼称。通作渠。"《方言调查字表》也写作"佢"。俗作"佢"。

南朝《玉台新咏·古诗为焦仲卿妻作》："渠会永无缘。"宋朱熹《观书有感》："问渠哪得清如许，为有源头活水来。"其中的"渠"都是第三人称单数代词。

十七　脸

遂昌	龙泉	庆元	松阳	宣平	丽水	云和	景宁	青田	缙云
面	面	面	面	面	面	面	面	面	面

"面"在古代就是指人的整个面部。《说文》："面，颜前也。"《周礼·撢人》："使万民和说而正王面。"《战国策·赵策》："必唾其面。"白居易《卖炭翁》："满面尘灰烟火色。"

魏晋时期才出现"脸"，且只指两颊上部。唐宋口语中才开始用同"面"本义的"脸"。处州各地方言至今仍用"面"指称"脸"，洗脸的毛巾则叫"面巾"或"面帕"。

十八　大便

遂昌	龙泉	庆元	松阳	宣平	丽水	云和	景宁	青田	缙云
涴	涴	涴	涴	涴	涴	涴	涴	涴	涴

涴，本义为"脏物"。《集韵》："涴，乌卧切，恶去声。泥着物也。"唐韩愈诗《合江亭》有"愿书岩上石，勿使泥尘涴"一句，其中的"涴"用作动词（"弄脏"义）。处州方言（包括吴语其他一些方言）"涴"表示"粪便"系引申。"涴"表示"粪便"义暂未见于古文献用例。

十九　圈（猪、牛的）窝

遂昌	龙泉	庆元	松阳	宣平	丽水	云和	景宁	青田	缙云
栏	栏	栏	栏	栏	栏	栏	栏	栏	栏

"猪圈"在吴语中都被叫做"猪栏"。

学界普遍认为,"栏"源于底层的古越语。"栏"本是建在木桩之上的房屋,高出地面很多,人住在上面,下边用以饲养家畜。这种栏屋,在汉族的记载中叫"干栏"。《魏书·獠传》有载:"依树积木,以居其上,名曰干栏。"这种干栏式建筑有利于防潮、防湿、防兽,适合于南方地下水位高、地面潮湿的环境。后来,当地南方人不再居住"干栏",而把它作为饲养家畜的专用建筑,但仍保留了当地土著"栏"的称呼。百越族的后裔——现代壮侗族人的语言仍称房子为"栏",广西、云南少数民族仍有住干栏的。河姆渡文化(约7000年前)至今仍有干栏式建筑的遗址。

二十　窝(鸟、鸡的)窝

遂昌	龙泉	庆元	松阳	宣平	丽水	云和	景宁	青田	缙云
窠	窠	窠	窠	窠	窠	窠	窠	窠	窠

处州方言把鸡窝都叫做"鸡窠"。

窠,本义是"筑在地洞里的鸟窝"。《广韵》:"窠,窟,又巢。"《说文》:"空也,穴中曰窠,树上曰巢。"《小尔雅》:"鸡雉所乳谓之窠。"白居易《问鹤》有"鸟鸢争食雀争窠"一句。从左思《蜀都赋》"穴宅奇兽,窠宿异禽"中可见"窠"的适用范围可扩大到一般的禽类,包括"鸡、鸭"等家禽。

二十一　学校

遂昌	龙泉	庆元	松阳	宣平	丽水	云和	景宁	青田	缙云
学堂	学堂	学堂	学堂	学堂	学堂	学堂	学堂	学堂	学堂

堂,《说文》:"殿也。"段注:"古曰堂,汉以后曰殿。古上下皆称堂,汉上下皆称殿。至唐以后,人臣无有称殿者矣。"后泛指"专为某种活动用的房屋"。

学堂,学校的旧称。北魏郦道元《水经注·江水一》:"始文翁为蜀守,立讲堂作石室于南城。永初后,学堂遇火,后守更增二石室。"唐韩愈《秋怀》："学堂日无事，驱马适所愿。"清赵翼《己未元旦》："青红省记儿童事，七十年前上学堂。"

处州各地至今仍称学校为"学堂"。

二十二　晒谷席

遂昌	龙泉	庆元	松阳	宣平	丽水	云和	景宁	青田	缙云
簟	簟	簟	簟	簟	簟	簟	簟	簟	簟

簟，《广韵》："徒玷切。"《说文》："竹席也。"元王祯《农书》："掼稻簟……各举稻把掼之，子粒随落，积于簟上。"《方言》："宋谓之笙，关西谓之簟。"

处州各地方言一直沿用了"簟"的叫法。

二十三　筷子

遂昌	龙泉	庆元	松阳	宣平	丽水	云和	景宁	青田	缙云
箸	箸	箸	箸	箸	箸	箸	箸	箸	箸

筷子古称"箸"。《史记·十二诸侯年表》："纣为象箸，而箕子唏。"李白《行路难》："停杯投箸不能食。"也作"櫡"，如《史记·绛侯世家》："景帝召条侯食，独置大胾，无切肉，又不置櫡。"

二十四　衣服

遂昌	龙泉	庆元	松阳	宣平	丽水	云和	景宁	青田	缙云
衣裳	衣裳	衣裳	衣裳	衣裳	衣裳	衣裳	衣裳	衣裳	衣裳

《毛传》："上曰衣，下曰裳。"裳，古代指裙子。《诗经·邶风·绿衣》："绿衣黄裳。""裳"也写作"常"，《说文》："常，下帬也。""帬"是"裙"的古体字。据黄现璠（2004），"裳或曰帬，汉以前称'裳'，汉以后则多称'帬'。帬，《说文》曰：下裳，《玉篇》注：裳也，《唐韵》引作下裳也，皆作裳解"。

据曹志耘等（2000：291）推测，“在‘衣服’的两种说法当中，‘衫’比‘衣裳’更古老。龙游的‘衫袖’和缙云的‘衫□zɿ²²头’里所出现的‘衫’都可以视为其旁证”。处州方言“衣服”都说“衣裳”，但“衫”仍可见于“袖子”一词中。例如：

松阳	宣平	丽水	云和	景宁	青田	缙云
手衫碗	衫袖	衫袖	布衫袖	布衫袖	衫袖	衫□［zɿ²²］头

从“袖子”一词大多含“衫”的情况看，处州方言早期“衣服”的说法应是“衫”，“衣裳”则是相对后起的说法。

二十五　睡觉

遂昌	龙泉	庆元	松阳	宣平	丽水	云和	景宁	青田	缙云
睏	睏	睏	睏	睏	睏	睏	睏	睏	睏

睏，早期写作“困”，有“倦极力乏”之义，如《后汉·耿纯传》：“世祖至营，劳纯曰：昨夜困乎。”最迟在宋朝时就已引申出“睡”的意思，如宋王定国《甲申杂录》：“忽昏困如梦。”《老残游记》第五回：“我困在大门旁边南屋里，你老有事，来招呼我吧！”也有称做“困觉”的，如《官场现形记》第二回：“他又呆了半天，才说了一声：‘天也不早了，钱老伯也好困觉了。’”北部吴语一般称“困觉”，南部吴语包括处州方言则称“困”。

后来字形分化出“睏”，形声。

二十六　穿穿衣服

遂昌	龙泉	庆元	松阳	宣平	丽水	云和	景宁	青田	缙云
着	着	着	着	着	着	着	着	着	着

着，本作“著”（王力，2004）。《广韵》：“著，张略切，服衣于身。”《资治通鉴》：“恂常私著胡服。”唐岑参《白雪歌送武判官归京》：“将军角弓不得控，都护铁衣冷难著。”《二刻拍案惊奇》：“说著了小服，

从西门进来了。"也可用于"穿"鞋，如《晋书·宣帝纪》："关中多蒺藜，帝使军士二千人著软材平底木屐前行。"

可见，以"著"称"穿"的历史相当久远，处州各地方言一直沿用了这一说法。

二十七　擦拭

遂昌	龙泉	庆元	松阳	宣平	丽水	云和	景宁	青田	缙云
幨	幨	幨	幨	幨	幨	幨	幨	幨	幨

幨，《广韵》、《集韵》："子小切，音剿。拭也。"明冯梦龙《山歌》卷九中将此字写作"缴"："霍在肉上个样物事在上缴了缴。"实为"幨"字。

在现代吴语中，表示"擦拭"意思时普遍用这个词。

二十八　藏/放

遂昌	龙泉	庆元	松阳	宣平	丽水	云和	景宁	青田	缙云
囥	囥	囥	囥	囥	囥	囥	囥	囥	囥

囥，《集韵》："口浪切，音亢。藏也。"

处州方言"囥"除了表示"藏"外，还可以表示一般的"放"，如"书囥桌上"。

暂未见古文献用例。

二十九　捆劝

遂昌	龙泉	庆元	松阳	宣平	丽水	云和	景宁	青田	缙云
缚	缚	缚	缚	缚	缚	缚	缚	缚	缚

《说文》："缚，束也。"《左传·文公二年》："战之明日，晋襄公缚秦囚。"清方苞《狱中杂记》："主缚者亦然，不如所欲，缚时即先折筋骨。"

除"捆_{捆柴}"说"缚"外，处州各地方言"系_{系鞋带}"大都也说"缚"。

另，"缚"的声母除了青田话读轻唇音外，处州其他各地都读重唇音。

三十　煎

遂昌	龙泉	庆元	松阳	宣平	丽水	云和	景宁	青田	缙云
搨	搨	搨	搨	搨	搨	搨	搨	搨	搨

搨饼，民间还作"塌饼"。

搨，今作"拓"，《集韵》："托合切，音塔。"本义"拓印"（为了与"开拓"的"拓"相区别，本书以"搨"作本字）。又义"贴"，如清张南庄《何典》："就是前日被瘟官打的棒疮，在暗地狱里讨个烂膏药搨了。"又义"涂抹"，还如清张南庄《何典》："极鬼便纠合几个同道中，来到村里，拣个僻静所在，搨花了面孔，扎扮停当，……打进门去。"今处州方言表示"涂抹"时也说"搨"。"煎"自"贴"义引申。

处州方言表示"煎"的动作都说"搨"。

三十一　咬

遂昌	龙泉	庆元	松阳	宣平	丽水	云和	景宁	青田	缙云
啮	啮	啮	啮	啮	啮	啮	啮	啮	啮

啮，又作"齧"，《广韵》、《唐韵》："五结切。"《集韵》："倪结切。"《说文》："噬也。""啃、咬"的意思。《汉书·卷五十四·苏建传》："天雨雪，武卧啮雪与旃毛并咽之，数日不死。"唐杜甫《哀江头诗》："辇前才人带弓箭，白马嚼啮黄金勒。"

三十二　撕

遂昌	龙泉	庆元	松阳	宣平	丽水	云和	景宁	青田	缙云
脈	脈	脈	脈	脈	脈	脈	脈	脈	脈

脈，撕裂，分开。《集韵》："匹麦切。分也。"又《广韵》："脈，普伯切。破物也。"吴语（包括处州方言）基本都说这个词。

三十三　捻

遂昌	龙泉	庆元	松阳	宣平	丽水	云和	景宁	青田	缙云
搣	搣	搣	搣	搣	搣	搣	搣	搣	搣

搣，《集韵》："莫列切。"《正韵》："弥列切，音灭。"《广韵》："手拔也。"又"摩也，捽也"。

处州各地方言的"搣"大都变读为阴入调。

三十四　挑选

遂昌	龙泉	庆元	松阳	宣平	丽水	云和	景宁	青田	缙云
拣	拣	拣	拣	拣	拣	拣	拣	拣	拣

拣，本义"挑选"。《广雅》："拣，择也。"

处州方言的"拣"用其本义。表示"挑选"意思时普通话口语不用该词，一般用"挑选"或"挑"，但本义仍保存在"挑肥拣瘦"之类的成语中。

三十五　站立

遂昌	龙泉	庆元	松阳	宣平	丽水	云和	景宁	青田	缙云
徛	徛	徛	徛	徛	徛	徛	徛	徛	徛

《广韵》："徛，渠绮切。立也。"处州各地方言的"站立"都说"徛"，并且声母都读如古群母。

据汪维辉、秋谷裕幸（2010：299），"'徛'密集地分布于东南部的吴语、徽语、赣语、湘语、客家话、广西平话、粤语、闽语地区"。汪维辉、秋谷裕幸（2010：307）还作出如下假设："上古、中古时期（唐以前）'立''徛'南北对立，长江以北说'立'，长江以南说'徛'，'徛'

的北域至少抵达长江流域。"

三十六　不

遂昌	龙泉	庆元	松阳	宣平	丽水	云和	景宁	青田	缙云
弗	弗	弗	弗	弗	弗	弗	弗	弗	弗

　　弗，《广韵》："分勿切。"《说文》："弗，矫也。"徐灏注："弗与弼音义同。凡弛弓，则以两弓相背而缚之，以正枉戾，所谓矫也。……阮太傅曰：'弗'字明是从弓。"《玉篇》："不正也。"《韵会》："违也。又不也。"《书·尧典》："绩用弗成。"《春秋·僖公二十六年》："公追齐师至巂，弗及。"《公羊传·桓公十年》："其言'弗遇'何？"《公羊传注》："弗者，不之深者也。"《吕氏春秋·察今》："澭水暴益，荆人弗知。"

　　"弗"是古汉语常用词，处州方言一直沿用至今。

三十七　孵

遂昌	龙泉	庆元	松阳	宣平	丽水	云和	景宁	青田	缙云
伏	伏	伏	伏	伏	伏	伏	伏	伏	伏

　　伏，《广韵》、《唐韵》、《集韵》："房六切，音服。""俯伏、趴下"的意思，处州部分地（如遂昌）说"趴下"时也说"房六切"的"伏"。

　　又《广韵》、《集韵》、《韵会》："扶富切，浮去声。""孵"义。《古今注》："燕伏戊己。"《前汉·五行志》："丞相府史家雄鸡伏子。"《汉书·五行志中之上》："雌鸡伏子。"

　　处州方言表示"孵"义的"伏"均读"扶富切"，声母重唇。

三十八　宽

遂昌	龙泉	庆元	松阳	宣平	丽水	云和	景宁	青田	缙云
阔	阔	阔	阔	阔	阔	阔	阔	阔	阔

　　阔，本义"阔大、很开阔"。《说文》："阔，疏也。"《尔雅》："阔，

远也。"《前汉·王莽传》："阔其租赋。"《康熙字典》注："阔，宽也。"
《列子·黄帝》："缓步阔视。"《诗·邶风·击鼓》："于嗟阔兮。"《吕氏
春秋·论人》："阔大渊深，不可测也。"李白《陪从祖济南太守泛鹊山
湖》："湖阔数十里。"柳永《雨霖铃》："暮霭沉沉楚天阔。"

　　宽，本义"房屋宽敞"。《说文》："宽，屋宽大也。"《后汉书·刘般
传》："府寺宽敞。"后引申为与"窄"相对之义。

　　可见，以"阔"言"宽"是其本义，以"宽"言说是引申义。

三十九　肥胖

遂昌	龙泉	庆元	松阳	宣平	丽水	云和	景宁	青田	缙云
壮	壮	壮	壮	壮	壮	壮	壮	壮	壮

　　壮，本义"人体高大，肌肉壮实"。《广雅》："壮，健也。"《说文》：
"壮，大也。"《方言》："秦晋之间，凡人之大谓之壮。"

　　《中华大字典》："吴楚俗称身体肥大为壮，亦引申之义。"处州方言
的"壮"即指"肥胖"，同时适用于人和动物。

四十　黑

遂昌	龙泉	庆元	松阳	宣平	丽水	云和	景宁	青田	缙云
乌	乌	乌	乌	乌	乌	乌	乌	乌	乌

　　乌，本义"乌鸦"。《楚辞·屈原·涉江》中"燕雀乌鹊"指的是四
种鸟。最迟于魏晋时即已引申出"黑"的意思，如《三国志·邓艾传》：
"身披乌衣，手执耒耜，以率将士。"《韵会》："黑色曰乌。"

　　"黑"在处州方言中一般都说"乌"，如"头发是乌个_{头发是黑的}"、"天
乌了_{天黑了}"。

第二节　与普通话有别的内部差异特征

一　公鸡

遂昌	龙泉	庆元	松阳	宣平	丽水	云和	景宁	青田	缙云
荒鸡	鸡荒	鸡荒	荒鸡	公鸡	雄鸡	鸡荒	鸡荒	荒鸡	雄鸡

荒鸡，原指三更前啼叫的鸡。《晋书·祖逖传》："（祖逖）与司空刘琨俱为司州主簿，情好绸缪，共被同寝。中夜闻荒鸡鸣，蹴琨觉曰：'此非恶声也。'因起舞。"苏轼《召还至都门先寄子由》有诗云："荒鸡号月未三更，客梦还家得俄顷。"苏轼另一诗《新渡寺送任仲微》有"独宿古寺中，荒鸡乱鸣群"一句。明杨慎《百福寺夜宿》诗有"石房夜冷难成寐，恼杀荒鸡不肯鸣"句。近现代作品可见于鲁迅诗《亥年残秋偶作》："竦听荒鸡偏阒寂，起看星斗正阑干。"

处州部分地"荒鸡"泛指"公鸡"，龙泉、庆元、云和、景宁等地则说"鸡荒"，系构词法之别。

丽水、缙云两地说"雄鸡"，宣平说"公鸡"。相对而言，"鸡荒/荒鸡"是比"雄鸡"或"公鸡"更加旧俗的说法。

二　母鸡

遂昌	龙泉	庆元	松阳	宣平	丽水	云和	景宁	青田	缙云
鸡娘	鸡嬷	鸡嬷	鸡娘	鸡娘	鸡嬷	鸡嬷	鸡嬷	鸡嬷	鸡娘

"鸡娘"一说可见于郁达夫《春潮》："我们家里有六只鸡娘，要它生蛋哩！"

嬷，古同"嬷"，"母亲"的俗称。"鸡嬷"即"鸡娘"。"嬷"还可作"老年妇女"的通称。为区别起见，本书在表示动物性别时用"嬷"，表示"老年妇女"通称时用"嬷"。

从构词角度看，处州方言"母鸡"的说法均为中补结构，与普通话"母鸡"的定中结构不同。

三 蛋_{禽蛋}

三 蛋<small>禽蛋</small>

遂昌	龙泉	庆元	松阳	宣平	丽水	云和	景宁	青田	缙云
子	卵	卵	卵	卵	卵	卵	卵	卵	卵

据《汉书》："宣帝地节四年五月，山阳济阴雨雹如鸡子。"《太平御览》："《六韬》曰：武王伐殷，得二大夫而问之。曰：'殷国常雨血、雨灰、雨石，小者如鸡子，大者如箕。'"《六韬》又称《太公六韬》，旧托姜尚著，作者不可考。《本草纲目》："鸡子黄补阴血。"

据《山海经》卷五："兔床之山……多鸡谷，其本如鸡卵。"

可见，早在先秦典籍中就都有"鸡子"和"鸡卵"的说法。

四 猴子

遂昌	龙泉	庆元	松阳	宣平	丽水	云和	景宁	青田	缙云
苦猹	苦猹	苦猹	猢狲	猢狲	猢狲	猢狲	猢狲	□□ [ŋɐɯ⁵⁵ du³³]	□ [ɔu⁴³] 狲

猹，《五音篇海》："音宣。"苦猹，猴子。唐张鷟《朝野金载》："杨仲嗣燥急，号热鏊上苦猹。"宋杨万里《无题》："坐看苦猹上树头，旁人只恐堕深沟。"

"猢狲"一词可见于宋人文献。宋庞元英《谈薮·曹咏妻》："及秦桧死，德斯遣人致书于曹咏，启封，乃《树倒猢狲散赋》一篇。"宋释道原《景德传灯录》："僧曰：'恁么即学人归堂去也。'师曰：'猢狲入布袋。'"

青田话说"□□[ŋɐɯ⁵⁵ du³³]"，缙云话说"□[ɔu⁴³]狲"，本字不详。

五 蚊子

遂昌	龙泉	庆元	松阳	宣平	丽水	云和	景宁	青田	缙云
蟆虫	蚊虫	蟆虫	蟆虫	蟆虫	蚊虫	蚊虫	蚊虫	蚊虫	蟆虫

螟虫，属昆虫纲鳞翅目，貌似飞蛾，是水稻的害虫。《史记·龟策列传》："螟虫岁生，五谷不成。"北魏贾思勰《齐民要术·杂说》："土气黄均，四方并熟，有青气杂黄有螟虫，赤气大旱，黑气大水。"宋苏轼《昭灵侯庙碑》："救药疾疠，驱攘螟虫。"

蚊子，属昆虫纲双翅目，是一种具有刺吸式口器的纤小飞虫。

螟虫原是与蚊子不同的昆虫，但在处州约半数地区用来指称蚊子，原因不详。

六　蚂蚱

遂昌	龙泉	庆元	松阳	宣平	丽水	云和	景宁	青田	缙云
蚱蜢	蚱蜢	蚱蜢	蚱蜢	蚱蜢	蚱蜢	蚱蜢	蚱蜢	蚱蜢	□[ka⁴³]蜢

处州方言除缙云话以外，都以"蚱蜢"指称"蚂蚱"。

蚱蜢，北方称蚂蚱，属昆虫纲直翅目，蝗科，蚱蜢亚科。据《中华本草》，"蚱、蜢"是由"窄、猛"二字转化来的，表示这种昆虫体形狭长、动作迅猛。

宋杨万里《题山庄草虫扇》："风生蚱蜢怒须头，纨扇团圆璧月流。"元周伯琦《六书正伪》："蚱蜢，草上虫也。"《二十年目睹之怪现状》："这一打开，里面跳出了无数的蚱蜢来。"

可见，"蚱蜢"一词由来已久。

缙云话说"□[ka⁴³]蜢"，本字不详。

七　南瓜

遂昌	龙泉	庆元	松阳	宣平	丽水	云和	景宁	青田	缙云
金瓜	番匏	北瓜	金瓜	金瓜	金瓜	金瓜	金瓜	金瓜	金瓜

南瓜有"番瓜、北瓜、笋瓜、金瓜"等别称，浙南、福建、台湾等地多称为"金瓜"。处州除龙泉和庆元以外也都称"金瓜"。龙泉话叫"番匏"，"匏"有长条形和葫芦形两种，处州方言都称"匏"（见前"瓠瓜"）。据考，南瓜原产于中美洲及南美洲北部，明代经欧洲传入中国。"番匏"、"番瓜"等称呼就说明该物种源自外邦。

八　枳椇

遂昌	龙泉	庆元	松阳	宣平	丽水	云和	景宁	青田	缙云
鸡爪梨	老鼠骸	鸡骸爪	鸡爪梨	鸡爪梨	铁爪梨	鸡爪梨	鸡爪梨	鸡爪梨	金钩梨

枳椇，学名。晋崔豹《古今注·卷下第六》："枳椇子一名树蜜，一名木锡，一名白石，一名白实，一名木石，一名木实。"徐锴《注说文》云："（枳椇）称作枳枸，皆屈曲不伸之意。此树多枝而曲，其子亦弯曲，故以此名之。曰蜜、曰锡，因其味也。曰珊瑚、曰鸡距、曰鸡爪，象其形也。"故有"鸡爪子、金钩子、梨枣、拐枣、鸡爪梨、臭杞子"等别名。《诗经·小雅》："南山有枸。"《辞源》释："枸即枳椇，南山谓之秦岭。"

"鸡爪梨、老鼠骸、鸡骸爪、金钩梨"等均取其形象特点加以称说。处州方言以说"鸡爪梨"居多。龙泉话说"老鼠骸"，认为跟老鼠的脚爪相似。

九　虹

遂昌	龙泉	庆元	松阳	宣平	丽水	云和	景宁	青田	缙云
朝＝鲎	鲎	天虹岸＝	鲎	鲎	鲎	鲎	鲎	鲎	鲎

《汉语大字典》："鲎，方言虹。吴俗呼虹为鲎。"明徐光启《农政全书》："虹，俗呼曰鲎。谚云：'东鲎晴，西鲎雨。'"鲎，《广韵》："胡遘切。"《集韵》："下遘切。鱼名，似蟹。"但从处州方言的读音特点看，"鲎"都读如晓母。可根据《集韵》、《正韵》"（鲎）许候切，音诟"以及《唐韵》"诟，呼寇切"来确认处州方言的"鲎"所在的音韵地位。

许慎《说文解字》："虹，螮蝀也，状似虫。"段玉裁的注释是："虫者，它也，虹似它，故字从虫。"《尔雅·释天》："螮蝀谓之雩，螮蝀，虹也。"

据佚名（2010），《本草纲目》："鲎者，候也。鲎善候风故谓之鲎。"附图画着二条鲎，背上各有一条抛物线像虹的形象。唐段成式《酉阳杂俎》鳞介篇："今鲎壳上有一物，高七八寸，如石珊瑚，俗呼为鲎帆。"《本草纲目》附图中画有鲎背上的抛物线"鲎帆"。据考，鲎的背部有一块半圆形的甲壳可以上下翻动。当它顺风游动时，可以翘起背甲像帆一样借助风力加快速度。古人航海初使帆篷时，很可能是受到了"鲎帆"的启发。虹的形象很像鲎帆，或者说鲎帆的形象很像虹，都呈一个圆弧状。吴语区的人们至今还常把呈弧形凸起的现象称为"鲎"，有的地方还将"驼背"称为"鲎背"。

可见，呼"虹"为"鲎"由来已久。

遂昌话"朝=鲎"的"朝="以及庆元话"天虹岸="的"岸="本字不详。

十　下(下雨)

遂昌	龙泉	庆元	松阳	宣平	丽水	云和	景宁	青田	缙云
盪	落	落	盪	落	落	盪	盪	落	落

李荣（1992：112—114）所拟的本字"盪"为宕开一上声荡韵定母，与处州方言相关点读音不符。按曹志耘等（2000：288），其"音韵地位可以断定为山摄合口一等去声换韵定母"，处州方言相关读音皆合。

本书暂以李荣所拟的"盪"作为本字。

以"落"表示动词"下"，在吴语中较常见，如"落车"即指"下车"。

十一　乞丐

遂昌	龙泉	庆元	松阳	宣平	丽水	云和	景宁	青田	缙云
讨饭乞儿	乞儿	讨饭[乞儿]	讨饭乞儿	讨饭人	讨饭人	讨饭人	讨饭人	讨饭人	讨饭人

乞，《说文》本作"气"，借"气"字表示"向人求讨"。

《春秋·僖公八年》："郑伯乞盟。"《穀梁传》："乞者，处其所而请与也。"《左传·僖公二十三年》："乞食于野人。"

"乞"表示与"要饭"有关的用法也见于先秦文献。如《孟子·告子上》："蹴尔而与之，乞人不屑也。"明袁宏道《山居小话》："余疑其为女乞而问曰：'尔有丈夫乎？'乞微笑。"

遂昌、庆元、松阳等地说"讨饭乞儿"，龙泉话简称为"乞儿"。宣平等6县方言说"讨饭人"，很直白。相对而言，遂昌、龙泉、庆元和松阳等地所说的"乞儿"较"讨饭人"更加古老。

另外，"乞"在处州方言中的常用义是"给予"。

十二　姐姐

遂昌	龙泉	庆元	松阳	宣平	丽水	云和	景宁	青田	缙云
姊	姊	姊	姊	姊	妖妖	姊	姊	阿姊	姊

姊，《说文》："女兄也。"《尔雅》："男子谓女子先生为姊。"《诗·邶风·泉水》："遂及伯姊。"《乐府诗集·木兰诗》："阿姊闻妹来，当户理红妆。"以"姊"称姐，自古如此。处州方言大都说"姊"。

丽水话把姐姐叫做"妖妖 [dɒʔ² dɒʔ²³]"。妖，据《康熙字典》："《字汇补》同奈切，音大。姊称也。"丽水话亲属称谓词多促化。

另据乔全生、李华（2008），"'达'指姐姐。分布于晋中介休、祁县一带。这些方言称姐姐为'达'，但称姐夫仍是'姐夫'。个别地方保留了称呼'大姐'为'达达'，'二姐'仍称'二姐'"。这里的"达"疑为"妖"的俗字。

十三　房子

遂昌	龙泉	庆元	松阳	宣平	丽水	云和	景宁	青田	缙云
处	处	处	处	屋	屋	处	处	屋	屋

处，本义"地方"。《玉篇》："居也。"《诗·邶风·击鼓》："爰居爰处，爰丧其马。"《广韵》："昌据切。所也。"另据《广韵》："又居室也。"可见，"处"早就有"房子"这一引申义。

遂昌、龙泉等地"房子"说"处"。关于本字，一般有两种观点：一种认为是"处"，另一种则认为是"厝"，而罗杰瑞（1990：247）则认为是"戍_{伤遇切'舍也'}"。闽语一般都采用"厝"作为本字。郑张尚芳（1991）根据本字考证的"寻音法"认为宜采用"处"作为本字。张振兴（2000：7）也认为，"……读法不符合古合口一等字'厝'字在闽语方言里的古

今语音演变规律。综观闽语各地方言的读音，其本字可能是今读去声的
'处'字"。不过他同时认为，"但是'厝'字通行闽语各地，同时又是一
个最常用的地名字，方言研究在字形上应当遵从'名从主人'的原则，
仍以写作'厝'字为宜"。本书按其音韵地位定"处"为其本字。

　　《说文》："屋，居也。"本义是"幄"，后来"屋"指"房屋"，另造
"幄"字。以"屋"指称"房子"可见于杜甫《茅屋为秋风所破歌》：
"卷我屋上三重茅。"诗题及诗句中的"屋"均指"房子"。

十四　厕所

遂昌	龙泉	庆元	松阳	宣平	丽水	云和	景宁	青田	缙云
粪缸	茅尿间	茅司间	尿桶间	茅坑	茅坑	粪缸	尿桶间	粪桶间	粪缸头

　　厕所的叫法因时因地差异很大。古代曾称"溷藩"或称"圊"、
"轩"。

　　古时农家厕所一般只用茅草遮蔽，故又称为"茅厕"。表中可见，冠
以"茅"字头的厕所如龙泉话"茅尿间"，庆元话"茅司间"，宣平话、
丽水话"茅坑"，均与"茅草"有关。

　　宣平话、丽水话的"茅坑"，突出了茅草下的"坑"盛粪便的功能。

　　遂昌、云和两地说"粪缸"，缙云话说"粪缸头"。以前农村厕所底
部一般有一个陶瓷做的巨型粪缸以盛粪便，故名。这比上述的"坑"要
先进些。

　　松阳、景宁两地说"尿桶间"，青田话说"粪桶间"，即谓放置"尿
桶"或"粪桶"的"间"。由下凹于地平面的"坑"或"缸"而变成放
置在地面上的"桶"，是更加先进了。

十五　毛巾

遂昌	龙泉	庆元	松阳	宣平	丽水	云和	景宁	青田	缙云
面巾	面幞	面［幞儿］	面巾布	面巾	面巾	面巾	面巾	面巾	洋巾

　　幞，原指我国古代男子用的一种头巾，也称"幞头"。古人以皂绢三
尺裹发，有四带。二带系脑后垂之，二带反系头上，令曲折附项，故称

"幞头"。《唐韵》："房玉切。"《说文》："帕也。"《集韵》："帕也。"《玉篇》："巾幞。"《广韵》："幞头，周武帝所制。裁幅巾，出四脚以幞头，乃名焉。"《古今小说》："高幞广带。"《水浒传》："门前小鬼，折臂膊不显狰狞，殿上判官，无幞头不成礼数。"龙泉话、庆元话说的"面幞"反映了"幞"所具有的另一种功能——擦脸。

由缙云话"洋巾"一词似乎可以看出，真正意义上的"毛巾"是西洋货。世界上第一条毛巾诞生于1850年的英国。

目前尚未搜集到古文献中关于"面巾"字样的记录，不过汉译经《毗尼母经》卷八曾提到过净体巾、净面巾、净眼巾的区别，其中的"净面巾"应该就是"面巾"。唐经《四分律行事钞》卷下之一也列举了拭身巾、拭手巾及拭面巾三种不同的"巾"。所以，"面巾"一说早于"洋巾"。

十六　田塍

遂昌	龙泉	庆元	松阳	宣平	丽水	云和	景宁	青田	缙云
田塍	田塍	田塍	田岸	田塍	田岸	田岸	田岸	田岸	田岸

塍，《广韵》："食陵切。"《集韵》："同塍。"《说文》："塍，稻中畦也。"《周礼·稻人》疏："塍者，田中作界画以养禾也。"唐刘禹锡《插田歌》："田塍望如线，白水光参差。"遂昌、龙泉、庆元、宣平等地说"田塍"。

田岸，可能是一种比喻说法，即"田之岸"。据明《正德松江府志》卷3《水中·治策》载，南宋黄震曾针对太湖农田水利建设指出："田岸之事在民。在民者，在官不必虑；水利之事在官，在官者，在民不得为。"所谓"田岸之事"是指对圩岸田塍的修筑维护，"田岸"即"田塍"。松阳、丽水、云和、景宁、青田、缙云等地都说"田岸"。

十七　锅子

遂昌	龙泉	庆元	松阳	宣平	丽水	云和	景宁	青田	缙云
壳镬	鐯	鐯	镬	镬	镬	镬	镬	镬	镬

据考，河姆渡时期的"釜"和良渚时期的"鼎"都是南方稻米的炊器，后来传入黄河流域，产生了青铜的"鼎"。"釜"的形制也发生了变化，从敛口变为敞口，于是就产生了"锅"和"镬"的名称。《方言》有载："自关而西，盛膏者乃谓之锅。"并注："俗谓釜为锅。"说明"锅"是汉以前就有的方言说法。"镬"的称谓也早在北方通行，《淮南子·说山训》有载："尝一脔肉，知一镬之味。"高诱注："有足曰鼎，无足曰镬。"在福建一些地方仍有称锅为鼎的。处州方言大都说"镬"。

鏋，《广韵》："模朗切。"《玉篇》："鏋，钴鏋。"《集韵》："鏋，钴鏋，温器。"《直音篇》："鏋，钴鏋，釜也。"明岳元声《方言据》："浙界人谓锅为钴鏋。"龙泉、庆元两地说"鏋"。庆元话一般把大的锅子叫做"钴鏋"，小的锅子叫作"鏋儿"。

十八　起床

遂昌	龙泉	庆元	松阳	宣平	丽水	云和	景宁	青田	缙云
掹起	到徛	起徛	掹起	掹起	掹起	掹起	掹起	掹起	爬以=

处州方言普遍以"掹起"指称"起床"。明张岱《陶庵梦忆（卷五）·炉峰月》中有"余挟二樵子，从壑底掹而上，可谓痴绝"一句，其中"掹"就是"爬"的意思。据《康熙字典》："（掹）《类篇》乌瓦切。吴俗谓手爬物曰掹。"处州方言都读如"挖"，阴入促调，是音变的结果。另外，处州方言表示从床上起来、从楼上下来、从楼下上去，从里面出来、从外面进去时都可说"掹"，这大概跟古人的居住条件有关（都需要"爬"）。

龙泉、庆元两地所说的都与"徛_{站立}"有关，应属同源。

缙云话说"爬以="。"挖=起"的"起"与"爬以="的"以="都表示动作的趋向，当表示"起床"时不可或缺。

十九　回家

遂昌	龙泉	庆元	松阳	宣平	丽水	云和	景宁	青田	缙云
归处	归去	转家	归去	归去	走归	归去	归处	□ [za²²] 转	归处

归，返回。《广雅》："归，返也。"《论语·先进》："冠者五六人，童子六七人，浴乎沂，风乎舞雩，咏而归。"

遂昌、景宁、缙云等地说"归处"，"处"即"家"。

归去，原义"回去"。晋陶渊明《归去来兮辞》："归去来兮！田园将芜，胡不归？"唐李白《题金陵王处士水亭》诗："醉罢欲归去，花枝宿鸟喧。"《水浒传》第三二回："（宋江）先发付兄弟宋清归去。""回去"与"回家"意义密切相关，龙泉、松阳、宣平、云和均说"归去"。

庆元话的"转家"与青田话的"□［za²²］转"均有"转"字。"转"有"回还"之义，如《诗·邶风·柏舟》："我心匪石，不可转也。"也有"转移、辗转"之义，如《汉书·高帝纪上》："转送其家。""转"即"回"、"归"。

二十 肏

遂昌	龙泉	庆元	松阳	宣平	丽水	云和	景宁	青田	缙云
装	装	装	装	装	装	装	装	装	弄

表示性交的动词，除缙云话说"弄"外，处州其他方言都说"装"。暂均未见于古文献用例。

二十一 砍砍柴

遂昌	龙泉	庆元	松阳	宣平	丽水	云和	景宁	青田	缙云
锲	锲	菜⁼	斫	斫	翠⁼	翠⁼	菜⁼	菜⁼	斫

锲，《正韵》："去计切，音契。"处州方言读此音。《广韵》："断绝也。"《尔雅》："绝也。"《说文》："镰也。""镰"不只是"割谷"用，还有"割草"和"断柴"的"镰"。从语音上看，庆元、景宁、青田所说的"菜⁼"和丽水、云和所说的"翠⁼"似乎与"锲"有一定联系，可能是历史音变所致。此处存疑。

斫，本义"斧刃"，引申为"用刀、斧等砍劈"之义。宋司马光《资治通鉴》："因拔刀斫前奏案。"明刘基《郁离子·千里马篇》："斫而为琴，弦而鼓之。"汉语成语有"千日斫柴一日烧"一句。松阳、宣平、缙云等地"砍柴"都说"斫柴"。其中，松阳、宣平两地"斫"读零声母，系章母脱落。

二十二　放_{放牛}

遂昌	龙泉	庆元	松阳	宣平	丽水	云和	景宁	青田	缙云
御	御	御	御	望	望	望	御	赶	御

御，《说文》："使马也。"《诗·小雅·车攻》："徒御不惊。"甲骨文字形中，左为"行"的省写，中为绳索形，右是"人"形，意为人执辔行于道中，即驾驶车马。处州多牛，可"御_{驾驶}"牛，引申为"看管"的意思。遂昌、龙泉、庆元、松阳、景宁、缙云等地都说"御牛"。

望，"看"的意思，"望牛"即"看牛"。宣平、丽水、云和等地说"望牛"。

青田话说"赶牛"。

二十三　阉_动

遂昌	龙泉	庆元	松阳	宣平	丽水	云和	景宁	青田	缙云
羯	羯	𤜣	羯	羯	羯	羯	羯	羯	羯

除了庆元话说"𤜣"外，其他各地都说"羯"。

羯，本义为"阉过的公羊"，后引申为"阉割"之义。清翟灏《通俗编》："羯鸡，阉鸡也。"清郝懿行《证俗文》："心牡而去势者曰净猫、善狗、镦鸡、阉猪、羯羊、宦牛、骟马。"《篇海类编》："镦，与𤜣同。"可见，古人对不同的禽畜所进行的"去势"有着不同的称呼，从"羯、骟"等的字形中还可看出其针对性。处州各地方言对各种禽畜的"去势"一般只保留一种说法。

二十四　煮

遂昌	龙泉	庆元	松阳	宣平	丽水	云和	景宁	青田	缙云
煠	□ [xo³³⁵]	煠	煠	煠	煠	煠	煠	煠	煠

煠，《广韵》："汤煠，士洽切。"

另据清《通俗编》："今以食物纳油及汤中一沸而出，谓之煠。"在处州，表示"用油炸"时，庆元话也说"煠"，但处州其他方言一般都不用"煠"，而说别的。例如：

炸 _{炸油条}

遂昌	龙泉	庆元	松阳	宜平	丽水	云和	景宁	青田	缙云
飞＝	飞＝	煠	泡＝	泡＝	泡＝	泡＝	泡＝	泡＝	泡＝

不过，从"油条、麻花"二词的说法看，处州一些地方也曾有过用油"煠"的阶段。例如：

油条

遂昌	龙泉	庆元	松阳	宜平	丽水	云和	景宁	青田	缙云
天萝细	油条	油煠馃	天萝细	天萝细	油煠馃	油煠馃	油条	油炸馃	天萝细

麻花

遂昌	龙泉	庆元	松阳	宜平	丽水	云和	景宁	青田	缙云
油煠儿	油煠儿	油煠索	更紧儿	油煠	更紧绕	麻花	油绞	豇豆扭	千斤交

龙泉话"□〔xo³³⁵〕"本字不详。

二十五　盛 _{盛饭}

遂昌	龙泉	庆元	松阳	宜平	丽水	云和	景宁	青田	缙云
掘＝	齝	齝	齝	齝	齝	齝	齝	齝	齝

齝，《集韵》："去声御韵陟虑切。吴俗谓盛物于器曰齝。"

遂昌话"盛饭"除了说"掘＝饭"外，也可以说"齝饭"，但以说"掘＝饭"为常。另外，从盛饭的动作看，"掘"可能就是其本字，是工具、动作幅度缩小了的"掘"。

二十六　端_{端碗、端凳子}

遂昌	龙泉	庆元	松阳	宣平	丽水	云和	景宁	青田	缙云
掇	掇	馱	掇	掇	掇	掇	掇	掇	掇

掇，原义"拾取"。《说文》："掇，拾取也。"《庄子·达生》："承蜩犹掇之也。"又义"端"。《水浒传》："且向店里掇条凳子，坐了两个时辰。"处州方言大都说"掇"。

庆元话"馱"即"拿"的意思。

二十七　盖_{盖房子}

遂昌	龙泉	庆元	松阳	宣平	丽水	云和	景宁	青田	缙云
徛	徛	砌	徛	徛	徛	徛	徛	徛	竖

徛，站立，此处用作使动，即把房子"立"起来，故称。"竖"同理。

庆元话"盖"说"砌"，则是由具体的砌砖、砌墙泛指盖房子。

二十八　掉_{掉东西}

遂昌	龙泉	庆元	松阳	宣平	丽水	云和	景宁	青田	缙云
蹾	勪	勪	蹾	勪	勪	勪	勪	溚	脱

蹾，在处州部分方言中还指"跌"。在遂昌话和松阳话中，"蹾"还有"丢失"的意思。

《唐韵》、《集韵》："（勪）卢对切，音类。《玉篇》推也。"据章炳麟《新方言》，"今四川浙江皆谓推转圆物曰勪"。处州多地说"滚动"时也说"勪"。以"勪"表示"掉_{掉东西}"系引申义。

"溚"在遂昌、松阳等地是"下_{下雨}"的意思，青田话"下雨"说"落雨"。青田话"掉"说"溚"，说明"溚"确有"掉"的意思，"掉"即"落"。

缙云话说"脱"。"脱"有"脱落、掉落"之义可见于北宋文献。苏轼《后赤壁赋》："霜露既降，木叶尽脱。"欧阳修《秋声赋》："草拂之而色变，木遭之而叶脱。""脱"表示"掉"系进一步引申。

二十九　寻找

遂昌	龙泉	庆元	松阳	宣平	丽水	云和	景宁	青田	缙云
寻	攞	攞	寻	寻	寻	寻	寻	寻	寻

寻，中国古代长度单位，八尺为寻。《诗·鲁颂·閟宫》："是寻是尺。"《说文》："度人之两臂为寻，八尺也。""寻找"作为它的引申义见于早期文献，如《后汉书·列女传》："远寻师学。"陶渊明《桃花源记》："寻向所志。"《徐霞客游记·游黄山记》："寻视其侧。"

据《玉篇》："攞，拣攞也。"《集韵》："攞，拣也。良何切，音罗。拣也。"《广雅》："拣，择也。"龙泉、庆元两地"寻找"说"攞"，系"选择"义的进一步引申。庆元话也说"寻"，但以说"攞"为常。

三十　拥挤

遂昌	龙泉	庆元	松阳	宣平	丽水	云和	景宁	青田	缙云
狭	狭	狭	狭	狭	狭	狭	狭	狭	□tsaŋ^{52}

狭，《正韵》："胡夹切，音匣。"《玉篇》："同狎。"匣母字，表中各点都读如古群母，如遂昌话读［gaʔ^{23}］。"狭"字本义"狭窄"，引申为"拥挤"。

缙云话"□［tsaŋ^{52}］"，音同"枕"，本字不详。

三十一　给₍动₎

遂昌	龙泉	庆元	松阳	宣平	丽水	云和	景宁	青田	缙云
乞	乞	乞	乞	约=	乞	乞	乞	乞	约=

乞，《说文》本作"气"，借"气"字表示"向人求讨"。《左传·僖

公二十三年》："乞食于野人。""乞"表示"给"是"向人求讨"的反向引申。《集韵》："乞，与也。"《广韵》："气，与人物也，今作乞。""气味"的"气"原作"氣"，后简化为"气"，而表示"与人物"的"气"则改成了"乞"。

如前文所述，处州部分方言把"乞丐"叫做"乞儿"。

宣平、缙云两地说"约ᵌ"，本字不详。遂昌话也可说"约ᵌ"，但以说"乞"为常。

三十二　蹲

遂昌	龙泉	庆元	松阳	宣平	丽水	云和	景宁	青田	缙云
踞	□ [gu²¹¹]	踞	踞	踞	踞	踞	踞	踞	□ [gu²³¹]

在古代汉语中，最早表示"蹲"的字是"居"。《说文解字》："居，蹲也。"上古"居"与"古"声母相同。后来，"居"字由于引申出"居住"这一常用义，人们就再造"踞"字表示"蹲"，即"踞"为"居"的俗字。据《唐韵》、《集韵》："踞，居御切，音据。"《说文》："踞，蹲也。"另据《集韵》："斤于切，音居。义同。"处州方言大多读"斤于切"，阴平。《左传·襄公二十四年》："皆踞转而鼓瑟。"《左传·襄公二十五年》："释甲执冰而踞。"《太平御览》："钟山龙盘，石头虎踞。此帝王之宅。"

龙泉话和缙云话的"□ [gu]"读阳调、古群母，与遂昌话等读阴调、见母有别，有可能是音变的结果，此处存疑。

三十三　看

遂昌	龙泉	庆元	松阳	宣平	丽水	云和	景宁	青田	缙云
望	瞅	睐	望	望	望	相	相	相	□ [ȵia⁴⁴⁵]

望，本义"远望"。《说文》："出亡在外望其还也。"《玉篇》："远视也。"《庄子·胠箧》："邻邑相望，鸡狗之音相闻。"《荀子·劝学》："吾尝跂而望矣，不如登高之博见也。"李白《静夜思》："举头望明月，低头思故乡。"汉语方言中多泛指一般的"看"，遂昌、松阳、宣平、丽水等

地方言即此。

相，本义"察看、仔细看"。《说文》："省视也。"《尔雅》："视也。"《诗·墉风·相鼠》："相鼠有皮，人而无仪。"《论衡·订鬼》："伯乐学相马，顾玩所见，无非马者。"云和、景宁、青田等地说的"相"泛指一般的"看"。

略，《说文》："睒也。"《方言》："睒也。吴扬谓视曰睒。"睒，本义"斜视"。《说文》："睒，目偏合也。"《苍颉篇》："旁视曰睒。"庆元话"略"泛指一般的"看"。《广韵》为"卢各切"，而庆元话读 [lɔ³³⁵]，系阴平调。义合音近，暂以"略"作本字。

可见，"望、相、略"原本是分别表示具有不同特点的"看"，但最终都泛化为一般的"看"。

龙泉话说"瞅"。瞅，旧作"瞧"，"看"的意思。缙云话"□ [n̠iɑ⁴⁴⁵]"本字不详。

三十四　告诉

遂昌	龙泉	庆元	松阳	宣平	丽水	云和	景宁	青田	缙云
报	报	报	报	报	报	告	告	报	告

报，本义"断狱，判决罪人"。《韩非子·五蠹》："报而罪之。"引申为"报告、告诉"。《集韵》、《韵会》："复也，酬也，答也。"《淮南子·精神》："列子行泣报壶子。"《吕氏春秋·权勋》："荀息操璧牵马而报。"《史记·廉颇蔺相如列传》："求人可使报秦者。"处州方言表示"告诉"的意思大多说"报"。

告，本义"报告、上报"。《书·金滕》："乃告太王王季文王。"《诗·齐风·南山》："必告父母。"引申出"告诉"的意思。《玉篇》："语也。"《左传·隐公元年》："公语之故，且告之悔。"《史记·滑稽列传》："愿三老、巫祝、父老送女河上，幸来告语之。"《史记·项羽本纪》："项伯乃夜驰之沛公军，私见张良，具告以事。"云和、景宁、缙云等地说"告"。普通话"告"单用时主要表示"起诉"的意思。

从本义与"告诉"这一意思的关系看，"告"当比"报"要早些。

三十五　玩儿

遂昌	龙泉	庆元	松阳	宣平	丽水	云和	景宁	青田	缙云
嬉	搞	嬉	搞	搞	嬉	嬉	嬉	嬉	蛮

　　《广韵》："嬉，游也。"韩愈《进学解》："业精于勤，荒于嬉。""嬉"就是"玩儿"的意思。遂昌、庆元、丽水、云和、景宁、青田等地都说"嬉"。

　　搞，今俗。龙泉、松阳、宣平等地说"搞"。

　　缙云话说"蛮"，系引申。

　　相对而言，"嬉"的说法较为旧俗。

三十六　害怕

遂昌	龙泉	庆元	松阳	宣平	丽水	云和	景宁	青田	缙云
惊	吓	吓	惊	惊	吓	吓	吓	吓	惊

　　惊，原作"驚"，本义"马受惊"。《说文》："马骇也。"《战国策·赵策一》："襄子至桥而马惊。"引申为"惊慌，恐惧"。《玉篇》："骇也。"《战国策·燕策》："秦王惊，自引而起。"苏轼《石钟山记》："闻人声亦惊起。"遂昌、松阳、宣平、缙云等地方言说的"惊"都读古见母〔k〕。

　　吓，原作"嚇"，本义"恐吓、恫吓"。《集韵》："以口拒人谓之吓。"《诗·大雅》："反予来吓。"表中"吓"兼有"害怕"和"吓唬"两种意思，后者是本义，前者是引申义。表中"惊"只有"害怕"的意思，如果要表示"吓唬"，也说"吓"。

　　单从"害怕"这一义项看，"惊"的说法要比"吓"早。

三十七　开裂

遂昌	龙泉	庆元	松阳	宣平	丽水	云和	景宁	青田	缙云
开坼	开坼	开坼	开坼	□〔kuəʔ⁵〕开	开坼	开坼	开坼	开缝	□〔kua⁴³⁴〕坼

坼，本义"裂开"。《说文》："裂也。"《淮南子·本经》："天旱地坼。"《易·解》："雷雨作而百果草木皆甲坼。"处州方言大都说"开坼"，其中遂昌话和松阳话的"坼"声母读古彻母［tʰ］。

宣平话和缙云话所说的"□［kuəʔ⁵］/□［kua⁴³⁴］"应该是同一个字，本字不详。

青田话说"开缝"，应是较新的说法。

三十八 干燥

遂昌	龙泉	庆元	松阳	宣平	丽水	云和	景宁	青田	缙云
燥	燥	□tsɒ³³⁵	燥	燥	燥	燥	燥	燥	燥

燥，《说文》："干也。"《唐韵》："苏到切。"《集韵》："先到切。"表中"燥"都读心母、豪韵、阴去调，符合古音韵地位。

庆元话说"□［tsɒ³³⁵］"，精母（普通话"燥"也读［ts］声母）、阴平调，可能是"燥"的音变。此处存疑。

三十九 肮脏

遂昌	龙泉	庆元	松阳	宣平	丽水	云和	景宁	青田	缙云
邋遢	邋□［zɔʔ²³］	龌龊	邋遢	龌龊	龌龊	龌龊	龌龊	鏖糟	□［uɑ⁴⁴⁵］

邋遢，《广韵》："邋遢，行貌。"原形容行走的样子。明屠隆《昙花记·从师学道》："我两人邋遢云游，止求衣食，岂能度人？"端木蕻良《乡愁》五："忽然是房东邋遢鞋声，在窗户底下走过。"后又指"为人猥琐糊涂，不整洁"。现在"邋遢"只保留"不洁净"的意思。"邋遢"作"不洁"解，始于明朝。如《明史·方伎传》说张三丰"不饰边幅，又号张邋遢"。清《快心编三集》第八回："若像邋遢的妇女，头毛未必便黄，只因不掠不梳，尘垢蓬松。"今泛指人、物及环境"不洁净"。遂昌话、松阳话说"邋遢"。

龌龊，表示"肮脏"义可见于元朝文献。如元高文秀《黑旋风》："他见我风吹的龌龊，是这鼻凹里黑。"庆元、宣平、丽水、云和、景宁等地说"龌龊"。

鏖糟，原义"拼命厮杀"。《集韵》："尽死杀人曰鏖。"《汉书·霍去病传》："鏖皋兰下。"颜师古注引晋晋灼曰："世俗谓尽死杀人为鏖糟。"后"鏖糟"引申为"肮脏"的意思。宋《朱子语类》卷七二："某尝说，须是尽吐泻出那肚里许多鏖糟恶浊底见识，方略有进处。"元《铁拐李》第四折："一个鏖糟叫化头，出去！"青田话说"鏖糟"。

龙泉话"垃圾"读作 [ləʔ²soʔ²ʔe]，"脏"说"邋□ [ləʔ²zoʔ²³]"，读音相似。

缙云话说"□ [uɑ⁴⁴⁵]"本字不详。

四十　累

遂昌	龙泉	庆元	松阳	宣平	丽水	云和	景宁	青田	缙云
着力	着力	着力	着力	着力	着力	着力	着力	无力	着力

着力，原义"尽力、用力"。五代吴涵虚《上升歌》："玉皇有诏登仙职，龙吐云兮凤着力。"清赵翼《陔馀丛考·着力》："《齐书》：苍梧王欲害萧道成，陈太妃骂曰：'道成有大功，今害之，谁复为汝着力者?'《南史》作'谁为汝尽力'。"处州方言中的"着力"是"累、吃力"的意思，是"尽力、用力"后的结果，系引申义。

青田话说"无力"，意思直白。

第三节　与普通话有同有异的特征

一　吃

处州方言中最能帮助内部划片的鉴别词是"吃"：

遂昌	龙泉	庆元	松阳	宣平	丽水	云和	景宁	青田	缙云
哐	哐	哐	哐	吃	吃	吃	吃	吃	食

处州方言内部可以分为西片（遂昌、龙泉、庆元、松阳）、东片（宣平、丽水、云和、景宁、青田）、东北片（缙云）（有关"鉴别词"和

"处州方言内部划片",详见王文胜 2008)。"吃"的三种形态"咥"、"吃"、"食"正好可以反映这一分片情况。

古代汉语文献中表示"吃"的词一般是"食"。

咥,原义"咬"。《广韵》:"丁结切。"《玉篇》、《集韵》:"啮也。"《易·履卦》:"履虎尾不咥人亨。"郑注:"啮也。"遂昌、龙泉等地以"咥"称"吃"系引申。陕西关中方言的"吃"也说"咥",音"叠",与处州方言音近义同,之间有无渊源关系待考。

吃,原作"噢"。《说文》:"食也。"《世说新语·任诞》:"友闻白羊肉美,一生未曾得吃,故冒求前耳。"杜甫《绝句》:"梅熟许同朱老吃。"又《正韵》:"饮也。"杜甫《送李校书诗》:"对酒不能吃。"处州方言表示"吃"的字都可表示"喝",唐朝时看来也是如此。宣平、丽水、云和、景宁、青田等地说"吃"。

食,本义"饭、饭食"。《老子》:"甘其食,美其服。"引申为"吃"。《左传·隐公元年》:"食舍肉。"《战国策·齐策四》:"长铗归来乎,食无鱼!"宋苏洵《六国论》:"吾恐秦人食之不得下咽也。"《孟子·梁惠王上》:"狗彘之畜,无失其时,七十者可以食肉矣。"缙云话说"食"。

从文献记录看,表示"吃"义时"食"和"咥"的历史都较久远。

二　狗

遂昌	龙泉	庆元	松阳	宣平	丽水	云和	景宁	青田	缙云
犬	犬	犬	犬	狗	狗	狗	狗	狗	狗

犬,本义"大狗"。《说文》:"犬,狗之有县蹏者也。象形。孔子曰:视犬之字如画狗也。"处州西片四方言点说"犬"。

狗,《说文》:"犬也。大者为犬,小者为狗。"处州东片方言点及缙云都说"狗"。说"狗"的方言点一般还常说"街狗"。

可见,"犬"和"狗"在古代是大小之别,只是后来对泛称的选择有所不同罢了。

三　稻草

遂昌	龙泉	庆元	松阳	宣平	丽水	云和	景宁	青田	缙云
稿头	稻秆	稻秆	稿头	稻秆	稻草	稻秆	稻秆	稻秆	稻秆

稿，原作"稾"，指谷类植物的茎秆。《说文》："稿，秆也。"《汉书·五行志》："民惊走持稿。"《书·禹贡传》："又出稿税。"《资治通鉴》："今又盛寒，马无稿草。"遂昌、松阳两地说"稿头"。松阳民间有"树不起的烂稿头"一说，比喻"没用、扶都扶不起来的人"。

秆，原作"稈"。《说文》："禾茎也。"《广雅》："稻穰谓之秆。"

从文献及《说文》"稿，秆也"的表述可知，"稿"应是较早的说法，"秆"则是比较通俗的说法。处州大都说"稻秆"。

丽水话说"稻草"，俗。

四　柚子

遂昌	龙泉	庆元	松阳	宣平	丽水	云和	景宁	青田	缙云
枹	枹	柚	枹	枹	柚	枹	柚	枹	枹

龚群虎（2001：42）认为，"有些词大约只出现在南方汉语跟侗台语等民族语言中，此类自然容易判定成非汉语来源的'底层词'或借词"，并列出了"柚子"一词在福州话/建瓯话［phau］、温州话［phɜ］、侗语［paau］之间的比较，认为这"可能是古百越语底层词"。

关于它的本字，从一些论文著作中可以看到的大致有"抛"、"橐"、"脬"、"泡"、"枹"等，但是，这些字在《说文》、《广韵》等辞书韵典上都没有"柚子"的意思。既然难以确认本字（也许确实没有本字），就应该确定一个。从造字法看，上述的"枹"是最合适的本字候选者，形声兼会意。本书将其本字暂定为"枹"。

处州一带大都把柚叫作"枹"。

五　水

遂昌	龙泉	庆元	松阳	宣平	丽水	云和	景宁	青田	缙云
淋	淋	水	水	水	水	水	水	水	水

　　淋，《说文》："二水也。"《类篇》："闽人谓水曰淋。"《唐韵》、《集韵》："之垒切。"遂昌话、龙泉话的"淋"分别读作［y³³³］、［y⁵³］，是章母脱落的结果。但据杨慎转注古音"淋音委"看，"淋"就读零声母。另外，庆元话"围、为、胃"等字均读［y］，另据曹志耘等（2000：288）："庆元话有一个词叫'淋管—种竹制的盛水器具'y³³kuəŋ³³。这是庆元曾经用'淋'指'水'的痕迹。"

　　水，俗。处州方言大都说"水"。

六　石头

遂昌	龙泉	庆元	松阳	宣平	丽水	云和	景宁	青田	缙云
磹壳	磹头	岩头	磹头	石头	石头	磹头	岩头	石岩	岩头

　　据《集韵》："（磹）唐干切，音坛。石磹也。"民间写作简体字"砬"。处州一带有以该字为地名的，如松阳斋磹。遂昌、龙泉、松阳、云和等地方言中，"磹"都表示"石头"。

　　岩，本义为高峻的山崖。宋沈括《梦溪笔谈》："高岩峭壁。"也指高出水面较大而高耸的石头。唐柳宗元《至小丘西小石潭记》："近岸，卷石底以出……为岩。"庆元、景宁、缙云等地说"岩头"，泛指石头。

　　石，俗。《诗·小雅·鹤鸣》："它山之石，可以攻玉。"宣平、丽水两地说"石头"。

　　青田话说"石岩"，同义异素双音词。

七　眼睛

遂昌	龙泉	庆元	松阳	宣平	丽水	云和	景宁	青田	缙云
眼睛	目珠	目珠	眼睛	眼睛	眼睛	眼睛	眼睛	眼睛	眼睛

眼睛，俗。唐韩愈《月蚀诗效玉川子作》："念此日月者，为天之眼睛。"唐韩偓《蜻蜓》："碧玉眼睛云母翅，轻于粉蝶瘦于蜂。"

目珠，本义"眼球"，指眼睛的一部分。清《医宗金鉴》："目珠者，目睛之俗名也。"龙泉和庆元两地以"目珠"指称"眼睛"。

八　眼泪

遂昌	龙泉	庆元	松阳	宣平	丽水	云和	景宁	青田	缙云
目汁	目汁	目汁	眼泪	眼泪	眼泪	眼泪	眼泪	眼泪	眼泪

先秦时期，"眼泪"说"涕"。《诗·小雅·小明》："涕零如雨。"《楚辞·离骚》："长太息以掩涕兮，哀民生之多艰。"汉唐时"涕"仍可表示眼泪。诸葛亮《出师表》："临表涕零。"唐柳宗元《捕蛇者说》："汪然出涕。"后来出现了"泪"，两字同义并用。

泪，原写作"淚"。《广韵》："目液也。""泪"出现时常与"涕"并用，甚至合用。如《晋书·羊祜传》："望其碑者莫不流涕，杜预因名为坠泪碑。"杜甫《闻官军收河南河北》："剑外忽传收蓟北，初闻涕泪满衣裳。"

"眼泪"一词可见于明清小说中，如《水浒传》第三十五回："张社长见了宋江容颜不悦，眼泪暗流。"《红楼梦》第一回："但把我一生所有的眼泪还他，也偿还得过他了。"处州方言大多说"眼泪"。

汁，《广韵》："之入切。"《说文》："液也。"闽语和客家话都有称眼泪为"目汁"的情况。遂昌、龙泉、庆元等地方言说"目汁"。

九　鼻涕

遂昌	龙泉	庆元	松阳	宣平	丽水	云和	景宁	青田	缙云
鼻头泗	口鼻泗	泗	鼻头泗	鼻涕	鼻涕	鼻涕	鼻头泗	鼻涕	鼻头涕

泗，《唐韵》、《集韵》："息利切。"《玉篇》："泗，涕泗也。"《诗·陈风》："寤寐无为，涕泗滂沱。"毛传："自目曰涕，自鼻曰泗。"遂昌、龙泉、庆元和松阳等地都以"泗"指称"鼻涕"。

涕，本义"眼泪"，不过汉时"涕"已经有表示"鼻涕"的用例，如王褒《僮约》："目泪下落，鼻涕长一尺。"《晋书·王褒传》："攀柏悲号，涕泪著树，树皆枯。"

可见，当表示"鼻涕"之义时，"泗"比"涕"早得多。

十 肚子

遂昌	龙泉	庆元	松阳	宣平	丽水	云和	景宁	青田	缙云
腹桶	腹桶	腹	腹桶	肚皮	肚皮	肚皮	肚皮	肚皮	肚皮

腹，《说文》："厚也。"《易·说卦传》："坤为腹。"《释名》："自脐以下曰水腹。"西汉晁错《论贵粟疏》："腹饥不得食。"遂昌、龙泉、松阳等地说"腹桶"，是比喻的用法。

肚，《广韵》："腹肚。"

腹部包括上腹部和下腹部，肚子一般指上腹部。宣平、丽水等地说"肚皮"，俗。普通话一般说"肚子"，但在某些专业场合（如医院）也说"腹部"。

据常识可以判断，"腹"当比"肚"更古老。

十一 屁股

遂昌	龙泉	庆元	松阳	宣平	丽水	云和	景宁	青田	缙云
脽臀	脽臀	脽臀	脽臀	脽臀	屁股	屁股	脽臀	脽臀	脽臀

脽，《玉篇》："臀也。"《集韵》："苦骨切，音堀。髋也。"臀，《声类》："尻也。""尻"指坐骨，"臀"指髋骨，可见"脽"和"臀"是构成"屁股"的不同部位，处州方言大多以合称形式"脽臀"指称"屁股"。以"臀"指称屁股可见于先秦文献中。《易·夬》："臀无肤，困。臀困于株木。"《国语·周语》："故名之曰黑臀。"《国语·周语下》："且吾闻之成公之生业，其母梦神规其臀以墨。"但以"脽臀"这一合称形式指称暂未见古文献用例。

屁股，俗，可见于明清文献中，如《红楼梦》第三十九回："明日一早来。听着，我还要使你呢，再睡的日头晒着屁股再来！"

处州除丽水、云和两地说“屁股”外，其他各地都说“腘臀”。相对来说，“臀”指称“屁股”较为旧俗。

十二　屄

遂昌	龙泉	庆元	松阳	宣平	丽水	云和	景宁	青田	缙云
肶	屄	屄	肶	肶	肶	肶	肶	屄	肶

肶，《广韵》：“譬吉切，音匹。牝肶。”“肶”的说法在吴语中比较普遍，包括宁波奉化话，影视作品中蒋介石的口头禅“娘希匹”中的“匹”即“肶”。处州方言大多说“肶”。

屄，俗。明《正字通》：“布非切，音卑。女子阴。”粤语、客家话一般说“屄”。龙泉、庆元、青田等地说“屄”。

十三　脚

遂昌	龙泉	庆元	松阳	宣平	丽水	云和	景宁	青田	缙云
骹	骹	骹	脚	脚	脚	脚	脚	脚	脚

脚，《说文》，“脚，胫也”。按段玉裁注，“股与脚以膝为中，脚之言却也，凡却步必先胫”。又据《说文》，“胫，胻也”。段玉裁注为，“膝下踝上曰胫，胫之言茎也，如茎之载物也”。可见，“脚”的古义是小腿，与表大腿义的“股”相对。古以“足”称呼我们今天所谓的“脚”。按吴金华（1986：276），“‘脚’有‘足’义始于汉末”。《广韵》时，“脚”已作“俗”，说明它表示“足”的意思已很普遍。

骹，《广韵》，“胫骨近足细处，口交切”。可见，《广韵》时“骹”表示脚以上、小腿以下的部分，与“脚”义不同。以“骹”表示“足”与以“脚”表示“足”的方式是一样的，都是以 A 代 B。

因此，很难或者不能说“骹”与“脚”哪个更古老些，它们可能同时期并存而表达身体的不同部位，后来由于借代方式的不同而分道扬镳。

遂昌、龙泉、庆元等地说“骹”，其他各地都说“脚”。

十四　人

遂昌	龙泉	庆元	松阳	宣平	丽水	云和	景宁	青田	缙云
农	农	农	农	人	人	人	人	人	人

农，本义"耕、耕种"。《说文》："农，耕也。"《汉书·食货志》："辟土植谷曰农。"后引申为"耕种之人"。以"农"指称"人"，反映了典型的农耕特点。遂昌、龙泉、庆元、松阳等地都说"农"。

"农"也有写作"侬"的。如《六书故》："吴人谓人曰侬。按：此即人声之转，瓯人呼若能。"其实并非"人"声之转，而是"农"。《集韵》"渠侬，亦指他人之称"中的"渠侬"即"渠农"，一般指的是单数，而在庆元话中，"渠农"是指"他们"。

人，俗。宣平、丽水、缙云等地都说"人"。

十五　妈妈_{面称}

遂昌	龙泉	庆元	松阳	宣平	丽水	云和	景宁	青田	缙云
嫇	娘	姐	嫇	姆妈	嫇	妈	奶	妈	娘

嫇，据《康熙字典》："《广韵》武移切。齐人呼母曰嫇，李贺称母曰阿嫇。又《集韵》绵批切，音迷。义同。"遂昌、松阳、丽水等地说"嫇"。

娘，本义是指对妇女的泛称，多指少女。如古乐府《子夜歌》："见娘喜容媚，愿得结金兰。"俗称"母亲"，如唐杜甫《兵车行》："耶娘妻子走相送。"《乐府诗集·木兰诗》："旦辞爷娘去。"龙泉、缙云两地说"娘"。

庆元话说"姐"。姐，《说文》："蜀谓母曰姐。"段注："方言也，其字当蜀人所制。"看来称母为"姐"并非特别现象。

妈，俗。《康熙字典》："读若马平声。称母曰妈。"云和、青田等地说"妈"。

景宁话称母为"奶"系引申。

十六 镜子

遂昌	龙泉	庆元	松阳	宣平	丽水	云和	景宁	青田	缙云
镜	照	照	镜	镜	镜	镜	镜	镜	镜

镜，俗。《玉篇》："镜，鉴也。"《战国策·齐策》："窥镜而自视。"《乐府诗集·木兰诗》："对镜贴花黄。"处州方言大都称"镜"。

照，本义"照射、照耀"。《淮南子·本经》："照耀辉煌。"《荀子·天论》："日月递照。"后引申出"映照、反射影像"之义。如李白《梦游天姥吟留别》："湖月照我影。"唐王维《游春曲二首》："满园深浅色，照在绿波中。"后来又由"映照"引申出了"镜子"这一义项。《广雅·释诂》："照，鉴也。"《左传·昭公二十八年》杜预注："发肤光色，可以照人。"龙泉话和庆元话都说"照"。

十七 火笼

遂昌	龙泉	庆元	松阳	宣平	丽水	云和	景宁	青田	缙云
火笼	火笼	火熜	火笼	火笼	火笼	火笼	火笼	火笼	火笼

熜，又作"熜"，《篇海》："（熜）仓红切，音聪。煴气也。"《龙龛手鉴》："煴器也。"庆元话称"火熜"。北部吴语多有叫"火熜"的，如嘉兴话、新昌话等。

火笼，俗。处州方言大都说"火笼"。

"火熜"可能是浙江古代农村中较通俗的叫法，"火笼"则是后起的称呼。

十八 剪刀

遂昌	龙泉	庆元	松阳	宣平	丽水	云和	景宁	青田	缙云
骹剪	骹剪	骹剪	铰剪	铰剪	剪刀	骹剪	骹剪	铰剪	铰剪

铰，《广韵》："铰刀。"《六书故》："交刃刀也。利以剪。"李贺《五

粒小松歌》:"绿波浸叶满浓光,细束龙髯铰刀剪。"《康熙字典》注:"铰,即今妇功缝人所用者。俗呼剪刀。"松阳、宣平、青田、缙云等地都说"铰剪"。

骹,遂昌、龙泉、庆元等地是"脚"的意思,"骹剪"即"带有两只脚的刀"。但是,"脚"在云和、景宁两地不说"骹"而说"脚"。此处存疑。

"铰剪"和"骹剪"当是旧俗称呼,丽水话"剪刀"则是相对晚近的说法。

十九　菜板

遂昌	龙泉	庆元	松阳	宣平	丽水	云和	景宁	青田	缙云
菜板	砧板	砧板刀板	砧板	板砧	板砧	板砧	饭砧	板砧	板砧

砧,《广韵》:"知林切。"本义"捣衣石"。杜甫《捣衣》:"秋至式清砧。"又指"捣草石",如《正字通》:"砧,农家捣草石。"后来又指"切物用的砧板",如韩愈《元和圣德》:"加以砧斧。"唐卢延让:"饿猫临鼠穴,馋犬舐鱼砧。"

"砧板"一词可见于近代文献中,如元关汉卿《望江亭》第三折:"可将砧板、刀子来,我切鲙哩。"《醒世姻缘传》第四二回:"只闻的作起声来……或是椎帛的砧声乱响,或是像几把刀剁的砧板乱鸣。"清和邦额《夜谭随录·施二》:"昨见和尚斫驴脯,置厨下砧板上。"龙泉、庆元、松阳等地说"砧板",宣平、丽水、云和、青田、缙云等地则说"板砧",同素异序。

景宁话说"饭砧",来历不详。庆元话还说"刀板"。

菜板,俗。遂昌话说"菜板"。

二十　打稻桶

遂昌	龙泉	庆元	松阳	宣平	丽水	云和	景宁	青田	缙云
勖桶	打谷桶	谷桶	勖桶	勖桶	打稻桶	打稻桶	稻桶	稻桶	稻桶

章炳麟《新方言》："今四川浙江皆谓推转圆物曰勮。"处州方言多地说"滚动"时也说"勮"。遂昌等地所以叫做"勮桶"，可能是因为该物往返家中与田间时一般是"滚"着去的。

"（打）谷桶"和"（打）稻桶"的说法比较通俗易懂。龙泉、庆元两地说"（打）谷桶"，丽水、云和、景宁、青田、缙云等地说"（打）稻桶"。

二十一　柴

遂昌	龙泉	庆元	松阳	宣平	丽水	云和	景宁	青田	缙云
樵	樵	樵	柴	柴	柴	柴	柴	柴	柴

《说文》："樵，散木也。"徐锴系传："樵，散木也，散木不入于用也。"桂馥义证："即不入用，惟堪作薪焚烧。"《广韵》："樵，柴也。"明代遂昌人郑还诗《月山樵唱》有"闲坐小轩听樵牧，歌声隐隐带烟霞"一句。

柴，本义"捆束的细木小柴"。《礼记·月令》注："大者可析谓之薪，小者合束谓之柴。"《资治通鉴》："乃取蒙冲斗舰十艘，载燥荻枯柴。"泛指木柴、小木散材，也指作燃料的木柴。《说文》："柴，小木散材也。"《汉书·沟洫志》："是时东郡烧草，以故薪柴少。"

可见，"樵"与"柴"本义有所不同，后指称同一事物。遂昌、龙泉、庆元等地说"樵"，其他各地都说"柴"。

二十二　袖子

遂昌	龙泉	庆元	松阳	宣平	丽水	云和	景宁	青田	缙云
手帗	手帗门	手帗	手衫帗	衫袖	衫袖	布衫袖	布衫袖	衫袖	衫口［ȵ²²］头

帗，《集韵》："委远切，音宛。"《类篇》："帗，袖端屈也。"又《方言·郭注》："江东呼衣褾曰帗。"据《现代汉语词典》（第6版）："褾，袖子的前端。"按曹志耘等（2000：291），"'帗'是闽语的鉴别词之一"。遂昌、龙泉、庆元、松阳等地称"袖"为"帗"。

袖，俗。《说文》："褎，袂也。"字亦作"袖"。《文选·曹子建·乐府》："攘袖见素手。"《韩非子》："长袖善舞。"唐慧琳《一切经音义》："袖，衣袂端也。"

根据以上情况分析，"袗"和"袖"的说法可能源于不同方言。

二十三　耕田

遂昌	龙泉	庆元	松阳	宣平	丽水	云和	景宁	青田	缙云
耕田	犁田	犁田	耕田	耕田	犁田	犁田	耕田	耕田	犁田

耕，本义"犁田"。《正字通》："治田也。"《说文》："犁也。从耒，井声。一曰古者井田，谓从井，会意。"《山海经·海内经》："稷之孙曰叔均，是始作牛耕。"《孟子·梁惠王上》："深耕易耨。"《齐民要术·耕田》："凡秋耕欲深，春夏欲浅，犁欲廉。"

犁，原作"犂"。《说文》："耕也。"

《说文》段注："盖其始人耕者谓之耕，牛耕者谓之犁。"即"人耕曰耕，牛耕曰犁"，"耕田"和"犁田"的施动者不同，后来均作泛称。从"人耕"与"牛耕"出现的先后顺序看，"耕田"当比"犁田"要早。

二十四　稻子

遂昌	龙泉	庆元	松阳	宣平	丽水	云和	景宁	青田	缙云
谷	谷	谷	谷	稻	稻	稻	稻	稻	稻

处州一带以种水稻为主。在调查中我们发现，对"水稻"这一庄稼的称呼，处州各地方言的说法并不统一，而且即便是同一地方，有说"谷"的，也有说"稻"的。但是，从"割稻"这一高频组合的词形搭配情况还是可以看出"水稻"在当地早期的通俗说法（上文"打稻桶"中的词语搭配情况也可作参考），即遂昌等西部四地说"谷"，宣平等东部六地说"稻"：

割稻

遂昌	龙泉	庆元	松阳	宣平	丽水	云和	景宁	青田	缙云
鑢谷	割谷	割谷	鑢谷	割稻	割稻	割稻	割稻	割稻	割稻

常规高频的组合搭配是一个受限条件，一般比较固定。

二十五　吐吐痰

遂昌	龙泉	庆元	松阳	宣平	丽水	云和	景宁	青田	缙云
吐	吐	啡	吐	吐	吐	吐	啡	吐	吐

吐，俗。《玉篇》："口吐也。"《诗·大雅·烝民》："柔则茹之，刚则吐之。"处州方言大都说"吐"。

啡，《广韵》："匹恺切。出唾声。"本义是吐口水、吐痰的声音。庆元、景宁两地"吐"说"啡"系引申用法。另外，庆元和景宁两地所说的"啡"都读古敷母〔pʰ〕。

二十六　骂

遂昌	龙泉	庆元	松阳	宣平	丽水	云和	景宁	青田	缙云
噆	噆	噆褪ᵉ	噆	噆	骂	噆	噆	噆	骂

噆，《集韵》、《类篇》："疾各切，音昨。啬也。"处州方言大多说"噆"。庆元话还说"褪ᵉ"，本字不详。

骂，俗。唐柳宗元《答韦中立论师道书》："群怪聚骂。"《史记·魏公子列传》："窃骂侯生。"丽水、缙云两地说"骂"。

二十七　等等候

遂昌	龙泉	庆元	松阳	宣平	丽水	云和	景宁	青田	缙云
等	等	等	候	等	候	等	等	等	等

等，本义是指整齐的简册。《说文》："等，齐简也。"引申为"等同、使一样"，《周礼·大宗伯》："以等邦国。"《资治通鉴》："我行法，当等贵贱，均贫富。"后进一步引申为"等待、等候"之义。金人王太《篇海》："等候，待也。"宋范成大《州桥诗》："父母年年等驾回。"《水浒

传》："有个官人请说话，商议些事务，专等，专等。"

候，原作"矦"，本义"守望、侦察"。《说文》："矦，伺望也。"引申为"等候"之义，如晋陶渊明《归去来兮辞》："稚子候门。"宋沈括《梦溪笔谈》："即候苗成。"清方苞《狱中杂记》："候春发遣。"

可见，"等"和"候"的本义与今之"等候"都不同，但都引申为"等候"的意思。另外，普通话"等候"一词系同义互训。

二十八　哭

遂昌	龙泉	庆元	松阳	宣平	丽水	云和	景宁	青田	缙云
叫	叫	叫	叫	叫	哭	叫	叫	哭	叫

叫，本义"呼、喊"。《说文》："叫，嘄也。"《楚辞·疾世》："叫我友兮配耦。"唐杜牧《阿房宫赋》："戍卒叫，函谷举。"处州方言大都以"叫"表示"哭"，系引申。另外，"叫"都读零声母，系见母脱落。

哭，俗。本义"悲痛出声，声泪俱下"。《说文》："哀声也。"《苛政猛于虎》："有妇人哭于墓者而哀。"徐锴曰："哭声繁，故从二口。大声曰哭，细声有涕曰泣。"后"哭"逐渐涵盖"泣"并成为"哭泣"的泛称。丽水话、青田话说"哭"。

可见，"哭"的本义较"叫"更接近现在意义上的"哭泣"。

二十九　闻

遂昌	龙泉	庆元	松阳	宣平	丽水	云和	景宁	青田	缙云
齁	齁	齁	齁	齁	闻	齁	齁	□ [tʰuæ⁴⁵⁴]	齁

"用鼻子闻"处州方言大都说"齁"。本字不详，本书暂据吴式求（2010：543）以"齁"作本字。

闻，本义"听到"。《说文》："闻，知声也。"后转义为"嗅"。《孔子家语·六本》（作者、时代不详）："与善人居，如入芝兰之室，久而不闻其香，即与之化矣。"《史记·滑稽列传》："罗襦襟解，微闻芗泽。"但据谢晓明（2011），"'闻'在上古兼有听觉义和嗅觉义，以表听觉感知义为主，从魏晋开始，'闻'的嗅觉义开始得到发展，并在宋元时期取代

'嗅'成为主要的嗅觉动词，而听觉义则因为'听得'使用频率的增长而逐渐退化"。丽水话说"闻"。

青田话说"□〔tʰuæ⁴⁵⁴〕"，本字不详。

三十　叫_{叫他一声}

遂昌	龙泉	庆元	松阳	宣平	丽水	云和	景宁	青田	缙云
讴	喊	喊	喊	讴	喊	喊	喊	叫	讴

讴，《唐韵》、《集韵》："乌侯切。"字从言，从区（ōu）。"区"原义"装满食物的容器"，"言"与"区"合起来表示"吃饱后说的话"，即"讴"的本义是"表示填饱肚子"的言语，引申为"表示满意"的言语。后进一步引申为"齐声歌唱"，《说文》："讴，齐歌也。"《广雅》："歌也。"《玉篇》："吟也。"《楚辞·大招》："皆讴歌思东归。"

遂昌、宣平、缙云等地"讴"指称"喊、叫"也是引申，但未必是从"讴歌"义引申，很可能是直接从本义引申而来的。

喊，本义"尝味"。《法言·问神》："狄牙能喊，狄牙不能齐不齐之口。"后引申为"喊叫"。《方言》："喊声也。"处州方言大都说"喊"。

叫，俗，本义"呼、喊"。青田话"哭"和"喊"都说"叫"。

三十一　想

遂昌	龙泉	庆元	松阳	宣平	丽水	云和	景宁	青田	缙云
忖	忖	忖	想	想	忖	忖	忖	想	忖

忖，《玉篇》："思也。"《诗·小雅·巧言》："他人有心，予忖度之。"按曹志耘等（2000：286），"一些浙江省境内的其他吴语和部分闽东话也说'忖'，但是，分布得最集中的应是处衢方言"。由上表可见，处州方言大多说"忖"。

想，俗。《说文》："想，冀思也。"杜甫《客居》："览物想故国。"苏轼《念奴娇》："遥想公瑾当年，小乔初嫁了，雄姿英发。"松阳、宣平、青田等地说"想"。

三十二　忘记

遂昌	龙泉	庆元	松阳	宣平	丽水	云和	景宁	青田	缙云
忘记	落记	落记	忘记	忘记	落记	落记	落	忘记	忘记

落，《广韵》："卢各切。"表示"下下车"的"落"处州方言都读阳入、促声，而表中表示"忘记"的"落"读音都是阳上、舒声。古韵书除《康熙字典》载有"《唐韵古音》读路"外，并无读阳上、舒声的记录。不过我们知道，普通话有"là、lào、luō、luò"等不同读音，读"là"时有"丢了、漏掉、遗忘"等意思，如"丢三落四、把票落在家里了"。龙泉、庆元、丽水、云和、景宁等地说的"落"与此音近义合。"落"在古代应该还有现存韵书中没有记载的其他读法。此处存疑。

忘记，俗。遂昌、松阳、宣平、青田、缙云等地都说"忘记"。

三十三　要

遂昌	龙泉	庆元	松阳	宣平	丽水	云和	景宁	青田	缙云
乐	乐	乐	乐	乐	乐	乐	乐	要	乐

表示"要不要"的"要"，处州方言大都说"乐"。乐，《集韵》、《韵会》、《正韵》又音"鱼教切"，疑母、肴韵、阳去调，处州各地读音均符。

青田话说"要"，俗。

三十四　叫狗叫

遂昌	龙泉	庆元	松阳	宣平	丽水	云和	景宁	青田	缙云
吠	吠	叫	吠	吠	吠	吠	吠	叫	喊

吠，本义"狗叫"。《说文》："犬鸣也。"《楚辞·九章》："邑犬群吠兮所怪也。"王符《潜夫论·贤难》："谚云：'一犬吠形，百犬吠声。'"处州方言大多说"吠"，且声母都读重唇。

叫，俗。庆元、青田两地说"叫"。另外，庆元话的狗"叫"与表示"哭"的"叫"都读零声母音节。

喊，即"叫"。缙云话说"喊"。

我们知道，在古汉语中，不同动物的"叫"一般都有比较固定的说法，如"龙吟虎啸鸡啼马嘶"等，而"狗/犬"配"吠"，即"吠"是"狗叫"的固有说法，而"叫"和"喊"则是所有动物"喊叫"的泛称。从这个意义上看，"吠"较"叫、喊"更为旧俗。

三十五　饿

遂昌	龙泉	庆元	松阳	宣平	丽水	云和	景宁	青田	缙云
腹饥	腹饥	腹饥	腹饥	肚饥	肚饥	肚饥	肚饥	饿	肚饥

"饥饿"的"饥"，本作"飢"。

值得一提的是，"腹肌"的"饥"都读古见母 [k]，而"肚饥"的"饥"都读塞擦音 [tɕ] / [tʃ] / [ts] 声母。如前文"肚子"所述，"腹"相对"肚"较为古老，与之相当的是，"饥腹饥"的读音也保留了更古老的音韵特点。

饿，《说文》："饥也。"《六书故》："饿，无食久馁也。"《正字通》："饿，甚于饥也。""饥"和"饿"在古汉语中是一组理性义相同而色彩义不同的词，"饿"的程度大于"饥"。青田话说"饿"，义同其他各地所说的"饥"。

另外，表中之所以同时列出"腹"和"肚"，是因为在这些方言中，"饥"都不能单说，不像青田话"饿"可以单说。"腹肌/肚肌"俨然已经成为词而非短语了。

三十六　生未熟

遂昌	龙泉	庆元	松阳	宣平	丽水	云和	景宁	青田	缙云
生	青	青	生	生	生	生	青	生	生

生，俗。《史记·项羽本纪》："项王曰：'赐之彘肩。'则与一生彘肩。"处州方言大多说"生"。

青，本义"蓝色"，后引申出"深绿色"这一义项。以"青"表示"生、不熟"，可能是从"庄稼苗叶尚青，未成熟"得出的比喻义。以"青"指"生、不熟"可能是地方上的一种创新。基于此，本书暂以"青"作为本字。龙泉、庆元、景宁等地说"青"。

三十七 多

遂昌	龙泉	庆元	松阳	宣平	丽水	云和	景宁	青田	缙云
多	伙	伙	伙	多	多	多	多	多	多

多，俗。《说文》："多，重也。从重夕，会意。重夕为多，重日为叠。"《尔雅·释诂》："多，众也。"《诗·邶风·旄丘》："何多日也。"处州方言大多说"多"。

伙，旧作"夥"。《广韵》："胡果切。"《方言》："凡物盛多谓之寇，齐宋之郊，楚魏之际曰伙。"《说文》："齐谓多为伙。"《小尔雅·广诂》："伙，多也。"可见，以"伙"言"多"由来已久，至少在《方言》时代的汉朝就已经分布在"齐宋之郊，楚魏之际"了。龙泉、庆元、松阳等地说"伙"。

"多"和"伙"表示"数量大"之义可能源于古代不同的方言区。

三十八 冷

遂昌	龙泉	庆元	松阳	宣平	丽水	云和	景宁	青田	缙云
浸	浸	浸	浸	冷	冷	浸	浸	浸	冷

浸，据《康熙字典》："（浸）《集韵》千寻切，音侵。冷也。又七稔切，侵上声。浸浸，寒貌。又七鸩切，侵去声。冷气。"表示"冷"的意思闽语一般说"清"。据《广韵》："清，七政切。"《说文》："寒也。"《玉篇》："冷也。"章炳麟《新方言》："福州谓寒为清，若通语言冷矣。"但根据"清"所处的梗开三清韵其他字的韵母读音情况看，处州方言表示"冷"的字不是"清"而是"浸"。

冷，俗。宣平、丽水、缙云等地说"冷"。

三十九 湿

遂昌	龙泉	庆元	松阳	宣平	丽水	云和	景宁	青田	缙云
湿	湿	湿	湿	湿	湿	潭	潭	潭	湿

湿，俗，旧作"溼"。《说文》："幽湿也。从水，一所以覆也。覆土而有水，故湿也。"《孟子·公孙丑上》："是犹恶湿而居下也。"唐杜甫《兵车行》："新鬼烦冤旧鬼哭，天阴雨湿声啾啾。"除龙泉外，其他地方说的"湿"都读同"却"，塞擦音声母。

潭，本为河流名，即今广西柳江。《说文》："潭，水。出武陵镡成玉山，东入郁林。"后引申为"深水池"。《广雅·释水》："潭，渊也。"《楚辞·九章·抽思》："沇江潭兮。"谢灵运《述祖德诗》："随山疏浚潭。"唐柳宗元《至小丘西小石潭记》："下见小潭。"以"潭"指"湿"系引申。

以河流名引申出形容词用法并不罕见，比如"深"，本是河流名，即今湘水支流之一的潇水。今潇水上源至江华县一段仍称"深水"。《说文》："深，深水。出桂阳南平，西入营道。"后引申为"从上到下或从外到内的距离大"。《礼记·乐记》："穷高极远，而测深厚。"王安石《游褒禅山记》："问其深，则好游者不能穷也。"云和、景宁、青田等地说"潭"。

"湿"读同"却"反映了处州方言书母读塞擦音的早期语音特点，而以"潭"指称"潮湿"系引申，当较"湿"要晚。

四十 一样

遂昌	龙泉	庆元	松阳	宣平	丽水	云和	景宁	青田	缙云
共	共样	共样	共	一样	共	共	共样	一式	共

共，本义"同"。《说文》："共，同也。"《书·盘庚》："惟喜康共。"《庄子·庚桑楚》："共其德也。"《论语·公冶长》："愿车马，衣轻裘，与朋友共，敝之而无憾。"表中的"共"均读 [tɕ] ／ [tʃ] 类塞擦音声母，见母腭化。"共样"即"同样"。

一样，同一个样子，俗。宣平话说"一样"。

一式，同一个样式。青田话说"一式"。

从古汉语词单音节为主的特点看，以"共"指称"一样"应是早期说法，"一样、一式"是后起的说法。

第六章

处州方言的存古及异常语言特征比较

本章对处州方言的存古及异常语音和词汇特征作一个总结。

第一节　语音特征

这里主要比较处州方言的存古及异常语音特征，所选的字不超出《常用字对照表》范围。不成系统规律的特字一般不列入考察对象，如下文"魂韵（端系）读开口"一条，遂昌话"褪"虽然也读开口韵［əŋ］，但与"嫩村孙臀"等读开口韵［ɛ̃］不同，前者是特字，仅此一例，后者则是成系统的读音，因此，该条目中"褪"字不列入考察对象。

所谓存古语音特征是指《广韵》、《唐韵》等韵书中有而普通话中无的特点，如轻唇读重唇、匣母读如古群母的特征。但是，由于我们需要对处州方言内部的语音特征进行比较，所以，对于处州各地方言都与《广韵》同而与普通话异的特点，暂不列入考察。如见系二等字的声母在处州方言中都读作舌根音声母，与《广韵》相同而与普通话相异，因此，"见系二等读舌根音"这一条就不列入本书的考察对象。

所谓异常语音特征是指《广韵》和普通话均无的特点。这些特点可能是古百越族语言的底层，比如帮、端母分别读［ʔb］、［ʔd］（据陈忠敏1995：1）；也可能是古代所借入的外方言读音的保留，比如云以母读擦音可能是古代楚方言的读音特点（据郑伟2008：320）；也可能是读其他韵系音的情况，比如"尿"字按《广韵》及普通话都应读作"奴吊切"，而处州各地方言读的音则符合《六书故》及徐灏注《说文》的"息遗切"。

处州各县方言均存在存古及异常语音特征，但是，由于历史、地理等方面的原因，各县今方言所存在的存古及异常语音特征并不平衡。这种不平衡既表现为存古及异常特征在条目分布上的不同，比如咸山两摄三四等字相分的存古特征，处州只在龙泉、庆元、景宁、青田、缙云等地存在；也表现在相同条目所包含的字在数量上的差异，比如符合轻唇读重唇这一存古特征的字，庆元话最多，青田话最少。

根据上述标准，以下从条目和数量两个方面进行比较。

一　存古及异常条目

处州方言主要有以下存古及异常条目：

（01）非组读如帮组

（02）知组读如端组

（03）见组三四等读如一等（舌根音）

（04）匣母读如古群母（舌根音）

（05）心邪书禅母读塞擦音

（06）云以母读擦音

（07）章见母脱落

（08）帮端母读鼻音

（09）非母读如滂母

（10）声母分尖团

（11）哈泰韵相分

（12）豪肴韵相分

（13）侯尤韵相合

（14）魂韵（端系）读开口

（15）覃谈韵（端系）相分

（16）盐仙/添先（咸山两摄开口三四等韵）相分

（17）侵真臻/蒸清（深开三、臻开三/曾开三、梗开三）相合

（18）登青韵（端组）相合

（19）东钟、屋浊韵相分

（20）其他存古及异常读音特征（符合《广韵》、《唐韵》或《集韵》等韵书或其他典籍，比如《博雅》、《六书故》等所记载的读音而不符合普通话音系的语音特点）："谱"读博古切、"来"读邻奚切、"蟹"读呼买切、"隶"读大计切、"溪"读苦奚切、"绘"读古外切、"挂"读胡卦切、"泪"读郎计切、"燥"读苏到切、"猫"读武瀌切、"鞘"读私妙

切、"尿"读息遗切、"产"读所简切、"揭"读丘竭切、"铅"读余专切、"雀"读即略切、"况"读许访切、"侧"读札色切、"迫"读博陌切、"听"读他定切。

处州各县方言语音存古及异常情况如下表所示（为列表方便起见，表中条目直接注明上述编号。"＋"号表示某方言点有该条目，"－"号表示无）：

	遂昌	龙泉	庆元	松阳	宣平	丽水	云和	景宁	青田	缙云
(01)	+	+	+	+	+	+	+	+	+	+
(02)	+	+	+	+	+	+	+	+	+	+
(03)	+	+	+	+	+	+	+	+	+	+
(04)	+	+	+	+	+	+	+	+	+	+
(05)	+	+	+	+	+	+	+	+	+	+
(06)	+	+	+	+	−	−	−	−	−	−
(07)	−	−	−	−	−	+	+	+	+	+
(08)	−	−	−	−	−	−	−	−	−	+
(09)	−	−	−	−	−	−	−	+	−	−
(10)	−	+	−	−	−	−	−	−	−	+
(11)	+	+	+	+	+	+	+	+	+	+
(12)	+	+	+	+	+	−	+	+	+	+
(13)	−	+	+	+	−	−	−	−	−	+
(14)	+	+	−	−	+	−	−	+	−	−
(15)	+	+	+	+	+	+	+	+	+	+
(16)	−	+	+	−	−	−	−	+	+	+
(17)	+	−	−	+	−	−	−	−	−	−
(18)	−	−	−	+	+	+	−	−	+	+
(19)	+	+	+	+	+	+	+	+	+	+
(20)	+	+	+	+	+	+	+	+	+	+

二　存古及异常数量

韵母的存古及异常特点一般只涉及韵类的分合，不便于数量上的统计，而声母的存古及异常特点往往涉及具体的音值，所以，这里只统计声母具存古及异常特点的常用字的数量。但是，对于有系统规律的异常语音特点也不列入统计，如"微母读如明母"（处州各地方言的口语中微母都读如明母，读零声母的微母字大都是文读字眼，口语一般不说）；松阳话、景宁话"非母读如滂母"（逢细音即读如滂母）；缙云话"帮、端母分别读［m］、［n］"（逢阳声韵即读［m］、［n］）。另外，某条目《广韵》和普通话都符合的字也不列入统计，如部分见组三四等字"规、轨、筐"等在《广韵》、普通话、处州方言中都读如一等的舌根音声母。

为清楚起见，将上述自（01）至（07）及（20）的各组声母肢解到具体的声母中（括号中的例字表示处州至少有一处读该条目）：

（01－1）非母读如帮母（飞痱沸反粪腹）

（01－2）敷母读如滂母（殕覆）

（01－3）奉母读如并母（扶吠肥伏_孵佛缚冯伏_{伏倒}）

（02－1）知母读如端母（猪蛛拄蜘昼砧转镇张涨帐账胀着_穿桩桌啄摘中竹筑）

（02－2）彻母读如透母（坼）

（02－3）澄母读如定母（沉着_{着火}尘橙长_形肠着_助择宅虫）

（03－1）见母三四等读如一等（锯句饥幾闸纠九久韭救究今禁巾斤筋惊）

（03－2）溪母三四等读如一等（去溪气丘乞屈）

（03－3）群母三四等读如一等（渠_他求球臼舅旧近掘）

（03－4）疑母三四等读如一等（鱼语蚁牛）

（04－1）匣母读如古群母（糊怀坏喉厚含狭峡匣寒汗滑）

（05－1）心母读塞擦音（笑撒膝削僧塞）

（05－2）邪母读塞擦音（绪袖像）

（05－3）书母读塞擦音（鼠少_{多少}手深湿识）

（05－4）禅母读塞擦音（薯树匙是绍邵售上_动上_名石熟蜀）

（06－1）云母读擦音（园远）

（06－2）以母读擦音（痒蝇）

（07－1）章母脱落（煮芝林帚肫斫种_名种_动肿）

（07－2）见母脱落（嫁鸡其箕叫挟肩笕见镢）

（20－1）其他存古及异常读音特征（谱来蟹隶溪绘挂泪燥猫鞘尿产揭铅雀况侧迫听）

以下各举一例：

	遂昌	龙泉	庆元	松阳	宣平	丽水	云和	景宁	青田	缙云
	非母读如帮母									
腹	pəɯʔ⁵	puʔ⁵⁴	ʔbuʔ⁵	pɤʔ⁵	fəʔ⁵	fʌʔ⁵	fəɯʔ⁵	fuʔ⁵	fuʔ⁴²	fɔuʔ⁴²³
	敷母读如滂母									
覆	pʰəɯʔ⁵	pʰuʔ⁵⁴	pʰuʔ⁵	pʰɤʔ⁵	pʰəʔ⁵	pʰuoʔ⁵	pʰəɯʔ⁵	pʰuʔ⁵	pʰuʔ⁴²	pʰɔu⁴²³
	奉母读如并母									
缚	bɔʔ²³	bɔuʔ²³	poʔ³⁴	boʔ²	bəʔ²³	buoʔ²³	boʔ²³	bɔuʔ²³	voʔ³¹	bɔ³⁵
	知母读如端母									
猪	tɒ⁴⁵	to³³⁵	ʔdo³³⁵	tuʌ⁵³	ti²⁴	ti²⁴	ti²⁴	ti³²⁴	ʔdi⁴⁴⁵	ʔdi⁴⁴⁵
	彻母读如透母									
坼	tʰiaʔ⁵	tsʰaʔ⁵⁴	tsʰaʔ⁵	tʰaʔ⁵	tsʰæʔ⁵	tsʰaʔ⁵	tsʰaʔ⁵	tsʰaʔ⁵	tsʰɛʔ⁴²	tsʰa⁴²³
	澄母读如定母									
肠	dɛ̃²²¹	dɛ²¹¹	tæ̃⁵²	dʑiaŋ³¹	tɕiã⁴³⁴	dʑiã¹¹	dʒiã⁴²³	dʒiɛ³¹	dʑi²¹	dziɑ²³¹
	见母三四等读如一等									
锯	kɤ³³⁴	kɤɯ⁴⁵	kɤ¹¹	kɤ²⁴	kɤɯ⁵²	kɤɯ⁵²	tʃy⁵⁵	tʃy³⁵	kɛ³³	kɤɯ⁵⁵⁴
	溪母三四等读如一等									
去	kʰɤ³³⁴	kʰɤɯ⁴⁵	kʰɤ¹¹	kʰɤ²⁴	kʰɤɯ⁵²	kʰɤɯ⁵²	kʰi⁵⁵	kʰi³⁵	kʰi³³	kʰɤɯ⁵⁵⁴
	群母三四等读如一等									
近	gɛ̃¹³	kɤ⁵³	kæ̃²²¹	gæ̃²²	gɤ²²³	ge¹¹	dʒiŋ³¹	dʒiaŋ³³	dʑiaŋ³⁴³	ge³¹
	疑母三四等读如一等									
牛	n̠iɯ²²¹	n̠iɯ²¹¹	ŋəɯ⁵²	ŋe³¹	n̠iɯ⁴³⁴	n̠iɯ¹¹	ɲiɯ⁴²³	ɲiɯ³¹	ŋəɯ²¹	n̠ium²³¹
	匣母读如古群母									
厚	gu¹³	ku⁵³	ku²²¹	gu²²	gɤɯ²²³	gɤɯ¹¹	gəɯ³¹	gɛɯ³³	gɛɯ³⁴³	gɤɯ³¹
	心母读塞擦音									
笑	tɕʰiɯ³³⁴	tɕʰiɑɯ⁴⁵	tɕʰiŋ¹¹	tɕʰiɔ²⁴	tɕʰiɔ⁵²	tɕʰiʌ⁵²	tʃʰiɑɯ⁵⁵	tʃʰiɑɯ³⁵	tɕʰiɕ³³	tsʰiɤɯ⁵⁵⁴
	邪母读塞擦音									
像	dʑiaŋ¹³	tɕiaŋ⁵³	tɕiã²²¹	dʑiaŋ²²	dʑiã²²³	ziã¹¹	dʒiŋ³¹	dʒiɛ³³	dʑi³⁴³	dziɑ³¹
	书母读塞擦音									
深	tɕʰyɛ̃⁴⁵	tɕʰiɛ³³⁵	tsɛ̃³³⁵	tɕʰiɛ̃⁵³	səŋ²⁴	tsʰəŋ²⁴	tsʰəŋ²⁴	tsʰaŋ³²⁴	saŋ⁴⁴⁵	saŋ⁴⁴⁵
	禅母读塞擦音									
树	dʑiɯ²¹³	dʑiɯ¹³	tɕiɯ³¹	dʑiɯ¹³	zy²³¹	zʮ²³¹	ʒy²²³	ʒy¹³	ʮ²²	zʮ²¹³
	云母读擦音									
远	yɛ̃¹³	xuɛiŋ⁵³	xuɛŋ³³	feŋ²¹³	yɛ̃²²³	yɛ⁵⁴⁴	yɛ⁵³	yə³³	yæ³⁴³	yɛ³¹

续表

	遂昌	龙泉	庆元	松阳	宣平	丽水	云和	景宁	青田	缙云
	以母读擦音									
痒	zioŋ^{13}	ɕioŋ^{53}	ɕiõ^{221}	zioŋ^{22}	iã^{223}	iã^{544}	iã^{53}	iɛ^{33}	i^{343}	iɑ^{31}
	章母脱落									
肿	ioŋ^{533}	iəŋ^{53}	ioŋ^{33}	iəŋ^{213}	tɕiõ^{44}	tɕioŋ^{544}	tʃiõ^{53}	tʃiõ^{33}	tɕio^{454}	tsɔ^{52}
	见母脱落									
嫁	iŋ^{334}	io^{45}	ia^{11}	yʌ^{24}	ia^{52}	io^{52}	io^{55}	kəu^{35}	ku^{33}	ia^{554}
	其他存古及异常语音特征									
铅	iɛ̃^{221}	kʰaŋ^{335}	kʰã^{335}	iɛ̃^{31}	kʰɿ̃^{24}	kʰã^{24}	kʰã^{24}	iɛ^{31}	kʰa^{445}	kʰɑ^{445}

　　下表显示的是处州各地方言中具有存古及异常读音（声母）特点的常用字在数量上的比较：

	遂昌	龙泉	庆元	松阳	宣平	丽水	云和	景宁	青田	缙云
(01－1)	5	5	6	5	2	2	3	4	2	3
(01－2)	2	1	2	2	1	2	2	1	1	1
(01－3)	4	5	4	3	4	3	4	4	3	4
(02－1)	14	19	20	14	19	18	17	16	15	12
(02－2)	1	0	0	1	0	0	0	0	0	0
(02－3)	5	7	6	3	2	2	2	2	1	2
(03－1)	6	9	6	12	4	4	2	2	3	4
(03－2)	3	3	4	4	1	2	2	4	2	2
(03－3)	2	2	4	8	2	2	1	1	1	2
(03－4)	2	2	3	3	2	1	1	1	2	1
(04－1)	9	7	7	4	4	5	6	7	5	3
(05－1)	1	3	2	2	2	1	4	5	2	1
(05－2)	1	1	1	1	1	0	1	1	1	3
(05－3)	6	3	5	4	2	3	2	2	1	3
(05－4)	10	7	5	6	5	3	5	6	6	4
(06－1)	1	1	2	2	0	0	0	0	0	0
(06－2)	2	1	2	2	0	0	0	0	0	0
(07－1)	8	6	5	7	2	1	2	0	0	1
(07－2)	9	7	8	7	4	5	4	3	0	2
(20－1)	11	13	14	12	12	11	15	17	16	14
总计	102	101	106	104	69	65	73	77	62	65

上表可明显看出处州各地方言具有存古及异常语音特点的字在数量上的差异：西部的遂昌、龙泉、庆元、松阳比东部的宣平、丽水、云和、景宁、青田、缙云多得多。

第二节　词汇特征

这里主要比较处州方言的存古及异常词汇特征。收词范围主要来自王文胜（2012）。对处州方言内部一致而与普通话相异的存古及异常特征词，也收录进来。

所谓存古词汇特征是指典范的古代汉语有而普通话无的特点（主要比较词根），如遂昌、龙泉、庆元、松阳等地称"肚子"为"腹"，与古代汉语相同、与普通话有别。

所谓异常词汇特征是指典范的古代汉语和普通话均无的特点，如遂昌、龙泉两地把"水"叫做"粖"。

由于本书第五章已经列举了词汇的比较，下面就只罗列比较典型的例子：

	遂昌	龙泉	庆元	松阳	宣平	丽水	云和	景宁	青田	缙云
野菇	蕈	蕈	蕈	蕈	蕈	蕈	蕈	蕈	蕈	蕈
浮萍	薸	薸	薸	薸	薸	薸	薸	薸	薸	薸
泡沫	洴	洴	洴	洴	洴	洴	洴	洴	洴	洴
化化了	烊	烊	烊	烊	烊	烊	烊	烊	烊	烊
他/她	渠	渠	渠	渠	渠	渠	渠	渠	渠	渠
圈猪圈	栏	栏	栏	栏	栏	栏	栏	栏	栏	栏
晒谷席	簟	簟	簟	簟	簟	簟	簟	簟	簟	簟
筷子	箸	箸	箸	箸	箸	箸	箸	箸	箸	箸
睡觉	睏	睏	睏	睏	睏	睏	睏	睏	睏	睏
擦拭	幨	幨	幨	幨	幨	幨	幨	幨	幨	幨
藏/放	囥	囥	囥	囥	囥	囥	囥	囥	囥	囥
咬	啮	啮	啮	啮	啮	啮	啮	啮	啮	啮
撕	脈	脈	脈	脈	脈	脈	脈	脈	脈	脈
站立	徛	徛	徛	徛	徛	徛	徛	徛	徛	徛

续表

	遂昌	龙泉	庆元	松阳	宣平	丽水	云和	景宁	青田	缙云
不	弗	弗	弗	弗	弗	弗	弗	弗	弗	弗
孵	伏	伏	伏	伏	伏	伏	伏	伏	伏	伏
下下雨	盨	落	落	盨	落	落	盨	盨	落	落
房子	处	处	处	处	屋	屋	处	处	屋	屋
放牛	御牛	御牛	御牛	御牛	望牛	望牛	望牛	御牛	赶牛	御牛
吃	咥	咥	咥	咥	吃	吃	吃	吃	吃	食
狗	犬	犬	犬	犬	狗	狗	狗	狗	狗	狗
水	冰	冰	水	水	水	水	水	水	水	水
石头	礛壳	礛头	岩头	礛头	石头	石头	礛头	岩头	石岩	岩头
眼泪	目汁	目汁	目汁	眼泪	眼泪	眼泪	眼泪	眼泪	眼泪	眼泪
肚子	腹桶	腹桶	腹	腹桶	肚皮	肚皮	肚皮	肚皮	肚皮	肚皮
涕鼻涕	泗	泗	泗	泗	涕	涕	涕	涕	涕	涕
屁股	腿臀	腿臀	腿臀	腿臀	腿臀	屁股	屁股	腿臀	腿臀	腿臀
脚	骹	骹	骹	脚	脚	脚	脚	脚	脚	脚
人	农	农	农	农	人	人	人	人	人	人
柴	樵	樵	樵	柴	柴	柴	柴	柴	柴	柴
想	忖	忖	忖	想	想	忖	忖	忖	想	忖
叫狗叫	吠	吠	叫	吠	吠	吠	吠	吠	叫	喊
多	多	伙	伙	伙	多	多	多	多	多	多
冷	浸	浸	浸	浸	冷	冷	浸	浸	浸	冷

　　从总体上看，处州方言词汇的存古及异常特征与语音的存古及异常特征在数量比例上面是一致的，即西部四县方言要比东部六县方言多。

第七章

处州方言的语法历史比较

与语音和词汇相比，处州方言内部的语法差异相对较小，但也有一些不同的地方。对词形及语法特点与普通话完全一样的词类和句式，本章不予讨论。以下讨论的问题主要涉及三个方面。

第一，与普通话句式相同但用词（主要指常用虚词）不同的情况。比如"处置句"，普通话一般说"把"字句，如"你把门关上"；而处州方言则大都用"帮"字句，比如遂昌话说"你帮门关起"。因为句式与普通话一样，所以，这部分内容主要考察虚词词形的不同。

第二，与普通话有差异的句式。比如"被动句"，普通话既可以说"他被人骗了"，也可以说"他被骗了"，即可以省略施事宾语；而处州各地方言都不能省略施事宾语，比如遂昌话可以说"渠乞农骗了_{他被人骗了}"，却不能说"渠乞骗了"。

对于以上这两个方面，本章还都注重考察处州方言内部的差异性。比如"处置句"的介词，遂昌、龙泉、庆元、松阳、丽水、云和、景宁等地方言是"帮"，宣平话是"□ [tʰiəʔ⁵]"，青田话是"拨"，缙云话则是"约ᵘ"。再比如，相当于普通话"再吃一碗"的句子，处州方言大都说"吃碗添"，而松阳话除了可以说"咥_吃碗添"以外还可以说"添咥_吃碗"。

第三，语法现象的历史层次分析。比如相当于普通话"再吃一碗"的句子，遂昌话有"咥碗添、再咥碗添、再咥碗"等三种不同的说法。这三种说法反映了不同的历史层次："咥碗添"是其固有说法，"再咥碗"是晚近出现的新说法，而"再咥碗添"则是新老句式的融合。

下面举例说明。

第一节　常用虚词

一　相当于普通话"把"的介词

处州方言中，处置句的介词以"帮"为主。例如：

普通话	把门关起来。	
遂　昌	帮门关起。	拨门关起。
龙　泉	帮门关起来。	
庆　元	帮门关着。	
松　阳	帮门关起。	
宣　平	□［tʰiəʔ⁵］门关起来。	
丽　水	帮门关起。	
云　和	帮门关起来。	
景　宁	帮门关起。	
青　田	拨门关起来。	
缙　云	约＝门关牢。	

宣平话"□［tʰiəʔ⁵］"疑为"替"的促声化结果。

缙云话的"约＝"原义"给"。

青田话用"拨"，与北部吴语（如杭州话）表示"给"的"拨"很难说没有关系。像遂昌话，除了说"帮"字句外，还可以说"拨"字句，如"拨门关起"，但遂昌话表示"给"的动词是"乞"（青田话"给"也说"乞"）而不是"拨"。"拨"字句的来源有受北部吴语（特别是杭州话——曾为宋都的官方语言）影响的可能性，即青田话的"拨"字句与遂昌话的"拨"字句来源可能是一样的。对于遂昌话而言，"帮"字作为处置句的介词应是其早期固有形式，而"拨"则是受官话影响的结果。

从字面上看，"帮"、"替"、"约＝/拨"等词都有说话人请求别人做某事时的表示"客气"的色彩意义，这是处州方言处置句介词共有的"词理"（仿"音理"而造）。

二　相当于普通话"在"的介词

处州方言相当于普通话"在"的介词形态不一。例如：

普通话	在家里看电视。
遂　昌	徛处里望电视。
龙　泉	坐处里瞅电视。
庆　元	坐家里略电视。
松　阳	踞处里望电视。
宣　平	落人家□［tə?⁰］望电视。
丽　水	落处底望电视。
云　和	落处里相电视。
景　宁	落处里相电视。
青　田	落屋里相电视。
缙　云	落处里□［n̠iɑ⁴⁴⁵］电视。

遂昌话的"徛站立"，龙泉话、庆元话的"坐"，松阳话的"踞蹲"，本义虽然不同，但都表示在某一处所的存在方式，具有相同的语义场。

与"徛、坐、踞"相比，"落"具有动态感。普通话"落"有"停留、留下"（如"落脚、落户"）和"聚居的地方"（如"村落"）等义项，并有"坐落"一词。

上表中的例句都是介宾短语做状语的情况，句法与普通话一样。但是，普通话的"在……"除了可以用作状语外，还可以用作补语，如"坐在椅子上"。但是，处州方言（缙云话除外）的上述介词所引导的介宾短语却不可以做补语。处州方言中，一般是方位短语直接用作补语，或用表示"附着"义的"着"引导。例如：

普通话	坐在椅子上。
遂　昌	坐着交椅上。
龙　泉	坐交椅望上。
庆　元	坐着椅里。
松　阳	坐圈椅里。
宣　平	坐着个交椅□［tə?⁰］。
丽　水	坐□［ʌ?⁰］交椅上。
云　和	坐着交椅上。
景　宁	坐着交椅上。
青　田	坐到交椅上架。
缙　云	坐落交椅上。

处州方言的"着"有多种不同用法，发音也不完全一样。以遂昌话为例，有三个不同读音的"着"，分别是［dei¹³］（阳上，舒声）、［tɛʔ⁵］（阴入，促声）、［dɛʔ²³］（阳入，促声）。读音不同，意思也不一样，可称它们为"着₁［dei¹³］"、"着₂［tɛʔ⁵］"、"着₃［dɛʔ²³］"。

着₁，动词，意思是"燃烧"。如：

火着了。

着₂，动词，意思是"穿"。如：

帮衣裳着起把衣服穿起来。

着₃，有几种不同的意思，其中有一种类似于普通话介词"在"。例如：

渠坐着交椅上他坐在椅子上。

这个有点像普通话介词"在"的"着₃"，与普通话的"在"还是有区别的。普通话的"在"可直接连处所词而成句（此时"在"用作动词），而遂昌话的这个"着［dɛʔ²³］"却必须用在动词和处所词中间。试比较：

遂昌话——渠坐着哪□［loŋ］他坐在哪儿？

　　　　——坐着交椅上坐在椅子上。

　　　　＊着交椅上。

普通话——他坐在哪儿？

　　　　——坐在椅子上。

　　　　　在椅子上。

与遂昌话一样，处州其他相关方言中的"着"也都只能用在动词和处所词中间。

"着"本作"著"（王力2004）。据《广韵》，"著，张略切，服衣于身。又直略、张豫二切。又，著，附也，直略切"。与本书讨论有关的"著"是"附著"的"著"，读澄母药韵。后人为了要求分别，把入声的"著"写成"着"。形尾"着"字就是从"附着"的意义演变而来的。它最初是"纯粹的动词"（王力2004），这一意义的用法在处州各地方言中已不存在。"在汉末，'着'字已经有了虚化的迹象……到了南北朝以后，'着'字开始虚化。一方面，它不用作谓词，另一方面，它在某种程度上保存着'附着'的意义……颇有'在'字的意义，但是它是连上念的，不是连下念的，所以和'在'不同"。"到了唐代……'着'字的意义也有了变化，它带有'到'的意思"（王力 2004）。通过分析可以看出，表中遂昌、庆元、宣平、云和、景宁等地方言的"着"，应该属于王力所说的"保存着'附着'的意义……颇有'在'字的意义，但是它是连上念的，不是连下念的，所以和'在'不同"的情况，即"着"字尚未完全虚化。

需要注意的是，缙云话"落"字所引导的短语，既可以充当状语，又可以充当补语，在句法功能上与普通话的介词"在"完全一样。从这一点我们可以看出，缙云话的"落"已完全虚化。可见，处州相关方言的"着"和缙云话的"落"处于不同的历史演变进程之中。

三　相当于普通话"了"的语气助词

处州方言相当于普通话"了"的语气助词主要是"罢"和"了"。其中，遂昌、龙泉、宣平、丽水、景宁、青田等地两种说法都有，但以说"罢"为常；庆元、松阳、缙云等地说"了"；云和说"哇＝"或"了"。例如：

普通话	天亮了。	
遂　昌	天光罢。	天光了。
龙　泉	天光罢。	天光了。
庆　元	天光了。	
松　阳	天光了。	
宣　平	天亮罢。	天亮了。
丽　水	天亮罢。	天亮了。
云　和	天光哇＝。	天光了。
景　宁	天光罢。	天光了。
青　田	天光罢。	天光了。
缙　云	天亮了。	

普通话有"了₁"和"了₂"之分，而位于句末的"了"，"兼有语气词和动态助词两种作用"（黄伯荣、廖序东 2011：34）。对于处州方言而言，句末语气词可以用"罢"的地方，一般也可以用"了"，即"了"在这些地方也有"了₁"和"了₂"之分。例如：

普通话	他来了三天了。	
遂　昌	渠来了三日罢。	渠来了三日了。
龙　泉	渠来了三日罢。	渠来了三日了。
庆　元	渠来了三日了。	
松　阳	渠来了三日了。	
宣　平	渠来了三日罢。	渠来了三日了。
丽　水	渠来了三日罢。	渠来了三日了。
云　和	渠来了三日哇"。	渠来了三日了。
景　宁	渠来口 [kɑ⁰] 三日罢。	渠来口 [kɑ⁰] 三日了。
青　田	渠来了三日罢。	渠来了三日了。
缙　云	渠来了三日了。	

　　"罢"和"了"不一样，它只能用于句末，即不能说"渠来罢三日罢"。另外，在有语气助词"罢"的方言中，在句末助词"了"的句子后还可以再加上"罢"，比如遂昌话可以说：

　　　　渠来了三日了罢。

　　这句中的各个助词是不一样的。第一个"了"是动态助词（"了₁"），第二个"了"是语气助词（"了₂"），句尾的"罢"也是语气助词。其中，"了₂"是针对"渠来了三日"而言的语气助词，而"罢"则是针对"渠来了三日了"而言的语气助词。句尾加上"罢"后，可让人感觉"渠来了三日"的"三日"更显得"时间长"，即"渠来了三日了罢"比"渠来了三日了"的语气更加强烈。

　　从口语使用的情况看，在兼说"罢"和"了"的地方，"罢"用得更加普遍。从这一点分析，我们认为，"罢"应该是这类语气词更早的形态，而"了"的说法则是受到了官话方言的影响。从这个意义上说，遂昌、龙泉、宣平、丽水、景宁、青田等地早期的"了₁"和"了₂"有着不同的分工："了₁"用"了"，"了₂"用"罢"，后来受到官话的影响而形成两者并存的局面。

　　《红楼梦》里的"好了歌"中有"你方唱罢我登场"一句，其中的"罢"是"完结"的意思，系动词。处州方言中的这个"罢"却没有动词的用法，只能用于句末，表示语气。处州方言在历史上有没有过"你方唱罢我登场"这样的用法就不好判断了。

四　相当于普通话"vv看"的助词

处州方言中相当于普通话"vv看"的助词以"望"为主,除了龙泉、青田外,都以说"vv望"为常。遂昌、松阳还可以说"vv察"。例如:

普通话	试试看。	
遂　昌	试试望。	试试察。
龙　泉	试试瞅。	
庆　元	试试望。	
松　阳	试试望。	试试察。
宣　平	试试望。	
丽　水	试试望。	
云　和	试试相。	试试望。
景　宁	试试望。	
青　田	试试□［no⁰］。	
缙　云	试试望。	

不过,如果"vv"是"看看"本身的话,往往有两种表现:一是把表示"vv看"的助词改为相应的近义词,以避免拗口;二是不忌拗口,直接说"看看看"。例如:

普通话	看看。	*看看看。
遂　昌	望望察。	望望望。
龙　泉	瞅记儿。	
庆　元	略略望。	
松　阳	望望察。	望望望。
宣　平		望望望。
丽　水		望望望。
云　和	相相望。	
景　宁	相相望。	
青　田	相相□［no⁰］。	
缙　云	□□［n̠ia³³ n̠ia⁵⁵］望。	

遂昌话、松阳话以说"望望察"为常,但也可以说"望望望"。

上述两表可见，并不是所有方言中表示"看"的动词都虚化为相当于"_{VV}看"的助词。下表显示的是处州各地方言中用作动词的"看"、"_{VV}看"中的助词"看"、"_{看看}看"中的助词"看"的词形变化情况：

普通话	看_{电影}	试试看	看_看看	
遂 昌	望	望	望	察
龙 泉	瞅	瞅	—	
庆 元	睩	望	望	
松 阳	望	望	望	察
宣 平	望	望	望	
丽 水	望	望	望	
云 和	相	相	望	
景 宁	相	望	望	
青 田	相	□ [no⁰]	□ [no⁰]	
缙 云	□ [ȵia⁴⁴⁵]	望	望	

在处州有的方言中，相当于普通话"_{VV}看"的助词有两个，一个是常用的表示"看"的词，另一个则是为避免拗口的备用词，比如遂昌话、松阳话的"望/察"，云和话的"相/望"。当然，备用形态也可能成为常用形态，如遂昌话"_{VV}望"和"_{VV}察"都比较常用。不过，备用形态一般不能用作表示"看"的动词，比如遂昌话可以说"望书"，却不可以说"察书"；云和话可以说"相书"，却不可以说"望书"。

如本书第五章所说，"望"的本义是"远望"，"相"的本义是"察看、仔细看"，"睩"的本义是"斜视"，它们原本是一组近义词，最后都泛化为一般意义上的"看"。既然如此，它们早期在各个方言中都是可说的，但表示的意思有所不同。而当"_{VV}看"句式形成时，"看"的词形选择也就各有不同了。总体而言，"_{VV}望"的说法最普遍。

与云和话一样，景宁话的"看"也说"相"。云和话可以说"试试相"，但景宁话却只能说"试试望"，即景宁话的"相"只能作动词而不能用作助词。因此，云和话的"相"和景宁话的"相"具有不同的语法功能。遂昌、松阳、宣平、丽水等地都可以说"望望望"，而云和却不可以说"相相相"，说明"望"的虚化程度比"相"更高。

总之，在处州方言中，"望"的虚化程度最高，云和话的"相"和龙

泉话的"瞅"次之，庆元话的"略"、景宁话和青田话的"相"，以及缙
云话的"□［ŋiɑ⁴⁴⁵］"则尚未虚化。

第二节　常用句式

一　被动句

普通话的被动句可以省略施事宾语，处州方言的被动句却不能。
例如：

普通话	他被人骗了。	他被骗了。
遂　昌	渠乞农骗了。	＊渠乞骗了。
龙　泉	渠乞农骗了。	＊渠乞骗了。
庆　元	渠乞农骗了。	＊渠乞骗了。
松　阳	渠乞农骗了。	＊渠乞骗了。
宣　平	渠约＝人骗了。	＊渠约＝骗了。
丽　水	渠乞人骗了。	＊渠乞骗了。
云　和	渠乞人骗了。	＊渠乞骗了。
景　宁	渠乞人骗□［ka⁰］罢。	＊渠乞骗□［ka⁰］罢。
青　田	渠乞别人骗了。	＊渠乞骗了。
缙　云	渠约＝□［mæiŋ²²］别人骗去罢。	＊渠约＝□［mæiŋ²²］骗去罢。

在近代文献中可以看到"乞"字句的用例。比如《水浒传》："乞那
婆子缠不过，便道：'你放了手，我去便了。'"又如明洪楩《清平山堂话
本》："那和尚猛可地乞他捽住。"洪楩是明代钱塘西溪人（今属杭州市余
杭区五常街道），他的《清平山堂话本》是现在所知道的保存宋、元话本
最多的一部小说。

从本书第五章中我们已经知道，"乞"和"约＝"于所在的方言中还
可以用作动词，表示"给予"。普通话的"给"也可用于被动句，如"他
给人骗了"。可以看出，动词"给"虚化为"给"字句介词，与动词
"乞"、"约＝"虚化为"乞"字句、"约＝"字句的介词，具有相同的
理据。

我们知道，介词加宾语构成介宾短语共同充当句子成分，是介词语法

功能的常态。普通话被动句可以省略施事宾语而处州方言却不能，并不能说明处州方言的"乞"和"约ᵒ"尚未完全虚化，而只能说明普通话的这种用法比较特殊。

二　差比句

从句式上看，处州方言的差比句和普通话的差比句大同小异。以遂昌话为例，有以下这些说法：

我比渠大些_{我比他大些。}

我比渠大三岁_{我比他大三岁。}

我无渠大_{我没他大。}

我对渠一样大_{我跟他一样大。}

我对渠比，还是渠大_{我跟他比，还是他大。}

我对渠，还是渠大_{我跟他比，还是他大。}

我还是渠大_{我跟他比，还是他大。}

上述七个差比句中，前五个句式与普通话相同，第六、第七两种句式在普通话中却没有相应的说法，即不能说"我和他，还是他大"或"我还是他大"。外地人尤其是北方人，对这类句式不太适应，而在处州方言中，这类句式却是口语里最常见的，作为核心动词的"比"往往省略不说。例如：

普通话	今天和昨天比，还是今天冷。	＊今天和昨天，还是今天冷。
遂　昌	今日对昨□［mɔʔ²³］（比），还是今日浸。	
龙　泉	今日□［tʰiŋ⁴⁵］昨□［maŋ¹³］日（比），固是今日浸。	
庆　元	□［tɕieʔ⁵］［日儿］□［tʰiŋ¹¹］昨□［mã⁵⁵］日（比），固是□［tɕieʔ⁵］［日儿］浸。	
松　阳	今日对昨□［maŋ¹³］（比），还是今日浸。	
宣　平	今日和昨□［mɛ̃²³¹］（比），还是今日冷。	
丽　水	今日对昨□［maʔ²³］（比），还是今日冷。	
云　和	今日□［təɯ⁻⁴⁴］昨□［mɔʔ²³］日（比），还是今日浸。	
景　宁	今日杂昨□［mɛ⁵］（比），还是今日浸。	
青　田	今日杂昨□［mɔʔ³¹］日相（比），还是今日浸。	
缙　云	今日□［tʰi⁻³³］昨日（比），还是今日冷。	

口语中大多说更为简化的句子：

普通话	今天和昨天比，还是今天冷。	*昨天还是今天冷。
遂　昌	昨□［mɔʔ²³］还是今日浸。	
龙　泉	昨□［maŋ¹³］日固是今日浸。	
庆　元	昨□［mã⁵⁵］日固是□［tɕie ʔ⁵］［日儿］浸。	
松　阳	昨□［maŋ¹³］还是今日浸。	
宣　平	昨□［mɛ̃²³¹］还是今日冷。	
丽　水	昨□［maʔ²³］还是今日冷。	
云　和	昨□［mɔʔ²³］日还是今日冷。	
景　宁	昨□［mɛʔ⁵］还是今日浸。	
青　田	昨□［mɔʔ³¹］日还是今日浸。	
缙　云	昨日还是今日冷。	

曹志耘（2010：19）在《走过田野——一位方言学者的田野调查笔记》中有这样一句："我忽然发现，珊瑚的月亮，真的比北京的圆。如果用王文胜的吴式语法来说，应该是：北京的月亮还是珊瑚的圆。"

李蓝（2003：225）认为，"南部吴语中，大多数方言的差比句都是比字式，……这个看去不完整的句子应即由"比字式"删并而来"，并通过实例指出，"吴语的差比句确实存在明显的删并现象"。他也列举了"北京的月亮还是珊瑚的圆"一句。

三　双宾句

在普通话中，双宾句一般是以人为近宾语，以物为远宾语，如"给我一支笔"。而在处州方言中，口语常用句式却是以物为近宾语，以人为远宾语，即说"给支笔我"这类句子。当然，也可以说"给我支笔"，但以前者为常。例如：

普通话	*给一支笔我。	给我一支笔。
遂　昌	乞支笔我。	乞我支笔。
龙　泉	乞支笔我。	乞我支笔。
庆　元	乞支笔我。	乞我支笔。
松　阳	乞支笔我。	乞我支笔。

普通话	＊给一支笔我。	给我一支笔。
宣　平	约＝支笔我。	约＝我支笔。
丽　水	乞支笔我。	乞我支笔。
云　和	乞支笔我。	乞我支笔。
景　宁	乞支笔我。	乞我支笔。
青　田	乞支笔我。	乞我支笔。
缙　云	约＝支笔我。	约＝我支笔。

从口语实际使用的频率来看，"给支笔我"的说法远高于"给我支笔"。从这一点看，我们认为，"给支笔我"的句式也应是处州方言早期固有的常用说法。顺序不同，说明动作行为的关注点不一。处州方言以物为近宾语，强调所"给"的是"物"而不是"人"，即强调的是"物"这一直接宾语而非"人"这一间接宾语。

四　（指示代词＋）量词指代句

这里主要考察的是，在由"指示代词＋量词"所组成的句子中，指示代词是否可以省略，即能不能把"这双鞋破了"说成"双鞋破了"。普通话显然是不能的，但是，处州方言中有的却可以。例如：

普通话	这双鞋破了。	＊双鞋破了。
遂　昌	□［i$ʔ^5$］双鞋破了。	
龙　泉	□［i$ʔ^{54}$］双鞋破了。	双鞋破了。
庆　元	□［ʔdo$ʔ^5$］双鞋破了。	双鞋破了。
松　阳	□［i$ʔ^5$］双鞋破了。	双鞋破了。
宣　平	□［ə$ʔ^5$］双鞋破了。	
丽　水	□［i$ʔ^5$］双鞋破了罢。	
云　和	□［i$ʔ^5$］双鞋破了。	
景　宁	□［i$ʔ^5$］双鞋破□［ka^0］罢。	
青　田	□［i$ʔ^{42}$］双鞋破□［ka^0］罢。	
缙　云	□［i^{423}］双鞋碎了。	双鞋碎了。

又如：

普通话	这个人很刁。	*个人很刁。
遂　昌	□ [iʔ⁵] 个农刁险。	
龙　泉	□ [iʔ⁵⁴] 个农老刁。	个农老刁。
庆　元	□ [ʔdoʔ⁵] 个农蛮刁。	个农蛮刁。
松　阳	□ [iʔ⁵] 个农刁险。	个农刁险。
宣　平	□ [əʔ⁵] 个人刁险。	
丽　水	□ [iʔ⁵] 个人刁蛮险个。	
云　和	□ [iʔ⁵] 个人刁险。	
景　宁	□ [iʔ⁵] 个人刁险。	
青　田	□ [iʔ⁴²] 个人刁倒。	
缙　云	□ [i⁴²³] 个人刁猛。	个人刁猛。

从以上两表中我们可以看出，龙泉、庆元、松阳和缙云等地方言可以省略"指示代词＋量词"句中的指示代词。这时，量词同时承担了"量"和"指代"的功能。表中可见，这种说法在处州的地理分布并不平衡。

五　后置修饰句

在处州方言中，修饰性成分常常出现于谓词之后，与普通话差异显著。例如：

（1）相当于普通话"今天很热"的说法

普通话	*今天热很。	今天很热。
遂　昌	今日热险。	
龙　泉	今日热很。	今日老热。
庆　元		□ [tɕieʔ⁵]［日儿］蛮热。
松　阳	今日热险。	
宣　平	今日热险。	
丽　水	今日热险。	
云　和	今日热险。	
景　宁	今日热险。	
青　田	今日热倒。	
缙　云	今日热猛。	

在处州方言中，庆元话只能说"蛮热"，不能说"热蛮"。龙泉话虽

然也可以说后置修饰句"今日热很"，但口语中却以说前置修饰句"今日老热"为常。其他各地方言则都说后置修饰句式。

（2）相当于普通话"你先去"的说法

普通话说"你先去"，而处州方言口语一般说"你去起/先"，不过，也可以说"你先去"或"你先去起/先"，但以说"你去起/先"为常。

在说"你去先"的地方，"先"在句中的位置比较自由，可前置，也可后置，甚至同时出现。而在说"你去起"的地方，"起"却只能后置，不可前置。不过，受普通话（官话）的影响，说"你去起"的方言，还可以在动词前面加"先"，或者与普通话（官话）一样，说"你先去"。例如：

普通话	*你去先。	你先去。	*你先去先。
遂　昌	你去起。	你先去。	你先去起。
龙　泉	你去先。	你先去。	你先去先。
庆　元	你去先。	你先去。	你先去先。
松　阳	你去起。	你先去。	你先去起。
宣　平	你去起。	你先去。	你先去起。
丽　水	你去先。	你先去。	你先去先。
云　和	你去先。	你先去。	你先去先。
景　宁	你去先。	你先去。	你先去先。
青　田	你去先。	你先去。	你先去先。
缙　云	你去起。	你先去。	你先去起。

相比而言，处州方言中的"起"和"先"具有不同的句法功能："起"只能后置，而"先"却可前可后。不过，"你先去先"中的两个"先"却有着不同的来源：后者是与"你去起"的"起"相当的后置成分，是早期固有的，而前者则是晚近受官话影响所形成的新说法。

（3）相当于普通话"再吃一碗"的说法

处州方言相当于普通话"再吃一碗"说法，一般用后置修饰的"添"字句，如"吃碗添"。不过，"添"字句中的动词前还可以加上"再"字，说"再吃碗添"，或者直接说"再吃碗"。松阳话还可以说"添咥_吃碗"，处州其他方言却不能这样说，即"添"只能后置进行修饰。例如：

普通话	*吃一碗再。	*再吃一碗再。	再吃一碗。	
遂　昌	哐碗添。	再哐碗添。	再哐碗。	*添哐碗。
龙　泉	哐碗添。	再哐碗添。	再哐碗。	*添哐碗。
庆　元	哐碗添。	再哐碗添。	再哐碗。	*添哐碗。
松　阳	哐碗添。	再哐碗添。	再哐碗。	添哐碗。
宣　平	吃碗添。	再吃碗添。	再吃碗。	*添吃碗。
丽　水	吃碗添。	再吃碗添。	再吃碗。	*添吃碗。
云　和	吃碗添。	再吃碗添。	再吃碗。	*添吃碗。
景　宁	吃碗添。	再吃碗添。	再吃碗。	*添吃碗。
青　田	吃碗添。	再吃碗添。	再吃碗。	*添吃碗。
缙　云	食碗添。	再食碗添。	再食碗。	*添食碗。

在口语中，有时"吃碗添"和"再吃碗添"的意义有所不同，这主要取决于"再"在发音的时候是否有所强调。如果"再"的发音比较平和，那么，"吃碗添"和"再吃碗添"的意思一样；如果特别加重"再"的发音，那么，"再吃碗添"的意思就是"之前已经吃碗添"了。

后置修饰"添"字句式在我国分布很广，在吴语、徽语、闽南话、粤语、客家话等方言区域内都有分布，显示了与北方官话区对立的分布情况。

松阳话"添哐碗"句式可能是受北方官话前置修饰句式影响的结果。

（4）相当于普通话"还/只有五个"的说法

在处州方言中，如果要说"还有五个"、"只有五个"这样的句子，常常在句末加上"添"，表示"剩余"的意思。也可以不说"添"字，不过口语中以说"添"字句为常。例如：

普通话	还有五个。	
遂　昌	还有五个添。	还有五个。
龙　泉	固有五个添。	固有五个。
庆　元	固有五个添。	固有五个。
松　阳	还有五个添。	还有五个。
宣　平	还有五个添。	还有五个。
丽　水	还有五个添。	还有五个。
云　和	还有五个添。	还有五个。

续表

普通话	还有五个。	
景　宁	固有五个添。	固有五个。
青　田	还有五个添。	还有五个。
缙　云	还有五个添。	还有五个。

普通话	只有五个。	
遂　昌	只有五个添。	只有五个。
龙　泉	便是五个添。	便是五个。
庆　元	固有五个添。	固有五个。
松　阳	只有五个添。	只有五个。
宣　平	只有五个添。	只有五个。
丽　水	便只五个添。	便只五个。
云　和	只有五个添。	只有五个。
景　宁	便是五个添。	便是五个。
青　田	只剩五个添。	只剩五个。
缙　云	便只五个添。	便只五个。

王文胜（2006）在"浙江遂昌方言的'添'"一文中介绍了遂昌话的后置词"添"有"添₁"和"添₂"之分，其中，"添₁"表示"追加"，"添₂"表示"剩余"。这里所说的就是"添₂"，上文（3）中所说的则是"添₁"。

"添₁"自身含有"再"的语义，而"添₂"则更多的是在暗示对"数量"的一种感受。学界对这类后置成分一般不作词类上的定性。如果非要定性的话，我们认为，"添₁"更像是副词，"添₂"则是语气词。因为"吃一碗"和"吃碗添"的句义（理性义）是不同的，而"还有五个"和"还有五个添"的句义（理性义）则是一样的，不同的只是增加了对数量"多"的心理感受（色彩义）。

（5）相当于普通话"重新做一件"的说法

处州方言都可以用"过"字句来表达"因对先前行为不满意而要求重新实施该行为"的意思。例如：

普通话	重新做一件。	再重新做一件。
遂　昌	做件过。	再做件过。

续表

普通话	重新做一件。	再重新做一件。
龙　泉	做件过。	再做件过。
庆　元	做件过。	再做件过。
松　阳	做件过。	再做件过。
宣　平	做件过。	重新做件过。
丽　水	做件过。	重新做件过。
云　和	做件过。	重新做件过。
景　宁	做件过。	再做件过。
青　田	做件过。	重新做件过。
缙　云	做件过。	再做件过。

　　句中的量词不可省略，如果省略量词，则必须在动词前加"再"，即说"再做过"。否则"做过"中的"过"就不是本书所说的后置成分，而是表示"已然"或"曾然"的"过"。

　　关于上述"险、起、添、过"（以遂昌话为例）等后置修饰句式与具有相同语义的前置修饰句式之间的历史层次关系，王文胜（2002）曾针对遂昌话的情况有过以下文字表述（音标从略）：

　　二、含后置成分句子的历史层次

　　"险"字句在遂昌话中的使用情况比较稳定，现在看来，它还没有受普通话"很"的影响，而"添"字句、"过"字句、"起"字句则受到了普通话较大的影响，它们常常与普通话的句式融合，形成多种说法并存的状态，各种说法处于不同的历史层次之中。

　　（一）"添"字句

　　2.1.1　以普通话"再吃一碗"为例，"添1"字句在遂昌话中同时存在以下三种说法（A是常用句式）：

　　A. 哐碗添。　　　　　B. 再哐碗添。　　　　　C. 再哐碗。

　　2.1.2　以普通话"还有五个"和"只有五个"为例，"添2"字句在遂昌话中同时各存在以下三种说法（B是常用句式）：

　　"还有五个"——

　　A. 有五个添。　　　B. 还有五个添。　　　C. 还有五个。

"只有五个"——

A. 有五个添。　　B. 只有五个添。　　C. 只有五个。

（二）"过"字句

以普通话"重新做一件"为例，遂昌话同时存在以下三种说法（B 是常用句式）：

A. 做件过。　　B. 再做件过。　　C. 再做件。

（三）"起"字句

以普通话"你先去"为例，遂昌话同时存在以下三种说法（A 是常用句式）：

A. 你去起。　　B. 你先去起。　　C. 你先去。

在以上四组的 A、B、C 三种说法中，A 式是遂昌话固有的说法，属于第一层次；B 式是与普通话句式交融的结果，属于第二层次；C 式则完全是普通话句式，属于第三层次。

上述对遂昌话后置成分历史层次的文字表述，可对处州其他各地方言相应后置成分的历史层次分析作些参考。

关于遂昌话后置修饰句式的来源，王文胜（2002）也有如下表述：

1.2　底层结构

遂昌话修饰谓词的副词一般都在谓词之前，为什么上述的"险、添、过、起"却都在谓词之后呢？我们认为这可能和少数民族语言底层有关。

汉人南迁之前，一般认为吴语区包括处衢一带为古百越族居住地，至今，这一带仍有古百越文化的痕迹。"汉越关系是非常密切的接触关系，是世界上大语言集团中甚为罕见的密切接触关系"（陈保亚 1996）。据梁敏（1996），"百越的语言，甚至同是源出西瓯、骆越的壮侗诸族的语言……是大同小异……侗台语跟汉语有不少语音相近或对应的词，说明这些民族之间密切的关系由来已久。"汉人南下之前，处衢片曾是百越族的天下；汉人南下之后，百越各族在与汉民族的交融中，它们的语言成分及结构也必然会在汉语中留下痕迹。

石林（1997）指出，"侗语副词做谓词的状语的位置，有的放在谓词前，有的放在谓词后，但以放在谓词后的为多。古代汉语副词做谓词的状语，其语序是以前置于谓词的为主，但后置的也存在。"遂昌话的后置成分和侗语的后置成分从共时平面上看至少是很相似的。例如侗语（石林 1997；音标右上角为调类）：

$zau^5_{最}$——$lai^1 zau^5$ 最好

　　　　　　好　最

$çi^5_{很}$——$taŋ^1 çi^5$ 很久

　　　　久　很

$çi^5 wun^5_{先}$——$jau^2 pai^1 çi^5 wun^5$ 我先去

　　　　　　我　去　先

tin^1 添$_{再}$——$ma^1 zau^5 tin^1$ 再来一次

　　　　　　来　次　添

　　　　　　$to^3 zau^5 tin^1$ 再读一遍

　　　　　　读　次　添

张元生等（1993）在描写壮语时说，相当于"很"的成分也是放在形容词和心理动词的后边。书中有如下的例子（字母系文字，并非音标）：

geu buh neix ndei raixcaix 这件衣服很好

件 衣　这　好　很

mwngz bae gonq 你先走

你　走　先

vunz cungj deuz lo, ngamq lw haj boux dem 人都跑光了，只剩五个

人　都　跑 了　刚　剩 五　个

最后一句话，作者没有给"dem"注上相应的汉字，但我们可以看出，它与遂昌话的"添 $[t^hiɛ̃^{45}]$"，与侗语中的"添 $[tin^1]$"在语音上至少是相似的，而且，它在意义上也与遂昌话表示剩余的"添$_2$"相同。

当然，遂昌话的"添"等后置成分是否与少数民族语言有关，还有待进一步的研究。

上述文字对遂昌话后置修饰句式来源的分析，也可以为处州其他方言后置修饰句式的来源的解释作些参考。

处州方言历史演变的机制和原因

语言的历史演变是由内因和外因交互作用所造成的。内因是指语言系统内部各要素之间相互作用的矛盾运动，即语言因素。外因是指影响语言演变的外部因素，即非语言因素。以下就从语言因素和非语言因素这两个角度，对处州方言历史演变的机制和原因进行解释。

第一节　语言因素

语言符号系统内部的各个要素处于对立统一的矛盾之中，相互间呈现一种平衡状态。当其中某个要素发生变化时，这种平衡就会被打破，从而使其他要素产生相应的变化，最终又会形成一种新的平衡状态，从而造成语言演变的局面。

上述这段话是对由内因引起语言历史演变的宏观表述。而当涉及具体的某类音、某个词或某种句式等语言要素发生历史演变时，我们就需要对引起这种历史演变的某种内因做出微观的分析。下面，本书选择几个不同的角度举例分析造成处州方言历史演变的某些内在因素。

一　调值高低与古全浊声母的历史演变

在处州方言中，声调调值的高低会影响古全浊声母今读的清浊及气流状况。

如前文所述，古全浊声母在处州方言中的今读情况不完全一样，其中大多数方言仍然保存浊音特点（但不是严格意义上的浊音，而是所谓的"清音浊流"）。庆元话古全浊声母已经完全清化，龙泉话和宣平话的情况比较特殊：龙泉话古全浊声母逢阳上调清化，宣平话古全浊声母逢阳平调清化。

　　另外，除了庆元话以外，处州其他方言都表现出阴调调值高、阳调调值低的特点。龙泉话阳上调和宣平话阳平调的调值都很高，相应地，这两个调的古全浊声母清化，而其他阳调调值都很低，依然保存了古全浊声母的浊音特点。换句话说，龙泉话、宣平话古全浊声母今读的清浊对立完全是由声调调值的高低变化引起的。

　　在发音上，低调值的阳调类音节在听感上都有一种明显的"紧喉摩擦成分"，低调值正是产生这种"紧喉摩擦成分"的根本原因。低调值造成的结果是对喉部产生了压迫，调值越低，对喉部的压迫越强。对喉部的这种强烈的压迫力，是音节形成"紧喉摩擦成分"的源动力。而当音节的低调值变为高调值后，这种压迫力自然得以消除，"紧喉摩擦成分"自动解除，听起来也就是清音了。

　　另外，在本书第二章中我们已经知道，古全浊声母清化的庆元话，其"鞋、咸、狭、汗、学"等匣母字皆读如晓母 [x]，而其他方言要么读如古群母，要么读零声母。事实上，在读零声母的音节中，其起始部分都有程度不一并伴随一定气流的"紧喉摩擦成分"，而这正是庆元话匣母读如晓母 [x] 的潜在因子。换句话说，处州方言阳调音节中的零声母并不是真正的零声母。

二　介音洪细与声母的历史演变

　　介音的洪细决定声母的历史演变方向。比如尖团音的分合，从中古汉语的情况看，分尖团一般是指精、见二组声母逢细音能够区分，比如精、见二母可分别拼读为 [tsi－] 和 [ki－] 音节。从处州方言的今读情况看，如本书第二章所述，龙泉话流开三尤韵的庄组与同韵的精组、知组、章组、见系能够分尖团，前者读 [ts] 组声母，后者读 [tɕ] 组声母；缙云话精组、知系与见系逢细音能够分尖团，前者读 [ts] 组声母，后者读 [tɕ] 组声母。除龙泉话和缙云话以外，处州其他各地方言都不能分尖团。从音理上分析，尖团从"分"到"不分"仅一步之遥。因为从汉语语音演变的历史情况看，精母从 [ts] 变为 [tɕ] 的潜在因子正是作为细音标志的 [i]（或 [y]）介音。龙泉话和缙云话之所以至今还部分保留分尖团的现象，只能说明语音演变的不平衡性。

　　介音的洪细之别对汉语语音历史演变的影响是非常大的。也是在本书第二章中，我们曾介绍过三等见母字"宫"，它在处州方言中的读音有

［k－］和［tɕi－］两种。读［k－］或者读［tɕi－］，取决于介音所起的作用。在所构拟的介音［iu］中，可能是以［u］为主，即［^{i}u］，也可能是以［i］为主，即［i^u］。前者会导致［ku－］，后者会形成［tɕi－］。

又如本书第二章所述，遂昌话、龙泉话、庆元话的一等溪母字"口"有读［tɕʰ］声母的情况，主要见于"嘴巴"、"胡须"等词的说法中。不过在"户口"中的"口"仍读［kʰ］声母。一般来说，从音理上看，从［kʰ］到［tɕʰ］的演变条件是存在［i］或［y］介音。浙北吴语有的方言"口"字读做［kʰeu］。假设遂昌话历史上曾经有过［kʰeu^{533}］这个阶段，就容易理解今天读［tɕʰy^{533}］音的原因了，即曾经发生过类似［kʰeu^{533}］ →［kʰø^{533}］ → ［kʰy^{533}］ →…→ ［tɕʰy^{533}］这样的演变过程。

三　语言的经济原则与方言的历史演变

语言的演变，无论是共时的还是历时的，常常跟语言的经济原则有关系。语言的经济原则要求说话尽可能方便、省力。

比如，处州方言中有辅音自成音节的现象。处州方言辅音自成音节包括声母自成音节和鼻韵尾自成音节两种情况。

其一，声母自成音节。例如：

	宣平	丽水	云和	景宁	青田	缙云
磨_名		m^{231}	m^{223}		m^{22}	
五	ŋ^{223}	ŋ^{544}	ŋ^{53}	ŋ^{33}		ŋ^{31}

其二，鼻韵尾自成音节。例如：

	龙泉	庆元	松阳	景宁
洪	ŋ^{211}	ŋ^{52}	ŋ^{31}	ŋ^{31}
翁	ŋ^{335}			ŋ^{324}

处州方言辅音自成音节的现象其实就是语言经济原则的典型反映。

又如本书第二章所述，在处州除庆元、青田、缙云等地方言之外的其他各县方言中，帮（［p］）、端（［t］）二母也都有不太明显的先喉浊塞的特征，分别接近［ʔb］、［ʔd］。事实上，这还与发音人的年龄情况有一定关系。读保留先喉浊塞特征音［ʔb］、［ʔd］的情况大多见于老年人，年轻人则大都读作［p］、［t］母了。这可以看作受官话影响（同化）的结果，但从本质上看依然是语言经济原则所起的作用。因为从发音原理上看，发［ʔb］、［ʔd］要比发［p］、［t］费力得多。在不改变意义的前提下，语言的经济原则会让人们选择比较省力的发音方式。

我们再来看一下"猪"在处州各地方言中的读音情况：

	遂昌	龙泉	庆元	松阳	宣平	丽水	云和	景宁	青田	缙云
猪	tɒ⁴⁵	to³³⁵	ʔdo³³⁵	tuʌ⁵³	ti²⁴	ti²⁴	ti²⁴	ti³²⁴	ʔdi⁴⁴⁵	ʔdi⁴⁴⁵

上表可以看出，位于处州西部的 4 个县"猪"的读音特点是韵母"舌位后、低/较低、圆唇、开口度大"，而东部 6 个县"猪"的韵母却是"舌位前、高、不圆唇、齐齿开口度小"，从发音机理上看当然是后者省力得多。当然，由［tɒ］到［ti］肯定不是突然形成的，在这期间自然是韵母舌位由后向前、由低向高、由开口向齐齿的渐变过程。

四　同化机制与方言的历史演变

如本书第二章所述，缙云话帮、端二母有［ʔb］、［ʔd］和［m］、［n］两套读音。其中，读［m］、［n］的条件是帮、端母逢阳声韵。从音理上看，如陈忠敏（1995：4）所说的，"是先喉塞音演变的结果"，而这其实就是一种同化现象，即如前文所说，"先喉作用于浊塞后，导致爆破气流明显减弱，同时受鼻韵尾影响而读同部位的鼻音声母"。这正是缙云话帮、端母读［m］、［n］的音理所在。

五　"古词拼古音、古声拼古韵"规则与方言的历史演变

本书第三章曾经提出过"古词拼古音"和"古声拼古韵"规则。比如遂昌话"腹饥"读［pəɯʔ³kei⁴⁵］，丽水话"肚饥"读［du¹¹tsʅ²⁴］。相对于普通话来说，"腹"较"肚"更具文言色彩，可称做"古词"，"腹"读重唇［p］声母，相应地，"饥"读舌根［k］声母。而与"肚"相配的"饥"则读具有晚近读音特点的［ts］声母。在处州方言中，这种情况比较常见，可以说已经形成了"古词拼古音"、"古声拼古韵"的规则。这两个规则成了处州方言内部差异形成的原因之一。

第二节　非语言因素

在李如龙（2001：80—81）所说的"早期方音演变多自变，晚近方音演变多他变"一句中，"自变"即指由语言因素所导致的历史变化，"他变"则是指由非语言因素所造成的历史演变。影响语言历史演变的非语言因素包括很多方面，本书第四章有关"读异"和"异读"的文字表述，就是指由私塾及传媒教育所致的文读对语言演变所产生的影响，这里再重复一下前面所说的话：

> 晚近汉语方言的演变本质上都是从"异读"向"读异"转化的结果，只是在某个历史阶段，"旧音"和"新音"并存，最终"旧音"消亡，"新音"取而代之，从而在这个方言中完成"读异"的过程。

关于非语言因素，王文胜（2008）在《处州方言的地理语言学研究》第四章"非语言因素与处州方言的分布和演变"中，专门从"行政区划、地貌地缘、政治经济、传媒教育、文化心理"等非语言因素的角度，讨论了影响处州方言地理分布和历史演变的外部因素，本书不再赘述。以下补充介绍几个对语言历史演变产生作用的其他非语言因素。

一　语言接触与语言底层

语言底层对外来殖民的语言也会产生一定的影响。从历史上看，处州一带曾经是古百越人的居聚地。汉人迁入后，原土著居民的文化和语言自然会对前者产生一定的影响。有些影响可能是短暂的，而有些影响却可能是长久的，甚至是不可磨灭的。以下这些语言（语音、词汇、语法）特征就是（或很可能是）原土著居民的语言底层在处州方言中形成的烙印。

（1）帮、端母读［ʔb］、［ʔd］

如本书第二章所述，帮、端母分别读［ʔb］、［ʔd］与当地古代百越族先民的语言底层有关，即如陈忠敏（1995：1）所说，"汉语南方方言先喉塞音的产生……是古百越语底层残存现象"。

（2）猪栏_{猪圈}/牛栏_{牛圈}

如本书第五章所述，"栏"源于底层的古百越语已成为共识。殖入的汉人不仅继承（并加以改造）了原土著居民的"干栏"式建筑，同时还沿用了"栏"这一称呼。从今天汉语方言对"猪圈/牛圈"的指称情况看，说"猪栏/牛栏"的地理分布区域正是古百越族人曾经生活过的地方，与北方方言"猪圈/牛圈"的称呼可谓泾渭分明。

（3）枹_{柚子}

如本书第五章所述，通行于处州各地方言以及福州话、建瓯话、温州话、侗语中的"枹"，"只出现在南方汉语跟侗台语等民族语言中"，它"可能是古百越语底层词"。（龚群虎 2001：42）

（4）后置修饰句式

根据本书第七章石林（1997）、张元生等（1993）的描写和分析，我们认为，处州方言（以遂昌话为例）像"热险_{很热}、吃碗添_{再吃一碗}、你去起_{你先去}、做件过_{重新做一件}"的说法，与底层的壮侗语后置修饰句式之间具有渊源关系的可能性是非常大的。

二　约定俗成的借代方式与词语形态的选择

从人类认知能力的发展轨迹看，抽象的泛称的出现比具体的特称的出现要晚得多。在汉语发展的历史过程中，某些事物的特称和泛称也曾经发生过变化，就像最初"河_{黄河}"、"江_{长江}"都是特称，后来"河"、"江"却变成了泛称。在处州方言中，这样的情况也不少见。例如：

（1）脚/骹

如本书第五章所述，"脚"在处州方言中有"脚"和"骹"两种不同的说法：

遂昌	龙泉	庆元	松阳	宣平	丽水	云和	景宁	青田	缙云
骹	骹	骹	脚	脚	脚	脚	脚	脚	脚

从古汉语的角度看，"脚"的本义是小腿，古代则是以"足"来称呼我们今天所谓的"脚"，而"骹"则是表示"足_脚"以上、"脚_{小腿}"以下的部分。在处州方言中，"手"一词一般包括手掌和手臂在内，同样，"脚"一般也包括足_脚、骹_{脚以上小腿以下}、脚_{小腿}、股_{大腿}在内。所以，不同的方言是说"脚"或是说"骹"，都是选择了其中一个部分来指称包括足_脚、

骹_{脚以上小腿以下}、脚_{小腿}、股_{大腿}在内的整个"脚"。虽然所选择的这一部分（脚/骹）有所不同，但其本质是一样的，都是选择了一种"以部分代整体"的借代方式。至于为什么此地选择"脚"，彼地选择"骹"，那只能用语言符号具有约定俗成的任意性来解释了。

（2）狗/犬

又如本书第五章所述，"狗"在处州方言中有"狗"和"犬"两种不同的说法：

遂昌	龙泉	庆元	松阳	宜平	丽水	云和	景宁	青田	缙云
犬	犬	犬	犬	狗	狗	狗	狗	狗	狗

"犬"的本义特指"大狗"，即"犬"和"狗"在古代只是对大小不同的同一动物种类的不同称呼而已。不同的方言选择"狗"或者选择"犬"来对该物种进行泛称，只是以不同的特称来泛指同一事物而已，而其本质都是一样的，都是一种"以特称代泛称"的借代方式。

（3）柴/樵

再如本书第五章所述，"柴"在处州方言中有"柴"和"樵"两种不同的说法：

遂昌	龙泉	庆元	松阳	宜平	丽水	云和	景宁	青田	缙云
樵	樵	樵	柴	柴	柴	柴	柴	柴	柴

"樵"的本义是"不入于用"的"散木"，而"柴"的本义则是"捆束的细木小柴"。与上文"狗/犬"的情况相同，不同方言选择"樵"或"柴"在本质上是一样的，都是运用了"以特称代泛称"的借代方式。

（4）望/眹/相/……

也如本书第五章所述，"看"在处州方言中有"望"、"眹"、"相"、"瞅"等不同说法（缙云话"□［n̠ia⁴⁴⁵］"本字不详）：

遂昌	龙泉	庆元	松阳	宜平	丽水	云和	景宁	青田	缙云
望	瞅	眹	望	望	望	相	相	相	□［n̠ia⁴⁴⁵］

其中，"望"的本义"远望"，"眹"的本义是"斜视"，而"相"的

本义则是"察看、仔细看"。以特指的"望、相、略"等来泛指"看",
也都是运用了"以特称代泛称"这一相同的借代方式。

三 事物、名称出现的先后与语言的历史差异

当某个外来的新事物或者某个旧事物的新名称出现了,就会对该方言
的语言系统(词汇或语音)产生一定的影响。例如:

(1)松明/松香

按《对照表》,处州方言"松"除宣平话以外都有两种不同的读音:

	遂昌	龙泉	庆元	松阳	丽水	云和	景宁	青田	缙云
松	zʑɛ̃²²¹	zɛ²¹¹	sæ̃⁵²	zæ̃³¹	ʑiŋ¹¹	ʑiɔ̃⁴²³	ʑiɔ̃³¹	io²¹	zɔ²³¹
	səŋ⁴⁵	səŋ³³⁵	soŋ³³⁵	səŋ⁵³	soŋ²⁴	soŋ²⁴	səŋ³²⁴	ɕioŋ⁴⁴⁵	sɑum⁴⁴⁵

其中,表中上行读音符合"松"作为邪母字的特点,而下行读音则
读同于心母字"鬆简化字也是'松'"。上行读音的语境是"松树",下行语境则
是"松香"。"松香"显然不是什么"新事物"。事实上,作为松树中常见
事物的"松香",当地人有着自己的称呼,比如遂昌人把它叫做"松明
[zʑɛ̃²²miŋ²¹³]"。其他各地大致如此。"松香"这一称呼显然是从普通话
(官话)中借入的。既是借入,自然要受到外方言的影响。根据《对照
表》,"松"读[zʑɛ̃²²¹]一类的读音并不符合该字所属音韵地位的今主流
读音特点,相反,[səŋ⁴⁵]这类读音才是今主流读音。所以,当人们说
"松明"时,就会读[zʑɛ̃²²miŋ²¹³]这类"旧"音,而说"松香"时,就
会按晚近所形成的"新"音系进行称说。"松明"和"松香"其实是同
一事物的两种不同叫法,前者是早期固有的,后者则是晚近外来的。"松
香"的说法就好像是一个"新酒瓶"装上了"松明"这一"旧酒"。

(2)含动/含片

除缙云话以外,处州其他各地方言中表示动作的"含"和表示药名
"含片"的"含"读音不同:

	遂昌	龙泉	庆元	松阳	宣平	丽水	云和	景宁	青田
含	gaŋ²²¹	gɛiŋ²¹¹	kã⁵²	gɛŋ³¹	kã⁴³⁴	gã¹¹	gã⁴²³	gɑ³¹	gaŋ²¹
	ɛ̃²²¹	ɣ²¹¹	æ̃⁵²	æ̃³¹	ɣ⁴³⁴	ɛ¹¹	ɛ⁴²³	ə³¹	a²¹

　　表中上行语境是"含在嘴里"的动作，下行语境是作为药名的"含片"。"含在嘴里"的"含"是日常生活中的高频行为，各地都保留了匣母读群这一古音韵特征。而"含片"显然是晚近才出现的一种新鲜事物，自然得根据"含"字的音韵地位按其今主流读音进行呼读。

　　（3）长形/长征

　　除宣平话、青田话和缙云话以外，处州其他各地方言中表示长短的"长"和"长征"一词中的"长"有着不同的读音：

	遂昌	龙泉	庆元	松阳	丽水	云和	景宁
长形	dɛ̃221	dɛ211	tæ̃52	dæ̃31	diŋ11	dɛ423	daŋ31
	dʑiaŋ221	dʑiaŋ211	tɕia52	dʑiaŋ31	dʑia11	dʒia423	dʒiɛ31

　　表中上行语境是"长短"的"长"，下行语境是"长征"。其中，"长短"的"长"无论是声母还是韵母，都体现了古音韵特征。"长短"的"长"自然是口语高频用词，而"长征"属晚近新词，也就得根据"长"字的音韵地位按其今主流读音进行呼读。

　　（4）铅笔/铅丝铁丝/铅球/铅板硬币

　　除宣平话、丽水话、云和话、青田话和缙云话以外，处州其他各地方言中的"铅"都有两种或三种不同的读音（其语境说明详见本书第四章）：

	遂昌	龙泉	庆元	松阳	宣平	丽水	云和	景宁	青田	缙云
铅	iɛ̃221			iɛ̃31				iɛ31		
	kʰaŋ45	kʰaŋ33	kʰã335	kʰɔ53	kʰã24	kʰã24	kʰã24	kʰɑ324	kʰɑ445	kʰɑ445
	tɕʰiɛ̃45	tɕʰiɛ335	tɕʰiɛ335	tɕʰiɛ53						

　　按《康熙字典》："（铅）《唐韵》与专切，《集韵》、《韵会》余专切，音沿。《说文》青金也。《玉篇》黑锡也。《正字通》锡类。"可见，"铅"读同"沿"符合其历史音韵地位，江西省铅山县的"铅"就读这个音。

　　读 [kʰ] 母的"铅"似乎另有反切，但暂未见古韵书中的记载。从遂昌、龙泉、庆元、松阳等地兼有 [kʰ] 母和 [tɕʰ] 母的情况看，这与见系二等字的声母特点相吻合，即方言读 [kʰ] 母，普通话（官话）读 [tɕʰ] 母。

如本书第四章所言：

> 本书不去考证"铅笔、铅丝、铅球、铅板"等事物在各地出现的时间先后，但可以肯定的是，处州方言"铅"的这些不同读音反映了不同历史时期引入上述事物时的某种强势方言"铅"的读音特点。

最后，我们仍然要引用曹志耘（2004）的这段话来说明非语言因素对语言历史演变过程中所起的重要作用："把非语言因素引入地理语言学，大大增强了对方言分布、语言变化的解释能力。这种研究方法不仅对当时'波浪说'中的语言扩散理论提供了强有力的支持，也为方言与文化研究、方言的社会语言学研究、方言的普通语言学研究提供了有效的途径。"

在语言演变的历史长河中，语言因素和非语言因素总是在适宜的环境中释放出自己的能量。它们或相互作用，或此消彼长，共同促进了方言的各个要素朝着不同的方向发展，从而形成了今天各种方言错综复杂的面貌。这种情况还将持续下去。

附录

常用字对照表

（本表所选常用字按《方言调查字表》排序，并按音韵地位增收个别常用字）。

	遂昌	龙泉	庆元	松阳	宣平	丽水	云和	景宁	青田	缙云
多	tu⁴⁵	təu³³⁵	ʔdæi³³⁵	tu⁵³	to²⁴	tu²⁴	tu²⁴	təu³²⁴	ʔdu⁴⁴⁵	ʔdʊ⁴⁴⁵
拖	tʰu⁴⁵	tʰəu³³⁵	tʰo³³⁵	tʰu⁵³	tʰo²⁴	tʰu²⁴	tʰu²⁴	tʰəu³²⁴	tʰu⁴⁴⁵	tʰʊ⁴⁴⁵
驼	du²²¹	dəu²¹¹	to⁵²	du³¹	to⁴³⁴	du¹¹	du⁴²³	dəu³¹	du²¹	dʊ²³¹
驮	du²²¹	dəu²¹¹	to⁵²	du³¹	to⁴³⁴	du¹¹	du⁴²³	dəu³¹	du²¹	dʊ²³¹
大	du²¹³	dəu¹³	to³¹	du¹³	do²³¹	du²³¹	du²²³	dəu¹³	du²²	dʊ²¹³
罗	lu²²¹	ləu²¹¹	lo⁵²	lu³¹	lo⁴³⁴	lu¹¹	lu⁴²³	ləu³¹	lu²¹	lʊ²³¹
箩	la²²¹	la²¹¹	la⁵²	la³¹	la⁴³⁴	lu¹¹	lɑ⁴²³	ləu³¹	lu²¹	lʊ²³¹
攞 寻找		ləu²¹¹	lo⁵²							
左	tsu⁵³³	tsəu⁵³	tso³³	tsu²¹³	tso⁴⁴	tsu⁵⁴⁴	tsu⁵³	tsəu³³	tsu⁴⁵⁴	tsʊ⁵²
搓	tsʰu⁴⁵	tsʰəu³³⁵	tsʰo³³⁵	tsʰu⁵³	tsʰo²⁴	tsʰu²⁴	tsʰu²⁴	tsʰəu³²⁴	tsʰu⁴⁴⁵	tsʰʊ⁴⁴⁵
歌	ku⁴⁵	kəu³³⁵	ko³³⁵	ku⁵³	ko²⁴	ku²⁴	ku²⁴	kəu³²⁴	ku⁴⁴⁵	kʊ⁴⁴⁵
哥	ku⁴⁵	kəu³³⁵	ko³³⁵	ku⁵³	ko²⁴	ku²⁴	ku²⁴	kəu³²⁴	ku⁴⁴⁵	kʊ⁴⁴⁵
个	ku³³⁴ / kei³³⁴	kəu⁴⁵ / ki⁴⁵	ko¹¹ / kæi¹¹	ku²⁴ / ki²⁴	ko⁵² / ka⁵²	ku⁵² / kuɒ⁵²	ku⁵⁵ / ki⁵⁵	kəu³⁵ / ki³⁵	ku³³ / ka³³	kʊ⁵⁵⁴ / kɑ⁵⁵⁴
	上行语境是"个体户"，下行语境是"一个"。									
可	kʰu⁵³³	kʰəu⁵³	kʰo³³	kʰu²¹³	kʰo⁴⁴	kʰu⁵⁴⁴	kʰu⁵³	kʰəu³³	kʰu⁴⁵⁴	kʰʊ⁵²
鹅	ŋu²²¹	ŋəu²¹¹	ŋo⁵²	ŋ³¹	ŋo⁴³⁴	ŋu¹¹	ŋ⁴²³	ŋəu³¹	ŋu²¹	ŋu²³¹
我	ŋɒ¹³	ŋo⁵³	ŋo²²¹	ŋ²²	o²²³	ŋuo⁵⁴⁴	ŋuo⁵³	ŋəu³³	ŋu³⁴³	ŋʊ³¹
饿	ᵡŋei²¹³	ᵡŋəu¹³	ᵡŋo³¹	ᵡŋu¹³	ᵡŋo²³¹	ᵡŋue²³¹	ᵡŋ²²³	ᵡuæi¹³	ŋuæi²²	ᵡŋʊ²¹³
荷	u²²¹	əu²¹¹	xo⁵²	u³¹	o⁴³⁴	u¹¹	u⁴²³	əu³¹	u²¹	ʊ²³¹
河	u²²¹	əu²¹¹	xo⁵²	u³¹	o⁴³⁴	u¹¹	u⁴²³	əu³¹	u²¹	ʊ²³¹

续表

	遂昌	龙泉	庆元	松阳	宣平	丽水	云和	景宁	青田	缙云
何	u²²¹	əu²¹¹	xo⁵²	u³¹	o⁴³⁴	u¹¹	u⁴²³	əu³¹	u²¹	ʋ²³¹
茄	dʑiɒ²²¹	dʑio²¹¹	tɕia⁵²	dʑyʌ³¹	ko²⁴	dʑio¹¹ / kuo²⁴	dʒio⁴²³ / kuo²⁴	dʒiəu³¹	dʑiu²¹ / ku⁴⁴⁵	gʋ²³¹ / kʋ⁴⁴⁵
茄		"茄"的第一行调查语境是表示"茄子",第二行调查语境是"番茄"(松阳话"茄"系读字音)。遂昌、松阳、宣平三地"茄子"叫"落苏"。								
波	pu⁴⁵	pu³³⁵	ʔbo³³⁵	pu³¹	po²⁴	pu²⁴	pu²⁴	pəu³²⁴	ʔbu⁴⁴⁵	ʔbʋ⁴⁴⁵
菠	pu⁴⁵	pu³³⁵	ʔbo³³⁵	pu⁵³	po²⁴	pu²⁴	pu²⁴	pəu³²⁴	ʔbu⁴⁴⁵	ʔbʋ⁴⁴⁵
跛		pa⁵³	ʔba³³				pɑ⁵³	pa³³		
簸	pa³³⁴	pa⁴⁵	ʔbæi¹¹	pa²⁴	pe⁵²		pɑ⁵⁵	pa³⁵	ʔba³³	ʔbɑ⁵⁵⁴
坡	pʰu⁴⁵	pu³³⁵	ʔbo³³⁵	pʰu⁵³	pʰo²⁴	pʰu²⁴	pu²⁴	pəu³²⁴	ʔbu⁴⁴⁵	ʔbʋ⁴⁴⁵
玻	pu⁴⁵	pu³³⁵	mo³³⁵ / ʔbo³³⁵	pu⁵³	po²⁴	pu²⁴	pu²⁴	pəu³²⁴	ʔbu⁴⁴⁵	ʔbʋ⁴⁴⁵
破	pʰa³³⁴	pʰa⁴⁵	pʰa¹¹	pʰa²⁴	pʰa⁵²	pʰɒ⁵²	pʰɑ⁵⁵	pʰa³⁵	pʰa³³	pʰɑ⁵⁵⁴
婆	bu²²¹	bu²¹¹	po⁵²	bu³¹	po⁴³⁴	bu¹¹	bu⁴²³	bəu³¹	bu²¹	bʋ²³¹
薄	bɔʔ²³	bɔu²³	poʔ³⁴	boʔ²	bəʔ²³	buoʔ²³	boʔ²³	bɔuʔ²³	boʔ³¹	bɔ³⁵
磨动	mu²²¹	məu²¹¹	mo⁵²	mu³¹	mo⁴³⁴	m̩¹¹	m̩⁴²³	məu³¹	m̩²¹	mʋ²³¹
磨名	mu²¹³	məu¹³	mo³¹	mu¹³	mo²³¹	m̩²³¹	m̩²²³	məu¹³	m̩²²	mʋ²¹³
朵	tu⁵³³	tu⁵³	ʔdo³³	tuʌ²¹³	tɣɯ⁴⁴	tuo⁵⁴⁴	tu⁵³	təu³³	ʔdu⁴⁵⁴	ʔdu⁵²
躲	tiu⁴⁵	təu³³⁵	ʔdo³³⁵	tu⁵³	to⁴⁴	tu⁵⁴⁴	tu⁵³	təu³²⁴	ʔdu⁴⁵⁴	ʔdu⁵²
剁	tu³³⁴	tɛiʔ⁵⁴	ʔdɣʔ⁵	tu²⁴	to⁵²		tu⁵⁵	tɛɯʔ⁵	ʔdu³³	ʔdu⁵⁵⁴
椭	tʰu⁵³³	tʰəu⁵³	tʰo³³	tʰuʌ²¹³	tʰo⁴⁴	tʰu⁵⁴⁴	tʰu⁵³	tʰy³³	tʰu⁴⁵⁴	tʰʋ⁵²
糯	nu²¹³	nəu¹³	no³¹	nuʌ¹³	no²³¹	nɔŋ²³¹	nu²²³	nəu¹³	nu²²	nʋ²¹³
螺	lu²²¹	lɛ²¹¹ / ləu²¹¹	læi⁵² / lu⁵²	lu³¹ / luʌ³¹	lo⁴³⁴	lu¹¹	lu⁴²³	ləu³¹	lu²¹	lʋ²³¹
螺		上行语境是"田螺",下行语境是"螺蛳"。								
脶	lei²²¹	lɛ²¹¹	læi⁵²	læ³¹	li⁴³⁴	le¹¹	le⁴²³	læi³¹	læi²¹	li²³¹
啰	lu²²¹	ləu²¹¹	lo⁵²	lu³¹	lo⁴³⁴	lu¹¹	lu⁴²³	ləu³¹	lu²¹	lʋ²³¹
锉	tsʰu³³⁴	tsʰəu⁴⁵	tsʰo¹¹	tsʰu²⁴	tsʰo⁵²	tsʰu⁵²	tsʰu⁵⁵	tsʰəu³⁵	tsʰu³³	tsʰʋ⁵⁵⁴
坐	zu¹³	səu⁵³	so²²¹	zu²²	zo²²³	zu¹¹	zu³¹	zəu³³	zu³⁴³	zʋ³¹
座	zu²¹³	zəu¹³	so³¹	zu¹³	zo²³¹	zu²³¹	zu²²³	zəu¹³	zu²²	zʋ²¹³
蓑	su⁴⁵	səu³³⁵	so³³⁵	su⁵³	so²⁴	su²⁴	su²⁴	səu³²⁴	su⁴⁴⁵	sʋ⁴⁴⁵
锁	su⁵³³	səu⁵³	so³³	su²¹³	so⁴⁴	su⁵⁴⁴	su⁵³	səu³³	su⁴⁵⁴	sʋ⁵²
锅	ku⁴⁵	kəu³³⁵	ko³³⁵	ku⁵³	ko²⁴	ku²⁴	ku²⁴	kəu³²⁴	ku⁴⁴⁵	kʋ⁴⁴⁵
戈	kɔʔ⁵	kəɯʔ⁵⁴	ko³³⁵	kuʌ⁵³	ko²⁴	kʌʔ⁵	kuo²⁴	kua⁵	ku⁴⁴⁵	kʋ⁴⁴⁵

续表

	遂昌	龙泉	庆元	松阳	宣平	丽水	云和	景宁	青田	缙云
果	ku³³³	kəu⁵³	ko³³	kuʌ²¹³	ko⁴⁴	kuo⁵⁴⁴	kuo⁵³	kəu³³	ku⁴⁵⁴	kʊ⁵²
馃	ku⁵³³	kəu⁵³	ko³³	kuʌ²¹³	ko⁴⁴	kuo⁵⁴⁴	kuo⁵³	kəu³³	ku⁴⁵⁴	kʊ⁵²
过	ku³³⁴	kəu⁴⁵	kuɤ¹¹	ku²⁴	ʔko⁵²	kuo⁵²	kuo⁵⁵	kəu³⁵	ku³³	kʊ⁵⁵⁴
科	kʰu⁴⁵	kʰəu³³⁵	kʰo³³⁵	kʰu⁵³	kʰo²⁴	kʰuo²⁴	kʰuo²⁴	kʰəu³²⁴	kʰu⁴⁴⁵	kʰʊ⁴⁴⁵
窠	kʰu⁴⁵	kʰuə³³⁵	kʰo³³⁵	kʰu⁵³	kʰo²⁴	kʰuo²⁴	kʰuo²⁴	kʰəu³²⁴	kʰu⁴⁴⁵	kʰʊ⁴⁴⁵
课	kʰu³³⁴	kʰəu⁴⁵	kʰo¹¹	kʰu²⁴	kʰo⁵²	kʰuo⁵²	kʰuo⁵⁵	kʰəu³⁵	kʰu³³	kʰʊ⁵⁵⁴
卧	ŋu²¹³	əu¹³	ŋo³¹	ŋuʌ¹³·	ŋo²³¹	ŋuo²³¹	ŋuo²²³	ŋəu¹³	ŋu²²	ŋʊ²¹³
火	xu⁵³³	xui⁵³	xuæi³³	fu²¹³	xo⁴⁴	xuo⁵⁴⁴	xuo⁵³	xəu³³	xu⁴⁵⁴	xʊ⁵²
伙		ua⁵³	ua²²¹	ua²²						
	xu⁵³³	xəu⁵³	xo³³	fu²¹³	xo⁴⁴	xuo⁵⁴⁴	xuo⁵³	xəu³³	xu⁴⁵⁴	xʊ⁵²

上行语境是"多"的说法，下行语境是"伙食"。旧作"夥"。

	遂昌	龙泉	庆元	松阳	宣平	丽水	云和	景宁	青田	缙云
货	xu³³⁴	xəu⁴⁵	xo¹¹	fu²⁴	xo⁵²	xuo⁵²	xuo⁵⁵	xəu³⁵	xu³³	xʊ⁵⁵⁴
和	u²²¹	əu²¹¹	o⁵²	u³¹	o⁴³⁴	uo¹¹	uo⁴²³	əu³¹	u²¹	ʊ²³¹
禾	u²²¹	əu²¹¹	o⁵²	u³¹	o⁴³⁴	uo¹¹	uo⁴²³	əu³¹	u²¹	ʊ²³¹
祸	u¹³	əu⁵³	o²²¹	u²²	o²²³	uo⁵⁴⁴	uo⁵³	əu³³	u³⁴³	ʊ³¹
浣	u³³⁴	u⁴⁵	u¹¹	u²⁴	u⁵²	u⁵²	u⁵⁵	u³⁵	u³³	u⁵⁵⁴
靴	ɕiu⁴⁵	ɕyə³³⁵	ɕya³³⁵	ɕiu⁵³	ɕio²⁴	ɕiu²⁴	ʃyɛ²⁴	ʃiəu³²⁴	ɕiu⁴⁴⁵	ɕya⁴⁴⁵
巴	pɒ⁴⁵	po³³⁵	ʔbo³³⁵	puʌ⁵³	po²⁴	puo²⁴	puo²⁴	pəu³²⁴	ʔbu⁴⁴⁵	ʔbʊ⁴⁴⁵
芭	pɒ⁴⁵	po³³⁵	ʔbo³³⁵	puʌ⁵³	po²⁴	puo²⁴	puo²⁴	pəu³²⁴	ʔbu⁴⁴⁵	ʔbʊ⁴⁴⁵
疤	pɒ⁴⁵	po³³⁵	ʔbo³³⁵	puʌ⁵³	po²⁴	puo²⁴	puo²⁴	pəu³²⁴	ʔbu⁴⁴⁵	ʔbʊ⁴⁴⁵
把	pu⁵³³	pu⁵³	ʔbo³³	pu²¹³	po⁴⁴	puo⁵⁴⁴	puo⁵³	pəu³³	ʔbu⁴⁵⁴	ʔbʊ⁵²
坝	pɒ³³⁴	po⁴⁵	ʔbæi¹¹	puʌ²⁴	po⁵²	puo⁵²	puo⁵⁵	pəu³⁵	ʔbu³³	ʔbʊ⁵⁵⁴
怕	pʰɒ³³⁴	pʰa⁴⁵	pʰo¹¹	pʰɔ²⁴	pʰo⁵²	pʰuo⁵²	pʰuo⁵⁵	pʰa³⁵	pʰu³³	pʰʊ⁵⁵⁴
帕	pʰaʔ⁵	pʰɔʔ⁵⁴	pʰoʔ⁵	pʰaʔ⁵	pʰaʔ⁵	pʰaʔ⁵	pʰaʔ⁵	pʰaʔ⁵	pʰɛʔ⁴²	pʰa⁴²³
爬	bɒ²²¹	bu²¹¹	po⁵²	buʌ³¹	po⁴³⁴	buo¹¹	buo⁴²³	bəu³¹	bu²¹	bʊ²³¹
杷	bɒ²²¹	bo²¹¹	po⁵²	buʌ³¹	po⁴³⁴	buo¹¹	buo⁴²³	bəu³¹	bu²¹	bʊ²³¹
钯	bɒ²²¹	bo²¹¹	po⁵²	buʌ³¹	po⁴³⁴	buo¹¹	buo⁴²³	bəu³¹	bu²¹	bʊ²³¹
耙	bɒ²²¹	bo²¹¹	po⁵²	buʌ³¹	po⁴³⁴	buo¹¹	buo⁴²³	bəu³¹	bu²¹	bʊ²³¹
麻	mu²²¹	mu²¹¹	mo⁵²	mu³¹	mo⁴³⁴	muo¹¹	muo⁴²³	məu³¹	mu²¹	mʊ²³¹
蔴	mu²²¹	mu²¹¹	mo⁵²	mu³¹	mo⁴³⁴	muo¹¹	muo⁴²³	məu³¹	mu²¹	mʊ²³¹
蟆	mɒ²²¹	mo²¹¹	mo⁵²	muʌ³¹	mo⁴³⁴	muo¹¹	muo⁴²³	məu³¹	mu²¹	mɔ²³¹
马	mɒ¹³	mo⁵³	mo²²¹	muʌ²²	mo²²³	muo⁵⁴⁴	muo⁵³	məu³³	mu³⁴³	mʊ³¹

	遂昌	龙泉	庆元	松阳	宣平	丽水	云和	景宁	青田	缙云
骂	^{文}mɒ^{213}	^{文}mo^{13}	^{文}mo^{31}	^{文}muʌ^{13}	^{文}mo^{231}	muo^{231}	^{文}muo^{223}	^{文}məu^{13}	^{文}mu^{22}	mʊ^{213}
拿	^{文}nɒ^{221}	^{文}no^{211}	^{文}no^{52}	^{文}nuʌ^{31}	^{文}no^{434}	nuo^{11}	^{文}nɑ^{423}	^{文}nəu^{31}	^{文}nu^{21}	nʊ^{231}
茶	dzɒ^{221}	dzo^{211}	tso^{52}	dzuʌ^{31}	tso^{434}	dzuo^{11}	dzuo^{423}	dzəu^{31}	dzu^{21}	dzʊ^{231}
搽	dzɒ^{221}	dzo^{211}	tso^{52}	dzuʌ^{31}	tso^{434}	dzuo^{11}	dzuo^{423}	dzəu^{31}	dzu^{21}	dzʊ^{231}
楂	tɕiɒ^{45}	tso^{335}	tso^{335}	tsuʌ^{53}	tɕia^{24}	tsuo^{24}	tʃio^{24}	tsəu^{324}	tsu^{445}	tsia^{445}
渣	tsɒ^{45}	tso^{335}	tso^{335}	tsuʌ^{53}	tso^{24}	tsuo^{24}	tsuo^{24}	tsəu^{324}	tsu^{445}	tsu^{445}
榨	tsɒ^{334}	tsoʔ^{54}	tso^{11}	tsuʌ^{24}	tso^{52}	tsuo^{52}	tsuo^{55}	tsəu^{35}	tsu^{33}	tsia^{554}
炸	tsɒ^{334}	tsoʔ^{54}	tso^{11}	tsuʌ^{24}	tso^{52}	tsuo^{52}	tsuo^{55}	tsɔuʔ^{5}	tsaʔ^{42}	tsɒ^{423}
叉	tsʰɒ^{45}	tsʰo^{335}	tsʰo^{335}	tsʰuʌ^{53}	tsʰo^{24}	tsʰuo^{24}	tsʰuo^{24}	tsʰəu^{324}	tsʰu^{445}	tsʰʊ^{445}
差差别	tsʰɒ^{45}	tsʰo^{335}	tsʰo^{335}	tsʰuʌ^{53}	tsʰo^{24}	tsʰuo^{24}	tsʰuo^{24}	tsʰəu^{324}	tsʰu^{445}	tsʰʊ^{445}
查	dzɒ^{221}	dzo^{211}	tso^{52}	dzuʌ^{31}	tso^{434}	dzuo^{11}	dzuo^{423}	dzəu^{31}	dzu^{21}	dzʊ^{231}
沙	sɒ^{45}	so^{335}	so^{335}	suʌ^{53}	so^{24}	suo^{24}	suo^{24}	səu^{324}	su^{445}	sʊ^{445}
纱	sɒ^{45}	so^{335}	so^{335}	suʌ^{53}	so^{24}	suo^{24}	suo^{24}	səu^{324}	su^{445}	sʊ^{445}
家	kɒ^{45}	ko^{335}	ko^{335}	kuʌ^{53}	ko^{24}	kuo^{24}	kuo^{24}	kəu^{324}	ku^{445}	kʊ^{445}
加	kɒ^{45}	ko^{335}	ko^{335}	kuʌ^{53}	ko^{24}	kuo^{24}	kuo^{24}	kəu^{324}	ku^{445}	kʊ^{445}
假真假	kɒ^{533}	ko^{53}	ko^{33}	kuʌ^{213}	ko^{44}	kuo^{544}	kuo^{53}	kəu^{33}	ku^{454}	kʊ^{52}
假放假	kɒ^{533}	ko^{53}	ko^{33}	kuʌ^{213}	ko^{44}	kuo^{544}	kuo^{53}	kəu^{33}	ku^{454}	kʊ^{52}
架	kɒ^{334}	ko^{45}	ko^{11}	kuʌ^{24}	ko^{52}	kuo^{52}	kuo^{55}	kəu^{35}	ku^{33}	kʊ^{554}
驾	kɒ^{334}	ko^{45}	ko^{11}	kuʌ^{24}	ko^{52}	kuo^{52}	kuo^{55}	kəu^{35}	ku^{33}	kʊ^{554}
嫁	iɒ^{334}	io^{45}	ia^{11}	yʌ^{24}	ia^{52}	io^{52}	io^{55}	kəu^{35}	ku^{33}	ia^{554}
价	kɒ^{334}	ko^{45}	ko^{11}	kuʌ^{24}	ko^{52}	kuo^{52}	kuo^{55}	kəu^{35}	ku^{33}	kʊ^{554}
搭	kʰɒ^{334}	kʰo^{45}	kʰo^{11}	kʰuʌ^{24}	kʰo^{52}	kʰuo^{52}	kʰuo^{55}	kʰəu^{35}	kʰu^{33}	kʰʊ^{554}

搭，龙泉话表示"拿拿住"，云和话表示"扶扶住"，其他各地表示"抓、捉"。

	遂昌	龙泉	庆元	松阳	宣平	丽水	云和	景宁	青田	缙云
牙	ŋɒ^{221}	ŋo^{211}	ŋo^{52}	ŋuʌ^{31}	ŋo^{434}	ŋuo^{11}	ŋuo^{423}	ŋəu^{31}	ŋu^{21}	ŋʊ^{231}
芽	ŋɒ^{221}	ŋo^{211}	ŋo^{52}	ŋuʌ^{31}	ŋo^{434}	ŋuo^{11}	ŋuo^{423}	ŋəu^{31}	ŋu^{21}	ŋʊ^{231}
虾	xu^{45}	xo^{335}	xo^{55}	fu^{53}	xo^{24}	xuo^{24}	xuo^{24}	xəu^{324}	xu^{445}	xʊ^{445}
蛤蛤蟆	dʑiɒ^{221}									
下	iɒ^{13}	io^{53}	ia^{221}	yʌ^{22}	ia^{223}	io^{544}	io^{53}	iəu^{33}	u^{343}	ia^{31}
厦	ɒ^{213}	o^{13}	xo^{31}	uʌ^{13}	o^{231}	uo^{231}	uo^{223}	əu^{13}	u^{22}	ʊ^{213}
夏	ɒ^{213}	o^{13}	xo^{31}	uʌ^{13}	o^{231}	uo^{231}	uo^{223}	əu^{13}	u^{22}	ʊ^{213}
鸦	ɒ^{45}	o^{335}	o^{335}	uʌ^{53}	o^{24}	uo^{24}	uo^{24}	əu^{324}	u^{445}	ʊ^{445}
哑	u^{533}	u^{53}	o^{33}	u^{213}	o^{44}	uo^{544}	uo^{53}	əu^{33}	u^{454}	ʊ^{52}

续表

	遂昌	龙泉	庆元	松阳	宣平	丽水	云和	景宁	青田	缙云
亚	$iɒ^{334}$	o^{45}	o^{11}	$uʌ^{24}$	o^{52}	ia^{52}	uo^{55}	$əu^{35}$	u^{33}	$ʊ^{554}$
姐			$tɕia^{33}$						文$tɕiu^{454}$	
	庆元话一般呼母为"姐"。									
借	$tɕiɒ^{334}$	$tɕio^{45}$	$tɕia^{11}$	$tɕyʌ^{24}$	$tɕia^{52}$	$tɕio^{52}$	$tʃio^{55}$	$tʃiəu^{35}$	$tɕiu^{33}$	$tsia^{554}$
笡	$tɕʰiɒ^{334}$	$tɕʰio^{45}$		$tɕʰyʌ^{24}$	$tɕʰia^{52}$	$tɕʰio^{52}$	$tʃʰio^{55}$	$tʃʰiəu^{35}$	$tɕʰiu^{33}$	$tsʰia^{554}$
写	$ɕiɒ^{533}$	$ɕio^{53}$	$ɕia^{33}$	$ɕyʌ^{213}$	$ɕia^{44}$	$ɕio^{544}$	$ʃio^{53}$	$ʃiəu^{33}$	$ɕiu^{454}$	sia^{52}
邪	$ʑiɒ^{221}$	$ʑio^{211}$	$ɕia^{52}$	$ʑyʌ^{31}$	$ɕia^{434}$	$ʑio^{11}$	$ʒio^{423}$	$ʒiəu^{31}$	iu^{21}	zia^{231}
斜	$ʑiɒ^{221}$	$ʑio^{211}$	$ɕia^{52}$	$ʑyʌ^{31}$	$ɕia^{434}$	$ʑio^{11}$	$ʒio^{423}$	$ʒiəu^{31}$	iu^{21}	zia^{231}
谢	$ʑiɒ^{213}$	$ʑio^{13}$	$ɕia^{31}$	$ʑyʌ^{13}$	$ʑia^{231}$	$ʑio^{231}$	$ʒio^{223}$	$ʒiəu^{13}$	iu^{22}	zia^{213}
爹	ta^{45}	ta^{335}	$ʔdia^{335}$	ta^{53}	tia^{24}	tio^{24}	ta^{24}	ta^{324}	$ʔda^{445}$	$ʔdia^{445}$
遮	$tɕiɒ^{45}$	$tɕio^{335}$	$tɕia^{335}$	$tɕyʌ^{53}$	$tɕia^{24}$	$tɕio^{24}$	$tʃio^{24}$	$tʃiəu^{324}$	$tɕiu^{445}$	$tsia^{445}$
蔗	$tɕiɒ^{334}$	$tɕio^{45}$	$tɕia^{11}$	$tɕyʌ^{24}$	$tɕia^{52}$	$tɕio^{52}$	$tʃio^{55}$	$tʃiəu^{35}$	$tɕiu^{33}$	$tsia^{554}$
车	$tɕʰiɒ^{45}$	$tɕʰio^{335}$	$tɕʰia^{335}$	$tɕʰyʌ^{53}$	$tɕʰia^{24}$	$tɕʰio^{24}$	$tʃʰio^{24}$	$tʃʰiəu^{324}$	$tɕʰiu^{445}$	$tsʰia^{445}$
蛇	$ʑiɒ^{221}$	$ʑio^{211}$	$ɕia^{52}$	$ʑyʌ^{31}$	$ɕia^{434}$	$ʑio^{11}$	$ʒio^{423}$	$ʒiəu^{31}$	iu^{21}	zia^{231}
射	$ʑiɒ^{213}$	$ʑio^{13}$	$ɕia^{31}$	$ʑyʌ^{13}$	$ʑia^{231}$	$ʑio^{231}$	$ʒio^{223}$	$ʒiəu^{13}$	iu^{22}	zia^{213}
赊	$ɕiɒ^{45}$	$ɕio^{335}$	$ɕia^{335}$	$ɕyʌ^{53}$	$ɕia^{24}$	$ɕio^{24}$	$ʃio^{24}$	$ʃiəu^{324}$	$ɕiu^{445}$	sia^{445}
捨舍得	$ɕiɒ^{533}$	$ɕio^{53}$	$ɕia^{33}$	$ɕyʌ^{213}$	$ɕia^{44}$	$ɕio^{544}$	$ʃio^{53}$	$ʃiəu^{33}$	$ɕiu^{454}$	sia^{52}
舍宿舍	$ɕiɒ^{334}$	$ɕio^{45}$	$ɕia^{11}$	$ɕyʌ^{24}$	$ɕia^{52}$	$ɕio^{52}$	$ʃio^{55}$	$ʃiəu^{35}$	$ɕiu^{33}$	sia^{554}
社	$ʑiɒ^{13}$	$ɕio^{53}$	$ɕia^{221}$	$ʑyʌ^{22}$	$ʑia^{223}$	$ʑio^{11}$	$ʒio^{31}$	$ʒiəu^{33}$	iu^{343}	zia^{31}
爷	iu^{221}	io^{211}	io^{52}	$yʌ^{31}$	ia^{434}	io^{11}	io^{423}	$iəu^{31}$	i^{21}	ia^{231}
野	$iɒ^{13}$	io^{53}	ia^{221}	$yʌ^{22}$	ia^{223}	io^{544}	io^{53}	$iəu^{33}$	iu^{343}	ia^{31}
夜	$iɒ^{213}$	io^{13}	ia^{31}	$yʌ^{13}$	ia^{231}	io^{231}	io^{223}	$iəu^{13}$	iu^{22}	ia^{213}
傻	$sɒ^{45}$	sa^{335}	sa^{335}	sa^{53}	sa^{24}	sa^{24}	sa^{24}	sa^{324}	sa^{445}	sa^{445}
瓜	$kɒ^{45}$	$kuə^{335}$	ko^{335}	$kuʌ^{53}$	ko^{24}	kuo^{24}	kuo^{24}	$kəu^{324}$	ku^{445}	$kʊ^{445}$
寡	$kɒ^{533}$	$kuə^{53}$	ko^{33}	$kuʌ^{213}$	ko^{44}	kuo^{544}	kuo^{53}	$kəu^{33}$	ku^{454}	$kʊ^{52}$
跨	$kʰɒ^{334}$	$kʰuə^{45}$	$kʰo^{11}$	$kʰuʌ^{24}$	$kʰo^{52}$	$kʰuo^{52}$	$kʰuo^{55}$	$kʰua^{35}$	$kʰua^{33}$	$kʰɑ^{554}$
瓦	$ŋɒ^{13}$	$ŋuə^{53}$	$ŋ^{221}$	$ŋuʌ^{22}$	$ŋo^{223}$	$ŋuo^{544}$	$ŋuo^{53}$	$ŋəu^{33}$	$ŋu^{343}$	$ŋʊ^{31}$
花	$xɒ^{45}$	$xuə^{335}$	xo^{335}	$fuʌ^{53}$	xo^{24}	xuo^{24}	xuo^{24}	$xəu^{324}$	xu^{445}	$xʊ^{445}$
化	$xɒ^{334}$	$xuə^{45}$	xo^{11}	$fuʌ^{24}$	xo^{52}	xuo^{52}	xuo^{55}	$xəu^{35}$	xu^{33}	$xʊ^{554}$
华中华	$uɒ^{221}$	$uə^{211}$	o^{52}	$uʌ^{31}$	o^{434}	uo^{11}	uo^{423}	$əu^{31}$	u^{21}	$ʊ^{231}$
划划船	$uɒ^{221}$	$uə^{211}$	o^{52}	$uʌ^{31}$	o^{434}	uo^{11}	uo^{423}	$əu^{31}$	u^{21}	$ʊ^{231}$
华姓	$uɒ^{213}$	$uə^{13}$	xo^{31}	$uʌ^{13}$	o^{231}	uo^{231}	uo^{223}	$əu^{13}$	u^{22}	$ʊ^{213}$

	遂昌	龙泉	庆元	松阳	宣平	丽水	云和	景宁	青田	缙云
蛙	uɒ^{45}	o^{335}	o^{335}	uʌ^{53}	o^{24}	uo^{24}	uo^{24}	əu^{324}	u^{445}	u^{445}
搲爬	uaʔ^{5}			uɔʔ^{5}	uɑʔ^{5}	uaʔ^{5}	uɑʔ^{5}	uɑʔ^{5}	uæʔ^{42}	
补	puə^{533}	pɤɯ^{53}	ʔbɤ^{33}	puʌ^{213}	pu^{44}	pu^{544}	pu^{53}	pu^{33}	ʔbø^{454}	ʔbu^{52}
谱	pʰuə^{533}	pʰɤɯ^{53}	ʔbɤ^{33}	pʰuʌ^{213}	pʰu^{44}	pʰu^{544}	pʰu^{53}	pʰu^{33}	pʰø^{454}	ʔbu^{52}
布	puə^{334}	pɤɯ^{45}	ʔbɤ^{11}	puʌ^{24}	pu^{52}	pu^{52}	pu^{55}	pu^{35}	ʔbø^{33}	ʔbu^{554}
铺动	pʰuə^{45}	pʰɤɯ^{335}	pʰɤ^{335}	pʰuʌ^{53}	pʰu^{24}	pʰu^{24}	pʰu^{24}	pʰu^{324}	pʰø^{445}	pʰu^{445}
普	pʰuə^{533}	pʰɤɯ^{53}	pʰɤ^{33}	pʰuʌ^{213}	pʰu^{44}	pʰu^{544}	pʰu^{53}	pʰu^{33}	pʰø^{454}	pʰu^{52}
浦	pʰuə^{533}	pʰɤɯ^{53}	pʰɤ^{33}	pʰuʌ^{213}	pʰu^{44}	pʰu^{544}	pʰu^{53}	pʰu^{33}	pʰø^{454}	pʰu^{52}
铺名	pʰuə^{334}	pʰɤɯ^{45}	pʰɤ^{11}	pʰuʌ^{24}	pʰu^{52}	pʰu^{52}	pʰu^{55}	pʰu^{35}	pʰø^{33}	pʰu^{554}
蒲	buə^{221}	bɤɯ^{211}	pɤ^{52}	buʌ^{31}	pu^{434}	bu^{11}	bu^{423}	bu^{31}	bø^{21}	bu^{231}
菩	bu^{221}	bu^{211}	pu^{52}	bu^{31}	pu^{434}	bu^{11}	bu^{423}	bu^{31}	bu^{21}	bʊ^{231}
脯	bu^{221}	bu^{211}	pu^{52}	buʌ^{31}	pu^{434}	bu^{11}	pʰu^{53}	bu^{31}	pʰø^{454}	pʰu^{52}
部	bu^{13}	pu^{53}	pu^{221}	buʌ^{22}	bu^{223}	bu^{11}	bu^{31}	bu^{33}	bu^{343}	bu^{31}
簿	buə^{13}	pɤɯ^{53}	pɤ^{221}	buʌ^{22}	bu^{223}	bu^{11}	bu^{31}	bu^{33}	bø^{343}	bu^{31}
步	buə^{213}	bɤɯ^{13}	pɤ^{31}	buʌ^{13}	bu^{231}	bu^{231}	bu^{223}	bu^{13}	bu^{22}	bu^{213}
模	mu^{221}	məu^{211}	mɤ^{52}	muʌ^{31}	mu^{434}	mu^{11}	m^{423}	m^{31}	mu^{21}	mu^{231}
墓	mu^{213}	mɤɯ^{13}	mɤ^{31}	muʌ^{13}	mu^{231}	mu^{231}	m^{223}	m^{13}	m^{22}	mu^{213}
都首都	tuə^{45}	tɤɯ^{335}	ʔdɤ^{335}	tuʌ^{53}	tu^{24}	tu^{24}	tu^{24}	ty^{324}	ʔdø^{445}	ʔdu^{445}
都都是	tu^{45}	tɤɯ^{335}	ʔdɤ^{335}	tu^{53}	tu^{24}	tu^{24}	tu^{24}	təu^{324}	ʔdø^{445}	ʔdu^{445}
赌	tuə^{533}	tɤɯ^{53}	ʔdɤ^{33}	tuʌ^{213}	tu^{44}	tu^{544}	tu^{53}	ty^{33}	ʔdø^{454}	ʔdu^{52}
肚猪肚	tuə^{533}	tɤɯ^{53}	ʔdɤ^{33}	tuʌ^{213}	tu^{44}	tu^{544}	tu^{53}	ty^{33}	ʔdø^{454}	ʔdu^{52}
妒	tuə^{334}	tɤɯ^{45}	ʔdɤ^{11}	tuʌ^{24}	tu^{52}	tu^{52}	tu^{55}	ty^{35}	ʔdø^{33}	ʔdu^{554}
土	tʰuə^{533}	tʰɤɯ^{53}	tʰɤ^{33}	tʰuʌ^{213}	tʰu^{44}	tʰu^{544}	tʰu^{53}	tʰy^{33}	tʰø^{454}	tʰu^{52}
吐吐痰	tʰuə^{533}	tʰɤɯ^{53}	tʰɤ^{33}	tʰuʌ^{213}	tʰu^{44}	tʰu^{544}	tʰu^{53}	tʰy^{33}	tʰø^{454}	tʰu^{52}
吐呕吐	tʰuə^{334}	tʰɤɯ^{45}	tʰɤ^{11}	tʰuʌ^{24}	tʰu^{52}	tʰu^{52}	tʰu^{55}	tʰy^{35}	tʰø^{33}	tʰu^{554}
兔	tʰuə^{334}	tʰɤɯ^{45}	tʰɤ^{11}	tʰuʌ^{24}	tʰu^{52}	tʰu^{52}	tʰu^{55}	tʰy^{35}	tʰø^{33}	tʰu^{554}
徒	duə^{221}	dɤɯ^{211}	tɤ^{52}	duʌ^{31}	tu^{434}	du^{11}	du^{423}	dy^{31}	dø^{21}	du^{231}
途	duə^{221}	dɤɯ^{211}	tɤ^{52}	duʌ^{31}	tu^{434}	du^{11}	du^{423}	dy^{31}	dø^{21}	du^{231}
涂	duə^{221}	dɤɯ^{211}	tɤ^{52}	duʌ^{31}	tu^{434}	du^{11}	du^{423}	dy^{31}	dø^{21}	du^{231}
图	duə^{221}	dɤɯ^{211}	tɤ^{52}	duʌ^{31}	tu^{434}	du^{11}	du^{423}	dy^{31}	dø^{21}	du^{231}
杜	duə^{13}	tɤɯ^{53}	tɤ^{221}	duʌ^{22}	du^{223}	du^{11}	du^{31}	dy^{33}	dø^{343}	du^{31}
肚肚子	ᵂduə^{13}	ᵂtɤɯ^{53}	ᵂtɤ^{221}	ᵂduʌ^{22}	du^{223}	du^{11}	du^{31}	dy^{33}	dø^{343}	du^{31}

续表

	遂昌	龙泉	庆元	松阳	宣平	丽水	云和	景宁	青田	缙云
度	duə^{213}	dɣɯ^{13}	tɤ^{31}	duʌ^{13}	du^{231}	du^{231}	du^{223}	dy^{13}	dø^{22}	du^{213}
渡	duə^{213}	dɣɯ^{13}	tɤ^{31}	duʌ^{13}	du^{231}	du^{231}	du^{223}	dy^{13}	dø^{22}	du^{213}
镀	duə^{213}	dɣɯ^{13}	tɤ^{31}	duʌ^{13}	du^{231}	du^{231}	du^{223}	dy^{13}	dø^{22}	du^{213}
奴	nu^{221}	nɣɯ^{211}	nɤ^{52}	nu^{31}	nu^{434}	nu^{11}	nu^{423}	nəu^{31}	nu^{21}	nʊ^{231}
努	nu^{13}	nɣɯ^{53}	nɤ^{221}	nu^{22}	nu^{223}	nu^{544}	nu^{53}	nəu^{33}	nu^{343}	nʊ^{31}
怒	nu^{213}	nɣɯ^{13}	nɤ^{31}	nu^{13}	nu^{231}	nu^{231}	nu^{223}	nəu^{13}	nu^{22}	nʊ^{213}
卢	lu^{221}	lɣɯ^{211}	lɤ^{52}	luʌ^{31}	lu^{434}	lu^{11}	lu^{423}	ly^{31}	lø^{21}	lu^{231}
炉	lu^{221}	lɣɯ^{211}	lɤ^{52}	luʌ^{31}	lu^{434}	lu^{11}	lu^{423}	ly^{31}	lø^{21}	lu^{231}
芦	lu^{221}	lu^{211} lɣɯ^{211}	lo^{52} lɤ^{52}	lu^{31}	lu^{434}	lu^{11}	lu^{423}	ləu^{31}	lu^{21}	lu^{231}
	龙泉、庆元两地，上行语境是"包芦玉米"，下行语境是读字音。									
鲁	lu^{13}	lɣɯ^{53}	lɤ^{221}	luʌ^{22}	lu^{223}	lu^{544}	lu^{53}	ly^{33}	lø^{343}	lu^{31}
虏	lu^{13}	lɣɯ^{53}	lɤ^{221}	luʌ^{22}	lu^{223}	lu^{544}	lu^{53}	ly^{33}	lu^{343}	lu^{31}
卤	lu^{13}	lɣɯ^{53}	lɤ^{221}	luʌ^{22}	lu^{223}	lu^{544}	lu^{53}	ly^{33}	lø^{343}	lu^{31}
路	luə^{213}	lɣɯ^{13}	lɤ^{31}	luʌ^{13}	lu^{231}	lu^{231}	lu^{223}	ly^{13}	lø^{22}	lu^{213}
露	luə^{213}	lɣɯ^{13}	lɤ^{31}	luʌ^{13}	lu^{231}	lu^{231}	lu^{223}	ly^{13}	lø^{22}	lu^{213}
租	tsuə^{45}	tsɣɯ^{335}	tsɤ^{335}	tsɤ^{53}	tsu^{24}	tsu^{24}	tsu^{24}	tsʅ^{324}	tsø^{445}	tsu^{445}
祖	tsuə^{533}	tsɣɯ^{53}	tsɤ^{33}	tsuʌ^{213}	tsu^{44}	tsu^{544}	tsu^{53}	tsʅ^{33}	tsø^{454}	tsu^{52}
组	tsuə^{533}	tsɣɯ^{53}	tsɤ^{33}	tsuʌ^{213}	tsu^{44}	tsu^{544}	tsu^{53}	tsʅ^{33}	tsø^{454}	tsu^{52}
做	tsu^{334}	tso^{45}	tso^{11}	tsu^{24}	tsu^{52}	tsu^{52}	tsuo^{55}	tsəu^{35}	tsu^{33}	tsʊ^{554}
粗	tsʰuə^{45}	tsʰɣɯ^{335}	tsʰɤ^{335}	tsʰɤ^{53}	tsʰu^{24}	tsʰu^{24}	tsʰu^{24}	tsʰʅ^{324}	tsʰø^{445}	tsʰu^{445}
醋	tsʰuə^{334}	tsʰɣɯ^{45}	tsʰɤ^{11}	tsʰɤ^{24}	tsʰu^{52}	tsʰu^{52}	tsʰu^{55}	tsʰʅ^{35}	tsʰø^{33}	tsʰu^{554}
错	tsʰu^{334}	tsʰəu^{45}	tsʰo^{11}	tsʰu^{24}	tsʰu^{52}	tsʰu^{52}	tsʰu^{55}	tsʰəu^{35}	tsʰu^{33}	tsʰʊ^{554}
苏	sɤ^{45} suə^{45}	sɣɯ^{335}	sɤ^{335}	sɤ^{53} suʌ^{53}	su^{24}	su^{24}	su^{24}	sʅ^{324}	sø^{445}	su^{445}
	遂昌、松阳两地，上行语境是"落苏茄子"，下行语境是"苏联"。宣平两语境同。									
素	suə^{334}	sɣɯ^{45}	sɤ^{11}	suʌ^{24}	su^{52}	su^{52}	su^{55}	sʅ^{35}	sø^{33}	su^{554}
塑	suə^{334}	sɣɯ^{45}	sɤ^{11}	suʌ^{24}	su^{52}	su^{52}	su^{55}	sʅ^{35}	sø^{33}	su^{554}
姑	kuə^{45}	kuɯ^{335}	kuɤ^{335}	kuʌ^{53}	ku^{24}	ku^{24}	ku^{24}	ku^{324}	kø^{445}	ku^{445}
箍	kʰuə^{45}	kʰuɯ^{335}	kʰuɤ^{335}	kʰuʌ^{53}	kʰu^{24}	kʰu^{24}	kʰu^{24}	kʰu^{324}	kʰø^{445}	kʰu^{445}
古	kuə^{533}	kuɯ^{53}	kuɤ^{33}	kuʌ^{213}	ku^{44}	ku^{544}	ku^{53}	ku^{33}	kø^{454}	ku^{52}
估	kuə^{533}	kuɯ^{53}	kuɤ^{33}	kuʌ^{213}	ku^{44}	ku^{544}	ku^{53}	ku^{33}	kø^{454}	ku^{52}
股	kuə^{533}	kuɯ^{53}	kuɤ^{33}	kuʌ^{213}	ku^{44}	ku^{544}	ku^{53}	ku^{33}	kø^{454}	ku^{52}

	遂昌	龙泉	庆元	松阳	宣平	丽水	云和	景宁	青田	缙云
鼓	kuə533	kuɯ53	kuɤ33	kuʌ213	ku44	ku544	ku53	ku33	kø454	ku52
故	kuə334	kuɯ45	kuɤ11	kuʌ24	ku52	ku52	ku55	ku35	kø33	ku554
固	kuə334	kuɯ45	kuɤ11	kuʌ24	ku52	ku52	ku55	ku35	kø33	ku554
雇	kuə334	kuɯ45	kuɤ11	kuʌ24	ku52	ku52	ku55	ku35	kø33	ku554
顾	kuə334	kuɯ45	kuɤ11	kuʌ24	ku52	ku52	ku55	ku35	kø33·	ku554
苦	kʰuə533	kʰuɯ53	kʰuɤ33	kʰuʌ213	kʰu44	kʰu544	kʰu53	kʰu33	kʰø454	kʰu52
库	kʰuə334	kʰuɯ45	kʰuɤ11	kʰuʌ24	kʰu52	kʰu52	kʰu55	kʰu35	kʰø33	kʰu554
裤	kʰuə334	kʰuɯ45	kʰuɤ11	kʰuʌ24	kʰu52	kʰu52	kʰu55	kʰu35	kʰø33	kʰu554
吴	ŋəɯ221	uɯ211	ŋuɤ52	ŋuʌ31	u434 ŋ434	ŋ11	ŋ423	ŋ31	ŋø21	ŋ231

宣平话上行语境是姓氏，下行语境是地名"吴上圩位于柳城镇城郊"。

	遂昌	龙泉	庆元	松阳	宣平	丽水	云和	景宁	青田	缙云
蜈	ŋɤ221	ŋɤɯ211	ŋɤ52	ŋuʌ31	ŋ434	ŋ11	ɲy423	ɲy31	ŋɛ21	ŋ231
五	ŋuə13	ŋəu53	ŋuɤ221	ŋuʌ22	ŋ223	ŋ544	ŋ53	ŋ33	ŋø343	ŋ31
伍	ŋuə13	ŋəu53	ŋuɤ221	ŋuʌ22	ŋ223	ŋ544	ŋ53	ŋ33	ŋø343	ŋ31
午	ŋuə13	ŋəu53	ŋuɤ221	ŋuʌ22	ŋ223	ŋ544	ŋ53	ŋ33	ŋø343	ŋ31
误	ŋuə213	uɯ13	ŋuɤ31	ŋuʌ13	ŋu231	m231	ŋ223	ŋ13	ŋø22	ŋ213
悟	ŋu213	uɯ13	ŋuɤ31	ŋuʌ13	ŋu231	m231	ŋ223	ŋ13	ŋø22	ŋ213
虎	fuə533	xuɯ53	xuɤ33	fuʌ213	fu44	xu544	xu53	xu33	xø454	fu52
浒	xuə533	xuɯ53	xuɤ33	fuʌ213	fu44	xu544	xu53	xu33	xø454	fu52
庳	fuə334	xuɯ45	xuɤ11	fuʌ24			xu55	xu35		fu554

"耘田"在处州一带大多叫做"庳田"。

	遂昌	龙泉	庆元	松阳	宣平	丽水	云和	景宁	青田	缙云
胡姓	uə221	uɯ211	uɤ52	uʌ31	u434	u11	u423	u31	ø21	vu231
湖	uə221	uɯ211	uɤ52	uʌ31	u434	u11	u423	u31	ø21	vu231
狐	uə221	uɯ211	uɤ52	uʌ31	u434	u11	u423	u31	ø21	vu231
壶	uə221	uɯ211	uɤ52	uʌ31	u434	u11	u423	u31	ø21	vu231
瓠瓢	uə221	uɯ211	uɤ52	uʌ31	u434	u11	u423	u31	ø21	vu231
鬍胡须	uə221	uɯ211	uɤ52	uʌ31	u434	u11	u423	u31	ø21	vu231
糊	guə221	uɯ211	uɤ52	guʌ31	u434	u11	u423	u31	ø21	vu231
户	uə13	uɯ53	uɤ221	uʌ22	u223	u544	u53	u33	ø343	vu31
互	uə213	uɯ13	uɤ31	uʌ13	u231	u231	u223	u13	ø22	vu213
护	uə213	uɯ13	uɤ31	uʌ13	u231	u231	u223	u13	ø22	vu213
乌	uə45	uɯ335	uɤ335	uʌ53	u24	u24	u24	u324	ø445	u445

续表

	遂昌	龙泉	庆元	松阳	宣平	丽水	云和	景宁	青田	缙云
污	uə⁴⁵	uɯ³³⁵	uɣ³³⁵	uʌ⁵³	u²⁴	u²⁴	u²⁴	u³²⁴	ø⁴⁴⁵	u⁴⁴⁵
女	ȵyɛ¹³	ȵy⁵³	ȵye²²¹	ȵyɛ²²	ȵy²²³	ȵy⁵⁴⁴	ɲy⁵³	ɲy³³	ȵiɯ³⁴³	ȵy³¹
庐	luə²²¹	lɣɯ²¹¹	ly⁵²	luʌ³¹	lu⁴³⁴	lu¹¹	lu⁴²³	ly³¹	lø²¹	lu²³¹
吕	lyɛ¹³	li⁵³	li²²¹	lyɛ²²	ly²²³	ly⁵⁴⁴	ly⁵³	ly³³	lø³⁴³	ly³¹
旅	lyɛ¹³	li⁵³	lie²²¹	lyɛ²²	ly²²³	ly⁵⁴⁴	ly⁵³	ly³³	lø³⁴³	ly³¹
虑	lyɛ²¹³	li¹³	lie³¹	lyɛ¹³	ly²³¹	ly²³¹	ly²²³	ly¹³	lø²²	ly²¹³
徐	ʑyɛ²²¹	ʑy²¹¹	ɕye⁵²	ʑyɛ³¹	ɕy⁴³⁴	zɿ¹¹	ʒy⁴²³	ʒy³¹	zʅ²¹	zɿ²³¹
序	ʑyɛ¹³	ɕy⁵³	ɕye²²¹	ʑyɛ²²	zy²²³	zɿ¹¹	ʒy³¹	ʒy³³	ʮ³⁴³	zɿ³¹
绪	ʑyɛ¹³	ɕy⁵³	ɕye²²¹	ʑyɛ²²	zy²²³	zɿ¹¹	ʒy³¹	ʒy³³	ʮ³⁴³	dzʅ³¹
猪	tɒ⁴⁵	to³³⁵	ʔdo³³⁵	tuʌ⁵³	ti²⁴	ti²⁴	ti²⁴	ti³²⁴	ʔdi⁴⁴⁵	ʔdi⁴⁴⁵
旨	tie³³⁴	ti⁴⁵	ʔdi¹¹	tie²⁴	ti⁵²	tɣɯ⁵²	ti⁵⁵	ti³⁵	ʔdʑɯ³³	ʔdi⁵⁵⁴
	处州方言"盛盛饭"都说"旨"（遂昌话以说"掘﹦"为常）。									
除	dʑyɛ²²¹	dʑy²¹¹	tɕye⁵²	dʑyɛ³¹	tɕy⁴³⁴	dzɿ¹¹	dʒy⁴²³	dʒy³¹	dzʅ²¹	dzɿ²³¹
苧	dʑie¹³	tɕi⁵³	tɕye²²¹	dzɣ²²	dʑy²²³	dzɿ¹¹	dʒy³¹	dʒy³³	dzʅ³⁴³	dzɿ³¹
着(着火)	dei¹³	te⁵³	tæi²²¹	dæ²²	de²²³	dɛ¹¹	da³¹	dæi³³	dɛ³⁴³	dɛ³¹
箸	dʑie²¹³	dʑi¹³	tɕie³¹	dzɣ¹³	dzɿ²³¹	dzɿ²³¹	dzɿ²²³	dʒi¹³	dzʅ²²	dzɿ²¹³
阻	tsuə⁵³³	tsɣɯ⁵³	tsɣ³³	tsuʌ²¹³	tsu⁴⁴	tsu⁵⁴⁴	tsu⁵³	tʃy³³	tsø⁴⁵⁴	tsu⁵²
初	tɕʰiu⁴⁵ tsʰuə⁴⁵	tsʰɣɯ³³⁵	tsʰɣ⁵³	tsʰuʌ⁵³	tsʰu²⁴	tsʰu²⁴	tsʰu²⁴	tsʰɐ³²⁴	tsʰu⁴⁴⁵	tsʰu⁴⁴⁵
	遂昌话上行语境是"初一农历"，下行语境是"初中"、"初一初中一年级"。									
楚	tsʰuə⁵³³	tsʰɣɯ⁵³	tsʰɣ³³	tsʰuʌ²¹³	tsʰu⁴⁴	tsʰu⁵⁴⁴	tsʰu⁵³	tsʰɐ³³	tsʰu⁴⁵⁴	tsʰu⁵²
础	tsʰuə⁵³³	tsʰɣɯ⁵³	tsʰɣ³³	tsʰuʌ²¹³	tsʰu⁴⁴	tsʰu⁵⁴⁴	tsʰu⁵³	tsʰɐ³³	tsʰu⁴⁵⁴	tsʰu⁵²
锄	zɒ²²¹	zo²¹¹	so⁵²	zuʌ³¹	so⁴³⁴	zɒ¹¹	zuo⁴²³	zɐu³¹	zʅ²¹	zʊ²³¹
助	zuə²¹³	zɣɯ¹³	sɣ³¹	zuʌ¹³	zu²³¹	zu²³¹	zu²²³	zɐɯ¹³	zu²²	zʊ²¹³
梳	sɒ⁴⁵	sɣɯ³³⁵	sɣ³³⁵	suʌ⁵³	sɿ²⁴	su²⁴	sɿ²⁴	sɿ³²⁴	sɿ⁴⁴⁵	sɿ⁴⁴⁵
疏	sɒ⁴⁵	so³³⁵	so³³⁵	suʌ⁵³	so²⁴	suo²⁴	su²⁴	sɐu³²⁴	su⁴⁴⁵	su⁴⁴⁵
蔬	suə⁴⁵	sɣɯ³³⁵	sɣ³³⁵	suʌ⁵³	su²⁴	su²⁴	su²⁴	sɿ³²⁴	sɿ⁴⁴⁵	su⁴⁴⁵
所	suə⁵³³	sɣɯ⁵³	so³³	suʌ²¹³	su⁴⁴	su⁵⁴⁴	su⁵³	sɐɯ³³	su⁴⁵⁴	sʊ⁵²
诸	tɕyɛ⁴⁵	tɕy³³⁵	tɕye³³⁵	tɕyɛ⁵³	tɕy²⁴	tsʅ²⁴	tʃy²⁴	tʃy³²⁴	tsʅ⁴⁴⁵	tsʅ⁴⁴⁵
煮	ie⁵³³ tɕyɛ⁵³³	i⁵³ tɕy⁵³	ie³³ tɕye³³	tɕyɛ²¹³	tɕy⁴⁴	tsʅ⁵⁴⁴	i⁵³ tʃi⁵³	tʃi³³	tsʅ⁴⁵⁴	i⁵² tsʅ⁵²
	上行语境是"煮鸡蛋"，下行系读字音。									
处	tɕʰyɛ³³⁴	tɕʰy⁴⁵	tɕʰye¹¹	tɕʰyɛ²⁴	tɕʰy⁵²	tsʰʅ⁵²	tʃʰy⁵⁵	tʃʰy³⁵	tsʰʅ³³	tsʰʅ⁵⁵⁴

	遂昌	龙泉	庆元	松阳	宣平	丽水	云和	景宁	青田	缙云
书	ɕyɛ⁴⁵	ɕy³³⁵	ɕye³³⁵	ɕyɛ⁵³	ɕy²⁴	sʮ²⁴	ʃy²⁴	ʃy³²⁴	sʮ⁴⁴⁵	sʮ⁴⁴⁵
舒	ɕyɛ⁴⁵	ɕy³³⁵	ɕye³³⁵	ɕyɛ⁵³	ɕy²⁴	sʮ²⁴	ʃy²⁴	ʃy³²⁴	sʮ⁴⁴⁵	sʮ⁴⁴⁵
暑	ɕyɛ⁵³³	ɕy⁵³	ɕye³³	ɕyɛ²¹³	ɕy⁴⁴	sʮ⁵⁴⁴	ʃy⁵³	ʃy³³	sʮ⁴⁵⁴	sʮ⁵²
鼠	tɕʰiɛ⁵³³	tɕʰi⁵³	tɕʰie³³	tsʰɤ²¹³	tsʰʅ⁴⁴	tsʰʅ⁵⁴⁴	tsʰʅ⁵³	tʃʰʅ³³	tsʰʅ⁴⁵⁴	tsʰʅ⁵²
薯	dʑiɛ²¹³	dʑi¹³	tɕie³¹	dzɤ¹³	zʅ²³¹	zʅ²³¹	dzʅ²²³	dʒi¹³	dzʅ²²	zʅ²¹³
如	ȵyɛ²²¹	ȵy²¹¹	ȵye⁵²	ȵyɛ³¹	ɕy⁴³⁴	zʮ¹¹	ɲy⁴²³	ʒy³¹	ʮ²¹	zʮ²³¹
车象棋	tɕyɛ⁴⁵	tɕy³³⁵	tɕye³³⁵	tɕyɛ⁵³	tɕy²⁴	tsʮ²⁴	tʃy²⁴	tʃy³²⁴	tsʮ⁴⁴⁵	tɕy⁴⁴⁵
举	tɕyɛ⁵³³	tɕy⁵³	tɕye³³	tɕyɛ²¹³	tɕy⁴⁴	tsʮ⁵⁴⁴	tʃy⁵³	tʃy³³	tsʮ⁴⁵⁴	tɕy⁵²
据	tɕyɛ³³⁴	tɕy⁴⁵	tɕye¹¹	tɕyɛ²⁴	tɕy⁵²	tsʮ⁵²	tʃy⁵⁵	tʃy³⁵	tsʮ³³	tɕy⁵⁵⁴
锯	kɤ³³⁴	kɤɯ⁴⁵	kɤ¹¹	kɤ²⁴	kɤɯ⁵²	kɤɯ⁵²	tʃy⁵⁵	tʃy³⁵	ke³³	kɤɯ⁵⁵⁴
踞蹲	tɕiɯ⁴⁵	tɕiɯ³³⁵	ke⁵³	ku²⁴	ku²⁴		tʃiɯ²⁴	tʃiɯ³²⁴	tɕiɯ⁴⁴⁵	
去	kʰɤ³³⁴	kʰɤɯ⁴⁵	kʰɤ¹¹	kʰɤ²⁴	kʰɤɯ⁵²	kʰɤɯ⁵²	kʰi⁵⁵	kʰi³⁵	kʰi³³	kʰɤɯ⁵⁵⁴
渠他	gɤ²²¹	gɤɯ²¹¹	kɤ²²¹	gɤ³¹	gɤɯ²²³	gɤɯ¹¹	gi⁴²³	gi³¹	gi²¹	gɤɯ²³¹
距	dʑyɛ¹³	tɕy⁵³	tɕye²²¹	dʑyɛ²²	dʑyɛ²²³	dzʅ¹¹	dʒy³¹	dʒy³³	dzʮ³⁴³	dʑy³¹
鱼	ŋɤ²²¹	ŋɤɯ²¹¹	ŋɤ¹¹	ŋɤ³¹	ŋ⁴³⁴	ŋ¹¹	ɲy⁴²³	ɲy³¹	ŋe²¹	ȵy²³¹
语	ȵyɛ¹³	ȵy⁵³	ȵye²²¹	ȵyɛ²²	ŋy²²³	ȵy⁵⁴⁴	ɲy⁵³	ɲy³³	ȵiɯ³⁴³	ȵy³¹
御	yɛ²¹³	yɛ¹³	ye³¹	yɛ¹³					y¹³	y²¹³
	遂昌、龙泉等六地"放牛"说"御牛"。									
虚	ɕyɛ⁴⁵	ɕy³³⁵	ɕye³³⁵	ɕyɛ⁵³	ɕy²⁴	sʮ²⁴	ʃy²⁴	ʃy³²⁴	sʮ⁴⁴⁵	ɕy⁴⁴⁵
许	ɕyɛ⁵³³	ɕy⁵³	ɕye³³	ɕyɛ²¹³	ɕy⁴⁴	sʮ⁵⁴⁴	ʃy⁵³	ʃy³³	sʮ⁴⁵⁴	ɕy⁵²
余	yɛ²²¹	y²¹¹	ye⁵²	yɛ³¹	y⁴³⁴	ʮ¹¹	y⁴²³	y³¹	ʮ²¹	y²³¹
与	yɛ¹³	y⁵³	ye²²¹	yɛ²²	ʮ⁵⁴⁴	y⁵³	y³³	ʮ³⁴³	y³¹	
誉	yɛ²¹³	y¹³	ye³¹	yɛ¹³	y²³¹	ʮ²³¹	y²²³	y¹³	ʮ²²	y²¹³
预	yɛ²¹³	y¹³	ye³¹	yɛ¹³	y²³¹	ʮ²³¹	y²²³	y¹³	ʮ²²	y²¹³
夫	fuə⁴⁵	fɤɯ³³⁵	fɤ³³⁵	fuʌ⁵³	fu²⁴	fu²⁴	fu²⁴	fu³²⁴	fɛ⁴⁴⁵ fø⁴⁴⁵	fu⁴⁴⁵
肤	fuə⁴⁵	fɤɯ³³⁵	fɤ³³⁵	fuʌ⁵³	fu²⁴	fu²⁴	fu²⁴	fu³²⁴	fø⁴⁴⁵	fu⁴⁴⁵
府	fuə⁵³³	fɤɯ⁵³	fɤ³³	fuʌ²¹³	fu⁴⁴	fu⁵⁴⁴	fu⁵³	fu³³	fø⁴⁵⁴	fu⁵²
斧	fuə⁵³³	fɤɯ⁵³	fɤ³³	fuʌ²¹³	fu⁴⁴	fu⁵⁴⁴	fu⁵³	xu³³	xø⁴⁵⁴	fu⁵²
付	fuə³³⁴	fɤɯ⁴⁵	fɤ¹¹	fuʌ²⁴	fu⁵²	fu⁵²	fu⁵⁵	fu³⁵	fø³³	fu⁵⁵⁴
傅	fuə³³⁴	fɤɯ⁴⁵	fɤ¹¹	fuʌ²⁴	fu⁵²	fu⁵²	fu⁵⁵	fu³⁵	fø³³	fu⁵⁵⁴
俘	fuə⁴⁵	fɤɯ³³⁵	fɤ³³⁵	fuʌ⁵³	fu²⁴	fu²⁴	fu²⁴	fu³²⁴	fø⁴⁴⁵	fu⁴⁴⁵

续表

	遂昌	龙泉	庆元	松阳	宣平	丽水	云和	景宁	青田	缙云
敷	fuə⁴⁵	fɤɯ³³⁵	fɤ³³⁵	fuʌ⁵³	fu²⁴	fu²⁴	fu²⁴	fu³²⁴	fø⁴⁴⁵	fu⁴⁴⁵
殕	pʰɔʔ⁵		pʰɤ³³	pʰɤʔ⁵		pʰuʔ⁵	pʰəɯʔ⁵			
	在遂昌、庆元、松阳、丽水、云和等地，东西腐败而生长的白膜叫做"殕"。									
符	vuə²²¹	vɤɯ²¹¹	fɤ⁵²	vuʌ³¹	fu⁴³⁴	vu¹¹	vu⁴²³	vu³¹	vø²¹	vu²³¹
扶	vuə²²¹	vɤɯ²¹¹	pu⁵² / fɤ⁵²	vuʌ³¹	fu⁴³⁴	vu¹¹	vu⁴²³	vu³¹	vø²¹	vu²³¹
	庆元话上行语境是"竖木梯"的"竖"的说法，下行语境俗。									
芙	vuə²²¹	vɤɯ²¹¹	fɤ⁵²	vuʌ³¹	fu⁴³⁴	vu¹¹	vu⁴²³	vu³¹	vø²¹	vu²³¹
沬泡沫	vaʔ²³	vɔʔ²³	faʔ³⁴	vɔʔ²	vɑʔ²³	vɒʔ²³	vaʔ²³	vɑʔ²³	vaʔ³¹	vɑ³⁵
父	vuə¹³	fɤɯ⁵³	fɤ²²¹	vuʌ²²	vu²²³	vu¹¹	vu³¹	vu³³	vø³⁴³	vu³¹
腐	vuə¹³	fɤɯ⁵³	fɤ²²¹	vuʌ²²	vu²²³	vu¹¹	vu³¹	vu³³	vø³⁴³	vu³¹
无	muə²²¹	muɯ⁴⁵	mɤ¹¹	muʌ³¹	u⁴³⁴	u¹¹	m⁴²³	m³¹	m²¹	vu²³¹
巫	muə²²¹	uɯ²¹¹	mɤ⁵²	muʌ³¹	u⁴³⁴	u¹¹	m⁴²³	u³¹	ʮ²¹	vu²³¹
诬	u²²¹	uɯ²¹¹	mɤ⁵²	muʌ³¹	u⁴³⁴	u¹¹	m⁴²³	u³¹	ʮ²¹	vu²³¹
武	muə¹³	mɤɯ⁵³	mɤ²²¹	muʌ²²	mu²²³	m⁵⁴⁴	m⁵³	m³³	vu³⁴³	vu³¹
舞	muə¹³	mɤɯ⁵³	mɤ²²¹	muʌ²²	mu²²³	m⁵⁴⁴	m⁵³	m³³	vu³⁴³	vu³¹
务	muə²¹³	mɤɯ¹³	mɤ³¹	muʌ¹³	mu²³¹	m²³¹	m²²³	m¹³	m²²	vu²¹³
雾	muə²¹³	mɤɯ¹³	mɤ³¹	muʌ¹³	mu²³¹	m²³¹	m²²³	m¹³	m²²	mɔ²¹³ / vu²¹³
取	tɕʰiɯ⁵³³ / tɕʰyɛ⁵³³	tɕʰyɛ⁵³	tɕʰiɯ³³ / tɕʰyɛ	tɕʰyɛ²¹³	tɕʰyɛ⁴⁴	tsʰʮ⁵⁴⁴	tʃʰʮ⁵³	tʃʰʮ³³	tsʰʮ⁴⁵⁴	tsʰʮ⁵²
	遂昌、庆元两地上行语境是"取东西"，下行语境是"取得"。									
娶	tɕʰyɛ⁵³³	tɕʰy⁵³	tɕʰyɛ³³	tɕʰyɛ²¹³	tɕʰyɛ⁴⁴	tsʰʮ⁵⁴⁴	tʃʰʮ⁵³	tʃʰʮ³³	tsʰʮ⁴⁵⁴	tsʰʮ⁵²
趣	tɕʰyɛ³³⁴	tɕʰy⁴⁵	tɕʰye¹¹	tɕʰyɛ²⁴	tɕʰy⁵²	tsʰʮ⁵²	tʃʰʮ⁵⁵	tʃʰʮ³⁵	tsʰʮ³³	tsʰʮ⁵⁵⁴
聚	ʑiɯ¹³ / dʑyɛ¹³	tɕy⁵³	ɕiɯ²²¹ / dʑyɛ²²¹	ʑiɯ²² / dʑyɛ²²	ʑiɯ²²³ / dʑyɛ²²³	dzʮ¹¹	ʒiɯ³¹ / dʒy³¹	ʒy³³	ʮ³⁴³	zium³¹ / zʮ³¹
	上行语境是"徛聚站拢"，下行语境是"聚会"。									
须	ɕyɛ⁴⁵	ɕy³³⁵	ɕye³³⁵	ɕyɛ⁵³	ɕy²⁴	sʮ²⁴	ʃy²⁴	ʃy³²⁴	su⁴⁴⁵	sʮ⁴⁴⁵
鬚	suə⁴⁵	ɕy³³⁵	ɕiɯ³³⁵	sɤ⁵³	su²⁴	sʮ²⁴	ʃy²⁴	ʃy³²⁴	sʮ⁴⁴⁵	sʮ⁴⁴⁵
需	ɕyɛ⁴⁵	ɕy³³⁵	ɕye³³⁵	ɕyɛ⁵³	ɕy²⁴	sʮ²⁴	ʃy²⁴	ʃy³²⁴	sʮ⁴⁴⁵	sʮ⁴⁴⁵
蛛	文tɕye⁴⁵	ty³³⁵	ʔdye³³⁵	文tɕye⁵³	ty²⁴	ty²⁴	ty²⁴	ty³²⁴	ʔdø⁴⁴⁵	文tsʮ⁴⁴⁵
	龙泉、庆元"蜘蛛"的读音分别为［ti³³ti³³⁵］、［ʔdie³³ʔdie³³⁵］，"蛛"被同化，此处还原。									
拄	tyɛ³³⁴	ti⁴⁵	ʔdie¹¹	tyɛ²⁴	ty⁵²	ty⁵²	ty⁵⁵	ty³⁵	ʔdø³³	ʔdy⁵⁵⁴

续表

	遂昌	龙泉	庆元	松阳	宣平	丽水	云和	景宁	青田	缙云
厨	dʑyɛ²²¹	dʑy²¹¹	tɕye⁵²	dʑyɛ³¹	tɕy⁴³⁴	dzʮ¹¹	dʒy⁴²³	dʒy³¹	dzʮ²¹	dzʮ²³¹
柱	dʑyɛ¹³	tɕy⁵³	tɕye²²¹	dʑyɛ²²	dʑy²²³	dzʮ¹¹	dʒy³¹	dʒy³³	dzʮ³⁴³	dzʮ³¹
住	dʑyɛ²¹³	dʑy¹³	tɕye³¹	dʑyɛ¹³	dʑy²³¹	dzʮ²³¹	dʒy²²³	dʒy¹³	dzʮ²²	dzʮ²¹³
数动	suə⁵³³	çy⁵³	çye³³	suʌ²¹³	su⁴⁴	sʮ⁵⁴⁴	su⁵³	ʃy³³	sʮ⁴⁵⁴	sʮ⁵²
数名	suə³³⁴	sɤɯ⁴⁵	sɤ¹¹	suʌ²⁴	su⁵²	su⁵²	su⁵⁵	sʮ³⁵	sø³³	sʮ⁵⁵⁴
朱	tɕyɛ⁴⁵	tɕy³³⁵	tɕye³³⁵	tɕye⁵³	tɕy²⁴	tsʮ²⁴	tʃy²⁴	tʃy³²⁴	tsʮ⁴⁴⁵	tsʮ⁴⁴⁵
珠	tɕyɛ⁴⁵	y³³⁵ / tɕy³³⁵	tɕye³³⁵	tɕye⁵³	tɕy²⁴	tsʮ²⁴	tʃy²⁴	tʃy³²⁴	tsʮ⁴⁴⁵	tsʮ⁴⁴⁵
	龙泉上行语境是"目珠_{眼睛}",下行语境是"珍珠"。									
主	tɕyɛ⁵³³	tɕy⁵³	tɕye³³	tɕyɛ²¹³	tɕy⁴⁴	tsʮ⁵⁴⁴	tʃy⁵³	tʃy³³	tsʮ⁴⁵⁴	tsʮ⁵²
注	tɕyɛ³³⁴	tɕy⁴⁵	tɕye¹¹	tɕyɛ²⁴	tɕy⁵²	tsʮ⁵²	tʃy⁵⁵	tʃy³⁵	tsʮ³³	tsʮ⁵⁵⁴
蛀	tɕyɛ³³⁴	tɕy⁴⁵	tɕye¹¹	tɕyɛ²⁴	tɕy⁵²	tsʮ⁵²	tʃy⁵⁵	tʃy³⁵	tsʮ³³	tsʮ⁵⁵⁴
输	çyɛ⁴⁵	çy³³⁵	çye³³⁵	çyɛ⁵³	çy²⁴	sʮ²⁴	ʃy²⁴	ʃy³²⁴	sʮ⁴⁴⁵	sʮ⁴⁴⁵
殊	ʑyɛ²²¹	ʑy²¹¹	çye⁵²	ʑyɛ³¹	çy⁴³⁴	zʮ¹¹	ʒy⁴²³	ʒy³¹	ʮ²¹	zʮ²³¹
竖	ʑyɛ¹³	çy⁵³	çye²²¹	ʑyɛ²²	ʑy²²³	zʮ¹¹	ʒy³¹	ʒy³³	ʮ³⁴³	zʮ³¹
树	dʑiɯ²¹³	dʑiɯ¹³	tɕiɯ³¹	dʑiɯ¹³	ʑy²³¹	zʮ²³¹	ʒy²²³	ʒy¹³	ʮ²²	zʮ²¹³
儒	ȵyɛ²²¹	nɤɯ²¹¹	ȵye¹¹	ȵyɛ³¹	çy⁴³⁴	zʮ¹¹	ɲy⁴²³	ʒy³¹	ʮ²¹	zʮ²³¹
拘	tɕyɛ⁴⁵	tɕy³³⁵	tɕye³³⁵	tɕyɛ⁵³	tɕy²⁴	tsʮ²⁴	tʃy²⁴	tʃy³²⁴	tsʮ⁴⁴⁵	tɕy⁴⁴⁵
句	kɤ³³⁴ / tɕyɛ³³⁴	tɕy⁴⁵	kɤ¹¹ / tɕye¹¹	tɕyɛ²⁴	tɕy⁵²	tsʮ⁵²	tʃy⁵⁵	tʃy³⁵	tsʮ³³	tɕy⁵⁵⁴
	遂昌、庆元两地上行语境是"一句话",下行语境是"句子"。									
区	tɕʰyɛ⁴⁵	tɕʰy³³⁵	tɕʰye³³⁵	tɕʰyɛ⁵³	tɕʰy²⁴	tsʰʮ²⁴	tʃʰy²⁴	tʃʰy³²⁴	tsʰʮ⁴⁴⁵	tɕʰy⁴⁴⁵
具	dʑyɛ²¹³	dʑy¹³	tɕye³¹	dʑyɛ¹³	dʑy²³¹	dzʮ²³¹	dʒy²²³	dʒy¹³	dzʮ²²	dʑy²¹³
寓	ȵyɛ²¹³	y¹³	ȵye³¹	ȵyɛ¹³	ȵy²³¹	ȵy²³¹	ɲy²²³	ɲy¹³	ȵy²²	ȵy²¹³
于	yɛ²²¹	y²¹¹	ye⁵²	yɛ³¹	y⁴³⁴	ʮ¹¹	y⁴²³	y³¹	ʮ²¹	y²³¹
雨	yɛ¹³	y⁵³	ye²²¹	yɛ²²	y²²³	ʮ⁵⁴⁴	y⁵³	y³³	ʮ³⁴³	y³¹
芋	yɛ²¹³	u¹³	ye³¹	yɛ¹³	u²³¹	ʮ²³¹	y²²³	y¹³	ʮ²²	y²¹³
愉	yɛ²²¹	y²¹¹	ye⁵²	yɛ³¹	y⁴³⁴	ʮ¹¹	y⁴²³	y³¹	ʮ²¹	y²³¹
裕	yɛ²¹³	y¹³	ye³¹	yɛ¹³	y²³¹	ʮ²³¹	y²²³	y¹³	ʮ²²	y²¹³
啡吐痰			pʰæi³³					pʰi³³		
戴	ta³³⁴	ta⁴⁵	ʔda¹¹	ta²⁴	ta⁵²	tɒ⁵²	ta⁵⁵	ta³⁵	ʔda³³	ʔdɑ⁵⁵⁴
胎	tʰei⁴⁵	tʰɛ³³⁵	tʰæi³³⁵	tʰæ⁵³	tʰe²⁴	tʰɛ²⁴	tʰa²⁴	tʰæi³²⁴	tʰɛ⁴⁴⁵	tʰei⁴⁴⁵
台台州	tʰei⁴⁵	tʰɛ³³⁵	tʰæi³³⁵	tʰæ⁵³	tʰe²⁴	tʰɛ²⁴	tʰa²⁴	tʰæi³²⁴	tʰɛ⁴⁴⁵	tʰei⁴⁴⁵

续表

	遂昌	龙泉	庆元	松阳	宣平	丽水	云和	景宁	青田	缙云
态	t^hei^{334}	$t^h\varepsilon^{45}$	t^ha^{11}	$t^hæ^{24}$	t^he^{52}	$t^h\varepsilon^{52}$	t^ha^{55}	$t^hæi^{35}$	$t^h\varepsilon^{33}$	t^hei^{554}
贷	dei^{213}	$d\varepsilon^{13}$	$tæi^{31}$	$dæ^{13}$	de^{231}	$d\varepsilon^{231}$	da^{223}	$dæi^{13}$	$d\varepsilon^{22}$	dei^{213}
臺台湾	dei^{221}	$d\varepsilon^{211}$	$tæi^{52}$	$dæ^{31}$	te^{434}	$d\varepsilon^{11}$	da^{423}	$dæi^{31}$	$d\varepsilon^{21}$	dei^{231}
代	dei^{213}	$d\varepsilon^{13}$	$tæi^{31}$	$dæ^{13}$	de^{231}	$d\varepsilon^{231}$	da^{223}	$dæi^{13}$	$d\varepsilon^{22}$	dei^{213}
袋	dei^{213}	$d\varepsilon^{13}$	$tæi^{31}$	$dæ^{13}$	de^{231}	$d\varepsilon^{231}$	da^{223}	$dæi^{13}$	$d\varepsilon^{22}$	dei^{213}
埭	da^{213}		da^{13}			da^{231}	$dɑ^{223}$	da^{13}	da^{22}	da^{213}
	量词，在遂昌、松阳等七地，"一埭字"表示"一行字"。									
耐	na^{213}	na^{13}	na^{31}	na^{13}	na^{231}	$nɒ^{231}$	$nɑ^{223}$	na^{13}	$n\varepsilon^{22}$	nei^{213}
来	lei^{221}	li^{211}	lie^{33}	li^{31}	le^{434}	li^{11}	li^{423}	li^{31}	li^{21}	lei^{231}
灾	$tsei^{45}$	$ts\varepsilon^{335}$	tsa^{335}	$tsæ^{53}$	tse^{24}	$ts\varepsilon^{24}$	tsa^{24}	$tsæi^{324}$	$ts\varepsilon^{445}$	$tsei^{445}$
再	$tsei^{334}$	$ts\varepsilon^{45}$	$tsæi^{11}$	$tsæ^{24}$	tse^{52}	$ts\varepsilon^{52}$	tsa^{55}	$tsæi^{35}$	$ts\varepsilon^{33}$	$tsei^{554}$
猜	ts^hei^{45}	$ts^h\varepsilon^{335}$	$ts^hæi^{335}$	$ts^hæ^{53}$	ts^he^{24}	$ts^h\varepsilon^{24}$	ts^he^{24}	$ts^hæi^{324}$	$ts^hæi^{445}$	ts^hei^{445}
彩	ts^hei^{533}	$ts^h\varepsilon^{53}$	$ts^hæi^{33}$	$ts^hæ^{213}$	ts^he^{44}	$ts^h\varepsilon^{544}$	ts^ha^{53}	$ts^hæi^{33}$	$ts^h\varepsilon^{454}$	ts^hei^{52}
菜	ts^hei^{334}	$ts^h\varepsilon^{45}$	$ts^hæi^{11}$	ts^he^{24}	ts^he^{52}	$ts^h\varepsilon^{52}$	ts^ha^{55}	$ts^hæi^{35}$	$ts^h\varepsilon^{33}$	ts^hei^{554}
才	zei^{221}	$z\varepsilon^{211}$	sai^{52}	$zæ^{31}$	se^{434}	$z\varepsilon^{11}$	za^{423}	$zæi^{31}$	$z\varepsilon^{21}$	zei^{231}
材	zei^{221}	$z\varepsilon^{211}$	$sæi^{52}$	$zæ^{31}$	se^{434}	$z\varepsilon^{11}$	za^{423}	$zæi^{31}$	$z\varepsilon^{21}$	zei^{231}
财	zei^{221}	$z\varepsilon^{211}$	$sæi^{52}$	$zæ^{31}$	se^{434}	$z\varepsilon^{11}$	za^{423}	$zæi^{31}$	$z\varepsilon^{21}$	zei^{231}
裁	zei^{221}	$z\varepsilon^{211}$	$sæi^{52}$	$zæ^{31}$	se^{434}	$z\varepsilon^{11}$	za^{423}	$zæi^{31}$	$z\varepsilon^{21}$	zei^{231}
在	zei^{13}	$s\varepsilon^{53}$	sa^{221}	$zæ^{22}$	ze^{223}	$z\varepsilon^{11}$	za^{31}	$zæi^{31}$	$z\varepsilon^{343}$	zei^{31}
赛	sei^{334}	$s\varepsilon^{45}$	sa^{11}	se^{24}	se^{52}	se^{52}	se^{55}	$sæi^{35}$	$sæi^{33}$	sei^{554}
该	kei^{45}	$k\varepsilon^{335}$	$kæi^{335}$	$kæ^{53}$	ke^{24}	$k\varepsilon^{24}$	ka^{24}	$kæi^{324}$	$k\varepsilon^{445}$	kei^{445}
改	kei^{533}	$k\varepsilon^{53}$	$kæi^{33}$	$kæ^{213}$	ke^{44}	$k\varepsilon^{544}$	ka^{53}	$kæi^{33}$	$k\varepsilon^{454}$	kei^{52}
概	kei^{334}	$k\varepsilon^{45}$	$k^hæi^{11}$	$kæ^{24}$	ke^{52}	$k\varepsilon^{52}$	ka^{55}	$k^hæi^{35}$ $kæi^{35}$	$k\varepsilon^{33}$	kei^{554}
开	k^hei^{45}	$k^h\varepsilon^{335}$	$k^hæi^{335}$	$k^hæ^{53}$	k^he^{24}	$k^h\varepsilon^{24}$	k^he^{24}	$k^hæi^{324}$	$k^h\varepsilon^{445}$	k^hei^{445}
咳	$k^h\varepsilon ʔ^5$	$k^h\varepsilon iʔ^{54}$	$k^hɤʔ^5$	$k^hæʔ^5$	$k^həʔ^5$	$k^h\varepsilon ʔ^5$	$k^haʔ^5$	$k^həʔ^5$	$k^h\varepsilon ʔ^{42}$	$k^h\varepsilon^{423}$
呆	$ŋei^{221}$	$ŋ\varepsilon^{211}$	$ŋæi^{52}$	$ŋæ^{31}$	$ŋe^{434}$	$ŋ\varepsilon^{11}$	$ŋa^{423}$	$ŋæi^{31}$	$ŋ\varepsilon^{21}$	$ŋei^{231}$
海	xei^{533}	$x\varepsilon^{53}$	$xæi^{33}$	$xæ^{213}$	xe^{44}	$x\varepsilon^{544}$	xa^{53}	$xæi^{33}$	$x\varepsilon^{454}$	xei^{52}
爱	ei^{334}	ε^{45}	$æi^{11}$	$æ^{24}$	e^{52}	ε^{52}	a^{55}	$æi^{35}$	ε^{33}	ei^{554}
贝	pei^{334}	$p\varepsilon^{45}$	$ʔbæi^{11}$	pe^{24}	pe^{52}	pe^{52}	pe^{55}	$pæi^{35}$	$ʔbæi^{33}$	$ʔbei^{554}$
带	ta^{334}	ta^{45}	$ʔda^{11}$	ta^{24}	ta^{52}	$tɒ^{52}$	$tɑ^{55}$	ta^{35}	$ʔda^{33}$	$ʔdɑ^{554}$
太	t^ha^{334}	t^ha^{45}	t^ha^{11}	t^ha^{24}	t^ha^{52}	$t^hɒ^{52}$	$t^hɑ^{55}$	t^ha^{35}	t^ha^{33}	$t^hɑ^{554}$

续表

	遂昌	龙泉	庆元	松阳	宣平	丽水	云和	景宁	青田	缙云
泰	tʰa^{334}	tʰa^{45}	tʰa^{11}	tʰa^{24}	tʰa^{52}	tʰɒ^{52}	tʰɑ^{55}	tʰa^{35}	tʰa^{33}	tʰɑ^{554}
赖	la^{213}	la^{13}	la^{31}	la^{13}	la^{231}	lɒ^{231}	lɑ^{223}	la^{13}	la^{22}	lɑ^{213}
癞	laʔ^{23}	lɔʔ^{23}	la^{31}	lɔʔ^{2}	laʔ^{23}	lɒ^{231}	lɑ^{223}	lɑʔ^{23}	la^{22}	lɑ^{213}
蔡	tsʰa^{334}	tsʰa^{45}	tsʰa^{11}	tsʰa^{24}	tsʰa^{52}	tsʰɒ^{52}	tsʰa^{55}	tsʰa^{35}	tsʰa^{33}	tsʰɑ^{554}
盖	ka^{334}	ka^{45}	kua^{11}	kæ^{24}	ke^{52}	kɛ^{52}	ka^{55}	kæi^{35}	kɛ^{33}	kei^{554}
艾	ŋa^{213}	ua^{13}	ŋa^{31}	ŋa^{13}	ŋa^{231} ue^{231}	ŋɛ^{231}	ŋɛ^{223} ue^{223}	a^{13}	ŋuɛ^{22}	ŋa^{213}
	宣平上行语境是姓氏，下行是植物"艾"。云和上行是植物"艾"，下行是"菖蒲艾菖蒲"。									
害	ei^{213}	ɛ^{13}	a^{31}	a^{13}	e^{231}	ɛ^{231}	a^{223}	æi^{13}	ɛ^{22}	ei^{213}
拜	pa^{334}	pa^{45}	ʔba^{11}	pa^{24}	pa^{52}	pɒ^{52}	pa^{55}	pa^{35}	ʔba^{33}	ʔbɑ^{554}
排	ba^{221}	ba^{211}	pa^{52}	ba^{31}	pa^{434}	bɒ^{11}	bɑ^{423}	ba^{31}	ba^{21}	bɑ^{231}
埋	ma^{221}	ma^{211}	ma^{52}	ma^{31}	ma^{434}	mɒ^{11}	mɑ^{423}	ma^{31}	ma^{21}	mɑ^{231}
阶	ka^{45}	ka^{335}	ka^{335}	ka^{53}	ka^{24}	kuɒ^{24}	kɑ^{24}	ka^{324}	ka^{445}	kɑ^{445}
介	ka^{334}	ka^{45}	ka^{11}	ka^{24}	ka^{52}	kuɒ^{52}	kɑ^{55}	ka^{35}	ka^{33}	kɑ^{554}
界	ka^{334}	ka^{45}	ka^{11}	ka^{24}	ka^{52}	kuɒ^{52}	kɑ^{55}	ka^{35}	ka^{33}	
芥	ka^{334}	ka^{45}	ka^{11}	ka^{24}	ka^{52}	kuɒ^{52}	kɑ^{55}	ka^{35}	ka^{33}	kɑ^{554}
届	ka^{334}	ka^{45}	ka^{11}	ka^{24}	ka^{52}	kuɒ^{52}	kɑ^{55}	ka^{35}	ka^{33}	kɑ^{554}
戒	ka^{334}	ka^{45}	ka^{11}	ka^{24}	ka^{52}	kuɒ^{52}	kɑ^{55}	ka^{35}	ka^{33}	kɑ^{554}
械	a^{213}	a^{13}	xa^{31}	a^{13}	a^{231}	uɒ^{231}	ɑ^{223}	a^{13}	a^{22}	ɑ^{213}
摆	pa^{533}	pa^{53}	ʔba^{33}	pa^{213}	pa^{44}	pɒ^{544}	pa^{53}	pa^{33}	ʔba^{454}	ʔbɑ^{52}
派	pʰa^{334}	pʰa^{45}	pʰa^{11}	pʰa^{24}	pʰa^{52}	pʰɒ^{52}	pʰa^{55}	pʰa^{35}	pʰa^{33}	pʰɑ^{554}
牌	ba^{221}	ba^{211}	pa^{52}	ba^{31}	ba^{231}	bɒ^{11}	bɑ^{423}	ba^{31}	ba^{21}	bɑ^{231}
买	ma^{13}	ma^{53}	ma^{221}	ma^{22}	ma^{223}	mɒ^{544}	ma^{53}	ma^{33}	ma^{343}	mɑ^{31}
卖	ma^{213}	ma^{13}	ma^{31}	ma^{13}	ma^{231}	mɒ^{231}	mɑ^{223}	ma^{13}	ma^{22}	mɑ^{213}
奶	na^{13}	na^{53}	na^{221}	na^{22}	na^{223}	naʔ^{23}	nɑ^{53}	na^{33}	na^{343}	nɑ^{31}
斋	tsa^{45}	tsa^{335}	tsa^{335}	tsa^{53}	tsa^{24}	tsɒ^{24}	tsa^{24}	tsa^{324}	tsa^{445}	tsɑ^{445}
债	tsa^{334}	tsa^{45}	tsa^{11}	tsa^{24}	tsa^{52}	tsɒ^{52}	tsa^{55}	tsa^{35}	tsa^{33}	tsɑ^{554}
钗	tsʰa^{45}	tsʰo^{335}	tsʰa^{335}	tsʰa^{53}	tsʰa^{24}	tsʰɒ^{24}	tsʰa^{24}	tsʰa^{324}	tsʰa^{445}	tsʰɑ^{445}
差_{出差}	tsʰa^{45}	tsʰo^{335}	tsʰa^{335}	tsʰa^{53}	tsʰa^{24}	tsʰuo^{24}	tsʰa^{24}	tsʰa^{324}	tsʰa^{445}	tsʰɑ^{445}
柴	文za^{221}	文za^{211}	文sa^{52}	za^{31}	sa^{434}	zɒ^{11}	zɑ^{423}	za^{31}	za^{21}	zɑ^{231}
	遂昌、龙泉、庆元三地说"樵"。									
洒	sa^{533}	sa^{53}	sa^{33}	sa^{213}	sa^{44}	sɒ^{544}	sɑ^{53}	sa^{33}	sa^{454}	sɑ^{52}

续表

	遂昌	龙泉	庆元	松阳	宣平	丽水	云和	景宁	青田	缙云
晒	sa^{334}	sa^{45}	sa^{11}	sa^{24}	sa^{52}	sɒ^{52}	sɑ^{55}	sa^{35}	sa^{33}	sɑ^{554}
街	ka^{45}	ka^{335}	ka^{335}	ka^{53}	ka^{24}	kuɒ^{24}	kɑ^{24}	ka^{324}	ka^{445}	kɑ^{445}
解	ka^{533}	ka^{53}	ka^{33}	ka^{213}	ka^{44}	kuɒ^{544}	kɑ^{53}	ka^{33}	ka^{454}	kɑ^{52}
鞋	a^{221}	a^{211}	xa^{52}	a^{31}	a^{434}	uɒ^{11}	ɑ^{423}	a^{31}	a^{21}	ɑ^{231}
蟹	xa^{533}	xa^{53}	xa^{33}	xa^{213}	xa^{44}	xuɒ^{544}	xɑ^{53}	xa^{33}	xa^{454}	xɑ^{52}
矮	a^{533}	a^{53}	a^{33}	a^{213}	a^{44}	uɒ^{544}	ɑ^{53}	a^{33}	a^{454}	ɑ^{52}
败	ba^{213}	ba^{13}	pa^{31}	ba^{13}	ba^{231}	bɒ^{231}	bɑ^{223}	ba^{13}	ba^{22}	bɑ^{213}
寨	za^{213}	za^{13}	sa^{31}	za^{13}	za^{231}	zɒ^{231}	zɑ^{223}	za^{13}	za^{22}	zɑ^{213}
蔽	pi^{334}	pi^{45}	ʔbi^{11}	pi^{24}	pi^{52}	pi^{52}	pi^{55}	pi^{35}	ʔbi^{33}	ʔbi^{554}
弊	bi^{213}	bi^{13}	pi^{31}	bi^{13}	bi^{231}	bi^{231}	bi^{223}	bi^{13}	bi^{22}	bi^{213}
币	bi^{213}	bi^{13}	pi^{31}	bi^{13}	bi^{231}	bi^{231}	bi^{223}	bi^{13}	bi^{22}	bi^{213}
毙	bi^{213}	bi^{13}	pi^{31}	bi^{13}	bi^{231}	bi^{231}	bi^{223}	bi^{13}	bi^{22}	bi^{213}
例	liɛ^{213}	li^{13}	lie^{31}	liɛ^{13}	li^{231}	li^{231}	li^{223}	li^{13}	li^{22}	li^{213}
厉	liɛ^{213}	li^{13}	lie^{31}	liɛ^{13}	li^{231}	li^{231}	li^{223}	li^{13}	li^{22}	li^{213}
祭	tɕiɛ^{334}	tɕi^{45}	tɕie^{11}	tsɤ^{24}	tsɿ^{52}	tsɿ^{52}	tsɿ^{55}	tʃi^{35}	tsɿ^{33}	tsɿ^{554}
际	tɕiɛ^{334}	tɕi^{45}	tɕie^{11}	tsɤ^{24}	tsɿ^{52}	tsɿ^{52}	tsɿ^{55}	tʃi^{35}	tsɿ^{33}	tsɿ^{554}
制	tɕiɛ^{334}	tɕi^{45}	tɕie^{11}	tsɤ^{24}	tsɿ^{52}	tsɿ^{52}	tsɿ^{55}	tʃi^{35}	tsɿ^{33}	tsɿ^{554}
世	ɕiɛ^{334}	ɕi^{45}	ɕie^{11}	sɤ^{24}	sɿ^{52}	sɿ^{52}	sɿ^{55}	ʃi^{35}	sɿ^{33}	sɿ^{554}
势	ɕiɛ^{334}	ɕi^{45}	ɕie^{11}	ɕiɛ^{24}	sɿ^{52}	sɿ^{52}	sɿ^{55}	ʃi^{35}	sɿ^{33}	sɿ^{554}
誓	ziɛ^{213}	zʅ^{13}	ɕie^{31}	ʑiɛ^{13}	zɿ^{231}	zɿ^{231}	zɿ^{223}	ʒi^{13}	zɿ^{22}	zʅ^{213}
艺	ŋ̍i^{213}	ŋ̍i^{13}	ŋ̍ie^{31}	ŋ̍iɛ^{13}	ŋ̍i^{231}	ŋ̍i^{231}	ɲi^{223}	ɲi^{13}	ŋ̍i^{22}	ŋ̍i^{213}
闭	pi^{334}	pi^{45}	ʔbi^{11}	pi^{24}	pi^{52}	pi^{52}	pi^{55}	pi^{35}	ʔbi^{33}	ʔbi^{554}
批	pʰiɛ^{45}	pʰi^{335}	pʰie^{335}	pʰiɛ^{53}	pʰi^{24}	pʰi^{24}	pʰi^{24}	pʰi^{324}	pʰi^{445}	pʰi^{445}
婆妈	mei^{45}			mæ^{24}		me^{24}				
米	miɛ^{13}	mi^{53}	mie^{221}	miɛ^{22}	mi^{223}	mi^{544}	mi^{53}	mi^{33}	mi^{343}	mi^{31}
谜	mi^{221}	mi^{211}	miŋ^{52}	miɛ^{31}	mi^{434}	mi^{11}	mi^{423}	mi^{31}	mi^{21}	mi^{231}
低	tie^{45}	ti^{335}	ʔdie^{335}	tie^{53}	ti^{24}	ti^{24}	ti^{24}	ti^{324}	ʔdi^{445}	ʔdi^{445}
堤	diɛ^{221}	di^{211}	tie^{52}	diɛ^{31}	ti^{434}	di^{11}	di^{423}	di^{31}	di^{21}	di^{231}
底	tiɛ^{533}	ti^{53}	ʔdie^{33}	tiɛ^{213}	ti^{44}	ti^{544}	ti^{53}	ti^{33}	ʔdi^{454}	ʔdi^{52}
抵	tiɛ^{533}	ti^{53}	ʔdie^{33}	tiɛ^{213}	ti^{44}	ti^{544}	ti^{53}	ti^{33}	ʔdi^{454}	ʔdi^{52}
帝	tiɛ^{334}	ti^{45}	ʔdie^{11}	tiɛ^{24}	ti^{52}	ti^{52}	ti^{55}	ti^{35}	ʔdi^{33}	ʔdi^{554}
梯	tʰei^{45}	tʰɛ^{335}	tʰæi^{335}	tʰæ^{53}	tʰe^{24}	tʰi^{24}	tʰe^{24}	tʰæi^{324}	tʰi^{445}	tʰei^{445}

续表

	遂昌	龙泉	庆元	松阳	宣平	丽水	云和	景宁	青田	缙云
体	tʰiɛ⁵³³	tʰi⁵³	tʰiɛ³³	tʰiɛ²¹³	tʰi⁴⁴	tʰi⁵⁴⁴	tʰi⁵³	tʰi³³	tʰi⁴⁵⁴	tʰi⁵²
替	tʰiɛ³³⁴	tʰi⁴⁵	tʰiɛ¹¹	tʰiɛ²⁴	tʰi⁵²	tʰi⁵²	tʰi⁵⁵	tʰi³⁵	tʰi³³	tʰi⁵⁵⁴
涕	文tʰi³³⁴	文tʰi⁴⁵	文tʰiɛ¹¹	文tʰe²⁴	tʰi⁵²	tʰi⁵²	tʰi⁵⁵	tʰi³⁵	tʰi³³	tʰi⁵⁵⁴
剃	tʰiɛ³³⁴	tʰi⁴⁵	tʰiɛ¹¹	tʰiɛ²⁴	tʰi⁵²	tʰi⁵²	tʰi⁵⁵	tʰi³⁵	tʰi³³	tʰi⁵⁵⁴
屉	tʰəɯʔ⁵	tʰi⁴⁵	tʰiɛ¹¹	tʰiɛ²⁴	tʰi⁵²	tʰi⁵²	tʰi⁵⁵	tʰi³⁵	tʰi³³	tʰi⁵⁵⁴
题	diɛ²²¹	di²¹¹	tiɛ⁵²	diɛ³¹	ti⁴³⁴	di¹¹	di⁴²³	di³¹	di²¹	di²³¹
提	diɛ²²¹	di²¹¹	tiɛ⁵²	diɛ³¹	ti⁴³⁴	di¹¹	di⁴²³	di³¹	di²¹	di²³¹
蹄	diɛ²²¹	di²¹¹	tiɛ⁵²	diɛ³¹	ti⁴³⁴	di¹¹	di⁴²³	di³¹	di²¹	di²³¹
弟	diɛ¹³	ti⁵³	tiɛ²²¹	diɛ²²	di²²³	diɛʔ²³	di³¹	di³³	di³⁴³	diɛ³¹
第	diɛ²¹³	di¹³	tiɛ³¹	diɛ¹³	di²³¹	di²³¹	di²²³	di¹³	di²²	di²¹³
递	diɛ²¹³	di¹³	tiɛ³¹	diɛ¹³	di²³¹	di²³¹	di²²³	di¹³	di²²	di²¹³
泥	ȵiŋ²²¹	ȵi²¹¹	ȵiɛ⁵²	ȵi³¹	ȵi⁴³⁴	ȵi¹¹	ɲi⁴²³	ɲi³¹	ȵi²¹	ȵi²³¹
犁	liɛ²²¹	li²¹¹	liɛ⁵²	liɛ³¹	li⁴³⁴	li¹¹	li⁴²³	li³¹	li²¹	li²³¹
礼	liɛ¹³	li⁵³	liɛ²²¹	liɛ²²	li²²³	li⁵⁴⁴	li⁵³	li³³	li³⁴³	li³¹
丽	li²¹³	li¹³	liɛ³¹	li¹³	li²³¹	li²³¹	li²²³	li¹³	li²²	li²¹³
隶	di²¹³	di¹³	ti³¹	di¹³	di²³¹	di²³¹	di²²³	di¹³	di²²	li²¹³
砌	tsʰɿ³³⁴	tsʰɿ⁴⁵	tɕʰiɛ¹¹	tɕʰiɛ²⁴	tsʰɿ⁵²	tsʰɿ⁵²	tsʰɿ⁵⁵	tʃʰi³⁵	tsʰɿ³³	tsʰɿ⁵⁵⁴
齐	ʑiɛ²²¹	ʑi²¹¹	ɕiɛ⁵²	zɤ³¹	sɿ⁴³⁴	zɿ¹¹	zɿ⁴²³	ʒi³¹	zɿ²¹	zɿ²³¹
脐	zɤ²²¹	zɤɯ²¹¹	ɕiɛ⁵²	zɤ³¹	sɿ⁴³⁴	zɿ¹¹	zɿ⁴²³	ʒi³¹	zɿ²¹	zɿ²³¹
荠	dʑiɛ²²¹	ʑi²¹¹	ɕiɛ⁵²	zɤ³¹	sɿ⁴³⁴	zɿ¹¹	zɿ⁴²³	ʒi³¹	zɿ²¹	zɿ²³¹
西	ɕiɛ⁴⁵	ɕi³³⁵	ɕiɛ³³⁵	sꟻ⁵³	sɿ²⁴	sɿ²⁴	sɿ²⁴	ʃi³²⁴	sɿ⁴⁴⁵	sɿ⁴⁴⁵
洗	ɕiɛ⁵³³	ɕi⁵³	ɕiɛ³³	sɤ²¹³	sɿ⁴⁴	sɿ⁵⁴⁴	sɿ⁵³	ʃi³³	sɿ⁴⁵⁴	sɿ⁵²
细	ɕiɛ³³⁴	ɕi⁴⁵	ɕiɛ¹¹	sɤ²⁴	sɿ⁵²	sɿ⁵²	sɿ⁵⁵	ʃi³⁵	sɿ³³	sɿ⁵⁵⁴
婿	ɕiɛ³³⁴	ɕi⁴⁵	ɕiɛ¹¹	sɤ²⁴	sɿ⁵²	sɿ⁵²	ʃi⁵⁵	ʃi³⁵	sɿ³³	sɿ⁵⁵⁴
鸡	iɛ⁴⁵	i³³⁵	iɛ³³⁵	tsɿ⁵³	tsɿ²⁴	tsɿ²⁴	tsɿ²⁴	tʃi³²⁴	tsɿ⁴⁴⁵	tɕi⁴⁴⁵
稽	tsɿ⁴⁵	tɕi³³⁵	tɕiɛ³³⁵	tsɿ⁵³	tsɿ²⁴	tsɿ²⁴	tsɿ²⁴	tʃi³²⁴	tsɿ⁴⁴⁵	tɕi⁴⁴⁵
计会计	tɕiɛ³³⁴	tɕi⁴⁵	tɕiɛ¹¹	tsɤ²⁴	tsɿ⁵²	tsɿ⁵²	tsɿ⁵⁵	tʃi³⁵	tsɿ³³	tɕi⁵⁵⁴
								tʃi³⁵	文tsɿ³³	tɕi⁵⁵⁴
繫动										
溪	tɕʰiɛ⁴⁵	tɕʰi³³⁵	tɕʰiɛ³³⁵	tsʰɤ⁵³	tsʰɿ²⁴	tsʰɿ²⁴	tsʰɿ²⁴	kʰæi³²⁴	tsʰɿ⁴⁴⁵	tɕʰi⁴⁴⁵

繫动　"繫"今作"系"，但表示"捆绑"义的说法，处州方言一般说"缚"，如"捆柴"的"捆"，处州方言都说"缚"。表中景宁话语境是"系头发"，缙云话语境是"系鞋带"。

续表

	遂昌	龙泉	庆元	松阳	宣平	丽水	云和	景宁	青田	缙云
启	tɕʰie⁵³³	tsʰɿ⁵³	tɕʰie³³	tsʰɤ²¹³	tsʰɿ⁴⁴	tsʰɿ⁵⁴⁴	tsʰɿ⁵³	tʃʰi³³	tsʰɿ⁴⁵⁴	tɕʰi⁵²
锲	tsʰɿ³³⁴	tɕʰi⁴⁵								
	遂昌、龙泉两地"砍_柴"叫做"锲"。									
系	ie³³⁴	i⁴⁵	ie¹¹	ie²⁴	i⁵²	i⁵²	i⁵⁵ sɿ⁵⁵	i³⁵	i³³	i⁵⁵⁴
	《方言调查字表》中有相同音韵地位的匣母字"系、繫、係",三字的意义界限不是很清楚。在处州方言中,"关系、中文系、系统"等的"系"读音都相同,故此处只收一个"系"字。									
杯	pei⁴⁵	pɛ³³⁵	ʔbæi³³⁵	pe⁵³	pe²⁴	pe²⁴	pe²⁴	pæi³²⁴	ʔbæi⁴⁴⁵	ʔbei⁴⁴⁵
辈	pei³³⁴	pɛ⁴⁵	ʔbæi¹¹	pe²⁴	pe⁵²	pe⁵²	pe⁵⁵	pæi³⁵	ʔbæi³³	ʔbei⁵⁵⁴
背_动	pei⁴⁵	pɛ³³⁵	ʔbæi³³⁵	pe⁵³	pe²⁴	pe²⁴	pe²⁴	pæi³²⁴	ʔbæi⁴⁴⁵	ʔbei⁴⁴⁵
配	pʰei³³⁴	pʰɛ⁴⁵	pʰæi¹¹	pʰe²⁴	pʰe⁵²	pʰe⁵²	pʰe⁵⁵	pʰæi³⁵	pʰæi³³	pʰei⁴⁴⁵
培	bei²²¹	bɛ²¹¹	pæi⁵²	be³¹	pe⁴³⁴	be¹¹	be⁴²³	bæi³¹	bæi²¹	bei²³¹
陪	bei²²¹	bɛ²¹¹	pæi⁵²	be³¹	pe⁴³⁴	be¹¹	be⁴²³	bæi³¹	bæi²¹	bei²³¹
赔	bei²²¹	bɛ²¹¹	pæi⁵²	be³¹	pe⁴³⁴	be¹¹	be⁴²³	bæi³¹	bæi²¹	bei²³¹
倍	bei¹³	pɛ⁵³	pæi²²¹	be²²	be²²³	be¹¹	be³¹	bæi³³	bæi³⁴³	bei³¹
背_名	pei³³⁴	pɛ⁴⁵	ʔbæi¹¹	pe²⁴	pe⁵²	pe⁵²	pe⁵⁵	pæi³⁵	ʔbæi³³	ʔbei⁵⁵⁴
梅	mei²²¹	mi²¹¹	mæi⁵²	me³¹	me⁴³⁴	me¹¹	me⁴²³	mæi³¹	mɛ²¹	mei²³¹
枚	mei²²¹	mi²¹¹	mæi⁵²	me³¹	me⁴³⁴	me¹¹	me⁴²³	mæi³¹	mɛ²¹	mei²³¹
媒	mei²²¹	mi²¹¹	mæi⁵²	me³¹	me⁴³⁴	me¹¹	me⁴²³	mæi³¹	mɛ²¹	mei²³¹
煤	mei²²¹	mi²¹¹	mæi⁵²	me³¹	me⁴³⁴	me¹¹	me⁴²³	mæi³¹	mɛ²¹	mei²³¹
每	mei¹³	mi⁵³	mæi²²¹	me²²	me²²³	me⁵⁴⁴	me⁵³	mæi³³	mɛ³⁴³	mei³¹
妹	mei²¹³	mɛ¹³	mæi³¹	mæ¹³	me²³¹	mɤɯʔ⁵	ma²²³	mæi¹³	mɛ²²	mei²¹³
堆	tei⁴⁵	tɛ³³⁵	ʔdæi³³⁵	te⁵³	te²⁴	te²⁴	te²⁴	tæi³²⁴	ʔdæi⁴⁴⁵	ʔdei⁴⁴⁵
对	tei³³⁴	tɛ⁴⁵	ʔdæi¹¹	te²⁴	te⁵²	te⁵²	te⁵⁵	tæi³⁵	ʔdæi³³	ʔdei⁵⁵⁴
碓	tei³³⁴	tɛ⁴⁵	ʔdæi¹¹	te²⁴	te⁵²	te⁵²	te⁵⁵	tæi³⁵	ʔdæi³³	ʔdei⁵⁵⁴
推	tʰei⁴⁵	tʰɛ³³⁵	tʰæi³³⁵	tʰe⁵³	tʰe²⁴	tʰe²⁴	tʰe²⁴	tʰæi³²⁴	tʰæi⁴⁴⁵	tʰei⁴⁴⁵
腿	tʰei⁵³³	tʰɛ⁵³	tʰæi³³	tʰæ²¹³	tʰe⁴⁴	tʰe⁵⁴⁴	tʰe⁵³	tʰæi³³	tʰæi⁴⁵⁴	tʰei⁵²
退	tʰei³³⁴	tʰɛ⁴⁵	tʰæi¹¹	tʰæ²⁴	tʰe⁵²	tʰe⁵²	tʰe⁵⁵	tʰæi³⁵	tʰæi³³	tʰei⁵⁵⁴
队	dei²¹³	dɛ¹³	tæi³¹	de¹³	de²³¹	de²³¹	de²²³	dæi¹³	dæi²²	dei²¹³
内	nei²¹³	nɛ¹³	næi³¹	næ¹³	ne²³¹	ne²³¹	na²²³	næi¹³	næi²²	nei²¹³
雷	lei²²¹	lɛ²¹¹	læi⁵²	læ³¹	le⁴³⁴	le¹¹	le⁴²³	læi³¹	læi²¹	lei²³¹

续表

	遂昌	龙泉	庆元	松阳	宣平	丽水	云和	景宁	青田	缙云
勍	lei²¹³	li¹³	læi³¹	læ¹³	le²³¹	le²³¹	le²²³	læi¹³	læi²²	lei²¹³
勍										

"勍"在处州方言中，有的地方可以表示圆物"滚动"，有的地方可以表示东西"丢失"。

	遂昌	龙泉	庆元	松阳	宣平	丽水	云和	景宁	青田	缙云
催	tsʰei⁴⁵	tsʰɛ³³⁵	tsʰæi³³⁵	tsʰæ⁵³	tsʰe²⁴	tsʰe²⁴	tsʰe²⁴	tsʰæi³²⁴	tsʰæi⁴⁴⁵	tsʰei⁴⁴⁵
崔	tsʰei⁴⁵	tsʰɛ³³⁵	tsʰæi³³⁵	tsʰæ⁵³	tsʰe²⁴	tsʰe²⁴	tsʰe²⁴	tsʰæi³²⁴	tsʰæi⁴⁴⁵	tsʰei⁴⁴⁵
罪	zei¹³	sɛ⁵³	sæi²²¹	zæ²²	ze²²³	ze¹¹	ze³¹	zæi³³	zæi³⁴³	zei³¹
碎	sei³³⁴	sɛ⁴⁵	sæi¹¹	se²⁴	se⁵²	se⁵²	se⁵⁵	sæi³⁵	sʅ³³	sei⁵⁵⁴
盔	kʰuei⁴⁵	xui³³⁵	xuæi³³⁵	kʰue⁵³	kʰue²⁴	kʰue²⁴	kʰue²⁴	kʰuæi³²⁴	kʰuæi⁴⁴⁵	kʰuei⁴⁴⁵
恢	xuei⁴⁵	xui³³⁵	xuæi³³⁵	fe⁵³	xue²⁴	xue²⁴	xue²⁴	xuæi³²⁴	xuæi⁴⁴⁵	xuei⁴⁴⁵
块	kʰuei³³⁴	kʰuɛ⁴⁵	kʰuæi¹¹	kʰue²⁴	kʰue⁵²	kʰue⁵²	kʰue⁵⁵	kʰuæi³⁵	kʰuæi³³	kʰuei⁵⁵⁴
灰	xuei⁴⁵	xui³³⁵	xuæi³³⁵	fe⁵³	xue²⁴	xue²⁴	xue²⁴	xuæi³²⁴	xuæi⁴⁴⁵	xuei⁴⁴⁵
悔	xuei⁵³³	xui⁵³	xuæi³³	fe²¹³	xue⁴⁴	xue⁵⁴⁴	xue⁵³	xuæi³³	xuæi⁴⁵⁴	xuei⁵²
回	uei²²¹	uɛ²¹¹	uæi⁵²	ue³¹	ue⁴³⁴	ue¹¹	ue⁴²³	uæi³¹	uæi²¹	uei²³¹
茴	uei²²¹	uɛ²¹¹	uæi⁵²	ue³¹	ue⁴³⁴	ue¹¹	ue⁴²³	uæi³¹	uæi²¹	uei²³¹
汇	uei²¹³	uɛ¹³	uæi³¹	ue¹³	ue²³¹	ue²³¹	ue²²³	uæi¹³	uæi²²	uei²¹³
煨	uei⁴⁵	uɛ³³⁵	uæi³³⁵	ue⁵³	ue²⁴	ue²⁴	ue²⁴	uæi³²⁴	uæi⁴⁴⁵	uei⁴⁴⁵
最	tsei³³⁴	tsɛ⁴⁵	tsæi¹¹	tse²⁴	tse⁵²	tse⁵²	tse⁵⁵	tsæi³⁵	tsæi³³	tsei⁵⁵⁴
会会计	kuei³³⁴	kui⁴⁵	kuæi¹¹	kue²⁴	kue⁵²	kue⁵²	kue⁵⁵	kuæi³⁵	kuæi³³	kuei⁵⁵⁴
外	ua²¹³	a¹³ / ua¹³	ua³¹	ŋa¹³	a²³¹ / ua²³¹	a²³¹ / uɒ²³¹	ɑ²²³ / uɑ²²³	uɑ¹³	ua²²	ŋɑ²¹³

上行语境是"外公"，下行语境是"外面"。

	遂昌	龙泉	庆元	松阳	宣平	丽水	云和	景宁	青田	缙云
会开会	uei²¹³	uɛ¹³	uæi³¹	ue¹³	ue²³¹	ue²³¹	ue²²³	uæi¹³	uæi²²	uei²¹³
会不会	uei²¹³	ui¹³	uæi³¹	ue¹³	ue²³¹	ue²³¹	ue²²³	uæi¹³	uæi²²	uei²¹³
绘	uei²¹³	kui⁴⁵	kuæi¹¹	ue¹³	ue²³¹	ue²³¹	kue⁵⁵	kuæi³⁵	kuæi³³	kuei⁵⁵⁴
怪	kua³³⁴	kua⁴⁵	kua¹¹	kua²⁴	kua⁵²	kuɒ⁵²	kuɑ⁵⁵	kuɑ³⁵	kua³³	kuɑ⁵⁵⁴
怀	gua²²¹ / ua²²¹	ua²¹¹	ua⁵²	gua³¹ / ua³¹	kua⁴³⁴ / ua⁴³⁴	guɒ¹¹ / uɒ¹¹	guɑ⁴²³ / uɑ⁴²³	guɑ³¹ / uɑ³¹	guɑ²¹ / ua²¹	uɑ²³¹

上行语境是"怀里"，下行语境是"怀表"。

	遂昌	龙泉	庆元	松阳	宣平	丽水	云和	景宁	青田	缙云
坏	ua²¹³	ka⁵³	ka²²¹	ua¹³	ua²³¹	uɒ²³¹	uɑ²²³	ga³³	ua²²	uɑ²¹³
拐	kua⁵³³	kua⁵³	kua³³	kua²¹³	kua⁴⁴	kuɒ⁵⁴⁴	kuɑ⁵³	kuɑ³³	kua⁴⁵⁴	kuɑ⁵²
挂	kɒ³³⁴	kuə⁴⁵	ko¹¹	kuʌ²⁴	go²³¹	guo²³¹	guo²²³	gəu¹³	gu²²	kuɑ⁵⁵⁴
卦	kɒ³³⁴	kuə⁴⁵	ko¹¹	kuʌ²⁴	ko⁵²	kuo⁵²	kuo⁵⁵	kəu³⁵	ku³³	kʊ⁵⁵⁴
歪	ua⁴⁵	ua³³⁵	ua³³⁵	ua⁵³	ua²⁴	uɒ²⁴	uɑ²⁴	uɑ³²⁴	ua⁴⁴⁵	uɑ⁴⁴⁵

续表

	遂昌	龙泉	庆元	松阳	宣平	丽水	云和	景宁	青田	缙云
画	uɒ^{213}	uə^{13}	o^{31}	uʌ^{13}	o^{231}	uo^{231}	uo^{223}	əu^{13}	u^{22}	ʊ^{213}
蛙	uɒ^{45}	o^{335}	o^{335}	uʌ^{53}	o^{24}	uo^{24}	uo^{24}	əu^{324}	u^{445}	ʊ^{445}
快	kʰua^{334}	kʰua^{45}	kʰua^{11}	kʰua^{24}	kʰua^{52}	kʰuɒ^{52}	kʰuɑ^{55}	kʰuɑ^{35}	kʰua^{33}	kʰuɑ^{554}
话	u^{213}	uə^{13}	o^{31}	u^{13}	o^{231}	uo^{231}	uo^{223}	əu^{13}	u^{22}	ʊ^{213}
脆	tsʰei^{334}	tsʰui^{45}	tɕʰy^{11}	tsʰe^{24}	tsʰe^{52}	tsʰe^{52}	tsʰe^{55}	tʃʰy^{35}	tsʰæi^{33}	tsʰʮ^{554}
岁	çyɛ^{334}	çy^{45}	çye^{11}	çyɛ^{24}	çy^{52}	sʮ^{52}	ʃy^{55}	ʃy^{35}	sʮ^{33}	sʮ^{554}
税	çyɛ^{334}	çy^{45}	çye^{11}	çyɛ^{24}	çy^{52}	sʮ^{52}	ʃy^{55}	ʃy^{35}	sʮ^{33}	sʮ^{554}
卫	uei^{213}	ui^{13}	uæi^{31}	ue^{13}	ue^{231}	ue^{231}	ue^{223}	uæi^{13}	ʮ^{22}	ʮ^{213} / uei^{213}
废	fi^{334}	fi^{45}	fie^{11}	pʰiɛ^{24}	fi^{52}	fi^{52}	fi^{55}	pʰi^{35}	fi^{33}	fi^{554}
肺	fi^{334}	fi^{45}	fie^{11}	pʰiɛ^{24}	fi^{52}	fi^{52}	fi^{55}	pʰi^{35}	fi^{33}	fi^{554}
吠	bi^{213}	bi^{13}	文fie^{31}	bi^{13}	bi^{231}	bi^{231}	bi^{223}	bi^{13}	bi^{22}	文vi^{213}
桂	kuei^{334}	kui^{45}	tɕye^{11}	kue^{24}	kue^{52}	kue^{52}	tʃy^{55} / kue^{55}	tʃy^{35}	tsʮ^{33}	tɕy^{554}
惠	uei^{213}	ui^{13}	ye^{31}	ue^{13}	ue^{231}	ue^{231}	y^{223}	y^{13}	ʮ^{22} / uæi^{22}	uei^{213}
慧	uei^{213}	ui^{13}	ye^{31}	ue^{13}	ue^{231}	ue^{231}	y^{223} / ue^{223}	uæi^{13}	ʮ^{22}	uei^{213}
碑	pei^{45}	pɛ^{335}	ʔbæi^{335}	pe^{53}	pe^{24}	pe^{24}	pe^{24}	pæi^{324}	ʔbæi^{445}	ʔbei^{445}
臂	piʔ^{5}	piʔ^{54}	ʔbiʔ^{5}	piʔ^{5}	piəʔ^{5}	puoʔ^{5}	poʔ^{5}	pæi^{35}	ʔbiʔ^{42}	ʔbei^{554}
披	pʰiɛ^{45}	pʰi^{335}	pʰi^{335}	pʰiɛ^{53}	pʰi^{24}	pʰi^{24}	pʰi^{24}	pʰi^{324}	pʰi^{445}	pʰʊ^{445} / pʰi^{445}
皮	bi^{221}	bi^{211}	pi^{52}	bi^{31}	pi^{434}	bi^{11}	bi^{423}	bi^{31}	bi^{21}	bi^{231}
脾	bi^{221}	bi^{211}	pi^{52}	bi^{31}	pi^{434}	bi^{11}	bi^{423}	bi^{31}	bi^{21}	bi^{231}
被	bi^{13}	pi^{53}	pi^{221}	bi^{22}	bi^{223}	bi^{11}	bi^{31}	bi^{33}	bi^{343}	bi^{31}
避	bi^{213}	bi^{13}	pi^{31}	bi^{13}	bi^{231}	bi^{231}	bi^{223}	bi^{13}	bi^{22}	bi^{213}
离	liɛ^{221}	li^{211}	li^{52}	liɛ^{31}	li^{434}	li^{11}	li^{423}	li^{31}	li^{21}	li^{231}
篱	liɛ^{221}	li^{211}	li^{52}	liɛ^{31}	li^{434}	li^{11}	li^{423}	li^{31}	li^{21}	li^{231}
璃	li^{221}	li^{211}	li^{52}	li^{31}	li^{434}	li^{11}	li^{423}	li^{31}	li^{21}	li^{231}
荔	liɛ^{213}	li^{13}	li^{31}	liɛ^{13}	li^{231}	li^{231}	li^{223}	li^{13}	li^{22}	li^{213}
紫	tsɤ^{533}	tsʮ^{53}	tsʮ^{33}	tsɤ^{213}	tsʮ^{44}	tsʮ^{544}	tsʮ^{53}	tsʮ^{33}	tsʮ^{454}	tsʮ^{52}
雌	tsʰɤ^{45}	tsʰʮ^{335}	tsʰʮ^{335}	tsʰɤ^{53}	tsʰʮ^{24}	tsʰʮ^{24}	tsʰʮ^{24}	tsʰʮ^{324}	tsʰʮ^{445}	tsʰʮ^{445}
此	tsʰɤ^{533}	tsʰʮ^{53}	tsʰʮ^{33}	tsʰɤ^{213}	tsʰʮ^{44}	tsʰʮ^{544}	tsʰʮ^{53}	tsʰʮ^{33}	tsʰʮ^{454}	tsʰʮ^{52}
刺	tɕʰiɛ^{334}	tɕʰi^{45}	tsʰʮ^{11}	tsʰɤ^{24}	tsʰʮ^{52}	tsʰʮ^{52}	tsʰʮ^{55}	tʃʰi^{35}	tsʰʮ^{33}	tsʰʮ^{554}

续表

	遂昌	龙泉	庆元	松阳	宣平	丽水	云和	景宁	青田	缙云
斯	sɿ45	sɿ335	sɿ335	sɤ53	sɿ24	sɿ24	sɿ24	sɿ324	sɿ445	sɿ445
知	tsɿ45	tsɿ335	tɕie335	tsɤ53	tsɿ24	tsɿ24	tsɿ24	tsɿ324	tsɿ445	tsɿ445
蜘	文tsɿ45	ti335	ʔdie335	文tsɤ53	ti24	ti24	ti24	ti324	tsɿ445	文tsɿ445
	遂昌、松阳、缙云三地把"蜘蛛"叫做"蟢"。宣平、丽水"蜘蛛"的读音都是［ty44 ty24］，"蜘"被同化，此处还原。									
筛	çiu45	sɤɯ335	sɤ335	sɤ53	sɿ24	sɿ24	sɿ24	sɿ324	sɿ445	sɿ445
支	tɕiɛ45	tɕi335	tɕie335	tsɤ53	tsɿ24	tsɿ24	tsɿ24	tsɿ324	tsɿ445	tsɿ445
枝	tɕiɛ45	tɕi335	tɕie335	tsɤ53	tsɿ24	tsɿ24	tsɿ24	tʃi324	tsɿ445	tsɿ445
栀	tɕiɛ45	tɕy335	tɕie335	tsɤ53	tsɿ24	tsɿ24	tsɿ24	tʃi324	tsɿ445	tsɿ445
纸	tɕiɛ533	tɕi53	tɕie33	tsɤ213	tsɿ44	tsɿ544	tsɿ53	tʃi33	tsɿ454	tsɿ52
施	sɿ45	çi335	çie335	sɿ53	sɿ24	sɿ24	sɿ24	sɿ324	sɿ445	sɿ445
匙	dʑiɛ221	zi211	çie52	dzɤ31	sɿ434	zɿ11	zɿ423	zɿ31	zɿ21	zɿ231
是	ziʔ23	sɿ53	çi221	zɿ22	dzɿ223	dzɿ11	dzɿ31	dzɿ33	dzɿ343	dzɿ31
儿	n̩iɛ221	n̩i211	n̩ie11	n̩iɛ31	ŋ434	ŋ11	ɲi423	ɲi31	n21	n̩i231
寄	tsɿ334	tsɿ45	tɕi11	tsɿ24	tsɿ52	tsɿ52	tsɿ55	tʃi35	tsɿ33	tɕi554
企	tshɿ533	tshɿ53	tɕhi33	tshɿ213	tshɿ44	tshɿ544	tshɿ53	tʃhi33	tshɿ454	tɕhi52
奇	dzɿ221	dzɿ211	tɕi52	dzɿ31	tsɿ434	dzɿ11	dzɿ423	dʒi31	dzɿ21	dʑi231
骑	dzɿ221	dzɿ211	tɕi52	dzɿ31	tsɿ434	dzɿ11	dzɿ423	dʒi31	dzɿ21	dʑi231
徛	gei13	kɛ53	kæi221	yæ22	ge223	ge11	ga31	gæi33	ge343	gei31
技	dzɿ213	dʑi13	tɕi31	dzɿ31	dzɿ231	dzɿ231	dzɿ223	dʒi13	dzɿ22	dʑi213
宜	i213	ŋi13	n̩i52	i13	i231	i231	ɲi223	ɲi13	i22	n̩i213
蚁	ŋa13	ua53 ŋɤɯ53	ŋa221	ŋa22	n̩i223	文n̩i544	ŋɑ31	ŋɑ33	n343	ŋɑ31
	龙泉话上行语境是"黄蚁儿蚂蚁"，下行语境是"白蚁"。丽水话"蚂蚁"叫做"蚂蚂"。									
义	ŋi213	ŋi13	ŋi31	ŋi13	ŋi231	ŋi231	ɲi223	ɲi13	n22	n̩i213
议	ŋi213	ŋi13	ŋi31	ŋi13	ŋi231	ŋi231	ɲi223	ɲi13	n22	n̩i213
牺	çi45	sɿ335	çi335	çi53	sɿ24	sɿ24	sɿ24	ʃi324	sɿ445	çi445
戏	sɿ334	sɿ45	çi11	sɿ24	sɿ52	sɿ52	sɿ55	ʃi35	sɿ33	çi554
椅	y533	y53	i33	y213	y44	ɥ544	i53	y33	i454	y52
移	iɛ221	i211	ie52	iɛ31	i434	ŋ11	i423	i31	i21	i231
易	iɛ213	i13	ie31	iɛ13	i231	i231	i223	i13	i22	i213
悲	pei45	pɛ334	ʔbæi335	pe53	pe24	pe24	pe24	pæi324	ʔbæi445	ʔbei445

续表

	遂昌	龙泉	庆元	松阳	宣平	丽水	云和	景宁	青田	缙云
比	pi³³³	pi⁵³	ʔbi³³	pi²¹³	pi⁴⁴	pi⁵⁴⁴	pi⁵³	pi³³	ʔbi⁴⁵⁴	ʔbi⁵²
庀	pʰi³³⁴	pʰi⁴⁵	ʔbi¹¹	pi²⁴	pʰi⁵²	pʰi⁵²	pi⁵⁵	pi³⁵	pʰi³³	pʰi⁵⁵⁴
痹	pi³³⁴	pi⁴⁵	ʔbi¹¹	pi²⁴	pi⁵²	pi⁵²	pi⁵⁵	pi³⁵	ʔbi³³	ʔbi⁵⁵⁴
屁	pʰi³³⁴	pʰi⁴⁵	pʰi¹¹	pʰi²⁴	pʰi⁵²	pʰi⁵²	pʰi⁵⁵	pʰi³⁵	pʰi³³	pʰi⁵⁵⁴
枇	bi²²¹	bi²¹¹	pi⁵²	bi³¹	pi⁴³⁴	bi¹¹	bi⁴²³	bi³¹	bi²¹	bi²³¹
备	bi²¹³	bi¹³	pi³¹	bi¹³	bi²³¹	bi²³¹	bi²²³	bi¹³	bi²²	bi²¹³
鼻	biʔ²³	biʔ²³	pɤʔ³⁴	bɤʔ²	biɒʔ²³	bʌʔ²³	biʔ²³	bəʔ²³	baʔ³¹	bɤɯ³⁵
箅	bi²¹³	bi¹³	pi³¹	bi¹³	bi²³¹	bi²³¹	bi²²³	bi¹³	bi²²	bi²¹³
眉	mi²²¹	mi²¹¹	mi⁵²	mi³¹	mi⁴³⁴	mi¹¹	mi⁴²³	mi³¹	mi²¹	mi²³¹
美	mei¹³	mi⁵³	mi²²¹	me²²	me²²³	me⁵⁴⁴	mi⁵³	mi³³	mi³⁴³	mi³¹
地	di²¹³	di¹³	ti³¹	di¹³	di²³¹	di²³¹	di²²³	di¹³	di²²	di²¹³
尼	ȵi²²¹	ȵi²¹¹	ȵie⁵²	ȵiɛ³¹	ȵi⁴³⁴	ȵi¹¹	ɲi⁴²³	ɲi³¹	ȵi²¹	ȵi²³¹
腻	ȵi²¹³	ȵi¹³	ȵi³¹	ȵi¹³	ȵi²³¹	ȵi²³¹	ɲi²²³	ɲi¹³	ȵi²²	ȵi²¹³
梨	li²²¹	li²¹¹	li⁵²	li³¹	li⁴³⁴	li¹¹	li⁴²³	li³¹	li²¹	li²³¹
利	li²¹³	li¹³	li³¹	li¹³	li²³¹	li²³¹	li²²³	li¹³	li²²	li²¹³
资	tsɿ⁴⁵	tsɿ³³⁵	tsɿ³³⁵	tsɤ⁵³	tsɿ²⁴	tsɿ²⁴	tsɿ²⁴	tsɿ³²⁴	tsɿ⁴⁴⁵	tsɿ⁴⁴⁵
姊	tsɿ⁵³³	tsɿ⁵³	tɕi³³	tsɿ²¹³	tsɿ⁴⁴	文tsɿ⁵⁴⁴	tsɿ⁵³	tsɿ³³	tsɛ⁴⁵⁴ / tsɿ⁴⁵⁴	tsɿ⁵²

丽水话"姐姐"叫做"妖妖 [dɒʔ²dɒʔ²³]"。青田话上行语境是"阿姊 [tsɛ⁴⁵⁴]姐姐",下行语境是"姊妹"。

	遂昌	龙泉	庆元	松阳	宣平	丽水	云和	景宁	青田	缙云
次	tsʰɤ³³⁴	tsʰɿ⁴⁵	tsʰɿ¹¹	tsʰɤ²⁴	tsʰɿ⁵²	tsʰɿ⁵²	tsʰɿ⁵⁵	tsʰɿ³⁵	tsʰɿ³³	tsʰɿ⁵⁵⁴
瓷	zɤ²²¹	zɿ²¹¹	sɿ⁵²	zɤ³¹	sɿ⁴³⁴	zɿ¹¹	zɿ⁴²³	zɿ³¹	zɿ²¹	zɿ²³¹
自	zɿ²¹³	zɿ¹³	ɕi³¹	zɿ¹³	zɿ²³¹	zɿ²³¹	zɿ²²³	zɿ¹³	zɿ²²	zɿ²¹³
私	sɤ⁴⁵	sɿ³³⁵	sɿ³³⁵	sɤ⁵³	sɿ²⁴	sɿ²⁴	sɿ²⁴	sɿ³²⁴	sɿ⁴⁴⁵	sɿ⁴⁴⁵
死	sɤ⁵³³	sɤɯ⁵³	sɤ³³	sɤ²¹³	sɿ⁴⁴	sɿ⁵⁴⁴	sɿ⁵³	sɿ³³	sɿ⁴⁵⁴	sɿ⁵²
四	sɿ³³⁴	sɿ⁴⁵	ɕi¹¹	sɿ²⁴	sɿ⁵²	sɿ⁵²	sɿ⁵⁵	sɿ³⁵	sɿ³³	sɿ⁵⁵⁴
泗鼻涕	sɿ³³⁴	ɕi⁴⁵	sæi¹¹	sɿ²⁴						
迟	dzɿ²²¹	dzɿ²¹¹	tɕi⁵²	dzɿ³¹	tsɿ⁴³⁴	dzɿ¹¹	dzɿ⁴²³	dzɿ³¹	dzɿ²¹	dzɿ²³¹
师	ɕiu⁴⁵ / sɤ⁴⁵ / sɿ⁴⁵	sɤɯ³³⁵	sɤ³³⁵	sɤ⁵³	sɿ²⁴	sɿ²⁴	sɿ²⁴	sɿ³²⁴	sɿ⁴⁴⁵	sɿ⁴⁴⁵

遂昌话上行语境是"师傅",次行语境是"做木/杀猪…老师",末行语境是"老师教师"。

	遂昌	龙泉	庆元	松阳	宣平	丽水	云和	景宁	青田	缙云
狮	ɕiu⁴⁵	sɤɯ³³⁵	sɤ³³⁵	sɤ⁵³	sɿ²⁴	sɿ²⁴	sɿ²⁴	sɿ³²⁴	sɿ⁴⁴⁵	sɿ⁴⁴⁵

续表

	遂昌	龙泉	庆元	松阳	宣平	丽水	云和	景宁	青田	缙云
脂	tɕiu^{45}	tsʅ^{335}	tɕi^{335}	tɕi^{53}	tsʅ^{24}	tsʅ^{24}	tsʅ^{24}	tsʅ^{324}	tsʅ^{445}	tsʅ^{445}
旨	tsʅ^{533}	tsʅ^{53}	tɕi^{33}	tɕi^{213}	tsʅ^{44}	tsʅ^{544}	tsʅ^{53}	tsʅ^{33}	tsʅ^{454}	tsʅ^{52}
指	tsʅ^{533}	tsʅ^{53}	tsɤ^{33}	tsʅ^{213}	tsʅ^{44}	tsʅ^{544}	tsʅ^{53}	tsʅ^{33}	tsʅ^{454}	tsʅ^{52}
至	tsʅ^{334}	tsʅ^{45}	tɕi^{11}	tsʅ^{24}	tsʅ^{52}	tsʅ^{52}	tsʅ^{55}	tsʅ^{35}	tsʅ^{33}	tsʅ^{554}
示	zʅ^{213}	zʅ^{13}	ɕi^{31}	zʅ^{13}	zʅ^{231}	zʅ^{231}	zʅ^{223}	zʅ^{13}	zʅ^{22}	zʅ^{213}
尸	sʅ^{45}	sʅ^{335}	ɕi^{335}	sʅ^{53}	sʅ^{24}	sʅ^{24}	sʅ^{24}	sʅ^{324}	sʅ^{445}	sʅ^{445}
视	zʅ^{213}	zʅ^{13}	ɕi^{31}	zʅ^{13}	zʅ^{231}	zʅ^{231}	zʅ^{223}	zʅ^{13}	zʅ^{22}	zʅ^{213}
二	ȵi^{213}	ȵi^{13}	ȵi^{31}	ȵi^{13}	ȵi^{231}	ŋ^{231}	ȵi^{223}	ȵi^{13}	n^{22}	ȵi^{213}
饥饿	kei^{45}	kɛ^{335}	kæi^{335}	kæ^{53}	tsʅ^{24}	tsʅ^{24}	tsʅ^{24}	tʃi^{324}	tsʅ^{445}	tɕi^{445}
肌	tsʅ^{45}	tsʅ^{335}	tɕi^{335}	tsʅ^{53}	tsʅ^{24}	tsʅ^{24}	tsʅ^{24}	tʃi^{324}	tsʅ^{445}	tɕi^{445}
几茶几	tsʅ^{45}	tsʅ^{335}	tɕi^{335}	tsʅ^{53}	tsʅ^{24}	tsʅ^{24}	tsʅ^{24}	tʃi^{324}	tsʅ^{445}	tɕi^{445}
器	tshʅ^{334}	tshʅ^{45}	tɕhi^{11}	tshʅ^{24}	tshʅ^{52}	tshʅ^{52}	tshʅ^{55}	tʃhi^{35}	tshʅ^{33}	tɕhi^{554}
姨	i^{13}	ʅ^{53}	i^{221}	i^{22}	i^{223}	ʅ^{11}	i^{53}	i^{33}	i^{343}	i^{31}
肄	i^{221}	ʅ^{211}	i^{52}	i^{31}	i^{434}	i^{11}	i^{423}	i^{31}	i^{21}	i^{231}
你	ȵiɛ^{13}	ȵi^{53}	ȵie^{221}	ȵi^{22}	ŋ^{223}	ȵi^{544}	ȵi^{53}	ȵi^{33}	ȵi^{343}	ȵi^{31}
李	li^{13}	li^{53}	li^{221}	li^{22}	li^{223}	li^{544}	li^{53}	li^{33}	li^{343}	li^{31}
里一里	li^{13}	li^{53}	li^{221}	li^{22}	li^{223}	li^{544}	li^{53}	li^{33}	li^{343}	li^{31}
裏里外	li^{13}	li^{53}	lie^{221}	li^{22}	li^{223}	li^{544}	li^{53}	li^{33}	li^{343}	li^{31}
理	li^{13}	li^{53}	li^{221}	li^{22}	li^{223}	li^{544}	li^{53}	li^{33}	li^{343}	li^{31}
鲤	li^{13}	li^{53}	li^{221}	li^{22}	li^{223}	li^{544}	li^{53}	li^{33}	li^{343}	li^{31}
子	tsɤ^{533}	tsɤɯ^{53}	tsɤ^{33}	tsɤ^{213}	tsʅ^{44}	tsʅ^{544}	tsʅ^{53}	tsʅ^{33}	tsʅ^{454}	tsʅ^{52}
磁	zɤ^{221}	zʅ^{211}	sʅ^{52}	zɤ^{31}	sʅ^{434}	zʅ^{11}	zʅ^{423}	zʅ^{31}	zʅ^{21}	zʅ^{231}
字	zɤ^{213}	zʅ^{13}	sʅ^{31}	zɤ^{13}	zʅ^{231}	zʅ^{231}	zʅ^{223}	zʅ^{13}	zʅ^{22}	zʅ^{213}
司	sɤ^{45}	sʅ^{335}	sʅ^{335}	sɤ^{53}	sʅ^{24}	sʅ^{24}	sʅ^{24}	sʅ^{324}	sʅ^{445}	sʅ^{445}
丝	sɤ^{45}	sʅ^{335}	sʅ^{335}	sɤ^{53}	sʅ^{24}	sʅ^{24}	sʅ^{24}	sʅ^{324}	sʅ^{445}	sʅ^{445}
思	sɤ^{45}	sʅ^{335}	sʅ^{335}	sɤ^{53}	sʅ^{24}	sʅ^{24}	sʅ^{24}	sʅ^{324}	sʅ^{445}	sʅ^{445}
词	zɤ^{221}	zʅ^{211}	sʅ^{52}	zɤ^{31}	sʅ^{434}	zʅ^{11}	zʅ^{423}	zʅ^{31}	zʅ^{21}	zʅ^{231}
祠	zɤ^{221}	zʅ^{211}	sʅ^{52}	zɤ^{31}	sʅ^{434}	zʅ^{11}	zʅ^{423}	zʅ^{31}	zʅ^{21}	zʅ^{231}
寺	zɤ^{213}	zʅ^{13}	sʅ^{31}	zɤ^{13}	zʅ^{231}	zʅ^{231}	zʅ^{223}	zʅ^{13}	zʅ^{22}	zʅ^{213}
痴	tshʅ^{45}	tsʅ^{335}	tshʅ^{335}	tshʅ^{53}	tshʅ^{24}	tshʅ^{24}	tshʅ^{24}	tshʅ^{324}	tshʅ^{445}	tshʅ^{445}
持	dzʅ^{221}	dzʅ^{211}	tɕi^{52}	dzʅ^{31}	tsʅ^{434}	dzʅ^{11}	dzʅ^{423}	dzʅ^{31}	dzʅ^{21}	dzʅ^{231}
痔	dzʅ^{13}	tsʅ^{53}	tɕi^{221}	dzʅ^{22}	dzʅ^{223}	dzʅ^{11}	dzʅ^{31}	dzʅ^{33}	dzʅ^{343}	dzʅ^{31}

续表

	遂昌	龙泉	庆元	松阳	宣平	丽水	云和	景宁	青田	缙云
治	dʐ213	dʐ13	tsɤ31	dʐ13	dʐ231	dʐ231	dʐ223	dʐ13	dʐ22	dʐ213
厕	tsʰɛʔ5	tsʰɛʔ54	tsʰɤʔ5	tsʰɤʔ5	tsʰəʔ5	tsʰaʔ5	tsʰaʔ5	tsʰɛʔ5	tsʰɛʔ42	tsʰɛ423
士	ʑiu13 zuə13	sɤɯ53	sɤ221	zɤ22	zʅ223	zʅ11	zʅ31	zʅ33	zʅ343	zʅ31

遂昌话上行语境是"士象棋棋子名",下行语境是"战士"。

	遂昌	龙泉	庆元	松阳	宣平	丽水	云和	景宁	青田	缙云
仕	ʑiu13	sɤɯ53	sɤ221	zɤ22	zʅ223	zʅ11	zʅ31	zʅ33	zʅ343	zʅ31
柿	ʑiu13	sɤɯ53	sɤ221	zɤ22	zʅ223	zʅ11	zʅ31	zʅ33	zʅ343	zʅ31
事	zuə213	zɤɯ13	sɤ31	zɤ13	zʅ231	zʅ231	zʅ223	zʅ13	zʅ22	zʅ213
使	suə533	sɤɯ53	sɤ33	sɤ213	sʅ44	sʅ544	sʅ53	sʅ33	sʅ454	sʅ52
史	suə533	sɤɯ53	sɤ33	sɤ213	sʅ44	sʅ544	sʅ53	sʅ33	sʅ454	sʅ52
驶	suə533	sɤɯ53	sɤ33	sɤ213	sʅ44	sʅ544	sʅ53	sʅ33	sʅ454	sʅ52
之	tsʅ45	tsʅ335	tɕi335	tsʅ53	tsʅ24	tsʅ24	tsʅ24	tsʅ324	tsʅ445	tsʅ445
芝	iɛ45	tsʅ335	tɕi335	iɛ53	tsʅ24	tsʅ24	tsʅ24	tsʅ324	tsʅ445	tsʅ445
止	tsʅ533	tsʅ53	tɕi33	tsʅ213	tsʅ44	tsʅ544	tsʅ53	tsʅ33	tsʅ454	tsʅ52
址	tsʅ533	tsʅ53	tɕi33	tsɤ213	tsʅ44	tsʅ544	tsʅ53	tsʅ33	tsʅ454	tsʅ52
志	tsʅ334	tsʅ45	tɕi11	tsʅ24	tsʅ52	tsʅ52	tsʅ55	tsʅ35	tsʅ33	tsʅ554
痣	tsʅ334	tsɤɯ45	tɕi11	tsʅ24	tsʅ52	tsʅ52	tsʅ55	tsʅ35	tsʅ33	tsʅ554
齿	tɕʰiu533	tsʰɤɯ53	tsʰɤ33	tsʰɤ213	tsʰʅ44	tsʰʅ544	tsʰʅ53	tsʰʅ33	tsʰʅ454	tsʰʅ52
诗	sʅ45	sʅ335	ɕi335	sʅ53	sʅ24	sʅ24	sʅ24	sʅ324	sʅ445	sʅ445
始	sʅ533	sʅ53	ɕi33	sʅ213	sʅ44	sʅ544	sʅ53	ʃi33	sʅ454	sʅ52
试	ɕiu334 ɕiu334	sɤɯ45 sʅ45	sɤ11 ɕi11	sɤ24 sʅ24	sʅ52	sʅ52	sʅ55	sʅ35	sʅ33	sʅ554

遂昌、庆元两地上行语境是"试试",下行语境是"考试"。

	遂昌	龙泉	庆元	松阳	宣平	丽水	云和	景宁	青田	缙云
时	ʑiu221 zʅ221	zʅ211	sɤ52 ɕi52	zɤ31 zʅ31	sʅ434	zʅ11	zʅ423	zʅ31	zʅ21	zʅ231

遂昌话上行语境是"多时长久、几多时多久",庆元话上行语境是"蛮伙时很久",松阳话上行语境是"几时什么时候"。下行语境俗。

	遂昌	龙泉	庆元	松阳	宣平	丽水	云和	景宁	青田	缙云
市	zɤ13	sʅ53	ɕi221	zɤ22	zʅ223	zʅ11	zʅ31	zʅ33	zʅ343	zʅ31
耳	ȵi13	mi53	ȵi221	ȵi22	ŋ223	ŋ544	ɲi53	ɲi33	n343	ȵi31
基	tsʅ45	tsʅ335	tɕi335	tsʅ53	tsʅ24	tsʅ24	tsʅ24	tʃi324	tsʅ445	tɕi445
其	i45	ʅ335	i335	i53	i24	ʅ24	i24	i324	tsʅ445	i445
箕	i45	ʅ335	i335	i53	i24	ʅ24	ʅ24	i324	tsʅ445	i445
己	tsʅ533	tsʅ53	tɕi33	tsʅ213	tsʅ44	tsʅ544	tsʅ53	tʃi33	tsʅ454	tɕi52
纪	tsʅ334	tɕi45	tɕi11	tsʅ24	tsʅ52	tsʅ52	tsʅ55	tʃi35	tsʅ33	tɕi554

	遂昌	龙泉	庆元	松阳	宣平	丽水	云和	景宁	青田	缙云
记	tsɿ³³⁴	tsɿ⁴⁵	tɕi¹¹	tsɿ²⁴	tsɿ⁵²	tsɿ⁵²	tsɿ⁵⁵	tʃi³⁵	tsɿ³³	tɕi⁵⁵⁴
欺	tɕʰy⁴⁵	tsʰɿ³³⁵	tɕʰi³³⁵	tɕʰy⁵³	tsʰɿ²⁴	tsʰɿ²⁴	tsʰɿ²⁴	tʃʰi³²⁴	tsʰɿ⁴⁴⁵	tɕʰi⁴⁴⁵
起	tsʰɿ⁵³³	tsʰɿ⁵³	tɕʰi³³	tsʰɿ²¹³	tsʰɿ⁴⁴	tsʰɿ⁵⁴⁴	tsʰɿ⁵³	tʃʰi³³	tsʰɿ⁴⁵⁴	tɕʰi⁵²
其	dzɿ²²¹	dzɿ²¹¹	tɕi⁵²	dzɿ³¹	tsɿ⁴³⁴	dzɿ¹¹	dzɿ⁴²³	dʒi³¹	dzɿ²¹	dʑi²³¹
棋	dzɿ²²¹	dzɿ²¹¹	tɕi⁵²	dzɿ³¹	tsɿ⁴³⁴	dzɿ¹¹	dzɿ⁴²³	dʒi³¹	dzɿ²¹	dʑi²³¹
期	dzɿ²²¹	dzɿ²¹¹	tɕi⁵²	dzɿ³¹	tsɿ⁴³⁴	dzɿ¹¹	dzɿ⁴²³	dʒi³¹	dzɿ²¹	dʑi²³¹
旗	dzɿ²²¹	dzɿ²¹¹	tɕi⁵²	dzɿ³¹	tsɿ⁴³⁴	dzɿ¹¹	dzɿ⁴²³	dʒi³¹	dzɿ²¹	dʑi²³¹
疑	ȵi²²¹	ȵi²¹¹	ȵi⁵²	ȵi³¹	ȵi⁴³⁴	ȵi¹¹	ȵi⁴²³	ȵi³¹	n²¹	ȵi²³¹
嬉	sɿ⁴⁵	sɿ³³⁵	ɕi³³⁵	sɿ⁵³	sɿ²⁴	sɿ²⁴	sɿ²⁴	ʃi³²⁴	sɿ⁴⁴⁵	ɕi⁴⁴⁵
熙	sɿ⁴⁵	ɕi³³⁵	ɕi³³⁵	sɿ⁵³	sɿ²⁴	sɿ²⁴	sɿ²⁴	ʃi³²⁴	sɿ⁴⁴⁵	ɕi⁴⁴⁵
喜	sɿ⁵³³	ɕi⁵³	ɕi³³	sɿ²¹³	sɿ⁴⁴	sɿ⁵⁴⁴	sɿ⁵³	ʃi³³	sɿ⁴⁵⁴	ɕi⁵²
蟢	sɿ⁵³³	文ɕi⁵³	文ɕi³³	sɿ²¹³	文sɿ⁴⁴	文sɿ⁵⁴⁴	文sɿ⁵³	文ʃi³³	文sɿ⁴⁵⁴	ɕi⁵²
医	i⁴⁵	ɿ³³⁵	i³³⁵	i⁵³	i²⁴	i²⁴	i²⁴	i³²⁴	i⁴⁴⁵	i⁴⁴⁵
意	i³³⁴	ɿ⁴⁵	i¹¹	i²⁴	i⁵²	i⁵²	i⁵⁵	i³⁵	i³³	i⁵⁵⁴
已	i¹³	ɿ⁵³	i²²¹	i²²	i²²³	i⁵⁴⁴	i⁵³	i³³	i³⁴³	i³¹
以	i¹³	ɿ⁵³	i²²¹	i²²	i²²³	i⁵⁴⁴	i⁵³	i³³	i³⁴³	i³¹
机	tsɿ⁴⁵	tsɿ³³⁵	tɕi³³⁵	tsɿ⁵³	tsɿ²⁴	tsɿ²⁴	tsɿ²⁴	tʃi³²⁴	tsɿ⁴⁴⁵	tɕi⁴⁴⁵
饑机荒	tsɿ⁴⁵	tsɿ³³⁵	tɕi³³⁵	tsɿ⁵³	tsɿ²⁴	tsɿ²⁴	tsɿ²⁴	tʃi³²⁴	tsɿ⁴⁴⁵	tɕi⁴⁴⁵
幾几个	kei⁵³³	kɛ⁵³	kæi³³	ki²¹³	ke⁴⁴	kɛ⁵⁴⁴	ki⁵³	kæi³³	kɛ⁴⁵⁴	kei⁵²
气	kʰei⁵³³ tsʰɿ³³⁴	tsʰɿ⁵³	tɕʰi¹¹	kʰæ²¹³ tsʰɿ²⁴	tsʰɿ⁵²	tsʰɿ⁵²	tsʰɿ⁵⁵	tʃʰi³⁵	tsʰɿ³³	tɕʰi⁵⁵⁴
	遂昌、松阳两地，上行语境是"较难闻的气味"的说法，下行语境是"空气"。									
汽	tsʰɿ³³⁴	tsʰɿ⁴⁵	tɕʰi¹¹	tsʰɿ⁵³	tsʰɿ⁵²	tsʰɿ⁵²	tsʰɿ⁵⁵	tʃʰi³⁵	tsʰɿ³³	tɕʰi⁵⁵⁴
毅	ȵi²¹³	ȵi¹³	ȵie³¹	ȵi¹³	ȵi²³¹	ȵi²³¹	ȵi²²³	ȵi¹³	ȵi²²	ȵi²¹³
希	sɿ⁴⁵	sɿ³³⁵	ɕi³³⁵	sɿ⁵³	sɿ²⁴	sɿ²⁴	sɿ²⁴	ʃi³²⁴	sɿ⁴⁴⁵	ɕi⁴⁴⁵
稀	sɿ⁴⁵	sɿ³³⁵	ɕi³³⁵	sɿ⁵³	sɿ²⁴	sɿ²⁴	sɿ²⁴	ʃi³²⁴	sɿ⁴⁴⁵	ɕi⁴⁴⁵
衣	i⁴⁵	ɿ³³⁵ i³³⁵	i³³⁵	i⁵³	i²⁴	i²⁴	i²⁴	i³²⁴	ɿ⁴⁴⁵	i⁴⁴⁵
依	i⁴⁵	ɿ³³⁵	i³³⁵	i⁵³	i²⁴	i²⁴	i²⁴	i³²⁴	i⁴⁴⁵	i⁴⁴⁵
累积累	lei¹³	li⁵³	læi²²¹	le²²	le²²³	le⁵⁴⁴	le⁵³	læi³³	læi³⁴³	lei³¹
累连累	lei²¹³	li¹³	læi³¹	le¹³	le²³¹	le²³¹	le²²³	læi¹³	læi²²	lei²¹³
嘴	tɕy⁵³³	tɕy⁵³	tsæi³³	tse²¹³	tɕy⁴⁴	tsʮ⁵⁴⁴	tʃy⁵³	tʃy³³	tsɿ⁴⁵⁴	tsʮ⁵²
髓	ɕie⁵³³	ɕi⁵³	ɕie³³	ɕy²¹³	sɿ⁴⁴	sɿ⁵⁴⁴	ʃy⁵³	ʃy³³	sɿ⁴⁵⁴	sɿ⁵²

续表

	遂昌	龙泉	庆元	松阳	宣平	丽水	云和	景宁	青田	缙云
随	ʑy²²¹	ʑy²¹¹	ɕy⁵²	ʑy³¹	ɕy⁴³⁴	zʮ¹¹	ʒy⁴²³	ʒy³¹	ʮ²¹	zʮ²³¹
林水	y⁵³³	y⁵³								
吹	tɕʰy⁴⁵	tɕʰy³³⁵	tɕʰy³³⁵	tɕʰy⁵³	tɕʰy²⁴	tsʰʮ²⁴	tʃʰy²⁴	tʃʰy³²⁴	tsʰʮ⁴⁴⁵	tsʰʮ⁴⁴⁵
炊	tɕʰy⁴⁵	tɕʰy³³⁵	tɕʰy³³⁵	tɕʰy⁵³	tɕʰy²⁴	tsʰʮ²⁴	tʃʰy²⁴	tʃʰy³²⁴	tsʰʮ⁴⁴⁵	tsʰʮ⁴⁴⁵
垂	zei²²¹	dʑy²¹¹	ɕy⁵²	ʑy³¹	sue⁴³⁴	zʮ¹¹	ʒy⁴²³	ʒy³¹	ʮ²¹	zʮ²³¹
规	kuei⁴⁵	kui³³⁵	tɕy³³⁵ / kuæi³³⁵	kuei⁵³	kue²⁴	kue²⁴	kue²⁴	kuæi³²⁴	kuæi⁴⁴⁵	kuei⁴⁴⁵
亏	kʰuei⁴⁵	kʰui³³⁵	kʰuæi³³⁵	kʰue⁵³	kʰue²⁴	kʰue²⁴	kʰue²⁴	kʰuæi³²⁴	kʰuæi⁴⁴⁵	tɕʰy⁴⁴⁵
跪	dʑy¹³	tɕy⁵³	tɕy²²¹	dʑy²²	dʑy²²³	dzʮ¹¹	dʒy³¹	dʒy³³	dzʮ³⁴³	dʑy³¹
危	uei²²¹	ui²¹¹	ȵy⁵²	ue³¹	ue⁴³⁴	ue¹¹	ue⁴²³	uæi³¹	ŋuæi²¹	ȵy²³¹
委	uei⁵³³	ui⁵³	y³³	ue²¹³	ue⁴⁴	ue⁵⁴⁴	ue⁵³	uæi³³	uæi⁴⁵⁴	y⁵² / uei⁵²
为为啥	uei²¹³	ui¹³	y³¹	y¹³	ue²³¹	ue²³¹	y²²³	y¹³ / uæi¹³	ʮ²²	y²¹³ / uei²¹³
类	lei²¹³	li¹³	læi³¹	le¹³	le²³¹	le²³¹	le²²³	læi¹³	lø²²	lei²¹³
泪	文lei²¹³	文li¹³	文læi³¹	le¹³	li²³¹	le²³¹	li²²³	li¹³	li²²	li²¹³
醉	tɕy³³⁴	tɕy⁴⁵	tɕy¹¹	tsɿ²⁴	tɕy⁵²	tsʮ⁵²	tʃy⁵⁵	tʃy³⁵	tsʮ³³	tsʮ⁵⁵⁴
翠	tsʰei³³⁴	tsʰi⁴⁵	tɕʰy¹¹	tsʰe²⁴	tsʰe⁵²	tsʰe⁵²	tsʰe⁵⁵	tsʰæi³⁵	tsʰæi³³	tsʰei⁵⁵⁴
虽	sei⁴⁵	ɕy³³⁵	ɕy³³⁵	ɕy⁵³	se²⁴	se²⁴	ʃy²⁴	ʃy³²⁴	sʮ⁴⁴⁵	sʮ⁴⁴⁵
遂	ʑy²¹³	ʑy¹³	ɕy³¹	ʑy¹³	ʑy²³¹	zʮ²³¹	ʒy²²³	ʒy¹³	ʮ²²	zʮ²¹³
追	tɕy⁴⁵	tɕy³³⁵	tɕy³³⁵	tɕy⁵³	tse²⁴	tsʮ²⁴	tʃy²⁴	tʃy³²⁴	tsʮ⁴⁴⁵	tsʮ⁴⁴⁵
槌	dʑy²²¹	dʑy²¹¹	tɕy⁵²	dʑy³¹	tɕy⁴³⁴	dzʮ¹¹	dʒy⁴²³	dʒy³¹	dzʮ²¹	dzʮ²³¹
锤	dʑy²²¹	dʑy²¹¹	tɕy⁵²	dʑy³¹	tɕy⁴³⁴	dzʮ¹¹	dʒy⁴²³	dʒy³¹	dzʮ²¹	dzʮ²³¹
帅	sa³³⁴	sa⁴⁵	sa¹¹	sa²⁴	sa⁵²	sɒ⁵²	sɑ⁵⁵	sa³⁵	sa³³	sei⁵⁵⁴
水	文ɕy⁵³³	文ɕy⁵³	ɕy³³	ɕy²¹³	ɕy⁴⁴	sʮ⁵⁴⁴	ʃy⁵³	ʃy³³	sʮ⁴⁵⁴	sʮ⁵²

遂昌、龙泉两地"水"叫做"淋",表中文读语境是"水平"。

	遂昌	龙泉	庆元	松阳	宣平	丽水	云和	景宁	青田	缙云
龟	tɕy⁴⁵	tɕy³³⁵	tɕy³³⁵	tɕy⁵³	kue²⁴	kue²⁴	tʃy²⁴	tʃy³²⁴	tsʮ⁴⁴⁵	tɕy⁴⁴⁵
轨	kuei⁵³³	kui⁵³	tɕy³³	kue²¹³	kue⁴⁴	kue⁵⁴⁴	kue⁵³	kuæi³³	kuæi⁴⁵⁴	tɕy⁵²
季	tɕy³³⁴	tɕy⁴⁵	tɕy¹¹	tɕy²⁴	tsɿ⁵²	tsɿ⁵²	tʃy⁵⁵	tʃy³⁵	tsʮ³³	tɕi⁵⁵⁴
葵	guei²²¹	gui²¹¹	tɕy⁵²	guei³¹	kue⁴³⁴	gue¹¹	gue⁴²³	guæi³¹	dzʮ²¹	dʑy²³¹
柜	dʑy²¹³	dʑy¹³	tɕy³¹	dʑy¹³	dʑy²³¹	dzʮ²³¹	dʒy²²³	dʒy¹³	dzʮ²²	dʑy²¹³
位	uei²¹³	y¹³	y³¹	y¹³	ue²³¹	ue²³¹	y²²³	y¹³	ʮ²²	y²¹³
维	uei²²¹	ui²¹¹	y⁵²	ue³¹	ue⁴³⁴	ue¹¹	y⁴²³	y³¹	ʮ²¹	vi²³¹

续表

	遂昌	龙泉	庆元	松阳	宣平	丽水	云和	景宁	青田	缙云
唯	uei^{221}	ui^{211}	y^{52}	ue^{31}	ue^{434}	ue^{11}	y^{423}	y^{31}	ʮ^{21}	vi^{231}
非	fi^{45}	fi^{335}	fi^{335}	pʰi^{53}	fi^{24}	fi^{24}	fi^{24}	pʰi^{324}	fi^{445}	fi^{445}
飞	fi^{45}	fi^{335}	ʔbæi^{335}	pʰi^{53}	fi^{24}	fi^{24}	fi^{24}	pʰi^{324}	fi^{445}	fi^{445}
屄		pi^{335}	ʔba^{335}						ʔbi^{445}	
匪	fi^{533}	fi^{53}	fi^{33}	pʰi^{213}	fi^{44}	fi^{544}	fi^{53}	pʰi^{33}	fi^{454}	fi^{52}
榧	fi^{533}	fi^{53}	fi^{33}	pʰi^{213}	fi^{44}	fi^{544}	fi^{53}	pʰi^{33}	fi^{454}	fi^{52}
痱	pei^{533}	pɛ^{53}	ʔbæi^{33}	pe^{213}	fi^{52}	fi^{52}	fi^{55}	pæi^{33} pʰi^{33}	fi^{33}	fi^{554}
沸	pei^{533}	pɛ^{53}	ʔbæi^{33}	pe^{213}	文fi^{52}	文fi^{52}	pe^{53}	pæi^{33}	ʔbɛ^{454}	ʔbei^{52}
费	fi^{334}	fi^{45}	fie^{11}	pʰiɛ^{24}	fi^{52}	fi^{52}	fi^{55}	pʰi^{35}	fi^{33}	fi^{554}
肥	vi^{221}	vi^{211}	fi^{52}	pʰi^{53}	pi^{434} fi^{434}	vi^{11}	bi^{423} vi^{423}	bi^{31}	bi^{21} vi^{21}	bi^{231} vi^{231}
	宣平、云和、青田、缙云四地上行语境是"肥肉",下行语境是"肥料"。									
微	uei^{221}	ui^{211}	mi^{52}	ue^{31}	mi^{434}	ue^{11}	mi^{423}	mi^{31} uæi^{31}	vi^{21}	vi^{231}
尾	mi^{13} mei^{13}	mi^{53}	miŋ^{221} mæi^{221}	mi^{22}	mi^{223}	ŋ^{544}	mi^{53} me^{53}	mæi^{33}	mi^{343}	ŋiæiŋ^{31} vi^{31}
	上行语境是"尾巴"的说法,遂昌、庆元、云和三地下行语境是"一尾鱼",缙云话下行是读字音。									
未	mi^{213}	mi^{13}	miŋ^{31}	mi^{13}	mi^{231}	mi^{231}	mi^{223}	mi^{13}	mi^{22}	mi^{213}
味	mi^{213}	mi^{13}	miŋ^{31}	mi^{13}	mi^{231}	mi^{231}	mi^{223}	mi^{13}	mi^{22}	mi^{213}
归	kuei^{45}	kui^{335}	tɕy^{335}	kue^{53}	kue^{24}	kue^{24}	kue^{24}	kuæi^{324}	kuæi^{445}	kuei^{445}
鬼	kuei^{533}	kuɛ^{53}	kuæi^{33}	kue^{213}	kue^{44}	kue^{544}	kue^{53}	kuæi^{33}	tsʅ^{454}	tɕy^{52}
贵	tɕy^{334} kuei^{334}	tɕy^{45} kui^{45}	tɕy^{11} kuæi^{11}	tɕy^{24} kue^{24}	tɕy^{52} kue^{24}	tsʅ^{52} kue^{52}	tʃy^{55} kue^{55}	tʃy^{35} kue^{53}	tsʅ^{33} kuæi^{35}	tɕy^{554} kuei^{554}
	上行语境是"东西贵",下行语境是"贵姓"。									
魏	uei^{213}	ui^{13}	ŋuæi^{31}	ue^{13}	ue^{231}	ue^{231}	ue^{223}	uæi^{13}	uæi^{22}	uei^{213}
挥	xuei^{45}	xui^{335}	ɕy^{335} xuæi^{335}	fe^{53}	xue^{24}	xue^{24}	xue^{24}	xuæi^{324}	xuæi^{445}	xuei^{445}
辉	xuei^{45}	xui^{335}	xuæi^{335}	fe^{53}	xue^{24}	xue^{24}	xue^{24}	ʃy^{324} xuæi^{324}	xuæi^{445}	xuei^{445}
	景宁话上行系发音人所认识人的名字中"辉"的读音,下行系读字音。									
徽	xuei^{45}	xui^{335}	xuæi^{335}	fe^{53}	xue^{24}	xue^{24}	xue^{24}	xuæi^{324}	xuæi^{445}	xuei^{445}
威	y^{45} uei^{45}	y^{335} ui^{335}	y^{335}	y^{53} ue^{53}	ue^{24}	ue^{24}	ue^{24}	y^{324} uæi^{324}	ʮ^{445} uæi^{445}	uei^{445}
慰	uei^{334}	ui^{45}	y^{11}	ue^{24}	ue^{52}	ue^{52}	ue^{55}	uæi^{35}	ʮ^{33}	uei^{554}

续表

	遂昌	龙泉	庆元	松阳	宣平	丽水	云和	景宁	青田	缙云
违	uei^{221}	ui^{211}	y^{52}	ue^{31}	ue^{434}	ue^{11}	ue^{423}	uæi^{31}	ɥ^{21} / uæi^{21}	uei^{231}
围	uei^{221}	ui^{211}	ȵy^{52} / uæi^{52}	ue^{31}	ue^{434}	ue^{11}	ue^{423}	uæi^{31}	ɥ^{21} / uæi^{21}	y^{231} / uei^{231}
	上行语境是"围巾",下行语境是"包围"。									
伟	uei^{13}	ui^{53}	y^{221}	ue^{22}	ue^{223}	ue^{544}	ue^{53}	uæi^{33}	uæi^{343}	uei^{31}
胃	uei^{213}	ui^{13}	y^{31}	ue^{13}	ue^{231}	ue^{231}	y^{223} / ue^{223}	y^{13} / uæi^{13}	ɥ^{22} / uæi^{22}	uei^{213}
谓	uei^{213}	ui^{13}	y^{31}	ue^{13}	ue^{231}	ue^{231}	y^{223} / ue^{223}	uæi^{13}	ɥ^{22} / uæi^{22}	uei^{213}
保	pɐɯ^{533}	pɑɔ^{53}	ʔbɒ^{33}	pʌ^{213}	pɔ^{44}	pʌ^{544}	pɑɔ^{53}	pɑɔ^{33}	ʔbœ^{454}	ʔbɤɯ^{52}
堡	pɐɯ^{533}	pɑɔ^{53}	ʔbɒ^{33}	pʌ^{213}	pɔ^{44}	pʌ^{544}	pɑɔ^{53}	pɑɔ^{33}	ʔbœ^{454}	ʔbɤɯ^{52}
宝	pɐɯ^{533}	pɑɔ^{53}	ʔbɒ^{33}	pʌ^{213}	pɔ^{44}	pʌ^{544}	pɑɔ^{53}	pɑɔ^{33}	ʔbœ^{454}	ʔbɤɯ^{52}
报	pɐɯ^{334}	pu^{45}	ʔbɒ^{11}	pʌ^{24}	pɔ^{52}	pʌ^{52}	pɑɔ^{55}	pɑɔ^{35}	ʔbœ^{33}	ʔbɤɯ^{554}
袍	bɐɯ^{221}	bɑɔ^{211}	pɒ^{52}	bʌ^{31}	pɔ^{434}	bʌ^{11}	bɑɔ^{423}	bɑɔ^{31}	bœ^{21}	bɤɯ^{231}
抱	buə^{13}	pɤɯ^{53}	pɒ^{221}	buʌ^{22}	bɔ^{223}	bu^{11}	bɑɔ^{31}	bɑɔ^{33}	bœ^{343}	bɔ^{31}
暴	bɐɯ^{213}	bɑɔ^{13}	pɒ^{31}	bʌ^{13}	bɔ^{231}	bʌ^{231}	bɑɔ^{223}	bɑɔ^{13}	bœ^{22}	bɤɯ^{213}
毛	mɐɯ^{221}	mɑɔ^{211}	mɒ^{52}	mʌ^{31}	mɔ^{434}	mʌ^{11}	mɑɔ^{423}	mɑɔ^{31}	mœ^{21}	mɔ^{231}
冒	mɐɯ^{213}	mɑɔ^{13}	mɒ^{31}	mʌ^{13}	mɔ^{231}	mʌ^{231}	mɑɔ^{223}	mɑɔ^{13}	mœ^{22}	mɤɯ^{213}
帽	mɐɯ^{213}	ŋ^{13} / mɑɔ^{13}	mɒ^{31}	mʌ^{13}	mɔ^{231}	mʌ^{231}	mɑɔ^{223}	mɑɔ^{13}	mœ^{22}	mɤɯ^{213}
刀	tɐɯ^{45}	cɑɔ^{335}	ʔdɐɯ^{335}	tʌ^{53}	tɤɯ^{24}	tʌ^{24}	təɯ^{24}	tɐɯ^{324}	ʔdœ^{445}	ʔdɤɯ^{445}
岛	tɐɯ^{533}	cɑɔ^{53}	ʔdɒ^{33}	tʌ^{213}	tɤɯ^{44}	tʌ^{544}	təɯ^{53}	cɑɔ^{33}	ʔdœ^{454}	ʔdɤɯ^{52}
倒(打倒)	tɐɯ^{533}	cɑɔ^{53}	ʔdɐɯ^{33}	tʌ^{213}	tɤɯ^{44}	tʌ^{544}	təɯ^{53}	cɑɔ^{33}	ʔdœ^{454}	ʔdɤɯ^{52}
到	tɐɯ^{334}	cɑɔ^{45}	ʔdɒ^{11}	tʌ^{24}	tɤɯ^{52}	tʌ^{52}	təɯ^{55}	cɑɔ^{35}	ʔdœ^{33}	ʔdɤɯ^{554}
倒(倒车)	tɐɯ^{334}	cɑɔ^{45}	ʔdɐɯ^{11}	tʌ^{24}	tɤɯ^{52}	tʌ^{52}	təɯ^{55}	tɐɯ^{35}	ʔdœ^{33}	ʔdɤɯ^{554}
讨	tʰuə^{533} / tʰɐɯ^{533}	tʰɑɔ^{53}	tʰɤ^{33} / tʰɒ^{33}	tʰʌ^{213}	tʰɔ^{44}	tʰʌ^{544}	tʰɑɔ^{53}	tʰɑɔ^{33}	tʰɐɯ^{454}	tʰɤɯ^{52}
	上行语境是"讨饭、讨东西",下行语境是"讨论"。									
套	tʰɐɯ^{334}	tʰɑɔ^{45}	tʰɒ^{11}	tʰʌ^{24}	tʰɔ^{52}	tʰʌ^{52}	tʰɑɔ^{55}	tʰɑɔ^{35}	tʰɐɯ^{33}	tʰɤɯ^{554}
桃	dɐɯ^{221}	dɑɔ^{211}	tɒ^{52}	dʌ^{31}	tɔ^{434}	dʌ^{11}	dɑɔ^{423}	dɑɔ^{31}	dœ^{21}	dɤɯ^{231}
逃	dɐɯ^{221}	dɑɔ^{211}	tɒ^{52}	dʌ^{31}	tɔ^{434}	dʌ^{11}	dɑɔ^{423}	dɑɔ^{31}	dœ^{21}	dɤɯ^{231}
陶	dɐɯ^{221}	dɑɔ^{211}	tɒ^{52}	dʌ^{31}	tɔ^{434}	dʌ^{11}	dɑɔ^{423}	dɑɔ^{31}	dœ^{21}	dɤɯ^{231}
萄	dɐɯ^{221}	dɑɔ^{211}	tɒ^{52}	dʌ^{31}	tɔ^{434}	dʌ^{11}	dɑɔ^{423}	dɑɔ^{31}	dœ^{21}	dɤɯ^{231}
道	dɐɯ^{13}	tɑɔ^{53}	tɒ^{221}	dʌ^{22}	dɔ^{223}	dʌ^{11}	dɑɔ^{31}	dɑɔ^{33}	dœ^{343}	dɤɯ^{31}

续表

	遂昌	龙泉	庆元	松阳	宣平	丽水	云和	景宁	青田	缙云
稻	dɐɯ^{13}	tɑɔ^{53}	tɒ^{221}	dʌ^{22}	dɔ^{223}	dʌ^{11}	dɑɔ^{31}	cɑɔ^{33}	dœ^{343}	dɣɯ^{31}
盗	dɐɯ^{213}	dɑɔ^{13}	tɒ^{31}	dʌ^{13}	dɔ^{231}	dʌ^{231}	dɑɔ^{223}	dɑɔ^{13}	dœ^{22}	dɣɯ^{213}
导	dɐɯ^{213}	dɑɔ^{13}	tɒ^{31}	dʌ^{13}	dɔ^{231}	dʌ^{231}	dɑɔ^{223}	dɑɔ^{13}	dœ^{22}	dɣɯ^{213}
脑	nɐɯ^{13}	nɑɔ^{53}	nɒ^{221}	nʌ^{22}	nɔ^{223}	nʌ^{544}	nɑɔ^{53}	nɑɔ^{33}	nœ^{343}	nɣɯ^{31}
劳	lɐɯ^{221}	lɑɔ^{211}	lɒ^{52}	lʌ^{31}	lɔ^{434}	lʌ^{11}	lɑɔ^{423}	lɑɔ^{31}	lœ^{21}	lɣɯ^{231}
捞	lɐɯ^{45}	lɑɔ^{335}	lɒ^{335}	lʌ^{53}	lɔ^{24}	lu^{24} / lʌ^{24}	lɑɔ^{24}	ly^{324} / lɑɔ^{324}	lo^{445}	lɣɯ^{445}
	丽水、景宁两地上行语境是"从水里捞",下行系读字音。									
牢	lɐɯ^{221}	lɑɔ^{211}	lɒ^{52}	lʌ^{31}	lɔ^{434}	lʌ^{11}	lɑɔ^{423}	lɑɔ^{31}	lœ^{21}	lɣɯ^{231}
老	lɐɯ^{13}	lɑɔ^{53}	lɒ^{221}	lʌ^{22}	lɔ^{223}	lʌ^{544}	lɑɔ^{53}	lɑɔ^{33}	lœ^{343}	lɣɯ^{31}
糟	tsɐɯ^{45}	tsɑɔ^{335}	tsɒ^{335}	tsʌ^{53}	tsɔ^{24}	tsʌ^{24}	tsɑɔ^{24}	tsɑɔ^{324}	tsœ^{445}	tsiɣɯ^{445}
早	tsɐɯ^{533}	tsɑɔ^{53}	tsɒ^{33}	tsʌ^{213}	tsɔ^{44}	tsʌ^{544}	tsɑɔ^{53}	tsɑɔ^{33}	tsœ^{454}	tsiɣɯ^{52}
枣	tsɐɯ^{533}	tsɑɔ^{53}	tsɒ^{33}	tsʌ^{213}	tsɔ^{44}	tsʌ^{544}	tsɑɔ^{53}	tsɑɔ^{33}	tsœ^{454}	tsiɣɯ^{52}
蚤	tsɐɯ^{533}	tsɑɔ^{53}	tsɒ^{33}	tsɔ^{213}	tsɔ^{44}	tsʌ^{544}	tsɑɔ^{53}	tsɑɔ^{33}	tsœ^{454}	tsiɣɯ^{52}
灶	tsɐɯ^{334}	tsɑɔ^{45}	tsɒ^{11}	tsʌ^{24}	tsɔ^{52}	tsʌ^{52}	tsɑɔ^{55}	tsɑɔ^{35}	tsœ^{33}	tsiɣɯ^{554}
操	tsʰɐɯ^{45}	tsʰɑɔ^{335}	tsʰɒ^{335}	tsʰʌ^{53}	tsʰɔ^{24}	tsʰʌ^{24}	tsʰɑɔ^{24}	tsʰɑɔ^{324}	tsʰœ^{445}	tsʰiɣɯ^{445}
草	tsʰɐɯ^{533}	tsʰɑɔ^{53}	tsʰɒ^{33}	tsʰʌ^{213}	tsʰɔ^{44}	tsʰʌ^{544}	tsʰɑɔ^{53}	tsʰɑɔ^{33}	tsʰœ^{454}	tsʰiɣɯ^{52}
糙	tsʰɐɯ^{334}	tsʰɑɔ^{45}	tsʰɒ^{11}	tsʰʌ^{24}	tsʰɔ^{52}	tsʰʌ^{52}	tsʰɑɔ^{55}	tsʰɑɔ^{35}	tsʰœ^{33}	tsʰɔ^{554}
曹	zɐɯ^{221}	zɑɔ^{211}	sɒ^{52}	zʌ^{31}	sɔ^{434}	zʌ^{11}	zɑɔ^{423}	zɑɔ^{31}	zœ^{21}	ziɣɯ^{231}
槽	zɐɯ^{221}	zɑɔ^{211}	sɒ^{52}	zʌ^{31}	sɔ^{434}	zʌ^{11}	zɑɔ^{423}	zɑɔ^{31}	zœ^{21}	ziɣɯ^{231}
皂	zɐɯ^{13}	sɑɔ^{53}	sɒ^{221}	zʌ^{22}	zɔ^{223}	zʌ^{11}	zɑɔ^{31}	zɑɔ^{33}	zœ^{343}	ziɣɯ^{31}
造	zɐɯ^{13}	sɑɔ^{53}	sɒ^{221}	zʌ^{22}	zɔ^{223}	zʌ^{11}	zɑɔ^{33}	zɑɔ^{33}	zœ^{343}	ziɣɯ^{31}
骚	sɐɯ^{45}	sɑɔ^{335}	sɒ^{335}	sʌ^{53}	sɔ^{24}	sʌ^{24}	sɑɔ^{24}	sɑɔ^{324}	sœ^{445}	siɣɯ^{445}
臊	sɐɯ^{45}	sɑɔ^{335}	sɒ^{335}	sʌ^{53}	sɔ^{24}	sʌ^{24}	sɑɔ^{24}	sɑɔ^{324}	sœ^{445}	sɔ^{445}
扫	suə^{533}	sɑɔ^{53}	sɒ^{33}	sɤ^{213}	sɔ^{44}	sʌ^{544}	sɑɔ^{53}	sɑɔ^{33}	sœ^{454}	sʅ^{52}
嫂	sɐɯ^{533}	sɑɔ^{53}	sɒ^{33}	sʌ^{213}	sɔ^{44}	sʌ^{544}	sɑɔ^{53}	sɑɔ^{33}	sœ^{454}	siɣɯ^{52}
燥	sɐɯ^{334}	sɑɔ^{45}		sʌ^{24}	sɔ^{52}	sʌ^{52}	sɑɔ^{55}	sɑɔ^{35}	sœ^{33}	siɣɯ^{554}
高	kɐɯ^{45}	ku^{335}	kɒ^{335}	kʌ^{53}	kɤɯ^{24}	kʌ^{24}	kəɯ^{24}	kɐɯ^{324}	kœ^{445}	kɣɯ^{445}
膏	kɐɯ^{45}	kɑɔ^{335}	kɒ^{335}	kɔ^{53}	kɔ^{24}	kʌ^{24}	kəɯ^{24}	kɑɔ^{324}	kœ^{445}	kɣɯ^{445}
糕	kɐɯ^{45}	ku^{335}	kɐɯ^{335} kɒ^{335}	kʌ^{53}	kɤɯ^{24}	kʌ^{24}	kəɯ^{24}	kɐɯ^{324}	kœ^{445}	kɣɯ^{445}
稿	kɐɯ^{533}	kɑɔ^{53}	kɒ^{33}	kʌ^{213}	kɔ^{44}	kʌ^{544}	kəɯ^{53}	kɑɔ^{33}	kœ^{454}	kɣɯ^{52}

续表

	遂昌	龙泉	庆元	松阳	宣平	丽水	云和	景宁	青田	缙云
告	kɐɯ³³⁴	kɑɔ⁴⁵	kɐɯ¹¹ kɒ¹¹	kʌ²⁴	kɔ⁵²	kʌ⁵²	kəɯ⁵⁵ kɑɔ⁵⁵	kɑɔ³⁵	kœ³³	kɣɯ⁵⁵⁴
考	kʰɐɯ⁵³³	kʰɑɔ⁵³	kʰɒ³³	kʰʌ²¹³	kʰɔ⁴⁴	kʰʌ⁵⁴⁴	kʰəɯ⁵³	kʰɐɯ³³	kʰœ⁴⁵⁴	kʰɣɯ⁵²
烤	kʰɐɯ⁵³³	kʰɑɔ⁵³	kʰɒ³³	kʰʌ²¹³	kʰɔ⁴⁴	kʰʌ⁵⁴⁴	kʰɑɔ⁵³	kʰɐɯ³³	kʰœ⁴⁵⁴	kʰɣɯ⁵²
靠	kʰɐɯ³³⁴	kʰɑɔ⁴⁵	kʰɒ¹¹	kʰʌ²⁴	kʰɣɯ⁵²	kʰʌ⁵²	kʰəɯ⁵⁵	kʰɐɯ³⁵	kʰœ³³	kʰɣɯ⁵⁵⁴
熬	ŋɐɯ²²¹	ŋɑɔ²¹¹	ŋɒ⁵²	ŋɔ³¹	ŋɔ⁴³⁴	ŋʌ¹¹	ŋɑɔ⁴²³	ŋɑɔ³¹	ŋœ²¹	ŋɣɯ²³¹ ŋɔ²³¹

缙云话上行语境是"熬夜",下行语境是"熬油"。

	遂昌	龙泉	庆元	松阳	宣平	丽水	云和	景宁	青田	缙云
傲	ŋɐɯ²¹³	ŋɑɔ¹³	ŋɒ³¹	ŋɔ¹³	ŋɔ²³¹	ŋʌ²³¹	ŋəɯ²²³	ŋɑɔ¹³	ŋœ²²	ŋɣɯ²¹³
好	xɐɯ⁵³³	xɑɔ⁵³	xɐɯ³³ xɒ³³	xe²¹³	xɣɯ⁴⁴	xʌ⁵⁴⁴	xəɯ⁵³	xɐɯ³³	xœ⁴⁵⁴	xɣɯ⁵²
毫	ɐɯ²²¹	ɑɔ²¹¹	ɒ⁵²	ʌ³¹	ɔ⁴³⁴	ʌ¹¹	əɯ⁴²³	ɑɔ³¹	œ²¹	ɣɯ²³¹
号	ɐɯ²¹³	ɑɔ¹³	ɒ³¹	ʌ¹³	ɔ²³¹	ʌ²³¹	əɯ²²³	ɐɯ¹³	œ²²	ɣɯ²¹³
鏖									œ⁴⁴⁵	

青田话"脏"叫做"鏖糟"。

	遂昌	龙泉	庆元	松阳	宣平	丽水	云和	景宁	青田	缙云
袄	ɐɯ⁵³³	u⁵³ ɑɔ⁵³	u³³ ɒ³³	ʌ²¹³	ɣɯ⁴⁴	ʌ⁵⁴⁴	əɯ⁵³	ɑɔ³³	œ⁴⁵⁴	ɣɯ⁵²

龙泉、庆元两地上行语境是"棉袄",下行是读字音。

	遂昌	龙泉	庆元	松阳	宣平	丽水	云和	景宁	青田	缙云
奥	ɐɯ³³⁴	ɑɔ⁴⁵	ɒ¹¹	ʌ²⁴	ɔ⁵²	ʌ⁵²	əɯ⁵⁵	ɐɯ³⁵	œ³³	ɣɯ⁵⁵⁴
包	pɐɯ⁴⁵	pɑɔ³³⁵	ʔbɒ³³⁵	pɔ⁵³	pɔ²⁴	pʌ²⁴	pɑɔ²⁴	pɑɔ³²⁴	ʔbo⁴⁴⁵	ʔbɔ⁴⁴⁵
胞	pɐɯ⁴⁵	pɑɔ³³⁵	ʔbɒ³³⁵	pɔ⁵³	pɔ²⁴	pʌ²⁴	pɑɔ²⁴	pɑɔ³²⁴	ʔbo⁴⁴⁵	ʔbɔ⁴⁴⁵
饱	pu⁵³³	pɑɔ⁵³	ʔbɒ³³	pɔ²¹³	pɔ⁴⁴	pʌ⁵⁴⁴	pɑɔ⁵³	pɑɔ³³	ʔbo⁴⁵⁴	ʔbɔ⁵²
豹	pɐɯ³³⁴	pɑɔ⁴⁵	ʔbɒ¹¹	pɔ²⁴	pɔ⁵²	pʌ⁵²	pɑɔ⁵⁵	pɑɔ³⁵	ʔbo³³	ʔbɔ⁵⁵⁴
爆	pɐɯ³³⁴	pɑɔ⁴⁵	ʔbɒ¹¹	pɔ²⁴	pɔ⁵²	pʌ⁵²	pɑɔ⁵⁵	pɑɔ³⁵	ʔbœ³³	bɣɯ²¹³
枹_{柚子}	pʰɐɯ⁴⁵	pʰɑɔ³³⁵		pʰʌ⁵³	pʰɔ²⁴		pʰɑɔ²⁴		pʰɛ⁴⁴⁵	pʰɔ⁴⁴⁵

据造字法(形声兼会意),本书暂以"枹"作为本字。遂昌、龙泉、缙云等七地都把当地土生土长的柚子叫做"枹"或"香枹"。

	遂昌	龙泉	庆元	松阳	宣平	丽水	云和	景宁	青田	缙云
抛	pʰɐɯ⁴⁵	pʰɑɔ³³⁵	pʰɒ³³⁵	pʰɔ⁵³	pʰɔ²⁴	pʰʌ²⁴	pʰɑɔ²⁴	pʰɑɔ³²⁴	pʰo⁴⁴⁵	pʰɔ⁴⁴⁵
炮	pʰɐɯ³³⁴	pʰɑɔ⁴⁵	pʰɒ¹¹	pʰɔ²⁴	pʰɔ⁵²	pʰʌ⁵²	pʰɑɔ⁵⁵	pʰɑɔ³⁵	pʰo³³	pʰɔ⁵⁵⁴
泡	pʰɐɯ³³⁴	pʰɑɔ⁴⁵	pʰɒ¹¹	pʰɔ²⁴	pʰɔ⁵²	pʰʌ⁵²	pʰɑɔ⁵⁵	pʰɑɔ³⁵	pʰo³³	pʰɔ⁵⁵⁴
跑	pʰɐɯ⁵³³	pʰɑɔ⁵³	pʰɒ³³	pʰɔ²¹³	pʰɔ⁴⁴	pʰʌ⁵⁴⁴	pʰɑɔ⁵³	pʰɑɔ³³	pʰo⁴⁵⁴	pʰɔ⁵²
刨	bɐɯ²¹³	bɑɔ¹³	pɒ³¹	bo¹³	bɔ²³¹	bʌ²³¹	bɑɔ²²³	bɑɔ¹³	bo²²	bɔ²¹³
匏	buə²²¹	bɣɯ²¹¹	pɣ⁵²	buʌ³¹	pu⁴³⁴	bu¹¹	bu⁴²³	bu³¹	bø²¹	bu²³¹
茅	mɐɯ²²¹	mɑɔ²¹¹	mɒ⁵²	mɔ³¹	mɔ⁴³⁴	mʌ¹¹	mɑɔ⁴²³	mɑɔ³¹	mo²¹	mɔ²³¹

续表

	遂昌	龙泉	庆元	松阳	宣平	丽水	云和	景宁	青田	缙云
猫虎	mɐɯ²²¹	mɑɔ²¹¹	mɒ⁵²	mɔ³¹	mɔ⁴³⁴	mʌ¹¹	mɑɔ⁴²³	mɑɔ³¹	mo²¹	mɔ²³¹
貌	mɐɯ²¹³	mɑɔ¹³	mɒ³¹	mɔ¹³	mɔ²³¹	mʌ²³¹	mɑɔ²²³	mɑɔ¹³	mo²²	mɔ²¹³
闹	nɐɯ²¹³	nɑɔ¹³	nɒ³¹	nɔ¹³	nɔ²³¹	nʌ²³¹	nɑɔ²²³	nɑɔ¹³	no²²	nɔ²¹³
罩	tsɐɯ³³⁴	tsɑɔ⁴⁵	tsɒ¹¹	tsɔ²⁴	tsɔ⁵²	tsʌ⁵²	tsɑɔ⁵⁵	tsɑɔ³⁵	tso³³	tsɔ⁵⁵⁴
抓	tsɐɯ⁴⁵	tsɔ³³⁵	tsɒ³³⁵	tsɔ⁵³	tsɔ²⁴	tsʌ²⁴	tsɑɔ²⁴	tsɑɔ³²⁴	tsa⁴⁴⁵	tsyɑ⁴⁴⁵
抓	龙泉话语境是"抓壮丁",遂昌、庆元、松阳、宣平、丽水、云和、景宁的语境是"抓痒",其他点是读字音。									
爪	tsɐɯ⁵³³	tsɑɔ⁵³	tsɒ³³	tsɔ²¹³	tsɔ⁴⁴	tsʌ⁵⁴⁴	tsɑɔ⁵³	tsɑɔ³³	tso⁴⁵⁴	tsɔ⁵²
找	tsɐɯ⁵³³	tsɑɔ⁵³	tsɒ³³	tsɔ²¹³	tsɔ⁴⁴	tsʌ⁵⁴⁴	tsɑɔ⁵³	tsɑɔ³³	tso⁴⁵⁴	tsɔ⁵²
笊	tsɐɯ³³⁴	tsɑɔ⁴⁵	tsɒ¹¹	tsɔ²⁴	tsɔ⁵²	tsʌ⁵²	tsɑɔ⁵⁵	tsɑɔ³⁵	tso³³	tsɔ⁵⁵⁴
抄	tsʰɐɯ⁴⁵	tsʰɑɔ³³⁵	tsʰɒ³³⁵	tsʰɔ⁵³	tsʰɔ²⁴	tsʰʌ²⁴	tsʰɑɔ²⁴	tsʰɑɔ³²⁴	tsʰo⁴⁴⁵	tsʰɔ⁴⁴⁵
钞	tsʰɐɯ⁴⁵	tsʰɑɔ³³⁵	tsʰɒ³³⁵	tsʰɔ⁵³	tsʰɔ²⁴	tsʰʌ²⁴	tsʰɑɔ²⁴	tsʰɑɔ³²⁴	tsʰo⁴⁴⁵	tsʰɔ⁴⁴⁵
炒	tsʰɐɯ⁵³³	tsʰɑɔ⁵³	tsʰɒ³³	tsʰɔ²¹³	tsʰɔ⁴⁴	tsʰʌ⁵⁴⁴	tsʰɑɔ⁵³	tsʰɑɔ³³	tsʰo⁴⁵⁴	tsʰɔ⁵²
吵	tsʰɐɯ⁵³³	tsʰɑɔ⁵³	tsʰɒ³³	tsʰɔ²¹³	tsʰɔ⁴⁴	tsʰʌ⁵⁴⁴	tsʰɑɔ⁵³	tsʰɑɔ³³	tsʰo⁴⁵⁴	tsʰɔ⁵²
巢	zɐɯ²²¹	zɑɔ²¹¹	sɒ⁵²	zɔ³¹	sɔ⁴³⁴	zʌ¹¹	zɑɔ⁴²³	zɑɔ³¹	zo²¹	zɔ²³¹
稍	sɐɯ⁴⁵	sɑɔ³³⁵	sɒ³³⁵	sɔ⁵³	sɔ⁵²	sʌ²⁴	sɑɔ²⁴	sɑɔ³²⁴	so⁴⁴⁵	sɔ⁴⁴⁵
交	kɐɯ⁴⁵	kɑɔ³³⁵	kɒ³³⁵	kɔ⁵³	kɔ²⁴	kʌ²⁴	kɑɔ²⁴	kɑɔ³²⁴	ko⁴⁴⁵	kɔ⁴⁴⁵
郊	kɐɯ⁴⁵	kɑɔ³³⁵	kɒ³³⁵	kɔ⁵³	kɔ²⁴	kʌ²⁴	kɑɔ²⁴	kɑɔ³²⁴	ko⁴⁴⁵	kɔ⁴⁴⁵
胶	kɐɯ⁴⁵	kɑɔ³³⁵	kɒ³³⁵	kɔ⁵³	kɔ²⁴	kʌ²⁴	kɑɔ²⁴	kɑɔ³²⁴	ko⁴⁴⁵	kɔ⁴⁴⁵
绞	kɐɯ⁵³³	kɑɔ⁵³	kɒ³³	kɔ²¹³	kɔ⁴⁴	kʌ⁵⁴⁴	kɑɔ⁵³	kɑɔ³³	ko⁴⁵⁴	kɔ⁵²
铰	kɐɯ⁵³³	kɑɔ⁵³	kɒ³³	kɔ²¹³	kɔ⁴⁴	kʌ⁵⁴⁴	kɑɔ⁵³	kɑɔ³³	ko⁴⁵⁴	kɔ⁵²
搞	kɐɯ⁵³³	kɑɔ⁵³	kɒ³³	kɔ²¹³	kɔ⁴⁴	kʌ⁵⁴⁴	kɑɔ⁵³	kɑɔ³³	ko⁴⁵⁴	kɔ⁵²
教	kɐɯ³³⁴	kɑɔ⁴⁵	kɒ¹¹	kɔ²⁴	kɔ⁵²	kʌ⁵²	kɑɔ⁵⁵	kɑɔ³⁵	ko³³	kɔ⁵⁵⁴
教	处州方言中,"教书"的"教"与"教室"的"教"同音,都读阴去调。									
校校对	kɐɯ³³⁴	kɑɔ⁴⁵	kɒ¹¹	kɔ²⁴	kɔ⁵²	kʌ⁵²	kɑɔ⁵⁵	kɑɔ³⁵	ko³³	kɔ⁵⁵⁴
较	kɐɯ³³⁴	kɑɔ⁴⁵	kɒ¹¹	kɔ²⁴	kɔ⁵²	kʌ⁵²	kɑɔ⁵⁵	kɑɔ³⁵	ko³³	kɔ⁵⁵⁴
敲	kʰɐɯ⁴⁵	kʰɑɔ³³⁵	kʰɒ³³⁵	kʰɔ⁵³	kʰɔ²⁴	kʰʌ²⁴	kʰɑɔ²⁴	kʰɑɔ³²⁴	kʰo⁴⁴⁵	kʰɔ⁴⁴⁵
骹脚	kʰɐɯ⁴⁵	kʰɑɔ³³⁵	kʰɒ³³⁵							
巧	tɕʰiɐɯ⁵³³	kʰɑɔ⁵³	kʰɒ³³	kʰɔ²¹³	kʰɔ⁴⁴	tɕʰiʌ⁵⁴⁴	kʰɑɔ⁵³	kʰɑɔ³³	kʰo⁴⁵⁴	kʰɔ⁵²
乐要	ŋɐɯ²¹³	ŋɑɔ¹³	ŋɒ³¹	ŋɔ¹³	ŋɔ²³¹	ŋʌ²³¹	ŋɑɔ²²³	ŋɑɔ¹³		ŋɔ²¹³
孝	xɐɯ³³⁴	xɑɔ⁴⁵	xɒ¹¹	xɔ²⁴	xɔ⁵²	xʌ⁵²	xɑɔ⁵⁵	xɑɔ³⁵	xo³³	xɔ⁵⁵⁴
效	ɐɯ²¹³	ɑɔ¹³	xɒ³¹	ɔ¹³	ɔ²³¹	ʌ²³¹	ɑɔ²²³	ɑɔ¹³	o²²	ɔ²¹³

续表

	遂昌	龙泉	庆元	松阳	宣平	丽水	云和	景宁	青田	缙云
标	piɐɯ⁴⁵	piɑɔ³³⁵	ʔbiɒ³³⁵	piɔ⁵³	piɔ²⁴	piʌ²⁴	piɑɔ²⁴	piɑɔ³²⁴	ʔbiœ⁴⁴⁵	ʔbɣɯ⁴⁴⁵
表	piɐɯ⁵³³	piɑɔ⁵³	ʔbiɒ³³	piɔ²¹³	piɔ⁴⁴	piʌ⁵⁴⁴	piɑɔ⁵³	piɑɔ³³	ʔbiœ⁴⁵⁴	ʔbɣɯ⁵²
飘	pʰiɐɯ⁴⁵	pʰiɑɔ³³⁵	pʰiɒ³³⁵	pʰiɔ⁵³	pʰiɔ²⁴	pʰiʌ²⁴	pʰiɑɔ²⁴	pʰiɑɔ³²⁴	pʰiœ⁴⁴⁵	pʰɣɯ⁴⁴⁵
票	pʰiɐɯ³³⁴	pʰiɑɔ⁴⁵	pʰiɒ¹¹	pʰiɔ²⁴	pʰiɔ⁵²	pʰiʌ⁵²	pʰiɑɔ⁵⁵	pʰiɑɔ³⁵	pʰiœ³³	pʰɣɯ⁵⁵⁴
漂	pʰiɐɯ³³⁴	pʰiɑɔ⁴⁵	pʰiɒ¹¹	pʰiɔ²⁴	pʰiɔ⁵²	pʰiʌ⁵²	pʰiɑɔ⁵⁵	pʰiɑɔ³⁵	pʰiœ³³	pʰɣɯ⁵⁵⁴
瓢	biɐɯ²²¹	biɑɔ²¹¹	piɒ⁵²	biɔ³¹	piɔ⁴³⁴	biʌ¹¹	biɑɔ⁴²³	biɑɔ³¹	biœ²¹	bɣɯ²³¹
嫖	biɐɯ²²¹	biɑɔ²¹¹	piɒ⁵²	biɔ³¹	piɔ⁴³⁴	biʌ¹¹	biɑɔ⁴²³	biɑɔ³¹	biœ²¹	bɣɯ²³¹
藻	biɐɯ²²¹	biɑɔ²¹¹	piɒ⁵²	biɔ³¹	piɔ⁴³⁴	biʌ¹¹	biɑɔ⁴²³	biɑɔ³¹	biœ²¹	bɣɯ²³¹
苗	miɐɯ²²¹	miɑɔ²¹¹	miɒ⁵²	ɕiɔ³¹	ɕiɔ⁴³⁴	miʌ¹¹	ɕiɑɔ⁴²³	miɑɔ³¹	miœ²¹	mɣɯ²³¹
描	miɐɯ²²¹	miɑɔ²¹¹	miɒ⁵²	ɕiɔ³¹	ɕiɔ⁴³⁴	miʌ¹¹	ɕiɑɔ⁴²³	miɑɔ³¹	miœ²¹	mɣɯ²³¹
猫	miɐɯ²²¹	mɑɔ⁴⁵	mɒ⁵⁵	ɕiɔ³¹	mɔ²⁴	mɔŋ⁴⁵	mɑɔ⁵⁵	mɑɔ⁵⁵	mo⁵⁵	mɔ⁴⁴⁵
秒	miɐɯ¹³	miɑɔ⁵³	miɒ²²¹	miɔ²²	miɔ²²³	miʌ⁵⁴⁴	miɑɔ⁵³	miɑɔ³³	miœ³⁴³	mɣɯ³¹
庙	miɐɯ²¹³	miɑɔ¹³	miɒ³¹	miɔ¹³	miɔ²³¹	miʌ²³¹	miɑɔ²²³	miɑɔ¹³	miœ²²	mɣɯ²¹³
妙	miɐɯ²¹³	miɑɔ¹³	miɒ³¹	miɔ¹³	miɔ²³¹	miʌ²³¹	miɑɔ²²³	miɑɔ¹³	miœ²²	mɣɯ²¹³
燎	liɐɯ²²¹	liɑɔ²¹¹	liɒ⁵²	liɔ³¹	liɔ⁴³⁴	liʌ¹¹	liɑɔ⁴²³	liɑɔ³¹	lio²¹	liɔ²³¹
疗	liɐɯ²²¹	liɑɔ²¹¹	liɒ⁵²	liɔ³¹	liɔ⁴³⁴	liʌ¹¹	liɑɔ⁴²³	liɑɔ³¹	lio²¹	liɔ²³¹
焦	tɕiɐɯ⁴⁵	tɕiɑɔ³³⁵	tɕiɒ³³⁵	tɕiɔ⁵³	tɕiɔ²⁴	tɕiʌ²⁴	tʃiɑɔ²⁴	tʃiɑɔ³²⁴	tɕiœ⁴⁴⁵	tsiɣɯ⁴⁴⁵
蕉	tɕiɐɯ⁴⁵	tɕiɑɔ³³⁵	tɕiɒ³³⁵	tɕiɔ⁵³	tɕiɔ²⁴	tɕiʌ²⁴	tʃiɑɔ²⁴	tʃiɑɔ³²⁴	tɕiœ⁴⁴⁵	tsiɣɯ⁴⁴⁵
椒	tɕiɐɯ⁴⁵	tɕiɑɔ³³⁵	tɕiɒ³³⁵	tɕiɔ⁵³	tɕiɔ²⁴	tɕiʌ²⁴	tʃiɑɔ²⁴	tʃiɑɔ³²⁴	tɕiœ⁴⁴⁵	tsiɣɯ⁴⁴⁵
帾	tɕiɐɯ⁵³³	tɕiɑɔ⁵³	tɕiɒ³³	tɕiɔ²¹³	tɕiɔ⁴⁴	tɕiʌ⁵⁴⁴	tʃiɑɔ⁵³	tʃiɑɔ³³	tɕiœ⁴⁵⁴	tsiɣɯ⁵²
锹	tɕʰiɐɯ⁴⁵	tɕʰiɑɔ³³⁵	tɕʰiɒ³³⁵	tɕʰiɔ⁵³	tɕʰiɔ²⁴	tɕʰiʌ²⁴	tʃʰiɑɔ²⁴	tʃʰiɑɔ³²⁴	tɕʰiœ⁴⁴⁵	tsʰiɣɯ⁴⁴⁵
樵	ʑiɐɯ²²¹	ʑiɑɔ²¹¹	ɕiɒ⁵²	ᵂɛⁿdʑiɔ³¹	ᵂɛⁿtɕiɔ⁴³⁴	ᵂɛⁿʑiʌ¹¹	ᵂɛⁿʒiɑɔ⁴²³	ᵂɛⁿdʒiɑɔ³¹	ᵂɛⁿdʑiœ²¹	ᵂɛⁿdziɣɯ²³¹
消	ɕiɐɯ⁴⁵	ɕiɑɔ³³⁵	ɕiɒ³³⁵	ɕiɔ⁵³	ɕiɔ²⁴	ɕiʌ²⁴	ʃiɑɔ²⁴	ʃiɑɔ³²⁴	ɕiœ⁴⁴⁵	siɣɯ⁴⁴⁵
宵	ɕiɐɯ⁴⁵	ɕiɑɔ³³⁵	ɕiɒ³³⁵	ɕiɔ⁵³	ɕiɔ²⁴	ɕiʌ²⁴	ʃiɑɔ²⁴	ʃiɑɔ³²⁴	ɕiœ⁴⁴⁵	siɣɯ⁴⁴⁵
销	ɕiɐɯ⁴⁵	ɕiɑɔ³³⁵	ɕiɒ³³⁵	ɕiɔ⁵³	ɕiɔ²⁴	ɕiʌ²⁴	ʃiɑɔ²⁴	ʃiɑɔ³²⁴	ɕiœ⁴⁴⁵	siɣɯ⁴⁴⁵
小	ɕiɐɯ⁵³³	ɕiɑɔ⁵³	ɕiɒ³³	ɕiɔ²¹³	ɕiɔ⁴⁴	ɕiʌ⁵⁴⁴	ʃiɑɔ⁵³	ʃiɑɔ³³	ɕiœ⁴⁵⁴	siɣɯ⁵²
笑	tɕʰiɐɯ³³⁴	tɕʰiɑɔ⁴⁵	tɕʰiɒ¹¹	tɕʰiɔ²⁴	tɕʰiɔ⁵²	tɕʰiʌ⁵²	tʃʰiɑɔ⁵⁵	tʃʰiɑɔ³⁵	tɕʰiœ³³	tsʰiɣɯ⁵⁵⁴
鞘	tɕʰiɐɯ³³⁴	tɕʰiɑɔ⁴⁵	ɕiɒ¹¹	tɕʰiɔ²⁴	tɕʰiɔ⁵²	tɕʰiʌ⁵²	ʃiɑɔ⁵⁵	ʃiɑɔ³⁵	ɕiœ³³	siɣɯ⁵⁵⁴
朝 朝气	tɕiɐɯ⁴⁵	tɕiɑɔ³³⁵	tɕiɒ³³⁵	tɕiɔ⁵³	tɕiɔ²⁴	tɕiʌ²⁴	tʃiɑɔ²⁴	tʃiɑɔ³²⁴	tɕiœ⁴⁴⁵	tsiɣɯ⁴⁴⁵
超	tɕʰiɐɯ⁴⁵	tɕʰiɑɔ³³⁵	tɕʰiɒ³³⁵	tɕʰiɔ⁵³	tɕʰiɔ²⁴	tɕʰiʌ²⁴	tʃʰiɑɔ²⁴	tʃʰiɑɔ³²⁴	tɕʰiœ⁴⁴⁵	tsʰiɣɯ⁴⁴⁵
朝 朝代	dʑiɐɯ²²¹	dʑiɑɔ²¹¹	tɕiɒ⁵²	dʑiɔ³¹	tɕiɔ⁴³⁴	dʑiʌ¹¹	dʒiɑɔ⁴²³	dʒiɑɔ³¹	dʑiœ²¹	dziɣɯ²³¹

	遂昌	龙泉	庆元	松阳	宣平	丽水	云和	景宁	青田	缙云
赵	dʑiɐɯ^{13}	tɕɑɔ^{53}	tɕiɒ^{221}	dʑiɔ^{22}	dʑiɔ^{223}	dʑiʌ^{11}	dʑiɑɔ^{31}	dʑiɑɔ^{33}	dʑiœ^{343}	dziɣɯ^{31}
兆	dʑiɐɯ^{13}	tɕɑɔ^{53}	tɕiɒ^{221}	dʑiɔ^{22}	dʑiɔ^{223}	dʑiʌ^{11}	dʑiɑɔ^{31}	dʑiɑɔ^{33}	dʑiœ^{343}	dziɣɯ^{31}
召	dʑiɐɯ^{213}	dʑiɑɔ^{13}	tɕiɒ^{31}	dʑiɔ^{13}	dʑiɔ^{231}	dʑiʌ^{231}	dʑiɑɔ^{223}	dʑiɑɔ^{13}	dʑiœ^{22}	dziɣɯ^{213}
招	tɕiɐɯ^{45}	tɕiɑɔ^{335}	tɕiɒ^{335}	tɕiɔ^{53}	tɕiɔ^{24}	tɕiʌ^{24}	tʃiɑɔ^{24}	tʃiɑɔ^{324}	tɕiœ^{445}	tsiɣɯ^{445}
照	tɕiɐɯ^{334}	tɕiɑɔ^{45}	tɕiɒ^{11}	tɕiɔ^{24}	tɕiɔ^{52}	tɕiʌ^{52}	tʃiɑɔ^{55}	tʃiɑɔ^{35}	tɕiœ^{33}	tsiɣɯ^{554}
烧	ɕiɐɯ^{45}	ɕiɑɔ^{335}	ɕiɒ^{335}	ɕiɔ^{53}	ɕiɔ^{24}	ɕiʌ^{24}	ʃiɑɔ^{24}	ʃiɑɔ^{324}	ɕiœ^{445}	siɣɯ^{445}
少 多少	tɕiɐɯ^{533}	ɕiɑɔ^{53}	ɕiɒ^{33}	ɕiɔ^{213}	ɕiɔ^{44}	ɕiʌ^{544}	ʃiɑɔ^{53}	ʃiɑɔ^{33}	ɕiœ^{454}	siɣɯ^{52}
少 少年	ɕiɐɯ^{334}	ɕiɑɔ^{45}	ɕiɒ^{11}	ɕiɔ^{24}	ɕiɔ^{52}	ɕiʌ^{52}	ʃiɑɔ^{55}	ʃiɑɔ^{35}	ɕiœ^{33}	siɣɯ^{554}
韶	ziɐɯ^{221}	ziɑɔ^{211}	ɕiɒ^{52}	ziɔ^{31}	ɕiɔ^{434}	ziʌ^{11}	ʒiɑɔ^{423}	ʒiɑɔ^{31}	iœ^{21}	ziɣɯ^{231}
绍	dʑiɐɯ^{13}	ziɑɔ^{53}	ɕiɒ^{221}	ziɔ^{22}	ziɔ^{223}	ziʌ^{11}	ʒiɑɔ^{31}	ʒiɑɔ^{33}	iœ^{343}	ziɣɯ^{31}
邵	dʑiɐɯ^{213}	ziɑɔ^{13}	ɕiɒ^{31}	ziɔ^{13}	ziɔ^{231}	ziʌ^{231}	ʒiɑɔ^{223}	ʒiɑɔ^{13}	iœ^{22}	ziɣɯ^{213}
绕	ȵiɐɯ^{213}	ȵiɑɔ^{13}	ȵiɒ^{31}	ȵiɔ^{13}	ȵiɔ^{231}	ȵiʌ^{231}	ɲiɑɔ^{423}	ɲiɑɔ^{13}	ȵiœ^{22}	ȵiɣɯ^{213}
骄	tɕiɐɯ^{45}	tɕiɑɔ^{335}	tɕiɒ^{335}	tɕiɔ^{53}	tɕiɔ^{24}	tɕiʌ^{24}	tʃiɑɔ^{24}	tʃiɑɔ^{324}	tɕiœ^{445}	tɕiɣɯ^{445}
娇	tɕiɐɯ^{45}	tɕiɑɔ^{335}	tɕiɒ^{335}	tɕiɔ^{53}	tɕiɔ^{24}	tɕiʌ^{24}	tʃiɑɔ^{24}	tʃiɑɔ^{324}	tɕiœ^{445}	tɕiɣɯ^{445}
侨	dʑiɐɯ^{221}	dʑiɑɔ^{211}	tɕiɒ^{52}	dʑiɔ^{31}	tɕiɔ^{434}	dʑiʌ^{11}	dʒiɑɔ^{423}	dʒiɑɔ^{31}	dʑiœ^{21}	dʑiɣɯ^{231}
桥	dʑiɐɯ^{221}	dʑiɑɔ^{211}	tɕiɒ^{52}	dʑiɔ^{31}	tɕiɔ^{434}	dʑiʌ^{11}	dʒiɑɔ^{423}	dʒiɑɔ^{31}	dʑiœ^{21}	dʑiɣɯ^{231}
轿	dʑiɐɯ^{213}	dʑiɑɔ^{13}	tɕiɒ^{31}	dʑiɔ^{13}	dʑiɔ^{231}	dʑiʌ^{231}	dʒiɑɔ^{223}	dʒiɑɔ^{13}	dʑiœ^{22}	dʑiɣɯ^{213}
妖	iɐɯ^{45}	iɑɔ^{335}	iɒ^{335}	iɔ^{53}	iɔ^{24}	iʌ^{24}	iɑɔ^{24}	iɑɔ^{324}	iœ^{445}	iɣɯ^{445}
邀	iɐɯ^{45}	iɑɔ^{335}	iɒ^{335}	iɔ^{53}	iɔ^{24}	iʌ^{24}	iɑɔ^{24}	iɑɔ^{324}	iœ^{445}	iɣɯ^{445}
腰	iɐɯ^{45}	iɑɔ^{335}	iɒ^{335}	iɔ^{53}	iɔ^{24}	iʌ^{24}	iɑɔ^{24}	iɑɔ^{324}	iœ^{445}	iɣɯ^{445}
要 要求	iɐɯ^{45}	iɑɔ^{335}	iɒ^{335}	iɔ^{53}	iɔ^{24}	iʌ^{24}	iɑɔ^{24}	iɑɔ^{324}	iœ^{445}	iɣɯ^{445}
要 需要	iɐɯ^{334}	iɑɔ^{45}	iɒ^{11}	iɔ^{24}	iɔ^{52}	iʌ^{52}	iɑɔ^{55}	iɑɔ^{35}	iœ^{33}	iɣɯ^{554}
摇	iɐɯ^{221}	iɑɔ^{211}	iɒ^{52}	iɔ^{31}	iɔ^{434}	iʌ^{11}	iɑɔ^{423}	iɑɔ^{31}	iœ^{21}	iɣɯ^{231}
谣	iɐɯ^{221}	iɑɔ^{211}	iɒ^{52}	iɔ^{31}	iɔ^{434}	iʌ^{11}	iɑɔ^{423}	iɑɔ^{31}	iœ^{21}	iɣɯ^{231}
窑	iɐɯ^{221}	iɑɔ^{211}	iɒ^{52}	iɔ^{31}	iɔ^{434}	iʌ^{11}	iɑɔ^{423}	iɑɔ^{31}	iœ^{21}	iɣɯ^{231}
姚	iɐɯ^{221}	iɑɔ^{211}	iɒ^{52}	iɔ^{31}	iɔ^{434}	iʌ^{11}	iɑɔ^{423}	iɑɔ^{31}	iœ^{21}	iɣɯ^{231}
舀	iɐɯ^{13}	iɑɔ^{53}	iɒ^{221}	iɔ^{22}	iɔ^{223}	iʌ^{544}	iɑɔ^{53}	iɑɔ^{33}	iœ^{343}	ɣɯ^{31}
鹞	iɐɯ^{213}	iɑɔ^{13}	iɒ^{31}	iɔ^{13}	iɔ^{231}	iʌ^{231}	iɑɔ^{223}	iɑɔ^{13}	iœ^{22}	iɣɯ^{213}
刁	tiɐɯ^{45}	tiɑɔ^{335}	ʔdiɒ^{335}	tiɔ^{53}	tiɔ^{24}	tiʌ^{24}	tiɑɔ^{24}	tiɑɔ^{324}	ʔdio^{445}	ʔdiɑɔ^{445}
雕	tiɐɯ^{45}	tiɑɔ^{335}	ʔdiɒ^{335}	tiɔ^{53}	tiɔ^{24}	tiʌ^{24}	tiɑɔ^{24}	tiɑɔ^{324}	ʔdio^{445}	ʔdiɑɔ^{445}
鸟	tiɐɯ^{533}	tiɑɔ^{53}	ʔdiɒ^{33}	tiɔ^{213}	tiɔ^{44}	tiʌ^{544}	tiɑɔ^{53}	tiɑɔ^{33}	ʔdio^{454}	ʔdiɑɔ^{52}
钓	tiɐɯ^{334}	tiɑɔ^{45}	ʔdiɒ^{11}	tiɔ^{24}	tiɔ^{52}	tiʌ^{52}	tiɑɔ^{55}	tiɑɔ^{35}	ʔdio^{33}	ʔdiɑɔ^{554}

续表

	遂昌	龙泉	庆元	松阳	宣平	丽水	云和	景宁	青田	缙云
吊	tiɐɯ³³⁴	tiɑɔ⁴⁵	ʔdiɒ¹¹	tiɔ²⁴	tiɔ⁵²	tiʌ⁵²	tiɑɔ⁵⁵	tiɑɔ³⁵	ʔdiɔ³³	ʔdiɔ⁵⁵⁴
挑	tʰiɐɯ⁴⁵	tʰiɑɔ³³⁵	tʰiɒ³³⁵	tʰiɔ⁵³	tʰiɔ²⁴	tʰiʌ²⁴	tʰiɑɔ²⁴	tʰiɑɔ³²⁴	tʰio⁴⁴⁵	tʰiɔ⁴⁴⁵
跳	tʰiɐɯ³³⁴	tʰiɑɔ⁴⁵	tʰiɒ¹¹	tʰiɔ²⁴	tʰiɔ⁵²	tʰiʌ⁵²	tʰiɑɔ⁵⁵	tʰiɑɔ³⁵	tʰio³³	tʰiɔ⁵⁵⁴
条	diɐɯ²²¹	diɑɔ²¹¹	tiɒ⁵²	diɔ³¹	tiɔ⁴³⁴	diʌ¹¹	diɑɔ⁴²³	diɑɔ³¹	dio²¹	diɔ²³¹
调调查	diɐɯ²²¹	diɑɔ²¹¹	tiɒ⁵²	diɔ³¹	tiɔ⁴³⁴	diʌ¹¹	diɑɔ⁴²³	diɑɔ³¹	dio²¹	diɔ²³¹
调音调	diɐɯ²¹³	diɑɔ¹³	tiɒ³¹	diɔ¹³	tiɔ²³¹	diʌ²³¹	diɑɔ²²³	diɑɔ¹³	dio²²	diɔ²¹³
尿	çy⁴⁵	çy³³⁵	çy³³⁵	sʐ⁵³	sʐ²⁴	sʮ²⁴	ʃy²⁴	ʃy³²⁴	sʮ⁴⁴⁵	sʮ⁴⁴⁵
聊	liɐɯ²²¹	liɑɔ²¹¹	liɒ⁵²	liɔ³¹	liɔ⁴³⁴	liʌ¹¹	liɑɔ⁴²³	liɑɔ³¹	lio²¹	liɔ²³¹
辽	liɐɯ²²¹	liɑɔ²¹¹	liɒ⁵²	liɔ³¹	liɔ⁴³⁴	liʌ¹¹	liɑɔ⁴²³	liɑɔ³¹	lio²¹	liɔ²³¹
了	liɐɯ¹³	liɑɔ⁵³	liɒ²²¹	liɔ²²	liɔ²²³	liʌ⁵⁴⁴	liɑɔ⁵³	liɑɔ³³	lio³⁴³	liɔ³¹

了：处州方言中，"了"一般可作动词，表示"完成、结束"的意思。庆元话语境是"昼了下午"，松阳话、丽水话语境是"了弗起不起"。

	遂昌	龙泉	庆元	松阳	宣平	丽水	云和	景宁	青田	缙云
瞭	liɐɯ²²¹	liɑɔ²¹¹	liɒ⁵²	liɔ³¹	liɔ⁴³⁴	liʌ¹¹	liɑɔ⁴²³	liɑɔ³¹	lio²¹	liɔ²³¹
料	liɐɯ²¹³	liɑɔ¹³	liɒ³¹	liɔ¹³	liɔ²³¹	liʌ²³¹	liɑɔ²²³	liɑɔ¹³	lio²²	liɔ²¹³
萧	çiɐɯ⁴⁵	çiɑɔ³³⁵	çiɒ³³⁵	çiɔ⁵³	çiɔ²⁴	çiʌ²⁴	ʃiɑɔ²⁴	ʃiɑɔ³²⁴	çio⁴⁴⁵	siɔ⁴⁴⁵
箫	çiɐɯ⁴⁵	çiɑɔ³³⁵	çiɒ³³⁵	çiɔ⁵³	çiɔ²⁴	çiʌ²⁴	ʃiɑɔ²⁴	ʃiɑɔ³²⁴	çio⁴⁴⁵	siɔ⁴⁴⁵
浇	tçiɐɯ⁴⁵	tçiɑɔ³³⁵	tçiɒ³³⁵	tçiɔ⁵³	tçiɔ²⁴	tçiʌ²⁴	tʃiɑɔ²⁴	tʃiɑɔ³²⁴	tçiɐ⁴⁴⁵	tçiɣɯ⁴⁴⁵
叫	iɐɯ³³⁴	iɑɔ⁴⁵	iɒ¹¹	iɔ²⁴	iɔ⁵²	iʌ⁵²	iɑɔ⁵⁵	iɑɔ³⁵	tçiɐ³³	iɣɯ⁵⁵⁴
晓	çiɐɯ⁵³³	çiɑɔ⁵³	çiɒ³³	çiɔ²¹³	çiɔ⁴⁴	çiʌ⁵⁴⁴	ʃiɑɔ⁵³	ʃiɑɔ³³	çio⁴⁵⁴	çiɣɯ⁵²
某	mɤɯ¹³	məɯ⁵³	mɒ²²¹	me²²	mɤɯ²²³	mɤɯ⁵⁴⁴	məɯ⁵³	mɐɯ³³	mɐɯ³⁴³	mɤɯ³¹
亩	mɤɯ¹³	ŋ⁵³	moŋ²²¹	m²²	mɤɯ²²³	mɤɯ⁵⁴⁴	məɯ⁵³	mɐɯ³³	mɐɯ³⁴³	mɤɯ³¹
牡	məŋ¹³	ŋ⁵³	moŋ²²¹	m²²	mɤɯ²²³	mɤɯ⁵⁴⁴	məɯ⁵³	mɐɯ³³	mɐɯ³⁴³	mɤɯ³¹
母	məŋ¹³	ŋ⁵³	moŋ²²¹	mu²²	ŋ²²³	m⁵⁴⁴	məɯ⁵³	m³³	m³⁴³	mu³¹
拇	mu¹³	mu⁵³	moŋ²²¹	mu²²	mu²²³	mu⁵⁴⁴	muo⁵³	məɯ³³	m³⁴³	mu³¹
贸	mɤɯ²¹³	mɑɔ¹³	mɒ³¹	mɔ¹³	mɔ²³¹	mɤɯ²³¹	məɯ²²³	mɑɔ¹³	m²²	mɤɯ²¹³
兜	tu⁴⁵	tiɯ³³⁵	ʔdiɯ³³⁵	te⁵³	tɤɯ²⁴	tɤɯ²⁴	təɯ²⁴	tɐɯ³²⁴	ʔdɐɯ⁴⁴⁵	ʔdium⁴⁴⁵
斗一斗	tu⁵³³	tiɯ⁵³	ʔdiɯ³³	te²¹³	tɤɯ⁴⁴	tɤɯ⁵⁴⁴	təɯ⁵³	tɐɯ³³	ʔdɐɯ⁴⁵⁴	ʔdium⁵²
抖	tu⁵³³	tiɯ⁵³	ʔdiɯ³³	te²¹³	tɤɯ⁴⁴	tɤɯ⁵⁴⁴	təɯ⁵³	tɐɯ³³	ʔdɐɯ⁴⁵⁴	ʔdium⁵²
鬥斗争	tu³³⁴	tiɯ⁴⁵	ʔdiɯ¹¹	te²⁴	tɤɯ⁵²	tɤɯ⁵²	təɯ⁵⁵	tɐɯ³⁵	ʔdɐɯ³³	ʔdium⁵⁵⁴
偷	tʰu⁴⁵	tʰiɯ³³⁵	tʰiɯ³³⁵	tʰe⁵³	tʰɤɯ²⁴	tʰɤɯ²⁴	tʰəɯ²⁴	tʰɐɯ³²⁴	tʰɐɯ⁴⁴⁵	tʰium⁴⁴⁵
敨	tʰu⁵³³	tʰiɯ⁵³	tʰiɯ³³	tʰe²¹³	tʰɤɯ⁴⁴	tʰɤɯ⁵⁴⁴	tʰəɯ⁵³	tʰɐɯ³³	tʰɐɯ⁴⁵⁴	
透	tʰu³³⁴	tʰiɯ⁴⁵	tʰiɯ¹¹	tʰe²⁴	tʰɤɯ⁵²	tʰɤɯ⁵²	tʰəɯ⁵⁵	tʰɐɯ³⁵	tʰɐɯ³³	tʰium⁵⁵⁴

续表

	遂昌	龙泉	庆元	松阳	宣平	丽水	云和	景宁	青田	缙云
头	du^{221}	$diɯ^{211}$	$tiɯ^{52}$	de^{31}	$tɤɯ^{434}$	$dɤɯ^{11}$	$dəɯ^{423}$	$dɐɯ^{31}$	deu^{21}	$dium^{231}$
投	du^{221}	$diɯ^{211}$	$tiɯ^{52}$ $teɯ^{52}$	de^{31}	$tɤɯ^{434}$	$dɤɯ^{11}$	$dəɯ^{423}$	$dɐɯ^{31}$	$dɐɯ^{21}$	$dium^{231}$
豆	du^{213}	$diɯ^{13}$	$tiɯ^{31}$	de^{13}	$dɤɯ^{231}$	$dɤɯ^{231}$	$dəɯ^{223}$	$dɐɯ^{13}$	deu^{22}	$dium^{213}$
楼	lu^{221}	$liɯ^{211}$	$liɯ^{52}$	le^{31}	$lɤɯ^{434}$	$lɤɯ^{11}$	$ləɯ^{423}$	$lɐɯ^{31}$	$lɐɯ^{21}$	$lium^{231}$
漏	lu^{213}	$liɯ^{13}$	$lɐɯ^{31}$	le^{13}	$lɤɯ^{231}$	$lɤɯ^{231}$	$ləɯ^{223}$	$lɐɯ^{13}$	$lɐɯ^{22}$	$lium^{213}$
走	tsu^{533}	$tɕiɯ^{53}$	$tsɐɯ^{33}$	tse^{213}	$tsɤɯ^{44}$	$tsɤɯ^{544}$	$tsəɯ^{53}$	$tsɐɯ^{33}$	$tsɐɯ^{454}$	$tsium^{52}$
凑	$tsʰu^{334}$	$tɕʰiɯ^{45}$	$tsʰɐɯ^{11}$	$tsʰe^{24}$	$tsʰɤɯ^{52}$	$tsʰɤɯ^{52}$	$tsʰəɯ^{55}$	$tsʰɐɯ^{35}$	$tsʰɐɯ^{33}$	$tsʰium^{554}$
嗽	su^{334}	$siɯ^{45}$	$sɐɯ^{11}$	se^{24}	$sɤɯ^{52}$	$sɤɯ^{52}$	$səɯ^{55}$	$sɐɯ^{35}$	$sɐɯ^{33}$	$sium^{554}$
勾	$kɤɯ^{45}$	$kiɯ^{335}$	$kɐɯ^{335}$	ke^{53}	$kɤɯ^{24}$	$kɤɯ^{24}$	$kəɯ^{24}$	$kɐɯ^{324}$	$kɐɯ^{445}$	$kɤɯ^{445}$
钩	ku^{45} $kɤɯ^{45}$	$kiɯ^{335}$	$kɐɯ^{335}$	ke^{53}	$kɤɯ^{24}$	$kɤɯ^{24}$	$kəɯ^{24}$	$kɐɯ^{324}$	$kɐɯ^{445}$	$kɤɯ^{445}$
沟	ku^{45}	$kiɯ^{335}$	$kɐɯ^{335}$	ke^{53}	$kɤɯ^{24}$	$kɤɯ^{24}$	$kəɯ^{24}$	$kɐɯ^{324}$	$kɐɯ^{445}$	$kɤɯ^{445}$
狗	$^{文}kɤɯ^{533}$	$^{文}kiɯ^{53}$	$^{文}kɐɯ^{33}$	$^{文}ke^{213}$	$kɤɯ^{44}$	$kɤɯ^{544}$	$kəɯ^{53}$	$kɐɯ^{33}$	$kɐɯ^{454}$	$kɤɯ^{52}$
	遂昌、龙泉、庆元、松阳四地称"狗"为"犬"。									
够	ku^{334}	$kiɯ^{45}$	$kɐɯ^{11}$	ke^{24}	$kɤɯ^{52}$	$kɤɯ^{52}$	$kəɯ^{55}$	$kɐɯ^{35}$	$kɐɯ^{33}$	$kɤɯ^{554}$
口	$tɕʰy^{533}$ $kʰu^{533}$	$tɕʰy^{53}$ $kʰiɯ^{53}$	$kʰɐɯ^{33}$	$kʰe^{213}$	$kʰɤɯ^{44}$	$kʰɤɯ^{544}$	$kʰəɯ^{53}$	$kʰu^{33}$ $kʰɐɯ^{33}$	$kʰɐɯ^{454}$	$kʰɤɯ^{52}$
	遂昌、龙泉、景宁等地,上行语境与"嘴巴"的说法有关,下行语境是"户口"。									
扣	$kʰu^{334}$	$kʰiɯ^{45}$	$kʰɐɯ^{11}$	$kʰe^{24}$	$kʰɤɯ^{52}$	$kʰɤɯ^{52}$	$kʰəɯ^{55}$	$kʰɐɯ^{35}$	$kʰɐɯ^{33}$	$kʰɤɯ^{554}$
藕	$ŋɤɯ^{13}$	$ŋiɯ^{53}$	$ŋɐɯ^{221}$	$ŋe^{22}$	$ŋɤɯ^{223}$	$ŋɤɯ^{544}$	$ŋəɯ^{53}$	$ŋɐɯ^{33}$	$ŋɐɯ^{343}$	$ŋɤɯ^{31}$
鲎	xu^{334}	$xiɯ^{45}$		xe^{24}	$xɤɯ^{52}$	$xɤɯ^{52}$	$xəɯ^{55}$	$xɐɯ^{35}$	$kʰɐɯ^{33}$	$xɤɯ^{554}$
喉	u^{221}	$iɯ^{211}$	u^{52}	e^{31}	$ɤɯ^{434}$	$ɤɯ^{11}$	$əɯ^{423}$	$ɐɯ^{31}$	$ɐɯ^{21}$	$gɤɯ^{231}$ $ɤɯ^{231}$
猴	$ɤɯ^{221}$	$iɯ^{211}$	$xɐɯ^{52}$	e^{31}	$ɤɯ^{434}$	$ɤɯ^{11}$	$əɯ^{423}$	$ɐɯ^{31}$	$ɐɯ^{21}$	$ɤɯ^{231}$
後	u^{13}	u^{53}	u^{221}	u^{22}	$ɤɯ^{223}$	$ɤɯ^{544}$	u^{53}	u^{33} $ɐɯ^{33}$	u^{343} $ɐɯ^{343}$	$ɤɯ^{31}$
厚	gu^{13}	ku^{53}	ku^{221}	gu^{22}	$gɤɯ^{223}$	$gɤɯ^{11}$	$gəɯ^{31}$	$gɐɯ^{33}$	$gɐɯ^{343}$	$gɤɯ^{31}$
后	u^{13}	u^{53}	$xɐɯ^{221}$	e^{22}	$ɤɯ^{223}$	$ɤɯ^{544}$	$əɯ^{53}$	$ɐɯ^{33}$	$ɐɯ^{343}$	$ɤɯ^{31}$
候	u^{213}	$iɯ^{13}$	$ɐɯ^{31}$	e^{13}	$ɤɯ^{231}$	$ɤɯ^{231}$	$əɯ^{223}$	$ɐɯ^{13}$	$ɐɯ^{22}$	$ɤɯ^{213}$
欧	$ɤɯ^{45}$	$iɯ^{335}$	$ɐɯ^{335}$	e^{53}	$ɤɯ^{24}$	$ɤɯ^{24}$	$əɯ^{24}$	$ɐɯ^{324}$	$ɐɯ^{445}$	$ɤɯ^{445}$
瓯	$ɤɯ^{45}$	$iɯ^{335}$	$ɐɯ^{335}$	e^{53}	$ɤɯ^{24}$	$ɤɯ^{24}$	$əɯ^{24}$	$ɐɯ^{324}$	$ɐɯ^{445}$	$ɤɯ^{445}$
讴叫	$ɐɯ^{45}$				$ɔ^{24}$					$ɔ^{445}$

续表

	遂昌	龙泉	庆元	松阳	宣平	丽水	云和	景宁	青田	缙云
富	fuə³³⁴	fɤɯ⁴⁵	fɤ¹¹	fuʌ²⁴	fu⁵²	fu⁵²	fu⁵⁵	fu³⁵	fø³³	fu⁵⁵⁴
副	fuə³³⁴	fɤɯ⁴⁵	fɤ¹¹	fuʌ²⁴	fu⁵²	fu⁵²	fu⁵⁵	fu³⁵	fø³³	fu⁵⁵⁴
浮	vuə²²¹	vɤɯ²¹¹	fɤ⁵²	vuʌ³¹	fu⁴³⁴	vu¹¹	vu⁴²³	vu³¹	vø²¹	vu²³¹
妇	vuə¹³	fɤɯ⁵³	fɤ²²¹	vuʌ²²	vu²²³	vu¹¹	vu³¹	vu³³	vø³⁴³	vu³¹
负	vuə¹³	fɤɯ⁵³	fɤ²²¹	vuʌ²²	vu²²³	vu¹¹	vu³¹	vu³³ / vɐɯ³³	vø³⁴³ / vɐɯ³⁴³	vɤɯ³¹
伏孵	buə²¹³	bɤɯ¹³	pɤ³¹	buʌ¹³	bu²³¹	bu²³¹	bu²²³	bu¹³	bø²²	bu²¹³
矛	mɐɯ²²¹	mɔ²¹¹	mɒ⁵²	mɔ³¹	mɔ⁴³⁴	mʌ¹¹	mɔɯ⁴²³	mɔɯ³¹	mo²¹	mɔ²³¹
纽	ŋ̩iɯ¹³	ŋ̩iɯ⁵³	ŋ̩iɯ²²¹	ŋ̩iɯ²²	ŋ̩iɯ²²³	ŋ̩iɯ⁵⁴⁴	ɲiɯ⁵³	ɲiɯ³³	ŋ̩iɯ³⁴³	ɲium³¹
流	liɯ²²¹	liɯ²¹¹	liɯ⁵²	le³¹	liɯ⁴³⁴	liɯ¹¹	liɯ⁴²³	liɯ³¹	leu²¹	lium²³¹
刘	liɯ²²¹	liɯ²¹¹	liɯ⁵²	le³¹	liɯ⁴³⁴	liɯ¹¹	liɯ⁴²³	liɯ³¹	leu²¹	lium²³¹
留	liɯ²²¹	liɯ²¹¹	liɯ⁵²	le³¹	liɯ⁴³⁴	liɯ¹¹	liɯ⁴²³	liɯ³¹	leu²¹	lium²³¹
榴	liɯ²²¹	liɯ²¹¹	liɯ⁵²	le³¹	liɯ⁴³⁴	liɯ¹¹	liɯ⁴²³	liɯ³¹	leu²¹	lium²³¹
硫	liɯ²²¹	liɯ²¹¹	liɯ⁵²	le³¹	liɯ⁴³⁴	liɯ¹¹	liɯ⁴²³	liɯ³¹	leu²¹	lium²³¹
柳	liɯ¹³	liɯ⁵³	liɯ²²¹	liɯ²²	liɯ²²³	liɯ⁵⁴⁴	liɯ⁵³	liɯ³³	leu³⁴³	lium³¹
溜	liɯ²¹³	liɯ¹³	liɯ³¹	le¹³	liɯ²³¹	liɯ²³¹	liɯ⁴²³	liɯ¹³	leu²²	lium²¹³
廖	liɐɯ²¹³	liɑɔ¹³	liɒ³¹	liɔ¹³	liɔ²³¹	liʌ²³¹	liɑɔ²²³	liɑɔ¹³	lio²²	liɔ²¹³
酒	tɕiɯ⁵³³	tɕiɯ⁵³	tɕiɯ³³	tɕiɯ²¹³	tɕiɯ⁴⁴	tɕiɯ⁵⁴⁴	tʃiɯ⁵³	tʃiɯ³³	tɕiɯ⁴⁵⁴	tsium⁵²
秋	tɕʰiɯ⁴⁵	tɕʰiɯ³³⁵	tɕʰiɯ³³⁵	tɕʰiɯ⁵³	tɕʰiɯ²⁴	tɕʰiɯ²⁴	tʃʰiɯ²⁴	tʃʰiɯ³²⁴	tɕʰiɯ⁴⁴⁵	tsʰium⁴⁴⁵
就	ziɯ²¹³	ziɯ¹³	ɕiɯ³¹	ziɯ¹³	ziɯ²³¹	ziɯ²³¹	ʒiɯ²²³	ʒiɯ¹³	iɯ²²	zium²¹³
修	ɕiɯ⁴⁵	ɕiɯ³³⁵	ɕiɯ³³⁵	ɕiɯ⁵³	ɕiɯ²⁴	ɕiɯ²⁴	ʃiɯ²⁴	ʃiɯ³²⁴	ɕiɯ⁴⁴⁵	sium⁴⁴⁵
秀	ɕiɯ³³⁴	ɕiɯ⁴⁵	ɕiɯ¹¹	ɕiɯ²⁴	ɕiɯ⁵²	ɕiɯ⁵²	ʃiɯ⁵⁵	ʃiɯ³⁵	ɕiɯ³³	sium⁵⁵⁴
绣	ɕiɯ³³⁴	ɕiɯ⁴⁵	ɕiɯ¹¹	ɕiɯ²⁴	ɕiɯ⁵²	ɕiɯ⁵²	ʃiɯ⁵⁵	ʃiɯ³⁵	ɕiɯ³³	sium⁵⁵⁴
锈	ɕiɯ³³⁴	ɕiɯ⁴⁵	ɕiɯ¹¹	ɕiɯ²⁴	ɕiɯ⁵²	ɕiɯ⁵²	ʃiɯ⁵⁵	ʃiɯ³⁵	ɕiɯ³³	sium⁵⁵⁴
袖	ziɯ²¹³	ziɯ¹³	ɕiɯ³¹	ziɯ¹³	ziɯ²³¹	ziɯ²³¹	ʒiɯ²²³	ʒiɯ¹³	iɯ²²	dzium²¹³
昼	tɕiɯ³³⁴	tiɯ⁴⁵	ʔdiɯ¹¹	tɕiɯ²⁴	tɕiɯ⁵²	tɕiɯ⁵²	tʃiɯ⁵⁵	tʃiɯ³⁵	tɕiɯ³³	tsium⁵⁵⁴
抽	tɕʰiɯ⁴⁵	tɕʰiɯ³³⁵	tɕʰiɯ³³⁵	tɕʰiɯ⁵³	tɕʰiɯ²⁴	tɕʰiɯ²⁴	tʃʰiɯ²⁴	tʃʰiɯ³²⁴	tɕʰiɯ⁴⁴⁵	tsʰium⁴⁴⁵
丑时辰	tɕʰiɯ⁵³³	tɕʰiɯ⁵³	tɕʰiɯ³³	tɕʰiɯ²¹³	tɕʰiɯ⁴⁴	tɕʰiɯ⁵⁴⁴	tʃʰiɯ⁵³	tʃʰiɯ³³	tɕʰiɯ⁴⁵⁴	tsʰium⁵²
绸	dʑiɯ²²¹	dʑiɯ²¹¹	tɕiɯ⁵²	dʑiɯ³¹	dʑiɯ⁴³⁴	dʑiɯ¹¹	dʒiɯ⁴²³	dʒiɯ³¹	dʑiɯ²¹	dzium²³¹
宙	dʑiɯ²¹³	dʑiɯ¹³	tɕiɯ³¹	dʑiɯ¹³	dʑiɯ²³¹	dʑiɯ²³¹	dʒiɯ²²³	dʒiɯ¹³	dʑiɯ²²	dzium²¹³
邹	tɕiɯ⁴⁵	tsiɯ³³⁵	tsɐɯ³³⁵	tse⁵³	tsɤɯ²⁴	tɕiɯ²⁴	tsəɯ²⁴	tsɐɯ³²⁴	tsɐɯ⁴⁴⁵	tsium⁴⁴⁵
皱	tsɐɯ³³⁴	tsiɯ⁴⁵	tsɐɯ¹¹	tse²⁴	tsɤɯ⁵²	tsɤɯ⁵²	tsəɯ⁵⁵	tsɐɯ³⁵	tsɐɯ³³	tsium⁵⁵⁴

续表

	遂昌	龙泉	庆元	松阳	宣平	丽水	云和	景宁	青田	缙云
绉	tsɯ^{334}	tsiɯ^{45}	tsɐɯ^{11}	tse^{24}	tsyɯ^{52}	tsɤɯ^{52}	tsɐɯ^{55}	tsɐɯ^{35}	tsɐɯ^{33}	tsium^{554}
瞅		tɕʰiɯʔ^{54}								
愁	ʑyɐɯ^{221}	ziɯ^{211}	sɐɯ^{52}	ze^{31}	syɯ^{434}	zɤɯ^{11}	zɐɯ^{423}	zɐɯ^{31}	zɐɯ^{21}	zium^{231}
搜	ɕiɯ^{45}	siɯ^{335}	sɐɯ^{335}	se^{53}	syɯ^{24}	ɕiɯ^{24}	sɐɯ^{24}	sɐɯ^{324}	sɐɯ^{445}	sium^{445}
馊	ɕyɐɯ^{45}	siɯ^{335}	sɐɯ^{335}	se^{53}	syɯ^{24}	ɕiɯ^{24}	sɐɯ^{24}	sɐɯ^{324}	seu^{445}	sium^{445}
瘦	ɕyɐɯ^{334}	siɯ^{45}	sɐɯ^{11}	sʌ^{24}	syɯ^{52}	ɕiɯ^{52}	sɐɯ^{55}	sɐɯ^{35}	ɕiɯ^{33}	sium^{554}
周	tɕiɯ^{45}	tɕiɯ^{335}	tɕiɯ^{335}	tɕiɯ^{53}	tɕiɯ^{24}	tɕiɯ^{24}	tʃiɯ^{24}	tʃiɯ^{324}	tɕiɯ^{445}	tsium^{445}
舟	tɕiɯ^{45}	tɕiɯ^{335}	tɕiɯ^{335}	tɕiɯ^{53}	tɕiɯ^{24}	tɕiɯ^{24}	tʃiɯ^{24}	tʃiɯ^{324}	tɕiɯ^{445}	tsium^{445}
州	tɕiɯ^{45}	tɕiɯ^{335}	tɕiɯ^{335}	tɕiɯ^{53}	tɕiɯ^{24}	tɕiɯ^{24}	tʃiɯ^{24}	tʃiɯ^{324}	tɕiɯ^{445}	tsium^{445}
洲	tɕiɯ^{45}	tɕiɯ^{335}	tɕiɯ^{335}	tɕiɯ^{53}	tɕyɯ^{24}	tɕiɯ^{24}	tʃiɯ^{24}	tʃiɯ^{324}	tɕiɯ^{445}	tsium^{445}
帚	yɛ^{533}	tɕiɯ^{53}	tɕiɯ^{33}	ye^{213}	tɕiɯ^{44}	tɕiɯ^{544}	tʃiɯ^{53}	tʃiɯ^{33}	tɕiɯ^{454}	tsium^{52}
醜	tɕʰiɯ^{533}	tɕʰiɯ^{53}	tɕʰiɯ^{33}	tɕʰiɯ^{213}	tɕʰiɯ^{44}	tɕʰiɯ^{544}	tʃʰiɯ^{53}	tʃʰiɯ^{33}	tɕʰiɯ^{454}	tsʰium^{52}
臭	tɕʰiɯ^{334}	tɕʰiɯ^{45}	tsʰɐɯ^{11}	tɕʰiɯ^{24}	tɕʰiɯ^{52}	tɕʰiɯ^{52}	tʃʰiɯ^{55}	tʃʰiɯ^{35}	tɕʰiɯ^{33}	tsʰium^{554}
收	ɕiɯ^{45}	ɕiɯ^{335}	ɕiɯ^{335}	ɕiɯ^{53}	ɕiɯ^{24}	ɕiɯ^{24}	ʃiɯ^{24}	ʃiɯ^{324}	ɕiɯ^{445}	sium^{445}
手	tɕʰyɛ^{533} / ɕiɯ^{533}	ɕiɯ^{53}	tɕʰye^{33} / ɕiɯ^{33}	ɕiɯ^{213}	ɕiɯ^{44}	ɕiɯ^{544}	ʃiɯ^{53}	ʃiɯ^{33}	ɕiɯ^{454}	sium^{52}

遂昌、庆元两地上行语境是"手"，下行语境是"手艺"。

	遂昌	龙泉	庆元	松阳	宣平	丽水	云和	景宁	青田	缙云
首	ɕiɯ^{533}	ɕiɯ^{53}	ɕiɯ^{33}	ɕiɯ^{213}	ɕiɯ^{44}	ɕiɯ^{544}	ʃiɯ^{53}	ʃiɯ^{33}	ɕiɯ^{454}	sium^{52}
守	ɕiɯ^{533}	ɕiɯ^{53}	ɕiɯ^{33}	ɕiɯ^{213}	ɕiɯ^{44}	ɕiɯ^{544}	ʃiɯ^{53}	ʃiɯ^{33}	ɕiɯ^{454}	sium^{52}
兽	ɕiɯ^{334}	ɕiɯ^{45}	ɕiɯ^{11}	ɕiɯ^{24}	ɕiɯ^{52}	ɕiɯ^{52}	ʃiɯ^{55}	ʃiɯ^{35}	ɕiɯ^{33}	sium^{554}
仇	dʑiɯ^{221}	ziɯ^{211}	ɕiɯ^{52}	ze^{31}	tɕiɯ^{434}	dʑiɯ^{11}	ʒiɯ^{423}	ʒiɯ^{31}	dʑiɯ^{21}	dzium^{231}
受	ʑiɯ^{13}	ɕiɯ^{53}	ɕiɯ^{221}	ziɯ^{22}	ʑiɯ^{223}	ʑiɯ^{11}	ʒiɯ^{31}	ʒiɯ^{33}	iɯ^{343}	zium^{31}
寿	ʑiɯ^{213}	ziɯ^{13}	ɕiɯ^{31}	ziɯ^{13}	ʑiɯ^{231}	ʑiɯ^{231}	ʒiɯ^{223}	ʒiɯ^{13}	iɯ^{22}	zium^{213}
授	ʑiɯ^{213}	ziɯ^{13}	ɕiɯ^{31}	ziɯ^{13}	ʑiɯ^{231}	ʑiɯ^{231}	ʒiɯ^{223}	ʒiɯ^{13}	iɯ^{22}	zium^{213}
售	ʑiɯ^{213}	dʑiɯ^{13}	ɕiɯ^{31}	dʑiɯ^{13}	dʑiɯ^{231}	ʑiɯ^{231}	dʒiɯ^{223}	dʒiɯ^{13} / ʒiɯ^{13}	dʑiɯ^{22}	zium^{213}
揉	ȵiɕiʔ^{23}	ȵuɕiʔ^{23}	ȵioʔ^{34}	ȵioʔ^{2}	ȵ̟yəʔ^{23}	ȵioʔ^{23}	ȵioʔ^{23}	ȵiuɕiʔ^{23}	ȵiuʔ^{31}	ȵioʔ^{35}
阄	ku^{45}	ku^{335}	kɐɯ^{335}	ke^{53}	tɕiɯ^{24}	tɕiɯ^{24}	tʃiɯ^{24}	tʃiɯ^{324}	tɕiɯ^{445}	tɕium^{445}
纠	tɕiɯ^{45}	tɕiɯ^{335}	tɕiɯ^{335}	ke^{53}	tɕiɯ^{24}	tɕiɯ^{24}	tʃiɯ^{24}	tʃiɯ^{324}	tɕiɯ^{445}	tɕium^{445}
九	tɕiɯ^{533}	tɕiɯ^{53}	tɕiɯ^{33}	ke^{213}	tɕiɯ^{44}	tɕiɯ^{544}	tʃiɯ^{53}	tʃiɯ^{33}	tɕiɯ^{454}	tɕium^{52}
久	tɕiɯ^{533}	tɕiɯ^{53}	tɕiɯ^{33}	ke^{213}	tɕiɯ^{44}	tɕiɯ^{544}	tʃiɯ^{53}	tʃiɯ^{33}	tɕiɯ^{454}	tɕium^{52}
韭	tɕiɯ^{533}	tɕiɯ^{53}	tɕiɯ^{33}	ke^{213}	tɕiɯ^{44}	tɕiɯ^{544}	tʃiɯ^{53}	tʃiɯ^{33}	tɕiɯ^{454}	tɕium^{52}
救	tɕiɯ^{334}	tɕiɯ^{45}	tɕiɯ^{11}	ke^{24}	tɕiɯ^{53}	tɕiɯ^{52}	tʃiɯ^{55}	tʃiɯ^{35}	tɕiɯ^{33}	tɕium^{554}

续表

	遂昌	龙泉	庆元	松阳	宣平	丽水	云和	景宁	青田	缙云
究	tɕiɯ³³⁴	tɕiɯ⁴⁵	tɕiɯ¹¹	ke²⁴	tɕiɯ⁵²	tɕiɯ⁵²	tʃiɯ⁵⁵	tʃiɯ³⁵	tɕiɯ³³	tɕium⁵⁵⁴
丘	tɕʰiɯ⁴⁵	tɕʰiɯ³³⁵ tɕʰiɯ³³⁵	kʰɐɯ³³⁵	kʰe⁵³	tɕʰiɯ²⁴	tɕʰiɯ²⁴	tʃʰiɯ²⁴	tʃʰiɯ³²⁴	tɕʰiɯ⁴⁴⁵	tɕʰium⁴⁴⁵
	庆元话上行语境是"一丘田"，下行语境是"孔丘"。									
求	dʑiɯ²²¹	dʑiɯ²¹¹	tɕiɯ⁵²	ge³¹	tɕiɯ⁴³⁴	dʑiɯ¹¹	dʒiɯ⁴²³	dʒiɯ³¹	dʑiɯ²¹	dʑium²³¹
球	dʑiɯ²²¹	dʑiɯ²¹¹	tɕiɯ⁵²	ge³¹	tɕiɯ⁴³⁴	dʑiɯ¹¹	dʒiɯ⁴²³	dʒiɯ³¹	dʑiɯ²¹	dʑium²³¹
臼	dʑiɯ¹³	tɕiɯ⁵³	kɐɯ²²¹	ge²²	dʑiɯ²²³	dʑiɯ¹¹	dʒioŋ³¹	dʒiɯ³³	dʑiɯ³⁴³	dʑium³¹
舅	dʑiɯ¹³	tɕiɯ⁵³	tɕiɯ²²¹	ge²²	dʑiɯ²²³	dʑiɯ¹¹	dʒiɯ³¹	dʒiɯ³³	dʑiɯ³⁴³	dʑium³¹
旧	dʑiɯ²¹³	dʑiɯ¹³	tɕiɯ³¹	ge¹³	dʑiɯ²³¹	dʑiɯ²³¹	dʒiɯ²²³	dʒiɯ¹³	dʑiɯ²²	dʑium²¹³
牛	ɲiɯ²²¹	ɲiɯ²¹¹	ŋɐɯ⁵²	ŋe³¹	ɲiɯ⁴³⁴	ɲiɯ¹¹	ɲiɯ⁴²³	ɲiɯ³¹	ŋɐɯ²¹	ɲium²³¹
休	çiɯ⁴⁵	çiɯ³³⁵	çiɯ³³⁵	çiɯ⁵³	çiɯ²⁴	çiɯ²⁴	ʃiɯ²⁴	ʃiɯ³²⁴	çiɯ⁴⁴⁵	çium⁴⁴⁵
优	iɯ⁴⁵	iɯ³³⁵	iɯ³³⁵	iɯ⁵³	iɯ²⁴	iɯ²⁴	iɯ²⁴	iɯ³²⁴	iɯ⁴⁴⁵	ium⁴⁴⁵
邮	iɯ²²¹	iɯ²¹¹	iɯ⁵²	iɯ³¹	iɯ⁴³⁴	iɯ¹¹	iɯ⁴²³	iɯ³¹	iɯ²¹	ium²³¹
有	uɔʔ²³	iɯ⁵³	uɤ²²¹	uɔʔ²	iɯ²²³	iɯ⁵⁴⁴	iɯ⁵³	iɯ³³	iɯ³⁴³	ium³¹
友	iɯ¹³	iɯ⁵³	iɯ²²¹	iɯ²²	iɯ²²³	iɯ⁵⁴⁴	iɯ⁵³	iɯ³³	iɯ³⁴³	ium³¹
又	iɯ²¹³	iɯ¹³	iɯ³¹	iɯ¹³	iɯ²³¹	iɯ²³¹	iɯ²²³	iɯ¹³	iɯ²²	ium²¹³
右	iɯ²¹³	iɯ¹³	iɯ³¹	iɯ¹³	iɯ²³¹	iɯ²³¹	iɯ²²³	iɯ¹³	iɯ²²	ium²¹³
佑	iɯ²¹³	iɯ¹³	iɯ³¹	iɯ¹³	iɯ²³¹	iɯ²³¹	iɯ²²³	iɯ¹³	iɯ²²	ium²¹³
由	iɯ²²¹	iɯ²¹¹	iɯ⁵²	iɯ³¹	iɯ⁴³⁴	iɯ¹¹	iɯ⁴²³	iɯ³¹	iɯ²¹	ium²³¹
油	iɯ²²¹	iɯ²¹¹	iɯ⁵²	iɯ³¹	iɯ⁴³⁴	iɯ¹¹	iɯ⁴²³	iɯ³¹	iɯ²¹	ium²³¹
游	iɯ²²¹	iɯ²¹¹	iɯ⁵²	iɯ³¹	iɯ⁴³⁴	iɯ¹¹	iɯ⁴²³	iɯ³¹	iɯ²¹	ium²³¹
柚	iɯ²¹³	iɯ¹³	iɯ³¹	iɯ¹³	iɯ²³¹	iɯ²³¹	iɯ²²³	iɯ¹³	iɯ²²	ium²¹³
彪	piɐɯ⁴⁵	piaɔ³³⁵	ʔbiɔ³³⁵	piɔ⁵³	piɔ²⁴	piʌ²⁴	piaɔ²⁴	piaɔ³²⁴	ʔbiɔ⁴⁴⁵	ʔbɤɯ⁴⁴⁵
丢	tiɯ⁴⁵	tiɯ³³⁵	ʔdiɯ³³⁵	tiɯ⁵³	tiɯ²⁴	tiɯ²⁴	tiɯ²⁴	tiɯ³²⁴	ʔdeu⁴⁴⁵	ʔdium⁴⁴⁵
幼	iɯ³³⁴	iɯ⁴⁵	iɯ¹¹	iɯ²⁴	iɯ⁵²	iɯ⁵²	iɯ⁵⁵	iɯ³⁵	iɯ³³	ium⁵⁵⁴
耽	taŋ⁴⁵	taŋ³³⁵	ʔdæ̃³³⁵	tɔ̃⁵³	tã²⁴	tã²⁴	tã²⁴	tɑ³²⁴	ʔdɑ⁴⁴⁵	ʔdɑ⁴⁴⁵
答	taʔ⁵	təʔ⁵⁴	ʔdaʔ⁵	tɔʔ⁵	tɔʔ⁵	tɔʔ⁵	taʔ⁵	təʔ⁵	ʔdaʔ⁴²	ʔdɛ⁴²³
搭	taʔ⁵	tɔʔ⁵⁴	ʔdaʔ⁵	tɔʔ⁵	taʔ⁵	tɔʔ⁵	taʔ⁵	taʔ⁵	ʔdaʔ⁴²	ʔdɑ⁴²³
贪	tʰæ̃⁴⁵	tʰɤ³³⁵	tʰæ̃³³⁵	tʰæ̃⁵³	tʰɤ²⁴	tʰuɜ²⁴	tʰuɜ²⁴	tʰə³²⁴	tʰuæ⁴⁴⁵	tʰɛ⁴⁴⁵
探	tʰæ̃³³⁴	tʰɤ⁴⁵	tʰæ̃¹¹	tʰæ̃²⁴	tʰɤ⁵²	tʰuɜ⁵²	tʰuɜ⁵⁵	tʰə³⁵	tʰuæ³³	tʰɛ⁵⁵⁴
踏	daʔ²³	dɔʔ²³	taʔ³⁴	dɔʔ²	daʔ²³	dɒʔ²³	dɑʔ²³	dɑʔ²³	daʔ³¹	dɑ³⁵
搨	tʰaʔ⁵	tʰɔʔ⁵⁴	tʰɔʔ⁵	tʰɔʔ⁵	tʰaʔ⁵	tʰɒʔ⁵	tʰaʔ⁵	tʰaʔ⁵	tʰaʔ⁴²	tʰɑ⁴²³

续表

	遂昌	龙泉	庆元	松阳	宣平	丽水	云和	景宁	青田	缙云
潭	daŋ^{221} / dɛ̃^{221}	dɤ^{211}	tæ̃^{52}	dæ̃^{31}	tɤ^{434}	duɛ^{11}	duɛ^{423}	də^{31}	duæ^{21}	dɛ^{231}
	遂昌话上行语境是地名"龙潭位于县城近郊",下行是读字音。									
谭	dɛ̃^{221}	daŋ^{11}	tæ̃^{52}	dæ̃^{31}	tɤ^{434}	dã^{11}	dã^{423}	də^{31}	duæ^{21}	dɛ^{231}
南	nɛ̃^{221}	nF^{211}	næ̃^{52}	næ̃^{31}	nɤ^{434}	nuɛ^{11}	nuɛ^{423}	nə^{31}	nuæ^{21}	nɛ^{231}
男	nɛ̃^{221}	nɤ^{211}	n / ɛ̃^{52}	næ̃^{31}	tɤ^{434} / nɤ^{434}	nuɛ^{11}	nuɛ^{423}	nə^{31}	nuæ^{21}	nɛ^{231}
	宣平话上行语境是"男子人男人",音变原因不详。									
纳	nɛʔ^{23}	nəʔ^{23}	nɤʔ^{34}	næʔ^{2}	nəʔ^{23}	nɛʔ^{23}	naʔ^{23}	nəʔ^{23}	naʔ^{31}	nɛ^{35}
拉	lɒ^{45}	lo^{335}	la^{335}	la^{53}	la^{24}	lɒ^{24}	lɑ^{24}	la^{324}	la^{445}	lɑ^{445}
簪	tsɛ̃^{45}	tsɤ^{335}	tsæ̃^{335}	tsæ̃^{53}	tsɤ^{24}	tsuɛ^{24}	tsuɛ^{24}	tsə^{324}	tsuæ^{445}	tsɛ^{445}
参(加)	tsʰɛ̃^{45}	tsʰɤ^{335}	tsʰɛ̃^{335}	tsʰæ̃^{53}	tsʰɤ^{24}	tsʰuɛ^{24}	tsʰuɛ^{24}	tsʰə^{324}	tsʰuæ^{445}	tsʰɛ^{445}
蚕	zɛ̃^{221}	zɤ^{211}	sæ̃^{52}	zæ̃^{31}	sɤ^{434}	zuɛ^{11}	zuɛ^{423}	zə^{31}	zuæ^{21}	zɛ^{231}
杂	zɛʔ^{23}	zəʔ^{23}	sɤʔ^{34}	zæʔ^{2}	zəʔ^{23}	zʌʔ^{23}	zɛʔ^{23}	zəʔ^{23}	za^{31}	zɛ^{35}
感	kɛ̃^{533}	kɤ^{53}	kæ̃^{33}	kæ̃^{213}	kɤ^{44}	kɛ^{544}	kɛ^{53}	kə^{33}	kiɛ^{454}	kɛ^{52}
鸽	kɛʔ^{5}	kəʔ^{54}	kɤʔ^{5}	kæʔ^{5}	kəʔ^{5}	kɛʔ^{5}	kɛʔ^{5}	kəʔ^{5}	kaʔ^{42}	kɛ^{423}
坎	kʰɛ̃^{334}	kʰɤ^{45}	kʰæ̃^{11}	kʰæ̃^{24}	kʰɤ^{52}	kʰɛ^{52}	kʰɛ^{55}	kʰə^{35}	kʰiɛ^{33}	kʰɛ^{554}
喝	xaʔ^{5}	xɔʔ^{54}	xɤʔ^{5}	xɔʔ^{5}	xaʔ^{5}	xɒʔ^{5}	xaʔ^{5}	xaʔ^{5}	xaʔ^{42}	xɑ^{423}
含	gaŋ^{221} / ɛ̃^{221}	geiŋ^{211} / ɤ^{211}	kæ̃^{52} / æ̃^{52}	geŋ^{31} / æ̃^{31}	kã^{434} / ɤ^{434}	gã^{11} / ɛ^{11}	gã^{423} / ɛ^{423}	gə^{31} / ə^{31}	gaŋ^{21} / a^{21}	aŋ^{231}
	上行语境是"含在嘴里"的动作,下行语境是"含片"。									
合	ɛʔ^{23}	əʔ^{23}	xɤʔ^{34}	æʔ^{2}	əʔ^{23}	ɛʔ^{23}	ɛʔ^{23}	əʔ^{23}	aʔ^{31}	ɛ^{35}
盒	ɛʔ^{23}	əʔ^{23}	xɤʔ^{34}	æʔ^{2}	əʔ^{23}	ɛʔ^{23}	ɛʔ^{23}	əʔ^{23}	aʔ^{31}	ɛ^{35}
庵	ɛ̃^{45}	ɤ^{335}	æ̃^{335}	æ̃^{53}	ɤ^{24}	ɛ^{24}	ɛ^{24}	ə^{324}	iɛ^{445}	ɛ^{445}
暗	ɛ̃^{334}	ɤ^{45}	æ̃^{11}	æ̃^{24}	uɤ^{52}	ɛ^{52}	ɛ^{55}	ə^{35}	iɛ^{33}	ɛ^{554}
担(动)	taŋ^{45}	taŋ^{335}	ʔdã^{335}	tɔ̃^{53}	tã^{24}	tã^{24}	tã^{24}	tɑ^{324}	ʔdɑ^{445}	ʔdɑ^{445}
胆	taŋ^{533}	taŋ^{53}	ʔdã^{33}	tɔ̃^{213}	tã^{44}	tã^{544}	tã^{53}	tɑ^{33}	ʔdɑ^{454}	ʔdɑ^{52}
担(名)	taŋ^{334}	taŋ^{45}	ʔdã^{11}	tɔ̃^{24}	tã^{52}	tã^{52}	tã^{55}	tɑ^{35}	ʔdɑ^{33}	ʔdɑ^{554}
毯	tʰaŋ^{533}	tʰaŋ^{53}	tʰã^{33}	tʰɔ̃^{213}	tʰã^{44}	tʰã^{544}	tʰã^{53}	tʰã^{33}	tʰa^{454}	tʰa^{52}
塔	tʰaʔ^{5}	tʰɔʔ^{54}	tʰaʔ^{5}	tʰɔʔ^{5}	tʰaʔ^{5}	tʰɒʔ^{5}	tʰaʔ^{5}	tʰaʔ^{5}	tʰaʔ^{42}	tʰa^{423}
塌	tʰaʔ^{5}	tʰɔʔ^{54}	tʰaʔ^{5}	tʰɔʔ^{5}	tʰaʔ^{5}	tʰɒʔ^{5}	tʰaʔ^{5}	tʰaʔ^{5}	tʰaʔ^{42}	tʰa^{423}
遢	tʰaʔ^{5}			tʰɔʔ^{5}						
谈	daŋ^{221}	daŋ^{211}	tã^{52}	dɔ̃^{31}	tã^{434}	dã^{11}	dã^{423}	dɑ^{31}	da^{21}	dɑ^{231}

续表

	遂昌	龙泉	庆元	松阳	宣平	丽水	云和	景宁	青田	缙云
痰	daŋ^{221}	daŋ^{211}	tã^{52}	dɔ̃^{31}	tã^{434}	dã^{11}	dã^{423}	dɑ^{31}	da^{21}	dɑ^{231}
淡	daŋ^{13}	taŋ^{53}	tã^{221}	dɔ̃^{22}	dã^{223}	dã^{11}	dã^{31}	dɑ^{33}	da^{343}	dɑ^{31}
蓝	laŋ^{221}	laŋ^{211}	lã^{52}	lɔ̃^{31}	lã^{434}	lã^{11}	lã^{423}	lɑ^{31}	la^{21}	lɑ^{231}
篮	laŋ^{221}	laŋ^{211}	lã^{52}	lɔ̃^{31}	lã^{434}	lã^{11}	lã^{423}	lɑ^{31}	la^{21}	lɑ^{231}
腊	laʔ^{23}	lɔʔ^{23}	laʔ^{34}	lɔʔ^{2}	laʔ^{23}	lɒʔ^{23}	laʔ^{23}	lɑʔ^{23}	laʔ^{31}	lɑ^{35}
蜡	laʔ^{23}	lɔʔ^{23}	laʔ^{34}	lɔʔ^{2}	laʔ^{23}	lɒʔ^{23}	laʔ^{23}	lɑʔ^{23}	laʔ^{31}	lɑ^{35}
镴	laʔ^{23}	lɔʔ^{23}	laʔ^{34}	lɔʔ^{2}	laʔ^{23}	lɒʔ^{23}	laʔ^{23}	lɑʔ^{23}	laʔ^{31}	lɑ^{35}
邋	laʔ^{23}	lɔʔ^{23}		lɔʔ^{2}						
暂	dzaŋ^{213}	dzaŋ^{13}	tsã^{31}	zɔ̃^{13} / dzɔ̃^{13}	dzã^{231}	dzã^{231}	dzã^{223}	dzɑ^{13}	za^{22}	dzɑ^{213}
三	saŋ^{45}	saŋ^{335}	sã^{335}	sɔ̃^{53}	sã^{24}	sã^{24}	sã^{24}	sɑ^{324}	sa^{445}	sɑ^{445}
甘	kɛ̃^{45}	kɤ^{335}	kæ̃^{335}	kæ̃^{53}	kɤ^{24}	kɛ^{24}	kɛ^{24}	kə^{324}	kiɛ^{445}	kɛ^{445}
柑	kɛ̃^{45}	kɤ^{335}	kæ̃^{335}	kæ̃^{53}	kɤ^{24}	kɛ^{24}	kɛ^{24}	kə^{324}	kiɛ^{445}	kɛ^{445}
敢	kɛ̃^{533}	kɤ^{53}	kæ̃^{33}	kæ̃^{213}	kɤ^{44}	kɛ^{544}	kɛ^{53}	kə^{33}	kiɛ^{454}	kɛ^{52}
磕	kʰaʔ^{5}	kʰɛiʔ^{54}	kʰɤʔ^{5}	kʰæʔ^{5}	kʰəʔ^{5}	kʰɛʔ^{5}	kʰɛʔ^{5}	kʰəʔ^{5}	kʰaʔ^{42}	kʰɛ^{423}
喊	ᵂxaŋ^{334}	xaŋ^{45}	xã^{11}	xɔ̃^{24}	ᵂxã^{52}	xã^{52}	xã^{55}	xɑ^{35}	ᵂxa^{33}	xɑ^{52}
札	tsaʔ^{5}	tsɔʔ^{54}	tsaʔ^{5}	tsɔʔ^{5}	tsɑʔ^{5}	tsɒʔ^{5}	tsɑʔ^{5}	tsaʔ^{5}	tsaʔ^{42}	tsɑ^{423}
赚	dzaŋ^{13}	tɕyə^{53}	tɕyɛ^{221}	dzɔ̃^{22}	dzã^{223}	dzã^{11}	dzã^{31}	dzɑ^{33}	dʑiaŋ^{343}	dzɑ^{31}
站	dzaŋ^{213}	dzaŋ^{13}	tsã^{31}	dzɔ̃^{13}	dzã^{231}	dzã^{231}	dzã^{223}	dzɑ^{13}	dza^{22}	dzɑ^{213}
斩	tsaŋ^{533}	tsaŋ^{53}	tsã^{33}	tsɔ̃^{213}	tsã^{44}	tsã^{544}	tsã^{53}	tsɑ^{33}	tsa^{454}	tsɑ^{52}
蘸	tsaŋ^{334}	tsaŋ^{45}	tsã^{11}	tsɔ̃^{24}	tsã^{52}	tsã^{52}	tsã^{55}	tsɑ^{324}	tsa^{33}	tsɑ^{554}
插	tsʰaʔ^{5}	tsʰɔʔ^{54}	tsʰaʔ^{5}	tsʰɔʔ^{5}	tsʰɑʔ^{5}	tsʰɒʔ^{5}	tsʰɑʔ^{5}	tsʰaʔ^{5}	tsʰaʔ^{42}	tsʰɑ^{423}
闸	zaʔ^{23}	zɔʔ^{23}	saʔ^{34}	zɔʔ^{2}	zaʔ^{23}	zɒʔ^{23}	zɑʔ^{23}	zɑʔ^{23}	zaʔ^{31}	zɑ^{35}
煠	zaʔ^{23}	zɔʔ^{23}	saʔ^{34}	zɔʔ^{2}	zɑʔ^{23}	zɒʔ^{23}	zɑʔ^{23}	zɑʔ^{23}	zaʔ^{31}	zɑ^{35}
杉	saŋ^{45}	saŋ^{335}	sã^{335}	sɔ̃^{24}	sã^{24}	sã^{24}	sã^{24}	sɑ^{324}	sa^{445}	sɑ^{445}
减	kaŋ^{533}	kaŋ^{53}	kã^{33}	kɔ̃^{213}	kã^{44}	kã^{544}	kã^{53}	kɑ^{33}	ka^{454}	kɑ^{52}
碱	kaŋ^{533}	kaŋ^{53}	kã^{33}	kɔ̃^{213}	kã^{44}	kã^{544}	kã^{53}	kɑ^{33}	ka^{454}	kɑ^{52}
夹	kaʔ^{5}	kɔʔ^{54}	kaʔ^{5}	kɔʔ^{5}	kɑʔ^{5}	kɒʔ^{5}	kɑʔ^{5}	kaʔ^{5}	kaʔ^{42}	kɑ^{423}
掐	kʰaʔ^{5}	kʰɔʔ^{54}	kʰaʔ^{5}	kʰɔʔ^{5}	kʰɑʔ^{5}	kʰɒʔ^{5}	kʰɑʔ^{5}	kʰaʔ^{5}	kʰaʔ^{42}	kʰɑ^{423}
咸（咸丰）	aŋ^{221}	aŋ^{211}	ã^{52}	ɔ̃^{31}	ã^{434}	ã^{11}	ã^{423}	ɑ^{31}	a^{21}	ɑ^{231}
鹹（咸淡）	aŋ^{221}	aŋ^{211}	xã^{52}	ɔ̃^{31}	ã^{434}	ã^{11}	ã^{423}	ɑ^{31}	a^{21}	ɑ^{231}
馅	aŋ^{213}	aŋ^{13}	xã^{31}	ɔ̃^{13}	ã^{231}	ã^{231}	ã^{223}	ɑ^{13}	a^{22}	ɑ^{213}

续表

	遂昌	龙泉	庆元	松阳	宣平	丽水	云和	景宁	青田	缙云
狭	gaʔ23 / aʔ23	gɔʔ23	kaʔ34 / xaʔ34	gɔʔ2 / ɔʔ2	gaʔ23	gɒʔ23 / ɒʔ23	gaʔ23 / aʔ23	gaʔ23 / aʔ23	gaʔ31 / aʔ31	ɑ35
	上行语境是"拥挤"说法，下行语境是"窄"的意思。									
峡	gaʔ23	gɔʔ23	kaʔ34	gɔʔ2	gaʔ23	gɒʔ23	gaʔ23	gaʔ23	gaʔ31	gɑ35
撬	tsʰaŋ45	tsʰaŋ335	tsʰã335	tsʰɔ̃53	tsʰã̃24	tsʰã24	tsʰã24	tsʰɑ324	tsʰa445	tsʰɑ445
衫	saŋ45	saŋ335	sã335	sɔ̃53	sã̃24	sã24	sã24	sɑ324	sa445	sɑ445
监	kaŋ45	kaŋ335	kã335	kɔ̃53	kã̃24	kã24	kã24	kɑ324	ka445	kɑ445
甲	kaʔ5	kɔʔ54	kaʔ5	kɔʔ5	kaʔ5	kɒʔ5	kaʔ5	kaʔ5	kaʔ42	kɑ423
嵌	kʰaŋ334	kʰaŋ45	kʰã11	kʰɔ̃24	kʰã̃52	kʰã52	kʰã55	kʰɑ35	kʰa33	kʰɑ554
岩	ŋaŋ221	ŋaŋ211	ŋã52	ŋɔ̃31	ŋã̃434	ŋã11	ŋã423	ŋɑ31	ŋa21	ŋɑ231
衔	ŋaŋ221	aŋ211	kã52	ŋɔ̃31	ã̃434	ã11	ã423	gɑ31	ga21	ɑ231
匣	kaʔ5	kɔʔ54	kaʔ5	ɔʔ2	kəʔ5	ɒʔ23	kɑʔ5	kɑʔ5·	aʔ31	ɑ35
鸭	aʔ5	ɔʔ54	aʔ5	ɔʔ5	ɑʔ5	ɒʔ5	ɑʔ5	ɑʔ5	aʔ42	ɑ423
押	aʔ5	ɔʔ54	aʔ5	ɔʔ5	ɑʔ5	ɒʔ5	ɑʔ5	ɑʔ5	aʔ42	ɑ423
压	aʔ5	ɔʔ54	aʔ5	ɔʔ5	ɑʔ5	ɒʔ5	ɑʔ5	ɑʔ5	aʔ42	ɑ423
贬	piɛ̃533	piɛ̃53	ʔbiɛ̃33	piɛ̃213	piɛ̃44	piɛ544	piɛ53	piɛ33	ʔbia454	ʔbiɛ52
黏	ȵiɛ̃45	ȵiɛ̃335	ȵiɛ̃335	ȵiɛ̃53	ȵiɛ̃24	ȵiɛ24	ɲiɛ24	ɲiɛ324	ȵiɛ445	ȵiɛ445
聂	ȵiɛʔ23	ȵiɛʔ23	ȵiɛʔ34	ȵiɛʔ2	ȵiəʔ23	ȵiɛʔ23	ɲiɛʔ23	ɲiʔ23	ȵiæʔ31	ȵiɛ35
镊	ȵiɛʔ23	ȵiɛʔ23	ȵiɛʔ34	ȵiɛʔ2	ȵiəʔ23	ȵiɛʔ23	ɲiɛʔ23	ɲiʔ23 / ɲiɛʔ23	ȵiæʔ31	ȵiɛ35
廉	liɛ̃221	liɛ̃211	liɛ̃52	liɛ̃31	liɛ̃434	liɛ11	liɛ423	liɛ31	liɛ21	liɛ231
镰	liɛ̃221	liɛ̃211	liɛ̃52	liɛ̃31	liɛ̃434	liɛ11	liɛ423	liɛ31	liɛ21	liɛ231
帘	liɛ̃221	liɛ̃211	liɛ̃52	liɛ̃31	liɛ̃434	liɛ11	liɛ423	liɛ31	liɛ21	liɛ231
猎	liɛʔ23	liɛʔ23	liɛʔ34	liɛʔ2	liəʔ23	liɛʔ23	liɛʔ23	liɛʔ23	laʔ31	lia35
尖	tɕiɛ̃45	tɕiɛ̃335	tɕiɛ̃335	tɕiɛ̃53	tɕiɛ̃24	tɕiɛ24	tʃiɛ24	tʃiɛ324	tɕiɛ445	tsiɛ445
歼	tɕiɛ̃45	tɕiɛ̃335	tɕiɛ̃335	tɕiɛ̃53	tɕiɛ̃24	tɕiɛ24	tʃiɛ24	tʃʰiɛ324	tɕiɛ445	tsiɛ445
接	tɕiɛʔ5	tɕiɛʔ54	tɕiɛʔ5	tɕiɛʔ5	tɕiəʔ5	tɕiɛʔ5	tʃiɛʔ5	tʃiɛʔ5	tɕiæʔ42	tsiɛ423
签	tɕʰiɛ̃45	tɕʰiɛ̃335	tɕʰiɛ̃335	tɕʰiɛ̃53	tɕʰiɛ̃24	tɕʰiɛ24	tʃʰiɛ24	tʃʰiɛ324	tɕʰiɛ445	tsʰiɛ445
潜	dʑiɛ̃221	dʑiɛ̃211	tɕiɛ̃52	ziɛ̃31	tɕiɛ̃434	ziɛ11	ʑiɛ423	ʑiɛ31	iɛ21	ziɛ231
占	tɕiɛ̃334	tɕiɛ̃45	tɕiɛ̃11	tɕiɛ̃24	tɕiɛ̃52	tɕiɛ52	tʃiɛ55	tʃiɛ35	tɕiɛ33	tsiɛ554
摺	tɕiɛʔ5	tɕiɛʔ54	tɕiɛʔ5	tɕiɛʔ5	tɕiəʔ5	tɕiɛʔ5	tʃiɛʔ5	tʃiɛʔ5	tɕiæʔ42	tsiɛ423
陕	ɕiɛ̃533	ɕiɛ̃53	ɕiɛ̃33	ɕiɛ̃213	ɕiɛ̃44	ɕiɛ544	ʃiɛ53	ʃiɛ33	ɕiɛ454	siɛ52
闪	ɕiɛ̃533	ɕiɛ̃53	ɕiɛ̃33	ɕiɛ̃213	ɕiɛ̃44	ɕiɛ544	ʃiɛ53	ʃiɛ33	ɕiɛ454	siɛ52

续表

	遂昌	龙泉	庆元	松阳	宣平	丽水	云和	景宁	青田	缙云
蟾	dʑyɛ̃13	çiɛ53	çiɛ221		dʑyɛ223			ʒiɛ33	iɛ343	ziɛ31
涉	ziɛʔ23	ziɛʔ23	çiɛʔ34	ziɛʔ2	ziəʔ23	ziɛʔ23	ʒiɛʔ23	ʒiɛʔ23	iæʔ31	ziɛ35
染	n̠ʑiɛ̃13	n̠ʑiɛ53	n̠ʑiɛ̃221	n̠ʑiɛ̃22	n̠ʑiɛ̃223	n̠ʑiɛ544	ɲiɛ53	ɲiɛ33	n̠ʑiɛ343	n̠ʑiɛ31
检	tɕiɛ̃533	tɕiɛ53	tɕiɛ̃33	tɕiɛ̃213	tɕiɛ̃44	tɕiɛ544	tʃiɛ53	tʃiɛ33	tɕiɛ454	tɕiɛ52
钳	dʑiɛ̃221	dʑiɛ211	tɕiɛ̃52	dʑiɛ̃31	tɕiɛ̃434	dʑiɛ11	dʒiɛ423	dʒiɛ31	dʑiɛ21	dʑiɛ231
验	ŋiɛ̃213	ŋiɛ13	ŋiɛ̃31	ŋiɛ̃13	ŋiɛ̃231	ŋiɛ231	ɲiɛ223	ɲiɛ13	ŋiɛ22	ŋiɛ213
险	çiɛ̃533	çiɛ53	çiɛ̃33	çiɛ̃213	çiɛ̃44	çiɛ544	ʃiɛ53	ʃiɛ33	çiɛ454	çiɛ52
掩	iɛ̃533	iɛ53	iɛ̃33	iɛ̃213	iɛ̃44	iɛ544	iɛ53	iɛ33	iɛ454	iɛ52
厣(魘)				iɛ̃213	iɛ̃44					iɛ52
厌	iɛ̃334	iɛ45	iɛ̃11	iɛ̃24	iɛ̃52	iɛ52	iɛ55	iɛ35	iɛ33	iɛ554
炎	iɛ̃221	iɛ211	iɛ̃52	iɛ̃31	iɛ̃434	iɛ11	iɛ423	iɛ31	iɛ21	iɛ231
盐	iɛ̃221	iɛ211	iɛ̃52	iɛ̃31	iɛ̃434	iɛ11	iɛ423	iɛ31	iɛ21	iɛ231
阎	iɛ̃221	iɛ211	iɛ̃52	iɛ̃31	iɛ̃434	iɛ11	iɛ423	iɛ31	iɛ21	iɛ231
檐	iɛ̃221	iɛ211	iɛ̃52	iɛ̃31	iɛ̃434	iɛ11	iɛ423	iɛ31	iɛ21	iɛ231
艳	iɛ̃334	iɛ45	iɛ̃11	iɛ̃24	iɛ̃52	iɛ52	iɛ55	iɛ35	iɛ33	iɛ554
焰	iɛ̃334	iɛ45	iɛ̃11	iɛ̃24	iɛ̃52	iɛ52	iɛ55	iɛ35	iɛ33	iɛ554
盐腌	iɛ̃213	iɛ13	iɛ̃31	iɛ̃13	iɛ̃231	iɛ231	iɛ223	iɛ13	iɛ22	iɛ213
叶	iɛʔ23	iɛʔ23	ieʔ34	iɛʔ2	iəʔ23	iɛʔ23	iɛʔ23	iɛʔ23	iæʔ31	iɛ35
页	iɛʔ23	iɛʔ23	ieʔ34	iɛʔ2	iəʔ23	iɛʔ23	iɛʔ23	iɛʔ23	iæʔ31	iɛ35
剑	tɕiɛ̃334	tɕiɛ45	tɕiɛ̃11	tɕiɛ̃24	tɕiɛ̃52	tɕiɛ52	tʃiɛ55	tʃiɛ35	tɕiɛ33	tɕiɛ554
劫	tɕiɛʔ5	tɕiɛʔ54	tɕieʔ5	tɕiɛʔ5	tɕiəʔ5	tɕiɛʔ5	tʃiɛʔ5	tʃiɛʔ5	tɕiæʔ42	tɕiɛ423
欠	tɕʰiɛ̃334	tɕʰiɛ45	tɕʰiɛ̃11	tɕʰiɛ̃24	tɕʰiɛ̃52	tɕʰiɛ52	tʃʰiɛ55	tʃʰiɛ35	tɕʰiɛ33	tɕʰiɛ554
严	ŋiɛ̃221	ŋiɛ211	ŋiɛ̃52	ŋiɛ̃31	ŋiɛ̃434	ŋiɛ11	ɲiɛ423	ɲiɛ31	ŋiɛ21	ŋiɛ231
业	ŋiɛʔ23	ŋiɛʔ23	ŋiɛʔ34	ŋiɛʔ2	ŋiəʔ23	ŋiɛʔ23	ɲiɛʔ23	ɲiɛʔ23	ŋiæʔ31	ŋiɛ35
腌	iɛ̃45	iɛ335	iɛ̃335	iɛ̃53	iɛ̃24	iɛ24	iɛ24	iɛ324	iɛ445	iɛ445
点	tiɛ̃533	tiɛ53	ʔdiã33	tiɛ̃213	tiɛ̃44	tiɛ544	tiɛ53	tiɛ33	ʔdia454	ʔdia52
店	tiɛ̃334	tiɛ45	ʔdiã11	tiɛ̃24	tiɛ̃52	tiɛ52	tiɛ55	tiɛ35	ʔdia33	ʔdia554
跌	tiɛʔ5	tiɛʔ54	ʔdieʔ5	tiɛʔ5	tiəʔ5	tiɛʔ5	tiɛʔ5	tiɛʔ5	ʔdiæʔ42	ʔdia423
添	tʰiɛ̃45	tʰiɛ335	tʰia335	tʰiɛ̃53	tʰiɛ̃24	tʰiɛ24	tʰiɛ24	tʰiɛ324	tʰia445	tʰia445
舔	tʰiɛ̃533	tʰiɛ53	tʰia33	tʰiɛ̃213	tʰiɛ̃44	tʰiɛ544	tʰiɛ53	tʰiɛ33	tʰia454	tʰia52
帖	tʰiɛʔ5	tʰiɛʔ54	tʰiaʔ5	tʰiɛʔ5	tʰiəʔ5	tʰiɛʔ5	tʰiɛʔ5	tʰiɛʔ5	tʰiæʔ42	tʰia423
贴	tʰiɛʔ5	tʰiɛʔ54	tʰiaʔ5	tʰiɛʔ5	tʰiəʔ5	tʰiɛʔ5	tʰiɛʔ5	tʰiaʔ5	tʰiæʔ42	tʰia423

	遂昌	龙泉	庆元	松阳	宣平	丽水	云和	景宁	青田	缙云
甜	diɛ̃²²¹	diɛ²¹¹	tiã⁵²	diɛ̃³¹	tiɛ̃⁴³⁴	diɛ¹¹	diɛ⁴²³	diɛ³¹	dia²¹	dia²³¹
簟	diɛ̃¹³	tiɛ⁵³	tiã²²¹	diɛ̃²²	diɛ̃²²³	diɛ¹¹	diɛ³¹	diɛ³³	dia³⁴³	dia³¹
迭	dieʔ²³	dieʔ²³	tiaʔ³⁴	dieʔ²	diəʔ²³	dieʔ²³	dieʔ²³	diaʔ²³	diæʔ³¹	dia³⁵
碟	dieʔ²³	dieʔ²³	tiaʔ³⁴	dieʔ²	diəʔ²³	dieʔ²³	dieʔ²³	diaʔ²³	diæʔ³¹	dia³⁵
蝶	dieʔ²³	dieʔ²³	tiaʔ³⁴	dieʔ²	diəʔ²³	dieʔ²³	dieʔ²³	diaʔ²³	diæʔ³¹	dia³⁵
谍	dieʔ²³	dieʔ²³	tiaʔ³⁴	dieʔ²	diəʔ²³	dieʔ²³	dieʔ²³	diaʔ²³	diæʔ³¹	dia³⁵
鲇鲶	miɛ̃²²¹	ȵiɛ²¹¹	miã⁵²	miɛ̃³¹	ȵiɛ̃⁴³⁴	ȵiɛ¹¹	ȵye⁴²³	ȵiɛ³¹	ȵia²¹	ȵia²³¹
念	ȵiɛ̃²¹³	ȵiɛ¹³	ȵiã³¹	ȵiɛ̃¹³	ȵiɛ̃²³¹	ȵiɛ²³¹	ȵiɛ²²³	ȵiɛ¹³	ȵia²²	ȵia²¹³
挟	kaʔ⁵	kɔʔ⁵⁴	ieʔ⁵	gɔʔ²	kaʔ⁵	ieʔ⁵ kɔʔ⁵	kaʔ⁵	kaʔ⁵	kaʔ⁴²	tɕia⁴²³
谦	tɕʰiɛ̃⁴⁵	tɕʰiɛ³³⁵	tɕʰiɛ̃³³⁵	tɕʰiɛ⁵³	tɕʰiɛ̃²⁴	tɕʰiɛ²⁴	tʃʰiɛ²⁴	tʃʰiɛ³²⁴	tɕʰiɛ⁴⁴⁵	tɕʰiɛ⁴⁴⁵
歉	tɕʰiɛ³³⁴	tɕʰiɛ⁴⁵	tɕʰiɛ̃¹¹	tɕʰiɛ²⁴	tɕʰiɛ̃⁵²	tɕʰiɛ⁵²	tʃʰiɛ⁵⁵	tʃʰiɛ³⁵	tɕʰiɛ³³	tɕʰiɛ⁵⁵⁴
嫌	aŋ²²¹	aŋ²¹¹	xã⁵²	ɔ̃³¹	iɛ̃⁴³⁴	ã¹¹	ã⁴²³	ɑ³¹	a²¹	iɛ²³¹
协	ieʔ²³	ieʔ²³	çieʔ³⁴	ieʔ²	iəʔ²³	ieʔ²³	ʒiɛʔ²³	ʒiɛʔ²³	iæʔ³¹	ie³⁵
法	faʔ⁵	fɔʔ⁵⁴	faʔ⁵	fɔʔ⁵	faʔ⁵	fɒʔ⁵	faʔ⁵	faʔ⁵	faʔ⁴²	fɑ⁴²³
凡	vaŋ²²¹	vaŋ²¹¹	fã⁵²	vɔ̃³¹	fã⁴³⁴	vã¹¹	vã⁴²³	vɑ³¹	va²¹	vɑ²³¹
帆	vaŋ²²¹	vaŋ²¹¹	fã⁵²	vɔ̃³¹	fã⁴³⁴	vã¹¹	vã⁴²³	vɑ³¹	va²¹	vɑ²³¹
范姓	vaŋ¹³	faŋ⁵³	fã²²¹	vɔ̃²²	vã²²³	vã¹¹	vã³¹	vɑ³³	va³⁴³	vɑ³¹
範模范	vaŋ¹³	faŋ⁵³	fã²²¹	vɔ̃²²	vã²²³	vã¹¹	vã³¹	vɑ³³	va³⁴³	vɑ³¹
犯	vaŋ¹³	faŋ⁵³	fã²²¹	vɔ̃²²	vã²²³	vã¹¹	vã³¹	vɑ³³	va³⁴³	vɑ³¹
乏	vaʔ²³	vɔʔ²³	faʔ³⁴	vɔʔ²	vaʔ²³	vɒʔ²³	vaʔ²³	vaʔ²³	vaʔ³¹	vɑ³⁵
品	pʰiŋ⁵³³	pʰiŋ⁵³	pʰiəŋ³³	pʰiŋ²¹³	pʰiŋ⁴⁴	pʰiŋ⁵⁴⁴	pʰiŋ⁵³	pʰiaŋ³³	pʰiaŋ⁴⁵⁴	pʰiæiŋ⁵²
林	liŋ²²¹	liŋ²¹¹	liəŋ⁵²	liŋ³¹	liŋ⁴³⁴	liŋ¹¹	liŋ⁴²³	liaŋ³¹	liaŋ²¹	laŋ²³¹
淋	liŋ²²¹	liŋ²¹¹	liəŋ⁵²	liŋ³¹	liŋ⁴³⁴	liŋ¹¹	liŋ⁴²³	liaŋ³¹	liaŋ²¹	laŋ²³¹
立	liʔ²³	liʔ²³	liəɯʔ³⁴ liʔ³⁴	liʔ²	liəʔ²³	liʔ²³	liʔ²³	liɐɯʔ²³	liæʔ³¹	lɤɯ³⁵
笠	liʔ²³	liʔ²³	liəɯʔ³⁴	liʔ²	liəʔ²³	liʔ²³	liʔ²³	liɐɯʔ²³	liʔ³¹	lɤɯ³⁵
粒	ləʔ⁵	ləʔ⁵⁴	lɤʔ⁵	læʔ⁵	ləʔ²³	lʌʔ⁵	ləɯʔ⁵	lɐɯʔ⁵	la⁴²	lɛ³⁵
浸	tɕiŋ³³⁴	tɕiŋ⁴⁵	tɕiəŋ¹¹	tɕiŋ²⁴	tsəŋ⁵²	tseŋ⁵²	tsəŋ⁵⁵	tsaŋ³⁵	tsaŋ³³	tsaŋ⁵⁵⁴
侵	tɕʰiŋ⁴⁵	tɕʰiŋ³³⁵	tɕʰiəŋ³³⁵	tɕʰiŋ⁵³	tsʰəŋ²⁴	tsʰeŋ²⁴	tsʰəŋ²⁴	tsʰaŋ³²⁴	tsʰaŋ⁴⁴⁵	tsʰaŋ⁴⁴⁵
寝	tɕʰiŋ⁵³³	tɕʰiŋ⁵³	tɕʰiəŋ³³	tɕʰiŋ²¹³	tsʰəŋ⁴⁴	tsʰeŋ⁵⁴⁴	tsʰəŋ⁵³	tsʰaŋ³³	tsʰaŋ⁴⁵⁴	tsʰaŋ⁵²
浸冷	tsʰəŋ³³⁴	tsʰɛiŋ⁴⁵	tsʰəŋ¹¹	tsʰeŋ²⁴			tsʰəŋ⁵⁵	tsʰaŋ³⁵	tsʰaŋ³³	

续表

	遂昌	龙泉	庆元	松阳	宣平	丽水	云和	景宁	青田	缙云
集	dʑiʔ²³	ziʔ²³	ɕiɵmʔ³⁴	dʑiʔ²	dʑiɵʔ²³	dʑiʔ²³	ʒyeʔ²³ dʒiʔ²³	zɯmaʔ²³	zaʔ³¹	zɣɯ³⁵
辑	dʑiʔ²³	tɕʰiʔ⁵⁴	tɕiʔ⁵	dʑiɛʔ²	dʑiɵʔ²³	dʑiʔ²³	tsʰeʔ⁵	tsʰɐɯʔ⁵	tsʰaʔ⁴² tɕʰiæʔ⁴² tɕiæʔ⁴²	tsɣɯ⁴²³
蕈	zəŋ¹³	ɕiŋ⁵³	ɕiəŋ²²¹	ʑiŋ²²	zəŋ²²³	zeŋ¹¹	zəŋ³¹	zaŋ³³	zaŋ³⁴³	zaŋ³¹
心	ɕiŋ⁴⁵	ɕiŋ³³⁵	ɕiəŋ³³⁵	ɕiŋ⁵³	səŋ²⁴	seŋ²⁴	səŋ²⁴	saŋ³²⁴	saŋ⁴⁴⁵	saŋ⁴⁴⁵
寻	zəŋ²²¹	文 zyŋ²¹¹	ɕiəŋ⁵²	ʑiŋ³¹	səŋ⁴³⁴	zeŋ¹¹	zəŋ⁴²³	zaŋ³¹	zaŋ²¹	zaŋ²³¹
习	ʑiʔ²³	ʑiʔ²³	ɕiɵmʔ³⁴	ʑiʔ²	zyɵʔ²³	ʑiʔ²³	ʒyeʔ²³	zɯmaʔ²³	zaʔ³¹	zyei³⁵
袭	ʑiʔ²³	ʑiʔ²³	ɕiɵmʔ³⁴	ʑiʔ²	ʑiɵʔ²³	ʑiʔ²³	ʒiʔ²³	ʒiɐɯʔ²³	zaʔ³¹	zɣɯ³⁵
砧		tɕiŋ³³⁵		tiŋ⁵³	tiŋ²⁴	teŋ²⁴	təŋ²⁴	taŋ³²⁴	ʔdiaŋ⁴⁴⁵	naŋ⁴⁴⁵
沉	dʑiŋ²²¹	dɐiŋ²¹¹	tɕiəŋ⁵²	diŋ³¹	tsəŋ⁴³⁴	dzeŋ¹¹	dzəŋ⁴²³	dzaŋ³¹	dzaŋ²¹	dzaŋ²³¹
簪	tsɛ̃⁴⁵	tsɣ³³⁵	tsæ̃³³⁵	tsæ̃⁵³	tsɣ²⁴	tsuɛ²⁴	tsuɛ²⁴	tsə³²⁴	tsuæ⁴⁴⁵	tsɛ⁴⁴⁵
森	səŋ⁴⁵	sɐiŋ³³⁵	səŋ³³⁵	seŋ⁵³	səŋ²⁴	seŋ²⁴	səŋ²⁴	saŋ³²⁴	saŋ⁴⁴⁵	saŋ⁴⁴⁵
参人参	səŋ⁴⁵	sɐiŋ³³⁵	səŋ³³⁵	seŋ⁵³	səŋ²⁴	seŋ²⁴	səŋ²⁴	saŋ³²⁴	saŋ⁴⁴⁵	saŋ⁴⁴⁵
渗	səŋ³³⁴	sɐiŋ⁴⁵	səŋ¹¹	seŋ²⁴	səŋ⁵²	seŋ⁵²	səŋ⁵⁵	saŋ³⁵	saŋ³³	saŋ⁵⁵⁴
针	tɕyŋ⁴⁵	tsɐiŋ³³⁵	tsəŋ³³⁵	tɕiŋ⁵³	tsəŋ²⁴	tseŋ²⁴	tsəŋ²⁴	tsaŋ³²⁴	tsaŋ⁴⁴⁵	tsaŋ⁴⁴⁵
枕	tsɛ̃⁵³³	tsɐiŋ⁵³	tsəŋ³³	tɕiŋ²¹³	tsəŋ⁴⁴	tseŋ⁵⁴⁴	tsəŋ⁵³	tsaŋ³³	tsaŋ⁴⁵⁴	tsaŋ⁵²
执	tɕiʔ⁵	tɕiʔ⁵⁴	tɕiɵmʔ⁵	tɕiʔ⁵	dzəʔ²³	tɕiʔ⁵	tseʔ⁵	tsɯmaʔ⁵	tsaʔ⁴²	tsɣɯ⁴²³
汁	zɣ²²¹ tɕyɛʔ⁵	zyɯ²¹¹ tsɐiʔ⁵⁴	sɣ⁵² səmʔ⁵	tɕiʔ⁵	tsəʔ⁵	tseʔ⁵	tseʔ⁵	tsɯmaʔ⁵	tsaʔ⁴²	tsɣɯ⁴²³
	遂昌、龙泉、庆元三地上行语境是"目汁眼泪"，下行语境是"墨汁"。									
深	tɕʰyɛ̃⁴⁵	tɕʰiɛ̃³³⁵	tsʰɛ̃³³⁵	tɕʰiɛ̃⁵³	səŋ²⁴	tsʰeŋ²⁴	tsʰəŋ²⁴	tsʰaŋ³²⁴	saŋ⁴⁴⁵	saŋ⁴⁴⁵
沈	ɕiŋ⁵³³	sɐiŋ⁵³	səŋ³³	ɕiŋ²¹³	səŋ⁴⁴	seŋ⁵⁴⁴	səŋ⁵³	saŋ³³	saŋ⁴⁵⁴	saŋ⁵²
审	ɕiŋ⁵³³	sɐiŋ⁵³	səŋ³³	ɕiŋ²¹³	səŋ⁴⁴	seŋ⁵⁴⁴	səŋ⁵³	saŋ³³	saŋ⁴⁵⁴	saŋ⁵²
婶	ɕiŋ⁵³³	ɕiŋ⁵³	ɕiəŋ³³	ɕiŋ²¹³	səŋ⁴⁴	seŋ⁵⁴⁴	səŋ⁵³	saŋ³³	saŋ⁴⁵⁴	saŋ⁵²
湿	tɕʰiaʔ⁵	sɐiʔ⁵⁴	tɕʰiɵmʔ⁵	tɕʰiaʔ⁵	tɕʰiɵʔ⁵	tɕʰiɵʔ⁵	文 seʔ⁵	文 sɯmaʔ⁵	文 saʔ⁴²	tsʰiʔ⁴²³
十	zyɛʔ²³	zɛiʔ²³	səmʔ³⁴	zyɛʔ²	zaʔ²³	zyɛʔ²³	ʒyeʔ²³	zɯmaʔ²³	zaʔ³¹	zɣɯ³⁵
拾捡		ʑi²¹¹						ʐ̩⁴²³		
任	ȵiŋ²¹³	ȵiŋ¹³	ȵiəŋ³¹	ȵiŋ¹³	ȵiŋ²³¹	ȵiŋ²³¹	ȵiŋ²²³	ȵiaŋ¹³	zaŋ²²	zaŋ²¹³
纫	ȵiŋ²¹³	ȵiŋ¹³	ȵiəŋ³¹	ȵiŋ¹³	ȵiŋ²³¹	ȵiŋ²³¹	ȵiŋ²²³	ȵiaŋ¹³	zaŋ²²	zaŋ²¹³
入	zyɛʔ²³ ȵiʔ²³	ȵiʔ²³	ȵiɵmʔ³⁴	zyɛʔ² ȵiʔ²³	ȵiɵʔ²³	ȵiʔ²³	ȵiʔ²³	ȵiɐɯʔ²³	zaʔ³¹	ȵiei³⁵
	遂昌、松阳两地上行语境是"入你个娘俞你妈"，下行语境是"入党"。									

续表

	遂昌	龙泉	庆元	松阳	宣平	丽水	云和	景宁	青田	缙云
今	kei^{45} / tɕiŋ^{45}	kɛ^{335} / tɕiŋ^{335}	kæi^{335} / tɕiəŋ^{335}	kæ̃^{53} / tɕiŋ^{53}	kə^{24} / tɕiŋ^{24}	kɛ^{24} / tɕiŋ^{24}	kɛ^{24} / tʃiŋ^{24}	kæi^{324} / tʃiaŋ^{324}	kɛ^{445} / tɕiaŋ^{445}	kei^{445} / tɕiæiŋ^{445}
	上行语境是"今日、今年"（庆元话上行语境是"今年"），下行是读字音。									
金	tɕiŋ^{45}	tɕiŋ^{335}	tɕiəŋ^{335}	tɕiŋ^{53}	tɕiŋ^{24}	tɕiŋ^{24}	tʃiŋ^{24}	tʃiaŋ^{324}	tɕiaŋ^{445}	tɕiæiŋ^{445}
禁	tɕiŋ^{334}	kɛiŋ^{45}	tɕiəŋ^{11}	tɕiŋ^{24}	tɕiŋ^{52}	tɕiŋ^{52}	tʃiŋ^{55}	tʃiaŋ^{35}	tɕiaŋ^{33}	tɕiæiŋ^{554}
急	tɕiʔ^{5}	tɕiʔ^{54}	tɕiəɯʔ^{5}	tɕiʔ^{5}	tɕiəʔ^{5}	tɕiʔ^{5}	tʃiʔ^{5}	tʃiɐɯʔ^{5}	tɕiæʔ^{42}	tɕiei^{423}
级	tɕiʔ^{5}	tɕiʔ^{54}	tɕiəɯʔ^{5}	tɕiʔ^{5}	tɕiəʔ^{5}	tɕiʔ^{5}	tʃiʔ^{5}	tʃiɐɯʔ^{5}	tɕiæʔ^{42}	tɕiei^{423}
琴	dʑiŋ^{221}	dʑiŋ^{211}	tɕiəŋ^{52}	dʑiŋ^{31}	tɕiŋ^{434}	dʑiŋ^{11}	dʒiŋ^{423}	dʒiaŋ^{31}	dʑiaŋ^{21}	dʑiæiŋ^{231}
妗	dʑyɛ̃^{213}	dʑiŋ^{13}	tɕiəŋ^{33}	dʑiɛ̃^{13}	dʑiŋ^{231}	dʑiŋ^{231}	dʒiŋ^{223}	dʒiaŋ^{13}	dʑiaŋ^{22}	dʑiæiŋ^{213}
及	dʑiʔ^{23}	dʑiʔ^{23}	tɕiəɯʔ^{34}	dʑiʔ^{2}	dʑiəʔ^{23}	dʑiʔ^{23}	dʒiʔ^{23}	dʒiɐɯʔ^{23}	dʑiæʔ^{31}	dʑiei^{35}
吸	tɕyʔ^{5} / çiʔ^{5}	tɕyʔ^{54} / çiʔ^{54}	tɕyəɯʔ^{5} / çiəɯʔ^{5}	tɕyʔ^{5} / çiʔ^{5}	tɕyəʔ^{5} / çiəʔ^{5}	tɕyʔ^{5} / çiʔ^{5}	tʃye^{5} / ʃiʔ^{5}	tʃiɐɯʔ^{5} / ʃiɐɯʔ^{5}	tɕyæʔ^{42} / çiæʔ^{42}	tɕyei^{423} / çiei^{423}
	上行语境是"吮吸"的说法，下行是读字音。									
音	iŋ^{45}	iŋ^{335}	iəŋ^{335}	iŋ^{53}	iŋ^{24}	iŋ^{24}	iŋ^{24}	iaŋ^{324}	iaŋ^{445}	iæiŋ^{445}
阴	iŋ^{45}	iŋ^{335}	iəŋ^{335}	iŋ^{53}	iŋ^{24}	iŋ^{24}	iŋ^{24}	iaŋ^{324}	iaŋ^{445}	iæiŋ^{445}
荫	iŋ^{45}	iŋ^{335}	iəŋ^{335}	iŋ^{53}	iŋ^{24}	iŋ^{24}	iŋ^{24}	iaŋ^{324}	iaŋ^{445}	iæiŋ^{445}
丹	taŋ^{45}	taŋ^{335}	ʔdã^{335}	tɔ̃^{53}	tã^{24}	tã^{24}	tã^{24}	tã^{324}	ʔda^{445}	ʔdɑ^{445}
单	taŋ^{45}	taŋ^{335}	ʔdã^{335}	tɔ̃^{53}	tã^{24}	tã^{24}	tã^{24}	tã^{324}	ʔda^{445}	ʔdɑ^{445}
掸	taŋ^{533}	taŋ^{53}	ʔdã^{33}	tɔ̃^{213}	tã^{44}	tã^{544}	tã^{53}	tɑ^{33}	ʔda^{454}	ʔdɑ^{52}
旦	taŋ^{334}	taŋ^{45}	ʔdã^{11}	tɔ̃^{24}	tã^{52}	tã^{52}	tã^{55}	tɑ^{35}	ʔda^{33}	ʔdɑ^{554}
摊	tʰaŋ^{45}	tʰaŋ^{335}	tʰã^{335}	tʰɔ̃^{53}	tʰã^{24}	tʰã^{24}	tʰã^{24}	tʰɑ^{324}	tʰa^{445}	tʰɑ^{445}
坦	tʰaŋ^{533}	tʰaŋ^{53}	tʰã^{33}	tʰɔ̃^{213}	tʰã^{44}	tʰã^{544}	tʰã^{53}	tʰɑ^{33}	tʰa^{454}	tʰɑ^{52}
炭	tʰaŋ^{334}	tʰaŋ^{45}	tʰã^{11}	tʰɔ̃^{24}	tʰã^{52}	tʰã^{52}	tʰã^{55}	tʰɑ^{33}	tʰa^{33}	tʰɑ^{554}
叹	tʰaŋ^{334}	tʰaŋ^{45}	tʰã^{11}	tʰɔ̃^{24}	tʰã^{52}	tʰã^{52}	tʰã^{55}	tʰɑ^{35}	tʰa^{33}	tʰɑ^{554}
坛	daŋ^{221}	dɣ^{211}	tã^{52}	dɔ̃^{31}	tã^{434}	dã^{11}	dã^{423}	dɑ^{31}	da^{21}	dɑ^{231}
礌石	daŋ^{221}	daŋ^{211}		dɔ̃^{31}			dã^{423}			
弹动	daŋ^{221}	daŋ^{211}	tã^{52}	dɔ̃^{31}	tã^{434}	dã^{11}	dã^{423}	dɑ^{31}	da^{21}	dɑ^{231}
诞	daŋ^{13}	taŋ^{53}	tã^{221}	dɔ̃^{22}	dã^{223}	dã^{11}	dã^{31}	dɑ^{33}	da^{343}	dɑ^{31}
但	daŋ^{213}	daŋ^{13}	tã^{31}	dɔ̃^{13}	dã^{231}	dã^{231}	dã^{223}	dɑ^{22}	da^{22}	dɑ^{213}
弹名	daŋ^{213}	daŋ^{13}	tã^{31}	dɔ̃^{13}	dã^{231}	dã^{231}	dã^{223}	dɑ^{13}	da^{22}	dɑ^{213}
蛋	daŋ^{213}	daŋ^{13}	tã^{31}	dɔ̃^{13}	dã^{231}	dã^{231}	dã^{223}	dɑ^{13}	da^{22}	dɑ^{213}
达	daʔ^{23}	dɔʔ^{23}	taʔ^{34}	dɔʔ^{2}	dɑʔ^{23}	dɒʔ^{23}	dɑʔ^{23}	dɑʔ^{23}	daʔ^{31}	dɑ^{35}
难形	naŋ^{221}	naŋ^{211}	nã^{52}	nɔ̃^{31}	nã^{434}	nã^{11}	nã^{423}	nɑ^{31}	na^{21}	nɑ^{231}

续表

	遂昌	龙泉	庆元	松阳	宣平	丽水	云和	景宁	青田	缙云
难名	naŋ^{213}	naŋ^{13}	nã^{31}	nɔ̃^{13}	nã^{231}	nã^{231}	nã^{223}	nɑ^{13}	na^{22}	nɑ^{213}
捺	naʔ^{23}	nɔʔ^{23} naʔ^{23}	naʔ^{34}	nɔʔ^{2}	naʔ^{23}	nɒʔ^{23}	nɑʔ^{23}	naʔ^{23}	naʔ^{31}	nɑ^{35}
兰	laŋ^{221}	laŋ^{211}	lã^{52}	lɔ̃^{31}	lã^{434}	lã^{11}	lã^{423}	lɑ^{31}	la^{21}	lɑ^{231}
拦	laŋ^{221}	laŋ^{211}	lã^{52}	lɔ̃^{31}	lã^{434}	lã^{11}	lã^{423}	lɑ^{31}	la^{21}	lɑ^{231}
栏	laŋ^{221}	laŋ^{211}	lã^{52}	lɔ̃^{31}	lã^{434}	lã^{11}	lã^{423}	lɑ^{31}	la^{21}	lɑ^{231}
懒	laŋ^{13}	laŋ^{53}	lã^{221}	lɔ̃^{22}	lã^{223}	lã^{544}	lã^{53}	lɑ^{33}	la^{343}	lɑ^{31}
烂	laŋ^{213}	laŋ^{13}	lã^{31}	lɔ̃^{13}	lã^{231}	lã^{231}	lã^{223}	lɑ^{13}	la^{22}	lɑ^{213}
辣	laʔ^{23}	lɔʔ^{23}	laʔ^{34}	lɔʔ^{2}	lɑʔ^{23}	lɒʔ^{23}	lɑʔ^{23}	lɑʔ^{23}	laʔ^{31}	lɑ^{35}
瘌	laʔ^{23}	lɔʔ^{23}	laʔ^{34}	lɔʔ^{2}	lɑʔ^{23}	lɒʔ^{23}	lɑʔ^{23}	lɑʔ^{23}	laʔ^{31}	lɑ^{35}
餐	tsʰaŋ^{45}	tsʰaŋ^{335}	tsʰã^{335}	tsʰɔ̃^{53}	tsʰã^{24}	tsʰã^{24}	tsʰã^{24}	tsʰɑ^{324}	tsʰa^{445}	tsʰɑ^{445}
擦	tsʰaʔ^{5}	tsʰɔʔ^{54}	tsʰaʔ^{5}	tsʰɔʔ^{5}	tsʰɑʔ^{5}	tsʰɒʔ^{5}	tsʰɑʔ^{5}	tsʰɑʔ^{5}	tsʰaʔ^{42}	tsʰɑ^{423}
散鞋带散	saŋ^{533}	saŋ^{53}	sã^{33}	sɔ̃^{213}	sã^{44}	sã^{544}	sã^{53}	sɑ^{33}	sa^{454}	sɑ^{52}
伞	saŋ^{533}	saŋ^{53}	sã^{33}	sɔ̃^{213}	sã^{44}	sã^{544}	sã^{53}	sɑ^{33}	sa^{454}	sɑ^{52}
散散会	saŋ^{334}	saŋ^{45}	sã^{11}	sɔ̃^{24}	sã^{52}	sã^{52}	sã^{55}	sɑ^{35}	sa^{33}	sɑ^{554}
撒	saʔ^{5}	sɔʔ^{54}	saʔ^{5}	sɔʔ^{5}	saʔ^{5}	sɒʔ^{5}	tsɑʔ^{5}	tsɑʔ^{5}	saʔ^{42}	sɛ^{423}
萨	saʔ^{5}	sɔʔ^{54}	saʔ^{5}	sɔʔ^{5}	saʔ^{5}	sɒʔ^{5}	sɑʔ^{5}	sɑʔ^{5}	saʔ^{42}	sɑ^{423}
干天干	kuɛ̃^{45}	kuə^{335}	kuæ̃^{335}	kuæ̃^{53}	kuɤ̃^{24}	kuɛ^{24}	kuɛ^{24}	kuə^{324}	kuæ^{445}	kuɛ^{445}
肝	kuɛ̃^{45}	kuə^{335}	kuæ̃^{335}	kuæ̃^{53}	kuɤ̃^{24}	kuɛ^{24}	kuɛ^{24}	kuə^{324}	kuæ^{445}	kuɛ^{445}
竿	kuɛ̃^{45}	kuə^{335}	kuæ̃^{335}	kuæ̃^{53}	kuɤ̃^{24}	kuɛ^{24}	kuɛ^{24}	kuə^{324}	kuæ^{445}	kuɛ^{445}
乾干净	kuɛ̃^{45}	kuə^{335}	kuæ̃^{335}	kuæ̃^{53}	kuɤ̃^{24}	kuɛ^{24}	kuɛ^{24}	kuə^{324}	kuæ^{445}	kuɛ^{445}
杆	kuɛ̃^{533}	kuə^{53}	kuæ̃^{33}	kuæ̃^{213}	kuɤ̃^{44}	kuɛ^{544}	kuɛ^{53}	kuə^{33}	kuæ^{454}	kuɛ^{52}
秆	kuɛ̃^{533}	kuaŋ^{53}	kuæ̃^{33}	kuæ̃^{213}	kuɤ̃^{44}	kuɛ^{544}	kuɛ^{53}	kuə^{33}	kuæ^{454}	kuɛ^{52}
赶	kuɛ̃^{533}	kuə^{53}	kuæ̃^{33}	kuæ̃^{213}	kuɤ̃^{44}	kuɛ^{544}	kuɛ^{53}	kuə^{33}	kuæ^{454}	kuɛ^{52}
幹干部	kuɛ̃^{334}	kɤ^{45}	kuæ̃^{11}	kuæ̃^{24}	kuɤ^{52}	kuɛ^{52}	kuɛ^{55}	kuə^{35}	kuæ^{33}	kuɛ^{554}
割	kuɛʔ^{5}	kuəʔ^{54}	kuɤʔ^{5}	kuæʔ^{5}	kuəʔ^{5}	kuɛʔ^{5}	kuɛʔ^{5}	kuəʔ^{5}	kuæʔ^{42}	kuɛ^{423}
看看守所	kʰaŋ^{45}	kʰaŋ^{335}	kʰã^{335}	kʰɔ̃^{53}	kʰɤ^{24}	kʰã^{24}	kʰã^{24}	kʰɑ^{324}	kʰuæ^{445}	kʰɛ^{445}
刊	kʰaŋ^{45}	kʰaŋ^{335}	kʰã^{335}	kʰæ̃^{53}	kʰɤ^{24}	kʰã^{24}	kʰã^{24}	kʰɑ^{324}	kʰuæ^{445}	kʰɛ^{445}
渴	文kʰɛʔ^{5}	kʰuəʔ^{54}	kʰuɤʔ^{5}	kʰuæʔ^{5}	文kʰuəʔ^{5}	文kʰuɛʔ^{5}	文kʰuɛʔ^{5}	kʰuəʔ^{5}	ˣkʰuæʔ^{42}	文kʰɛ^{423}
岸	uɛ̃^{213}	uə^{13}	ŋæ̃^{31}	uæ̃^{13}	uɤ^{231}	ɜ^{231}	ɜ^{223}	uə^{13}	uæ^{22}	uɛ^{213}
汉	xuɛ̃^{334}	xuə^{45}	xuæ̃^{11}	xæ̃^{24}	xuɤ^{52}	xuɛ^{52}	xuɛ^{55}	xuɑ^{35}	xuæ^{33}	xuɛ^{554}

续表

	遂昌	龙泉	庆元	松阳	宣平	丽水	云和	景宁	青田	缙云
寒	uɛ²²¹	guə²¹¹	kuæ̃⁵²	uæ̃³¹	uɤ⁴³⁴	ã¹¹	uɛ⁴²³	uə³¹	uæ²¹	uɛ²³¹
韩	ɛ̃˙²²¹	uə²¹¹	xuæ̃⁵²	uæ̃³¹	ɤ⁴³⁴	uɛ¹¹	uɛ⁴²³	uə³¹	uæ²¹	uɛ²³¹
旱	uɛ̃¹³	uə⁵³	xuæ̃²²¹	uæ̃²²	uɤ²²³	uɛ⁵⁴⁴	uɛ⁵³	uə³³	uæ³⁴³	uɛ³¹
汗	guɛ̃²¹³	uə¹³	xuæ̃³¹	uæ̃¹³	uɤ²³¹	uɛ²³¹	uɛ²²³	uə¹³	uæ²²	uɛ²¹³
焊	uɛ̃²¹³	uə¹³	xuæ̃³¹	uæ̃¹³	uɤ²³¹	uɛ²³¹	uɛ²²³	uə¹³	uæ²²	uɛ²¹³
安	uɛ̃⁴⁵ / ɛ̃⁴⁵	uə³³⁵	uæ̃³³⁵	uæ̃⁵³	uɤ²⁴	uɛ²⁴	uɛ²⁴	uə³²⁴	uæ⁴⁴⁵	uɛ⁴⁴⁵ / ɛ⁴⁴⁵
	遂昌、缙云两地上行语境是"安心"，下行语境是"天安门"。									
鞍	uɛ̃⁴⁵	uə³³⁵	uæ̃³³⁵	uæ̃⁵³	uɤ²⁴	uɛ²⁴	uɛ²⁴	uə³²⁴	uæ⁴⁴⁵	uɛ⁴⁴⁵
按	ɛ̃³³⁴	uə⁴⁵	uæ̃¹¹	uæ̃²⁴	uɤ⁵²	uɛ⁵²	uɛ⁵⁵	uə³⁵	uæ³³	uɛ⁵⁵⁴
案	ɛ̃³³⁴	uə⁴⁵	uæ̃¹¹	uæ̃²⁴	uɤ⁵²	uɛ⁵²	uɛ⁵⁵	uə³⁵	uæ³³	uɛ⁵⁵⁴
扮	pan³³⁴	pan⁴⁵	ʔbæ̃¹¹	pɔ̃²⁴	pã⁵²	pã⁵²	pã⁵⁵	pa³⁵	ʔba³³	ʔba⁵⁵⁴
八	paʔ⁵	pɔʔ⁵⁴	ʔbo⁵	pɔʔ⁵	paʔ⁵	pɒʔ⁵	paʔ⁵	paʔ⁵	ʔbaʔ⁴²	ʔba⁴²³
盼	pʰɛ̃³³⁴	pʰan⁴⁵	pʰæ̃¹¹	pʰɔ̃²⁴	pʰã⁵²	pʰã⁵²	pʰã⁵⁵	pʰa³⁵	pʰa³³	pʰa⁵⁵⁴
办	ban²¹³	ban¹³	pæ̃³¹	bɔ̃¹³	bã²³¹	bã²³¹	bã²²³	ba¹³	ba²²	ba²¹³
拔	baʔ²³	baʔ²³	paʔ³⁴	bɔʔ²	baʔ²³	bɒʔ²³	baʔ²³	baʔ²³	baʔ³¹	ba³⁵
抹	mɛʔ²³	mouʔ⁵⁴	mɤʔ³⁴	mɤʔ²	məʔ²³	mɛʔ²³	mɛʔ²³	mouʔ⁵	muʔ³¹	ma³⁵
盏	tsan⁵³³	tsan⁵³	tsæ̃³³	tsɔ̃²¹³	tsã⁴⁴	tsã⁵⁴⁴	tsã⁵³	tsa³³	tsa⁴⁵⁴	tsa⁵²
扎	tsaʔ⁵	tsɔʔ⁵⁴	tsaʔ⁵	tsɔʔ⁵	tsaʔ⁵	tsɒʔ⁵	tsaʔ⁵	tsaʔ⁵	tsaʔ⁴²	tsa⁴²³
铲	tsʰan⁵³³	tsʰan⁵³	tsʰæ̃³³	tsʰɔ̃²¹³	tsʰã⁴⁴	tsʰã⁵⁴⁴	tsʰã⁵³	tsʰa³³	tsʰa⁴⁵⁴	tsʰa⁵²
察	tsʰaʔ⁵	tsʰɔʔ⁵⁴	tsʰaʔ⁵	tsʰɔʔ⁵	tsʰaʔ⁵	tsʰɒʔ⁵	tsʰaʔ⁵	tsʰaʔ⁵	tsʰaʔ⁴²	tsʰa⁴²³
山	san⁴⁵	san³³⁵	sæ̃³³⁵	sɔ̃⁵³	sã²⁴	sã²⁴	sã²⁴	sa³²⁴	sa⁴⁴⁵	sa⁴⁴⁵
产	tsʰan⁵³³	tsʰan⁵³	sæ̃³³ / sã³³	tsʰɔ̃²¹³	tsʰã⁴⁴	tsʰã⁵⁴⁴	tsʰã⁵³	tsʰa³³	tsʰa⁴⁵⁴	sa⁵² / tsʰa⁵²
	庆元、缙云两地上行语境是"产妇"，下行语境是"共产党"。									
杀	saʔ⁵	sɔʔ⁵⁴	saʔ⁵	sɔʔ⁵	saʔ⁵	sɒʔ⁵	saʔ⁵	saʔ⁵	saʔ⁴²	sa⁴²³
艰	kan⁴⁵	kan³³⁵	kæ̃³³⁵	kɔ̃⁵³	kã²⁴	kã²⁴	kã²⁴	ka³²⁴	ka⁴⁴⁵	ka⁴⁴⁵
间	kan⁴⁵	kan³³⁵	kæ̃³³⁵	kɔ̃⁵³	kã²⁴	kã²⁴	kã²⁴	ka³²⁴	ka⁴⁴⁵	ka⁴⁴⁵
简	kan⁵³³	kan⁵³	kæ̃³³	kɔ̃²¹³	kã⁴⁴	kã⁵⁴⁴	kã⁵³	ka³³	ka⁴⁵⁴	ka⁵²
柬	tɕiɛ⁵³³	kan⁵³ / tɕiɛ⁵³	kæ̃³³	kɔ̃²¹³ / tɕiɛ̃²¹³	kã⁴⁴	tɕiɛ⁵⁴⁴	kã⁵³	ka³³	ka⁴⁵⁴	ka⁵²
拣	kan⁵³³	kan⁵³	kæ̃³³	kɔ̃²¹³	kã⁴⁴	kã⁵⁴⁴	kã⁵³	ka³³	ka⁴⁵⁴	ka⁵²

续表

	遂昌	龙泉	庆元	松阳	宣平	丽水	云和	景宁	青田	缙云
眼	ŋaŋ^{13}	文ŋaŋ^{53}	文ŋã^{221}	ŋaŋ^{22} / ŋɔ̃^{22}	ŋɛ̃^{223}	ŋã^{544}	ŋe^{53} / ŋã^{53}	ŋe^{33} / ŋã^{33}	ŋa^{343}	ŋa^{31} / ŋɑ^{31}
	松阳、云和、景宁、缙云四地上行语境是"眼睛",下行语境是"眼泪"。									
闲	aŋ^{221}	aŋ^{211}	xã^{52}	ɔ̃^{31}	ã^{434}	ã^{11}	ã^{423}	ɑ^{31}	a^{21}	ɑ^{231}
限	aŋ^{13}	aŋ^{53}	xã^{221}	ɔ̃^{22}	ã^{223}	ã^{544}	ã^{53}	ɑ^{33}	a^{343}	ɑ^{31}
苋	xaŋ^{334}	çiɛ^{45}	çiã^{11}	xɔ̃^{24}	xɑ^{52}	xã^{52}	ʃie^{55}	ʃie^{35}	çia^{33}	ɑ^{31}
班	paŋ^{45}	paŋ^{335}	ʔbã^{335}	pɔ̃^{53}	pã^{24}	pã^{24}	pã^{24}	pɑ^{324}	ʔba^{445}	ʔbɑ^{445}
扳	paŋ^{45}	paŋ^{335}	ʔbã^{335}	pɔ̃^{53}	pã^{24}	pã^{24}	pã^{24}	pɑ^{324}	ʔba^{445}	ʔbɑ^{445}
板	paŋ^{533}	paŋ^{53}	ʔbã^{33}	pɔ̃^{213}	pã^{44}	pã^{544}	pã^{53}	pɑ^{33}	ʔba^{454}	ʔbɑ^{52}
版	paŋ^{533}	paŋ^{53}	ʔbã^{33}	pɔ̃^{213}	pã^{44}	pã^{544}	pã^{53}	pɑ^{33}	ʔba^{454}	ʔbɑ^{52}
攀	pʰaŋ^{45}	pʰaŋ^{335}	pʰã^{335}	pʰɔ̃^{53}	pʰã^{24}	pʰã^{24}	pʰã^{24}	pʰɑ^{324}	pʰa^{445}	pʰɑ^{445}
爿	baŋ^{221}	baŋ^{211}	pã^{52}	bɔ̃^{31}	pã^{434}	bã^{11}	bã^{423}	bɑ^{31}	ba^{21}	bɑ^{231}
蛮	maŋ^{221}	maŋ^{211}	mã^{52}	mɔ̃^{31}	mã^{434}	mã^{11}	mã^{423}	mɑ^{31}	ma^{21}	mɑ^{231}
慢	maŋ^{213}	maŋ^{13}	mã^{31}	mɔ̃^{13}	mã^{231}	mã^{231}	mã^{223}	mɑ^{13}	ma^{22}	mɑ^{213}
删	saŋ^{45}	saŋ^{335}	sã^{335}	sɔ̃^{53}	sã^{24}	sã^{24}	sã^{24}	sɑ^{324}	sa^{445}	sɑ^{445}
铡	zaʔ^{23}	zɔʔ^{23}	saʔ^{34}	zɔʔ^{2}	zaʔ^{23}	zɒʔ^{23}	zaʔ^{23}	zaʔ^{23}	zaʔ^{31}	zɑ^{35}
奸	kaŋ^{45}	kaŋ^{335}	kã^{335}	kɔ̃^{53}	kã^{24}	kã^{24}	kã^{24}	kɑ^{324}	ka^{445}	kɑ^{445}
颜	ŋaŋ^{221}	ŋaŋ^{211}	ŋã^{52}	ŋɔ̃^{31}	ŋã^{434}	ŋã^{11}	ŋã^{423}	ŋɑ^{31}	ŋa^{21}	ŋɑ^{231}
雁	ŋaŋ^{213}	ŋaŋ^{13}	ŋã^{31}	ŋɔ̃^{13}	ŋã^{231}	ŋã^{231}	ŋã^{223}	ŋɑ^{13}	ŋa^{22}	ŋɑ^{213}
瞎	xaʔ^{5}	xuaʔ^{54}	xuaʔ^{5}	xɔʔ^{5}	xaʔ^{5}	xɒʔ^{5}	xaʔ^{5}	xaʔ^{5}	xaʔ^{42}	xɑ^{423}
辖	ʑiaʔ^{23}	ʑiaʔ^{23}	xuaʔ^{5}	aʔ^{5}	xaʔ^{5}	ʑiɒʔ^{23}	xaʔ^{5}	xɑʔ^{5}	ɛʔ^{42}	ɑ^{35}
鞭	piɛ̃^{45}	piɛ^{335}	ʔbiɛ^{335}	piɛ̃^{53}	piɛ̃^{24}	piɛ^{24}	piɛ^{24}	piɛ^{324}	ʔbiɛ^{445}	ʔbiɛ^{445}
编	piɛ̃^{45}	piɛ^{335}	ʔbiɛ^{335}	piɛ̃^{53}	piɛ̃^{24}	piɛ^{24}	piɛ^{24}	piɛ^{324}	ʔbiɛ^{445}	ʔbiɛ^{445}
变	piɛ̃^{334}	piɛ^{45}	ʔbiɛ^{11}	piɛ̃^{24}	piɛ̃^{52}	piɛ^{52}	piɛ^{55}	piɛ^{35}	ʔbiɛ^{33}	ʔbiɛ^{554}
别 区别	biɛʔ^{23}	biɛʔ^{23}	piɛʔ^{34}	biɛʔ^{2}	biɔʔ^{23}	biɛʔ^{23}	biɛʔ^{23}	biɛʔ^{23}	biæʔ^{31}	biɛ^{35}
鉴	piɛʔ^{5}	piɛʔ^{54}	ʔbiɛ^{5}	piɛʔ^{5}	piɔʔ^{5}	piɛʔ^{5}	piɛʔ^{5}	piɛʔ^{5}	ʔbiæʔ^{42}	ʔbiɛ^{423}
篇	pʰiɛ̃^{45}	pʰiɛ^{335}	pʰiɛ^{335}	pʰiɛ̃^{53}	pʰiɛ̃^{24}	pʰiɛ^{24}	pʰiɛ^{24}	pʰiɛ^{324}	pʰiɛ^{445}	pʰiɛ^{445}
偏	pʰiɛ̃^{45}	pʰiɛ^{335}	pʰiɛ^{335}	pʰiɛ̃^{53}	pʰiɛ̃^{24}	pʰiɛ^{24}	pʰiɛ^{24}	pʰiɛ^{324}	pʰiɛ^{445}	pʰiɛ^{445}
骗	pʰiɛ̃^{334}	pʰiɛ^{45}	pʰiɛ^{11}	pʰiɛ̃^{24}	pʰiɛ̃^{52}	pʰiɛ^{52}	pʰiɛ^{55}	pʰiɛ^{35}	pʰiɛ^{33}	pʰiɛ^{554}
便 便宜	biɛ̃^{221}	biɛ^{211}	piɛ̃^{52}	biɛ̃^{31}	piɛ̃^{434}	biɛ^{11}	biɛ^{223}	biɛ^{31}	biɛ^{21}	biɛ^{231}
辨	biɛ̃^{13}	piɛ^{53}	piɛ̃^{221}	biɛ̃^{22}	biɛ̃^{223}	biɛ^{11}	biɛ^{31}	biɛ^{31}	biɛ^{343}	biɛ^{31}
辩	biɛ̃^{13}	piɛ^{53}	piɛ̃^{221}	biɛ̃^{22}	biɛ̃^{223}	biɛ^{11}	biɛ^{31}	biɛ^{31}	biɛ^{343}	biɛ^{31}

续表

	遂昌	龙泉	庆元	松阳	宣平	丽水	云和	景宁	青田	缙云
便_{方便}	biẽ^{213}	biẽ^{13}	piẽ^{31}	biẽ^{13}	biẽ^{231}	biẽ^{231}	biẽ^{223}	biẽ^{13}	biẽ^{22}	biẽ^{213}
别_{离别}	biɛʔ^{23}	biɛʔ^{23}	piɛʔ^{34}	biɛʔ^{2}	biəʔ^{23}	biɛʔ^{23}	biɛʔ^{23}	biɛʔ^{23}	biæʔ^{31}	biɛ^{35}
棉	miẽ^{221}	miẽ^{211}	miẽ^{52}	miẽ^{31}	miẽ^{434}	miẽ^{11}	miẽ^{423}	miẽ^{31}	miẽ^{21}	miẽ^{231}
免	miẽ^{13}	miẽ^{53}	miẽ^{221}	miẽ^{22}	miẽ^{223}	miẽ^{544}	miẽ^{53}	miẽ^{33}	miẽ^{343}	miẽ^{31}
面_脸	miẽ^{213}	miẽ^{13}	miẽ^{31}	miẽ^{13}	miẽ^{231}	miẽ^{231}	miẽ^{223}	miẽ^{13}	miẽ^{22}	miẽ^{213}
灭	miɛʔ^{23}	miɛʔ^{23}	miɛʔ^{34}	miɛʔ^{2}	miəʔ^{23}	miɛʔ^{23}	miɛʔ^{23}	miɛʔ^{23}	miæʔ^{31}	miɛ^{35}
搣	miɛʔ^{5}	mi^{335}	miaʔ^{34}	miɛʔ^{5}	miəʔ^{5}	miɛʔ^{5}	miɛʔ^{5}	miaʔ^{23}	mi^{445}	miɛ^{35}
碾	tɕiẽ^{533}	ȵiẽ^{53}	tɕiẽ^{33}	tɕiẽ^{213}	tɕiẽ^{44}	ȵiɛ^{544}	ȵiɛ^{53}	ȵiɛ^{33}	ȵiɛ^{454}	ȵiɛ^{52} / tsia^{52}
连	liẽ^{221}	liẽ^{211}	liẽ^{52}	liẽ^{31}	liẽ^{434}	liɛ^{11}	liɛ^{423}	liɛ^{31}	liɛ^{21}	liɛ^{231}
联	liẽ^{221}	liẽ^{211}	liẽ^{52}	liẽ^{31}	liẽ^{434}	liɛ^{11}	liɛ^{423}	liɛ^{31}	liɛ^{21}	liɛ^{231}
列	liɛʔ^{23}	liɛʔ^{23}	liɛʔ^{34}	liɛʔ^{2}	liəʔ^{23}	liɛʔ^{23}	liɛʔ^{23}	liɛʔ^{23}	liæʔ^{31}	lia^{35}
烈	liɛʔ^{23}	liɛʔ^{23}	liɛʔ^{34}	liɛʔ^{2}	liəʔ^{23}	liɛʔ^{23}	liɛʔ^{23}	liɛʔ^{23}	liæʔ^{31}	lia^{35}
裂	liɛʔ^{23}	liɛʔ^{23}	liaʔ^{34}	liɛʔ^{2}	liəʔ^{23}	liɛʔ^{23}	liɛʔ^{23}	liaʔ^{23}	liæʔ^{31}	lia^{35}
煎	tɕiẽ^{45}	tɕiẽ^{335}	tɕiẽ^{335}	tɕiẽ^{53}	tɕiẽ^{24}	tɕiẽ^{24}	tʃiɛ^{24}	tʃiɛ^{324}	tɕiɛ^{445}	tsiɛ^{445}
剪	tɕiẽ^{533}	tɕiẽ^{53}	tɕiã^{33}	tɕiẽ^{213}	tɕiẽ^{44}	tɕiẽ^{544}	tʃiɛ^{53}	tʃiɛ^{33}	tɕia^{454}	tsia^{52}
箭	tɕiẽ^{334}	tɕiẽ^{45}	tɕiẽ^{11}	tɕiẽ^{24}	tɕiẽ^{52}	tɕiɛ^{52}	tʃiɛ^{55}	tʃiɛ^{35}	tɕiɛ^{33}	tsiɛ^{554}
濺	tɕiẽ^{334}	tɕiẽ^{45}	tɕiã^{11}	tɕiẽ^{24}	tɕiẽ^{52}	tɕiɛ^{52}	tʃiɛ^{55}	tʃiɛ^{35}	tɕia^{33}	tsia^{554}
迁	tɕʰiẽ^{45}	tɕʰiẽ^{335}	tɕʰiẽ^{335}	tɕʰiẽ^{53}	tɕʰiẽ^{24}	tɕʰiɛ^{24}	tʃʰiɛ^{24}	tʃʰiɛ^{324}	tɕʰiɛ^{445}	tsʰiɛ^{445}
浅	tɕʰiẽ^{533}	tɕʰiẽ^{53}	tɕʰiẽ^{33}	tɕʰiẽ^{213}	tɕʰiẽ^{44}	tɕʰiɛ^{544}	tʃʰiɛ^{53}	tʃʰiɛ^{33}	tɕʰiɛ^{454}	tsʰiɛ^{52}
践	dʑiẽ^{13}	iẽ^{53}	ɕiẽ^{221}	dʑiẽ^{22}	dʑiẽ^{223}	dʑiɛ^{11}	dʒiɛ^{31}	ʒiɛ^{33}	iɛ^{343}	ziɛ^{31}
贱	ziẽ^{213}	ziẽ^{13}	ɕiẽ^{31}	ziẽ^{13}	ziẽ^{231}	ziɛ^{231}	ʒiɛ^{223}	ʒiɛ^{13}	iɛ^{22}	ziɛ^{213}
仙	ɕiẽ^{45}	ɕiẽ^{335}	ɕiẽ^{335}	ɕiẽ^{53}	ɕiẽ^{24}	ɕiɛ^{24}	ʃiɛ^{24}	ʃiɛ^{324}	ɕiɛ^{445}	siɛ^{445}
鲜	ɕiẽ^{45}	ɕiẽ^{335}	ɕiẽ^{335}	ɕiẽ^{53}	ɕiẽ^{24}	ɕiɛ^{24}	ʃiɛ^{24}	ʃiɛ^{324}	ɕiɛ^{445}	siɛ^{445}
线	ɕiẽ^{334}	ɕiẽ^{45}	ɕiẽ^{11}	ɕiẽ^{24}	ɕiẽ^{52}	ɕiɛ^{52}	ʃiɛ^{55}	ʃiɛ^{35}	ɕiɛ^{33}	siɛ^{554}
薛	ɕiɛʔ^{5}	ɕiɛʔ^{54}	ɕiaʔ^{5}	ɕiɛʔ^{5}	ɕiəʔ^{5}	ɕyɛʔ^{5}	ʃiɛʔ^{5}	ʃiaʔ^{5}	ɕiæʔ^{42}	siɛ^{423}
展	tɕiẽ^{533}	tɕiẽ^{53}	tɕiẽ^{33}	tɕiẽ^{213}	tɕiẽ^{44}	tɕiɛ^{544}	tʃiɛ^{53}	tʃiɛ^{33}	tɕiɛ^{454}	tsia^{52}
哲	tɕiɛʔ^{5}	tɕiɛʔ^{54}	tɕiɛʔ^{5}	tɕiɛʔ^{5}	tɕiəʔ^{5}	tɕiɛʔ^{5}	tʃiɛʔ^{5}	tʃiɛʔ^{5}	tɕiæʔ^{42}	tsiɛ^{423}
撤	tɕʰiɛʔ^{5}	tɕʰiɛʔ^{54}	tɕʰiɛʔ^{5}	tɕʰiɛʔ^{5}	tɕʰiəʔ^{5}	tɕʰiɛʔ^{5}	tʃʰiɛʔ^{5}	tʃʰiɛʔ^{5}	tɕʰiæʔ^{42}	tsʰiɛ^{423}
缠	dʑiẽ^{221}	dʑiẽ^{211}	tɕyẽ^{52}	dʑyẽ^{31}	tɕyẽ^{434}	dʑyɛ^{11}	dʒiɛ^{423}	ʒiɛ^{31} / dʒiɛ^{31}	dʑiɛ^{21}	dzyɛ^{231}
	景宁话上行语境是"缠绕"的说法，下行语境是"盘缠"。									
战	tɕiẽ^{334}	tɕiẽ^{45}	tɕiẽ^{11}	tɕiẽ^{24}	tɕiẽ^{52}	tɕiɛ^{52}	tʃiɛ^{55}	tʃiɛ^{35}	tɕiɛ^{33}	tsiɛ^{554}

续表

	遂昌	龙泉	庆元	松阳	宣平	丽水	云和	景宁	青田	缙云
折折扣	tɕiɛʔ⁵	tɕiɛʔ⁵⁴	tɕiɛʔ⁵	tɕiɛʔ⁵	tɕiəʔ⁵	tɕiɛʔ⁵	tʃiɛʔ⁵	tʃiɛʔ⁵	tɕiæʔ⁴²	tsiɛ⁴²³
浙	tɕiɛʔ⁵	tɕiɛʔ⁵⁴	tɕiɛʔ⁵	tɕiɛʔ⁵	tɕiəʔ⁵	tɕiɛʔ⁵	tʃiɛʔ⁵	tʃiɛʔ⁵	tɕiæʔ⁴²	tsiɛ⁴²³
舌	dʑiɛʔ²³	dʑiɛʔ²³	tɕiɛʔ³⁴	dʑiɛʔ²	dʑiəʔ²³	ʑiɛʔ²³	dʒɛʔ²³	dʒiɛʔ²³	dʑiæʔ³¹	dziɛ³⁵
搧	çiɛ̃³³⁴	çiɛ⁴⁵	çiɛ̃¹¹	çiɛ²⁴	çiɛ̃⁵²	çiɛ⁵²	ʃiɛ⁵⁵	ʃiɛ³⁵	çiɛ³³	siɛ⁵⁵⁴
扇	çiɛ̃³³⁴	çiɛ⁴⁵	çiɛ̃¹¹	çiɛ²⁴	çiɛ̃⁵²	çiɛ⁵²	ʃiɛ⁵⁵	ʃiɛ³⁵	çiɛ³³	siɛ⁵⁵⁴
设	çiɛʔ⁵	çiɛʔ⁵⁴	çiɛʔ⁵	çiɛʔ⁵	çiəʔ⁵	çiɛʔ⁵	ʃiɛʔ⁵	ʃiɛʔ⁵	çiæʔ⁴²	siɛ⁴²³
蝉	ʑiɛ̃²²¹	ʑiɛ²¹¹	çiɛ̃⁵²	ʑiɛ̃³¹	çiɛ̃⁴³⁴	ʑiɛ¹¹	ʒiɛ⁴²³	ʒiɛ³¹	iɛ²¹	ziɛ²³¹
善	ʑiɛ̃¹³	çiɛ⁵³	çiɛ̃²²¹	ʑiɛ²²	ʑiɛ̃²²³	ʑiɛ¹¹	ʒiɛ³¹	ʒiɛ³³	iɛ³⁴³	ziɛ³¹
鳝	ʑiɛ̃¹³	çiɛ⁵³	çiɛ̃²²¹	ʑiɛ²²	ʑiɛ̃²²³	ʑiɛ¹¹	ʒiɛ³¹	ʒiɛ³³	iɛ³⁴³	ziɛ³¹
折折本	ʑiɛʔ²³	ʑiɛʔ²³	çiɛʔ³⁴	ʑiɛʔ²	ʑiəʔ²³	ʑiɛʔ²³	ʒiɛʔ²³	ʒiɛʔ²³	iæʔ³¹	ziɛ³⁵
然	ȵiɛ̃²²¹	ȵiɛ²¹¹	ȵiɛ̃⁵²	ȵiɛ̃³¹	çiɛ̃⁴³⁴	ʑiɛ¹¹	ʒiɛ⁴²³	ʒiɛ³¹	iɛ²¹	ziɛ²³¹
热	ȵiɛʔ²³	ȵiɛʔ²³	ȵiɛʔ³⁴	ȵiɛʔ²	ȵiəʔ²³	ȵiɛʔ²³	ɲiɛʔ²³	ɲiɛʔ²³	ȵiæʔ³¹	ȵiɛ³⁵
乾乾隆	dʑiɛ̃²²¹	dʑiɛ²¹¹	tɕiɛ̃⁵²	dʑiɛ̃³¹	tɕiɛ̃⁴³⁴	dʑiɛ¹¹	dʒiɛ⁴²³	dʒiɛ³¹	dʑiɛ²¹	dʑiɛ²³¹
件	dʑiɛ̃²¹³	dʑiɛ¹³	tɕiɛ̃³¹	dʑiɛ̃¹³	dʑiɛ̃²³¹	dʑiɛ²³¹	dʒiɛ²²³	dʒiɛ¹³	dʑiɛ²²	dʑiɛ²¹³
杰	dʑiɛʔ²³	dʑiɛʔ²³	tɕiɛʔ³⁴	dʑiɛʔ²	dʑiəʔ²³	dʑiɛʔ²³	dʒiɛʔ²³	dʒiɛʔ²³	dʑiæʔ³¹	dʑiɛ³⁵
焉	iɛ̃⁴⁵	iɛ³³⁵	iɛ̃³³⁵	iɛ̃⁵³	iɛ̃²⁴	iɛ²⁴	iɛ²⁴	iɛ³²⁴	iɛ⁴⁴⁵	iɛ⁴⁴⁵
延	iɛ̃²²¹	iɛ²¹¹	iɛ̃⁵²	iɛ̃³¹	iɛ̃⁴³⁴	iɛ¹¹	iɛ⁴²³	iɛ³¹	iɛ²¹	iɛ²³¹
筵	iɛ̃²²¹	iɛ²¹¹	iɛ̃⁵²	iɛ̃³¹	iɛ̃⁴³⁴	iɛ¹¹	iɛ⁴²³	iɛ³¹	iɛ²¹	iɛ²³¹
演	iɛ̃¹³	iɛ⁵³	iɛ̃²²¹	iɛ̃²²	iɛ̃²²³	iɛ⁵⁴⁴	iɛ⁵³	iɛ³³	iɛ³⁴³	iɛ³¹
建	tɕiɛ̃³³⁴	tɕiɛ⁴⁵	tɕiɛ̃¹¹	tɕiɛ̃²⁴	tɕiɛ̃⁵²	tɕiɛ⁵²	tʃiɛ⁵⁵	tʃiɛ³⁵	tɕiɛ³³	tɕiɛ⁵⁵⁴
揭	tɕiɛʔ⁵	tɕiɛʔ⁵⁴	tɕiɛʔ⁵	tɕiɛʔ⁵	tɕiəʔ⁵	tɕiɛʔ⁵	tʃiɛʔ⁵	tʃʰiɛʔ⁵	tɕʰiæʔ⁴² tɕiæʔ⁴²	tɕiɛ⁴²³
键	dʑiɛ̃¹³	tɕiɛ⁵³	tɕiɛ̃²²¹	dʑiɛ̃²²	dʑiɛ̃²²³	dʑiɛ¹¹	dʒiɛ³¹	dʒiɛ³³	dʑiɛ³⁴³	dʑiɛ³¹
健	dʑiɛ̃²¹³	dʑiɛ¹³	tɕiɛ̃³¹	dʑiɛ̃¹³	dʑiɛ̃²³¹	dʑiɛ²³¹	dʒiɛ²²³	dʒiɛ¹³	dʑiɛ²²	dʑiɛ²¹³
揭	gɛʔ²³									
	"挑"的意思，遂昌话"揭担"即"挑担"。									
言	ŋiɛ̃²²¹	ŋiɛ²¹¹	ŋiɛ̃⁵²	ŋiɛ̃³¹	ŋiɛ̃⁴³⁴	ȵiɛ¹¹	ɲiɛ⁴²³	ɲiɛ³¹	ŋiɛ²¹	ŋiɛ²³¹
锨	çiɛ⁴⁵	文çiɛ̃³³⁵	çiɛ̃³³⁵	文çiɛ̃⁵³	çiɛ̃²⁴	çiɛ²⁴	ʃiɛ²⁴	ʃiɛ³²⁴	çiɛ⁴⁴⁵	çiɛ⁴⁴⁵
宪	çiɛ̃³³⁴	çiɛ⁴⁵	çiɛ̃¹¹	çiɛ²⁴	çiɛ̃⁵²	çiɛ⁵²	ʃiɛ⁵⁵	ʃiɛ³⁵	çia³³	çiɛ⁵⁵⁴
献	çiɛ̃³³⁴	çiɛ⁴⁵	çiɛ̃¹¹	çiɛ²⁴	çiɛ̃⁵²	çiɛ⁵²	ʃiɛ⁵⁵	ʃiɛ³⁵	çia³³	çiɛ⁵⁵⁴
歇	çiɛʔ⁵	çiɛʔ⁵⁴	çiɛʔ⁵	çiɛʔ⁵	çiəʔ⁵	çiɛʔ⁵	ʃiɛʔ⁵	ʃiɛʔ⁵	çiæʔ⁴²	çiɛ⁴²³
堰	iɛ̃³³⁴	iɛ⁴⁵	ia¹¹	iɛ̃²⁴	iɛ̃⁵²	iɛ⁵²	iɛ⁵⁵	iɛ³⁵	ia³³	iɛ⁵⁵⁴

续表

	遂昌	龙泉	庆元	松阳	宣平	丽水	云和	景宁	青田	缙云
边	piɛ̃^{45}	piɛ̃^{335}	ʔbiã^{335}	piɛ̃^{53}	piɛ̃^{24}	piɛ^{24}	piɛ^{24}	piɛ^{324}	ʔbia^{445}	ʔbiɛ^{445}
蝙	piɛ̃^{533}	piɛ̃^{53}	ʔbiã^{33}	piɛ̃^{213}	piɛ̃^{44}	piɛ^{544}	piɛ^{53}	piɛ^{33}	ʔbia^{454}	ʔbiɛ^{52}
扁	piɛ̃^{533}	piɛ̃^{53}	ʔbiã^{33}	piɛ̃^{213}	piɛ̃^{44}	piɛ^{544}	piɛ^{53}	piɛ^{33}	ʔbia^{454}	ʔbiɛ^{52}
匾	piɛ̃^{533}	piɛ̃^{53}	ʔbiã^{33}	piɛ̃^{213}	piɛ̃^{44}	piɛ^{544}	piɛ^{53}	piɛ^{33}	ʔbia^{454}	ʔbiɛ^{52}
遍	piɛ̃^{334}	piɛ̃^{45}	ʔbiã^{11}	piɛ̃^{24}	piɛ̃^{52}	piɛ^{52}	piɛ^{55}	piɛ^{35}	ʔbia^{33}	ʔbiɛ^{554}
憋	piɛʔ^{5}	piɛʔ^{54}	ʔbiaʔ^{5}	piɛʔ^{5}	piəʔ^{5}	piɛʔ^{5}	piɛʔ^{5}	piɛʔ^{5}	ʔbiæʔ^{42}	ʔbiɛ^{423}
片	pʰiɛ̃^{334}	pʰiɛ̃^{45}	pʰiã^{11}	pʰiɛ̃^{24}	pʰiɛ̃^{52}	pʰiɛ^{52}	pʰiɛ^{55}	pʰiɛ^{35}	pʰia^{33}	pʰiɛ^{554}
撇	pʰiɛʔ^{5}	pʰiɛʔ^{45}	pʰiaʔ^{5}	pʰiɛʔ^{5}	pʰiəʔ^{5}	pʰiɛʔ^{5}	pʰiɛʔ^{5}	pʰiaʔ^{5}	pʰiʔ^{42}	pʰiɛ^{423}
辮	biɛ̃^{13}	piɛ̃^{53}	piã^{221}	biɛ̃^{22}	biɛ̃^{223}	biɛ^{11}	biɛ^{31}	biɛ^{33}	bia^{343}	biɛ^{31}
麵 面粉	miɛ̃^{213}	miɛ̃^{13}	miã^{31}	miɛ̃^{13}	miɛ̃^{231}	miɛ^{231}	miɛ^{223}	miɛ^{13}	mia^{22}	miɛ^{213}
篾	miɛʔ^{23}	miɛʔ^{23}	miaʔ^{34}	miɛʔ^{2}	miəʔ^{23}	miɛʔ^{23}	miɛʔ^{23}	miaʔ^{23}	miæʔ^{31}	miɛ^{35}
颠	tiɛ̃^{45}	tiɛ̃^{335}	ʔdiã^{335}	tiɛ̃^{53}	tiɛ̃^{24}	tiɛ^{24}	tiɛ^{24}	tiɛ^{324}	ʔdia^{445}	ʔdia^{445}
典	tiɛ̃^{533}	tiɛ̃^{53}	ʔdiã^{33}	tiɛ̃^{213}	tiɛ̃^{44}	tiɛ^{544}	tiɛ^{53}	tiɛ^{33}	ʔdia^{454}	ʔdia^{52}
咥	tiɛʔ^{5}	tiɛʔ^{54}	ʔdiaʔ^{5}	tiɛʔ^{5}						
天	tʰiɛ̃^{45}	tʰiɛ̃^{335}	tʰiã^{335}	tʰiɛ̃^{53}	tʰiɛ̃^{24}	tʰiɛ^{24}	tʰiɛ^{24}	tʰiɛ^{324}	tʰia^{445}	tʰia^{445}
铁	tʰiɛʔ^{5}	tʰiɛʔ^{54}	tʰiaʔ^{5}	tʰiɛʔ^{5}	tʰiəʔ^{5}	tʰiɛʔ^{5}	tʰiɛʔ^{5}	tʰiaʔ^{5}	tʰiæʔ^{42}	tʰia^{423}
田	diɛ̃^{221}	diɛ̃^{211}	tiã^{52}	diɛ̃^{31}	tiɛ̃^{434}	diɛ^{11}	diɛ^{423}	diɛ^{31}	dia^{21}	dia^{231}
填	diɛ̃^{221}	diɛ̃^{211}	tiã^{52}	diɛ̃^{31}	tiɛ̃^{434}	diɛ^{11}	diɛ^{423}	diɛ^{31}	dia^{21}	dia^{231}
电	diɛ̃^{213}	diɛ̃^{13}	tiã^{31}	diɛ̃^{13}	diɛ̃^{231}	diɛ^{231}	diɛ^{223}	diɛ^{13}	dia^{22}	dia^{213}
殿	diɛ̃^{213}	diaŋ^{13}	tiã^{31}	diɛ̃^{13}	diɛ̃^{231}	diɛ^{231}	diɛ^{223}	diɛ^{13}	dia^{22}	dia^{213}
垫	diɛ̃^{213}	diɛ̃^{13}	tiã^{31}	diɛ̃^{13}	diɛ̃^{231}	diɛ^{231}	diɛ^{223}	diɛ^{13}	dia^{22}	dia^{213}
年	ȵiɛ̃^{221}	ȵiɛ̃^{211}	ȵiã^{52}	ȵiɛ̃^{31}	ȵiɛ̃^{434}	ȵiɛ^{11}	ȵiɛ^{423}	ȵiɛ^{31}	ȵia^{21}	ȵia^{231}
捏	ȵiaʔ^{23}	ȵiaʔ^{23}	ȵiaʔ^{34}	ȵiɛʔ^{2}	ȵiəʔ^{23}	ȵiɛʔ^{23}	ȵiaʔ^{23}	ȵiaʔ^{23}	ȵiæʔ^{31}	ȵia^{35}
怜	liɛ̃^{221}	liɛ̃^{211}	liɛ̃^{52}	liɛ̃^{31}	liɛ̃^{434}	liɛ^{11}	liɛ^{423}	liɛ^{31}	lia^{21}	liɛ^{231}
莲	liɛ̃^{221}	liɛ̃^{211}	liã^{52} liɛ̃^{52}	liɛ̃^{31}	liɛ̃^{434}	liɛ^{11}	liɛ^{423}	liɛ^{31}	lia^{21}	lia^{231}
	庆元话上行语境是"莲子",下行语境是"莲花"。									
练	liɛ̃^{213}	liɛ̃^{13}	liã^{31}	liɛ̃^{13}	liɛ̃^{231}	liɛ^{231}	liɛ^{223}	liɛ^{13}	lia^{22}	lia^{213}
炼	liɛ̃^{213}	liɛ̃^{13}	liã^{31}	liɛ̃^{13}	liɛ̃^{231}	liɛ^{231}	liɛ^{223}	liɛ^{13}	lia^{22}	lia^{213}
荐	tɕiɛ̃^{334}	tɕiɛ̃^{45}	tɕiã^{11} tɕiɛ̃^{11}	tɕiɛ̃^{24}	tɕiɛ̃^{52}	tɕiɛ^{52}	tʃiɛ^{55}	tʃiɛ^{35}	tɕia^{33}	tsia^{554} tsiɛ^{554}
	庆元、缙云两地上行语境是"稻草床垫"的说法,下行语境是"推荐"。									
节	tɕiɛʔ^{5}	tɕiaʔ^{54}	tɕiaʔ^{5}	tɕiɛʔ^{5}	tɕiəʔ^{5}	tɕiɛʔ^{5}	tʃiɛʔ^{5}	tʃiaʔ^{5}	tɕiæʔ^{42}	tsia^{423}

续表

	遂昌	龙泉	庆元	松阳	宣平	丽水	云和	景宁	青田	缙云
千	tɕʰiɛ̃⁴⁵	tɕʰiɛ³³⁵	tɕʰiã³³⁵	tɕʰiɛ̃⁵³	tɕʰiɛ̃²⁴	tɕʰiɛ²⁴	tʃʰiɛ²⁴	tʃʰiɛ³²⁴	tɕʰia⁴⁴⁵	tsʰia⁴⁴⁵
切	tɕʰiɛʔ⁵	tɕʰia⁵⁴	tɕʰia⁵	tɕʰiɛʔ⁵	tɕʰiəʔ⁵	tɕʰiɛʔ⁵	tʃʰiɛʔ⁵	tʃʰiaʔ⁵	tɕʰiæʔ⁴²	tsʰia⁴²³
前	ʑyɛ̃²²¹ / ʑiɛ̃²²¹	ʑiɛ²¹¹	çyɛ̃⁵² / çiã⁵²	ʑiɛ̃³¹	çiɛ̃⁴³⁴	ʑiɛ¹¹	ʒiɛ⁴²³	ʒiɛ³¹	ia²¹	zia²³¹
	庆元话上行语境是"前日前天"，下行语境俗。遂昌话两种读音都有，上行读音较俗。									
截	ʑiɛʔ²³	ʑiɛʔ²³	çiaʔ³⁴	ʑiɛʔ²	ʑiəʔ²³	ʑiɛʔ²³	ʒiaʔ²³	ʒiaʔ²³	iæʔ³¹ / dʑiæʔ³¹	zia³⁵
先	çiɛ̃⁴⁵	çiɛ³³⁵	çiã³³⁵ / çyɛ̃³³⁵	çiɛ̃⁵³	çiɛ̃²⁴	çiɛ²⁴	ʃiɛ²⁴	ʃiɛ³²⁴	çia⁴⁴⁵	sia⁴⁴⁵ / siɛ⁴⁴⁵
	庆元、缙云两地上行语境是"先后"，下行语境是"先生"。									
筅	çiɛ̃⁵³³	çiɛ⁵³	çiã³³	çiɛ̃²¹³			ʃiɛ³³	çia⁴⁵⁴		
肩	iɛ̃⁴⁵	ŋiŋ³³⁵	iɛ̃³³⁵	iɛ̃⁵³	tɕiɛ̃²⁴	tɕiɛ²⁴	tʃiɛ²⁴	tʃiɛ³²⁴	文tɕiɛ⁴⁴⁵	iɛ⁴⁴⁵
坚	tɕiɛ̃⁴⁵	tɕiɛ³³⁵	tɕiɛ̃³³⁵	tɕiɛ̃⁵³	tɕiɛ̃²⁴	tɕiɛ²⁴	tʃiɛ²⁴	tʃiɛ³²⁴	tɕiɛ⁴⁴⁵	tɕiɛ⁴⁴⁵
茧	tɕiɛ̃⁵³³	tɕiɛ⁵³	tɕiɛ̃³³	tɕiɛ̃²¹³	tɕiɛ̃⁴⁴	tɕiɛ⁵⁴⁴	tʃiɛ⁵³	tʃiɛ³³	tɕiɛ⁴⁵⁴	tɕiɛ⁵²
笕	iɛ̃⁵³³	yə⁵³	yə̃³³	yə̃²¹³	tɕiɛ̃⁴⁴	kã⁵⁴⁴	tʃiɛ⁵³	tʃiɛ³³	ka⁴⁵⁴	tɕiɛ⁵²
见	iɛ̃³³⁴ / tɕiɛ̃³³⁴	tɕiɛ⁴⁵	tɕiɛ̃¹¹	tɕiɛ̃²⁴	tɕiɛ̃⁵²	tɕiɛ⁵²	tʃiɛ⁵⁵	tʃiɛ³⁵	tɕiɛ³³	tɕiɛ⁵⁵⁴
	遂昌话上行语境是"见过"，下行语境是"再见"。									
结	tɕiɛʔ⁵	tɕiɛʔ⁵⁴	tɕiɛʔ⁵	tɕiɛʔ⁵	tɕiəʔ⁵	tɕiɛʔ⁵	tʃiɛʔ⁵	tʃiɛʔ⁵	tɕiæʔ⁴²	tɕiɛ⁴²³
洁	tɕiɛʔ⁵	tɕiɛʔ⁵⁴	tɕiɛʔ⁵	tɕiɛʔ⁵	tɕiəʔ⁵	tɕiɛʔ⁵	tʃiɛʔ⁵	tʃiɛʔ⁵	tɕiæʔ⁴²	tɕiɛ⁴²³
桔	tɕiʔ⁵	tɕiʔ⁵⁴		tɕiʔ⁵	tɕiəʔ⁵				tɕiaŋ⁴⁴⁵	
鎝	iɛʔ⁵	tɕiɛʔ⁵⁴	tɕiɛʔ⁵	iɛʔ⁵	tɕiəʔ⁵	tɕiɛʔ⁵	tʃiɛʔ⁵	tʃiɛʔ⁵	文tɕiæʔ⁴²	tɕiɛ⁴²³
牵	tɕʰiɛ̃⁴⁵	tɕʰiɛ³³⁵	tɕʰiɛ̃³³⁵	tɕʰiɛ̃⁵³	tɕʰiɛ̃²⁴	tɕʰiɛ²⁴	tʃʰiɛ²⁴	tʃʰiɛ³²⁴	tɕʰiɛ⁴⁴⁵	tɕʰiɛ⁴⁴⁵
研	ŋiɛ̃²²¹	ŋiɛ²¹¹	ŋiɛ̃⁵²	ŋiɛ̃³¹	ŋiɛ̃⁴³⁴	ŋiɛ¹¹	ɲiɛ⁴²³	ɲiɛ³¹	ŋiɛ²¹	ŋiɛ²³¹
啮	ŋɛʔ²³	ŋuəʔ²³	ŋuɤʔ³⁴	ŋuæʔ²	ŋəʔ²³	ŋuɛʔ²³	ŋuɛʔ²³	ŋɔʔ²³	ŋoʔ³¹	ŋɛ³⁵
显	çiɛ̃⁵³³	çiɛ⁵³	çiɛ̃³³	çiɛ̃²¹³	çiɛ̃⁴⁴	çiɛ⁵⁴⁴	ʃiɛ⁵³	ʃiɛ³³	çia⁴⁵⁴	çiɛ⁵²
贤	iɛ̃²²¹	iɛ²¹¹	iã⁵²	iɛ̃³¹	iɛ̃⁴³⁴	iɛ¹¹	iɛ⁴²³	iɛ³¹	ia²¹	iɛ²³¹
弦	iɛ̃²²¹	iɛ²¹¹	iã⁵²	iɛ̃³¹	iɛ̃⁴³⁴	iɛ¹¹	iɛ⁴²³	iɛ³¹	ia²¹	iɛ²³¹
现	iɛ̃²¹³	iɛ¹³	iã³¹	iɛ̃¹³	iɛ̃²³¹	iɛ²³¹	iɛ²²³	iɛ¹³	ia²¹	iɛ²¹³
烟	iɛ̃⁴⁵	iɛ³³⁵	iã³³⁵	iɛ̃⁵³	iɛ̃²⁴	iɛ²⁴	iɛ²⁴	iɛ³²⁴	ia⁴⁴⁵	iɛ⁴⁴⁵
燕	iɛ̃³³⁴	iɛ⁴⁵	iã¹¹	iɛ̃²⁴	iɛ̃⁵²	iɛ⁵²	iɛ⁵⁵	iɛ³⁵	ia³³	iɛ⁵⁵⁴
宴	iɛ̃³³⁴	iɛ⁴⁵	iã¹¹	iɛ̃²⁴	iɛ̃⁵²	iɛ⁵²	iɛ⁵⁵	iɛ³⁵	ia³³	iɛ⁵⁵⁴
般	bɛ̃²²¹	bɤ²¹¹	ʔbæ³³⁵	bæ̃³¹	pɤ⁴³⁴	pɛ²⁴	pɛ²⁴	pə³²⁴	ʔbuæ⁴⁴⁵	ʔbɛ⁴⁴⁵
搬	bɛ̃²²¹	bɤ²¹¹	pæ̃⁵²	pæ̃⁵³	pɤ⁴³⁴	pɛ²⁴	pɛ²⁴	pə³²⁴	ʔbuæ⁴⁴⁵	ʔbɛ⁴⁴⁵

续表

	遂昌	龙泉	庆元	松阳	宣平	丽水	云和	景宁	青田	缙云
半	pẽ³³⁴	pɤ⁴⁵	ʔbæ¹¹	pæ̃²⁴	pɤ⁵²	pɛ⁵²	pɛ⁵⁵	pə³⁵	ʔbuæ³³	ʔbɛ⁵⁵⁴
钵	pɛʔ⁵	pəʔ⁵⁴	ʔbɤʔ⁵	pæʔ⁵	pəʔ⁵	pɛʔ⁵	pɛʔ⁵	pəʔ⁵	ʔbuʔ⁴²	ʔbɛ⁴²³
拨	pɛʔ⁵	pəʔ⁵⁴	ʔbɤʔ⁵	pæʔ⁵	pəʔ⁵	pɛʔ⁵	pɛʔ⁵	pəʔ⁵	ʔbuʔ⁴²	ʔbɛ⁴²³
潘	phẽ⁴⁵	phɤ³³⁵	phẽ³³⁵	phæ̃⁵³	phɤ²⁴	phɛ²⁴	phɛ²⁴	phə³²⁴	phuæ⁴⁴⁵	phɛ⁴⁴⁵
拼	phiŋ⁴⁵	phiŋ³³⁵	phiŋ³³⁵	phiŋ⁵³	phiŋ²⁴	phiŋ²⁴	phiŋ²⁴	phiŋ³²⁴	phiŋ⁴⁴⁵	phæiŋ⁴⁴⁵
判	phẽ³³⁴	phɤ⁴⁵	phẽ¹¹	phæ̃²⁴	phɤ⁵²	phɛ⁵²	phɛ⁵⁵	phə³⁵	phuæ³³	phɛ⁵⁵⁴
泼	phɛʔ⁵	phəʔ⁵⁴	phɤʔ⁵	phæʔ⁵	phəʔ⁵	phɛʔ⁵	phɛʔ⁵	phəʔ⁵	phaʔ⁴²	phɛ⁴²³
盘	bẽ²²¹	bɤ²¹¹	bæ̃⁵²	bæ̃³¹	pɤ⁴³⁴	bɛ¹¹	bɛ⁴²³	bə³¹	buæ²¹	bɛ²³¹
伴	bẽ¹³	pɤ⁵³	bæ̃²²¹	bæ̃²²	bɤ²²³	bɛ¹¹	bɛ³¹	bə³³	buæ³⁴³	bɛ³¹
拌	bẽ¹³	pɤ⁵³	bæ̃²²¹	bæ̃²²	bɤ²²³	bɛ¹¹	bɛ³¹	bə³³	buæ³⁴³	bɛ³¹
叛	bẽ²¹³	bɤ¹³	bæ̃³¹	bæ̃¹³	bɤ²³¹	bɛ²³¹	bɛ²²³	bə¹³	buæ²²	bɛ²¹³
瞒	mẽ²²¹	mɤ²¹¹	mæ̃⁵²	mæ̃³¹	mɤ⁴³⁴	mɛ¹¹	mɛ⁴²³	mə³¹	muæ²¹	mɛ²³¹
馒	mẽ²²¹	maŋ²¹¹	mã⁵²	mæ̃³¹	mɤ⁴³⁴	mɛ¹¹	mɛ⁴²³	mə³¹	muæ²¹	mɛ²³¹
满	mẽ¹³	mɤ⁵³	mæ̃²²¹	mæ̃²²	mɤ²²³	mɛ⁵⁴⁴	mɛ⁵³	mə³³	muæ³⁴³	mɛ³¹
末	mɛʔ²³	məʔ²³	mɤʔ³⁴	mæʔ²	məʔ²³	mɛʔ²³	mɛʔ²³	məʔ²³	muæʔ³¹	mɛ³⁵
沫	mɛʔ²³	məʔ²³	mɤʔ³⁴	mæʔ²	məʔ²³	mɛʔ²³	mɛʔ²³	məʔ²³	muæʔ³¹	mɛ³⁵
端	tẽ⁴⁵	taŋ³³⁵	ʔdæ³³⁵	tæ̃⁵³	tɤ²⁴	te²⁴ tue²⁴	tue²⁴	tə³²⁴	ʔduæ⁴⁴⁵	ʔdɛ⁴⁴⁵
短	tẽ⁵³³	ti⁵³	ʔdæi³³	te²¹³	tɤ⁴⁴	tue⁵⁴⁴	tue⁵³	tə³³	ʔduæ⁴⁵⁴	ʔdɛ⁵²
断 判断	tẽ³³⁴	tɤ⁴⁵	ʔdæ¹¹	tæ̃²⁴	tɤ⁵²	tue⁵²	tue⁵⁵	tə³⁵	ʔduæ³³	ʔdɛ⁵⁵⁴
锻	dẽ²¹³	dɤ¹³	tæ̃³¹	dæ̃¹³	dɤ²³¹	duɛ²³¹	duɛ²²³	də¹³	duæ²²	dɛ²¹³
掇	tɛʔ⁵	təʔ⁵⁴		tæʔ⁵	təʔ⁵	tʌʔ⁵	tueʔ⁵	təʔ⁵	ʔdaʔ⁴²	ʔdɛ⁴²³
脱	thɯʔ⁵	thɛiʔ⁵⁴	thəɯʔ⁵	thæʔ⁵	thəʔ⁵	thʌʔ⁵	theʔ⁵	thɯʔ⁵	thaʔ⁴²	thɤɯ⁴²³
团	dẽ²²¹	dɤ²¹¹	tæ̃⁵²	dæ̃³¹	tɤ⁴³⁴	duɛ¹¹	duɛ⁴²³	də³¹	duæ²¹	dɛ²³¹
断 断了	dəŋ¹³	tɛiŋ⁵³	təŋ²²¹	deŋ²²	dəŋ²²³	deŋ¹¹	dəŋ³¹	daŋ³³ də³³	daŋ³⁴³	daŋ³¹
段	dəŋ²¹³ dẽ²¹³	dɛiŋ¹³ dɤ¹³	tæ̃³¹	deŋ²² dæ̃¹³	dɤ²³¹	deŋ²³¹ duɛ²³¹	dəŋ²²³ duɛ²²³	daŋ¹³ də¹³	daŋ²² duæ²²	dɛ²¹³
	上行语境是"一段木",下行语境是"阶段"。									
夺	dɛʔ²³	dɛiʔ²³	təɯʔ³⁴	dæʔ²	dəʔ²³	dɛʔ²³	deʔ²³	dɯʔ²³	daʔ³¹	dɛ³⁵
暖	nəŋ¹³	nɛiŋ⁵³	nəŋ²²¹	neŋ²²	nəŋ²²³	neŋ⁵⁴⁴	nəŋ⁵³	naŋ³³	naŋ³⁴³	naŋ³¹
卵	lyẽ¹³	lɛiŋ⁵³	ləŋ²²¹	lyẽ²² leŋ²²	ləŋ²²³	leŋ⁵⁴⁴	ləŋ⁵³	laŋ³³	laŋ³⁴³	laŋ³¹
	上行语境是"老卵晋词,相当于普通话的'鸡巴'",下行语境是"蛋禽蛋"的说法。									

续表

	遂昌	龙泉	庆元	松阳	宣平	丽水	云和	景宁	青田	缙云
乱	lyɛ̃213	lɣ13	læ̃31	lyɛ̃13	lɣ231	lyɛ231	luɛ223	lə13	luæ22	lɛ213
钻动	tsɛ̃45	tsɣ335	tsæ̃335	tsæ̃53	tsɣ24	tsuɛ24	tsuɛ24	tsə324	tsuæ445	tsɛ445
钻名	tsɛ̃334	tsɣ45	tsæ̃11	tsæ̃24	tsɣ52	tsuɛ52	tsuɛ55	tsə35	tsuæ33	tsɛ554
撮	tsʰəɯʔ5	tsʰɛiʔ54	tsʰəɯʔ5	tsʰɣʔ5	tsʰəʔ5	tsʰʌʔ5	tsʰeʔ5	tsʰɐɯʔ5	tsʰuʔ42	tsʰɤɯ423
酸	sɿ45	si335	sæi335	se53	sɣ24	suɛ24	suɛ24	sə324	suæ445	sɛ445
算	sɛ̃334	sɣ45	sæ̃11	sæ̃24	sɣ52	suɛ52	suɛ55	sə35	suæ33	sɛ554
蒜	sɛ̃334	sɣ45	sæ̃11	sæ̃24	sɣ52	suɛ52	suɛ55	sə35	suæ33	sɛ554
官	kuɛ̃45	kuaŋ335	kuã335	kuɔ̃53	kuã24	kuã24	kuã24	kuɑ324	kuɑ445	kuɑ445
棺	kuɛ̃45	kuaŋ335	kuã335	kuɔ̃53	kuã24	kuã24	kuã24	kuɑ324	kuɑ445	kuɑ445
观观音	kuaŋ45 / kuɛ̃45	kuaŋ335	kuã335	kuɔ̃53	kuã24	kuã24	kuã24	kuɑ324	kuɑ445	kuɑ445
管	kuɛ̃533	kuaŋ53	kuã33	kuɔ̃213	kuã44	kuã544	kuã53	kuɑ33	kuɑ454	kuɑ52
馆	kuɛ̃533	kuaŋ53	kuã33	kuɔ̃213	kuã44	kuã544	kuã53	kuɑ33	kuɑ454	kuɑ52
贯	kuaŋ334	kuaŋ45	kuã11	kuɔ̃53	kuã52	kuã52	kuã55	kuɑ35	kuɑ33	kuɑ554
灌	kuaŋ334	kuaŋ45	kuã11	kuɔ̃24	kuã52	kuã52	kuã55	kuɑ35	kuɑ33	kuɑ554
罐	kuaŋ334	kuaŋ45	kuã11	kuɔ̃53	kuã52	kuã52	kuã55	kuɑ35	kuɑ33	kuɑ554
观道观	kuaŋ45	kuaŋ335	kuã335	kuɔ̃53	kuã24	kuã24	kuã24	kuɑ324	kuɑ445	kuɑ445
冠	kuaŋ334	kuaŋ45	kuã11	kuɔ̃24	kuã52	kuã52	kuã55	kuɑ35	kuɑ33	kuɑ554
括	kuaʔ5	kuəʔ54	kuaʔ5	kuaʔ5	kuɑʔ5	kuɒʔ5	kuaʔ5	kuaʔ5	kuæʔ42	kuɑ423
宽	kʰuɛ̃45	kʰuaŋ335	kʰuã335	kʰuɔ̃53	kʰuã24	kʰuã24	kʰuã24	kʰuɑ324	kʰua445	kʰuɑ445
款	kʰuɛ̃533	kʰuaŋ53	kʰuã33	kʰuɔ̃213	kʰuã44	kʰuã544	kʰuã53	kʰuɑ33	kʰua454	kʰuɑ52
阔	kʰuɛʔ54	kʰuəʔ54	kʰuaʔ5	kʰuɔʔ5	kʰuəʔ5	kʰuɒʔ5	kʰuɑʔ5	kʰuɑʔ5	kʰuæʔ42	kʰuɑ423
欢	xuɛ45	xuaŋ335	xuæ̃335	fɔ̃53	xuã24	xuã24	xuã24	xuɑ324	xuɑ445	xuɑ445
完	yɛ̃221 / uɛ̃221	yə211	yɛ̃52	yɛ̃31 / uæ̃31	yɛ̃434 / uã434	yɛ11 / uã11	yɛ423	yə31	yæ21	yɛ231
遂昌、松阳、宣平、丽水等地上行语境是"做完"，下行语境是"完成"。										
丸	yɛ̃221	yə211	yɛ̃52	yɛ̃31	yɛ̃434	yɛ11	yɛ423	yə31	yæ21	yɛ231
换	uaŋ213	uaŋ13	uã31	uɔ̃13	uã231	uã231	uã223	uɑ13	ua22	uɑ213
活	uaʔ23	uəʔ23	uaʔ34	uɔʔ2	uɑʔ23	uɒʔ23	uɑʔ23	uɑʔ23	uæʔ31	uɑ35
豌	uɛ̃533	uaŋ53	uã33	uɔ̃213	uã44	uã544	uã53	uɑ33	ua454	uɑ52
碗	uɛ̃533	uaŋ53	uã33	uɔ̃213	uã44	uã544	uã53	uɑ33	ua454	uɑ52
腕	uɛ̃533	uaŋ53	uã33	uɔ̃213	uã44	uã544	uã53	uɑ33	ua454	uɑ52
幻	uaŋ213	uaŋ13	uã31	uɔ̃13	uã231	uã231	uã223	uɑ13	ua22	uɑ213

续表

	遂昌	龙泉	庆元	松阳	宣平	丽水	云和	景宁	青田	缙云
滑	gua?23	ua?23	ua?34	uɔ?2	uɑ?23	uɒ?23	uɑ?23	uɑ?23	uæ?31	uɑ35
猾	ua?23	ua?23	ua?34	uɔ?2	uɑ?23	uɒ?23	uɑ?23	uɑ?23	uæ?31	uɑ35
挖	ua?5	ua?54	ua?5	uɔ?5	uɑ?5	uɒ?5	ua?5	ua?5	uæ?42	uɑ423
曰	çyɛ̃45	çyə335		çyɛ̃53		çyɛ24	ʃyɛ24			syɑ445
刷	çyɛ?5	çyə?54	çye?5	çye?5	çyə?5	çyɛ?5	ʃyɛ?5	sə?5	sa?42	syɑ423
关	kəŋ45 kuaŋ45	kuəŋ335 kuaŋ335	kuəŋ335 kuã335	keŋ53 kuɔ53	kəŋ24 kuã24	keŋ24 kuã24	kəŋ24 kuã24	kaŋ324 kuɑ324	kaŋ445 kua445	kaŋ445 kuɑ445
	上行语境是"关门",下行语境是"关系、机关、开关"。									
惯	kuaŋ334	kuaŋ45	kuã11	kuɔ24	kuã52	kuã52	kuã55	kuɑ35	kua33	kuɑ554
刮	kua?5	kuə?54	kua?5	kua?5	kua?5	kuɒ?5	kua?5	kua?5	kuæ?42	kuɑ423
还归还	uaŋ221	uaŋ211	uã52	uɔ31	uã434	uã11	uã423	uɑ31	ua21	uɑ231
环	uaŋ221	uaŋ211	uã52	uɔ31	uã434	uã11	uã423	uɑ31	ua21	uɑ231
弯	uaŋ45	uaŋ335	uã335	uɔ53	uã24	uã24	uã24	uɑ324	ua445	uɑ445
湾	uaŋ45	uaŋ335	uã335	uɔ53	uã24	uã24	uã24	uɑ324	ua445	uɑ445
恋	liɛ̃213	liɛ13	liɛ̃31	liɛ̃13	liɛ̃231	liɛ231	liɛ223	liɛ13	liɛ22	liɛ213
劣	liɛ?23	liɛ?23	lie?34	liɛ?2	liə?23	liɛ?23	liɛ?23	liɛ?23	liæ?31	lia35
全	zɦyɛ̃221	zɦyə211	çyɛ̃52	zɦyɛ̃31	çyɛ̃434	zɦyɛ11	ʒyɛ423	ʒyə31	yæ21	zyɛ231
泉	zɦyɛ̃221	zɦyə211	çyɛ̃52	zɦyɛ̃31	çyɛ̃434	zɦyɛ11	ʒyɛ423	ʒyə31	yæ21	zyɛ231
绝	zɦyɛ?23	zɦyə?23	çyɛ?34	zɦyɛ?2	zɦyə?23	zɦyɛ?23	ʒyɛ?23	ʒyə?23	yæ?31	zyɛ35
宣	çyɛ̃45	çyə335	çyɛ̃335	çyɛ̃53	çyɛ̃24	çyɛ24	ʃyɛ24	ʃyə324	çyæ445	syɑ445
猹	çyɛ̃45	çyə335	çyɛ̃335							
	遂昌、龙泉、庆元三地把猴子叫做"苦猹"。									
选	çyɛ̃533	çyə53	çyɛ̃33	çyɛ̃213	çyɛ̃44	çyɛ544	ʃyɛ53	ʃyə33	çyæ454	syɑ52
雪	çyɛ?5	çyə?54	çye?5	çye?5	çiə?5	çyɛ?5	ʃyɛ?5	ʃyə?5	çyæ?42	syɛ423
旋	zɦyɛ̃213	zɦyə13	çyɛ̃31	zɦyɛ̃13	zɦyɛ̃231	zɦyɛ231	ʒyɛ223	ʒyə13	yæ22	zyɛ213
转	tyɛ̃533	tɕyə53	ʔdyɛ̃33	tyɛ̃213	tyɛ̃44	tyɛ544	tʃyɛ53	tʃyə33	tɕyæ454	tsyɛ52
传动	dʑyɛ̃221	dʑyə211	tɕyɛ̃52	dʑyɛ̃31	tɕyɛ̃434	dʑyɛ11	dʒyɛ423	dʒyə31	dʑyæ21	dzyɛ231
椽	dʑyɛ̃221	dʑyə211	tɕyɛ̃52	dʑyɛ̃31	tɕyɛ̃434	dʑyɛ11	dʒyɛ423	dʒyə31	dʑyæ21	dzyɛ231
传名	dʑyɛ̃213	dʑyə13	tɕyɛ̃31	dʑyɛ̃13	dʑyɛ̃231	dʑyɛ231	dʒyɛ223	dʒyə13	dʑyæ22	dzyɛ213
专	tɕyɛ̃45	tɕyə335	tɕyɛ̃335	tɕyɛ̃53	tɕyɛ̃24	tɕyɛ24	tʃyɛ24	tʃyə324	tɕyæ445	tsyɛ445
砖	tɕyɛ̃45	tɕyə335	tɕyɛ̃335	tɕyɛ̃53	tɕyɛ̃24	tɕyɛ24	tʃyɛ24	tʃyə324	tɕyæ445	tsyɛ445
川	tɕʰyɛ̃45	tɕʰyə335	tɕʰyɛ̃335	tɕʰyɛ̃53	tɕʰyɛ̃24	tɕʰyɛ24	tʃʰyɛ24	tʃʰyə324	tɕʰyæ445	tsʰyɛ445

续表

	遂昌	龙泉	庆元	松阳	宣平	丽水	云和	景宁	青田	缙云
穿	tɕʰyŋ⁴⁵ tɕʰyɛ̃⁴⁵	tɕʰyŋ³³⁵ tɕʰyə³³⁵	tɕʰyəŋ³³⁵ tɕʰyɛ̃³³⁵	tɕʰyŋ⁵³ tɕʰyɛ̃⁵³	tɕʰyəŋ²⁴ tɕʰyɛ̃²⁴	tɕʰyŋ²⁴ tɕʰyɛ̃²⁴	tʃʰioŋ²⁴ tʃʰyɛ²⁴	tʃʰyɑ³²⁴	tɕʰyaŋ⁴⁴⁵ tɕʰyɛ⁴⁴⁵	tsʰyæiŋ⁴⁴⁵ tsʰyɛ⁴⁴⁵
	上行语境是"穿针"，下行是读字音。									
喘	tɕʰyɛ̃⁵³³	tɕʰyə⁵³	tɕʰyɛ̃³³	tɕʰyɛ̃²¹³	tɕʰyɛ̃⁴⁴	tɕʰyɛ⁵⁴⁴	tʃʰyɛ⁵³	tʃʰyə³³	tɕʰyæ⁴⁵⁴	tsʰyɑ⁵²
串	tɕʰyŋ³³⁴ tɕʰyɛ̃³³⁴	tɕʰyŋ⁴⁵ tɕʰyə⁴⁵	tɕʰyəŋ¹¹ tɕʰyɛ̃¹¹	tɕʰyŋ²⁴ tɕʰyɛ̃²⁴	tɕʰyəŋ⁵² tɕʰyɛ̃⁵²	tɕʰyŋ⁵² tɕʰyɛ⁵²	tʃʰioŋ⁵⁵	tʃʰiaŋ³⁵ tʃʰyə³⁵	tɕʰyaŋ³³	tsʰyæiŋ⁵⁵⁴ tsʰyɛ⁵⁵⁴
	上行语境是"一串"，下行语境是"串联"。									
船	ʑyɛ̃²²¹	ʑyŋ²¹¹	ɕyɛ̃⁵²	ʑyɛ̃³¹	ɕyɛ̃⁴³⁴	ʑyɛ¹¹	ʒyɛ⁴²³	ʒyə³¹	yæ²¹	ʑyɛ²³¹
说 小说	ɕyɛ⁵ʔ	ɕyɑʔ⁵⁴	ɕyeʔ⁵	ɕyɛʔ⁵	ɕyɑʔ⁵	ɕyɛʔ⁵	ʃyɛʔ⁵	ʃyəʔ⁵	ɕyæʔ⁴²	syɛ⁴²³
软	ȵyɛ̃¹³	ȵyə⁵³	ȵyɛ̃²²¹	ȵyɛ̃²²	ȵyɛ̃²²³	ȵyɛ⁵⁴⁴	noŋ⁵³ ɲyɛ⁵³	ɲyə³³	ȵyæ³⁴³	ȵyɛ³¹
捲 卷起	tɕyɛ̃⁵³³	tɕyŋ⁵³ tɕyə⁵³	tɕyɛ̃³³	tɕyɛ̃²¹³	tɕyɛ̃⁴⁴	tɕyɛ⁵⁴⁴	tʃyɛ⁵³	tʃyə³³	tɕyaŋ⁴⁵⁴	tɕyɛ⁵²
眷	tɕyɛ̃³³⁴	tɕyə⁴⁵	tɕyɛ̃¹¹	tɕyɛ̃²⁴	tɕyɛ̃⁵²	tɕyɛ⁵²	tʃyɛ⁵⁵	tʃyə³⁵	tɕyæ³³	tɕyɛ⁵⁵⁴
卷 考卷	tɕyɛ̃³³⁴	tɕyə⁴⁵	tɕyɛ̃¹¹	tɕyɛ̃²⁴	tɕyɛ̃⁵²	tɕyɛ⁵²	tʃyɛ⁵⁵	tʃyə³⁵	tɕyæ³³	tɕyɛ⁵⁵⁴
圈	tɕʰyɛ̃⁴⁵	tɕʰyə³³⁵	tɕʰyɛ̃³³⁵	tɕʰyɛ̃⁵³	tɕʰyɛ̃²⁴	tɕʰyɛ²⁴	tʃʰyɛ²⁴	tʃʰyə³²⁴	tɕʰyæ⁴⁴⁵	tɕʰyɛ⁴⁴⁵
拳	dʑyɛ̃²²¹	dʑyə²¹¹	tɕyɛ̃⁵²	dʑyɛ̃³¹	tɕyɛ̃⁴³⁴	dʑyɛ¹¹	dʒyɛ⁴²³	dʒyɑ³¹	dʑyæ²¹	dʑyɛ²³¹
权	dʑyɛ̃²²¹	dʑyə²¹¹	tɕyɛ̃⁵²	dʑyɛ̃³¹	tɕyɛ̃⁴³⁴	dʑyɛ¹¹	dʒyɛ⁴²³	dʒyə³¹	dʑyæ²¹	dʑyɛ²³¹
员	yɛ̃²²¹	yə²¹¹	yɛ̃⁵²	yɛ̃³¹	yɛ̃⁴³⁴	yɛ¹¹	yɛ⁴²³	yə³¹	yæ²¹	yɛ²³¹
院	yɛ̃²¹³	yə¹³	yɛ̃³¹	yɛ̃¹³	yɛ̃²³¹	yɛ²³¹	yɛ²²³	yə¹³	yæ²²	yɛ²¹³
缘	yɛ̃²²¹	yə²¹¹	yɛ̃⁵²	yɛ̃³¹	yɛ̃⁴³⁴	yɛ¹¹	yɛ⁴²³	yə³¹	yæ²¹	yɛ²³¹
沿	iɛ̃²²¹	iɛ²¹¹	iɛ̃⁵²	iɛ̃³¹	iɛ̃⁴³⁴	iɛ¹¹	iɛ⁴²³	iɛ³¹	iɛ²¹	iɛ²³¹
铅	iɛ̃²²¹ tɕʰiɛ̃⁴⁵ kʰaŋ⁴⁵	kʰaŋ³³⁵ tɕʰiɛ̃³³⁵	kʰã³³⁵ tɕʰiɛ̃³³⁵	iɛ̃³¹ kʰɔ̃⁵³ tɕʰiɛ̃⁵³	kʰã²⁴	kʰã²⁴	kʰã²⁴	iɛ³¹ kʰɑ³²⁴	kʰa⁴⁴⁵	kʰɑ⁴⁴⁵
	遂昌、松阳、景宁三地第一行语境是"铅笔"。遂昌话第二行语境是"铅球"，第三行语境是"铅丝铁丝"、"铅板硬币"。龙泉话上行语境是"铅笔、铅球、铅丝、铅板"，下行是读字音。庆元话上行语境是"铅丝、铅球、铅板"，下行语境是"铅笔"。松阳话第二行语境是"铅丝、铅板"，第三行语境是"铅球"。									
捐	tɕyɛ̃⁴⁵	tɕyə³³⁵	tɕyɛ̃³³⁵	tɕyɛ̃⁵³	tɕyɛ̃²⁴	tɕyɛ²⁴	tʃyɛ²⁴	tʃyə³²⁴	tɕyæ⁴⁴⁵	tɕyɛ⁴⁴⁵
阅	yɛʔ²³	iaʔ²³	yaʔ³⁴	yaʔ²	yəʔ²³	yɛʔ²³	iaʔ²³	yaʔ²³	yæʔ³¹	yɑ³⁵
反	paŋ⁵³³ faŋ⁵³³	paŋ⁵³ faŋ⁵³	ʔbã³³ fã³³	pɔ̃²¹³ fɔ̃²¹³	pã⁴⁴ fã⁴⁴	pã⁵⁴⁴ fã⁵⁴⁴	pã⁵³ fã⁵³	pɑ³³ fɑ³³	ʔba⁴⁵⁴ fa⁴⁵⁴	ʔbɑ⁵² fɑ⁵²
	上行语境是"翻动"的说法，下行语境是"反对"。									
贩	faŋ³³⁴	faŋ⁴⁵	fã¹¹	fɔ̃²⁴	fã⁵²	fã⁵²	fã⁵⁵	fɑ³⁵	fa³³	fɑ⁵⁵⁴

	遂昌	龙泉	庆元	松阳	宣平	丽水	云和	景宁	青田	缙云
髪_{头发}	fəɯʔ⁵	文fɔʔ⁵⁴	fəɯʔ⁵	fɔʔ⁵	faʔ⁵	fɒʔ⁵	faʔ⁵	faʔ⁵	文faʔ⁴²	fɑ⁴²³
發_{发明}	faʔ⁵	fɔʔ⁵⁴	faʔ⁵	fɔʔ⁵	faʔ⁵	fɒʔ⁵	faʔ⁵	faʔ⁵	faʔ⁴²	fɑ⁴²³
翻	faŋ⁴⁵	faŋ³³⁵	fã³³⁵	fɔ̃⁵³	fã²⁴	fã²⁴	fã²⁴	fɑ³²⁴	fa⁴⁴⁵	fɑ⁴⁴⁵
番	faŋ⁴⁵	faŋ³³⁵	fã³³⁵	fɔ̃⁵³	fã²⁴	fã²⁴	fã²⁴	fɑ³²⁴	fa⁴⁴⁵	fɑ⁴⁴⁵
烦	vaŋ²²¹	vaŋ²¹¹	fã⁵²	vɔ̃³¹	fã⁴³⁴	vã¹¹	vã⁴²³	vɑ³¹	va²¹	vɑ²³¹
繁	vaŋ²²¹	vaŋ²¹¹	fã⁵²	vɔ̃³¹	fã⁴³⁴	vã¹¹	vã⁴²³	vɑ³¹	va²¹	vɑ²³¹
饭	vaŋ²¹³	vaŋ¹³	fã³¹	vɔ̃¹³	vã²³¹	vã²³¹	vã²²³	vɑ¹³	va²²	vɑ²¹³
伐	vaʔ²³	vɔʔ²³	faʔ³⁴	vɔʔ²	vaʔ²³	vɒʔ²³	vaʔ²³	vɑʔ²³	vaʔ³¹	vɑ³⁵
筏	vaʔ²³	vɔʔ²³	faʔ³⁴	vɔʔ²	vaʔ²³	vɒʔ²³	vaʔ²³	vɑʔ²³	vaʔ³¹	vɑ³⁵
罚	vaʔ²³	vɔʔ²³	faʔ³⁴	vɔʔ²	vaʔ²³	vɒʔ²³	vaʔ²³	vɑʔ²³	vaʔ³¹	vɑ³⁵
晚	maŋ¹³ uaŋ¹³	maŋ⁵³	mã²²¹	mɔ̃²²	mã²²³	uã⁵⁴⁴	mã⁵³ uã⁵³	ṃɑ³³	ma³⁴³	mɑ³¹ vɑ³¹
万	maŋ²¹³	maŋ¹³	mã³¹	mɔ̃¹³	mã²³¹	mã²³¹	mã²²³	mɑ¹³	ma²²	mɑ²¹³ vɑ²¹³
袜	maʔ²³	mɔʔ²³	maʔ³⁴	mɔʔ²	maʔ²³	mɒʔ²³	maʔ²³	maʔ²³	muæʔ³¹	mɑ³⁵
劝	tɕʰyɛ̃³³⁴	tɕʰyə̃⁴⁵	tɕʰyɛ̃¹¹	tɕʰyɛ̃²⁴	tɕʰyɛ̃⁵²	tɕʰyɛ⁵⁵	tʃʰyɛ⁵⁵	tʃʰyə³⁵	tɕʰyæ³³	tɕʰyɛ⁵⁵⁴
元	ȵyɛ̃²²¹	ȵyə̃²¹¹	ȵyɛ̃⁵²	ȵyɛ̃³¹	ȵyɛ̃⁴³⁴	ȵyɛ¹¹	ɲyɛ⁴²³	ɲyə³¹	ȵyæ²¹	ȵyɛ²³¹
原	ȵyɛ̃²²¹	ȵyə̃²¹¹	ȵyɛ̃⁵²	ȵyɛ̃³¹	ȵyɛ̃⁴³⁴	ȵyɛ¹¹	ɲyɛ⁴²³	ɲyə³¹	ȵyæ⁴²	ȵyɛ²³¹
源	ȵyɛ̃²²¹	ȵyə̃²¹¹	ȵyɛ̃⁵²	ȵyɛ̃³¹	ȵyɛ̃⁴³⁴	ȵyɛ¹¹	ɲyɛ⁴²³	ɲyə³¹	ȵyæ²¹	ȵyɛ²³¹
阮	ȵyɛ̃¹³	ȵyə̃⁵³	ȵyɛ̃²²¹	ȵyɛ̃²²	ȵyɛ̃²²³	ȵyɛ⁵⁴⁴	ɲyɛ⁴²³	ɲyə³³	ȵyæ³⁴³	ȵyɛ³¹
愿	ȵyɛ̃²¹³	ȵyə̃¹³	ȵyɛ̃³¹	ȵyɛ̃¹³	ȵyɛ̃²³¹	ȵyɛ²³¹	ɲyɛ²²³	ɲyə¹³	ȵyæ²²	ȵyɛ²¹³
月	ȵyɛʔ²³	ȵyəʔ²³	ȵyɛʔ³⁴	ȵyɛʔ²	ȵyəʔ²³	ȵyɛʔ²³	ɲyɛʔ²³	ɲyʔ²³	ȵyæʔ³¹	ȵyɛ³⁵
冤	yɛ̃⁴⁵	yə̃³³⁵	yɛ̃³³⁵	yɛ̃⁵³	yɛ̃²⁴	yɛ²⁴	yɛ²⁴	yə³²⁴	yæ⁴⁴⁵	yɛ⁴⁴⁵
裧_袖	əŋ⁵³³	iəŋ⁵³	iəŋ³³	uen²¹³						
怨	yɛ̃³³⁴	yə̃⁴⁵	yɛ̃¹¹	yɛ̃²⁴	yɛ̃⁵²	yɛ⁵²	yɛ⁵⁵	yə³⁵	yæ³³	yɛ⁵⁵⁴
袁	yɛ̃²²¹	yə̃²¹¹	yɛ̃⁵²	yɛ̃³¹	yɛ̃⁴³⁴	yɛ¹¹	yɛ⁴²³	yə³¹	yæ²¹	yɛ²³¹
园	xəŋ³³⁴ yɛ̃²²¹	uɛiŋ⁴⁵ yə̃²¹¹	xuɛŋ¹¹ yɛ̃⁵²	fen²⁴ yɛ̃³¹	yɛ̃⁴³⁴	yɛ¹¹	yɛ⁴²³	yə³¹	yæ²¹	yɛ²³¹
	上行语境是"菜园"，下行语境是"公园"。									
援	yɛ̃²²¹	yə̃²¹¹	yɛ̃⁵²	yɛ̃³¹	yɛ̃⁴³⁴	yɛ¹¹	yɛ⁴²³	yə³¹	yæ²¹	yɛ²³¹
远	yɛ̃¹³	xuɛiŋ⁵³ yə̃⁵³	xuəŋ³³ yɛ̃²²¹	fen²¹³ yɛ̃²²	yɛ̃²²³	yɛ⁵⁴⁴	yɛ⁵³	yə³³	yæ³⁴³	yɛ³¹
	上行语境是"路远"，下行语境是"永远"。									

续表

	遂昌	龙泉	庆元	松阳	宣平	丽水	云和	景宁	青田	缙云
越	yɛʔ23	iaʔ23	yaʔ34 / yɛʔ34	yaʔ2	yəʔ23	yɛʔ23	iɑʔ23	yaʔ23	yæʔ31	yɑʔ35 / yɛʔ35
	庆元、缙云两地上行语境是"越剧",下行语境是"越发"。									
粤	yɛʔ23	yəʔ23	yaʔ34	yaʔ2	yəʔ23	yɛʔ23	iɑʔ23	ɲyəʔ23	iæʔ31	yɑʔ35
决	tɕyɛʔ5	tɕyəʔ54	tɕyeʔ5	tɕyɛʔ5	tɕyəʔ5	tɕyɛʔ5	tʃyɛʔ5	tʃyɛʔ5	tɕyæʔ42	tɕyɛ423
诀	tɕyɛʔ5	tɕyəʔ54	tɕyeʔ5	tɕyɛʔ5	tɕyəʔ5	tɕyɛʔ5	tʃyɛʔ5	tʃyɛʔ5	tɕyæʔ42	tɕyɛ423
犬	tɕʰiɛ̃533	tɕʰiɛ̃53	tɕʰiɛ̃33	tɕʰiɛ̃213	文tɕʰyɛ44	文tɕʰyɛ544	文tʃʰyɛ53	文tʃʰyɛ33	文tɕʰyæ454	文tɕʰyɛ52
	宣平、丽水、云和、景宁、青田、缙云等地不叫"犬"而叫"狗"。									
缺	tɕʰyɛʔ5	tɕʰyəʔ54	tɕʰyeʔ5	tɕʰyɛʔ5	tɕʰyəʔ5	tɕʰyɛʔ5	tʃʰyɛʔ5	tʃʰyəʔ5	tɕʰyæʔ42	tɕʰyɛ423
血	çyɛʔ5	çyəʔ54	çyeʔ5	çyɛʔ5	çyəʔ5	çyɛʔ5	ʃyɛʔ5	ʃyəʔ5	çyæʔ42	çyɛ423
玄	yɛ̃221	yə211	yɛ̃52	yɛ̃31	yɛ̃434	yɛ11	yɛ423	yə31	yæ21	yɛ231
县	yɛ̃213	yə13	yɛ̃31	yɛ̃13	yɛ̃231	yɛ231	yɛ223	yə13	yæ22	yɛ213
穴	yɛʔ23	iaʔ23	iaʔ34	yaʔ2	yəʔ23	yɛʔ23	iɑʔ23	yaʔ23	yæʔ31	yɑʔ35
渊	yɛ̃45	yə335	yɛ̃335	yɛ̃53	yɛ̃24	yɛ24	yɛ24	yə324	yæ445	yɛ445
吞	tʰɤ̃45	tʰɤ335	tʰæ̃335	tʰæ̃53	tʰɤ24	tʰuɛ24	tʰuɛ24	tʰə324	tʰuæ445	tʰɛ445
跟	kɛ̃45	kɤ335	kæ̃335	kæ̃53	kɤ24	keŋ24	kɛ24	kə324	kaŋ445	kɛ445
根	kɛ̃45	kɤ335	kæ̃335	kæ̃53	kɤ24	keŋ24	kɛ24	kə324	kiɛ445	kɛ445
很	xəŋ533	xeiŋ53	xəŋ33	xeŋ213	xəŋ44	xeŋ544	xəŋ53	xaŋ33	xaŋ454	xaŋ52
狠	xəŋ533	xeiŋ53	xəŋ33	xeŋ213	xəŋ44	xeŋ544	xəŋ53	xaŋ33	xaŋ454	xaŋ52
恨	əŋ213	ɤ13	xæ̃31	æ̃13	əŋ231	eŋ231	ɛ223	ə13	aŋ22	ɛ213
恩	ɛ̃45	ɤ335	æ̃335	æ̃53	ɤ24	ɛ24	ɛ24	ə324	iɛ445	ɛ445
彬	piŋ45	piŋ335	ʔbiəŋ335	piŋ53	piŋ24	piŋ24	piŋ24	piaŋ324	ʔbiaŋ445	ʔbiæiŋ445
宾	piŋ45	piŋ335	ʔbiəŋ335	piŋ53	piŋ24	piŋ24	piŋ24	piŋ324	ʔbiaŋ445	ʔbiæiŋ445
笔	piʔ5	piʔ54	ʔbiɯʔ5	piʔ5	piəʔ5	piʔ5	piʔ5	piɯʔ5	ʔbiɛʔ42	ʔbiei423
毕	piʔ5	piʔ54	ʔbiɯʔ5	piʔ5	piəʔ5	piʔ5	piʔ5	piɯʔ5	ʔbiæʔ42	ʔbiei423
必	piʔ5	piʔ54	ʔbiɯʔ5	piʔ5	piəʔ5	piʔ5	piʔ5	piɯʔ5	ʔbiæʔ42	ʔbiei423
匹	pʰiʔ5	pʰiʔ54	pʰiʔ5	pʰiʔ5	pʰiəʔ5	pʰiʔ5	pʰiʔ5	pʰiʔ5	pʰiʔ42	pʰiei423
胚尻	pʰiʔ5			pʰiʔ5	pʰiəʔ5	pʰiʔ5	pʰiʔ5	pʰiɯaiʔ5		pʰiei423
贫	biŋ221	biŋ211	piəŋ52	biŋ31	piŋ434	biŋ11	biŋ423	biaŋ31	biaŋ21	biæiŋ231
民	miŋ221	miŋ211	miəŋ52	miŋ31	miŋ434	miŋ11	miŋ423	miŋ31	miaŋ21	miæiŋ231
密	miʔ23	miʔ23	miʔ34	miʔ2	miəʔ23	miʔ23	miʔ23	miʔ23	miæʔ31	miei35

续表

	遂昌	龙泉	庆元	松阳	宣平	丽水	云和	景宁	青田	缙云
蜜	mi?^{23}	mi?^{23}	miəɯ?^{34}	mi?^{2}	miə?^{23}	mi?^{23}	mi?^{23}	miɐɯ?^{23}	miæ?^{31}	miei^{35}
邻	liŋ^{221}	liŋ^{211}	liəŋ^{52}	liŋ^{31}	liŋ^{434}	liŋ^{11}	liŋ^{423}	liaŋ^{31}	liaŋ^{21}	laŋ^{231}
鳞	liŋ^{221}	liŋ^{211}	liŋ^{52}	liŋ^{31}	liŋ^{434}	liŋ^{11}	liŋ^{423}	liŋ^{31}	liaŋ^{21}	laŋ^{231}
栗	ləɯ?^{23}	li?^{23}	liəɯ?^{34} lie?^{34}	li?^{2}	liə?^{23}	li?^{23}	li?^{23}	liɐɯ?^{23}	liæ?^{31}	lɤɯ^{35}
津	tɕiŋ^{45}	tɕyŋ^{335}	tɕyəŋ^{335}	tɕiŋ^{53}	tɕyəŋ^{24}	tɕyŋ^{24}	tʃyŋ^{24}	tʃiaŋ^{324}	tɕyaŋ^{445}	tsyæŋ^{445}
进	tɕiŋ^{334}	tɕiŋ^{45}	tɕiəŋ^{11}	tɕiŋ^{24}	tsəŋ^{52}	tseŋ^{52}	tsəŋ^{55}	tsaŋ^{35}	tsaŋ^{33}	tsaŋ^{554}
晋	tɕiŋ^{334}	tɕiŋ^{45}	tɕiəŋ^{11}	tɕiŋ^{24}	tsəŋ^{52}	tseŋ^{52}	tsəŋ^{55}	tsaŋ^{35}	tsaŋ^{33}	tsaŋ^{554}
亲_{招亲}	tɕʰiŋ^{45}	tɕʰiŋ^{335}	tɕʰiəŋ^{335}	tɕʰiŋ^{53}	tsʰəŋ^{24}	tsʰeŋ^{24}	tsʰəŋ^{24}	tsʰaŋ^{324}	tsʰaŋ^{445}	tsʰaŋ^{445}
亲_{亲家}	tɕʰiŋ^{45}	tɕʰiŋ^{335}	tɕʰiəŋ^{335}	tɕʰiŋ^{53}	tsʰəŋ^{24}	tsʰeŋ^{24}	tsʰəŋ^{24}	tsʰaŋ^{324}	tsʰaŋ^{445}	tsʰaŋ^{445}
七	tɕʰi?^{5}	tɕʰi?^{54}	tɕʰiəɯ?^{5}	tɕʰi?^{5}	tsʰə?^{5}	tsʰʌ?^{5}	tsʰe?^{5}	tsʰɐɯ?^{5}	tsʰa?^{42}	tsʰɤɯ^{423}
漆	tɕʰi?^{5}	tɕʰi?^{54}	tɕʰiəɯ?^{5}	tɕʰi?^{5}	tsʰə?^{5}	tsʰʌ?^{5}	tsʰe?^{5}	tsʰɐɯ?^{5}	tsʰa?^{42}	tsʰɤɯ^{423}
秦	dʑiŋ^{221}	ziŋ^{211}	ɕiəŋ^{52}	ziŋ^{31}	səŋ^{434}	dʑiŋ^{11}	zəŋ^{423}	zaŋ^{31}	zaŋ^{21}	zaŋ^{231}
尽	ziŋ^{13}	ɕiŋ^{53}	səŋ^{221}	ziŋ^{22}	zəŋ^{223}	zeŋ^{11}	zəŋ^{31}	zaŋ^{33}	zaŋ^{343}	zaŋ^{31}
疾	dʑi?^{23}	i?^{23}	ɕiəɯ?^{34}	dʑi?^{2}	zə?^{23}	dʑi?^{23}	dʒi?^{23}	zɐɯ?^{23}	za?^{31}	zɤɯ^{35}
辛	ɕiŋ^{45}	ɕiŋ^{335}	ɕiəŋ^{335}	ɕiŋ^{53}	səŋ^{24}	seŋ^{24}	səŋ^{24}	saŋ^{324}	saŋ^{445}	saŋ^{445}
新	ɕiŋ^{45}	ɕiŋ^{335}	ɕiəŋ^{335}	ɕiŋ^{53}	səŋ^{24}	seŋ^{24}	səŋ^{24}	saŋ^{324}	saŋ^{445}	saŋ^{445}
薪	ɕiŋ^{45}	ɕiŋ^{335}	ɕiəŋ^{335}	ɕiŋ^{53}	səŋ^{24}	seŋ^{24}	səŋ^{24}	saŋ^{324}	saŋ^{445}	saŋ^{445}
信	ɕiŋ^{334}	ɕiŋ^{45}	ɕiəŋ^{11}	ɕiŋ^{24}	səŋ^{52}	seŋ^{52}	səŋ^{55}	saŋ^{35}	saŋ^{33}	saŋ^{554}
讯	ɕiŋ^{334}	ɕyŋ^{45}	ɕiəŋ^{11}	ɕiŋ^{24}	səŋ^{52}	seŋ^{52}	səŋ^{55}	saŋ^{35}	saŋ^{33}	saŋ^{554}
悉	ɕi?^{5}	sɛi?^{54}	ɕi?^{5}	ɕi?^{5}	ɕiə?^{5}	ɕi?^{5}	ʃi?^{5}	sʅ?^{5}	sʅ?^{42}	syei^{423}
膝	ɕi?^{5}	tɕʰi?^{54}	ɕiəɯ?^{5}	tɕʰi?^{5}	tsʰə?^{5}	ɕi?^{5}	tsʰe?^{5}	tsʰɐɯ?^{5}	sa?^{42}	syei^{423}
珍	tɕiŋ^{45}	tsɛiŋ^{335}	?biəŋ^{11}	tɕiŋ^{53}	tsəŋ^{24}	tseŋ^{24}	tsəŋ^{24}	tsaŋ^{324}	tsaŋ^{445}	tsaŋ^{445}
镇	tɕiŋ^{334}	tiŋ^{45}	?diəŋ^{11}	tɕiŋ^{24}	tsəŋ^{52}	tseŋ^{52}	tsəŋ^{55}	tsaŋ^{35}	tsaŋ^{33}	tsaŋ^{554}
陈_姓	dʑɛiŋ^{213}	dzɛiŋ^{13}	tɕiəŋ^{52}	dʑiŋ^{13}	tsəŋ^{434}	dzeŋ^{11}	dzəŋ^{423}	dzaŋ^{13}	dzaŋ^{22}	dzaŋ^{231}
尘	dʑɛiŋ^{221}	dɣ^{211} dzɛiŋ^{211}	tæ̃^{52} tɕiəŋ^{52}	dʑiŋ^{31}	tsəŋ^{434}	dzeŋ^{11}	dzəŋ^{423}	dzaŋ^{31}	dzaŋ^{21}	dzaŋ^{231}

龙泉、庆元两地上行语境是"打尘_{除夕前除尘的一种风俗}"，下行是读字音。

	遂昌	龙泉	庆元	松阳	宣平	丽水	云和	景宁	青田	缙云
阵	dʑiŋ^{213}	dzɛiŋ^{211}	tɕiəŋ^{31}	dʑiŋ^{13}	dzəŋ^{231}	dzeŋ^{231}	dzəŋ^{223}	dzaŋ^{13}	dzaŋ^{22}	dzaŋ^{213}
侄	dʑi?^{23}	dʑi?^{23}	tɕiəɯ?^{34}	dʑi?^{2}	dzə?^{23}	dzʌ?^{23}	dze?^{23}	dzɐɯ?^{23}	dza?^{31}	dzɤɯ^{35}
臻	tɕiŋ^{45}	tsɛiŋ^{335}	tsəŋ^{335}	tɕiŋ^{53}	tsəŋ^{24}	tseŋ^{24}	tsəŋ^{24}	tsaŋ^{324}	tsaŋ^{445}	tsaŋ^{445}
衬	tɕʰiŋ^{334}	tɕʰiŋ^{45}	tɕʰyəŋ^{11}	tɕʰiŋ^{24}	tsʰəŋ^{52}	tsʰeŋ^{52}	tsʰəŋ^{55}	tsʰaŋ^{35}	tsʰaŋ^{33}	tsʰaŋ^{554}
虱	ɕi?^{5}	si?^{54}	sɤɯ?^{5}	ɕi?^{5}	sə?^{5}	sʌ?^{5}	se?^{5}	sɐɯ?^{5}	sa?^{42}	sɤɯ^{423}

续表

	遂昌	龙泉	庆元	松阳	宣平	丽水	云和	景宁	青田	缙云
真	tɕiŋ⁴⁵	tsɛiŋ³³⁵	tɕiəŋ³³⁵	tɕiŋ⁵³	tsəŋ²⁴	tseŋ²⁴	tsəŋ²⁴	tsaŋ³²⁴	tsaŋ⁴⁴⁵	tsaŋ⁴⁴⁵
诊	tɕiŋ⁵³³	tsɛiŋ⁵³	tsəŋ³³	tɕiŋ²¹³	tsəŋ⁴⁴	tseŋ⁵⁴⁴	tsəŋ⁵³	tsaŋ³³	tsaŋ⁴⁵⁴	tsaŋ⁵²
疹	tɕiŋ⁵³³	tsɛiŋ⁵³	tsəŋ³³	tɕiŋ²¹³	tsəŋ⁴⁴	tseŋ⁵⁴⁴	tsəŋ⁵³	tsaŋ³³	tsaŋ⁴⁵⁴	tsaŋ⁵²
振	tɕiŋ³³⁴	tɕiŋ⁴⁵	tɕiəŋ¹¹	tɕiŋ²⁴	tsəŋ⁵²	tseŋ⁵²	tsəŋ⁵⁵	tsaŋ³⁵	tsaŋ³³	tsaŋ⁵⁵⁴
震	tɕiŋ³³⁴	tɕiŋ⁴⁵	tɕiəŋ¹¹	tɕiŋ²⁴	tsəŋ⁵²	tseŋ⁵²	tsəŋ⁵⁵	tsaŋ³⁵	tsaŋ³³	tsaŋ⁵⁵⁴
质	tɕiʔ⁵	tɕiʔ⁵⁴	tɕiəɯʔ⁵	tɕiʔ⁵	tsaʔ⁵	tsʌʔ⁵	tseʔ⁵	tsɐɯaʔ⁵	tsaʔ⁴²	tsɣɯʔ⁴²³
神	ʑiŋ²²¹	ziŋ²¹¹	ɕiəŋ⁵²	ʑiŋ³¹	ɕiŋ⁴³⁴	zeŋ¹¹	zəŋ⁴²³	zaŋ³¹	zaŋ²¹	zaŋ²³¹
实	ʑiʔ²³	ziʔ²³	ɕiəɯʔ³⁴	ʑiʔ²	zaʔ²³	zʌʔ²³	zeʔ²³	zɐɯaʔ²³	zaʔ³¹	zɣɯ³⁵
身	ɕiŋ⁴⁵	sɛiŋ³³⁵	ɕiəŋ³³⁵	ɕiŋ⁵³	səŋ²⁴	seŋ²⁴	səŋ²⁴	saŋ³²⁴	saŋ⁴⁴⁵	saŋ⁴⁴⁵
申	ɕiŋ⁴⁵	ɕiŋ³³⁵	ɕiəŋ³³⁵	ɕiŋ⁵³	səŋ²⁴	seŋ²⁴	səŋ²⁴	saŋ³²⁴	saŋ⁴⁴⁵	saŋ⁴⁴⁵
伸	ɕiŋ⁴⁵	ɕiŋ³³⁵	ɕiəŋ³³⁵	ɕiŋ⁵³	səŋ²⁴	seŋ²⁴	səŋ²⁴	saŋ³²⁴	saŋ⁴⁴⁵	saŋ⁴⁴⁵
失	ɕiʔ⁵	ɕiʔ⁵⁴	ɕiəɯʔ⁵	ɕiʔ⁵	saʔ⁵	sʌʔ⁵	seʔ⁵	sɐɯaʔ⁵	saʔ⁴²	sɣɯ⁴²³
室	ɕiʔ⁵	ɕiʔ⁵⁴	ɕiəɯʔ⁵	ɕiʔ⁵	səʔ⁵	ɕiʔ⁵	seʔ⁵	sɐɯaʔ⁵	saʔ⁴²	sɣɯ⁴²³
辰	ʑiŋ²²¹	zɛiŋ²¹¹	ɕiəŋ⁵²	ʑiŋ³¹	səŋ⁴³⁴	zeŋ¹¹	zəŋ⁴²³	zaŋ³¹	zaŋ²¹	zaŋ²³¹
臣	ʑiŋ²²¹	ziŋ²¹¹	ɕiəŋ⁵²	ʑiŋ³¹	səŋ⁴³⁴	ʑiŋ¹¹	zəŋ⁴²³	zaŋ³¹	zaŋ²¹	zaŋ²³¹
肾	ʑiŋ¹³	ɕiŋ⁵³	ɕiəŋ²²¹	ʑiŋ²²	zəŋ²²³	zeŋ¹¹	zəŋ³¹	zaŋ³³	zaŋ³⁴³	zaŋ³¹
人	n̠iŋ²²¹ 文 zyŋ²²¹	n̠iŋ²¹¹	n̠iəŋ⁵²	n̠iŋ³¹	n̠iŋ⁴³⁴	neŋ¹¹ n̠iŋ¹¹	nɛ⁴²³ ɲiŋ⁴²³	naŋ³¹ ɲiaŋ³¹	n̠iŋ²¹ ɲiaŋ²¹ 文 zaŋ²¹	næiŋ²³¹ n̠iæiŋ²³¹ 文 zaŋ²³¹

遂昌、龙泉、庆元、松阳等四地把"人"叫做"农"。遂昌话上行语境是"丈人",下行语境是"人民"。龙泉、庆元、松阳、宣平四地语境是"丈人"或读字音(其中宣平话把"人"叫做"人")。丽水、云和、景宁等三地上行语境是"人"的说法,下行语境是"丈人"的说法。青田和缙云两地第一行语境是"人"的说法,第二行语境是"丈人",第三行是读字音。

	遂昌	龙泉	庆元	松阳	宣平	丽水	云和	景宁	青田	缙云
仁	n̠iŋ²²¹	n̠iŋ²¹¹	n̠iəŋ⁵²	n̠iŋ³¹	n̠iŋ⁴³⁴	n̠iŋ¹¹	ɲiŋ⁴²³	ɲiaŋ³¹	zaŋ²¹	zaŋ²³¹
忍	n̠iŋ¹³	n̠iŋ⁵³	n̠iəŋ²²¹	n̠iŋ²²	n̠iŋ²²³	n̠iŋ⁵⁴⁴	ɲiŋ⁵³	ɲiaŋ³³	n̠iaŋ³⁴³	n̠iæiŋ³¹
认	n̠iŋ²¹³	n̠iŋ¹³	n̠iəŋ³¹	n̠iŋ¹³	n̠iŋ²³¹	n̠iŋ²³¹	ɲiŋ²²³	ɲiŋ¹³	n̠iŋ²²	n̠iæiŋ²¹³
日	nɛʔ²³	nɛʔ²³	nɣʔ³⁴	næʔ² n̠iæʔ²	nəʔ²³ n̠iəʔ²³	nɛʔ²³ n̠iɛʔ²³	naʔ²³	nɛʔ²³	nɛʔ³¹ n̠iæʔ³¹	n̠iei³⁵ n̠iɛ³⁵ 文 zɣɯ³⁵

松阳、宣平、丽水、青田、缙云等地的第一行语境是"今日",第二行语境是"日头太阳"。缙云话第三行是读字音。

	遂昌	龙泉	庆元	松阳	宣平	丽水	云和	景宁	青田	缙云
巾	tɕiŋ⁴⁵	kɛiŋ³³⁵	tɕiəŋ³³⁵	tɕiŋ⁵³	tɕiŋ²⁴	tɕiŋ²⁴	tʃiŋ²⁴	tʃiaŋ³²⁴	tɕiaŋ⁴⁴⁵	tɕiæiŋ⁴⁴⁵
紧	tɕiŋ⁵³³	tɕiŋ⁵³	tɕiəŋ³³	tɕiŋ²¹³	tɕiŋ⁴⁴	tɕiŋ⁵⁴⁴	tʃiŋ⁵³	tʃiaŋ³³	tsaŋ⁴⁵⁴	tɕiæiŋ⁵²
吉	tɕiʔ⁵	tɕiʔ⁵⁴	tɕiəɯʔ⁵	tɕiʔ⁵	tɕiəʔ⁵	tɕiʔ⁵	tʃiʔ⁵	tʃiɐɯʔ⁵	tɕiæʔ⁴²	tɕiei⁴²³

续表

	遂昌	龙泉	庆元	松阳	宣平	丽水	云和	景宁	青田	缙云
羯阳	tɕiɛʔ5	tɕiɛʔ54		tɕiɛʔ5	tɕiəʔ5	tɕiɛʔ5	tʃiɛʔ5	tʃiɛʔ5	tɕiæʔ42	tɕiɛ423
银	ŋ̟iŋ221	ŋ̟iŋ211	ŋ̟iəŋ52	ŋ̟iŋ31	ŋ̟iŋ434	ŋ̟iŋ11	ɲiŋ423	ɲiaŋ31	ŋ̟iaŋ21	ŋ̟iæiŋ231
因	iŋ45	iŋ335	iəŋ335	iŋ53	iŋ24	iŋ24	iŋ24	iaŋ324	iaŋ445	iæiŋ445
姻	iŋ45	iŋ335	iəŋ335	iŋ53	iŋ24	iŋ24	iŋ24	iaŋ324	iaŋ445	iæiŋ445
印	iŋ334	iŋ45	iəŋ11	iŋ24	iŋ52	iŋ52	iŋ55	iaŋ35	iaŋ33	iæiŋ554
乙	iʔ5	iʔ54	iɯʔ5	iʔ5	iəʔ5	iʔ5	iʔ5	iɐɯʔ5	iæʔ42	iei423
一	iʔ5	iʔ54	iɯʔ5	iʔ5	iəʔ5	iʔ5	iʔ5	iɐɯʔ5	iæʔ42	iei423
引	iŋ13	iŋ53	iəŋ221	iŋ22	iŋ223	iŋ544	iŋ53	iŋ33	iaŋ343	iæiŋ31
斤	tɕiŋ45	keiŋ335	tɕiəŋ335	tɕiŋ53	tɕiŋ24	tɕiŋ24	tʃiŋ24	tʃiaŋ324	tɕiaŋ445	tɕiæiŋ445
筋	tɕiŋ45	keiŋ335	tɕiəŋ335	tɕiŋ53	tɕiŋ24	tɕiŋ24	tʃiŋ24	tʃiaŋ324	tɕiaŋ445	tɕiæiŋ445
乞	kʰaʔ5	kʰaʔ54	kʰɤ11	kʰaʔ5	文tɕʰiəʔ5	kʰaʔ5	kʰa55	kʰa35	kʰa33	文tɕʰiei423
勤	dʑiŋ221	dʑiŋ211	tɕiəŋ52	dʑiŋ31	tɕiŋ434	dʑiŋ11	dʒiŋ423	dʒiaŋ31	dʑiaŋ21	dʑiæiŋ231
芹	dʑiŋ221	dʑiŋ211	tɕiəŋ52	dʑiŋ31	tɕiŋ434	dʑiŋ11	dʒiŋ423	dʒiaŋ31	dʑiaŋ21	dʑiæiŋ231
近	gɛ̃13	kɤ53	kæ̃221	gæ̃22	gɤ223	giɛ11	dʒiŋ31	dʒiaŋ33	dʑiaŋ343	gɛ31 / dʑiæiŋ31
蟦	xɛ̃533	xuɛiŋ53	xæ̃33	fæ̃213	xuɤ44	xɛ544	xuɛ53	xə33	ɕyæ454	xɛ52
奔	pəŋ45	pɛiŋ335	ʔbæ̃335	pæ̃53	pəŋ24	pɛŋ24	pɛ24	pə324	ʔbuæ445	ʔbɛ445
本	pɛ̃533	pɤ53	ʔbæ̃33	pæ̃213	pɤ44	pɛ544	pɛ53	pə33	ʔbaŋ454	ʔbɛ52
喷喷水	pʰəŋ45	pʰɛiŋ335	pʰəŋ335	pʰeŋ53	pʰəŋ24	pʰeŋ24	pʰəŋ24	pʰaŋ324	pʰaŋ445	pʰaŋ445
喷喷香	pʰəŋ334	pʰɛiŋ45	pʰəŋ11	pʰeŋ24	pʰəŋ52	pʰeŋ52	pʰəŋ55	pʰaŋ35	pʰaŋ33	pʰaŋ554
盆	bəŋ221	bɤ211	pæ̃52	bæ̃31	pɤ434	bɛ11	bɛ423	bə31	buæ21	bɛ231
笨	bəŋ213	bɛiŋ13	pæ̃31	beŋ13	bəŋ231	beŋ231	bəŋ223	baŋ13	baŋ22	baŋ213
勃	bɛʔ23	bəʔ23	pɤʔ34	bæʔ2	bəʔ23	bʌʔ23	bɛʔ23	bəʔ23	boʔ31	bɛ35
门	məŋ221	mɛiŋ211	məŋ52	meŋ31	məŋ434	meŋ11	məŋ423	maŋ31	maŋ21	maŋ231
闷	məŋ213	mɛiŋ13	məŋ31	meŋ13	məŋ231	meŋ231	məŋ223	maŋ13	muæ22	maŋ213
没	文mɛʔ23	文məʔ23	文mɤʔ34	文mæʔ2	meʔ5	meʔ5	meʔ5	文məʔ23	文muæʔ31	mei35
	宣平话和丽水话音系中均无[eʔ]韵，疑受官话影响而产生音变（宣平话［məʔ23］→［meʔ5］；丽水话［mʌʔ23］→［meʔ5］）。									
敦	tɛ̃45	tɤ335	ʔdæ̃335	tæ̃53	təŋ24	teŋ24	tuɛ24	tə324	ʔduæ445	ʔdɛ445
墩	tɛ̃45	tɤ335	ʔdæ̃335	tæ̃53	təŋ24	teŋ24	tuɛ24 / təŋ24	tə324	ʔdaŋ445	naŋ445
墪阳			ʔdæ̃335							

续表

	遂昌	龙泉	庆元	松阳	宣平	丽水	云和	景宁	青田	缙云
顿	tɛ̃334	tɤ45	ʔdæ̃11	tæ̃24	teŋ52	teŋ52	taŋ55	tə35	ʔdaŋ33	ʔdɛ554
褪	tʰəŋ334	tʰɛiŋ45	tʰəŋ11	tʰeŋ24	tʰəŋ52	tʰeŋ52	tʰəŋ55	tʰaŋ35	tʰaŋ33	tʰaŋ554
饨	文dɛ̃221	dɤ211	tæ̃52	文dæ̃31	文təŋ434	文deŋ11	文dəŋ423	文daŋ31	文daŋ21	文daŋ231
臀	dɛ̃221	dɤ211	tæ̃52	dæ̃31	tɤ434	文deŋ11	文dəŋ423	də31	duæ21	dɛ231
盾	dɛ̃213	dɤ13	tæ̃31	dæ̃13	dəŋ231	deŋ231	duɛ223	də31	daŋ22	daŋ31
钝	dɛ̃213	dɛiŋ13	tæ̃31	dæ̃13	dɤ231	duɛ231	duɛ223	də31	duæ22	dɛ213
突	dɛʔ23	dəʔ23	tɤʔ34	dæʔ2	dəʔ23	dʌʔ23	duɛʔ23	dəʔ23	daʔ31	dɛ35
嫩	nɤ213	nɤ13	næ̃31	næ̃13	nɤ231	nuɛ231	nuɛ223	nə13	nuæ22	nɛ213
论	lyɛ̃213 lɛ̃213	lɤ13	læ̃31	læ̃13	lɤ231	luɛ231	luɛ223	lə13	luæ22	lɛ213
尊	tsɛ̃45	tsɤ335	tsæ̃335	tsæ̃53	tsəŋ24	tsuɛ24	tsuɛ24	tsə324	tsuæ445	tsɛ445
卒	tsəɯʔ5	tsɛiʔ54	tsəɯʔ5	tsɤʔ5	tsəʔ5	tsʌʔ5	tseʔ5	tsæɯʔ5	tsaʔ42	tsɤɯ423
村	tsʰɛ̃45	tsʰɤ335	tsʰæ̃335	tsʰɛ̃53	tsʰɤ24	tsʰuɛ24	tsʰuɛ24	tsʰə324	tsʰuæ445	tsʰɛ445
忖	tsʰɛ̃533	tsʰɤ53	tsʰæ̃33	tsʰæ̃213	tsʰɤ44	tsʰuɛ544	tsʰuɛ53	tsʰə33	tsʰuæ454	tsʰɛ52
寸	tsʰɛ̃334	tsʰɤ45	tsʰæ̃11	tsʰɛ̃24	tsʰɤ52	tsʰuɛ52	tsʰuɛ55	tsʰə35	tsʰuæ33	tsʰɛ554
存	zɛ̃221	zɤ211	sæ̃52	zæ̃31	sɤ434	zuɛ11	zuɛ423	zə31	zuæ21	zɛ231
孙	sɛ̃45	sɤ335	sæ̃335	sæ̃53	sɤ24	suɛ24	suɛ24	sə324	suæ445	sɛ445
损	sɛ̃533	sɤ53	sæ̃33	sæ̃213	sɤ44	suɛ544	suɛ53	sə33	suæ454	sɛ52
滚	kuəŋ533	kuɛiŋ53	kuəŋ33	kueŋ213	kuəŋ44	kueŋ544	kuəŋ53	kuaŋ33	kuaŋ454	kuaŋ52
骨	kuɛʔ5	kuəʔ54	kuɤʔ5	kuæʔ5	kuəʔ5	kuɛʔ5	kuɛʔ5	kuəʔ5	kuæʔ42	kuɛ423
坤	kʰuəŋ45	kʰuɛiŋ335	kʰuæ̃335	kʰuæ̃53	kʰuəŋ24	kʰueŋ24	kʰuɛ24	kʰuə324	kʰuæ445	kʰuɛ445
捆	kʰuəŋ533	kʰuɛiŋ53	kʰuɛ̃33	kʰueŋ213	kʰuəŋ44	kʰueŋ544	kʰuəŋ53	kʰuaŋ33	kʰuaŋ454	kʰuaŋ52
困	kʰuəŋ334	kʰuɛiŋ45	kʰuəŋ11	kʰueŋ24	kʰuəŋ52	kʰueŋ52	kʰuəŋ55	kʰuaŋ35	kʰuaŋ33	kʰuaŋ554
睏	kʰəŋ334	kʰuə45	kʰuæ̃11	kʰuæ̃24	kʰuɤ52	kʰuɛ52	kʰuɛ55	kʰuə35	kʰuæ33	kʰuɛ554
窟	kʰuɔʔ5	kʰuʔ54	kʰuʔ5	kʰoʔ5	kʰəʔ5	kʰuɛʔ5	kʰuɛʔ5	kʰuʔ5	kʰuʔ42	kʰu423
腘	kʰuɔʔ5	kʰuʔ54	kʰuʔ5	kʰoʔ5	kʰəʔ5			kʰuʔ5	kuʔ42	kʰu423

遂昌、龙泉、缙云等八地把屁股叫做"腘臀"。

	遂昌	龙泉	庆元	松阳	宣平	丽水	云和	景宁	青田	缙云
昏	xuɛ̃45	xuə335	xuæ̃335	xuæ̃53	xuɤ24 xuəŋ24	xueŋ24	xuɛ24	xuaŋ324	xuaŋ445	xuɛ445
婚	xuɛ̃45	xuə335	xuæ̃335	xuæ̃53	xuɤ24 xuəŋ24	xuɛ24	xuɛ24	xuə324	xuæ445	xuɛ445
魂	uɛ̃221	uə211	uæ̃52	uæ̃31	uɤ434	uɛ11	uɛ423	uə31	uæ21	uɛ231
锟	文uɛ̃221	uə211	uæ̃52	文uæ̃31	文uəŋ434	文ueŋ11	文uəŋ423	文uaŋ31	文uaŋ21	文uaŋ231

续表

	遂昌	龙泉	庆元	松阳	宣平	丽水	云和	景宁	青田	缙云
浑	uɛ̃221	uə211	æ̃52	ueŋ31	uəŋ434	ueŋ11	uəŋ423	uaŋ31	uaŋ21	uaŋ231
混	uɛ̃213	uɛiŋ13	æ̃31	æ̃13	uəŋ231	ueŋ231	uəŋ223	uaŋ13	uaŋ22	uaŋ213
温	uɛ̃45	uə335	æ̃335	æ̃53	uɣ24	ueŋ24 uɛ24	uɛ24	uə324	uæ445	uaŋ445

丽水话上行语境是"温水",下行语境是"温州"。

	遂昌	龙泉	庆元	松阳	宣平	丽水	云和	景宁	青田	缙云
瘟	uɛ̃45	uə335	uæ335	æ̃53	uɣ24	ɛ24	uɛ24	uə324	uæ445	uɛ445
稳	uɛ̃533	uɛiŋ53	uæ̃33	æ̃213	uɣ44	ueŋ544	uɛ53	uə33	uaŋ454	uɛ52
轮	ləŋ221	lɣ211	ləŋ52	liŋ31	ləŋ434	leŋ11	ləŋ423	liaŋ31	liaŋ21	laŋ231
律	liʔ23	liʔ23	liʔ34	liʔ2	liəʔ23	liʔ23	liʔ23	liɐuʔ23	liæʔ31	lɣɯ35
率效率	liʔ23	liʔ23	liʔ34	liʔ2	liəʔ23	liʔ23	liʔ23	liɐuʔ23	liæʔ31	lɣɯ35
遵	tsɛ̃45	tsɣ335	tsæ̃335	tsæ̃53	tsəŋ24	tsuɛ24	tsuɛ24	tsə324	tɕyaŋ445	tsɛ445
笋	səŋ533	sɛiŋ53	çyəŋ33	seŋ213	səŋ44	çyɔ544	ʃyŋ53	ʃiaŋ33	çyaŋ454	syæiŋ52
迅	çiŋ334	çyŋ45	çiəŋ11	çiŋ24	çyəŋ52	çyŋ52	səŋ55	saŋ35	saŋ33	saŋ554
旬	zyŋ221	zyŋ211	çyəŋ52	zyŋ31	çyəŋ434	zyŋ11	ʒyŋ423	ʒiaŋ31	yaŋ31	zyæiŋ231
巡	zyŋ221	zyŋ211	çyəŋ52	zyŋ31	çyəŋ434	zyŋ11	ʒyŋ423	ʒiaŋ31	yaŋ21	zyæiŋ231
率率领	çyʔ5 sa334	səɯʔ54	səɯʔ5	çyʔ5	sa52	çyeʔ5	se55	sæi35	saʔ42	syei423
蜃	çyʔ5	çyʔ54	tsəɯʔ5 səɯʔ5	çyʔ5	çyəʔ5	çyʔ5	ʃyeʔ5	ʃiɐuʔ5	saʔ42	syei423
胨	iŋ45	iŋ335	yəŋ335	iŋ53	yəŋ24	yŋ24	yŋ24	tʃiaŋ324	tɕyaŋ445	tsyæiŋ445
准	tɕyŋ533	tɕyŋ53	tɕyəŋ33	tɕyŋ213	tɕyəŋ44	tɕyŋ544	tʃyŋ53	tʃiaŋ33	tɕyaŋ454	tsyæiŋ52
春	tɕʰyŋ45	tɕʰyŋ335	tɕʰyəŋ335	tɕʰyŋ53	tɕʰyəŋ24	tɕʰyŋ24	tʃʰyŋ24	tʃʰiaŋ324	tɕʰyaŋ445	tsʰyæiŋ445
出	tɕʰyɛʔ5	tɕʰyəʔ54	tɕʰyeʔ5	tɕʰyɛʔ5	tɕʰyəʔ5	tɕʰyeʔ5	tʃʰyɛʔ5	tʃʰyəʔ5	tɕʰyæʔ42	tsʰyei423
唇	zyŋ221 ziŋ221	zyŋ211	çyəŋ52	zyŋ31	çyəŋ434	zyŋ11	ʒyŋ423	ʒiaŋ31	yaŋ21	zyæiŋ231
顺	zyŋ213	zyŋ13	çyəŋ31	zyŋ13	zyəŋ231	zyŋ231	ʒyŋ223	ʒiaŋ13	yaŋ22	zyæiŋ213
术	zyʔ23	zyʔ23	çyəɯʔ34	zyʔ2	zyəʔ23	zyɛʔ23	ʒyeʔ23	ʒiɐuʔ23	yæʔ31	zyei35
纯	zyŋ221	zyŋ211	çyəŋ52	zyŋ31	çyəŋ434	zyŋ11	ʒyŋ423	ʒiaŋ31	yaŋ21	zyæiŋ231
闰	yŋ213	yŋ13	yəŋ31	yŋ13	yəŋ231	yŋ231	yŋ223	iaŋ13	yaŋ22	yæiŋ213
均	tɕyŋ45	tɕyŋ335	tɕyəŋ335	tɕyŋ53	tɕyəŋ24	tɕyŋ24	tʃyŋ24	tʃiaŋ324	tɕyaŋ445	tɕyæiŋ445

续表

字	遂昌	龙泉	庆元	松阳	宣平	丽水	云和	景宁	青田	缙云
橘			tɕyəɯʔ^{5}			tʃyʔ^{5}	tʃyeʔ^{5}	tʃiɐɯʔ^{5}	tɕyæʔ^{42}	tɕyei^{423}
	其他点说"桔"。									
菌	tɕʰyŋ^{533}	tɕyŋ^{53}	tɕyəŋ^{335}	tɕyŋ^{213}	tɕyəŋ^{44}	tɕyŋ^{544}	tʃyŋ^{24}	tʃiaŋ^{324}	tɕyaŋ^{445}	tɕyæiŋ^{52}
匀	yŋ^{221}	yŋ^{211}	yəŋ^{52}	yŋ^{31}	yəŋ^{434}	yŋ^{11}	yŋ^{423}	iaŋ^{31}	yaŋ^{21}	yæiŋ^{231}
允	yŋ^{13}	yŋ^{53}	yəŋ^{221}	yŋ^{22}	yəŋ^{223}	yŋ^{544}	yŋ^{53}	iaŋ^{33}	yaŋ^{343}	yæiŋ^{31}
尹	iŋ^{13}	iŋ^{53}	yəŋ^{221}	yŋ^{22}	iŋ^{223}	iŋ^{544}	iŋ^{53}	iŋ^{33}	yaŋ^{343}	yæiŋ^{31}
分	fəŋ^{45}	fɛiŋ^{335}	fəŋ^{335}	feŋ^{53}	fəŋ^{24}	feŋ^{24}	fəŋ^{24}	faŋ^{324}	faŋ^{445}	faŋ^{445}
粉	fəŋ^{533}	fɛiŋ^{53}	fəŋ^{33}	feŋ^{213}	fəŋ^{44}	feŋ^{544}	fəŋ^{53}	faŋ^{33}	faŋ^{454}	faŋ^{52}
粪	pɛ̃^{334} / fəŋ^{334}	pɤ^{45} / fɛiŋ^{45}	ʔbæ̃^{11} / fəŋ^{11}	pæ̃^{24} / feŋ^{24}	pɤ^{52} / fəŋ^{52}	pɛ^{52} / feŋ^{52}	pɛ^{55} / fəŋ^{55}	pə^{35} / faŋ^{35}	faŋ^{33}	ʔbɛ^{554} / faŋ^{554}
	上行语境是"猪栏粪"或"厕所"的说法(如"粪缸、粪桶间"等),下行是读字音。									
奋	fəŋ^{334}	fɛiŋ^{45}	fəŋ^{11}	feŋ^{24}	fəŋ^{52}	feŋ^{52}	fəŋ^{55}	faŋ^{35}	faŋ^{33}	faŋ^{554}
弗	fəɯʔ^{5}	fəɯʔ^{54}	fɤʔ^{5}	fɤʔ^{5}	fəʔ^{5}	fuʔ^{5}	fəɯʔ^{5}	fuʔ^{5}	faʔ^{42}	fa^{423}
芬	fəŋ^{45}	fɛiŋ^{335}	fəŋ^{335}	feŋ^{53}	fəŋ^{24}	feŋ^{24}	fəŋ^{24}	faŋ^{324}	faŋ^{445}	faŋ^{445}
坟	vəŋ^{221}	vɛiŋ^{211}	fəŋ^{52}	veŋ^{31}	fəŋ^{434}	veŋ^{11}	vəŋ^{423}	vaŋ^{31}	vaŋ^{21}	vaŋ^{231}
份	vəŋ^{213}	vɛiŋ^{13}	fəŋ^{31}	veŋ^{13}	vəŋ^{231}	veŋ^{231}	vəŋ^{223}	vaŋ^{13}	vaŋ^{22}	vaŋ^{213}
佛	vəɯʔ^{23}	vɛiʔ^{23}	fəɯʔ^{34}	vɤʔ^{2}	vəʔ^{23}	vʌʔ^{23}	veʔ^{23}	vəɯʔ^{23}	vaʔ^{31}	bɤɯ^{35} / vɤɯ^{35}
	缙云话上行语境是"佛豆_{蚕豆}",下行语境是"如来佛"。									
文	məŋ^{221}	mɛiŋ^{211}	məŋ^{52}	meŋ^{31}	məŋ^{434}	meŋ^{11}	məŋ^{423}	maŋ^{31}	vaŋ^{21}	vaŋ^{231}
纹	məŋ^{221}	mɛiŋ^{211}	məŋ^{52}	meŋ^{31}	məŋ^{434}	meŋ^{11}	məŋ^{423}	maŋ^{31}	vaŋ^{21}	vaŋ^{231}
蚊	məŋ^{221}	mɛiŋ^{211}	məŋ^{52}	meŋ^{31}	məŋ^{434}	meŋ^{11}	məŋ^{423}	maŋ^{31}	maŋ^{21}	maŋ^{231}
闻	məŋ^{221}	mɛiŋ^{211}	məŋ^{52}	meŋ^{31}	məŋ^{434}	meŋ^{11}	məŋ^{423}	maŋ^{31}	vaŋ^{21}	vaŋ^{231}
问	məŋ^{213}	mɛiŋ^{13}	məŋ^{31}	meŋ^{13}	məŋ^{231}	mé'ŋ^{231}	məŋ^{223}	maŋ^{13}	vaŋ^{22}	maŋ^{213}
物	mæʔ^{23}	vɛiʔ^{23}	mɤʔ^{34}	mæʔ^{2}	mʌʔ^{23}	mɛʔ^{23}	məʔ^{23}	məɯʔ^{23}	maʔ^{31}	vɤɯ^{35}
君	tɕyŋ^{45}	tɕyŋ^{335}	tɕyəŋ^{335}	tɕyŋ^{53}	tɕyəŋ^{24}	tɕyŋ^{24}	tʃyŋ^{24}	tʃiaŋ^{324}	tɕyaŋ^{445}	tɕyæiŋ^{445}
军	tɕyŋ^{45}	tɕyŋ^{335}	tɕyəŋ^{335}	tɕyŋ^{53}	tɕyəŋ^{24}	tɕyŋ^{24}	tʃyŋ^{24}	tʃiaŋ^{324}	tɕyaŋ^{445}	tɕyæiŋ^{445}
屈	tɕʰyɛʔ^{5}	kʰuɛiʔ^{54} / tɕʰyʔ^{54}	kʰuəɯʔ^{5} / tɕʰyəɯʔ^{5}	tɕʰyɛʔ^{5}	tɕʰyɛʔ^{5}	tɕʰyɛʔ^{5}	tʃʰyɛʔ^{5}	kʰuɐɯʔ^{5} / tʃʰyɛʔ^{5}	kʰuæʔ^{42} / tɕʰyæʔ^{42}	kʰuɤɯ^{423} / tɕʰyei^{423}
	龙泉、庆元、景宁、青田、缙云五地,上行语境是"身体、胳膊弯曲",下行语境是"屈服"。									

续表

	遂昌	龙泉	庆元	松阳	宣平	丽水	云和	景宁	青田	缙云
群	dʑyŋ^{221}	dʑyŋ^{211}	tɕyəŋ^{52}	dʑyŋ^{31}	tɕyəŋ^{434}	dʑyŋ^{11}	dʒyŋ^{423}	dʒiaŋ^{31}	dʑyaŋ^{21}	dʑyæiŋ^{231}
裙	dʑyŋ^{221}	dʑyŋ^{211}	tɕyəŋ^{52}	dʑyŋ^{31}	tɕyəŋ^{434}	dʑyŋ^{11}	dʒyŋ^{423}	dʒiaŋ^{31}	dʑyaŋ^{21}	dʑyæiŋ^{231}
掘	dʑyɛʔ^{23}	dʑyəʔ^{23}	kəɯʔ^{34} tɕyɯɯʔ^{34}	guæʔ^{2} dʑyɛʔ^{2}	dʑyəʔ^{23}	dʑyɛʔ^{23}	dʒyɛʔ^{23}	dʒiɯɯ^{23}	dʑyæʔ^{21}	dʑyei^{35}

庆元、松阳两地上行语境是"掘地",下行是读字音。

	遂昌	龙泉	庆元	松阳	宣平	丽水	云和	景宁	青田	缙云
熏	ɕyŋ^{45}	ɕyŋ^{335}	ɕyəŋ^{335}	ɕyŋ^{53}	ɕyəŋ^{24}	ɕyŋ^{24}	ʃyŋ^{24}	ʃiaŋ^{324}	ɕyaŋ^{445}	ɕyæiŋ^{445}
荤	xuɛ̃^{45}	xuɛ^{335}	xuæ̃^{335}	xɛ̃^{53}	xuɤ^{24}	xuɛ^{24}	xuɛ^{24}	xuɛ^{324}	xuæ^{445}	xuɛ^{445}
训	ɕyŋ^{334}	ɕyŋ^{45}	ɕyəŋ^{11}	ɕyŋ^{24}	ɕyəŋ^{52}	ɕyŋ^{52}	ʃyŋ^{55}	ʃiaŋ^{35}	ɕyaŋ^{33}	ɕyæiŋ^{554}
云	yŋ^{221}	yŋ^{211}	yəŋ^{52}	yŋ^{13}	yəŋ^{434}	yŋ^{11}	yŋ^{423}	iaŋ^{31}	yaŋ^{21}	yæiŋ^{231}
韵	yŋ^{213}	yŋ^{13}	yəŋ^{31}	yŋ^{13}	yəŋ^{231}	yŋ^{231}	yŋ^{223}	iaŋ^{13}	yaŋ^{22}	yæiŋ^{213}
运	yŋ^{213}	yŋ^{13}	yəŋ^{31}	yŋ^{13}	yəŋ^{231}	yŋ^{231}	yŋ^{223}	iaŋ^{13}	yaŋ^{22}	yæiŋ^{213}
晕	yŋ^{213}	yŋ^{13}	yəŋ^{31}	yŋ^{13}	yəŋ^{231}	yŋ^{231}	yŋ^{223}	iaŋ^{13}	yaŋ^{22}	yæiŋ^{213}
帮	poŋ^{45}	poŋ^{335}	ʔbɔ̃^{335}	poŋ^{53}	pɔ̃^{24}	poŋ^{24}	pɔ̃^{24}	pɔ̃^{324}	ʔbo^{445}	ʔbɔ̃^{445}
榜	poŋ^{533}	poŋ^{53}	ʔbɔ̃^{33}	poŋ^{213}	pɔ̃^{44}	poŋ^{544}	pɔ̃^{53}	pɔ̃^{33}	ʔbo^{454}	ʔbɔ̃^{52}
博	pɔʔ^{5}	pouʔ^{54}	ʔboʔ^{5}	poʔ^{5}	pəʔ^{5}	puoʔ^{5}	poʔ^{5}	pouʔ^{5}	ʔbuʔ^{42}	ʔbɔ̃^{423}
旁	boŋ^{221}	boŋ^{211}	pɔ̃^{52}	boŋ^{31}	pɔ̃^{434}	boŋ^{11}	bɔ̃^{423}	bɔ̃^{31}	bo^{21}	bɔ^{231}
薄	bɔʔ^{23}	bouʔ^{23}	poʔ^{34}	boʔ^{2}	baʔ^{23}	buoʔ^{23}	boʔ^{23}	bouʔ^{23}	boʔ^{31}	bɔ^{35}
忙	mɔŋ^{221}	mɔŋ^{211}	mɔ̃^{52}	moŋ^{31}	mɔ̃^{434}	mɔŋ^{11}	mɔ̃^{423}	mɔ̃^{31}	mo^{21}	mɔ̃^{231}
芒	mɔŋ^{221}	mɔŋ^{211}	mɔ̃^{52}	moŋ^{31}	mɔ̃^{434}	mɔŋ^{11}	mɔ̃^{423}	mɔ̃^{31}	mo^{21}	mɑum^{231} mɔ̃^{231}

缙云话上行语境是"麦芒",下行语境是"芒种[节气]"。

	遂昌	龙泉	庆元	松阳	宣平	丽水	云和	景宁	青田	缙云
茫	mɔŋ^{221}	mɔŋ^{211}	mɔ̃^{52}	moŋ^{31}	mɔ̃^{434}	mɔŋ^{11}	mɔ̃^{423}	mɔ̃^{31}	mo^{21}	mɔ̃^{231}
鋩[锅]		mɔŋ^{53}	mɔ̃^{221}							
莫	mɔʔ^{23}	mouʔ^{23}	moʔ^{34}	moʔ^{2}	məʔ^{23}	muoʔ^{23}	moʔ^{23}	mouʔ^{23}	muʔ^{31}	mɔ^{35}
膜	mɔʔ^{23}	mouʔ^{54}	moʔ^{34}	moʔ^{2}	məʔ^{23}	muoʔ^{23}	moʔ^{23}	mouʔ^{5}	muʔ^{21}	mɔ^{35}
幕	mɔʔ^{23}	mɤɯ^{13}	moʔ^{34}	moʔ^{2}	məʔ^{23}	muoʔ^{23}	m^{223}	m^{13}	m^{22}	mɔ^{35}
摸	mɔʔ^{5}	mouʔ^{54}	moʔ^{5}	moʔ^{5}	məʔ^{5}	muoʔ^{5}	moʔ^{5}	mouʔ^{5}	moʔ^{42}	mɔ^{35}
当[官]	toŋ^{45}	toŋ^{335}	ʔdɔ̃^{335}	toŋ^{53}	tɔ̃^{24}	toŋ^{24}	tɔ̃^{24}	tɔ̃^{324}	ʔdo^{445}	ʔdɔ^{445}
党	toŋ^{533}	toŋ^{53}	ʔdɔ̃^{33}	toŋ^{213}	tɔ̃^{44}	toŋ^{544}	tɔ̃^{53}	tɔ̃^{33}	ʔdo^{454}	ʔdɔ^{52}
挡	toŋ^{533}	toŋ^{53}	ʔdɔ̃^{33}	toŋ^{213}	tɔ̃^{44}	toŋ^{544}	tɔ̃^{53}	tɔ̃^{33}	ʔdo^{454}	ʔdɔ^{52}
当[当铺]	toŋ^{334}	toŋ^{45}	ʔdɔ̃^{11}	toŋ^{24}	tɔ̃^{52}	toŋ^{52}	tɔ̃^{55}	tɔ̃^{35}	ʔdo^{33}	ʔdɔ^{554}
汤	tʰɔŋ^{45}	tʰɔŋ^{335}	tʰɔ̃^{335}	tʰoŋ^{53}	tʰɔ̃^{24}	tʰɔŋ^{24}	tʰɔ̃^{24}	tʰɔ̃^{324}	tʰo^{445}	tʰɔ^{445}

续表

	遂昌	龙泉	庆元	松阳	宣平	丽水	云和	景宁	青田	缙云
躺	tʰɔŋ533	tʰɔŋ53	tʰɔ̃33	tʰoŋ213	tʰɔ̃44	tʰɔŋ544	tʰɔ̃53	tʰɔ̃33	tʰo454	tʰɔ52
烫	tʰɔŋ334	tʰɔŋ45	tʰɔ̃11	tʰoŋ24	tʰɔ̃52	tʰɔŋ52	tʰɔ̃55	tʰɔ̃35	tʰo33	tʰɔ554
托	tʰɔʔ5	tʰɔuʔ54	tʰoʔ5	tʰoʔ5	tʰəʔ5	tʰʌʔ5	tʰoʔ5	tʰɔuʔ5	tʰoʔ42	tʰɔ423
堂	doŋ221	doŋ211	tɔ̃52	doŋ31	tɔ̃434	doŋ11	dɔ̃423	dɔ̃31	do21	dɔ231
螗	doŋ221	doŋ211	tɔ̃52	doŋ31	tɔ̃434	dã11	dɔ̃423	dɔ̃31	do21	dɔ231
唐	doŋ221	doŋ211	tɔ̃52	doŋ31	tɔ̃434	doŋ11	dɔ̃423	dɔ̃31	do21	dɔ231
糖	doŋ221	doŋ211	tɔ̃52	doŋ31	tɔ̃434	doŋ11	dɔ̃423	dɔ̃31	do21	dɔ231
塘	doŋ221	doŋ211	tɔ̃52	doŋ31	tɔ̃434	doŋ11	dɔ̃423	dɔ̃31	do21	dɔ231
郎	lɔŋ221	lɔŋ211	lɔ̃52	loŋ31	lɔ̃434	lɔŋ11	lɔ̃423	lɔ̃31	lo21	lɔ231
廊	lɔŋ221	lɔŋ211	lɔ̃52	loŋ31	lɔ̃434	lɔŋ11	lɔ̃423	lɔ̃31	lo21	lɔ231
狼	lɔŋ221	lɔŋ211	lɔ̃52	loŋ31	lɔ̃434	lɔŋ11	lɔ̃423	lɔ̃31	lo21	lɔ231
螂	lɔŋ221	lɔŋ211	lɔ̃52	loŋ31	lɔ̃434	lɔŋ11	lɔ̃423	lɔ̃31	lo21	lɔ231
莨	lɔŋ221	lɔŋ211	lɔ̃52	loŋ31	lɔ̃434	lɔŋ11	lɔ̃423	lɔ̃31	lio21	lɔ231
浪	lɔŋ213	lɔŋ13	lɔ̃31	loŋ13	lɔ̃231	lɔŋ231	lɔ̃223	lɔ̃13	lo22	lɔ213
落	lɔʔ23	lɔuʔ23	loʔ34	loʔ2	ləʔ23	lʌʔ23	loʔ23	lɔuʔ23	loʔ31	lɔ35
洛	lɔʔ23	lɔuʔ23	loʔ34	loʔ2	ləʔ23	lʌʔ23	loʔ23	lɔuʔ23	loʔ31	lɔ35
络	lɔʔ23	lɔuʔ23	loʔ34	loʔ2	ləʔ23	lʌʔ23	loʔ23	lɔuʔ23	loʔ31	lɔ35
乐 快乐	lɔʔ23	lɔuʔ23	loʔ34	loʔ2	ləʔ23	lʌʔ23	loʔ23	lɔuʔ23	loʔ31	lɔ35
略 看			lŋ335							
葬	tsɔŋ334	tsɔŋ45	tsɔ̃11	tsoŋ24	tsɔ̃52	tsɔŋ52	tsɔ̃55	tsɔ̃35	tso33	tsɔ554
作	tsɔʔ5	tsɔuʔ54	tsoʔ5	tsoʔ5	tsəʔ5	tsʌʔ5	tsoʔ5	tsɔuʔ5	tsoʔ42	tsɔ423
仓	tsʰɔŋ45	tsʰɔŋ335	tsʰɔ̃335	tsʰoŋ53	tsʰɔ̃24	tsʰɔŋ24	tsʰɔ̃24	tsʰɔ̃324	tsʰo445	tsʰɔ445
苍	tsʰɔŋ45	tsʰɔŋ335	tsʰɔ̃335	tsʰoŋ53	tsʰɔ̃24	tsʰɔŋ24	tsʰɔ̃24	tsʰɔ̃324	tsʰo445	tsʰɔ445
藏 躲藏	zɔŋ221	zɔŋ211	sɔ̃52	zoŋ31	sɔ̃434	zɔŋ11	zɔ̃423	zɔ̃31	zo21	zɔ231
藏 西藏	zɔŋ213	zɔŋ13	sɔ̃31	zoŋ13	zɔ̃231	zɔŋ231	zɔ̃223	zɔ̃13	zo22	zɔ213
凿	zɔʔ23	zɔuʔ23	soʔ34	zoʔ2	zəʔ23	zʌʔ23	zoʔ23	zɔuʔ23	zoʔ31	zɔ35
臜 骂	zɔʔ23	zɔuʔ23	soʔ34	zoʔ2	zəʔ23		zoʔ23	zɔuʔ23	zoʔ31	
昨	zɔʔ23	zaŋ211	sã33	zoʔ2	zz̃223	zʌʔ23	zoʔ23	zɔuʔ23	ioʔ31	zɔ35
桑	sɔŋ45	sɔŋ335	sɔ̃335	soŋ24	sɔ̃24	sɔŋ24	sɔ̃24	sɔ̃324	so445	sɔ445
磉	sɔŋ533	sɔŋ53	sɔ̃33	soŋ213	sɔ̃44	sɔŋ544	sɔ̃53	sɔ̃33	so454	sɔ52
索	sɔʔ5	sɔuʔ54	soʔ5	soʔ5	səʔ5	sʌʔ5	soʔ5	sɔuʔ5	soʔ42	sɔ423
冈	kɔŋ45	kɔŋ335	kɔ̃335	koŋ53	kɔ̃24	kɔŋ24	kɔ̃24	kɔ̃324	ko445	kɔ445

续表

	遂昌	龙泉	庆元	松阳	宣平	丽水	云和	景宁	青田	缙云
刚	kɔŋ⁴⁵	kɔŋ³³⁵	kɔ̃³³⁵	koŋ⁵³	kɔ̃²⁴	kɔŋ²⁴	kɔ̃²⁴	kɔ̃³²⁴	ko⁴⁴⁵	kɔ⁴⁴⁵
钢	kɔŋ⁴⁵	kɔŋ³³⁵	kɔ̃³³⁵	koŋ⁵³	kɔ̃²⁴	kɔŋ²⁴	kɔ̃²⁴	kɔ̃³²⁴	ko⁴⁴⁵	kɔ⁴⁴⁵
缸	kɔŋ⁴⁵	kɔŋ³³⁵	kɔ̃³³⁵	koŋ⁵³	kɔ̃²⁴	kɔŋ²⁴	kɔ̃²⁴	kɔ̃³²⁴	ko⁴⁴⁵	kɔ⁴⁴⁵
杠	kɔŋ³³⁴	kɔŋ⁴⁵	kɔ̃¹¹	koŋ²⁴	kɔ̃⁵²	kɔŋ⁵²	kɔ̃⁵⁵	kɔ̃³⁵	ko³³	kɔ⁵⁵⁴
各	kɔʔ⁵	kɔuʔ⁵⁴	koʔ⁵	koʔ⁵	kəʔ⁵	kʌʔ⁵	koʔ⁵	kɔuʔ⁵	koʔ⁴²	kɔ⁴²³
阁	kɔʔ⁵	kɔuʔ⁵⁴	koʔ⁵	koʔ⁵	kəʔ⁵	kʌʔ⁵	koʔ⁵	kɔuʔ⁵	koʔ⁴²	kɔ⁴²³
康	kʰɔŋ⁴⁵	kʰɔŋ³³⁵	kʰɔ̃³³⁵	kʰoŋ⁵³	kʰɔ̃²⁴	kʰɔŋ²⁴	kʰɔ̃²⁴	kʰɔ̃³²⁴	kʰo⁴⁴⁵	kʰɔ⁴⁴⁵
糠	kʰɔŋ⁴⁵	kʰɔŋ³³⁵	kʰɔ̃³³⁵	kʰoŋ⁵³	kʰɔ̃²⁴	kʰɔŋ²⁴	kʰɔ̃²⁴	kʰɔ̃³²⁴	kʰo⁴⁴⁵	kʰɔ⁴⁴⁵
抗	kʰɔŋ³³⁴	kʰɔŋ⁴⁵	kʰɔ̃¹¹	kʰoŋ²⁴	kʰɔ̃⁵²	kʰɔŋ⁵²	kʰɔ̃⁵⁵	kʰɔ̃³⁵	kʰo³³	kʰɔ⁵⁵⁴
囥	kʰɔŋ³³⁴	kʰɔŋ⁴⁵	kʰɔ̃¹¹	kʰoŋ²⁴	kʰɔ̃⁵²	kʰɔŋ⁵²	kʰɔ̃⁵⁵	kʰɔ̃³⁵	kʰo³³	kʰɔ⁵⁵⁴
行_{银行}	ɔŋ²²¹	ɔŋ²¹¹	xɔ̃⁵²	oŋ³¹	ɔ̃⁴³⁴	ɔŋ¹¹	ɔ̃⁴²³	ɔ̃³¹	o²¹	ɔ²³¹
航	ɔŋ²²¹	ɔŋ²¹¹	xɔ̃⁵²	oŋ³¹	ɔ̃⁴³⁴	ɔŋ¹¹	ɔ̃⁴²³	ɔ̃³¹	o²¹	ɔ²³¹
杭	ɔŋ²²¹	ɔŋ²¹¹	xɔ̃⁵²	oŋ³¹	ɔ̃⁴³⁴	ɔŋ¹¹	ɔ̃⁴²³	ɔ̃³¹	o²¹	ɔ²³¹
鹤	ŋɔʔ²³	ɔuʔ²³	xoʔ³⁴	ŋoʔ²	ŋəʔ²³	ŋʌʔ²³	ŋoʔ²³	ŋɔuʔ²³	ŋoʔ³¹	ŋɔ³⁵
恶	ɔʔ⁵	ɔuʔ⁵⁴	oʔ⁵	oʔ⁵	əʔ⁵	ʌʔ⁵	oʔ⁵	ɔuʔ⁵	oʔ⁴²	ɔ⁴²³
娘	n̠iaŋ²²¹ n̠iaŋ¹³ n̠iaŋ⁴⁵	n̠iaŋ²¹¹ n̠iaŋ⁴⁵	n̠ia⁵² n̠ia³³⁵	n̠iaŋ³¹ n̠iaŋ²⁴	n̠iã⁴³⁴ n̠iã⁵²	n̠iã¹¹ n̠iã⁴⁵	ɲiã⁴²³	ɲie³¹ ɲie³⁵	n̠i²¹	n̠ia²³¹ n̠ia²¹³

读原调的"娘"一般与"母亲_{背称}、新娘"的叫法有关。读变调的情况是：遂昌话次行语境是"姑妈"的叫法，末行语境是"伯母"的叫法；龙泉、庆元、宣平、丽水、景宁、缙云等地下行语境是"姑妈"的叫法，松阳话下行语境是"伯母"的叫法。

	遂昌	龙泉	庆元	松阳	宣平	丽水	云和	景宁	青田	缙云
酿	n̠iaŋ²¹³	nɛ¹³ n̠iaŋ¹³	n̠ia³¹	n̠iaŋ¹³	n̠iã²³¹	n̠iã²³¹	nɛ²²³ ɲiã²²³	naŋ¹³	n̠i²²	n̠ia²¹³

龙泉、云和两地上行语境是"酿酒"，下行系读字音。

	遂昌	龙泉	庆元	松阳	宣平	丽水	云和	景宁	青田	缙云
良	liaŋ²²¹	liaŋ²¹¹	lia⁵²	liaŋ³¹	liã⁴³⁴	liã¹¹	liã⁴²³	lie³¹	lɛ²¹	lia²³¹
凉	liaŋ²²¹	liaŋ²¹¹	lia⁵²	liaŋ³¹	liã⁴³⁴	liã¹¹	liã⁴²³	lie³¹	lɛ²¹	lia²³¹
量_动	lɛ̃²²¹ liaŋ²²¹	lɛ̃²¹¹ liaŋ²¹¹	læ̃⁵² lia⁵²	læ̃³¹ liaŋ³¹	liã⁴³⁴	liã¹¹	liã⁴²³	lie³¹	lɛ²¹	lia²³¹

上行语境是"量长短"，下行语境是"商量"。

	遂昌	龙泉	庆元	松阳	宣平	丽水	云和	景宁	青田	缙云
粮	liaŋ²²¹	liaŋ²¹¹	lia⁵²	liaŋ³¹	liã⁴³⁴	liã¹¹	liã⁴²³	lie³¹	lɛ²¹	lia²³¹
梁	liaŋ²²¹	liaŋ²¹¹	lia⁵²	liaŋ³¹	liã⁴³⁴	liã¹¹	liã⁴²³	lie³¹	lɛ²¹	lia²³¹
樑	liaŋ²²¹	liaŋ²¹¹	lia⁵²	liaŋ³¹	liã⁴³⁴	liã¹¹	liã⁴²³	lie³¹	lɛ²¹	lia²³¹
两_数	lɛ̃¹³	laŋ⁵³	læ̃²²¹	næ²²	liã²²³	lã⁵⁴⁴	la⁵³	lie³³	lɛ³⁴³	lia³¹
两_量	liaŋ¹³	liaŋ⁵³	lia²²¹	liaŋ²²	liã²²³	liã⁵⁴⁴	liã⁵³	lie³³	lɛ³⁴³	lia³¹

续表

	遂昌	龙泉	庆元	松阳	宣平	丽水	云和	景宁	青田	缙云
亮	liaŋ²¹³	liaŋ¹³	liã³¹	liaŋ¹³	liã̃²³¹	liã²³¹	liã²²³	liɛ¹³	lɛ²²	liɑ²¹³
谅	liaŋ²¹³	liaŋ¹³	liã³¹	liaŋ¹³	liã̃²³¹	liã²³¹	liã²²³	liɛ¹³	lɛ²²	liɑ²¹³
辆	liaŋ²¹³	liaŋ¹³	liã³¹	liaŋ¹³	liã̃²³¹	liã²³¹	liã²²³	liɛ¹³	lɛ²²	liɑ²¹³
量名	liaŋ²¹³	liaŋ¹³	liã³¹	liaŋ¹³	liã̃²³¹	liã²³¹	liã²²³	liɛ¹³	lɛ²²	liɑ²¹³
略	liaʔ²³	liɛʔ²³	liaʔ³⁴	liaʔ²	liəʔ²³	liɒʔ²³	liɛʔ²³	lieɯʔ²³	liæʔ³¹	liɔ³⁵
掠	liaʔ²³	liɛʔ²³	liaʔ³⁴	liaʔ²	liəʔ²³	liɒʔ²³	liɛʔ²³	lieɯʔ²³	liæʔ³¹	liɔ³⁵
将将来	tɕiaŋ⁴⁵	tɕiaŋ³³⁵	tɕiã³³⁵	tɕiaŋ⁵³	tɕiã̃²⁴	tɕiã²⁴	tʃiã²⁴	tʃiɛ³²⁴	tɕi⁴⁴⁵	tsiɑ⁴⁴⁵
浆	tɕiaŋ⁴⁵	tɕiaŋ³³⁵	tɕiã³³⁵	tɕiaŋ⁵³	tɕiã̃²⁴	tɕiã²⁴	tʃiã²⁴	tʃiɛ³²⁴	tɕi⁴⁴⁵	tsiɑ⁴⁴⁵
蒋	tɕiaŋ⁵³³	tɕiaŋ⁵³	tɕiã³³	tɕiaŋ²¹³	tɕiã̃⁴⁴	tɕiã⁵⁴⁴	tʃiã⁵³	tʃiɛ³³	tɕi⁴⁵⁴	tsiɑ⁵²
奖	tɕiaŋ⁵³³	tɕiaŋ⁵³	tɕiã³³	tɕiaŋ²¹³	tɕiã̃⁴⁴	tɕiã⁵⁴⁴	tʃiã⁵³	tʃiɛ³³	tɕi⁴⁵⁴	tsiɑ⁵²
酱	tɕiaŋ³³⁴	tɕiaŋ⁴⁵	tɕiã¹¹	tɕiaŋ²⁴	tɕiã̃⁵²	tɕiã⁵²	tʃiã⁵⁵	tʃiɛ³⁵	tɕi³³	tsiɑ⁵⁵⁴
将大将	tɕiaŋ³³⁴	tɕiaŋ⁴⁵	tɕiã¹¹	tɕiaŋ²⁴	tɕiã̃⁵²	tɕiã⁵²	tʃiã⁵⁵	tʃiɛ³⁵	tɕi³³	tsiɑ⁵⁵⁴
雀	tɕiʔ⁵	tsʅ⁵⁴	tɕiʔ⁵	tɕiʔ⁵	tɕiəʔ⁵		tʃiʔ⁵		tɕi⁴⁴⁵	tsɣɯ⁴²³
	tɕʰiaʔ⁵	tɕʰiaʔ⁵⁴	tɕʰiaʔ⁵	tɕʰiaʔ⁵	tɕʰiəʔ⁵	tɕʰiɒʔ⁵	tʃʰiɑʔ⁵	tʃʰiaʔ⁵	tɕʰiæʔ⁴²	tsʰiɔ⁴²³
	上行语境是"麻雀",下行是读字音。									
枪	tɕʰiaŋ⁴⁵	tɕʰiaŋ³³⁵	tɕʰiã³³⁵	tɕʰiaŋ⁵³	tɕʰiã̃²⁴	tɕʰiã²⁴	tʃʰiã²⁴	tʃʰiɛ³²⁴	tɕʰi⁴⁴⁵	tsʰiɑ⁴⁴⁵
抢	tɕʰiaŋ⁵³³	tɕʰiaŋ⁵³	tɕʰiã³³	tɕʰiaŋ²¹³	tɕʰiã̃⁴⁴	tɕiã⁵⁴⁴	tʃʰiã⁵³	tʃʰiɛ³³	tɕʰi⁴⁵⁴	tsʰiɑ⁵²
鹊	ɕiaʔ⁵	tɕʰiaʔ⁵⁴	ɕiaʔ⁵	ɕiaʔ⁵	tɕʰiəʔ⁵	tɕʰiɒʔ⁵	ʃiaʔ⁵	ʃiaʔ⁵	tɕʰiæʔ⁴²	tsʰiɔ⁴²³
墙	ʑiaŋ²²¹	ʑiaŋ²¹¹	ɕiã⁵²	ʑiaŋ³¹	ɕiã̃⁴³⁴	ziã¹¹	ʒiã⁴²³	ʒiɛ³¹	i²¹	ziɑ²³¹
匠	ʑiaŋ²¹³	ʑiaŋ¹³	ɕiã³¹	ʑiaŋ¹³	ziã̃²³¹	ziã²³¹	ʒiã²²³	ʒiɛ¹³	i²²	ziɑ²¹³
嚼	ʑiaʔ²³	ʑiaʔ²³	ɕiaʔ³⁴	ʑiaʔ²	ziəʔ²³	ziɒʔ²³	ʒiɒʔ²³	ʒiaʔ²³	iʔ³¹	ziɔ³⁵
相互相	ɕiaŋ⁴⁵	ɕiaŋ³³⁵	ɕiã³³⁵	ɕiaŋ⁵³	ɕiã̃²⁴	ɕiã²⁴	ʃiã²⁴	ʃiɛ³²⁴	ɕi⁴⁴⁵	siɑ⁴⁴⁵
箱	ɕiaŋ⁴⁵	ɕiaŋ³³⁵	ɕiã³³⁵	ɕiaŋ⁵³	ɕiã̃²⁴	ɕiã²⁴	ʃiã²⁴	ʃiɛ³²⁴	ɕi⁴⁴⁵	siɑ⁴⁴⁵
厢	ɕiaŋ⁴⁵	ɕiaŋ³³⁵	ɕiã³³⁵	ɕiaŋ⁵³	ɕiã̃²⁴	ɕiã²⁴	ʃiã²⁴	ʃiɛ³²⁴	ɕi⁴⁴⁵	siɑ⁴⁴⁵
湘	ɕiaŋ⁴⁵	ɕiaŋ³³⁵	ɕiã³³⁵	ɕiaŋ⁵³	ɕiã̃²⁴	ɕiã²⁴	ʃiã²⁴	ʃiɛ³²⁴	ɕi⁴⁴⁵	siɑ⁴⁴⁵
镶	ɕiaŋ⁴⁵	ɕiaŋ³³⁵	ɕiã³³⁵	ɕiaŋ⁵³	ɕiã̃²⁴	ɕiã²⁴	ʃiã²⁴	ʃiɛ³²⁴	ɕi⁴⁴⁵	siɑ⁴⁴⁵
想	ɕiaŋ⁵³³	ɕiaŋ⁵³	ɕiã³³	ɕiaŋ²¹³	ɕiã̃⁴⁴	ɕiã⁵⁴⁴	ʃiã⁵³	ʃiɛ³³	ɕi⁴⁵⁴	siɑ⁵²
鲞	ɕiaŋ⁵³³	ɕiaŋ⁵³	ɕiã³³	ɕiaŋ²¹³	ɕiã̃⁴⁴	ɕiã⁵⁴⁴	ʃiã⁵³	ʃiɛ³³	ɕi⁴⁵⁴	siɑ⁵²
相照相	ɕiaŋ³³⁴	ɕiaŋ⁴⁵	ɕiã¹¹	ɕiaŋ²⁴	ɕiã̃⁵²	ɕiã⁵²	ʃiã⁵⁵	ʃiɛ³⁵	ɕi³³	siɑ⁵⁵⁴
	其中,云和、景宁、青田三地"看"也说"相"。									
削	ɕiaʔ⁵	ɕiaʔ⁵⁴	ɕiaʔ⁵	ɕiaʔ⁵	ɕiəʔ⁵	ɕiɒʔ⁵	ʃiaʔ⁵	tʃʰiyəʔ⁵	sʅʔ⁴²	siɔ⁴²³
详	ʑiaŋ²²¹	ʑiaŋ²¹¹	ɕiã⁵²	ʑiaŋ³¹	ɕiã̃⁴³⁴	ziã¹¹	ʒiã⁴²³	ʒiɛ³¹	i²¹	ziɑ²³¹

续表

	遂昌	龙泉	庆元	松阳	宣平	丽水	云和	景宁	青田	缙云
祥	ʑiaŋ^{221}	ʑiaŋ^{211}	ɕia^{52}	ʑiaŋ^{31}	ɕiã^{434}	ziã^{11}	ʒiã^{423}	ʒiɛ^{31}	i^{21}	ziɑ^{231}
象	ʑiaŋ^{13}	ɕiaŋ^{53}	ɕiã^{221}	ʑiaŋ^{22}	ziã^{223}	ziã^{11}	ʒiã^{31}	ʒiɛ^{33}	i^{343}	ziɑ^{31}
像	dʑiaŋ^{13}	tɕiaŋ^{53}	tɕiã^{221}	dʑiaŋ^{22}	dziã^{223}	ziã^{11}	dʒiã^{31}	dʒiɛ^{33}	dʑi^{343}	dziɑ^{31}
橡	ʑiaŋ^{13}	ɕiaŋ^{53}	ɕiã^{221}	ʑiaŋ^{22}	ziã^{223}	ziã^{11}	ʒiã^{31}	ʒiɛ^{33}	i^{343}	ziɑ^{31}
张	tiaŋ^{45} / tɕiaŋ^{45}	tiaŋ^{335}	ʔdia^{335}	tiaŋ^{53} / tɕiaŋ^{53}	tiã^{24}	tiã^{24}	tiã^{24}	tiɛ^{324}	ʔdɛ^{445}	tsiɑ^{445}
	遂昌、松阳上行语境是"一张纸",下行语境是姓氏。									
涨	tɕiaŋ^{334}	tiaŋ^{45}	ʔdia^{11}	tæ^{24}	tiã^{52}	tiã^{52}	tiã^{55}	tiɛ^{35}	ʔdɛ^{33}	ʔdiɑ^{554}
帐	tiaŋ^{334}	tiaŋ^{45}	ʔdia^{11}	tiaŋ^{24}	tiã^{52}	tiã^{52}	tiã^{55}	tiɛ^{35}	ʔdɛ^{33}	ʔdiɑ^{554}
账	tiaŋ^{334}	tiaŋ^{45}	ʔdia^{11}	tiaŋ^{24}	tiã^{52}	tiã^{52}	tiã^{55}	tiɛ^{35}	ʔdɛ^{33}	tsiɑ^{554}
胀	tɕiaŋ^{334}	tiaŋ^{45}	ʔdia^{11}	tsaŋ^{24}	tiã^{52}	tiã^{52}	tiã^{55}	tiɛ^{35}	ʔdɛ^{33}	tsiɑ^{554}
着穿	tɛʔ^{5}	tɛʔ^{54}	ʔdɤʔ^{5}	tæʔ^{5}	tiɛʔ^{5}	tɛʔ^{5}	taʔ^{5}	tɛʔ^{5}	ʔdɛʔ^{42}	ʔdiɑ^{423}
长形	dʑɛ^{221} / dʑiaŋ^{221}	dɛ^{211} / dʑiaŋ^{211}	tæ^{52} / tɕiã^{52}	dæ^{31} / dʑiaŋ^{31}	tɕiã^{434}	diŋ^{11} / dʑiã^{11}	dɛ^{423} / dʒiã^{423}	daŋ^{31} / dʒiɛ^{31}	dʑi^{21}	dziɑ^{231}
	上行语境是"长短",下行语境是"长征"。									
肠	dɛ̃^{221}	dɛ^{211}	tæ^{52}	dʑiaŋ^{31}	tɕiã^{434}	ziã^{11}	dʒiã^{423}	dʒiɛ^{31}	dʑi^{21}	dziɑ^{231}
场	dʑiaŋ^{221}	dʑiaŋ^{211}	tɕiã^{52}	dʑiaŋ^{31}	tɕiã^{434}	ziã^{11}	dʒiã^{423}	dʒiɛ^{31}	dʑi^{21}	dziɑ^{231}
丈	dʑiaŋ^{13}	tɕiaŋ^{53}	tɕiã^{221}	dʑiaŋ^{22}	dziã^{223}	ziã^{11}	dʒiã^{31}	dʒiɛ^{33}	dʑi^{343}	dziɑ^{31}
仗	tɕiaŋ^{334}	tɕiaŋ^{45}	tɕiã^{11}	tɕiaŋ^{24}	tɕiã^{52}	tɕiã^{52}	tʃiã^{55}	dʒiɛ^{33} / tʃiɛ^{35}	dʑi^{343} / tɕi^{33}	tsiɑ^{554}
杖	dʑiaŋ^{13}	tɕiaŋ^{53}	tɕiã^{221}	dʑiaŋ^{22}	dziã^{223}	ziã^{11}	dʒiã^{31}	dʒiɛ^{33}	dʑi^{343}	dziɑ^{31}
着碰着	dɛʔ^{23}	dʑiɔʔ^{23}	tɕiaʔ^{34}	dʑioʔ^{2}	dʑiãʔ^{23}	dʑiɔŋʔ^{23}	dʒiã^{23}	dʒiaʔ^{23}	dʑiʔ^{31}	tsiɑʔ^{423}
庄	tsoŋ^{45}	tsɔŋ^{335}	tsɔ̃^{335}	tsoŋ^{53}	tsɔ̃^{24}	tsɔŋ^{24}	tsɔ̃^{24}	tsɔ̃^{324}	tso^{445}	tsɔ^{445}
装	tɕioŋ^{45}	tsɔŋ^{335}	tsɔ̃^{335}	tɕioŋ^{53}	tsɔ̃^{24}	tsɔŋ^{24}	tsɔ̃^{24}	tsɔ̃^{324}	tso^{445}	tsɔ^{445}
壮	tɕioŋ^{334}	tɕiɔŋ^{45}	tɕiɔ̃^{11}	tɕioŋ^{24}	tɕiɔ̃^{52}	tɕiɔŋ^{52}	tʃiɔ̃^{55}	tʃiɔ̃^{35}	tɕio^{33}	tsɔ^{554}
疮	tsʰoŋ^{45}	tsʰɔŋ^{335}	tɕʰiɔ̃^{335}	tɕʰioŋ^{53}	tɕʰiɔ̃^{24}	tɕʰiɔŋ^{24}	tʃʰiɔ̃^{24}	tʃʰiɔ̃^{324}	tɕʰio^{445}	tsʰɔ^{445}
闯	tsʰoŋ^{533}	tɕʰiɔŋ^{53}	tɕʰiɔ̃^{33}	tɕʰioŋ^{213}	tɕʰiɔ̃^{44}	tɕʰiɔŋ^{544}	tʃʰiɔ̃^{53}	tʃʰiɔ̃^{33}	tɕʰio^{454}	tsʰɔ^{33}
创	tsʰoŋ^{334}	tsʰɔŋ^{45}	tsʰɔ̃^{11}	tɕʰioŋ^{24}	tsʰɔ̃^{52}	tsʰɔŋ^{52}	tsʰɔ̃^{55}	tsʰɔ̃^{35}	tsʰo^{33}	tsʰɔ^{554}
床	zɛ̃^{221} / ʑiɔŋ^{221}	ʑiɔŋ^{211}	ɕiɔ̃^{52}	ʑioŋ^{31}	ɕiɔ̃^{434}	ziɔŋ^{11}	ʒiɔ̃^{423}	ʒiɔ̃^{31}	io^{21}	zɔ^{231}
	遂昌话上行语境是"木床床"的说法,下行是读字音。									
状	ʑiɔŋ^{213}	ʑiɔŋ^{13}	ɕiɔ̃^{31}	ʑioŋ^{13}	ziɔ̃^{231}	ziɔŋ^{231}	ʒiɔ̃^{223}	ʒiɔ̃^{13}	io^{22}	zɔ^{213}
霜	ɕiɔŋ^{45}	ɕiɔŋ^{335}	ɕiɔ̃^{335}	ɕioŋ^{53}	ɕiɔ̃^{24}	ɕiɔŋ^{24}	ʃiɔ̃^{24}	ʃiɔ̃^{324}	ɕio^{445}	sɔ^{445}

	遂昌	龙泉	庆元	松阳	宣平	丽水	云和	景宁	青田	缙云
爽	çioŋ⁵³³ soŋ⁵³³	çioŋ⁵³ soŋ⁵³	sɔ̃³³	soŋ²¹³	sɔ̃⁴⁴	sɔŋ⁵⁴⁴	sɔ̃⁵³	sɔ̃³³	so⁴⁵⁴	sɔ⁵²

遂昌、龙泉上行语境是"爽利_干净_",下行语境是"爽快"。

	遂昌	龙泉	庆元	松阳	宣平	丽水	云和	景宁	青田	缙云
章	tɕiaŋ⁴⁵	tɕiaŋ³³⁵	tɕiã³³⁵	tɕiaŋ⁵³	tɕiã²⁴	tɕiã²⁴	tʃiã²⁴	tʃiɛ³²⁴	tɕi⁴⁴⁵	tsiɑ⁴⁴⁵
樟	tɕiaŋ⁴⁵	tɕiaŋ³³⁵	tɕiã³³⁵	tɕiaŋ⁵³	tɕiã²⁴	tɕiã²⁴	tʃiã²⁴	tʃiɛ³²⁴	tɕi⁴⁴⁵	tsiɑ⁴⁴⁵
掌	tɕiaŋ⁵³³	tɕiaŋ⁵³	tɕiã³³	tɕiaŋ²¹³	tɕiã⁴⁴	tɕiã⁵⁴⁴	tʃiã⁵³	tʃiɛ³³	tɕi⁴⁵⁴	tsiɑ⁵²
障	tɕiaŋ³³⁴	tɕiaŋ⁴⁵	tɕiã¹¹	tɕiaŋ²⁴	tɕiã⁵²	tɕiã⁵²	tʃiã⁵⁵	tʃiɛ³⁵	tɕi³³	tsiɑ⁵⁵⁴
斫				ioʔ⁵	yəʔ⁵					ʔdɔ⁴²³

松阳、宣平、缙云等地"砍柴"说"斫柴"。

	遂昌	龙泉	庆元	松阳	宣平	丽水	云和	景宁	青田	缙云
昌	tɕʰiaŋ⁴⁵	tɕʰiaŋ³³⁵	tɕʰiã³³⁵	tɕʰiaŋ⁵³	tɕʰiã²⁴	tɕʰiã²⁴	tʃʰiã²⁴	tʃʰiɛ³²⁴	tɕʰi⁴⁴⁵	tsʰiɑ⁴⁴⁵
菖	tɕʰiaŋ⁴⁵	tɕʰiaŋ³³⁵	tɕʰiã³³⁵	tɕʰiaŋ⁵³	tɕʰiã²⁴	tɕʰiã²⁴	tʃʰiã²⁴	tʃʰiɛ³²⁴	tɕʰi⁴⁴⁵	tsʰiɑ⁴⁴⁵
厂	tɕʰiaŋ⁵³³	tɕʰiaŋ⁵³	tɕʰiã³³	tɕʰiaŋ²¹³	tɕʰiã⁴⁴	tɕʰiã⁵⁴⁴	tʃʰiã⁵³	tʃʰiɛ³³	tɕʰi⁴⁵⁴	tsʰiɑ⁵²
唱	tɕʰiaŋ³³⁴	tɕʰiaŋ⁴⁵	tɕʰiã¹¹	tɕʰiaŋ²⁴	tɕʰiã⁵²	tɕʰiã⁵²	tʃʰiã⁵⁵	tʃʰiɛ³⁵	tɕʰi³³	tsʰiɑ⁵⁵⁴
商	çiaŋ⁴⁵	çiaŋ³³⁵	çiã³³⁵	çiaŋ⁵³	çiã²⁴	çiã²⁴	ʃiã²⁴	ʃiɛ³²⁴	çi⁴⁴⁵	siɑ⁴⁴⁵
伤	çiaŋ⁴⁵	çiaŋ³³⁵	çiã³³⁵	çiaŋ⁵³	çiã²⁴	çiã²⁴	ʃiã²⁴	ʃiɛ³²⁴	çi⁴⁴⁵	siɑ⁴⁴⁵
常	dʑiaŋ²²¹	ʑiaŋ²¹¹	çiã⁵²	ʑiaŋ³¹	çiã⁴³⁴	dʑiã¹¹	ʒiã⁴²³	ʒiɛ³¹	i²¹	ziɑ²³¹
尝	ʑiaŋ²²¹	ʑiaŋ²¹¹	çiã⁵²	ʑiaŋ³¹	çiã⁴³⁴	ʑiã¹¹	ʒiã⁴²³	ʒiɛ³¹	i²¹	ziɑ²³¹
裳	ʑiaŋ²²¹	ʑiaŋ²¹¹	çiã⁵²	ʑiaŋ³¹	çiã⁴³⁴	ʑiã¹¹	ʒiã⁴²³	ʒiɛ³¹	i²¹	ziɑ²³¹
上_动_	dʑiaŋ¹³	tɕiaŋ⁵³	tɕiã²²¹	dʑiaŋ²²	dʑiã²²³	dʑiã¹¹	dʒiã³¹	dʒiɛ³³	dʑi³⁴³	dziɑ³¹
上_名_	dʑiaŋ²¹³ ziaŋ²¹³	dʑiaŋ¹³ ʑiaŋ¹³	tɕiã³¹ çiã³¹	dʑiaŋ¹³ ʑiaŋ¹³	dʑiã²³¹ çiã²³¹	dʑiã²³¹ ʑiã²³¹	dʒiã²²³ ʒiã²²³	dʒiɛ¹³ ʒiɛ¹³	dʑi²² i²²	ziɑ²¹³ ziɑ²¹³

上行语境是方位,下行语境是"上海"。

	遂昌	龙泉	庆元	松阳	宣平	丽水	云和	景宁	青田	缙云
勺	ʑiaʔ²³	ʑiaʔ²³	çiaʔ³⁴	ʑiaʔ²	ʑiɔʔ²³	ʑiɔʔ²³	ʒiɑʔ²³	ʒiɑʔ²³	zoʔ³¹	ziɔ³⁵
让	ȵioŋ²¹³	ȵiaŋ¹³	ȵiã³¹	ȵiaŋ¹³	ȵiã²³¹	ȵiã²³¹	ȵiɑ²²³	ȵiɛ¹³	ȵi²²	ȵiɑ²¹³
疆	tɕiaŋ⁴⁵	tɕiaŋ³³⁵	tɕiã³³⁵	tɕiaŋ⁵³	tɕiã²⁴	tɕiã²⁴	tʃiã²⁴	tʃiɛ³²⁴	tɕi⁴⁴⁵	tɕiɑ⁴⁴⁵
薑_生姜_	tɕiaŋ⁴⁵	tɕiaŋ³³⁵	tɕiã³³⁵	tɕiaŋ⁵³	tɕiã²⁴	tɕiã²⁴	tʃiã²⁴	tʃiɛ³²⁴	tɕi⁴⁴⁵	tɕiɑ⁴⁴⁵
姜_姓_	tɕiaŋ⁴⁵	tɕiaŋ³³⁵	tɕiã³³⁵	tɕiaŋ⁵³	tɕiã²⁴	tɕiã²⁴	tʃiã²⁴	tʃiɛ³²⁴	tɕi⁴⁴⁵	tɕiɑ⁴⁴⁵
脚	ᵂtɕiaʔ⁵	ᵂtɕiaʔ⁵⁴	ᵂtɕiaʔ⁵	tɕiaʔ⁵	tɕiəʔ⁵	tɕiɒʔ⁵	tʃiɑʔ⁵	tʃiɑʔ⁵	tɕiʔ⁴²	tɕiɔ⁴²³

遂昌、龙泉、庆元三地不说"脚"而说"骹"。

	遂昌	龙泉	庆元	松阳	宣平	丽水	云和	景宁	青田	缙云
强	dʑiaŋ²²¹	dʑiaŋ²¹¹	tɕiã⁵²	dʑiaŋ³¹	tɕiã⁴³⁴	dʑiã¹¹	dʒiã⁴²³	dʒiɛ³¹	dʑi²¹	dʑiɑ²³¹
仰	ȵiaŋ¹³	ȵiaŋ⁵³	ȵiã²²¹	ȵiaŋ²²	ȵiã²²³	ȵiã⁵⁴⁴	ȵiɛ⁵³	ȵiɛ³³	ȵi³⁴³	ȵiɑ³¹
虐	ȵiaʔ²³	ȵiaʔ²³	ȵiaʔ³⁴	ȵiaʔ²	ȵiəʔ²³	ȵiɔʔ²³	ȵiɑʔ²³	ȵiɑʔ²³	ȵiʔ³¹	ȵiɔ³⁵

	遂昌	龙泉	庆元	松阳	宣平	丽水	云和	景宁	青田	缙云
香	ɕiaŋ⁴⁵	ɕiaŋ³³⁵	ɕiã³³⁵	ɕiaŋ⁵³	ɕiã²⁴	ɕia²⁴	ʃiã²⁴	ʃiɛ³²⁴	ɕi⁴⁴⁵	ɕia⁴⁴⁵
乡	ɕiaŋ⁴⁵	ɕiaŋ³³⁵	ɕiã³³⁵	ɕiaŋ⁵³	ɕiã²⁴	ɕia²⁴	ʃiã²⁴	ʃiɛ³²⁴	ɕi⁴⁴⁵	ɕia⁴⁴⁵
享	ɕiaŋ⁵³³	ɕiaŋ⁵³	ɕiã³³	ɕiaŋ²¹³	ɕiã⁴⁴	ɕia⁵⁴⁴	ʃiã⁵³	ʃiɛ³³	ɕi⁴⁵⁴	ɕia⁵²
响	ɕiaŋ⁵³³	ɕiaŋ⁵³	ɕiã³³	ɕiaŋ²¹³	ɕiã⁴⁴	ɕia⁵⁴⁴	ʃiã⁵³	ʃiɛ³³	ɕi⁴⁵⁴	ɕia⁵²
向	ɕiaŋ³³⁴	ɕiaŋ⁴⁵	ɕiã¹¹	ɕiaŋ²⁴	ɕiã⁵²	ɕia⁵²	ʃiã⁵⁵	ʃiɛ³⁵	ɕi³³	ɕia⁵⁵⁴
央	iaŋ⁴⁵	iaŋ³³⁵	iã³³⁵	iaŋ⁵³	iã²⁴	ia²⁴	ia²⁴	iɛ³²⁴	i⁴⁴⁵	iɑ⁴⁴⁵
秧	ɛ̃⁴⁵ / iaŋ⁴⁵	ɛ³³⁵ / iaŋ³³⁵	æ̃³³⁵ / iã³³⁵	iaŋ⁵³	iã²⁴	ia²⁴	ia²⁴	iɛ³²⁴	i⁴⁴⁵	iɑ⁴⁴⁵

遂昌、龙泉、庆元上行语境是"菜秧",下行是读字音。

	遂昌	龙泉	庆元	松阳	宣平	丽水	云和	景宁	青田	缙云
约	iaʔ⁵	iaʔ⁵⁴	iaʔ⁵	iaʔ⁵	iəʔ⁵	iɒʔ⁵	iɑʔ⁵	iaʔ⁵	iʔ⁴²	iɔ⁴²³
羊	iaŋ²²¹	iaŋ²¹¹	iã⁵²	iaŋ³¹	iã⁴³⁴	iã¹¹	ia⁴²³	iɛ³¹	i²¹	iɑ²³¹
洋	iaŋ²²¹	iaŋ²¹¹	iã⁵²	iaŋ³¹	iã⁴³⁴	iã¹¹	ia⁴²³	iɛ³¹	i²¹	iɑ²³¹
烊	iaŋ²²¹	iaŋ²¹¹	iã⁵²	iaŋ³¹	iã⁴³⁴	iã¹¹	ia⁴²³	iɛ³¹	i²¹	iɑ²³¹
杨	iaŋ²²¹	iaŋ²¹¹	iã⁵²	iaŋ³¹	iã⁴³⁴	iã¹¹	ia⁴²³	iɛ³¹	i²¹	iɑ²³¹
阳	iaŋ²²¹	iaŋ²¹¹	iã⁵²	iaŋ³¹	iã⁴³⁴	iã¹¹	ia⁴²³	iɛ³¹	i²¹	iɑ²³¹
扬	iaŋ²²¹	iaŋ²¹¹	iã⁵²	iaŋ³¹	iã⁴³⁴	iã¹¹	ia⁴²³	iɛ³¹	i²¹	iɑ²³¹
养	iɔŋ¹³	iɔŋ⁵³	çiɔ̃²²¹	iɔŋ²²	iã²²³	iã⁵⁴⁴	ia⁵³	iɛ³³	i³⁴³	iɑ³¹
痒	ziɔŋ¹³	ɕiɔŋ⁵³	çiɔ̃²²¹	ziɔŋ²²	iã²²³	iã⁵⁴⁴	ia⁵³	iɛ³³	i³⁴³	iɑ³¹
样	iaŋ²¹³	iaŋ¹³	iã³¹	iaŋ¹³	iã²³¹	ia²³¹	ia²²³	iɛ¹³	i²²	iɑ²¹³
药	iaʔ²³	iaʔ²³	iaʔ³⁴	iaʔ²	iəʔ²³	iɒʔ²³	iaʔ²³		iʔ³¹	iɔ³⁵
光	koŋ⁴⁵	koŋ³³⁵	kɔ̃³³⁵	koŋ⁵³	kɔ̃²⁴	koŋ²⁴	kɔ̃²⁴	kɔ̃³²⁴	ko⁴⁴⁵	kɔ⁴⁴⁵
广	koŋ⁵³³	koŋ⁵³	kɔ̃³³	koŋ²¹³	kɔ̃⁴⁴	koŋ⁵⁴⁴	kɔ̃⁵³	kɔ̃³³	ko⁴⁵⁴	kɔ⁵²
郭	koʔ⁵	kɔuʔ⁵⁴	koʔ⁵	koʔ⁵	kəʔ⁵	kʌʔ⁵	koʔ⁵	kɔuʔ⁵	koʔ⁴²	kɔ⁴²³
扩	kʰɔʔ⁵	kʰɔuʔ⁵⁴	kʰoʔ⁵	kʰoʔ⁵	kʰəʔ⁵	kʰʌʔ⁵	kʰoʔ⁵	kʰɔuʔ⁵	kʰoʔ⁴²	kʰɔ⁴²³
荒	xoŋ⁴⁵	xoŋ³³⁵	xɔ̃³³⁵	xoŋ⁵³	xɔ̃²⁴	xɔŋ²⁴	xɔ̃²⁴	xɔ̃³²⁴	xo⁴⁴⁵	xɔ⁴⁴⁵
慌	xoŋ⁴⁵	xoŋ³³⁵	xɔ̃³³⁵	xoŋ⁵³	xɔ̃²⁴	xɔŋ²⁴	xɔ̃²⁴	xɔ̃³²⁴	xo⁴⁴⁵	xɔ⁴⁴⁵
谎	xoŋ⁵³³	xoŋ⁵³	xɔ̃³³	xoŋ²¹³	xɔ̃⁴⁴	xɔŋ⁵⁴⁴	xɔ̃⁵³	xɔ̃³³	xo⁴⁵⁴	xɔ⁵²
霍	xɔʔ⁵	xɔuʔ⁵⁴	xoʔ⁵	xoʔ⁵	xuəʔ⁵	xuoʔ⁵	xoʔ⁵	xɔuʔ⁵	xoʔ⁴²	xɔ⁴²³
黄	ɔŋ²²¹	ɔŋ²¹¹	ɔ̃⁵²	oŋ³¹	ɔ̃⁴³⁴	ɔŋ¹¹·	ɔ̃⁴²³	ɔ̃³¹	o²¹	ɔ²³¹
簧	ɔŋ²²¹	ɔŋ²¹¹	ɔ̃⁵²	oŋ³¹	ɔ̃⁴³⁴	ɔŋ¹¹	ɔ̃⁴²³	ɔ̃³¹	o²¹	ɔ²³¹
皇	ɔŋ²²¹	ɔŋ²¹¹	ɔ̃⁵²	oŋ³¹	ɔ̃⁴³⁴	ɔŋ¹¹	ɔ̃⁴²³	ɔ̃³¹	o²¹	ɔ²³¹
蝗	ɔŋ²²¹	ɔŋ²¹¹	ɔ̃⁵²	oŋ³¹	ɔ̃⁴³⁴	ɔŋ¹¹	ɔ̃⁴²³	ɔ̃³¹	o²¹	ɔ²³¹

续表

	遂昌	龙泉	庆元	松阳	宣平	丽水	云和	景宁	青田	缙云
镬锅	ɔʔ²³	ᵂɔuʔ²³	ᵂxoʔ³⁴	oʔ²	əʔ²³	ʌʔ²³	oʔ²³	ɔuʔ²³	oʔ³¹	ɔ³⁵

龙泉、庆元两地不说"镬"而说"鑝"。

	遂昌	龙泉	庆元	松阳	宣平	丽水	云和	景宁	青田	缙云
方	foŋ⁴⁵	foŋ³³⁵	fɔ̃³³⁵	foŋ⁵³	fɔ̃²⁴	foŋ²⁴	fɔ̃²⁴	fɔ̃³²⁴	fo⁴⁴⁵	fɔ⁴⁴⁵
放	foŋ³³⁴	foŋ⁴⁵	fɔ̃¹¹	foŋ²⁴	fɔ̃⁵²	foŋ⁵²	fɔ̃⁵⁵	fɔ̃³⁵	fo³³	fɔ⁵⁵⁴
芳	foŋ⁴⁵	foŋ³³⁵	fɔ̃³³⁵	foŋ⁵³	fɔ̃²⁴	foŋ²⁴	fɔ̃²⁴	fɔ̃³²⁴	fo⁴⁴⁵	fɔ⁴⁴⁵
纺	foŋ⁵³³	foŋ⁵³	fɔ̃³³	foŋ²¹³	fɔ̃⁴⁴	foŋ⁵⁴⁴	fɔ̃⁵³	fɔ̃³³	fo⁴⁵⁴	fɔ⁵²
访	foŋ⁵³³	foŋ⁵³	fɔ̃³³	foŋ²¹³	fɔ̃⁴⁴	foŋ⁵⁴⁴	fɔ̃⁵³	fɔ̃³³	fo⁴⁵⁴	fɔ⁵²
房	voŋ²²¹	voŋ²¹¹	fɔ̃⁵²	voŋ³¹	fɔ̃⁴³⁴	voŋ¹¹	vɔ̃⁴²³	vɔ̃³¹	vo²¹	vɔ²³¹
防	voŋ²²¹	voŋ²¹¹	fɔ̃⁵²	voŋ³¹	fɔ̃⁴³⁴	voŋ¹¹	vɔ̃⁴²³	vɔ̃³¹	vo²¹	vɔ²³¹
缚	boʔ²³	bouʔ²³	poʔ³⁴	boʔ²	bəʔ²³	buoʔ²³	boʔ²³	bɔuʔ²³	voʔ³¹	bɔ³⁵
亡	moŋ²²¹	moŋ²¹¹	mɔ̃⁵²	moŋ³¹	mɔ̃⁴³⁴	moŋ¹¹	mɔ̃⁴²³	mɔ̃³¹	vo²¹	vɔ²³¹
网	moŋ¹³	moŋ⁵³	mɔ̃²²¹	moŋ²²	mɔ̃²²³	moŋ⁵⁴⁴	mɔ̃⁵³	mɔ̃³³	mo³⁴³	mɔ³¹
忘	miŋ²²¹	ᵂvɔŋ²¹¹	ᵂmɔ̃⁵²	men³¹	məŋ⁴³⁴	ᵂmoŋ¹¹	ᵂmɔ̃⁴²³	ᵂmɔ̃³¹	maŋ²¹	mɔ²³¹

龙泉、庆元、丽水、云和四地"忘记"说"落记",景宁说"落"。

	遂昌	龙泉	庆元	松阳	宣平	丽水	云和	景宁	青田	缙云
望	moŋ²¹³	moŋ¹³	mɔ̃³¹	moŋ¹³	mɔ̃²³¹	moŋ²³¹	mɔ̃²²³	mɔ̃¹³	mo²²/vo²²	mɔ²¹³

遂昌、松阳、宣平、丽水四地的"看"说"望",其他各地则说别的,但在"往上走"的语境中,各地都说"望上走",且"望"都读 [m] 母。青田话下行系读字音。

	遂昌	龙泉	庆元	松阳	宣平	丽水	云和	景宁	青田	缙云
筐	kʰɔŋ⁴⁵ / kʰuaŋ⁴⁵	kʰuaŋ³³⁵	tɕʰiɔ̃³³⁵ / kʰuã³³⁵	kʰoŋ⁵³	kʰɔ̃²⁴	kʰɔŋ²⁵	kʰɔ̃²⁴	kʰɔ̃³²⁴	tɕʰio⁴⁴⁵	tɕʰiɔ⁴⁴⁵
况	ɕiɔŋ³³⁴	ɕiɔŋ⁴⁵	ɕiɔ̃¹¹	ɕion²⁴	xuã⁵²	xɔŋ⁵²	ʃiɔ̃⁵⁵	ʃiɔ̃³⁵	ɕio³³	ɕiɔ⁵⁵⁴
枉	iɔŋ⁵³³	iɔŋ⁵³	iɔ̃³³	ioŋ²¹³	ɔ̃⁴⁴	ɔŋ⁵⁴⁴	iɔ̃⁵³	iɔ̃³³	io⁴⁵⁴	iɔ⁵²
王	iɔŋ²²¹	iɔŋ²¹¹	iɔ̃⁵²	ioŋ³¹	iɔ̃⁴³⁴	ioŋ¹¹	iɔ̃⁴²³	iɔ̃³¹	io²¹	iɔ²³¹
往	uaŋ¹³	iɔŋ⁵³	iɔ̃²²¹	ioŋ²²	uã²²³	uã⁵⁴⁴	iɔ̃⁵³ / uã⁵³	iɔ̃³³	io³⁴³	iɔ³¹
旺	ɔŋ²¹³	ɔŋ¹³	ɔ̃³¹	oŋ¹³	ɔ̃²³¹	uã²³¹	ɔ̃²²³	ɔ̃¹³	o²²	ɔ²¹³
邦	poŋ⁴⁵	poŋ³³⁵	ʔbɔ̃³³⁵	poŋ⁵³	pɔ̃²⁴	poŋ²⁴	pɔ̃²⁴	pɔ̃³²⁴	ʔbo⁴⁴⁵	ʔbɔ⁴⁴⁵
剥	poʔ⁵	puʔ⁵⁴	ʔboʔ⁵	poʔ⁵	pəʔ⁵	pʌʔ⁵	poʔ⁵	pɔuʔ⁵	ʔbuʔ⁴²	ʔbɔ⁴²³
胖	pʰɔŋ³³⁴	pʰɔŋ⁴⁵	pʰɔ̃¹¹	pʰoŋ²⁴	pʰɔ̃⁵²	pʰɔŋ⁵²	pʰɔ̃⁵⁵	pʰɔ̃³⁵	pʰo³³	pʰɔ⁵⁵⁴
朴	pʰoʔ⁵	pʰuʔ⁵⁴	pʰoʔ⁵	pʰoʔ⁵	pʰəʔ⁵	pʰuoʔ⁵	pʰoʔ⁵	pʰɔuʔ⁵	pʰuʔ⁴²	pʰɔ⁴²³
棒	boŋ¹³	poŋ⁵³	pɔ̃²²¹	boŋ²²	bɔ̃²²³	bɔŋ¹¹	bɔ̃³¹	bɔ̃³³	bo³⁴³	bɔ³¹
雹	boʔ²³	bouʔ²³	poʔ³⁴	boʔ²	bəʔ²³	bʌʔ²³	boʔ²³	buʔ²³	boʔ³¹	bɔ³⁵
桩	tioŋ⁴⁵	tioŋ³³⁵	ʔdiɔ̃³³⁵	tioŋ⁵³	tiɔ̃²⁴	tioŋ²⁴	tiɔ̃²⁴	tiɔ̃³²⁴	ʔdio⁴⁴⁵	tsɔ⁴⁴⁵

续表

	遂昌	龙泉	庆元	松阳	宣平	丽水	云和	景宁	青田	缙云
桌	tiɔʔ⁵	tiɔɯʔ⁵⁴	ʔdiɔʔ⁵	tiɔʔ⁵	tyəʔ⁵	tiɔʔ⁵	tiɔʔ⁵	tiɔuʔ⁵	ʔdiɔʔ⁴²	ʔdɔ⁴²³
啄	təɯʔ⁵	təɯʔ⁵⁴	ʔdiɔʔ⁵	tɤʔ⁵	təʔ⁵	tʌʔ⁵	teʔ⁵	touʔ⁵	tɕyæʔ⁴²	ʔdɤɯʔ⁴²³
戳	tɕʰiɔʔ⁵	tɕʰiɔɯʔ⁵⁴	tɕʰiɔʔ⁵	tɕʰiɔʔ⁵	tɕʰyəʔ⁵	tɕʰiɔʔ⁵	tʃʰiɔʔ⁵	tʃʰiɔuʔ⁵	tɕʰiɔʔ⁴²	tsʰɔ⁴²³
撞	dʑiɔŋ²¹³	dʑiɔŋ¹³	tɕiɔ̃³¹	dʑiɔŋ¹³	dʑiɔ̃²³¹	dʑiɔŋ²³¹	dʒiɔ̃²²³	dʒiɔ̃¹³	dʑiɔ²²	dzɔ²¹³
捉	tɕiɔʔ⁵	tɕiɔɯʔ⁵⁴	tɕiɔʔ⁵	tɕiɔʔ⁵	tɕyəʔ⁵	tɕiɔʔ⁵	tʃiɔʔ⁵	tʃiɔuʔ⁵	tɕiuʔ⁴²	tsʰɔu⁴²³
窗	tɕʰiɔŋ⁴⁵	tɕʰiɔŋ³³⁵	tɕʰiɔ̃³³⁵	tɕʰiɔŋ⁵³	tɕʰiɔ̃²⁴	tɕʰiɔŋ²⁴	tʃʰiɔ̃²⁴	tʃʰiɔ̃³²⁴	tɕʰiɔ⁴⁴⁵	tsʰɔ⁴⁴⁵
艇			tɕʰiɔʔ⁵		tɕʰyəʔ⁵	tɕʰiɔʔ⁵	tʃʰiɔʔ⁵	tʃʰiɔuʔ⁵		
镯	dʑiɔʔ²³	dʑiɔɯʔ²³	tɕiɔʔ³⁴	dʑiɔʔ²	dʑyəʔ²³	dʑiɔʔ²³	dʒiɔʔ²³	dʒiɔuʔ²³	dʑiɔʔ³¹	dzɔ³⁵
泥(淋)	ʑiɔʔ²³		ɕiɔŋ²⁴							
双	ɕiɔŋ⁴⁵	ɕiɔŋ³³⁵	ɕiɔ̃³³⁵	ɕioŋ⁵³	ɕiɔ̃²⁴		ʃiɔ̃²⁴	ʃiɔ̃³²⁴	ɕio⁴⁴⁵	sɔ⁴⁴⁵
江	kɔŋ⁴⁵	kɔŋ³³⁵	kɔ̃³³⁵	koŋ⁵³	kɔ̃²⁴	kɔŋ²⁴	kɔ̃²⁴	kɔ̃³²⁴	ko⁴⁴⁵	kɔ⁴⁴⁵
扛	kɔŋ⁴⁵	kɔŋ³³⁵	kɔ̃³³⁵	koŋ⁵³	kɔ̃²⁴	kɔŋ²⁴	kɔ̃²⁴	kɔ̃³²⁴	ko⁴⁴⁵	kɔ⁴⁴⁵
豇	kɔŋ⁴⁵	kaŋ³³⁵	kɔ̃³³⁵	koŋ⁵³	kɔ̃²⁴	kɔŋ²⁴	kɔ̃²⁴	kɔ̃³²⁴	kɛ⁴⁴⁵	kɔ⁴⁴⁵
讲	kɔŋ⁵³³	kɔŋ⁵³	kɔ̃³³	koŋ²¹³	kɔ̃⁴⁴	kɔŋ⁵⁴⁴	kɔ̃⁵³	kɔ̃³³	ko⁴⁵⁴	kɔ⁵²
港	kɔŋ⁵³³	kɔŋ⁵³	kɔ̃³³	koŋ²¹³	kɔ̃⁴⁴	kɔŋ⁵⁴⁴	kɔ̃⁵³	kɔ̃³³	ko⁴⁵⁴	kɔ⁵²
降(下降)	kɔŋ³³⁴	kɔŋ⁴⁵	kɔ̃¹¹	koŋ²⁴	kɔ̃⁵²	kɔŋ⁵²	kɔ̃⁵⁵	kɔ̃³⁵	ko³³	kɔ⁵⁵⁴
角	kɔʔ⁵	kɔuʔ⁵⁴	koʔ⁵	koʔ⁵	kəʔ⁵	kʌʔ⁵	koʔ⁵	kɔuʔ⁵	koʔ⁴²	kɔ⁴²³
饺	tɕiɐɯ⁵³³	tɕiɑɯ⁵³	tɕin³³	tɕiɔ²¹³	tɕiɔ⁴⁴	tɕiʌ⁵⁴⁴	tʃiɑɯ⁵³	tʃiɑɯ³³	tɕiœ⁴⁵⁴	tɕiɤɯ⁵²
腔	tɕʰiaŋ⁴⁵	tɕʰiaŋ³³⁵	tɕʰiã³³⁵	tɕʰiaŋ⁵³	tɕʰiɔ̃²⁴	tɕʰiã²⁴	tʃʰiã²⁴	tʃʰiɛ³²⁴	tɕʰi⁴⁴⁵	tɕʰia⁴⁴⁵
确	kʰɔʔ⁵	kʰɔʔ⁵⁴	kʰoʔ⁵	kʰoʔ⁵	kʰəʔ⁵	kʰʌʔ⁵	kʰoʔ⁵	kʰɔuʔ⁵	kʰoʔ⁴²	kʰɔ⁴²³
壳	kʰɔʔ⁵	kʰɔuʔ⁵⁴	kʰuʔ⁵	kʰoʔ⁵	kʰəʔ⁵	kʰʌʔ⁵	kʰoʔ⁵	kʰɔuʔ⁵	kʰoʔ⁴²	kʰɔ⁴²³
岳	ŋɔʔ²³	ŋɔʔ²³	ŋoʔ³⁴	ŋoʔ²	ŋəʔ²³	ŋʌʔ²³	ŋoʔ²³	ŋɔuʔ²³	ŋoʔ³¹	ŋɔ³⁵
乐(音乐)	lɔʔ²³	ɔʔ²³	loʔ³⁴	loʔ²	ləʔ²³	lʌʔ²³	loʔ²³	lɔuʔ²³	ŋoʔ³¹	ŋɔ³⁵
降(投降)	ɔŋ²²¹	ɔŋ²¹¹	xɔ̃⁵²	oŋ³¹	ɔ̃⁴³⁴	ɔŋ¹¹	ɔ̃⁴²³	ɔ̃³¹	o²¹	ɔ²³¹
项	ɔŋ¹³	ɔŋ⁵³	xɔ̃²²¹	oŋ²²	ɔ̃²²³	ɔŋ⁵⁴⁴	ɔ̃⁵³	ɔ̃³³	o³⁴³	ɔ³¹
学	ɔʔ²³	ɔʔ²³	xoʔ³⁴	oʔ²	əʔ²³	ʌʔ²³	oʔ²³	ɔuʔ²³	oʔ²³	ɔ³⁵
握	ɔʔ⁵	uɔʔ⁵⁴	uʔ⁵	oʔ⁵	əʔ⁵	uoʔ⁵	əɯʔ⁵	uʔ⁵	uʔ⁴²	ɔu⁴²³
齷			oʔ⁵		uəʔ⁵	ʌʔ⁵	oʔ⁵	ɔuʔ⁵		
崩	pɔŋ⁴⁵	pəŋ³³⁵	ʔbæ̃³³⁵	poŋ⁵³	pəŋ²⁴	pɔŋ²⁴	pəŋ²⁴	paŋ³²⁴	ʔboŋ⁴⁴⁵	ʔbaɯm⁴⁴⁵
北	pɔʔ⁵	pɛʔ⁵⁴	ʔbɤʔ⁵	pæʔ⁵	pəʔ⁵	pɛʔ⁵	paʔ⁵	pɛʔ⁵	ʔbɛʔ⁴²	ʔbɛ⁴²³
朋	bɔŋ²²¹	bɛ²¹¹	pæ̃⁵²	bæ̃³¹	pəŋ⁴³⁴	bɔŋ¹¹	bɛ⁴²³	baŋ³¹	boŋ²¹	bɛ²³¹ bɑɯm²³¹

续表

	遂昌	龙泉	庆元	松阳	宣平	丽水	云和	景宁	青田	缙云
墨	mɔʔ^{23}	mi¹ʔ^{23}	mɤʔ^{34}	mæʔ^{2}	məʔ^{23}	mʌʔ^{23}	maʔ^{23}	mɛʔ^{23}	mɛʔ^{31}	me^{35}
默	mɔʔ^{23}	mɔʔ^{23}	mɤʔ^{34}	mæʔ^{2}	məʔ^{23}	mɛʔ^{23}	maʔ^{23}	mɛʔ^{23}	mɛʔ^{31}	me^{35}
登	tɛ̃^{45}	tɕiŋ^{335}	ʔdæ^{335}	tæ̃^{53}	tiŋ^{24}	teŋ^{24}	tɛ^{24}	taŋ^{324}	ʔdiŋ^{445}	næiŋ^{445}
灯	tiŋ^{45}	tiŋ^{335}	ʔdæ^{335}	tæ̃^{53}	tiŋ^{24}	teŋ^{24}	tɛ^{24}	taŋ^{324}	ʔdiŋ^{445}	næiŋ^{445}
等	tɛ̃^{533}	tɛ^{53}	ʔdæ^{33}	文tæ̃^{213}	tiŋ^{44}	文teŋ^{544}	tɛ^{53}	taŋ^{33}	ʔdiŋ^{454}	næiŋ^{52}
凳	tiŋ^{334}	tiŋ^{45}	ʔdæ^{11}	tæ̃^{24}	tiŋ^{52}	teŋ^{52}	tɛ^{55}	taŋ^{35}	ʔdiŋ^{33}	næiŋ^{554}
得	tɛʔ^{5} tiʔ^{0}	tɛʔ^{54} tiʔ^{0} iʔ^{0}	ʔdɤʔ^{5} ʔdiʔ^{0}	tæʔ^{5} tiʔ^{0}	təʔ^{5} tiəʔ^{0}	tɛʔ^{5} tiʔ^{0} liʔ^{0}	taʔ^{5} tiʔ^{0} liʔ^{0}	tɛʔ^{5} tiʔ^{0}	ʔdɛʔ^{42} ʔdiʔ^{0}	ʔdɛ^{423} ʔdei^{0} lei^{0}
	第一行是动词"得"的读音。遂昌、庆元、松阳、宣平、丽水、青田等地下行语境是"吃得、吃得下";龙泉、云和、景宁、缙云等第二行语境是"吃得",第三行语境是"吃得下"。									
德	tɛʔ^{5}	tɛʔ^{54}	ʔdɤʔ^{5}	tæʔ^{5}	təʔ^{5}	tɛʔ^{5}	taʔ^{5}	tɛʔ^{5}	ʔdɛʔ^{42}	ʔdɛ^{423}
忒	tʰɛʔ^{5}	tʰaʔ^{54}	tʰɤʔ^{5}	tʰæʔ^{5}	tʰiəʔ^{5}	tʰaʔ^{5}	tʰaʔ^{5}	tʰɛʔ^{5}	tʰaʔ^{42}	tʰei^{423}
腾	dɛ̃^{221}	dɛiŋ^{211}	tæ̃^{52}	dæ̃^{31}	təŋ^{434}	deŋ^{11}	dɛ^{423}	daŋ^{31}	diŋ^{21}	dæiŋ^{231}
藤	dɛ̃^{221}	dɛiŋ^{211}	tæ̃^{52}	dæ̃^{31}	təŋ^{434}	deŋ^{11}	dəŋ^{423}	daŋ^{31}	diŋ^{21}	dæiŋ^{231}
邓	dɛ̃^{213}	dɛ^{13}	tæ̃^{31}	dæ̃^{13}	dəŋ^{231}	deŋ^{231}	dɛ^{423}	daŋ^{13}	daŋ^{22}	daŋ^{213}
特	dɛʔ^{23}	dɛʔ^{23}	tɤʔ^{34}	dæʔ^{2}	dɔʔ^{23}	dɛʔ^{23}	daʔ^{23}	dɛʔ^{23}	diʔ^{31}	dɛ^{35}
能	nɛ̃^{221}	nɛ^{211}	næ̃^{52}	næ̃^{31}	ȵiŋ^{434} nəŋ^{434}	neŋ^{11}	nɛ^{423}	naŋ^{31}	ȵiŋ^{21}	næiŋ^{231}
	宣平话上行语境是"能够",下行语境是"能力"。									
菱	lɛ̃^{221}	liŋ^{211}	læ̃^{52}	liŋ^{31}	liŋ^{434}	liŋ^{11}	liŋ^{423}	liaŋ^{31}	liŋ^{21}	liæiŋ^{231}
	"菠菜"在处州一带都说"菠菱"。									
肋	lɛʔ^{23}	lɛʔ^{23}	ləɯʔ^{34} lɤʔ^{34}	læʔ^{2}	liəʔ^{23}	liʔ^{23}	laʔ^{23}	liɛʔ^{23}	laʔ^{31}	lei^{35}
勒	lɛʔ^{23}	lɛʔ^{23}	lɤʔ^{34}	læʔ^{2}	liəʔ^{23}	lʌʔ^{23}	laʔ^{23}	lɯaʔ^{23}	laʔ^{31}	lei^{35}
曾 姓	tsɛ̃^{45}	tsɛ^{335}	tsæ̃^{335}	tsæ̃^{53}	tsəŋ^{24}	tseŋ^{24}	tsɛ^{24}	tsaŋ^{324}	tɕiŋ^{445}	tsæiŋ^{445}
增	tsɛ̃^{45}	tsɛ^{335}	tsæ̃^{335}	tsæ̃^{53}	tsəŋ^{24}	tseŋ^{24}	tsɛ^{24}	tsaŋ^{324}	tɕiŋ^{445}	tsæiŋ^{445}
则	tsɛʔ^{5}	tsɛʔ^{54}	tsɤʔ^{5}	tsæʔ^{5}	tsəʔ^{5}	tsaʔ^{5}	tsaʔ^{5}	tsɛʔ^{5}	tsɛʔ^{42}	tse^{423}
曾 曾经	zɛ̃^{221}	zɛ^{211}	sæ̃^{52}	zæ̃^{31}	səŋ^{434}	dzeŋ^{11}	zɛ^{423}	zaŋ^{31}	iŋ^{21}	zæiŋ^{231}
层	zɛ̃^{221}	zɛ^{211}	sæ̃^{52}	zæ̃^{31}	çiŋ^{434}	ʑiŋ^{11}	zɛ^{423}	zaŋ^{31}	iŋ^{21}	zæiŋ^{231}
贼	zɛʔ^{23}	zɛʔ^{23}	sɤʔ^{34}	zæʔ^{2}	zæʔ^{23}	zʌʔ^{23}	zaʔ^{23}	zɛʔ^{23}	zɛʔ^{31}	ze^{35}
僧	sɛ̃^{45}	tsɛ^{335}	tsæ̃^{335}	sæ̃^{53}	səŋ^{24}	seŋ^{24}	tsɛ^{24}	saŋ^{324}	tɕiŋ^{445}	sæiŋ^{445}

续表

	遂昌	龙泉	庆元	松阳	宣平	丽水	云和	景宁	青田	缙云
塞	sɛʔ^{5}	tʰɛʔ^{54} sɛʔ^{54}	sʏʔ^{5}	sæʔ^{5}	səʔ^{5}	sʌʔ^{5}	saʔ^{5}	tsʰɐɯʔ^{5} sɐɯʔ^{5}	sɛʔ^{42}	sei^{423}
	龙泉话上行语境是"塞牢_{塞住}",下行语境是"塞子"。景宁话上行语境是"塞子",下行语境是"塞牢"。龙泉话读[tʰ]声母原因不明。									
肯	kʰɛ̠^{533}	kʰɛ^{53}	kʰæ̠^{33}	kʰæ̠^{213}	kʰəŋ^{44}	kʰeŋ^{544}	kʰɛ^{53}	kʰaŋ^{33}	kʰiŋ^{454}	tɕʰiæiŋ^{52} kʰaŋ^{52}
刻	kʰɛʔ^{5}	kʰɛʔ^{54}	kʰʏʔ^{5}	kʰæʔ^{5}	kʰəʔ^{5}	kʰɛʔ^{5}	kʰaʔ^{5}	kʰɛʔ^{5}	kʰɛʔ^{42}	kʰɛ^{423}
克	kʰɛʔ^{5}	kʰɛʔ^{54}	kʰʏʔ^{5}	kʰæʔ^{5}	kʰəʔ^{5}	kʰɛʔ^{5}	kʰaʔ^{5}	kʰɛʔ^{5}	kʰɛʔ^{42}	kʰɛ^{423}
黑	xɛʔ^{5}	xɛʔ^{54}	xʏʔ^{5}	xæʔ^{5}	xəʔ^{5}	xʌʔ^{5}	xɛʔ^{5}	xɛʔ^{5}	xɛʔ^{42}	xɛ^{423}
恒	ɛ̃^{221}	uɛ^{211}	xæ̃^{52}	æ̃^{31}	əŋ^{434}	eŋ^{11}	ɛ^{423}	uaŋ^{31}	aŋ^{21}	uaŋ^{231}
冰	piŋ^{45}	piŋ^{335}	ʔbiŋ^{335}	piŋ^{53}	piŋ^{24}	piŋ^{24}	piŋ^{24}	piŋ^{324}	ʔbiŋ^{445}	mæiŋ^{445}
逼	piʔ^{5}	piʔ^{54}	ʔbiʔ^{5}	piʔ^{5}	piəʔ^{5}	piʔ^{5}	piʔ^{5}	piʔ^{5}	ʔbiʔ^{42}	ʔbiei^{423}
凭	biŋ^{221}	biŋ^{211}	piŋ^{52}	biŋ^{31}	piŋ^{434}	biŋ^{11}	biŋ^{423}	biŋ^{31}	biŋ^{21}	bæiŋ^{231}
匿	ȵiʔ^{23}	ȵiɛʔ^{23}	ȵiʔ^{34}	ȵiʔ^{2}	ȵiəʔ^{23}	ȵiʔ^{23}	ɲiaʔ^{23}	ɲiaʔ^{23}	ȵiʔ^{31}	ȵiei^{35}
陵	liŋ^{221}	liŋ^{211}	liŋ^{52}	liŋ^{31}	liŋ^{434}	liŋ^{11}	liŋ^{423}	liŋ^{31}	liŋ^{21}	læiŋ^{231}
菱	liŋ^{221}	liŋ^{211}	liŋ^{52}	liŋ^{31}	liŋ^{434}	liŋ^{11}	liŋ^{423}	liŋ^{31}	liŋ^{21}	læiŋ^{231}
力	liʔ^{23}	liʔ^{23}	liʔ^{34}	liʔ^{2}	liəʔ^{23}	liʔ^{23}	liʔ^{23}	liʔ^{23}	liʔ^{31}	lei^{35}
即	tɕiʔ^{5}	tɕiʔ^{54}	tɕiʔ^{5}	tɕiʔ^{5}	tɕiəʔ^{5}	tɕiʔ^{5}	tʃiʔ^{5}	tsʅʔ^{5}	tsʅʔ^{42}	tsei^{423}
鲫	tɕiʔ^{5}	tsʅʔ^{54}	tɕiʔ^{5}	tɕiʔ^{5}	tɕiəʔ^{5}	tɕiʔ^{5}	tʃyʔ^{5} tʃiʔ^{5}	tʃiʔ^{5}	tsʅʔ^{42}	tsei^{423}
息	çiʔ^{5}	çiʔ^{54}	çiʔ^{5}	çiʔ^{5}	çiəʔ^{5}	çiʔ^{5}	ʃiʔ^{5}	sʅʔ^{5}	sʅʔ^{42}	sei^{423}
熄	çiʔ^{5}	çiʔ^{54}	çiʔ^{5}	çiʔ^{5}	çiəʔ^{5}	çiʔ^{5}	ʃiʔ^{5}	sʅʔ^{5}	sʅʔ^{42}	sei^{423}
媳	çiʔ^{5}	çiʔ^{54}	çiʔ^{5}	çiʔ^{5}	çiəʔ^{5}	çiʔ^{5}	ʃiʔ^{5}	sʅʔ^{5}	sʅʔ^{42}	sei^{423}
徵_{征求}	tɕiŋ^{45}	tɕiŋ^{335}	tɕiŋ^{335}	tɕiŋ^{53}	tɕiŋ^{24}	tɕiŋ^{24}	tʃiŋ^{24}	tʃiŋ^{324}	tɕiŋ^{445}	tsæiŋ^{445}
澄	tiŋ^{334}	tiŋ^{45}	ʔdiŋ^{11}	tiŋ^{24}	tiŋ^{52}	tiŋ^{52}	tiŋ^{55}	tiŋ^{35}	ʔdiŋ^{33}	næiŋ^{554}
直	dʑiʔ^{23}	dzʅʔ^{23}	tɕiʔ^{34}	dʑiʔ^{2}	dʑiəʔ^{23}	dʑiʔ^{23}	dʒiʔ^{23}	dzʅʔ^{23}	dzʅʔ^{31}	dzei^{35}
值	dʑiʔ^{23}	dzʅʔ^{23}	tɕiʔ^{34}	dʑiʔ^{2}	dʑiəʔ^{23}	dʑiʔ^{23}	dʒiʔ^{23}	dzʅʔ^{23}	dzʅʔ^{31}	dzei^{35}
侧	tsɛʔ^{5}	tsɛʔ^{54}	tsʏʔ^{5}	tsæʔ^{5}	tsəʔ^{5}	tsaʔ^{5}	tsaʔ^{5}	tsɛʔ^{5}	tsʅʔ^{42}	tsɛ^{423}
测	tsʰəɯʔ^{5}	tsʰɛʔ^{54}	tsʰʏʔ^{5}	tsʰʏʔ^{5}	tsʰəʔ^{5}	tsʰaʔ^{5}	tsʰaʔ^{5}	tsʰɐɯʔ^{5}	tsʰɛʔ^{42}	tsʰɛ^{423}
色	səɯʔ^{5}	sʅʔ^{54}	sʏʔ^{5}	sæʔ^{5}	səʔ^{5}	sʌʔ^{5}	saʔ^{5}	sɐɯʔ^{5}	sɛʔ^{42}	sei^{423}
蒸	tɕiŋ^{45}	tɕiŋ^{335}	tɕiŋ^{335}	tɕiŋ^{53}	tɕiŋ^{24}	tɕiŋ^{24}	tʃiŋ^{24}	tʃiŋ^{324}	tɕiŋ^{445}	tsæiŋ^{445}
证	tɕiŋ^{334}	tɕiŋ^{45}	tɕiŋ^{11}	tɕiŋ^{24}	tɕiŋ^{52}	tɕiŋ^{52}	tʃiŋ^{55}	tʃiŋ^{35}	tɕiŋ^{33}	tsæiŋ^{554}
织	tɕiʔ^{5}	tsʅʔ^{54}	tɕiʔ^{5}	tɕiʔ^{5}	tɕiəʔ^{5}	tɕiʔ^{5}	tʃiʔ^{5}	tsʅʔ^{5}	tsʅʔ^{42}	tsei^{423}
职	tɕiʔ^{5}	tsʅʔ^{54}	tɕiʔ^{5}	tɕiʔ^{5}	tɕiəʔ^{5}	tɕiʔ^{5}	tʃiʔ^{5}	tsʅʔ^{5}	tsʅʔ^{42}	tsei^{423}

续表

	遂昌	龙泉	庆元	松阳	宣平	丽水	云和	景宁	青田	缙云
称	tɕʰiŋ^{45}	tɕʰiŋ^{335}	tɕʰiŋ^{335}	tɕʰiŋ^{53}	tɕʰiŋ^{24}	tɕʰiŋ^{24}	tʃʰiŋ^{24}	tʃʰiŋ^{324}	tɕʰiŋ^{445}	tsʰæiŋ^{445}
秤	tɕʰiŋ^{334}	tɕʰiŋ^{45}	tɕʰiŋ^{11}	tɕʰiŋ^{24}	tɕʰiŋ^{52}	tɕʰiŋ^{52}	tʃʰiŋ^{55}	tʃʰiŋ^{35}	tɕʰiŋ^{33}	tsʰæiŋ^{554}
乘	ʑiŋ^{221}	ʑiŋ^{211}	ɕiŋ^{52}	ʑiŋ^{31}	ɕiŋ^{434}	ʑiŋ^{11}	ʒiŋ^{423}	ʒiŋ^{31}	iŋ^{21}	zæiŋ^{231}
绳	dʑiŋ^{221}	dʑiŋ^{211}	tɕiŋ^{52}	dʑiŋ^{31}	tɕiŋ^{434}	dʑiŋ^{11}	dʒiŋ^{423}	dʒiŋ^{31}	iŋ^{21}	zæiŋ^{231}
塍	文ʑiŋ^{221}	ʑiŋ^{211}	ɕiŋ^{52}	文ʑiŋ^{31}	ɕiŋ^{434}	文ʑiŋ^{11}	文ʒiŋ^{423}	文dʒiŋ^{31}	文dʑiŋ^{21}	文zæiŋ^{231}
剩	ʑiŋ^{213}	ʑiŋ^{13}	ɕiŋ^{31}	ʑiŋ^{13}	ʑiŋ^{231}	ʑiŋ^{231}	ʒiŋ^{223}	ʒiŋ^{13}	dʑiŋ^{22}	dzæiŋ^{213}
食	ʑiʔ^{23}	zʅʔ^{23}	ɕiʔ^{34}	ʑiʔ^{2}	ʑiəʔ^{23}	ʑiʔ^{23}	ʒiʔ^{23}	zʅʔ^{23}	iʔ^{31}	zei^{35}
蚀	ʑiʔ^{23}	zʅʔ^{23}	ɕiʔ^{34}	ʑiʔ^{2}	ʑiəʔ^{23}	ʑiʔ^{23}	ʒiʔ^{23}	zʅʔ^{23}	iʔ^{31}	zei^{35}
升	ɕiŋ^{45}	ɕiŋ^{335}	ɕiŋ^{335}	ɕiŋ^{53}	ɕiŋ^{24}	ɕiŋ^{24}	ʃiŋ^{24}	ʃiŋ^{324}	ɕiŋ^{445}	sæiŋ^{445}
胜	ɕiŋ^{334}	ɕiŋ^{45}	ɕiŋ^{11}	ɕiŋ^{24}	ɕiŋ^{52}	ɕiŋ^{52}	ʃiŋ^{55}	ʃiŋ^{35}	ɕiŋ^{33}	sæiŋ^{554}
识	tɕiʔ^{5} ɕiʔ^{5}	tsʅʔ^{54} sʅʔ^{54}	tɕiʔ^{5} ɕiʔ^{5}	tɕiʔ^{5} ɕiʔ^{5}	ɕiəʔ^{5}	ɕiʔ^{5}	ʃiʔ^{5}	sʅʔ^{5}	sʅʔ^{42}	tsei^{423} sei^{423}
	上行语境是"识字",下行语境是"知识"。									
式	ɕiʔ^{5}	sʅʔ^{54}	ɕiʔ^{5}	ɕiʔ^{5}	ɕiəʔ^{5}	ɕiʔ^{5}	ʃiʔ^{5}	sʅʔ^{5}	sʅʔ^{42}	sei^{423}
植	dʑiʔ^{23}	dzʅʔ^{23}	tɕiʔ^{34}	dʑiʔ^{2}	dʑiəʔ^{23}	dʑiʔ^{23}	dʒiʔ^{23}	dzʅʔ^{23}	dzʅʔ^{31}	dzei^{35}
极	dʑiʔ^{23}	dzʅʔ^{23} dʑiʔ^{23}	tɕiʔ^{34}	dʑiʔ^{2}	dʑiəʔ^{23}	dʑiʔ^{23}	dʒiʔ^{23}	dzʅʔ^{23}	dzʅʔ^{31}	dzei^{35}
兴 兴旺	ɕiŋ^{45}	ɕiŋ^{335}	ɕiŋ^{335}	ɕiŋ^{53}	ɕiŋ^{24}	ɕiŋ^{24}	ʃiŋ^{24}	ʃiŋ^{324}	ɕiŋ^{445}	ɕiæiŋ^{445}
兴 高兴	ɕiŋ^{334}	ɕiŋ^{45}	ɕiŋ^{11}	ɕiŋ^{24}	ɕiŋ^{52}	ɕiŋ^{52}	ʃiŋ^{55}	ʃiŋ^{35}	ɕiŋ^{33}	ɕiæiŋ^{554}
应 姓	iŋ^{45}	iŋ^{335}	iŋ^{335}	iŋ^{53}	iŋ^{24}	iŋ^{24}	iŋ^{24}	iŋ^{324}	iŋ^{445}	iæiŋ^{445}
鹰	iŋ^{45}	iŋ^{335}	iŋ^{335}	iŋ^{53}	iŋ^{24}	iŋ^{24}	iŋ^{24}	iŋ^{324}	iŋ^{445}	iæiŋ^{445}
应 答应	iŋ^{334}	iŋ^{45}	iŋ^{11}	iŋ^{24}	iŋ^{52}	iŋ^{52}	iŋ^{55}	iŋ^{35}	iŋ^{33}	iaŋ^{554}
忆	i^{334}	ʅ^{45} i^{45}	i^{11}	i^{24}	i^{52}	i^{52}	i^{55}	i^{35}	i^{33}	i^{554}
亿	i^{334}	ʅ^{45} i^{45}	i^{11}	i^{24}	i^{52}	i^{52}	i^{55}	i^{35}	i^{33}	i^{554}
蝇	ɕiŋ^{334}	yeŋ^{211}	ɕiŋ^{11}	ɕiŋ^{24}	iŋ^{434}	iŋ^{11}	iŋ^{423}	iŋ^{31}	iŋ^{21}	iæiŋ^{231}
孕	yŋ^{213}	yeŋ^{13}	yəŋ^{31}	yŋ^{13}	yəŋ^{231}	iŋ^{231}	yŋ^{223}	iaŋ^{13}	yaŋ^{22}	yæiŋ^{213}
翼	iʔ^{23}	ʅʔ^{23}	iʔ^{34}	iʔ^{2}	iəʔ^{23}	iʔ^{23}	iɛʔ^{23}	iʔ^{23}	iæʔ^{31}	iɛ^{35}
国	kuɛʔ^{5}	kuəʔ^{54}	kuɤʔ^{5}	kuæʔ^{5}	kuəʔ^{5}	kuɛʔ^{5}	kuaʔ^{5}	kuəʔ^{5}	kuɛʔ^{42}	kuɛ^{423}
或	uɛʔ^{23}	uəʔ^{23}	xuɤʔ^{34}	uæʔ^{2}	uəʔ^{23}	uɛʔ^{23}	uaʔ^{23}	uəʔ^{23}	uɛʔ^{31}	uɛ^{35}
域	yɛʔ^{23}	iʔ^{23}	yʔ^{5}	yɛʔ^{2}	yəʔ^{23}	yɛʔ^{23}	yeʔ^{23}	yəʔ^{23}	uɛʔ^{31}	yei^{35}
百	piaʔ^{5}	paʔ^{54}	ʔbaʔ^{5}	paʔ^{5}	pæʔ^{5}	paʔ^{5}	paʔ^{5}	paʔ^{5}	ʔbɛʔ^{42}	ʔba^{423}
柏	piaʔ^{5}	paʔ^{54}	ʔbaʔ^{5}	paʔ^{5}	pæʔ^{5}	paʔ^{5}	paʔ^{5}	paʔ^{5}	ʔbɛʔ^{42}	ʔba^{423}

续表

	遂昌	龙泉	庆元	松阳	宣平	丽水	云和	景宁	青田	缙云
伯	piaʔ^5	paʔ^{54}	ʔbaʔ^5	paʔ^5	pæʔ^5	paʔ^5	paʔ^5	paʔ^5	ʔbɛ^{445}	ʔba^{423}
迫	p^{h}iaʔ^5 p^{h}aʔ^5	paʔ^{54}	ʔbaʔ^5	p^{h}aʔ^5	pæʔ^5	paʔ^5	paʔ^5	paʔ^5	ʔbiʔ^{42}	ʔba^{423}
拍	p^{h}aʔ^5	p^{h}aʔ^{54}	p^{h}aʔ^5	p^{h}aʔ^5	p^{h}æʔ^5	p^{h}aʔ^5	p^{h}aʔ^5	p^{h}aʔ^5	p^{h}ɛʔ^{42}	p^{h}a^{423}
脈撕	p^{h}iaʔ^5	p^{h}ɔʔ^{54}	p^{h}aʔ^5	p^{h}aʔ^5	p^{h}æʔ^5	p^{h}aʔ^5	p^{h}aʔ^5	p^{h}aʔ^5	p^{h}ɛʔ^{42}	p^{h}a^{423}
彭	biaŋ^{221}	bəŋ^{211}	pæ̃^{52}	baŋ^{31}	pɛ̃^{434}	bã^{11}	bɛ^{423}	bɛ^{31}	bɛ^{21}	ba^{231}
白	biaʔ^{23}	baʔ^{23}	paʔ^{34}	baʔ^2	bæʔ^{23}	baʔ^{23}	baʔ^{23}	baʔ^{23}	bɛʔ^{31}	ba^{35}
盲	miaŋ^{221}	mɔŋ^{211}	mæ̃^{52}	maŋ^{31}	mɛ̃^{434}	mã^{11}	mɛ^{423}	mɛ^{31}	mɛ^{21}	ma^{231}
猛	miaŋ^{13}	mɔŋ^{53}	mæ̃^{221}	maŋ^{22}	mɛ̃^{223}	mã^{544} mɔŋ^{544}	mɛ^{53}	mɛ^{33}	mɛ^{343}	ma^{31}
蜢	miaŋ^{13}	miaŋ^{53}	miã^{221}	maŋ^{22}	mɛ̃^{223}	mã^{544}	mɛ^{53}	mɛ^{33}	mɛ^{343}	ma^{31}
陌	mɛʔ^{23}	maʔ^{23}	maʔ^{34}	maʔ^2	mæʔ^{23}	mɛʔ^{23}	maʔ^{23}	maʔ^{23}	mɛʔ^{31}	mɛ^{35}
打	tiaŋ^{533}	taŋ^{53}	næ̃^{33}	naŋ^{213}	nɛ̃^{44}	nɛ^{544}	nɛ^{53}	nɛ^{33}	nɛ^{454}	na^{52}
冷	文laŋ^{13}	文laŋ^{53}	文læ̃^{221}	文laŋ^{22}	lɛ̃^{223}	lã^{544}	文lɛ^{53}	文lɛ^{33}	文lɛ^{343}	la^{52}

左上打"文"字头的地方，"冷"说"浸"。

	遂昌	龙泉	庆元	松阳	宣平	丽水	云和	景宁	青田	缙云
撑	tɕ^{h}iaŋ^{45}	ts^{h}aŋ^{335}	ts^{h}æ̃^{335}	ts^{h}aŋ^{53}	ts^{h}ɛ̃^{24}	ts^{h}ã^{24}	ts^{h}ɛ^{24}	ts^{h}ɛ^{324}	ts^{h}ɛ^{445}	ts^{h}a^{445}
坼	t^{h}iaʔ^5	ts^{h}aʔ^{54}	ts^{h}aʔ^5	t^{h}aʔ^5	ts^{h}æʔ^5	ts^{h}aʔ^5	ts^{h}aʔ^5		ts^{h}ɛʔ^{42}	ts^{h}a^{423}
泽	dzeʔ^{23}	dzaʔ^{23}	tsaʔ^{34}	dzaʔ^2	dzæʔ^{23}	dzaʔ^{23}	dzaʔ^{23}	dzaʔ^{23}	dzɛʔ^{31}	dza^{35}
择	dɔʔ^{23} dzɛʔ^{23}	dzaʔ^{23}	tsaʔ^{34}	dzaʔ^2	dzæʔ^{23}	dzaʔ^{23}	dzaʔ^{23}	dzaʔ^{23}	dzɛʔ^{31}	dɔ^{35} dza^{35}
宅	dzɛʔ^{23}	daʔ^{23} dzaʔ^{23}	taʔ^{34} tsaʔ^{34}	dzaʔ^2	dzæʔ^{23}	dzaʔ^{23}	dzaʔ^{23}	dzaʔ^{23}	dzɛʔ^{31}	dza^{35}

龙泉、庆元两地上行语境是"宅眷妇女"，下行是读字音。

	遂昌	龙泉	庆元	松阳	宣平	丽水	云和	景宁	青田	缙云
窄		tsaʔ^{54}								
蚱	tɕiuʔ^5	tɕiaʔ^{54}	tɕiaʔ^5	tɕiaʔ^5	tɕiəʔ^5	tɕioʔ^5	tʃioʔ^5	tʃiɛʔ^5	tɕiʔ^{42}	
生	ɕiaŋ^{45}	saŋ^{335}	sæ̃^{335}	saŋ^{53}	sɛ̃^{24}	sã^{24}	sɛ^{24}	sɛ^{324}	sɛ^{445}	sa^{445}
牲	ɕiaŋ^{45}	saŋ^{335}	sæ̃^{335}	saŋ^{53}	sɛ̃^{24}	sã^{24}	sɛ^{24}	sɛ^{324}	sɛ^{445}	sa^{445}
甥	ɕiaŋ^{45}	saŋ^{335}	sæ̃^{335}	saŋ^{53}	sɛ̃^{24}	sã^{24}	sɛ^{24}	sɛ^{324}	sɛ^{445}	sa^{445}
省省长	ɕiaŋ^{533}	saŋ^{53}	sæ̃^{33}	saŋ^{213}	sɛ̃^{44}	sã^{544}	sɛ^{53}	sɛ^{33}	sɛ^{454}	sa^{52}
省节省	ɕiaŋ^{533}	saŋ^{53}	sæ̃^{33}	saŋ^{213}	sɛ̃^{44}	sã^{544}	sɛ^{53}	sɛ^{33}	sɛ^{454}	sa^{52}
更打更	kaŋ^{45}	kaŋ^{335}	kæ̃^{335}	kaŋ^{53}	kɛ̃^{24}	kã^{24}	kɛ^{24}	kɛ^{324}	kɛ^{445}	ka^{445}
羹飘羹	tɕiaŋ^{45}	kaŋ^{335}	kæ̃^{335}	kaŋ^{53}	kɛ̃^{24}	kã^{24}	kɛ^{24}	kɛ^{324}	kɛ^{445}	ka^{445}
梗	kuaŋ^{533}	kuaŋ^{53}	kuã^{33}	kuaŋ^{213}	kuɛ̃^{44}	kuã^{544}	kuɛ^{53}	kuɛ^{33}	kuɛ^{454}	kua^{52}

续表

	遂昌	龙泉	庆元	松阳	宣平	丽水	云和	景宁	青田	缙云
更	$kɛ̃^{334}$	$kaŋ^{45}$	$kæ̃^{11}$	$kaŋ^{24}$	$kɛ^{52}$	$kã^{52}$	$kã^{55}$	$kɛ^{35}$	$kɛ^{33}$	ka^{554}
格	$kaʔ^{5}$	$kaʔ^{54}$	$kaʔ^{5}$	$kaʔ^{5}$	$kæʔ^{5}$	$kaʔ^{5}$	$kaʔ^{5}$	$kaʔ^{5}$	$kɛʔ^{42}$	ka^{423}
坑	$tɕʰiaŋ^{45}$	$kʰaŋ^{335}$	$kʰæ̃^{335}$	$kʰaŋ^{53}$	$kʰɛ̃^{24}$	$kʰã^{24}$	$kʰɛ^{24}$	$kʰɛ^{324}$	$kʰɛ^{445}$	$kʰa^{445}$
客	$tɕʰiaʔ^{5}$ $kʰaʔ^{5}$	$kʰaʔ^{54}$	$kʰaʔ^{5}$	$kʰaʔ^{5}$	$kʰæʔ^{5}$	$kʰaʔ^{5}$	$kʰaʔ^{5}$	$kʰaʔ^{5}$	$kʰɛʔ^{42}$	$kʰa^{423}$
	遂昌话上行语境是"客",下行语境是"客人"。									
硬	$ȵiaŋ^{213}$	$ŋaŋ^{13}$	$ŋæ̃^{31}$	$ŋaŋ^{13}$	$ŋɛ̃^{231}$	$ŋã^{231}$	$ŋɛ^{223}$	$ŋɛ^{13}$	$ŋɛ^{22}$	$ŋa^{213}$
额	$ŋɛʔ^{23}$	$ŋaʔ^{23}$	$ŋaʔ^{34}$	$ŋaʔ^{2}$	$ŋæʔ^{23}$	$ŋaʔ^{23}$	$ŋaʔ^{23}$	$ŋaʔ^{23}$	$ŋɛʔ^{31}$	$ŋa^{35}$
吓	$xaʔ^{5}$	$xaʔ^{54}$	$xaʔ^{5}$	$xaʔ^{5}$	$xæʔ^{5}$	$xaʔ^{5}$	$xaʔ^{5}$	$xaʔ^{5}$	$xoʔ^{42}$	xa^{423}
行 行为	$aŋ^{221}$	$aŋ^{211}$	$xæ̃^{52}$	$aŋ^{31}$	$ɛ̃^{434}$	$iŋ^{11}$	$ɛ^{423}$	$ɛ^{31}$	$ɛ^{21}$	a^{231}
杏	$aŋ^{13}$	$aŋ^{53}$	$xæ̃^{221}$	$aŋ^{22}$	$ŋɛ̃^{223}$	$ã^{544}$	a^{53}	$ŋa^{33}$	$ɛ^{343}$	a^{31}
行 品行	$iŋ^{221}$	$ɔŋ^{211}$	$xæ̃^{31}$	$aŋ^{31}$	$ɛ̃^{434}$	$iŋ^{11}$	$ɛ^{423}$	$ɛ^{31}$	$ɛ^{21}$	a^{231}
棚	$biaŋ^{221}$	$bəŋ^{211}$	$pæ̃^{52}$	$baŋ^{31}$	$pɛ̃^{434}$	$bɔŋ^{11}$	$bɛ^{423}$	$bɛ^{31}$	$boŋ^{21}$	ba^{231}
麦	$miaʔ^{23}$	$maʔ^{23}$	$maʔ^{34}$	$maʔ^{2}$	$mæʔ^{23}$	$maʔ^{23}$	$maʔ^{23}$	$maʔ^{23}$	$mɛʔ^{31}$	ma^{35}
脉	$miaʔ^{23}$	$maʔ^{23}$	$maʔ^{34}$	$maʔ^{2}$	$mæʔ^{23}$	$maʔ^{23}$	$maʔ^{23}$	$maʔ^{23}$	$mɛʔ^{31}$	ma^{35}
摘	$tiʔ^{5}$ $tsaʔ^{5}$	$tsaʔ^{54}$	$ʔdiʔ^{5}$ $tsaʔ^{5}$	$tsaʔ^{5}$	$tæʔ^{5}$ $tsæʔ^{5}$	$taʔ^{5}$ $tsaʔ^{5}$	$tsaʔ^{5}$	$tsaʔ^{5}$	$ʔdɛʔ^{42}$ $tsɛʔ^{42}$	$ʔda^{423}$ tsa^{423}
	上行语境是"摘叶子",下行语境是"摘要"。									
橙	$dʑiŋ^{221}$	$dzeiŋ^{211}$	$tɕiəŋ^{52}$	$dʑiŋ^{31}$	$təŋ^{434}$	$dʑiŋ^{11}$	$dʒiŋ^{423}$	$dʒiŋ^{31}$	$dʑiŋ^{21}$	dza^{231}
争	$tɕiaŋ^{45}$	$tsaŋ^{335}$	$tsæ̃^{335}$	$tsaŋ^{53}$	$tsɛ̃^{24}$	$tsã^{24}$	$tsɛ^{24}$	$tsɛ^{324}$	$tsɛ^{445}$	tsa^{445}
筝	$tsəŋ^{45}$	$tsaŋ^{335}$	$tsæ̃^{335}$	$tsaŋ^{53}$	$tsɛ̃^{24}$	$tseŋ^{24}$	$tsɛ^{24}$	$tsɛ^{324}$	$tsɛ^{445}$	tsa^{445}
睁	$tɕiaŋ^{45}$	$tsaŋ^{335}$	$tsæ̃^{335}$	$tsaŋ^{53}$	$tsɛ̃^{24}$	$tsã^{24}$	$tsɛ^{24}$	$tsɛ^{324}$	$tsɛ^{445}$	tsa^{445}
责	$tɕiaʔ^{5}$ $tsaʔ^{5}$	$tsaʔ^{54}$	$tsaʔ^{5}$	$tsaʔ^{5}$	$tsæʔ^{5}$	$tsaʔ^{5}$	$tsaʔ^{5}$	$tsaʔ^{5}$	$tsɛʔ^{42}$	tsa^{423}
策	$tɕʰiaʔ^{5}$ $tsʰaʔ^{5}$	$tsʰaʔ^{54}$	$tsʰaʔ^{5}$	$tsʰaʔ^{5}$	$tsʰæʔ^{5}$	$tsʰaʔ^{5}$	$tsʰaʔ^{5}$	$tsʰaʔ^{5}$	$tsʰɛʔ^{42}$	$tsʰa^{423}$
册	$tɕʰiaʔ^{5}$	$tsʰaʔ^{54}$	$tsʰaʔ^{5}$	$tsʰaʔ^{5}$	$tsʰæʔ^{5}$	$tsʰaʔ^{5}$	$tsʰaʔ^{5}$	$tsʰaʔ^{5}$	$tsʰɛʔ^{42}$	$tsʰa^{423}$
耕	$tɕiaŋ^{45}$	$kaŋ^{335}$	$kæ̃^{335}$	$kaŋ^{53}$	$kɛ̃^{24}$	$kã^{24}$	$kɛ^{24}$	$kɛ^{324}$	$kɛ^{445}$	ka^{445}
革	$kɛʔ^{5}$	$kaʔ^{54}$	$kaʔ^{5}$	$kaʔ^{5}$	$kæʔ^{5}$	$kaʔ^{5}$	$kaʔ^{5}$	$kaʔ^{5}$	$kɛʔ^{42}$	ka^{423}
隔	$kaʔ^{5}$	$kaʔ^{54}$	$kaʔ^{5}$	$kaʔ^{5}$	$kæʔ^{5}$	$kaʔ^{5}$	$kaʔ^{5}$	$kaʔ^{5}$	$kɛʔ^{42}$	ka^{423}

续表

	遂昌	龙泉	庆元	松阳	宣平	丽水	云和	景宁	青田	缙云
核	ŋɛʔ23 ŋuɛʔ23 ɛʔ23	ŋuəʔ23 əʔ23	xɤʔ34	ŋæʔ2 ŋuæʔ2	ŋəʔ23 əʔ23	ŋuɛʔ23	ŋuɛʔ23	ŋəʔ23 aʔ23	uæ31	uɛ35 a35

核：遂昌话第一行与第二行语境都是"果核、核桃"，均两可；第三行语境是"核对"。龙泉话上行语境是"果核、核桃"，下行是"核对"。松阳话上行语境是"核桃"，下行是"果核、审核"。宣平、景宁两地上行语境是"果核、核桃"，下行是"审核"。缙云话上行语境是"果核、核桃、审核"，下行是"核心"。因三者读音互串，本表只在此处收一个"核"字。

	遂昌	龙泉	庆元	松阳	宣平	丽水	云和	景宁	青田	缙云
樱	iŋ45	iŋ335	iŋ335	iŋ53	iŋ24	ã24 iŋ24	iŋ24	iŋ324	iŋ445	a445 iæiŋ445

丽水话、缙云话上行语境是"樱珠樱桃，俗称"，下行语境是"樱桃通称"。

	遂昌	龙泉	庆元	松阳	宣平	丽水	云和	景宁	青田	缙云
軏	aʔ5	ŋaʔ54	aʔ5	aʔ5	æʔ5	ŋaʔ5	ŋaʔ5	ŋaʔ5	ɛʔ42	a423
兵	piŋ45	piŋ335	ʔbiŋ335	piŋ53	piŋ24	piŋ24	piŋ24	piŋ324	ʔbiŋ445	mæiŋ445
丙	piŋ533	piŋ53	ʔbiŋ33	piŋ213	piŋ44	piŋ544	piŋ53	piŋ33	ʔbiŋ454	mæiŋ52
柄	piaŋ334	paŋ45	ʔbæ11	paŋ24	pɛ̃52	piŋ52	pɛ55	pɛ35	ʔbiŋ33	ʔba554
碧	piʔ5	piʔ54	ʔbiʔ5	piʔ5	piəʔ5	piʔ5	piʔ5	piʔ5	ʔbiʔ42	ʔbiei423
平	biŋ221	biŋ211	piŋ52	biŋ31	piŋ434	biŋ11	biŋ423	biŋ31	biŋ21	bæiŋ231
坪	biŋ221	biŋ211	piŋ52	biŋ31	piŋ434	biŋ11	biŋ423	biŋ31	biŋ21	bæiŋ231
评	biŋ221	biŋ211	piŋ52	biŋ31	piŋ434	biŋ11	biŋ423	biŋ31	biŋ21	bæiŋ231
病	biŋ213	biŋ13	piŋ31	biŋ13	biŋ231	biŋ231	biŋ223	biŋ13	biŋ22	bæiŋ213
鸣	miŋ221	miŋ211	miŋ52	miŋ31	miŋ434	miŋ11	miŋ423	miŋ31	miŋ21	mæiŋ231
明	mɒ22 miŋ221	maŋ211 miŋ211	mã52 miŋ52	meŋ31 maŋ31 miŋ31	mã434 miŋ434	meŋ11 miŋ11	məŋ423 mã423 miŋ423	mæi31 miŋ31	maŋ21 miŋ21	mɤɯ231 maŋ231 mæiŋ231

明：遂昌、龙泉、庆元、宣平等四地上行语境是"明日、明年"，丽水、景宁、青田等三地上行语境是"明朝明天、明年"，松阳、云和、缙云等三地第一行语境是"明朝明天"，第二行语境是"明年"。各地末行语境是"清明"。

	遂昌	龙泉	庆元	松阳	宣平	丽水	云和	景宁	青田	缙云
命	miŋ213	miŋ13	miŋ31	miŋ13	miŋ231	miŋ231	miŋ223	miŋ13	miŋ22	mæiŋ213
京	tɕiŋ45	tɕiŋ335	tɕiŋ335	tɕiŋ53	tɕiŋ24	tɕiŋ24	tʃiŋ24	tʃiŋ324	tɕiŋ445	tɕiæiŋ445
惊	kuaŋ45 tɕiŋ45	tɕiŋ335	tɕiŋ335	kuaŋ53 tɕiŋ53	kuɛ̃24 tɕiŋ24	kuã24 tɕiŋ24	tʃiŋ24	tʃiŋ324	tɕiŋ445	kua445 tɕiæiŋ445

惊：遂昌、松阳、宣平、缙云四地上行语境是"害怕"的说法，下行是读字音。丽水上行语境是"惊人相看起来吓人"。

	遂昌	龙泉	庆元	松阳	宣平	丽水	云和	景宁	青田	缙云
境	tɕiŋ334	tɕiŋ45	tɕiŋ11	tɕiŋ24	tɕiŋ52	tɕiŋ52	tʃiŋ55	tʃiŋ35	tɕiŋ33	tɕiæiŋ554
景	tɕiŋ533	tɕiŋ53	tɕiŋ33	tɕiŋ213	tɕiŋ44	tɕiŋ544	tʃiŋ544	tʃiŋ33	tɕiŋ454	tɕiæiŋ52
警	tɕiŋ533	tɕiŋ53	tɕiŋ33	tɕiŋ213	tɕiŋ44	tɕiŋ544	tʃiŋ53	tʃiŋ33	tɕiŋ454	tɕiæiŋ52

续表

	遂昌	龙泉	庆元	松阳	宣平	丽水	云和	景宁	青田	缙云
敬	tɕiŋ³³⁴	tɕiŋ⁴⁵	tɕiŋ¹¹	tɕiŋ²⁴	tɕiŋ⁵²	tɕiŋ⁵²	tʃiŋ⁵⁵	tʃiŋ³⁵	tɕiŋ³³	tɕiæiŋ⁵⁵⁴
镜	tɕiŋ³³⁴	ᵛtɕiŋ⁴⁵	ᵛtɕiŋ¹¹	tɕiŋ²⁴	tɕiŋ⁵²	tɕiŋ⁵²	tʃiŋ⁵⁵	tʃiŋ³⁵	tɕiŋ³³	tɕiæiŋ⁵⁵⁴
庆	tɕʰiŋ³³⁴	tɕʰiŋ⁴⁵	tɕʰiŋ¹¹	tɕʰiŋ²⁴	tɕʰiŋ⁵²	tɕʰiŋ⁵²	tʃʰiŋ⁵⁵	tʃʰiŋ³⁵	tɕʰiŋ³³	tɕʰiæiŋ⁵⁵⁴
剧	dʑiʔ²³	dzʅʔ²³	dʑiʔ³⁴	dʑiʔ²	dʑiəʔ²³	dʑiʔ²³	dʒiʔ²³	dzʅʔ²³	dzʅʔ³¹	dʑiei³⁵
迎	ŋiŋ²²¹	ŋiŋ²¹¹	ŋiŋ⁵²	ŋiŋ³¹	ŋiŋ⁴³⁴	ŋiŋ¹¹	ɲiŋ⁴²³	ɲiaŋ³¹	ŋiŋ²¹	ŋiæiŋ²³¹
逆	ŋiʔ²³	ŋiɛʔ²³	ŋiʔ³⁴	ŋiʔ²	ŋiəʔ²³	ŋiɛʔ²³	ɲiʔ²³	ɲiʔ²³	ŋiʔ³¹	ŋiei³⁵
英	iŋ⁴⁵	iŋ³³⁵	iŋ³³⁵	iŋ⁵³	iŋ²⁴	iŋ²⁴	iŋ²⁴	iŋ³²⁴	iŋ⁴⁴⁵	iæiŋ⁴⁴⁵
影	ɛ̃⁵³³ / iŋ⁵³³	ɛ̃⁵³ / iŋ⁵³	æ̃³³ / iŋ³³	æ̃²¹³ / iŋ²¹³	iŋ⁴⁴	iŋ⁵⁴⁴	iŋ⁵³	aŋ³³	iŋ⁴⁵⁴	iæiŋ⁵²

遂昌、龙泉、庆元、松阳四地上行语境是"影子"的说法，下行语境是"电影"。

	遂昌	龙泉	庆元	松阳	宣平	丽水	云和	景宁	青田	缙云
映	iŋ³³⁴	iaŋ⁴⁵	iŋ¹¹	iŋ²⁴	iŋ⁵²	iŋ⁵²	iŋ⁵⁵	iŋ³⁵	iŋ³³	iæiŋ⁵⁵⁴
饼	piŋ⁵³³	piŋ⁵³	ʔbiŋ³³	piŋ²¹³	piŋ⁴⁴	piŋ⁵⁴⁴	piŋ⁵³	piŋ³³	ʔbiŋ⁴⁵⁴	mæiŋ⁵²
并 合并	piŋ³³⁴	piŋ⁴⁵	ʔbiŋ¹¹	piŋ²⁴	piŋ⁵²	piŋ⁵²	piŋ⁵⁵	piŋ	ʔbiŋ³³	mæiŋ⁵⁵⁴
聘	pʰiŋ³³⁴	pʰiŋ⁴⁵	pʰiŋ¹¹	pʰiŋ²⁴	pʰiŋ⁵²	pʰiŋ⁵²	pʰiŋ⁵⁵	pʰiŋ³⁵	pʰiŋ³³	pʰæiŋ⁵⁵⁴
僻	pʰiʔ⁵	pʰiʔ⁵⁴	pʰiʔ⁵	pʰiʔ⁵	pʰiəʔ⁵	pʰiʔ⁵	pʰiʔ⁵	pʰiʔ⁵	pʰiʔ⁴²	pʰiei⁴²³
名	miŋ²²¹	miŋ²¹¹	miŋ⁵²	miŋ³¹	miŋ⁴³⁴	miŋ¹¹	miŋ⁴²³	miŋ³¹	miŋ²¹	mæiŋ²³¹
领	liŋ¹³	liŋ⁵³	liŋ²²¹	liŋ²²	liŋ²²³	liŋ⁵⁴⁴	liŋ⁵³	liŋ³³	liŋ³⁴³	læiŋ³¹
岭	liŋ¹³	liŋ⁵³	liŋ²²¹	liŋ²²	liŋ²²³	liŋ⁵⁴⁴	liŋ⁵³	liŋ³³	liŋ³⁴³	læiŋ³¹
令	liŋ²¹³	liŋ¹³	liŋ³¹	liŋ¹³	liŋ²³¹	liŋ²³¹	liŋ²²³	liŋ¹³	liŋ²²	læiŋ²¹³
精	tɕiŋ⁴⁵	tɕiŋ³³⁵	tɕiŋ³³⁵	tɕiŋ⁵³	tɕiŋ²⁴	tɕiŋ²⁴	tʃiŋ²⁴	tʃiŋ³²⁴	tɕiŋ⁴⁴⁵	tsæiŋ⁴⁴⁵
晶	tɕiŋ⁴⁵	tɕiŋ³³⁵	tɕiŋ³³⁵	tɕiŋ⁵³	tɕiŋ²⁴	tɕiŋ²⁴	tʃiŋ²⁴	tʃiŋ³²⁴	tɕiŋ⁴⁴⁵	tsæiŋ⁴⁴⁵
睛	tɕiŋ⁴⁵	tɕiŋ³³⁵	tɕiŋ³³⁵	tɕiŋ⁵³	tɕiŋ²⁴	tɕiŋ²⁴	tʃiŋ²⁴	tʃiŋ³²⁴	tɕiŋ⁴⁴⁵	tsæiŋ⁴⁴⁵
井	tɕiŋ⁵³³	tɕiŋ⁵³	tɕiŋ³³	tɕiŋ²¹³	tɕiŋ⁴⁴	tɕiŋ⁵⁴⁴	tʃiŋ⁵³	tʃiŋ³³	tɕiŋ⁴⁵⁴	tsæiŋ⁵²
积	tɕiʔ⁵	tsʅʔ⁵⁴	tɕiʔ⁵	tɕiʔ⁵	tɕiəʔ⁵	tɕiʔ⁵	tʃiʔ⁵	tsʅʔ⁵	tsʅʔ⁴²	tsei⁴²³
脊	tɕiʔ⁵	tsʅʔ⁵⁴	tɕiʔ⁵	tɕiʔ⁵	tɕiəʔ⁵	tɕiʔ⁵	tʃiʔ⁵	tsʅʔ⁵	tɕiʔ⁴²	tsei⁴²³
清	tɕʰiŋ⁴⁵	tɕʰiŋ³³⁵	tɕʰiŋ³³⁵	tɕʰiŋ⁵³	tɕʰiŋ²⁴	tɕʰiŋ²⁴	tʃʰiŋ²⁴	tʃʰiŋ³²⁴	tɕʰiŋ⁴⁴⁵	tsʰæiŋ⁴⁴⁵
请	tɕʰiŋ⁵³³	tɕʰiŋ⁵³	tɕʰiŋ³³	tɕʰiŋ²¹³	tɕʰiŋ⁴⁴	tɕʰiŋ⁵⁴⁴	tʃʰiŋ⁵³	tʃʰiŋ³³	tɕʰiŋ⁴⁵⁴	tsʰæiŋ⁵²
情	ʑiŋ²²¹	ʑiŋ²¹¹	ɕiŋ⁵²	ʑiŋ³¹	ɕiŋ⁴³⁴	ʑiŋ¹¹	ʒiŋ⁴²³	ʒiŋ³¹	iŋ²¹	zæiŋ²³¹
晴	ʑiŋ²²¹	ʑiŋ²¹¹	ɕiŋ⁵²	ʑiŋ³¹	ɕiŋ⁴³⁴	ʑiŋ¹¹	ʒiŋ⁴²³	ʒiŋ³¹	iŋ²¹	zæiŋ²³¹
静	ʑiŋ¹³	ɕiŋ⁵³	ɕiŋ²²¹	ʑiŋ²²	ʑiŋ²²³	ʑiŋ¹¹	ʒiŋ³¹	ʒiŋ³³	iŋ³⁴³	zæiŋ³¹
净	ʑiŋ²¹³	ʑiŋ¹³	ɕiŋ³¹	ʑiŋ¹³	ʑiŋ²³¹	ʑiŋ²³¹	ʒiŋ²²³	ʒiŋ¹³	iŋ²²	zæiŋ²¹³

	遂昌	龙泉	庆元	松阳	宣平	丽水	云和	景宁	青田	缙云
籍	zi?^{23}	zi?^{23}	ɕiəɯ?^{34} / ɕi?^{34}	zi?^{2}	ziə?^{23}	zi?^{23}	ʑi?^{23}	zɐɯ?^{23}	i?^{31}	zei^{35}
性	ɕiŋ^{334}	ɕiŋ^{45}	ɕiŋ^{11}	ɕiŋ^{24}	ɕiŋ^{52}	ɕiŋ^{52}	ʃiŋ^{55}	ʃiŋ^{35}	ɕiŋ^{33}	sæiŋ^{554}
姓	ɕiŋ^{334}	ɕiŋ^{45}	ɕiŋ^{11}	ɕiŋ^{24}	ɕiŋ^{52}	ɕiŋ^{52}	ʃiŋ^{55}	ʃiŋ^{35}	ɕiŋ^{33}	sæiŋ^{554}
惜	ɕi?^{5}	sʅ?^{54}	ɕi?^{5}	ɕi?^{5}	ɕiə?^{5}	ɕi?^{5}	ʃi?^{5}	sʅ?^{5}	sʅ?^{42}	sei^{423}
席	zi?^{23}	zʅ?^{23}	ɕi?^{34}	zi?^{2}	ziə?^{23}	zi?^{23}	ʑi?^{23}	zʅ?^{23}	i?^{31}	zei^{35}
夕	zi?^{23}	zʅ?^{23}	ɕi?^{34}	zi?^{2}	ziə?^{23}	zi?^{23}	ʑi?^{23}	zʅ?^{23}	i?^{31}	zei^{35}
程姓	dʑiŋ^{213}	dʑiŋ^{211}	tɕiŋ^{52}	dʑiŋ^{13}	tɕiŋ^{434}	dʑiŋ^{231}	dʒiŋ^{423}	dʒiŋ^{13}	dʑiŋ^{22}	dzæiŋ^{231}
郑	dʑiŋ^{213}	dʑiŋ^{13}	tɕiŋ^{31}	dʑiŋ^{13}	dʑiŋ^{231}	dʑiŋ^{231}	dʒiŋ^{223}	dʒiŋ^{13}	dʑiŋ^{22}	dzæiŋ^{213}
正正月	tɕiŋ^{45}	tɕiŋ^{335}	tɕiŋ^{335}	tɕiŋ^{53}	tɕiŋ^{24}	tɕiŋ^{24}	tʃiŋ^{24}	tʃiŋ^{324}	tɕiŋ^{445}	tsæiŋ^{445}
征长征	tɕiŋ^{45}	tɕiŋ^{335}	tɕiŋ^{335}	tɕiŋ^{53}	tɕiŋ^{24}	tɕiŋ^{24}	tʃiŋ^{24}	tʃiŋ^{324}	tɕiŋ^{445}	tsæiŋ^{445}
整	tɕiŋ^{533}	tɕiŋ^{53}	tɕiŋ^{33}	tɕiŋ^{213}	tɕiŋ^{44}	tɕiŋ^{544}	tʃiŋ^{53}	tʃiŋ^{33}	tɕiŋ^{454}	tsæiŋ^{52}
正正副	tɕiŋ^{334}	tɕiŋ^{45}	tɕiŋ^{11}	tɕiŋ^{24}	tɕiŋ^{52}	tɕiŋ^{52}	tʃiŋ^{55}	tʃiŋ^{35}	tɕiŋ^{33}	tsæiŋ^{554}
政	tɕiŋ^{334}	tɕiŋ^{45}	tɕiŋ^{11}	tɕiŋ^{24}	tɕiŋ^{52}	tɕiŋ^{52}	tʃiŋ^{55}	tʃiŋ^{35}	tɕiŋ^{33}	tsæiŋ^{554}
隻一只	tɕi?^{5}	tsʅ?^{54}	tɕi?^{5}	tɕi?^{5}	tsæ?^{5}	tsa?^{5}	tʃi?^{5} / tsa?^{5}	tsɐɯ?^{5}	tsa?^{42}	tsɣɯ^{423}
赤	tɕʰi?^{5}	tsʰʅ?^{54}	tɕʰi?^{5}	tɕʰi?^{5}	tɕʰiə?^{5}	tɕʰi?^{5}	tʃʰi?^{5}	tsʰʅ?^{5}	tsʰʅ?^{42}	tsʰei^{423}
尺	tɕʰi?^{5}	tsʰʅ?^{54}	tɕʰi?^{5}	tɕʰi?^{5}	tɕʰiə?^{5}	tɕʰi?^{5}	tʃʰi?^{5}	tsʰʅ?^{5}	tsʰʅ?^{42}	tsʰei^{423}
声	ɕiŋ^{45}	ɕiŋ^{335}	ɕiŋ^{335}	ɕiŋ^{53}	ɕiŋ^{24}	ɕiŋ^{24}	ʃiŋ^{24}	ʃiŋ^{324}	ɕiŋ^{445}	sæiŋ^{445}
适	ɕi?^{5}	sʅ?^{54}	ɕi?^{5}	ɕi?^{5}	ɕiə?^{5}	ɕi?^{5}	ʃi?^{5}	sʅ?^{5}	sʅ?^{42}	sei^{423}
释	ɕi?^{5}	sʅ?^{54}	ɕi?^{5}	ɕi?^{5}	ɕiə?^{5}	ɕi?^{5}	ʃi?^{5}	sʅ?^{5}	sʅ?^{42}	sei^{423}
成	ziŋ^{221}	ziŋ^{211}	ɕiŋ^{52}	ziŋ^{31}	ɕiŋ^{434}	ziŋ^{11}	ʒiŋ^{423}	ʒiŋ^{31}	iŋ^{21}	zæiŋ^{231}
城	ziŋ^{221}	ziŋ^{211}	ɕiŋ^{52}	ziŋ^{31}	ɕiŋ^{434}	ziŋ^{11}	ʒiŋ^{423}	ʒiŋ^{31}	iŋ^{21}	zæiŋ^{231}
诚	ziŋ^{221}	ziŋ^{211}	ɕiŋ^{52}	ziŋ^{31}	ɕiŋ^{434}	ziŋ^{11}	ʒiŋ^{423}	ʒiŋ^{31}	iŋ^{21}	zæiŋ^{231}
石	dʑie?^{23} / zi?^{23}	dʑia?^{23} / zʅ?^{23}	ɕi?^{34}	zi?^{2}	ziə?^{23}	zi?^{23}	ʑi?^{23}	zʅ?^{23}	i?^{31}	zei^{35}

石：遂昌、龙泉两地上行语境是"石斑鱼"，下行是读字音。宣平、丽水、青田所说的"石头"均含"石"字。

	遂昌	龙泉	庆元	松阳	宣平	丽水	云和	景宁	青田	缙云
颈	tɕiŋ^{533}	tɕiŋ^{53}	tɕiŋ^{33}	tɕiŋ^{213}	tɕiŋ^{44}	tɕiŋ^{544}	tʃiŋ^{53}	tʃiŋ^{33}	tɕiŋ^{454}	tɕiæiŋ^{52}
轻	tɕʰiŋ^{45}	tɕʰiŋ^{335}	tɕʰiŋ^{335}	tɕʰiŋ^{53}	tɕʰiŋ^{24}	tɕʰiŋ^{24}	tʃʰiŋ^{24}	tʃʰiŋ^{324}	tɕʰiŋ^{445}	tɕʰiæiŋ^{445}
缨	iŋ^{45}	iŋ^{335}	iŋ^{335}	iŋ^{53}	iŋ^{24}	iŋ^{24}	iŋ^{24}	iŋ^{324}	iŋ^{445}	iæiŋ^{445}
益	i?^{5}	ʅ?^{54}	i?^{5}	i?^{5}	iə?^{5}	i?^{5}	i?^{5}	i?^{5}	i?^{42}	iei^{423}
赢	iŋ^{221}	yŋ^{211}	iŋ^{52}	iŋ^{31}	ɳiŋ^{434} / iŋ^{434}	iŋ^{11}	iŋ^{423}	iŋ^{31}	iŋ^{21}	iæiŋ^{231}

续表

	遂昌	龙泉	庆元	松阳	宣平	丽水	云和	景宁	青田	缙云
亦	iʔ²³	ɿʔ²³	iʔ³⁴	iʔ²	iəʔ²³	iʔ²³	iʔ²³	iʔ²³	iʔ³¹	iei³⁵
译	iʔ²³	ɿʔ²³	iʔ³⁴	iʔ²	iəʔ²³	iʔ²³	iʔ²³	iʔ²³	iʔ³¹	iei³⁵
易 贸易	iʔ²³	ɿʔ²³	iʔ³⁴	iʔ²	iəʔ²³	iʔ²³	iʔ²³	iʔ²³	iʔ³¹	iei³⁵
液	iɛʔ²³	iʔ²³	ieʔ³⁴	iʔ²	iəʔ²³	iɛʔ²³	iʔ²³	iʔ²³	iʔ³¹	iei³⁵
壁	piʔ⁵	piʔ⁵⁴	ʔbiʔ⁵	piʔ⁵	piəʔ⁵	piʔ⁵	piʔ⁵	piʔ⁵	ʔbiʔ⁴²	ʔbiei⁴²³
姘	pʰiŋ⁴⁵	pʰiŋ³³⁵	pʰiŋ³³⁵	pʰiŋ⁵³	pʰiŋ²⁴	pʰiŋ²⁴	pʰiŋ²⁴	pʰiŋ³²⁴	pʰiŋ⁴⁴⁵	pʰæiŋ⁴⁴⁵
拼	pʰiŋ⁴⁵	pʰiŋ³³⁵	pʰiŋ³³⁵	pʰiŋ⁵³	pʰiŋ²⁴	pʰiŋ²⁴	pʰiŋ²⁴	pʰiŋ³²⁴	pʰiŋ⁴⁴⁵	pʰæiŋ⁴⁴⁵
劈	pʰiɛʔ⁵	pʰiʔ⁵⁴	pʰiʔ⁵	pʰiʔ⁵	pʰiəʔ⁵	pʰiɛʔ⁵	pʰiɛʔ⁵	pʰiaʔ⁵	pʰiʔ⁴²	pʰiei⁴²³
瓶	biŋ²²¹	biŋ²¹¹	piŋ⁵²	biŋ³¹	piŋ⁴³⁴	biŋ¹¹	biŋ⁴²³	biŋ³¹	biŋ²¹	bæiŋ²³¹
屏	biŋ²²¹	biŋ²¹¹	piŋ⁵²	biŋ³¹	piŋ⁴³⁴	biŋ¹¹	biŋ⁴²³	biŋ³¹	biŋ²¹	bæiŋ²³¹
並 并非	biŋ¹³	piŋ⁵³	piŋ²²¹	biŋ²²	biŋ²²³	biŋ¹¹	biŋ³¹	biŋ³³	biŋ³⁴³	bæiŋ³¹
暝	mian²¹³	maŋ¹³	mæ̃³¹	maŋ¹³	mɛ̃²³¹	mã²³¹	mɛ²²³	mɛ¹³	miŋ²²	mæiŋ²¹³
蜢	miŋ²²¹		miɛ̃⁵²	miŋ³¹	miŋ⁴³⁴					mæiŋ²³¹

遂昌、缙云等五地把苍蝇叫做"蜢虫"。

	遂昌	龙泉	庆元	松阳	宣平	丽水	云和	景宁	青田	缙云
丁	tiŋ⁴⁵	tiŋ³³⁵	ʔdiŋ³³⁵	tiŋ⁵³	tiŋ²⁴	tiŋ²⁴	tiŋ²⁴	tiŋ³²⁴	ʔdiŋ⁴⁴⁵	næiŋ⁴⁴⁵
钉 名	tiŋ⁴⁵	tiŋ³³⁵	ʔdiŋ³³⁵	tiŋ⁵³	tiŋ²⁴	tiŋ²⁴	tiŋ²⁴	tiŋ³²⁴	ʔdiŋ⁴⁴⁵	næiŋ⁴⁴⁵
顶	tiŋ⁵³³	tiŋ⁵³	ʔdiŋ³³	tiŋ²¹³	tiŋ⁴⁴	tiŋ⁵⁴⁴	tiŋ⁵³	tiŋ³³	ʔdiŋ⁴⁵⁴	næiŋ⁵²
钉 动	tiŋ³³⁴	tiŋ⁴⁵	ʔdiŋ¹¹	tiŋ²⁴	tiŋ⁵²	tiŋ⁵²	tiŋ⁵⁵	tiŋ³⁵	ʔdiŋ³³	næiŋ⁵⁵⁴
订	tiŋ³³⁴	tiŋ⁴⁵	ʔdiŋ¹¹	tiŋ²⁴	tiŋ⁵²	tiŋ⁵²	tiŋ⁵⁵	tiŋ³⁵	ʔdiŋ³³	næiŋ⁵⁵⁴
的 目的	tiʔ⁵	tiʔ⁵⁴	ʔdiʔ⁵	tiʔ⁵	tiəʔ⁵	tiʔ⁵	tiʔ⁵	tiʔ⁵	ʔdiʔ⁴²	ʔdei⁴²³
滴	tiʔ⁵	tiʔ⁵⁴	ʔdiʔ⁵	tiʔ⁵	tiəʔ⁵	tiʔ⁵	tiʔ⁵	tiʔ⁵	ʔdiʔ⁴²	ʔdei⁴²³
厅	tʰiŋ⁴⁵	tʰiŋ³³⁵	tʰiŋ³³⁵	tʰiŋ⁵³	tʰiŋ²⁴	tʰiŋ²⁴	tʰiŋ²⁴	tʰiŋ³²⁴	tʰiŋ⁴⁴⁵	tʰæiŋ⁴⁴⁵
听	tʰiŋ³³⁴	tʰiŋ⁴⁵	tʰiŋ¹¹	tʰiŋ²⁴	tʰiŋ⁵²	tʰiŋ⁵²	tʰiŋ⁵⁵	tʰiŋ³⁵	tʰiŋ³³	tʰæiŋ⁵⁵⁴
踢	tʰiʔ⁵	tʰiʔ⁵⁴	tʰiʔ⁵	tʰiʔ⁵	tʰiəʔ⁵	tʰiʔ⁵	tʰiʔ⁵	tʰiʔ⁵	tʰiʔ⁴²	tʰei⁴²³
亭	diŋ²²¹	diŋ²¹¹	tiŋ⁵²	diŋ³¹	tiŋ⁴³⁴	diŋ¹¹	diŋ⁴²³	diŋ³¹	diŋ²¹	dæiŋ²³¹
停	diŋ²²¹	diŋ²¹¹	tiŋ⁵²	diŋ³¹	tiŋ⁴³⁴	diŋ¹¹	diŋ⁴²³	diŋ³¹	diŋ²¹	dæiŋ²³¹
廷	diŋ²²¹	diŋ²¹¹	tiŋ⁵²	diŋ³¹	tiŋ⁴³⁴	diŋ¹¹	diŋ⁴²³	diŋ³¹	diŋ²¹	dæiŋ²³¹
蜓	diŋ²²¹	diŋ²¹¹	tiŋ⁵²	diŋ³¹	tiŋ⁴³⁴	diŋ¹¹	diŋ⁴²³	diŋ³¹	diŋ²¹	dæiŋ²³¹
定	diŋ²¹³	diŋ¹³	tiŋ³¹	diŋ¹³	diŋ²³¹	diŋ²³¹	diŋ²²³	diŋ¹³	diŋ²²	dæiŋ²¹³
笛	diʔ²³	diʔ²³	tiʔ³⁴	diʔ²	diəʔ²³	diʔ²³	diʔ²³	diʔ²³	diʔ³¹	dei³⁵
敌	diʔ²³	diʔ²³	tiʔ³⁴	diʔ²	diəʔ²³	diʔ²³	diʔ²³	diʔ²³	diʔ³¹	dei³⁵

续表

	遂昌	龙泉	庆元	松阳	宣平	丽水	云和	景宁	青田	缙云
狄	di?²³	di?²³	ti?³⁴	di?²	diə?²³	di?²³	di?²³	di?²³	di?³¹	dei³⁵
宁_{宁波}	ȵiŋ²²¹	ȵiŋ²¹¹	ȵiŋ⁵²	ȵiŋ³¹	ȵiŋ⁴³⁴	ȵiŋ¹¹	ɲiŋ⁴²³	naŋ³¹	ȵiŋ²¹	næiŋ²³¹
宁_{宁可}	ȵiŋ²¹³	ȵiŋ¹³	ȵiŋ³¹	ȵiŋ¹³	ȵiŋ²³¹	ȵiŋ²³¹	ɲiŋ²²³	ɲiŋ¹³	ȵiŋ²²	næiŋ²¹³
灵	liŋ²²¹	liŋ²¹¹	liŋ⁵²	liŋ³¹	liŋ⁴³⁴	liŋ¹¹	liŋ⁴²³	liŋ³¹	liŋ²¹	læiŋ²³¹
零	liŋ²²¹	liŋ²¹¹	liŋ⁵²	liŋ³¹	liŋ⁴³⁴	liŋ¹¹	liŋ⁴²³	liŋ³¹	liŋ²¹	læiŋ²³¹
铃	liŋ²²¹	liŋ²¹¹	liŋ⁵²	liŋ³¹	liŋ⁴³⁴	liŋ¹¹	liŋ⁴²³	liŋ³¹	liŋ²¹	læiŋ²³¹
另	liŋ²¹³	liŋ¹³	liŋ³¹	liŋ¹³	liŋ²³¹	liŋ²³¹	liŋ²²³	liŋ¹³	liŋ²²	læiŋ²¹³
历	li?²³	li?²³	li?³⁴	li?²	liə?²³	li?²³	li?²³	li?²³	liæ?³¹	lei³⁵
绩	tɕi?⁵	tsʅ?⁵⁴	tɕi?⁵	tɕi?⁵	tɕiə?⁵	tɕi?⁵	tʃi?⁵	tsʅ?⁵	tsʅ?⁴²	tsei⁴²³
青	tɕʰiŋ⁴⁵	tɕʰiŋ³³⁵	tɕʰiŋ³³⁵	tɕʰiŋ⁵³	tɕʰiŋ²⁴	tɕʰiŋ²⁴	tʃʰiŋ²⁴	tʃʰiŋ³²⁴	tɕʰiŋ⁴⁴⁵	tsʰæiŋ⁴⁴⁵
蜻	tɕʰiŋ⁴⁵	tɕʰiŋ³³⁵	tɕʰiŋ³³⁵	tɕʰiŋ⁵³	tɕʰiŋ²⁴	tɕʰiŋ²⁴	tʃʰiŋ²⁴	tʃʰiŋ³²⁴	tɕʰiŋ⁴⁴⁵	tsʰæiŋ⁴⁴⁵
戚	tɕʰi?⁵	tsʰʅ?⁵⁴	tɕʰi?⁵	tɕʰi?⁵	tɕʰiə?⁵	tɕʰi?⁵	tʃʰi?⁵	tsʰʅ?⁵	tsʰʅ?⁴²	tsʰei⁴²³
星	ɕiŋ⁴⁵	ɕiŋ³³⁵	ɕiŋ³³⁵	ɕiŋ⁵³	ɕiŋ²⁴	ɕiŋ²⁴	ʃiŋ²⁴	ʃiŋ³²⁴	ɕiŋ⁴⁴⁵	sæiŋ⁴⁴⁵
腥	ɕiŋ⁴⁵	ɕiŋ³³⁵	ɕiŋ³³⁵	ɕiŋ⁵³	ɕiŋ²⁴	ɕiŋ²⁴	ʃiŋ²⁴	ʃiŋ³²⁴	ɕiŋ⁴⁴⁵	sæiŋ⁴⁴⁵
醒	ɕiŋ⁵³³	ɕiŋ⁵³	ɕiŋ³³	ɕiŋ²¹³	ɕiŋ⁴⁴	ɕiŋ⁵⁴⁴	ʃiŋ⁵³	ʃiŋ³³	ɕiŋ⁴⁵⁴	sæiŋ⁵²
锡	ɕi?⁵	sʅ?⁵⁴	ɕi?⁵	ɕi?⁵	ɕiə?⁵	ɕi?⁵	ʃi?⁵	sʅ?⁵	sʅ?⁴²	sei⁴²³
析	ɕi?⁵	sʅ?⁵⁴	ɕi?⁵	ɕi?⁵	ɕiə?⁵	ɕi?⁵	ʃi?⁵	sʅ?⁵	sʅ?⁴²	sei⁴²³
经	tɕiŋ⁴⁵	tɕiŋ³³⁵	tɕiŋ³³⁵	tɕiŋ⁵³	tɕiŋ²⁴	tɕiŋ²⁴	tʃiŋ²⁴	tʃiŋ³²⁴	tɕiŋ⁴⁴⁵	tɕiæiŋ⁴⁴⁵
击	tɕi?⁵	tsʅ?⁵⁴	tɕi?⁵	tɕi?⁵	tɕiə?⁵	tɕi?⁵	tʃi?⁵	tsʅ?⁵	tsʅ?⁴²	tɕiei⁴²³
激	tɕi?⁵	tɕi?⁵⁴	tɕi?⁵	tɕi?⁵	tɕiə?⁵	tɕi?⁵	tʃi?⁵	tsʅ?⁵	tsʅ?⁴²	tɕiei⁴²³
吃	ᵂtɕʰi?⁵	ᵂtsʰʅ?⁵⁴	ᵂtɕʰi?⁵	ᵂtɕʰi?⁵	tɕʰiə?⁵	tɕʰi?⁵	tʃʰi?⁵	tʃʰi?⁵	tsʰʅ?⁴²	ᵂtɕʰiei⁴²³

"吃"在遂昌、龙泉、庆元、松阳四地说"咥"，缙云说"食"。

	遂昌	龙泉	庆元	松阳	宣平	丽水	云和	景宁	青田	缙云
形	iŋ²²¹	iŋ²¹¹	iŋ⁵²	iŋ³¹	iŋ⁴³⁴	iŋ¹¹	iŋ⁴²³	iŋ³¹	iŋ²¹	iæiŋ²³¹
刑	iŋ²²¹	iŋ²¹¹	iŋ⁵²	iŋ³¹	iŋ⁴³⁴	iŋ¹¹	iŋ⁴²³	iŋ³¹	iŋ²¹	iæiŋ²³¹
矿	kʰɔŋ³³⁴	kʰɔŋ⁴⁵	kʅ¹¹	kʰoŋ²⁴	kʅ⁵²	kʰɔŋ⁵²	kʅ⁵⁵	kʅ³⁵	kʰo³³	kʰɔ⁵⁵⁴
横_{横直}	yaŋ²²¹	uaŋ²¹¹	uæ̃⁵²	uaŋ³¹	ũɛ̃⁴³⁴	uã¹¹	uɛ⁴²³	uɛ³¹	uɛ²¹	ua²³¹
轰	xəŋ⁴⁵	xɔŋ³³⁵	xoŋ³³⁵	xoŋ⁵³	xəŋ²⁴	xɔŋ²⁴	xoŋ²⁴	xəŋ³²⁴	xoŋ⁴⁴⁵	xɑum⁴⁴⁵
宏	əŋ²²¹	ɔŋ²¹¹	oŋ⁵²	ŋ³¹	əŋ⁴³⁴	ɔŋ¹¹	oŋ⁴²³	ŋ³¹	oŋ²¹	ɑum²³¹
获	uɔ?²³	ɔu?²³	ua?³⁴	ua?²	uɑ?²³	uɛ?²³	ua?²³	uɑ?²³	uɛ?³¹	ua³⁵
劃_{划线}	ua?²³	ɔu?²³	ua?³⁴	ua?²	uɑ?²³	uɒ?²³	ua?²³	ua?²³	uɛ?³¹	ua³⁵
兄	ɕioŋ⁴⁵	ɕioŋ³³⁵	ɕioŋ³³⁵	ɕiəŋ⁵³	ɕyəŋ²⁴	ɕioŋ²⁴	ʃioŋ²⁴	ʃyəŋ³²⁴	ɕioŋ⁴⁴⁵	ɕyæiŋ⁴⁴⁵

续表

	遂昌	龙泉	庆元	松阳	宣平	丽水	云和	景宁	青田	缙云
荣	ioŋ^{221}	iəŋ^{211}	ioŋ^{52}	iəŋ^{31}	yəŋ^{434}	ioŋ^{11}	ioŋ^{423}	yəŋ^{31}	ioŋ^{21}	yæiŋ^{231}
永	ioŋ^{13}	yŋ^{53}	yəŋ^{221}	iəŋ^{22}	yəŋ^{223}	ioŋ^{544}	yŋ^{53}	yəŋ^{33}	ioŋ^{343}	yæiŋ^{31}
泳	ioŋ^{213}	yŋ^{13}	yəŋ^{31}	iəŋ^{13}	yəŋ^{231}	ioŋ^{231}	ioŋ^{223}	yəŋ^{13}	ioŋ^{22}	yæiŋ^{213}
琼	dʑioŋ^{221}	dʑyŋ^{211}	tɕioŋ^{52}	dʑei^{31}	tɕyəŋ^{434}	dʑiɔŋ^{11}	dʒyŋ^{423}	dʒyəŋ^{31}	dʑioŋ^{21}	dʑyæiŋ^{231}
营	iŋ^{221}	iŋ^{211}	ioŋ^{52}	iŋ^{31}	iŋ^{434}	iŋ^{11}	iŋ^{423}	yəŋ^{31}	iŋ^{21}	iæiŋ^{231}
疫	yʔ^{23}	iʔ^{23}	yʔ^{34}	yʔ^{2}	yəʔ^{23}	yʔ^{23}	yeʔ^{23}	iʔ^{23}	yæʔ^{31}	yei^{35}
役	yʔ^{23}	iʔ^{23}	yʔ^{34}	yʔ^{2}	yəʔ^{23}	yʔ^{23}	yeʔ^{23}	iʔ^{23}	yæʔ^{31}	yei^{35}
萤	iŋ^{221}	iŋ^{211}	ioŋ^{52}	iŋ^{31}	iŋ^{434}	iŋ^{11}	iŋ^{423}	iŋ^{31}	iŋ^{21}	ȵiæiŋ^{231}
扑	pʰəɯʔ^{5}	pʰuʔ^{54}	pʰoʔ^{5}	pʰoʔ^{5}	pʰəʔ^{5}	pʰuʔ^{5}	pʰoʔ^{5}	pʰɔuʔ^{5}	pʰuʔ^{42}	pʰɔu^{423}
貌	pʰəŋ^{45}	pʰəŋ^{335}	pʰoŋ^{335}	pʰəŋ^{53}	pʰəŋ^{24}		pʰəŋ^{24}	pʰəŋ^{324}		pʰɑum^{445}

"用鼻子闻"在处州方言中大都说"貌（本字不详，暂以此字表示）"。

	遂昌	龙泉	庆元	松阳	宣平	丽水	云和	景宁	青田	缙云
篷	bəŋ^{221}	bəŋ^{211}	poŋ^{52}	bəŋ^{31}	pəŋ^{434}	bɔŋ^{11}	bəŋ^{423}	bəŋ^{31}	boŋ^{21}	bɑum^{231}
蓬	bəŋ^{221}	bəŋ^{211}	poŋ^{52}	bəŋ^{31}	pəŋ^{434}	bɔŋ^{11}	bəŋ^{423}	bəŋ^{31}	boŋ^{21}	bɑum^{231}
蒙	məŋ^{221}	məŋ^{211}	moŋ^{52}	məŋ^{31}	məŋ^{434}	mɔŋ^{11}	məŋ^{423}	məŋ^{31}	moŋ^{21}	mɑum^{231}
懵	məŋ^{13}	ŋ^{53} / məŋ^{53}	moŋ^{221}	məŋ^{22}	məŋ^{223}	mɔŋ^{544}	məŋ^{53}	məŋ^{33}	moŋ^{343}	mɑum^{31}
木	məɯʔ^{23}	ŋʔ^{23}	muʔ^{34}	mɤʔ^{2}	məʔ^{23}	mʌʔ^{23}	məɯʔ^{23}	mʔ^{23}	muʔ^{31}	mɔu^{35}
东	təŋ^{45}	təŋ^{335}	ʔdoŋ^{335}	təŋ^{53}	təŋ^{24}	tɔŋ^{24}	toŋ^{24}	təŋ^{324}	ʔdoŋ^{445}	nɑum^{445}
董	təŋ^{533}	təŋ^{53}	ʔdoŋ^{33}	təŋ^{213}	təŋ^{44}	tɔŋ^{544}	toŋ^{53}	təŋ^{33}	ʔdoŋ^{454}	nɑum^{52}
懂	təŋ^{533}	təŋ^{53}	ʔdoŋ^{33}	tiəŋ^{213}	təŋ^{44}	tɔŋ^{544}	toŋ^{53}	təŋ^{33}	ʔdoŋ^{454}	nɑum^{52}
冻	təŋ^{334}	təŋ^{45}	ʔdoŋ^{11}	təŋ^{24}	təŋ^{52}	tɔŋ^{52}	toŋ^{55}	təŋ^{35}	ʔdoŋ^{33}	nɑum^{554}
栋	təŋ^{334}	təŋ^{45}	ʔdoŋ^{11}	təŋ^{24}	təŋ^{52}	tɔŋ^{52}	toŋ^{55}	təŋ^{35}	ʔdoŋ^{33}	nɑum^{554}
通	tʰəŋ^{45}	tʰəŋ^{335}	tʰoŋ^{335}	tʰəŋ^{53}	tʰəŋ^{24}	tʰɔŋ^{24}	tʰoŋ^{24}	tʰəŋ^{324}	tʰoŋ^{445}	tʰɑum^{445}
桶	dəŋ^{13}	təŋ^{53}	toŋ^{221}	dəŋ^{22}	dəŋ^{223}	dɔŋ^{11}	doŋ^{31}	dəŋ^{33}	doŋ^{343}	dɑum^{31}
捅	tʰəŋ^{533}	tʰəŋ^{53}	tʰoŋ^{33}	tʰəŋ^{213}	tʰəŋ^{44}	tʰɔŋ^{544}	tʰoŋ^{53}	tʰəŋ^{33}	tʰoŋ^{454}	tʰɑum^{52}
痛	tʰəŋ^{334}	tʰəŋ^{45}	tʰoŋ^{11}	tʰəŋ^{24}	tʰəŋ^{52}	tʰɔŋ^{52}	tʰoŋ^{55}	tʰəŋ^{35}	tʰoŋ^{33}	tʰɑum^{554}
秃	tʰəɯʔ^{5}	tʰuʔ^{54}	tʰuʔ^{5}	tʰɤʔ^{5}	tʰəʔ^{5}	tʰʌʔ^{5}	tʰəɯʔ^{5}	tʰɯʔ^{5}	tʰuʔ^{42}	tʰɔu^{423}
同	dəŋ^{221}	dəŋ^{211}	toŋ^{52}	dəŋ^{31}	təŋ^{434}	dɔŋ^{11}	doŋ^{423}	dəŋ^{31}	doŋ^{21}	dɑum^{231}
铜	dəŋ^{221}	dəŋ^{211}	toŋ^{52}	dəŋ^{31}	təŋ^{434}	dɔŋ^{11}	doŋ^{423}	dəŋ^{31}	doŋ^{21}	dɑum^{231}
桐	dəŋ^{221}	dəŋ^{211}	toŋ^{52}	dəŋ^{31}	təŋ^{434}	dɔŋ^{11}	doŋ^{423}	dəŋ^{31}	doŋ^{21}	dɑum^{231}
筒	dəŋ^{221}	dəŋ^{211}	toŋ^{52}	dəŋ^{31}	təŋ^{434}	dɔŋ^{11}	doŋ^{423}	dəŋ^{31}	doŋ^{21}	dɑum^{231}

	遂昌	龙泉	庆元	松阳	宣平	丽水	云和	景宁	青田	缙云
童	dəŋ²²¹	dəŋ²¹¹	toŋ⁵²	dəŋ³¹	təŋ⁴³⁴	doŋ¹¹	doŋ⁴²³	dəŋ³¹	doŋ²¹	dɑum²³¹
动	dəŋ¹³	təŋ⁵³	toŋ²²¹	dəŋ²²	dəŋ²²³	doŋ¹¹	doŋ³¹	dəŋ³³	doŋ³⁴³	dɑum³¹
洞	dəŋ²¹³	dəŋ¹³	toŋ³¹	dəŋ¹³	dəŋ²³¹	doŋ²³¹	doŋ²²³	dəŋ¹³	doŋ²²	dɑum²¹³
独	dəɯʔ²³	dəɯʔ²³	tuʔ³⁴	dɣʔ²	dəʔ²³	dʌʔ²³	dəɯʔ²³	dɯaʔ²³	duʔ³¹	dɔuʔ³⁵
读	dəɯʔ²³	dəɯʔ²³	tuʔ³⁴	dɣʔ²	dəʔ²³	dʌʔ²³	dəɯʔ²³	dɯaʔ²³	duʔ³¹	dɔuʔ³⁵
笼	ləŋ²²¹	ləŋ²¹¹	loŋ⁵²	ləŋ³¹	ləŋ⁴³⁴	loŋ¹¹	loŋ⁴²³	ləŋ³¹	loŋ²¹	lɑum²³¹
聋	ləŋ²²¹	ləŋ²¹¹	loŋ⁵²	ləŋ³¹	ləŋ⁴³⁴	loŋ¹¹	loŋ⁴²³	ləŋ³¹	loŋ²¹	lɑum²³¹
拢	ləŋ¹³	ləŋ⁵³	loŋ²²¹	ləŋ²²	ləŋ²²³	loŋ⁵⁴⁴	loŋ⁵³	ləŋ³³	loŋ³⁴³	lɑum³¹
弄	ləŋ²¹³	ləŋ¹³	loŋ³¹	ləŋ¹³	ləŋ²³¹	loŋ²³¹	loŋ²²³	ləŋ¹³	loŋ²²	lɑum²¹³
鹿	ləɯʔ²³	ləɯʔ²³	luʔ³⁴	lɣʔ²	ləʔ²³	lʌʔ²³	ləɯʔ²³	lɯaʔ²³	luʔ³¹	lɔuʔ³⁵
禄	ləɯʔ²³	lɔuʔ²³	luʔ³⁴	lɣʔ²	ləʔ²³	lʌʔ²³	ləɯʔ²³	lɯaʔ²³	luʔ³¹	lɔʔ³⁵
簏	ləɯʔ²³	ləɯʔ²³	luʔ³⁴				ləɯʔ²³	lɯaʔ²³		
棕	tsəŋ⁴⁵	tsəŋ³³⁵	tsoŋ³³⁵	tsəŋ⁵³	tsəŋ²⁴	tsoŋ²⁴	tsoŋ²⁴	tsəŋ³²⁴	tsoŋ⁴⁴⁵	tsɑum⁴⁴⁵
总	tsəŋ⁵³³	tsəŋ⁵³	tsoŋ³³	tsəŋ²¹³	tsəŋ⁴⁴	tsoŋ⁵⁴⁴	tsoŋ⁵³	tsəŋ³³	tsoŋ⁴⁵⁴	tsɑum⁵²
粽	tsəŋ³³⁴	tsəŋ⁴⁵	tsoŋ¹¹	tsəŋ²⁴	tsəŋ⁵²	tsoŋ⁵²	tsoŋ⁵⁵	tsəŋ³⁵	tsoŋ³³	tsɑum⁵⁵⁴
聪	tsʰəŋ⁴⁵	tsʰəŋ³³⁵	tsʰoŋ³³⁵	tsʰəŋ⁵³	tsʰəŋ²⁴	tsʰoŋ²⁴	tsʰoŋ²⁴	tsʰəŋ³²⁴	tsʰoŋ⁴⁴⁵	tsʰɑum⁴⁴⁵
葱	tsʰəŋ⁴⁵	tsʰəŋ³³⁵	tsʰoŋ³³⁵	tsʰəŋ⁵³	tsʰəŋ²⁴	tsʰoŋ²⁴	tsʰoŋ²⁴	tsʰəŋ³²⁴	tsʰoŋ⁴⁴⁵	tsʰɑum⁴⁴⁵
囱	tsʰəŋ⁴⁵	tsʰəŋ³³⁵	tsʰoŋ³³⁵	tsʰəŋ⁵³	tsʰəŋ²⁴	tsʰoŋ²⁴	tsʰoŋ²⁴	tʃʰiaŋ³²⁴	tɕʰioŋ⁴⁴⁵	tsʰɑum⁴⁴⁵
熜		tsʰoŋ³³⁵								

处州一带把冬天的烤火器具大都叫做"火笼",庆元则叫做"火熜"。

	遂昌	龙泉	庆元	松阳	宣平	丽水	云和	景宁	青田	缙云
族	zəɯʔ²³	zəɯʔ²³	suʔ³⁴	zɣʔ²	zəʔ²³	zʌʔ²³	zəɯʔ²³	zɯaʔ²³	zuʔ³¹	zɔuʔ³⁵
送	səŋ³³⁴	səŋ⁴⁵	soŋ¹¹	səŋ²⁴	səŋ⁵²	soŋ⁵²	soŋ⁵⁵	səŋ³⁵	soŋ³³	sɑum⁵⁵⁴
速	səɯʔ⁵	səɯʔ⁵⁴	suʔ⁵	sɣʔ⁵	səʔ⁵	sʌʔ⁵	səɯʔ⁵	sɯaʔ⁵	suʔ⁴²	sɔuʔ⁴²³
公	kəŋ⁴⁵	kəŋ³³⁵	koŋ³³⁵	kəŋ⁵³	kəŋ²⁴	koŋ²⁴	koŋ²⁴	kəŋ³²⁴	koŋ⁴⁴⁵	kɑum⁴⁴⁵
蚣	kəŋ⁴⁵	kəŋ³³⁵	koŋ³³⁵	kəŋ⁵³	kəŋ²⁴	koŋ²⁴	koŋ²⁴	kəŋ³²⁴	koŋ⁴⁴⁵	kɑum⁴⁴⁵
工	kəŋ⁴⁵	kəŋ³³⁵	koŋ³³⁵	kəŋ⁵³	kəŋ²⁴	koŋ²⁴	koŋ²⁴	kəŋ³²⁴	koŋ⁴⁴⁵	kɑum⁴⁴⁵
功	kəŋ⁴⁵	kəŋ³³⁵	koŋ³³⁵	kəŋ⁵³	kəŋ²⁴	koŋ²⁴	koŋ²⁴	kəŋ³²⁴	koŋ⁴⁴⁵	kɑum⁴⁴⁵
攻	kəŋ⁴⁵	kəŋ³³⁵	koŋ³³⁵	kəŋ⁵³	kəŋ²⁴	koŋ²⁴	koŋ²⁴	kəŋ³²⁴	koŋ⁴⁴⁵	kɑum⁴⁴⁵
贡	kəŋ³³⁴	kəŋ⁴⁵	koŋ¹¹	kəŋ²⁴	kəŋ⁵²	koŋ⁵²	koŋ⁵⁵	kəŋ³⁵	koŋ³³	kɑum⁵⁵⁴
谷	kəɯʔ⁵	kuʔ⁵⁴	kuʔ⁵	kɣʔ⁵	kəʔ⁵	kuʔ⁵	kəɯʔ⁵	kuʔ⁵	kuʔ⁴²	kɔuʔ⁴²³

续表

	遂昌	龙泉	庆元	松阳	宣平	丽水	云和	景宁	青田	缙云
空形	k^həŋ⁴⁵	k^həŋ³³⁵	k^hoŋ³³⁵	k^həŋ⁵³	k^həŋ²⁴	k^hɔŋ²⁴	k^hoŋ²⁴	k^həŋ³²⁴	k^hoŋ⁴⁴⁵	k^hɑum⁴⁴⁵
孔	k^həŋ⁵³³	k^həŋ⁵³	k^hoŋ³³	k^həŋ²¹³	k^həŋ⁴⁴	k^hɔŋ⁵⁴⁴	k^hoŋ⁵³	k^həŋ³³	k^hoŋ⁴⁵⁴	k^hɑum⁵²
控	k^həŋ³³⁴	k^həŋ⁴⁵	k^hoŋ¹¹	k^həŋ²⁴	k^həŋ⁵²	k^hɔŋ⁵²	k^hoŋ⁵⁵	k^həŋ³⁵	k^hoŋ³³	k^hɑum⁵⁵⁴
空名	k^həŋ³³⁴	k^həŋ⁴⁵	k^hoŋ¹¹	k^həŋ²⁴	k^həŋ⁵²	k^hɔŋ⁵²	k^hoŋ⁵⁵	k^həŋ³⁵	k^hoŋ³³	k^hɑum⁵⁵⁴
哭	ˣk^həɯ$ʔ$⁵	ˣk^hɔu$ʔ$⁵⁴	文k^hu$ʔ$⁵	文k^hɤ$ʔ$⁵	文k^hə$ʔ$⁵	k^hu$ʔ$⁵	ˣk^həɯ$ʔ$⁵	文k^hu$ʔ$⁵	k^hu$ʔ$⁴²	文k^hɔu⁴²³
烘	ɕioŋ⁴⁵	ɕioŋ³³⁵ xəŋ³³⁵	ɕioŋ³³⁵	xəŋ⁵³	xəŋ²⁴	xɔŋ²⁴	xoŋ²⁴	xəŋ³²⁴	xoŋ⁴⁴⁵	xɑum⁴⁴⁵
哄	xəŋ⁵³³	xəŋ⁵³	xoŋ³³	xəŋ²¹³	xəŋ⁴⁴	xɔŋ⁵⁴⁴	xoŋ⁵³	xəŋ³³	xoŋ⁴⁵⁴	xɑum⁵²
红	əŋ²²¹	ŋ²¹¹	ŋ⁵²	ŋ³¹	əŋ⁴³⁴	ŋ¹¹	oŋ⁴²³	ŋ³¹	oŋ²¹	ɑum²³¹
洪	əŋ²²¹	ŋ²¹¹	ŋ⁵²	ŋ³¹	əŋ⁴³⁴	ɔŋ¹¹	oŋ⁴²³	ŋ³¹	oŋ²¹	ɑum²³¹
翁	əŋ⁴⁵	ŋ³³⁵	oŋ³³⁵	əŋ⁵³	əŋ²⁴	ɔŋ²⁴	oŋ²⁴	ŋ³²⁴	oŋ⁴⁴⁵	ɑum⁴⁴⁵
屋	əɯ$ʔ$⁵	u$ʔ$⁵⁴	u$ʔ$⁵	ɤ$ʔ$⁵	ə$ʔ$⁵	u$ʔ$⁵	əɯ$ʔ$⁵	u$ʔ$⁵	u$ʔ$⁴²	ɔu⁴²³
冬	təŋ⁴⁵	təŋ³³⁵	$ʔ$doŋ³³⁵	təŋ⁵³	təŋ²⁴	tɔŋ²⁴	toŋ²⁴	təŋ³²⁴	$ʔ$doŋ⁴⁴⁵	nɑum⁴⁴⁵
督	təɯ$ʔ$⁵	təɯ$ʔ$⁵⁴	$ʔ$du$ʔ$⁵	tɤ$ʔ$⁵	tə$ʔ$⁵	tu$ʔ$⁵	tiɯ$ʔ$⁵	tiɯ$ʔ$⁵	$ʔ$du$ʔ$⁴²	$ʔ$dɔu⁴²³
统	t^həŋ⁵³³	t^həŋ⁵³	t^hoŋ³³	t^həŋ²¹³	t^həŋ⁴⁴	t^hɔŋ⁵⁴⁴	t^hoŋ⁵³	t^həŋ³³	t^hoŋ⁴⁵⁴	t^hɑum⁵²
毒	dəɯ$ʔ$²³	dəɯ$ʔ$²³	tu$ʔ$³⁴	dɤ$ʔ$²	də$ʔ$²³	du$ʔ$²³	dəɯ$ʔ$²³	dəɯ$ʔ$²³	du$ʔ$³¹	dɔu³⁵
农	nəŋ²²¹	nəŋ²¹¹	noŋ⁵²	nəŋ³¹	nəŋ⁴³⁴	nɔŋ¹¹	noŋ⁴²³	nəŋ³¹	noŋ²¹	nɑum²³¹
脓	nəŋ²²¹	nəŋ²¹¹	noŋ⁵²	nəŋ³¹	nəŋ⁴³⁴	nɔŋ¹¹	noŋ⁴²³	nəŋ³¹	noŋ²¹	nɑum²³¹
宗	tsəŋ⁴⁵	tsəŋ³³⁵	tsoŋ³³⁵	tsəŋ⁵³	tsəŋ²⁴	tsɔŋ²⁴	tsoŋ²⁴	tsəŋ³²⁴	tsoŋ⁴⁴⁵	tsɑum⁴⁴⁵
鬆轻松	səŋ⁴⁵	səŋ³³⁵	soŋ³³⁵	səŋ⁵³	səŋ²⁴	sɔŋ²⁴	soŋ²⁴	səŋ³²⁴	soŋ⁴⁴⁵	sɑum⁴⁴⁵
宋	səŋ³³⁴	səŋ⁴⁵	soŋ¹¹	səŋ²⁴	səŋ⁵²	sɔŋ⁵²	soŋ⁵⁵	səŋ³⁵	soŋ³³	sɑum⁵⁵⁴
风	fəŋ⁴⁵	fəŋ³³⁵	foŋ³³⁵	fəŋ⁵³	fəŋ²⁴	fɔŋ²⁴	fəŋ²⁴	fəŋ³²⁴	foŋ⁴⁴⁵	fɑum⁴⁴⁵
枫	fəŋ⁴⁵	fəŋ³³⁵	foŋ³³⁵	fəŋ⁵³	fəŋ²⁴	fɔŋ²⁴	fəŋ²⁴	fəŋ³²⁴	foŋ⁴⁴⁵	fɑum⁴⁴⁵
疯	fəŋ⁴⁵	fəŋ³³⁵	foŋ³³⁵	fəŋ⁵³	fəŋ²⁴	fɔŋ²⁴	fəŋ²⁴	fəŋ³²⁴	foŋ⁴⁴⁵	fɑum⁴⁴⁵
福	fəɯ$ʔ$⁵	fu$ʔ$⁵⁴	fu$ʔ$⁵	fɤ$ʔ$⁵	fə$ʔ$⁵	fʌ$ʔ$⁵	fəɯ$ʔ$⁵	fu$ʔ$⁵	fu$ʔ$⁴²	fɔu⁴²³
幅	fəɯ$ʔ$⁵	fu$ʔ$⁵⁴	fu$ʔ$⁵	fɤ$ʔ$⁵	fə$ʔ$⁵	fu$ʔ$⁵	fəɯ$ʔ$⁵	fu$ʔ$⁵	fu$ʔ$⁴²	fɔu⁴²³
腹	pəɯ$ʔ$⁵	pu$ʔ$⁵⁴	$ʔ$bu$ʔ$⁵	pɤ$ʔ$⁵	文fə$ʔ$⁵	文fʌ$ʔ$⁵	文fəɯ$ʔ$⁵	文fu$ʔ$⁵	文fu$ʔ$⁴²	文fɔu⁴²³
丰	fəŋ⁴⁵	fəŋ³³⁵	foŋ³³⁵	fəŋ⁵³	fəŋ²⁴	fɔŋ²⁴	fəŋ²⁴	fəŋ³²⁴	foŋ⁴⁴⁵	fɑum⁴⁴⁵
覆	p^həɯ$ʔ$⁵	p^hu$ʔ$⁵⁴	p^hu$ʔ$⁵	p^hɤ$ʔ$⁵	p^hə$ʔ$⁵	p^huo$ʔ$⁵	p^həɯ$ʔ$⁵	p^hu$ʔ$⁵	p^hu$ʔ$⁴²	p^hɔu⁴²³
冯	vəŋ²²¹	bəŋ²¹¹	poŋ⁵²	vəŋ³¹	fəŋ⁴³⁴	vɔŋ¹¹	vəŋ⁴²³	vəŋ³¹	voŋ²¹	vɑum²³¹
凤	vəŋ²¹³	vəŋ¹³	foŋ³¹	vəŋ¹³	vəŋ²³¹	vɔŋ²³¹	vəŋ²²³	vəŋ¹³	voŋ²²	vɑum²¹³

续表

	遂昌	龙泉	庆元	松阳	宣平	丽水	云和	景宁	青田	缙云
服	vɯʔ^{23}	vuʔ^{23}	fuʔ^{34}	vɤʔ^{2}	vəʔ^{23}	vʌʔ^{23}	vəɯʔ^{23}	vuʔ^{23}	vuʔ^{31}	vɔu^{35}
伏(伏倒)	bɯʔ^{23}	buʔ^{23}	fuʔ^{34}	vɤʔ^{2}	vəʔ^{23}	vʌʔ^{23}	vəɯʔ^{23}	vuʔ^{23}	vuʔ^{31}	vɔu^{35}
复	fɯʔ^{5}	fuʔ^{54}	fuʔ^{5}	fɤʔ^{5}	fəʔ^{5}	fʌʔ^{5}	fəɯʔ^{5}	fuʔ^{5}	fuʔ^{42}	fɔu^{423}
梦	məŋ^{213}	ŋ^{13}	moŋ^{31}	məŋ^{13}	məŋ^{231}	mɔŋ^{231}	məŋ^{223}	məŋ^{13}	moŋ^{22}	mɑum^{213}
目	məɯʔ^{23}	mɔuʔ^{23}	mɤʔ^{34} / muʔ^{34}	mɤʔ^{2}	məʔ^{23}	mʌʔ^{23}	məɯʔ^{23}	mʔ^{23}	muʔ^{31}	mɔu^{35}
穆	məɯʔ^{23}	mɔuʔ^{23}	muʔ^{34}	mɤʔ^{2}	məʔ^{23}	mʌʔ^{23}	məɯʔ^{23}	mʔ^{23}	muʔ^{31}	mɔu^{35}
牧	məɯʔ^{23}	mɔuʔ^{23}	muʔ^{34}	mɤʔ^{2}	məʔ^{23}	mʌʔ^{23}	məɯʔ^{23}	mʔ^{23}	muʔ^{31}	mɔu^{35}
隆	lioŋ^{221}	ləŋ^{211}	loŋ^{52}	ləŋ^{31}	ləŋ^{434}	lɔŋ^{11}	loŋ^{423}	ləŋ^{31}	loŋ^{21}	lɑum^{231}
六	ləɯʔ^{23}	ləɯʔ^{23}	liɯʔ^{34}	lɤʔ^{2}	ləʔ^{23}	lioʔ^{23}	ləɯʔ^{23}	liɯʔ^{23}	leuʔ^{31}	lɔu^{35}
陆	ləɯʔ^{23}	ləɯʔ^{23}	luʔ^{34}	lɤʔ^{2}	ləʔ^{23}	lʌʔ^{23}	ləɯʔ^{23}	lɯɯʔ^{23}	leuʔ^{31}	lɔu^{35}
肃	səɯʔ^{5}	ɕiɯʔ^{54}	ɕiɯʔ^{5}	sɤʔ^{5}	səʔ^{5}	sʌʔ^{5}	ʃiɯʔ^{5}	ʃiɯʔ^{5}	ɕiuʔ^{42}	sɔu^{423}
宿	ɕioʔ^{5} / ɕiɯʔ^{334}	ɕiɔuʔ^{54} / ɕiɯʔ^{54}	ɕioʔ^{5}	ɕioʔ^{5}	ɕyəʔ^{5} / ɕiɯ^{52}	ɕioʔ^{5} / ɕiɯ^{52}	ʃioʔ^{5} / ʃiɯ^{52}	ʃiɔuʔ^{5}	ɕiuʔ^{42}	sɔu^{423} / sium^{554}
	上行语境是"住宿"的说法，下行语境是"星宿"。									
中	təŋ^{45} / tɕioŋ^{45}	tioŋ^{335} / tɕiəŋ^{335}	ʔdioŋ^{335} / tɕioŋ^{335}	təŋ^{53} / tɕiəŋ^{53}	təŋ^{24} / tɕyəŋ^{24}	toŋ^{24} / tɕioŋ^{24}	toŋ^{24} / tʃioŋ^{24}	tyəŋ^{324} / tʃyəŋ^{324}	ʔdoŋ^{445} / tɕioŋ^{445}	nɑum^{445} / tsɑum^{445}
	上行语境是"中央中间"，下行语境是"中国、党中央"。其中，庆元话"中央"说[ʔdi^{33}ɔ^{335}]，实为[ʔdioŋ^{33} iɔ^{335}]组合的音变结果；景宁话情况同，"中央"说[ty^{55}ɔ^{324}]，也是[tyəŋ^{55}iɔ^{324}]组合的音变，此处还原。									
忠	tɕioŋ^{45}	tɕiəŋ^{335}	tɕioŋ^{335}	tɕiəŋ^{53}	tɕyəŋ^{24}	tɕioŋ^{24}	tʃioŋ^{24}	tʃyəŋ^{324}	tɕioŋ^{445}	tsɑum^{445}
竹	tiuʔ^{5}	təɯʔ^{54}	ʔdiɯʔ^{5}	tioʔ^{5}	tyəʔ^{5}	tiuʔ^{5}	tiɯʔ^{5}	tiɯʔ^{5}	ʔduʔ^{42}	ʔdɔu^{423} / tsɔu^{423}
筑	tiuʔ^{5}	təɯʔ^{54}	ʔdiɯʔ^{5}	tɕioʔ^{5}	tyəʔ^{5}	tɕiuʔ^{5}	tiɯʔ^{5}	tʃiɯʔ^{5}	tɕiuʔ^{42}	ʔdɔu^{423} / tsɔu^{423}
虫	dʑioŋ^{221}	dəŋ^{211}	toŋ^{52} / tɕioŋ^{52}	dʑiəŋ^{31}	tɕyəŋ^{434}	dʑioŋ^{11}	dʒioŋ^{423}	dʒyəŋ^{31}	dʑioŋ^{21}	dzɑum^{231}
轴	dʑiuʔ^{23}	dʑiɯʔ^{23}	tɕiɯʔ^{34}	dʑioʔ^{2}	dʑyʌʔ^{23}	dʑioʔ^{23}	dʒiɯʔ^{23}	dʒiɯʔ^{23}	dʑiuʔ^{31}	dzɔu^{35}
崇	zioŋ^{221}	zəŋ^{211}	ɕioŋ^{52}	zəŋ^{31}	ɕyəŋ^{434}	dzɔŋ^{11}	ʒioŋ^{423}	zəŋ^{31}	zoŋ^{21}	zɑum^{231}
缩	ɕioʔ^{5}	ɕiɔuʔ^{54}	ɕioʔ^{5}	ɕioʔ^{5}	səʔ^{5}	ɕioʔ^{5}	ʃioʔ^{5}	ʃiɔuʔ^{5}	ɕiuʔ^{42}	sɔ^{423}
终	tɕioŋ^{45}	tɕiəŋ^{335}	tɕioŋ^{335}	tɕiəŋ^{53}	tɕyəŋ^{24}	tɕioŋ^{24}	tʃioŋ^{24}	tʃyəŋ^{324}	tɕioŋ^{445}	tsɑum^{445}
众	tɕioŋ^{334}	tɕiəŋ^{45}	tɕioŋ^{11}	tɕioŋ^{24}	tɕyəŋ^{52}	tɕioŋ^{52}	tʃioŋ^{55}	tʃyəŋ^{35}	tɕioŋ^{33}	tsɑum^{554}
祝	tɕiuʔ^{5}	tɕiɯʔ^{54}	tɕiɯʔ^{5}	tɕioʔ^{5}	tɕyəʔ^{5}	tɕiuʔ^{5}	tʃiɯʔ^{5}	tʃiɯʔ^{5}	tɕiuʔ^{42}	tsɔu^{423}
粥	tɕiuʔ^{5}	tɕiɯʔ^{54}	tɕiɯʔ^{5}	tɕioʔ^{5}	tɕyəʔ^{5}	tɕiuʔ^{5}	tʃiɯʔ^{5}	tʃiɯʔ^{5}	tɕiuʔ^{42}	tsɔu^{423}
充	tɕʰioŋ^{45}	tɕʰiəŋ^{335}	tɕʰioŋ^{335}	tɕʰiəŋ^{53}	tɕʰyəŋ^{24}	tɕʰioŋ^{24}	tʃʰioŋ^{24}	tʃʰyəŋ^{324}	tɕʰioŋ^{445}	tsʰɑum^{445}

续表

	遂昌	龙泉	庆元	松阳	宣平	丽水	云和	景宁	青田	缙云
铳	tɕʰioŋ³³⁴	tɕʰiəŋ⁴⁵	tɕʰioŋ¹¹	tɕʰiəŋ²⁴	tɕʰyəŋ⁵²	tɕʰioŋ⁵²	tʃʰioŋ⁵⁵	tʃʰyəŋ³⁵	tɕʰioŋ³³	tsʰaum⁵⁵⁴
叔	ɕiuʔ⁵	ɕiɯʔ⁵⁴	ɕiɯʔ⁵	ɕioʔ⁵	çyəʔ⁵	ɕiuʔ⁵	ʃiɯʔ⁵	ʃiɯʔ⁵	ɕioŋ⁴⁴⁵	soɯ⁴²³
熟	ʑiuʔ²³ dʑiuʔ²³	ʑiɯʔ²³	ɕiɯʔ³⁴	ʑioʔ²	zyəʔ²³	ʑiuʔ²³	ʒiɯʔ²³	ʒiɯʔ²³	iuʔ³¹	zoɯ³⁵
绒	ȵioŋ²²¹	iəŋ²¹¹	ioŋ⁵²	iəŋ³¹	yəŋ⁴³⁴	ȵioŋ¹¹	ioŋ⁴²³	zəŋ³¹	zoŋ²¹	ȵiaum²³¹
肉	ȵiuʔ²³	ȵiɯʔ²³	ȵiɯʔ³⁴	ȵioʔ²	ȵyəʔ²³	ȵiuʔ²³	ɲiɯʔ²³	ɲiɯʔ²³	ȵiuʔ³¹	ȵiɔu³⁵
弓	kəŋ⁴⁵	kəŋ³³⁵	tɕioŋ³³⁵ koŋ³³⁵	kəŋ⁵³	kəŋ²⁴	kɔŋ²⁴	tʃioŋ²⁴ koŋ²⁴	tʃyəŋ³²⁴ kəŋ³²⁴	tɕioŋ⁴⁴⁵	tɕiɑum⁴⁴⁵
躬	kəŋ⁴⁵	kəŋ³³⁵	koŋ³³⁵	kəŋ⁵³	kəŋ²⁴	kɔŋ²⁴	tʃioŋ²⁴ koŋ²⁴	tʃyəŋ³²⁴ kəŋ³²⁴	tɕioŋ⁴⁴⁵	tɕiɑum⁴⁴⁵
宫	kəŋ⁴⁵	kəŋ³³⁵	tɕioŋ³³⁵	kəŋ⁵³	kəŋ²⁴	kɔŋ²⁴	tʃioŋ²⁴ koŋ²⁴	tʃyəŋ³²⁴ kəŋ³²⁴	tɕioŋ⁴⁴⁵	tɕiɑum⁴⁴⁵
菊	tɕiuʔ⁵	tɕiɯʔ⁵⁴	tɕiɯʔ⁵	tɕʰioʔ⁵	tɕyəʔ⁵	tɕiuʔ⁵	tʃiɯʔ⁵	tʃiɯʔ⁵	tɕiuʔ⁴²	tɕiɔu⁴²³
麹 酒曲	tɕʰiuʔ⁵	tɕʰiɯʔ⁵⁴	tɕʰiɯʔ⁵	tɕʰioʔ⁵	tɕʰyəʔ⁵	tɕʰiuʔ⁵	tʃʰiɯʔ⁵	tʃʰiɯʔ⁵	tɕʰiuʔ⁴²	tɕʰiɔu⁴²³
穷	dʑioŋ²²¹	dʑiəŋ²¹¹	tɕioŋ⁵²	dʑiəŋ³¹	tɕyəŋ⁴³⁴	dʑioŋ¹¹	dʒioŋ⁴²³	dʒyəŋ³¹	dʑioŋ²¹	dʑiɑum²³¹
蓄 储蓄	tɕʰiuʔ⁵	tɕʰiɯʔ⁵⁴	ɕiuʔ⁵	tɕʰioʔ⁵	çyəʔ⁵	tɕʰiuʔ⁵	tʃʰiɯʔ⁵	ʃiɯʔ⁵	ɕiuʔ⁴²	ɕiɔu⁴²³
熊	ʑioŋ²²¹	iəŋ²¹¹	ioŋ⁵²	iəŋ³¹	yəŋ⁴³⁴	ioŋ¹¹	ioŋ⁴²³	yəŋ³¹	ioŋ²¹	iɑum²³¹
雄	ioŋ²²¹	iəŋ²¹¹	ioŋ⁵²	iəŋ³¹	yəŋ⁴³⁴	ioŋ¹¹	ioŋ⁴²³	yəŋ³¹	ioŋ²¹	iɑum²³¹
育	iuʔ⁵	ȵiɔuʔ²³	iɯʔ³⁴	ioʔ²	yəʔ²³	iuʔ⁵	iɯʔ⁵	iɯʔ⁵	iuʔ⁴²	iɔu³⁵
封	fəŋ⁴⁵	fəŋ³³⁵	foŋ³³⁵	fəŋ⁵³	fəŋ²⁴	fɔŋ²⁴	fəŋ²⁴	fəŋ³²⁴	foŋ⁴⁴⁵	faum⁴⁴⁵
峰	fəŋ⁴⁵	fəŋ³³⁵	foŋ³³⁵	fəŋ⁵³	fəŋ²⁴	fɔŋ²⁴	fəŋ²⁴	fəŋ³²⁴	foŋ⁴⁴⁵	faum⁴⁴⁵
蜂	fəŋ⁴⁵	fəŋ³³⁵	foŋ³³⁵	fəŋ⁵³	fəŋ²⁴	fɔŋ²⁴	fəŋ²⁴	fəŋ³²⁴	foŋ⁴⁴⁵	faum⁴⁴⁵
锋	fəŋ⁴⁵	fəŋ³³⁵	foŋ³³⁵	fəŋ⁵³	fəŋ²⁴	fɔŋ²⁴	fəŋ²⁴	fəŋ³²⁴	foŋ⁴⁴⁵	faum⁴⁴⁵
捧	pʰəŋ⁵³³	pʰəŋ⁵³	ʔboŋ³³	pʰəŋ²¹³	pʰəŋ⁴⁴	pʰɔŋ⁵⁴⁴	pʰəŋ⁵³	pʰəŋ³³	pʰoŋ⁴⁵⁴	pʰaum⁵²
缝 动	vəŋ²²¹	vəŋ²¹¹	foŋ⁵²	vəŋ³¹	fəŋ⁴³⁴	vɔŋ¹¹	vəŋ⁴²³	vəŋ³¹	voŋ²¹	vaum²³¹
缝 名	vəŋ²¹³	vəŋ¹³	foŋ³¹	vəŋ¹³	vəŋ²³¹	vɔŋ²³¹	vəŋ²²³	vəŋ¹³	voŋ²²	vaum²¹³
幪		fu⁴⁵	foŋ⁵⁵							
	龙泉话、庆元话的语境是"毛巾"的说法，均系小称变韵（调）。									
浓	ȵioŋ²²¹	ȵioŋ²¹¹	ȵiõ⁵²	ȵioŋ³¹	ȵiõ⁴³⁴	ȵioŋ¹¹	ɲiõ⁴²³	ɲiõ³¹	ȵio²¹	ȵiɔ²³¹
龙	lioŋ²²¹	lioŋ²¹¹	liõ⁵²	lioŋ³¹	liõ⁴³⁴	lioŋ¹¹	liõ⁴²³	liõ³¹	lio²¹	lɔ²³¹
绿	lioʔ²³	liɯuʔ²³	lioʔ³⁴	lioʔ²	lyəʔ²³	lioʔ²³	lioʔ²³	liɔuʔ²³	lioʔ³¹	lɔ³⁵
足	tɕioʔ⁵	tɕiɯuʔ⁵⁴	tɕioʔ⁵	tɕioʔ⁵	tɕyəʔ⁵	tɕioʔ⁵	tʃioʔ⁵	tʃiɔuʔ⁵	tɕioʔ⁴²	tsɔ⁴²³

续表

	遂昌	龙泉	庆元	松阳	宣平	丽水	云和	景宁	青田	缙云
促	tɕʰiɔʔ^{5}	tɕʰiɔuʔ^{54}	tɕʰioʔ^{5}	tɕʰioʔ^{5}	tɕʰyəʔ^{5}	tɕʰioʔ^{5}	tsʰoʔ^{5}	tʃʰiɔuʔ^{5}	tsʰuʔ^{42}	tsʰɔ^{423}
从	zioŋ^{221}	zioŋ^{211}	çiɔ̃^{52}	zioŋ^{31}	çiɔ̃^{434}	dʑioŋ^{11}	ʒiɔ̃^{423}	ʒiɔ̃^{31}	io^{21}	zɔ^{231}
粟	səuʔ^{5}	çiɔuʔ^{54}	çioʔ^{5} sɤʔ^{5}	çioʔ^{5}	çyəʔ^{5}	çi^{5}	ʃioʔ^{5}	ʃiɔuʔ^{5}	çiuʔ^{42}	sɔ^{423}
松	zɤ̃^{221} səŋ^{45}	zɛ^{211} səŋ^{335}	sæ̃^{52} soŋ^{335}	zæ̃^{31} səŋ^{53}	səŋ^{434}	ziŋ^{11} sɔ^{24}	ʒiɔ̃^{423} soŋ^{24}	ʒiɔ̃^{31} səŋ^{324}	io^{21} çioŋ^{445}	zɔ^{231} sɑum^{445}
	上行语境是"松树"，下行语境是"松香"。									
颂	səŋ^{334}	çiɔŋ^{45}	soŋ^{11}	səŋ^{24}	səŋ^{52}	sɔ^{52}	soŋ^{55}	səŋ^{35}	io^{33}	sɑum^{554}
俗	ziɔʔ^{23}	ziɔuʔ^{23}	çiɔʔ^{34}	ʑioʔ^{2}	zyəʔ^{23}	ʑioʔ^{23}	ʒioʔ^{23}	ʒiɔuʔ^{23}	ioʔ^{31}	zɔ^{35}
续	ziɔʔ^{23}	ziɔuʔ^{23}	çiɔʔ^{34}	ʑioʔ^{2}	zyəʔ^{23}	ʑioʔ^{23}	ʒioʔ^{23}	ʒiɔuʔ^{23}	ioʔ^{31}	zɔ^{35}
重_{重复}	dʑiɔŋ^{221}	dʑiəŋ^{211}	tɕioŋ^{52}	dʑiəŋ^{31}	tɕiɔ̃^{434}	dʑioŋ^{11}	dʒiɔ̃^{423}	dʒyəŋ^{31}	dʑio^{21}	dzɑum^{231}
重_{轻重}	dʑiɔŋ^{13}	tɕiəŋ^{53}	tɕioŋ^{221}	dʑiəŋ^{22}	dʑiɔ̃^{223}	dʑioŋ^{11}	dʒioŋ^{31}	dʒyəŋ^{33}	dʑio^{343}	dzɑum^{31}
钟	tɕiɔŋ^{45}	tɕioŋ^{335}	tɕiɔ̃^{335}	tɕioŋ^{53}	tɕiɔ̃^{24}	tɕioŋ^{24}	tʃiɔ̃^{24}	tʃiɔ̃^{324}	tɕio^{445}	tsɔ^{445}
种_名	iɔŋ^{533}	iəŋ^{53}	ioŋ^{33}	iəŋ^{213}	tɕiɔ̃^{44}	tɕioŋ^{544}	tʃiɔ̃^{53}	tʃiɔ̃^{33}	tɕio^{454}	tsɔ^{52}
肿	iɔŋ^{533}	iəŋ^{53}	ioŋ^{33}	iəŋ^{213}	tɕiɔ̃^{44}	tɕioŋ^{544}	tʃiɔ̃^{53}	tʃiɔ̃^{33}	tɕio^{454}	tsɔ^{52}
种_动	iɔŋ^{334}	iəŋ^{45}	ioŋ^{11}	iəŋ^{24}	tɕiɔ̃^{52}	tɕioŋ^{52}	tʃiɔ̃^{55}	tʃiɔ̃^{35}	tɕio^{33}	tsɔ^{554}
烛	tɕiɔʔ^{5}	tɕiɔuʔ^{54}	tɕioʔ^{5}	tɕioʔ^{5}	tɕyəʔ^{5}	tɕioʔ^{5}	tʃioʔ^{5}	tʃiɔuʔ^{5}	tɕioʔ^{42}	tsɔ^{423}
冲	tɕʰiɔŋ^{45}	tɕʰiəŋ^{335}	tɕʰioŋ^{335}	tɕʰiəŋ^{53}	tɕʰyəŋ^{24}	tɕʰioŋ^{24}	tʃʰioŋ^{24}	tʃʰyəŋ^{324}	tɕʰioŋ^{445}	tsʰɑum^{445}
触	tɕʰiɔʔ^{5}	tɕʰiɔuʔ^{54}	tɕʰioʔ^{5}	tɕʰioʔ^{5}	tɕʰyəʔ^{5}	tɕʰioʔ^{5}	tʃʰioʔ^{5}	tʃʰiɔuʔ^{5}	tɕʰioʔ^{42}	tsʰɔ^{423}
赎	ziɔʔ^{23}	ziɔuʔ^{23}	çiɔʔ^{34}	ʑioʔ^{2}	zyəʔ^{23}	ʑioʔ^{23}	ʒioʔ^{23}	ʒiɔuʔ^{23}	ioʔ^{31}	zɔ^{35}
春	iɔŋ^{45}	iəŋ^{335}	ioŋ^{335}	iəŋ^{53}	yəŋ^{24}		ioŋ^{24}	yəŋ^{324}		sɔ^{445}
束	çiɔʔ^{5}	çiɔuʔ^{54}	çioʔ^{5}	çioʔ^{5}	çyəʔ^{5}	çioʔ^{5}	ʃioʔ^{5}	ʃiɔuʔ^{5}	çioʔ^{42}	sɔ^{423}
蜀	dʑiɔʔ^{23}	dʑiɔuʔ^{23}	tɕioʔ^{34}	ʑioʔ^{2}	dʑyəʔ^{23}	ʑioʔ^{23}	ʒioʔ^{23}	ʒiɔuʔ^{23}	dʑioʔ^{31}	dzɔ^{35}
属	çiɔʔ^{23}	ziɔuʔ^{23}	çiɔʔ^{34}	ʑioʔ^{2}	zyəʔ^{23}	ʑioʔ^{23}	ʒioʔ^{23}	ʒiɔuʔ^{23}	ioʔ^{31}	zɔ^{35}
褥	ȵiɔʔ^{23}	ȵiɔuʔ^{23}	ȵioʔ^{34}	ȵioʔ^{2}	ȵyəʔ^{23}	ȵioʔ^{23}	ȵioʔ^{23}	ȵiɔuʔ^{23}	ȵioʔ^{31}	zou^{35}
巩	kəŋ^{533}	kəŋ^{53}	koŋ^{33}	kəŋ^{213}	kəŋ^{44}	koŋ^{544}	koŋ^{53}	kəŋ^{33}	koŋ^{454}	kɑum^{52}
曲_{歌曲}	tɕʰiɔʔ^{5}	tɕʰiɔuʔ^{54}	tɕʰioʔ^{5}	tɕʰioʔ^{5}	tɕʰyəʔ^{5}	tɕʰioʔ^{5}	tʃʰioʔ^{5}	tʃʰiɔuʔ^{5}	tɕʰioʔ^{42}	tsʰɔ^{423}
共	dʑiɔŋ^{213} gəŋ^{213}	dʑiɔŋ^{13}	tɕiɔ̃^{31}	dʑioŋ^{13}	gəŋ^{231}	dʑiɔŋ^{231}	dʒiɔ̃^{223} goŋ^{223}	dʒiɔ̃^{13}	dʑio^{213}	dʑiɔ̃^{213}
	遂昌、云和两地上行语境是"一样"的说法，下行语境是"共产党"。									
局	dʑiɔʔ^{23}	dʑiɔuʔ^{23}	tɕioʔ^{34}	dʑioʔ^{2}	dʑyəʔ^{23}	dʑioʔ^{23}	dʒioʔ^{23}	dʒiɔuʔ^{23}	dʑioʔ^{31}	dʑio^{35}
玉	ȵiɔʔ^{23}	ȵiɔuʔ^{23}	ȵioʔ^{34}	ȵioʔ^{2}	ȵyəʔ^{23}	ȵioʔ^{23}	ȵioʔ^{23}	ȵiɔuʔ^{23}	ȵioʔ^{31}	ȵio^{35}
胸	çiɔŋ^{45}	çiɔŋ^{335}	çiɔ̃^{335}	çioŋ^{53}	çiɔ̃^{24}	çioŋ^{24}	ʃiɔ̃^{24}	ʃiɔ̃^{324}	çio^{445}	çiɔ^{445}

续表

	遂昌	龙泉	庆元	松阳	宣平	丽水	云和	景宁	青田	缙云
凶	ɕiɔŋ⁴⁵	ɕiɔŋ³³⁵	ɕiɔ̃³³⁵	ɕiɔŋ⁵³	ɕiɔ̃²⁴	ɕiɔŋ²⁴	ʃiɔ̃²⁴	ʃiɔ̃³²⁴	ɕio⁴⁴⁵	ɕiɔ⁴⁴⁵
雍	iɔŋ⁴⁵	iɔŋ³³⁵	iɔ̃³³⁵	iɔŋ⁵³	iɔ̃²⁴	iɔŋ²⁴	iɔ̃²⁴	iɔ̃³²⁴	io⁴⁴⁵	iɑum⁴⁴⁵
拥	iɔŋ⁴⁵	iɔŋ³³⁵	iɔ̃³³⁵	iɔŋ⁵³	iɔ̃²⁴	iɔŋ²⁴	iɔ̃²⁴	iɔ̃³²⁴	io⁴⁴⁵	iɑum⁴⁴⁵
容	iɔŋ²²¹	iɔŋ²¹¹	iɔ̃⁵²	iɔŋ³¹	iɔ̃⁴³⁴	iɔŋ¹¹	iɔŋ⁴²³	iɔ̃³¹	io²¹	iɑum²³¹
蓉	iɔŋ²²¹	iɔŋ²¹¹	iɔ̃⁵²	iɔŋ³¹	iɔ̃⁴³⁴	iɔŋ¹¹	iɔŋ⁴²³	iɔ̃³¹	io²¹	iɑum²³¹
庸	iɔŋ²²¹	iɔŋ²¹¹	iɔ̃⁵²	iɔŋ³¹	iɔ̃⁴³⁴	iɔŋ¹¹	iɔŋ⁴²³	iɔ̃³¹	io²¹	iɑum²³¹
勇	iɔŋ¹³	iɔŋ⁵³	iɔ̃²²¹	iɔŋ²²	iɔ̃²²³	iɔŋ⁵⁴⁴	iɔ̃⁵³	iɔ̃³³	io³⁴³	iɑum³¹
用	iɔŋ²¹³	iɔŋ¹³	iɔ̃³¹	iɔŋ¹³	iɔ̃²³¹	iɔŋ²³¹	iɔ̃²²³	iɔ̃¹³	io²²	iɔ²¹³
浴	iuʔ²³	iuʔ²³	ioʔ³⁴	ioʔ²	yəʔ²³	ioʔ²³	ioʔ²³	ouʔ²³	ioʔ³¹	iɔ³⁵

参 考 文 献

曹志耘、秋谷裕幸、太田斋、赵日新：《吴语处衢方言研究》，［日本］好文出版 2000 年版。

曹志耘：地理语言学及其在中国的发展，《北京语言大学汉语语言学文萃方言卷》，北京语言大学出版社 2004 年版。

曹志耘：《走过田野——一位方言学者的田野调查笔记》，商务印书馆 2010 年版。

陈保亚：《语言接触与语言联盟》，语文出版社 1996 年版。

陈忠敏：作为古百越语底层形式的先喉塞音在今汉语南方方言里的表现和分布，《民族语文》1995 年第 3 期。

龚群虎：南方汉语古越语底层问题新探，《民族语文》2001 年第 3 期。

黄伯荣、廖序东：《现代汉语》（增订五版），高等教育出版社 2011 年版。

黄现璠：《古书解读初探》，广西师范大学出版社 2004 年版。

金理新：与晓母相关的一些谐声关系和晓母读音，《温州师范学院学报》2004 年第 3 期。

李方桂：《上古音研究》，商务印书馆 1980 年版。

李蓝：现代汉语方言差比句的语序类型，《方言》2003 年第 3 期。

李荣：福州话"下雨"的本字，《方言》1992 年第 2 期。

李如龙：《汉语方言的比较研究》，商务印书馆 2001 年版。

梁敏：《侗台语族概论》，中国社会科学出版社 1996 年版。

罗杰瑞：江山方言中类似闽语的成分，《方言》1990 年第 4 期。

潘悟云：《汉语历史音韵学》，上海教育出版社 2000 年版。

石林：《侗语汉语语法比较研究》，中央民族大学出版社 1997 年版。

汪维辉、秋谷裕幸：汉语"站立"义词的现状与历史，《中国语文》2010 年第 4 期。

王福堂：《汉语方言论集》，商务印书馆 2010 年版。

王力：《汉语史稿》（重排本），中华书局 2004 年版。

王文胜：浙江遂昌方言的"添"，《方言》2006 年第 2 期。

王文胜：《处州方言的地理语言学研究》，中国社会科学出版社 2008 年版。

王文胜：《吴语处州方言的地理比较》，浙江大学出版社 2012 年版。

吴金华："脚"有"足"义始于汉末，《中国语文》1986 年第 4 期。

吴式求：《庆元方言研究》，浙江大学出版社 2010 年版。

谢栋元：[m]［n］[ŋ] 自成音节说略，《广东外语外贸大学学报》2002 年第 1 期。

谢晓明："闻"的词义发展及其与"嗅"的共时比较，《汉语学习》2011 年第 6 期。

张元生 等：《现代壮汉语比较语法》，中央民族学院出版社 1993 年版。

张振兴：闽语及其周边方言，《方言》2000 年第 1 期。

郑伟：闽语、侗台语给予义"与"字的音韵层次及年代问题，《语言科学》2008 年第 3 期。

郑张尚芳：浙西南方言的 [tɕ] 声母脱落现象，《吴语和闽语的比较研究》，上海教育出版社 1995 年版。

郑张尚芳：由音韵地位比较来考定一些吴闽方言词的本字，汉语方言学会 1991 年年会论文。

千叶德尔（日本）：明代文献中记载的玉蜀黍（于景让译），《科学农业》（台湾）1973 年 21 卷 5/6 期。

国家中医药管理局《中华本草》编委会：《中华本草》，上海科学技术出版社 1999 年版。

缙云县志编纂委员会：《缙云县志》，浙江人民出版社 1996 年版。

景宁县志编纂委员会：《景宁畲族自治县志》，浙江人民出版社 1992 年版。

丽水市志编纂委员会：《丽水市志》，浙江人民出版社 1996 年版。

龙泉县志编纂委员会：《龙泉县志》，浙江人民出版社 1994 年版。

青田县志编纂委员会：《青田县志》，浙江人民出版社 1990 年版。

庆元县志编纂委员会：《庆元县志》，浙江人民出版社 1996 年版。

松阳县志编纂委员会：《松阳县志》，浙江人民出版社 1996 年版。

遂昌县志编纂委员会：《遂昌县志》，浙江人民出版社 1996 年版。

云和县志编纂委员会：《云和县志》，浙江人民出版社 1996 年版。

王文胜：《吴语遂昌话的后置成分》，北京语言文化大学硕士论文，2002 年。

乔全生、李华：晋中方言的亲属称谓词"达"，新华网 http：//www. sx. xinhuanet. com/lyrx/2008 - 08/08/content_ 14067977. htm，2008。

杨洁：回味老上海，上海档案信息网 http：//www. people. com. cn/GB/paper39/9967/914893. html，2003。

佚名：一叶扁舟的日记：虹与鲨，豆瓣网 http：//www. douban. com/note/91965109，2010。

致　　谢

本书语料主要来源于对以下发音合作人的调查和复查（按首次调查顺序排列）：

徐光禄，生于 1943 年 8 月，松阳县西屏镇人。

吴宝代，生于 1951 年 3 月，丽水县城关镇人。

吴毓武，生于 1948 年 10 月，宣平县柳城镇人。

李显丁，生于 1941 年 2 月，缙云县五云镇人。

朱金海，生于 1936 年 3 月，青田县鹤城镇人。

林妙庭，生于 1946 年 9 月，云和县云和镇人。

吴　龙，生于 1952 年 8 月，景宁县鹤溪镇人。

徐承宏，生于 1944 年 12 月，龙泉县龙渊镇人。

吴永适，生于 1942 年 6 月，庆元县松源镇人。

季法勤，生于 1947 年 10 月，遂昌县妙高镇人。

在联系发音人的过程中，得到了许多朋友的帮助：张骑（松阳）、傅永飞（丽水）、雷艳萍（宣平）、胡玮敏（缙云）、占勇芬/季晓月（青田）、林友平（云和）、梅海鑫（景宁）、刘美娟（龙泉）、周方德（庆元）、叶大明（遂昌）。

研究生叶青、陈瑜两位同学分别参与了对材料的整理和书稿的校对工作。

感谢我的方言学授业恩师曹志耘教授、赵日新教授昔日的教诲！

感谢中国社会科学出版社的大力支持！

王文胜

2014 年 12 月 22 日记于杭州西溪里璞园